Logo! Logistik

Fachkunde –
Fachkraft
für Lagerlogistik

von

Norbert Egger

Manuela Stelling

winklers®

Vorwort

Dieses **neu konzipierte Fachkundebuch** wendet sich an die Auszubildenden der Berufe „Fachkraft für Lagerlogistik" und „Fachlagerist/Fachlageristin". Mit der Konzeption dieses Buches soll die im Berufsbild geforderte Vermittlung von Handlungskompetenz für diese Auszubildenden gefördert und unterstützt werden.

Der **inhaltliche Aufbau** dieses Lehrbuches ist **lernfeldorientiert** und entspricht dem neuen KMK-Rahmenlehrplan von 2004 für das Berufsbild „Fachkraft für Lagerlogistik". Zusätzlich deckt das vorliegende Buch auch die KMK-Inhalte für das Berufsbild „Fachlagerist/Fachlageristin" ab.

Das Fachwissen der Lagerwirtschaft/Logistik wird **prozessorientiert** dargestellt: vom Wareneingang über die kompletten Lagerfunktionen bis zur Distribution mit einem verkehrsgeografischen Schwerpunkt ergänzt durch den Komplex der Materialbeschaffung für das Berufsbild „Fachkraft für Lagerlogistik".

Der **strukturelle Aufbau** ist schüler- und handlungsorientiert. Jedes Lernfeld wird durch **problemorientierte Praxisfälle** eingeleitet. Die daran anschließenden Fragen fördern das problembezogene Denken der Auszubildenden und ermöglichen eine weitgehend selbstständige und ergebnisoffene Auseinandersetzung mit den Grundfragen des jeweiligen Lernfeldes. Die daran anschließende ausführliche Sachdarstellung wird durch kapitelbezogene Aufgaben und eine strukturierte Zusammenfassung abgeschlossen. Die Aufgaben und Zusammenfassungen dienen zur Vertiefung und zur Vorbereitung auf Klausuren und Prüfungen.

Dieses Lehrbuch ist durch seine umfangreiche und in die Tiefe gehende Sachdarstellung der Lagerwirtschaft/Logistik auch bestens für die **Fort- und Weiterbildung** geeignet.

Für Verlagskunden stehen zu diesem Buch zusätzliche Aufgaben zur Prüfungsvorbereitung, weiterführende Fachinformationen und praxisbezogene Vordrucke zum **Download aus dem Internet** unter www.winklers.de kostenlos zur Verfügung.

Das umfangreiche Stichwortverzeichnis am Schluss des Buches soll das schnelle Auffinden wichtiger Inhalte erleichtern.

An dieser Stelle möchten wir uns bei allen Unternehmen und den vielen Praktikern bedanken, die mit Rat, Tat und Unterlagen zur Entstehung dieses Lehrbuches beigetragen haben.

Gerne nehmen wir die kritischen Hinweise und Anregungen unserer Leser auf, die zur Verbesserung dieses Buches beitragen können.

Frühjahr 2005

Norbert Egger
Manuela Stelling

2. überarbeitete Auflage, 2006
© Bildungshaus Schulbuchverlage
Westermann Schroedel Diesterweg
Schnöningh Winklers GmbH
Postfach 11 15 52, 64230 Darmstadt
Telefon 01805 996696 Fax 06151 8768-61
www.winklers.de
Herstellung: Gerhard H. Rödel, Schopfheim
Lektorat: Guido Notthoff, Wiesbaden
Druck: westermann druck GmbH, Braunschweig
ISBN-10: 3-8045-**5006**-1
ISBN-13: 978-3-8045-**5006**-3

Inhaltsverzeichnis

Einführung – Den Begriff Logistik erfassen

Lernfeld 1 – Güter annehmen und kontrollieren

Lernfeld 2 – Güter lagern

Lernfeld 3 – Güter bearbeiten

Lernfeld 4 – Güter im Betrieb transportieren

Lernfeld 5 – Güter kommissionieren

Lernfeld 6 – Güter verpacken

Lernfeld 7 – Touren planen

Lernfeld 8 – Güter verladen

Lernfeld 9 – Güter versenden

Lernfeld 10 – Logistische Prozesse optimieren

Lernfeld 11 – Güter beschaffen

EINFÜHRUNG | Den Begriff Logistik erfassen

SITUATION

Die **Gläserne Manufaktur in Dresden** ist ein Endmontagewerk von Volkswagen.

Da einerseits nur eine sehr geringe Grundfläche zur Verfügung stand und andererseits die Dresdner Innenstadt so gering wie möglich belastet werden sollte, wurde hier ein außergewöhnliches Logistik- und Fertigungskonzept realisiert.

Die für die Montage benötigten Einzelteile und Module werden per Lkw an das separate Volkswagen-Logistikzentrum Friedrichstadt außerhalb der City geliefert und kurzzeitig zwischengelagert.

Lediglich die Karossen werden aufgrund der Größe und Empfindlichkeit luftdicht per Lkw direkt in die Manufaktur geliefert.

Dort werden sie hinter der Glasfassade wie in einem überdimensionalen Setzkasten zwischengelagert.

Zwischen dem Logistikzentrum und der Gläsernen Manufaktur pendeln zehnmal täglich zwei der eigens für Volkswagen entwickelten Güterstraßenbahnen, die so genannten „CarGoTrams".

Sie sind je 60 m lang, 50 km/h schnell, können bis zu 60 Tonnen Material transportieren und liefern umweltfreundlich „just in time".

Diese CarGoTrams nutzen während ihrer 18-minütigen Fahrt das öffentliche Straßenbahnnetz der Stadt Dresden.

Das Material wird in die unterirdische Logistik-Ebene der Gläsernen Manufaktur transportiert. Hier räumen Gabelstapler innerhalb von 30 Minuten die CarGoTram leer. Täglich werden so 1 600 Behälter bewegt.

1 **Beschreiben Sie, welche Vorteile das o. g. Logistik- und Fertigungskonzept der Stadt Dresden und dem Volkswagen-Konzern bringt.**

2 **Welche Vorteile hat insbesondere der Einsatz von CarGoTrams für das Unternehmen?**

3 Nennen Sie mögliche Konsequenzen, die das Ausfallen der CarGoTrams für den Volkswagen-Konzern hätte.

4 Erklären Sie, warum Ihrer Meinung nach das o. g. Logistik- und Fertigungskonzept so außergewöhnlich ist.

SACHDARSTELLUNG

1 | Begriff Logistik

Die Logistik umfasst alle Maßnahmen zur Gewährleistung eines optimalen Material- und Informationsflusses. Diese reichen von der Beschaffung beim Lieferanten über die Lagerhaltung und die Produktion bis zur Lieferung an den Kunden.

2 | Aufgaben und Ziele der Logistik

Hauptziel eines jeden Unternehmens ist es, einen möglichst hohen Umsatz zu erreichen. Daneben gibt es noch eine Reihe von Einzelzielen, wie Wirtschaftlichkeit, Liquidität, Wachstum, Marktpositionierung usw. Zusammen mit den anderen Bereichen eines Unternehmens muss auch die Logistik dafür sorgen, dass diese Ziele erreicht werden.

Aus diesem Blickwinkel hat die Logistik folgende **Aufgaben** zu erfüllen:

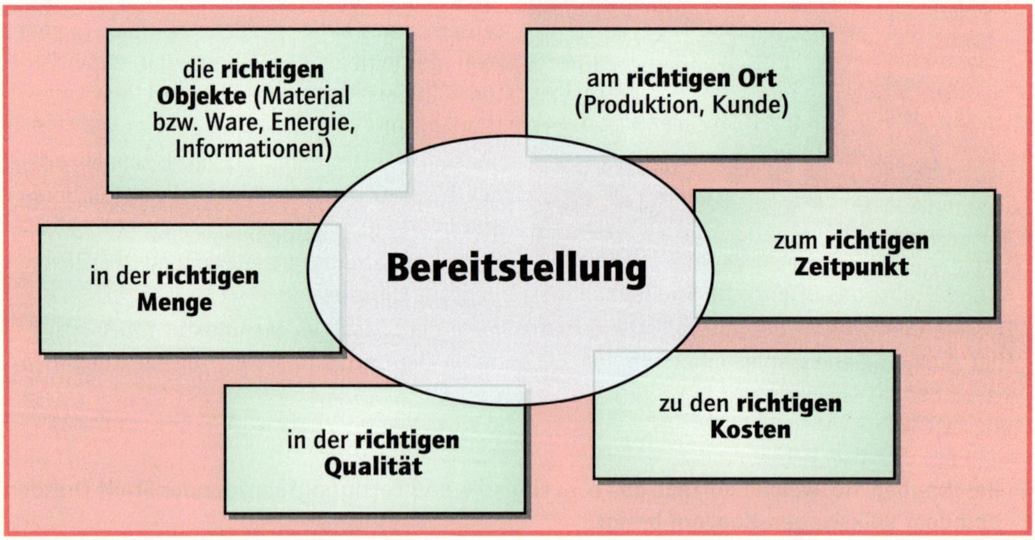

Diese Aufgaben werden als die **„sechs R"** der Logistik bezeichnet.

Die Logistik umfasst **planende, durchführende** und **kontrollierende Maßnahmen**.

Das sind zum

Beispiel:

Planung:	Bestandshöhen planen	Lagergestaltung planen	Transportwege planen
Durchführung:	Waren bestellen	Waren ein- und auslagern	Waren transportieren
Kontrolle:	Bestandshöhen kontrollieren	Lagerbestände auf Verderb und Überalterung prüfen	Transportkosten und -zeiten kontrollieren

3 | Einsatzbereiche der Logistik

Die Logistik ist nicht als bloße Aneinanderreihung von Maßnahmen zur Erfüllung des Versorgungsziels zu verstehen. Vielmehr ist ein **logistisches Konzept** zu entwickeln, das die einzelnen Maßnahmen wirtschaftlich und zeitlich aufeinander **abstimmt** und sinnvoll miteinander **verknüpft**.

Folge daraus: Aus dem Logistikkonzept ergeben sich Auswirkungen auf alle anderen Bereiche des Unternehmens. **Ziel** des Logistikkonzeptes ist also ein **optimales Zusammenspiel** der einzelnen Unternehmensprozesse.

Beschaffungslogistik

Sie beinhaltet die Planung und Durchführung von Maßnahmen zur optimalen **Beschaffung von Material, Einzelteilen, Handelswaren, Roh-, Hilfs- und Betriebsstoffen** vom Lieferanten bis zur Produktion bzw. dem Lager. Ein Beispiel ist die Durchführung des Just-in-time-Prinzips.

Die Beschaffungslogistik beginnt bereits mit der Bedarfsermittlung und endet mit der Warenannahme. Das nachfolgende Lernfeld befasst sich eingehend mit ihr.

Lagerlogistik

Sie beinhaltet die Planung und Durchführung von Maßnahmen zur optimalen **Standortwahl und Lagergestaltung** (Organisation, Technik, Systeme). Ein Beispiel ist das vollautomatische Hochregallager.

Die Lagerlogistik befasst sich insbesondere mit Technik und Systemen für alle Arten der Lagerung, Kommissionierung und Gütertransporte vom Wareneingang über die Bereitstellung zur Produktion bis zum Warenausgang. Dabei sind Logistik-Hardware und -Software optimal einzusetzen. Im Lernfeld 3 wird darauf eingegangen.

Produktionslogistik

Sie beinhaltet die Planung und Durchführung von Maßnahmen zur optimalen **Gestaltung des Produktionsprozesses** von der Materialbereitstellung bis zum fertig gestellten Produkt.

Die Produktionslogistik ist kein absolut abgegrenzter Bereich der Logistik. Sie ist eng mit den anderen Logistikbereichen, vor allem mit der Beschaffungs- und Lagerlogistik, verbunden und deshalb nicht isoliert zu betrachten.

Ein Beispiel hierfür ist das Logistik- und Fertigungskonzept der Gläsernen Manufaktur von Volkswagen in Dresden.

Transportlogistik

Sie beinhaltet die Planung und Durchführung von Maßnahmen zur optimalen **Transportgestaltung**.

Die Transportlogistik befasst sich insbesondere mit inner- und außerbetrieblichen Transportsystemen und Transportwegen, wie zum Beispiel Nabe-Speiche-Systeme (hub and spoke).

Einen weiteren Schwerpunkt bilden die Beladung, Entladung und Übergabe der Transporteinheiten.

Distributionslogistik

Sie beinhaltet die Planung und Durchführung von Maßnahmen zur optimalen **Weiterleitung der Produkte** aus der Fertigung oder dem Lager bis zum Kunden.

Dazu zählen insbesondere

- eine wirtschaftliche Kommissionierung sowie
- ein wirtschaftlicher Versand zum Kunden, zum Beispiel City-Logistik.

500612

Informationslogistik

Sie beinhaltet die Planung und Durchführung von Maßnahmen zur **Gestaltung eines reibungslosen Informationsflusses**.

Zum optimalen Einsatz von Mensch und Maschine werden zielgerichtete und ausreichende Informationen benötigt.

Jeder Informationsempfänger erhält seine Informationen deshalb optimal aufbereitet und differenziert übermittelt. Dadurch bekommt er einen schnellen Überblick über den Sachverhalt. Hilfsmittel sind hier zum Beispiel das Internet, Sendungsverfolgungssysteme (tracking and tracing) und Datenfernübertragung.

Fehlende bzw. mangelhafte Informationen verhindern das Wechselspiel zwischen vor- und nachgelagerten Bereichen. Es kommt zu Störungen im Materialfluss.

Ersatzteillogistik

Sie beinhaltet die Planung und Durchführung von Maßnahmen zur optimalen **Ersatzteilbeschaffung und -bereitstellung**. Damit ist die Ersatzteillogistik eine Nachkauflogistik.

Ersatzteile werden einerseits im Rahmen des Kundendienstes verwendet. Nach dem Kauf ist für den Kunden der Kundendienst sowie die Belieferung mit Ersatzteilen das Wichtigste. Durch guten Kundenservice gewinnt der Hersteller einen wichtigen Vorteil gegenüber Konkurrenten.

Andererseits werden Ersatzteile vom Handel oder von Handwerkern angefordert. Ein Beispiel hierfür ist die Kfz-Branche.

Instandhaltungslogistik

Sie beinhaltet die Planung und Durchführung von Maßnahmen mit dem Ziel der ständigen **Betriebsbereitschaft der Anlagen**.

Dazu gehören Fahrzeuge, Fördermittel, Maschinen, Werkzeuge und EDV-Anlagen.

Die Instandhaltungslogistik gewährleistet damit einen störungsfreien Ablauf der Produktion sowie eine sichere Belieferung des Kunden.

Entsorgungslogistik

Sie beinhaltet die Planung und Durchführung von Maßnahmen zur kostengünstigen und umweltgerechten **Entsorgung von Abfällen**.

Abfälle sind u. a. nicht mehr benötigte Materialien, Produktionsrückstände und Reststoffe. Unter Abfallentsorgung ist das Verwerten und Beseitigen von Abfällen zu verstehen.

Die Entsorgungslogistik hat das Ziel, die Entsorgungskosten zu minimieren und den Einsatz natürlicher Ressourcen durch Abfallverwertung zu reduzieren. Sie hat in den letzten Jahren stark an Bedeutung gewonnen.

ZUSAMMENFASSUNG			
Aufgabe der Logistik	Gewährleistung eines optimalen Material- und Informationsflusses, indem • die richtigen Objekte, • in der richtigen Menge, • in der richtigen Qualität, • zu den richtigen Kosten, • zum richtigen Zeitpunkt, • am richtigen Ort zur Verfügung gestellt werden.		
Arten von Logistikmaßnahmen	planend	durchführend	kontrollierend
Ziel des Logistikkonzepts	Abstimmung der Einzelmaßnahmen aufeinander und deren sinnvolle Verknüpfung, um ein optimales Zusammenspiel der einzelnen Unternehmensbereiche zu erreichen		
Logistikbereiche	• Beschaffungslogistik • Lagerlogistik • Produktionslogistik • Transportlogistik • Distributionslogistik • Informationslogistik • Ersatzteillogistik • Instandhaltungslogistik • Entsorgungslogistik		

? AUFGABEN

1 Welche Grundaufgaben hat die Logistik zu erfüllen?

2 Überlegen Sie, welche logistischen Aufgaben in Ihrem Ausbildungsbetrieb anfallen. Unterscheiden Sie dabei zwischen planenden, durchführenden und kontrollierenden Maßnahmen. Erstellen Sie eine Tabelle nach folgendem Muster[1]:

Planende Maßnahmen	Durchführende Maßnahmen	Kontrollierende Maßnahmen
...	...	...

3 Diskutieren Sie in Gruppenarbeit, warum es für ein Unternehmen wichtig ist, ein Logistikkonzept zu entwickeln. Begründen Sie Ihr Ergebnis vor der Klasse.

1 Bitte nichts in das Buch eintragen!

500614

LERNFELD 1 | Güter annehmen und kontrollieren

Der Grobablauf im Wareneingang kann anhand der Beziehung zwischen Material- und Informationsfluss wie folgt dargestellt werden:

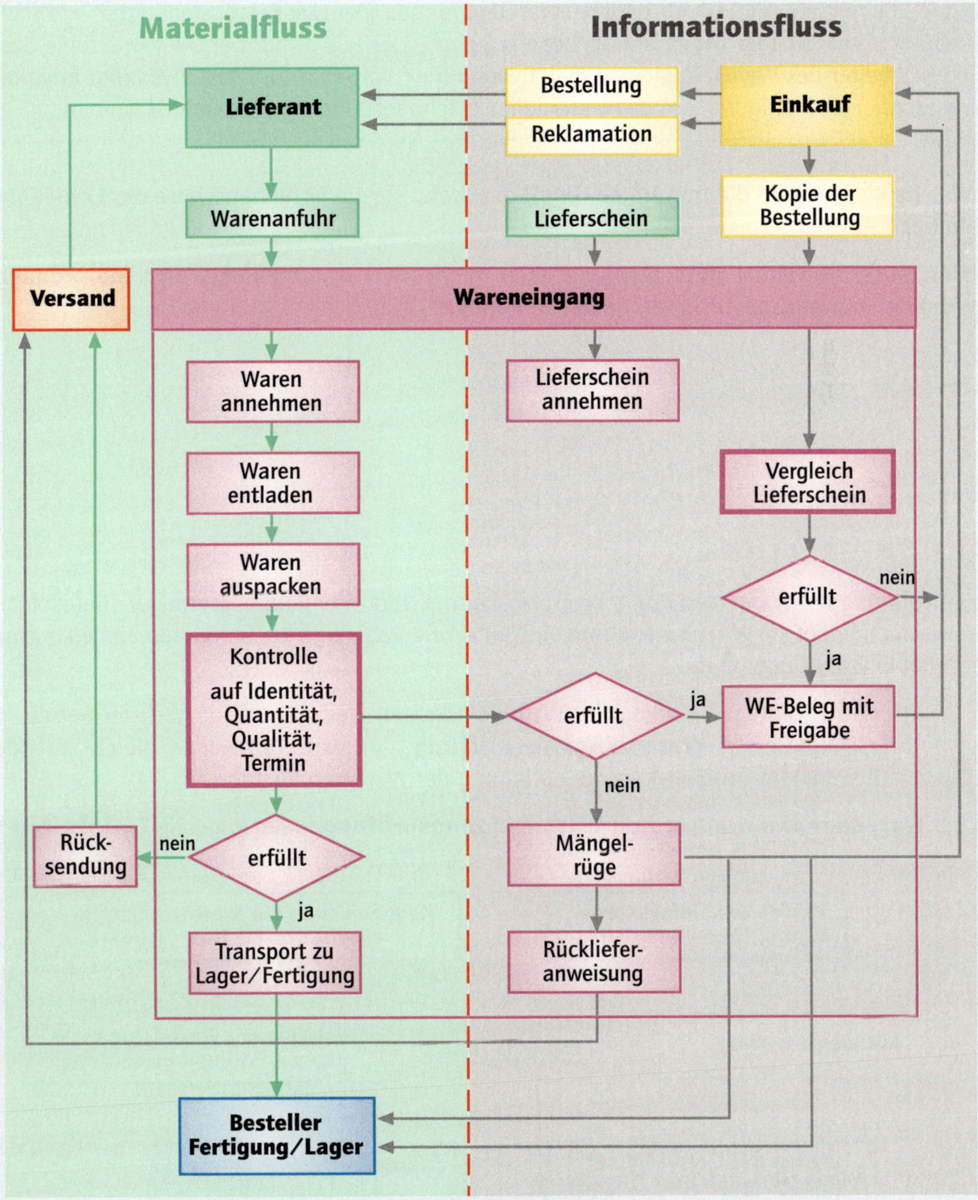

(Materialfluss und Informationsfluss im Wareneingang, hier aus Ehrmann [2003])

1 | Warenannahme und Wareneingangsprüfung

SITUATION

Die Iron Horse GmbH ist Hersteller und Vertreiber von Motorrädern und Trikes sowie Ersatzteilen. Sie erhält eine Lieferung von Einzelteilen und Baugruppen. Der Lkw-Fahrer steht unter Zeitdruck, da er noch zwei weitere Unternehmen beliefern muss. Deshalb entlädt er die Ware, ohne dass ein Mitarbeiter des Wareneingangs dabei anwesend ist. Im Anschluss daran verlangt er sofort eine Empfangsbestätigung, um das Unternehmen schnellstmöglich verlassen zu können.

1 **Welche Risiken geht die Iron Horse GmbH ein, wenn sie die Vorgehensweise des Lkw-Fahrers duldet?**

2 **Was muss die GmbH Ihrer Meinung nach mindestens unternehmen, um eine ordnungsgemäße Empfangsbestätigung geben zu können?**

SACHDARSTELLUNG

Die Anlieferung der Ware kann durch Pkw, Lkw, Bahn, Schiff oder Flugzeug erfolgen. Bei kleineren Unternehmen findet die **Warenannahme** direkt im Warenlager und bei Großunternehmen in einem separaten Eingangslager statt.

Der Käufer ist zu sofortiger Prüfung der Ware verpflichtet. Deshalb erfolgt noch im Beisein des Transporteurs eine erste **Wareneingangsprüfung**. Sie wird entweder gleich auf dem Transportmittel oder im Anschluss an die Entladung der Ware durchgeführt.

Bei der **Warenannahme** und **ersten Wareneingangsprüfung** fallen folgende **Tätigkeiten** an:

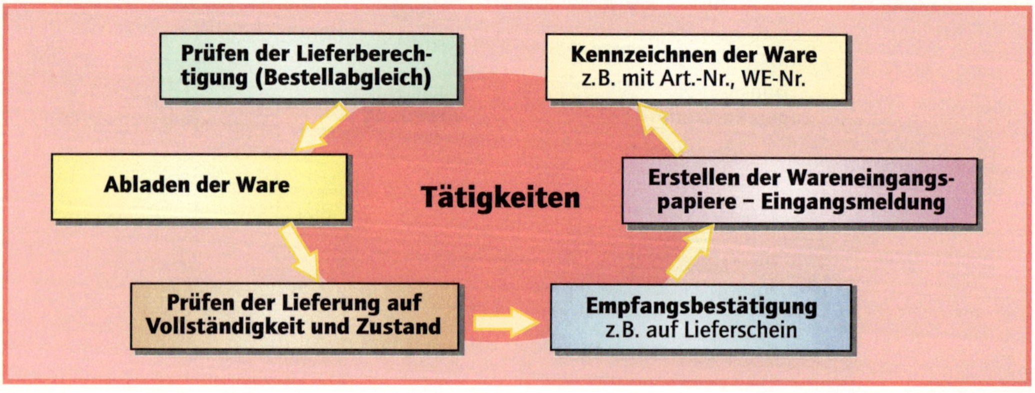

Dabei werden folgende **Warenbegleitpapiere** genutzt:

- Frachtbriefe
- Lieferscheine
- Paketkarten
- Ladescheine
- sonstige Warenbegleitscheine

Beispiel: *Lieferschein*

Winkelmann + Pannhoff GmbH
Stahlblechverformung

Lieferschein

(1) Empfänger	Konto beim Lieferer	(2) Eingangs- und Bearbeitungsvermerke	(3) Nr.
BMW AG Werk 2.2 84130 Dingolfing	140004		401671
			(4) Versanddatum
			02-05-13
(5) Lieferant und Absender	Konto beim Empf.	(6) Fracht: frei / unfrei €	(7) Anlieferung (ist): Waggon / Spediteur / Frachtgut / fremd. Fz. / Eilgut / eigen. Fz. / Express / Post
Winkelmann + Pannhoff GmbH	1205610		(8) Rechnungs-Nr./Datum

(10 + 11) Bestell-Zeichen + -Daten	(15) Kontierung	(12) Abt.	(13) Tel.	(14) **unsere Auftrags-Nr.**
8116640/07 1 253 594	615375			182570

(19) Versandart	(20) Lieferbedingungen	(21) Verpackungsart
SPEDITEUR	AB WERK 59227 AHLEN (WESTF.)	1 X 3708

		(23) brutto	(24) netto
BMW WERK 2.2 GOBENERW ETV	020 22	50,00	

(27) Pos.	(29) W * P Art.-Nr. (Artikel-Bezeichnung)	(28) Sach-Nr. (Artikel-Bezeichnung)		(30) Menge	(31) Einh.	(40) Empfängervermerke: Menge (ist)	+/−	Vermerke
01	1105100	K R S FÜR KW M10 1253594		178	ST			
	PACKSTÜCKE:	50735 - 50935						

	(42) Eingangsvermerke	(43) Mengenprüfung	(44) Güteprüf./Prüfbericht	(45) Empfänger	(46) Rechn-prüfung
Datum					
Name/ Nr.					

Empfänger

nach: IHK-Abschlussprüfung Sommer 2002 – Fachkraft für Lagerwirtschaft

1.1 | Prüfen der Lieferberechtigung (Bestellabgleich)

Nachdem sich der Frachtführer beim Wareneingang angemeldet hat, wird noch vor dem Abladen die **Lieferberechtigung** geprüft. Das spart Doppelarbeit für den Fall, dass die Lieferung nicht berechtigt war.

Lieferberechtigung bedeutet:

- **dass die Lieferung für den Kunden bestimmt ist.**
- **dass eine Bestellung des Kunden dafür vorliegt.**
- **dass die Lieferung zu diesem Zeitpunkt erfolgen sollte.**

Zur Überprüfung der Lieferberechtigung wird ein **Bestellabgleich** durchgeführt. Das heißt, die Warenbegleitpapiere werden mit der Bestellung verglichen. Das kann z. B. mittels Barcode-Scanning erfolgen.

Dabei werden verwendet:

Listen mit wichtigen Bestellangaben *oder* **Bestellkarteien** mit Bestellkopien *oder* **EDV-Systeme** mit Bestelldateien

Außerdem wird geprüft, ob die Warenbegleitpapiere vollständig und inhaltlich richtig sind (Bestellnummer, Artikelnummer usw.). Durch fehlende oder unvollständige Warenbegleitpapiere wird der Bestellabgleich und damit die Identifizierung der Lieferung erschwert. Wurde die Lieferberechtigung zweifelsfrei festgestellt, erfolgt die Freigabe der angelieferten Waren zum Abladen.

Lässt sich die Lieferung nicht eindeutig einer Bestellung zuordnen, so kann die Ware **unter Vorbehalt** angenommen werden. Die Ware wird im Wareneingang getrennt von anderen Waren aufbewahrt. Die Ware sowie die Warenbegleitpapiere werden zwecks weiterer Prüfung mit einem Vermerk versehen. Das kann mit einem vorgedruckten Aufkleber erfolgen.

Liegt tatsächlich keine Bestellung für diese Lieferung vor, so wird der Lieferant benachrichtigt. Er ist für den Rücktransport der unbestellten Ware verantwortlich.

> Die Lieferung kann zum Zeitpunkt der Annahme nicht einer eindeutigen Bestellung zugeordnet werden.
> Ergibt eine weitere Prüfung, dass keine Bestellung vorliegt, so wird diese Sendung lediglich in vorübergehende Aufbewahrung genommen.
> Haftung erfolgt hier lediglich für die Sorgfalt, die für unsere eigenen Waren angewandt wird.
>
> ..04-08 — Lehmann
>
> Datum — Unterschrift des Mitarbeiters

500618

1.2 | Abladen der Ware

Der Käufer ist für das **Abladen** der Ware verantwortlich. Das heißt, die **Gefahr** einer Beschädigung der Ware während des Abladens trägt der **Käufer**. Beim Abladen entstehen öfter Schäden an der Ware als beim Transport. Deshalb sollten dafür geeignete Mitarbeiter und Entladegeräte eingesetzt werden.

Die gebräuchlichsten **Entladegeräte** (siehe Abbildungen in Lernfeld 4) für das Abladen der Ware von den Transportmitteln sind:

- Handgabelhubwagen
- Elektrogabelhubwagen
- Krane
- Gabelstapler

Welches Entladegerät letztendlich jedoch verwendet wird, **hängt ab** von:

- der Art und Größe der **Anlieferfahrzeuge** (Kleintransporter, Lkw, Waggon usw.).
- dem eingesetzten **Ladehilfsmittel** (Paletten, Kartons, Kisten usw.).
- der Größe, dem Gewicht und der Art der gelieferten **Waren.**

Die abgeladene Ware wird zur weiteren Bearbeitung auf Wareneingangspufferplätzen abgestellt, d. h. **zwischengepuffert**. Hier ist darauf zu achten, dass jede Lieferung separat zwischengepuffert wird, damit die eingehenden Lieferungen nicht durcheinander geraten. Kleinsendungen sollten auf Regalwagen zwischengepuffert werden, um sie eindeutig zu trennen. Außerdem sind eventuell vorhandene besondere Eigenschaften der Waren zu berücksichtigen (Temperatur, Gefahrgutklassen usw.).

1.3 | Prüfen der Lieferung auf Vollständigkeit und Zustand

Nach dem Abladen muss die angelieferte Ware **sofort** auf **Vollständigkeit** und eventuelle **äußere Beschädigungen** kontrolliert werden.

Deshalb wird in einer **ersten Wareneingangsprüfung** untersucht,

- ob die Lieferung **komplett** eingetroffen ist: Die Anzahl der angelieferten Paletten, Boxen, Pakete, Kisten usw. wird mit den Angaben auf den Warenbegleitpapieren verglichen.
- ob die Lieferung **Transportschäden** aufweist: Die Verpackungen bzw. eventuell unverpackte Waren sind auf sofort erkennbare Beschädigungen zu untersuchen.

Sofort erkennbare Mengendifferenzen und Transportschäden müssen vom Überbringer auf dem Warenbegleitpapier bestätigt werden. Das muss aus rechtlichen Gründen erfolgen, bevor dieser den Wareneingangsbereich verlassen hat. Ansonsten wird davon ausgegangen, dass die Lieferung vertragsgerecht erfolgt ist. Eine spätere Mängelanzeige ist dann nicht mehr möglich.

Eine Anzeige **nicht sofort erkennbarer** Transportschäden ist nur innerhalb von **sieben Tagen** nach Anlieferung möglich. Mengendifferenzen und Transportschäden werden direkt beim Überbringer geltend gemacht. Sie können aber auch dem Lieferanten angezeigt werden. Dieser klärt dann mit dem Überbringer ab, ob die Ursache der Reklamation beim Lieferanten (Lieferschaden) oder beim Überbringer (Transportschaden) liegt.

Reklamationsmeldung – Warenannahme –

Bestellnr. ke/0004759/2004
WE-Datum 09.02.2004

Artikelnr.	Bestellmenge	Liefermenge	Zustand
2576/354	250 Stück	247 Stück	...
8943/050	24 Flaschen	24 Flaschen	3 zerbrochen

Festgestellt am: 09.02.2004 von: Lehmann
Unterschrift: Lehmann

Die Mengendifferenzen und Transportschäden werden auf einer Reklamationsmeldung festgehalten. Diese dient zusammen mit den Warenbegleitpapieren als Grundlage bei der nachfolgend durchzuführenden Reklamation.

Ist der Schaden während des Transportes durch die Deutsche Bahn AG entstanden, so muss eine **Tatbestandsaufnahme** beantragt werden.

1.4 | Empfangsbestätigung

Sind Mengendifferenzen oder Beschädigungen nicht offen erkennbar, bestätigt der Käufer den Empfang der Lieferung auf den Warenbegleitpapieren mit seiner Unterschrift. Diese Empfangsbestätigung dient dem Überbringer als **Liefernachweis** und als Basis für seine **Spediteursrechnung**.

Sie gilt hinsichtlich Inhaltsmenge und Zustand der angelieferten Waren **unter Vorbehalt**. Erst eine nachfolgende genaue Warenprüfung klärt dann die Mängelfreiheit ab. Der Vorbehalt gilt automatisch. Er muss auf den Warenbegleitpapieren nicht extra eingetragen werden.

1.5 | Erstellen der Wareneingangspapiere – Eingangsmeldung

In der betrieblichen Praxis wird heute oft über EDV-Systeme ein **Wareneingangsschein** ausgedruckt und damit das manuelle Ausfüllen eines Formulars überflüssig.

Beispiel: *Wareneingangsschein maschinell*

```
WARENEINGANGSSCHEIN                                   Nr. 5002579834

BEW-ART   101 WE Wareneingang

Firma     Eltron GmbH                                 WE-Dat 01-03-11 1 TG-Dat. 01-03-12
Werk      0011

Lief-Nr.  2078                                        Best-Nr.: 1626101
          Elektro-Apparate Gothe & Co. GmbH

Pos      Material Klas       Materialkurztext                   WE-Menge     ME
         LG Chargen-Nr.      Lagerplatz
         Text 1                        Text 2

0001     01020762 MCACD      Kabeleinführungsstutzen Gothe 541325257
         0093                HRL P01 0200                        2,000       ST

     *** V E R G L E I C H   B E S T E L L T E X T ***

         00250025798340001010207624               Aussteller: KO2Z531
```

nach: IHK-Abschlussprüfung Sommer 2002, Fachkraft für Lagerwirtschaft

Aber auch die Warenbegleitpapiere selbst können als Eingangsmeldung verwendet, indem sie mit einem Stempelaufdruck versehen werden.

Die **Wareneingangspapiere** enthalten mindestens folgende **Informationen:**

- Materialbezeichnung
- Artikelnummer
- gelieferte Menge
- Datum des Wareneingangs
- Bestellnummer
- Lieferant

Eine **Kopie** der Eingangsmeldung geht an

- den **Einkauf** zwecks Eintrags in die Bestellkartei bzw. -datei und Prüfung auf Vertragseinhaltung.
- die **Buchhaltung** zur Rechnungsprüfung sowie Bezahlung.
- die **Lagerbestandsverwaltung** zwecks Bestandsbuchung.

Die Lagerbestandsverwaltung erstellt zuletzt einen **Einlagerungsschein,** auf dem der Lagerort eindeutig dokumentiert wird.

***Beispiel** eines maschinellen Wareneingangsscheins mit Prüfanweisung für die anschließende Warenprüfung:*

SCHLÜSSEL SIEHE RÜCKSEITE

ATLAS ELEKTRONIK	WARENEINGANGSMELDUNG - PRÜFPLAN -	WARE N LO	WE-NR.	EINGANGSTAG	FTAG	1
		E	03456 00	15.01.04	3065	

ANFORDERER	MÄNGELRÜGE	ALTE WE-NR.	BESTELL-NR.	AUFTRAGS-NR.	ZW	SL	HW	FEHLTEIL
KLM 1			2090015					

LIEFERANTEN-NAME	ORT	LIEFERANT-NR.	L-SCH	AUSST.-DATUM	AUS
RESDORF				18.02.86	BA

LIEFERER	ORT	VERSANDART	FRACHTKOSTEN
DITO		SPEDITION	

UEF.-SCHEIN-NR.		KOMMISSIONS-NR.	MENGE GEPRÜFT	DURCH.-PREIS	PE	URKZ	ZOLL IN
328462	18.01.04		BA	1,49	1		00,0

POS.	EINGANGS-MENGE	MENGE IN ORDNUNG	ME	BENENNUNG, SACH-NR.	LAGER-NR.	LO	LAGERKLASSEN
01	500,00		1	TRANSISTOR 2N3716	5292039	1	

GUELTIGER LAGERORT: LVS

PRUEFGRAD: EZ AEND.ANTRAG: GK: 1 AEND.DATUM: 08.01.94 BETA-AEN: 84
GROESSSTE SP-MENGE: 0003 ZUSAETZLICHE PRUEFUNTERLAGEN

AVO	ANFORDERUNG	PRUEFVERFAHREN	PRUEFMITTEL	STICHPR N-C	FEHL
00	HERSTELLER: FAIRCHILD SACHNR : 2N3716				
01	ANGABEN AUF DEM GEHAEUSE ENTSPRECHEND AVO 00: 1. HERSTELLRKENNZEICHEN 2. TYPBEZEICHNUNG	2 STUECK JE VERPACKUNGSEINHEIT SICHTPRUEFEN		-	
02	1. GEHAUSEART: RUNDES METALLGEHAEUSE MIT ZWEILOCH-BEFESTIGUNGS-FLANSCH (TO-3) 2. PIN-ANZAHL: 2	SICHTPRUEFEN		0003-00	
03		CHARGEN-NUMMER (N) EINTRAGEN IN WE-MELDUNG	-ENDE-	-	

WEITERE ZUGELASSENE HERSTELLER: MOTOROLA 2N3716
RCA 2N3716 TRANSITRON 2N3716
SOLITRON 2N3716 WEITERE SIEHE PRUEFPLANDATEI

PRÜFST.	PRÜFDATUM	PRÜFER	PKZ	PRÜF-BEFUND	
				○	ZURÜCK AN UEF ○ / NACHARBEITEN ○ / ABSCHREIBEN ○

KML 1 EINGELAGERT			KOMMISSIONSMATERIAL ERHALTEM		
FTAG	BEREITST	GEBUCHT	NAME	ABTLG	DATUM

0345600

Lagermaterial KML 2 → TVP 3 → KML 1 → KMA
Auswärtsbearbeitung KML 2 → TVP 4 od. TVP 5 → KML 2
Komm. Material KML 2 ZUR ABLAGE
9044 T 065 OBN

nach: „Planung und Realisierung eines automatischen Lagers", Dirks/Nitschke, expert-Verlag

1.6 | Kennzeichnen der Ware

Das Kennzeichnen der Ware dient der späteren Identifizierung. Jede einzelne Palette, Box, Kiste, Paket usw. erhält eine fortlaufende **Wareneingangsnummer.** Diese wird auf dem Warenbegleitschein und dem Wareneingangspapier vermerkt. Anschließend wird die gepufferte Ware mit der Wareneingangsnummer versehen.

In der betrieblichen Praxis kommen dabei folgende **Methoden** zur Anwendung:

- Die **Warenbegleitscheine** werden mit der Wareneingangsnummer versehen an der Ware angebracht.
- Es werden vorgedruckte **Etiketten** mit der Wareneingangsnummer versehen an der Ware angebracht.
- Bei Erstellung der Wareneingangspapiere über **EDV** können gleichzeitig **Barcode-Etiketten** mit der Wareneingangsnummer ausgedruckt werden. Diese werden auf jedes einzelne Packstück aufgeklebt. Sie sind über den Scanner einlesbar. Dadurch ist später eine eindeutige und schnelle Identifikation der Ware gewährleistet.

Beispiel: *Behälterkennzeichnung mit Barcode-Etiketten*

nach: Dirks/Nitschke (1990)

Die gepufferten Waren werden mit einem **Sperrvermerk** versehen. Das heißt, sie sind vorerst für den Verbrauch oder Verkauf gesperrt. Sie bleiben so lange im Wareneingang, bis die Warenprüfung abgeschlossen und die Freigabe durch den Prüfer erfolgt ist.

Das beansprucht viel Platz und ist größtenteils mit einer störenden Unübersichtlichkeit verbunden. Ferner besteht das Risiko, dass gesperrte Waren entnommen werden, die noch nicht freigegeben wurden. Um das zu vermeiden, sollten die Wareneingangspufferplätze vom unmittelbaren Wareneingangsbereich getrennt eingerichtet werden. Mit der Kennzeichnung der Ware ist die Warenannahme abgeschlossen.

AUFGABEN

?

1. Beschreiben Sie anhand eines konkreten Beispiels, wie die Warenannahme in Ihrem Ausbildungsbetrieb durchgeführt wird. Stellen Sie Ihr Ergebnis in einem Ablaufschema dar.
2. Erklären Sie, welche Voraussetzungen gegeben sein müssen, damit ein ordnungsgemäßer Bestellabgleich vorgenommen werden kann.
3. Welche Entladegeräte kommen in Ihrem Ausbildungsbetrieb bei der Warenannahme zum Einsatz?
4. Wozu dient Ihrer Meinung nach das Erstellen von Wareneingangspapieren?
5. Begründen Sie, warum die eingehenden Waren vorläufig für den Verbrauch oder Verkauf gesperrt werden.

2 | Warenprüfung und Mängelarten

SITUATION

Die Boutique Fun-Time verkauft Sport- und Freizeitbekleidung. Sie bestellt beim Großhändler bordeauxfarbene Sportshirts aus atmungsaktiver, fein gewebter Baumwolle in folgenden Größen und Mengen: Größe S 15 Stück, Größe M 25 Stück und Größe L 10 Stück.

Die Sportshirts werden geliefert. Bei der Warenprüfung wird festgestellt, dass in der Größe M nur 21 Shirts geliefert wurden. Außerdem haben 5 der gelieferten Shirts Löcher.

1 **Überlegen Sie, welche Artikel die Boutique noch in ihrem Sortiment haben könnte.**

2 **Diskutieren Sie in Ihrer Arbeitsgruppe, was bei der Lieferung der Boutique Fun-Time falsch gelaufen ist.**

3 **Was wird die Boutique Ihrer Meinung nach dagegen unternehmen?**

SACHDARSTELLUNG

Nach der Annahme ist die Ware **unverzüglich** einer genauen Warenprüfung zu unterziehen. Das ist **wichtig**, um bei bestehenden Mängeln die gesetzlichen Rechte als Käufer in Anspruch nehmen zu können. Dabei werden folgende **Prüfunterlagen** verwendet:

- Angebot des Lieferanten
- Bestellkopie
- Auftragsbestätigung des Lieferanten
- Packzettel
- Frachtbrief
- Lieferschein
- Ladeschein
- Rechnung

Bei der Warenprüfung fallen folgende **Tätigkeiten** an:

Prüfen der Ware **auf:**
- Identität
- Quantität
- Qualität
- Beschaffenheit

entweder

bei festgestellten *Mängeln*: **Benachrichtigung** des Einkaufs zwecks Mängelanzeige und evtl. **Rücksendung**

oder

bei *mangelfreier* Ware: **Freigabe** und **Einlagerung**

2.1 | Prüfen der Ware – Mängelarten

Zunächst wird die Ware **vorsichtig** ausgepackt, um Beschädigungen zu vermeiden bzw. bereits bestehende Schäden nachweisen zu können. Anschließend kann die Ware auf eventuell vorhandene Mängel geprüft werden.

Man unterscheidet folgende **Arten** der Warenprüfung und Mängel:

Warenprüfung		Mängelarten
Identitätsprüfung	⟺	Hier wird auf Identitätsmängel → **Mängel in der Art** geprüft. Das heißt, es wird sichergestellt, dass die richtige Art der Ware geliefert wurde. Dies geschieht durch **Besichtigung** der Ware. Anschließend erfolgt ein Vergleich der Warenbegleitpapiere mit der Bestellung. *Beispiel:* Anstelle der bestellten Baumwoll- wurden Seidenshirts geliefert.
Qualitätsprüfung	⟺	Hier wird auf Qualitätsmängel → **Mängel in der Qualität** geprüft. Das heißt, es wird kontrolliert, ob die Ware in der richtigen **Güte** geliefert wurde. Das geschieht durch Prüfen der **Eigenschaften** und **Merkmale** der gelieferten Ware. Das Ergebnis wird anschließend mit der Bestellung verglichen. *Beispiel:* Anstelle fein gewebter Baumwolle wurde grob gewebte geliefert.
Mengenprüfung	⟺	Hier wird auf Quantitätsmängel → **Mängel in der Menge** geprüft. Das heißt, durch sie wird kontrolliert, ob die richtige Menge geliefert wurde. Dies geschieht durch **Zählen, Messen oder Wiegen**. Die Anzahl von Kleinteilen in großen Mengen wird durch Zählwaagen ermittelt. Die gelieferte Menge wird anschließend mit den Warenbegleitpapieren und der Bestellung verglichen. *Beispiel:* Anstelle der angegebenen 50 Shirts wurden nur 46 geliefert.
Beschaffenheitsprüfung	⟺	Hier wird auf Beschaffenheitsmängel → **Mängel in der Beschaffenheit** geprüft. Das heißt, es wird sichergestellt, dass die Ware nicht beschädigt oder fehlerhaft ist. Dies geschieht durch eine genaue **Besichtigung** der Ware hinsichtlich des **Zustandes.** *Beispiel:* Fünf der gelieferten Shirts haben Löcher.

2.2 | Prüfumfang

Beim Prüfumfang wird zwischen vollständiger Prüfung und Stichprobenprüfung unterschieden.

Prüfumfang

Die **vollständige Prüfung** bietet sich bei kleinen Liefermengen an. Dabei wird jedes einzelne Stück der Lieferung genau überprüft. Diese Prüfung gewährleistet in vollem Umfang, dass die Bestellvorgaben eingehalten wurden. Nachteile einer vollständigen Prüfung sind jedoch der relativ hohe Zeitaufwand und die daraus resultierenden Kosten.

Stichprobenkontrollen werden bei großen Liefermengen (Massengütern) durchgeführt. Hier werden aus jedem Packstück mehrere Einzelstücke entnommen und überprüft. Anhand der geprüften Einzelstücke wird die Einhaltung der Bestellvorgaben für die Gesamtmenge beurteilt. Eine mögliche Fehlerquote wird dabei in Kauf genommen.

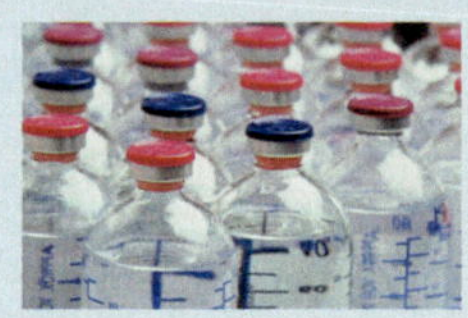

2.3 | Prüfverfahren

In kleinen Unternehmen wird die Warenprüfung durch die Mitarbeiter des Wareneingangs durchgeführt. Große Unternehmen haben zur Durchführung der Warenprüfung eigene Labore. In ihnen können mit geeigneter Einrichtung physikalische, chemische und technische Prüfungen und Messungen vorgenommen werden.

Es gibt zerstörungsfreie und zerstörende **Prüfverfahren.**

Zerstörende Prüfverfahren werden nur selten und nur als Stichprobenprüfung angewandt, wenn auf andere Weise kein Prüfergebnis erzielt werden kann. In den meisten Fällen werden **zerstörungsfreie Prüfverfahren** bei der Warenprüfung verwendet.

Übersicht über Prüfverfahren:

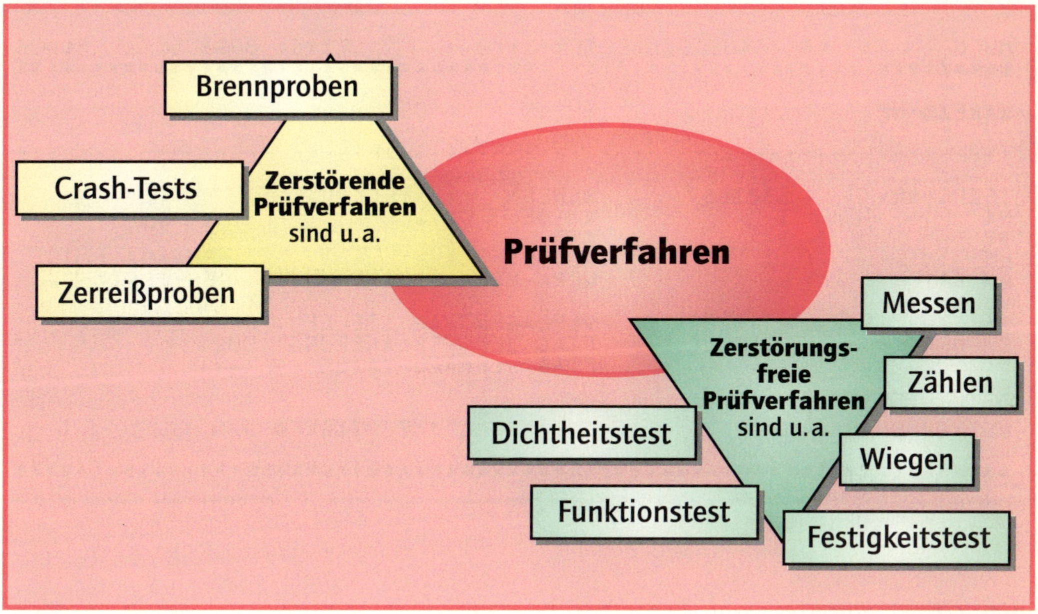

2.4 | Freigabe der mangelfreien Ware

Die Ergebnisse der Warenprüfung werden auf dem Wareneingangspapier, in Prüfprotokollen oder über EDV dokumentiert. **Bei Mangelfreiheit** gibt der Prüfer die Ware zur Einlagerung frei.

Auswirkungen der Freigabe

- Der Einkauf kann die Bestellung als erledigt abschließen.
  - Die Buchhaltung kann den Rechnungsbetrag bezahlen.
- Die Lagerbestandsverwaltung kann den Materialbestand fortschreiben.
  - Die Ware kann eingelagert oder der Fertigung zugeführt werden.

Beispiel: *Freigabe über EDV*

```
MW60          FREIGABE BEHAELTER-SATZ          FTAG: 3768          MW60A
*********************************************************************

WAREIN-NR.    : 1450810        BH-NR      : 01

---------------------------------------------------------------------

TEILE-NR.     : 5321657        BENENN     : STECKDOSE
BA            : 1              KZ-OE      : 1
DV            : 1              KTR        :
LO            : 11             ALO        :              BH-ANZ  : 01
BH-ART        : B              WERK-NR    :              BH-REST: 01

WAREIN-MENGE :      2,00       VERLAGERT AN STELLE :
BH-MENGE      :     2,00       FTAG DER VERLAGERUNG: 0000
                               FTAG VERFALL-DATUM   : ....
GUT-MENGE     :     2,00

WEITER WM10? : N               GUT-MENGE AKZEPTIEREN J/N : J

*********************************************************************
```

nach: Dirks/Nitschke (1990)

Beispiel: *Prüfergebnis über EDV*

```
MP10                    RUECKMELDUNG PRUEFERGEBNIS            FTAG 3768        WP10B
***************************************************************************************
WAREINGANGS-NR                    1450810
LAGER-NR                          5321657
BESTELL-NR                        4549320
WARENEINGANGS-MENGE                  2,00
BEANSTANDUNGS-MENGE                  0,00    ABSCHREIBUNGS-MENGE       ,00
LIEFERANTEN-KURZNAME         CANNON
HERSTELLER-KURZNAME          CANNON          ABSCHREIBEN J/N
ANDERER HERSTELLER ? J
PRUEFDATUM                          3768
PRUEFKENNZ PKZ  0 0   PRUEFER  03
CHARGEN-NR ..... WEITERE CHARG.  AVO   STICHPR   FEHL-MENGE F-CODE   PRUEF-MG

KORREKTUR?  JA=J                                        ,00 ...... 2        ,00

***************************************************************************************
```

nach: Dirks/Nitschke (1990)

Bei Mängeln wird das Prüfprotokoll oder sonstige Prüfunterlagen mit einem entsprechenden Vermerk versehen und dem Einkauf zur Abklärung übergeben.

Dieser setzt sich daraufhin mit dem Lieferanten in Verbindung, um die gesetzlichen Ansprüche geltend zu machen. Falls notwendig, wird die mangelhafte Ware an den Lieferanten zurückgeschickt.

Beispiel: *Prüfprotokoll der Warenprüfung*

Warenprüfung

Prüfbelegnr.:	wp/2004/000004583	Prüfdatum:	10.02.2004
WE-Nr.:	we/000001537/2004	WE-Datum:	09.02.2004
Bestellnr.:	ke/000000294/2004	Bestelldatum:	30.01.2004
Lieferant:	Fa. Krügermann	Lieferscheinnr.:	0000249/2004
	Lübbenau	Rechnungsnr.:	2004/0000249

Artikelnr.	Artikelbezeichnung	Menge lt. Begleitschein	tatsächliche Menge	Einheit
5675/253	Spannschloss	150	150	St.
6483/834	Stahlseil	500	500	lfd. M.
1573/485	Stahlkette	200	200	lfd. M.

Prüfumfang: ☐ Stichprobenkontrolle jedes __________ Stück ☒ Vollkontrolle

Prüfverfahren: ☒ Zählen ☒ Messen ☐ Wiegen

☐ sonstige ____________________

Verwendete Unterlagen:

☒ Lieferschein ☐ Frachtbrief ☐ Ladeschein ☐ Packzettel

☐ Rechnung ☐ Sonstiges ____________________

Prüfergebnis:

Vorhandene Mängel

☐ Identität ☐ Menge ☐ Qualität ☐ Beschaffenheit

☒ keine

Freigabe: Ja / ~~Nein~~ Zugewiesener Lagerbereich: _SE/12__________

Prüfer: Name _Lehmann, Jürgen________ Unterschrift _Jürgen Lehmann__

ZUSAMMENFASSUNG

Ware trifft ein.	• sofortige Prüfung der Lieferung auf Vollständigkeit und äußere Beschädigungen • Bestätigung von Mengendifferenzen und Schäden vom Überbringer • Prüfung der Lieferberechtigung durch Bestellabgleich • im Zweifel: Annahme der Ware unter Vorbehalt
Ware wird abgeladen.	• Kunde ist für das Abladen verantwortlich. • Käufer erteilt Empfangsbestätigung bei vollständiger und äußerlich unbeschädigter Ware. • Wareneingangspapiere werden erstellt. • Waren erhalten Wareneingangsnummer. • Die Kennzeichnung der Ware erfolgt durch Beilegen des Warenbegleitscheins, vorgedruckte Etiketten oder Barcode-Aufkleber.
Ware wird angenommen.	Unverzügliche, genaue Warenprüfung, um bei Mängeln die gesetzlichen Käuferrechte in Anspruch nehmen zu können. Große Lieferungen werden stichprobenartig, kleine Lieferungen vollständig geprüft. Die Ware wird separiert und vorläufig mit einem Sperrvermerk versehen. Sind keine Mängel feststellbar, wird die Ware zur Einlagerung freigegeben; andernfalls wird der Einkauf benachrichtigt, der daraufhin eine Reklamation durchführt.

Prüfunterlagen	• Lieferantenangebote • Bestellkopien	• Frachtbriefe • Lieferscheine
Mängelarten	• Identitätsmangel • Qualitätsmangel	• Quantitätsmangel • Beschaffenheitsmangel

? AUFGABEN

1 Überlegen Sie, welche Mängelarten im Fall der Boutique Fun-Time vorliegen. Begründen Sie Ihre Antwort.

2 Welche Konsequenzen hat es für ein Unternehmen, wenn es nicht unverzüglich nach Wareneingang eine genaue Warenprüfung durchführt?

3 Beschreiben Sie an einem konkreten Beispiel, wie in Ihrem Ausbildungsbetrieb die Warenprüfung abläuft.

4 Erklären Sie die einzelnen Mängelarten anhand je eines Beispiels aus Ihrem Ausbildungsbetrieb.

5 Diskutieren Sie in der Arbeitsgruppe, in welchem Umfang die Boutique Fun-Time die Warenprüfung durchgeführt haben wird. Begründen Sie Ihre Antwort vor der Klasse.

6 Die Deko Art GmbH ist ein Unternehmen, das verschiedene Gartendekorationen aus Stahl herstellt. Zur Herstellung eines Zaunes bestellt sie beim Stahlbaugroßhandel 250 Rundstahlstangen in den Maßen 400 x 3 cm, 1 000 Stahlkugeln mit einem Durchmesser von je 5 cm sowie 3 000 Rundkopfschrauben je 65 x 5 mm. Die Ware wird angeliefert.

a) Erklären Sie, worauf die Deko Art GmbH unmittelbar bei der Anlieferung zu achten hat.

b) Wer ist für das Entladen der Ware vom Transportmittel verantwortlich?

c) Überlegen Sie, mit welchen Verfahren die Ware im vorliegenden Fall zu prüfen ist.

7 Beschreiben Sie, welchem Zweck ein Bestellabgleich dient.

8 Überlegen Sie, warum der Empfänger eine Empfangsbestätigung erteilen muss. Begründen Sie Ihr Ergebnis mithilfe eines konkreten Beispiels.

9 Warum ist es wichtig, die angenommene Ware zu kennzeichnen und mit einer Wareneingangsnummer zu versehen?

10 Warum und in welchen Fällen wird die angenommene Ware im Wareneingang separiert? Nennen Sie zwei Beispiele.

LERNFELD 2 | Güter lagern

Trotz modernster Technik und neuester Entwicklungen (Leanproduction/Just-in-time-Produktion) kommt **kein** Unternehmen **ohne** Lagerhaltung aus, da der Bedarf nicht minutengenau steuerbar ist. Lagerhaltung ist deshalb ein bedeutender Faktor im betrieblichen Materialfluss.

Die Lagerhaltung **befasst** sich mit den beschafften Materialien von der Annahme bis zur Auslagerung bzw. Kommissionierung.

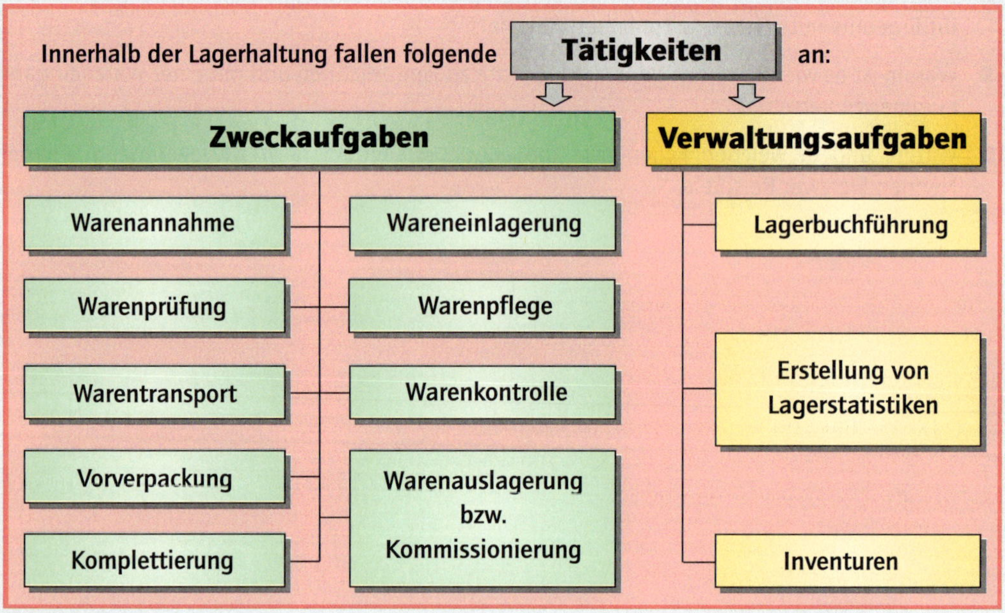

Die **Bildung der Stellen** in der Lagerhaltung kann nach folgenden **Prinzipien** erfolgen:

Verrichtungsprinzip	**Objektprinzip**	
(nach Aufgaben)	*(nach Materialgruppen)*	*(nach Warengruppen)*
• Warenannahme • Wareneinlagerung • Warenpflege • Lagerbuchführung • Inventur	• Roh-, Hilfs-, Betriebsstoffe • Zulieferteile • eigene Fertigerzeugnisse • Handelswaren • Verschleißwerkzeuge	• Notebooks • Laserdrucker • Scanner • Lerncomputer • Computerzubehör

Das Verrichtungsprinzip wird vor allem in Klein- und Mittelbetrieben angewandt. Großunternehmen bevorzugen das Objektprinzip.

500632

1 | Aufgaben der Lagerhaltung

SITUATION

Die Bäckerland GmbH ist ein Großhandel für Bäckereibedarf. Sie beliefert 21 private Bäckereien und 2 industrielle Großbäckereien mit den für die Herstellung notwendigen Zutaten und mit Zubehör.

Eine Auszubildende wird am ersten Tag ihrer Ausbildung vom Meister im Lager herumgeführt und eingewiesen. Dabei erklärt er ihr auch die Aufgaben der Lagerhaltung. Sie erfährt, dass Lagerhaltung nicht nur reine Aufbewahrung der Waren bedeutet, sondern dass sich viel mehr dahinter verbirgt.

1 **Klären Sie in Gruppenarbeit, welche Aufgaben das Lager der Bäckerland GmbH zu erfüllen hat. Begründen Sie Ihr Ergebnis vor der Klasse.**

2 **Überlegen Sie, mit welchen Artikeln und welchem Zubehör die Bäckerland GmbH ihre Kunden beliefern könnte.**

SACHDARSTELLUNG

Die Lagerhaltung erfolgt in ***„Lagern"***. Lager bewahren Materialien auf, die erst später benötigt werden, und halten sie verfügbar.

Der Begriff ***„Lager"*** meint also

- sowohl den ***Raum*** bzw. das ***Gebäude***, in dem die Materialien verfügbar gehalten werden,
- als auch die aufbewahrten ***Materialien*** selbst.

Die Lagerhaltung hat folgende ***Aufgaben***:

- ***Überbrückungsaufgabe:***
  Wenn Beschaffungs- und Bedarfszeitpunkt auseinander fallen, übernimmt die Lagerhaltung den zeitlichen und mengenmäßigen Ausgleich. Die ***Zeitpunkte*** werden ***überbrückt***. Das trifft z. B. bei der Getreideverarbeitung zu. Diese erfolgt während des gesamten Jahres, die Ernte dauert jedoch nur wenige Wochen im Jahr.
- ***Sicherungsaufgabe:***
  Die Lagerhaltung ***sichert*** den reibungslosen Ablauf der Produktion bzw. des Verkaufs ***vor Engpässen*** ab. Solche Engpässe können z. B. durch erhöhten Produktionsverbrauch, erhöhte Kundennachfrage, aber auch durch Diebstahl, Transportprobleme oder Lieferantenverzug entstehen.
- ***Spekulationsaufgabe:***
  Die Lagerhaltung ***spekuliert*** mit Kosten- und Preisvorteilen. Sind demnächst Qualitätsverschlechterungen oder Preissteigerungen erkennbar, so kann eine rechtzeitige Beschaffung Preisvorteile bringen, welche die Lagerhaltungskosten abdecken oder sogar übertreffen. Das Gleiche gilt für günstige Sonderangebote. Ein Beispiel ist hier der Kauf von Winterreifen oder Heizöl im Sommer.

- *Veredelungsaufgabe:*
  Bestimmte Materialien erhalten erst durch Lagerhaltung die gewünschte Reife bzw. Qualität. Sie werden durch Gärung, Trocknung, Alterung oder Reifung ***veredelt***. Üblich ist das z. B. bei Käse, Tabak, Holz, Wein, Cognac usw. Die Veredelung erfolgt in so genannten ***Produktivlagern***, denn die Lagerhaltung ist hier Teil des Produktionsprozesses.
- *Umformungsaufgabe:*
  Viele Materialien werden in großen Mengen und Behältern geliefert. Das ist besonders in Handelsunternehmen ungünstig, da die Kunden meistens geringere Mengen wünschen. Durch Mischen, Sortieren, Um- oder Abfüllen wird die Ware kundengerecht ***umgeformt***. Ein Beispiel ist hier der Verkauf von Schrauben. Die Schrauben werden vom Hersteller in großen Packungseinheiten geliefert. Das Handelsunternehmen füllt diese dann für den Verkauf in Päckchen zu 100, 500 oder 1 000 Stück, sortiert nach Maßen um.

? AUFGABEN

1 Nennen Sie je ein weiteres Beispiel für die vorgenannten fünf Aufgaben der Lagerhaltung.

2 Überlegen Sie, welche weiteren Aufgaben das Lager der Bäckerland GmbH noch zu erfüllen hat. Begründen Sie Ihr Ergebnis vor der Klasse.

3 Beschreiben Sie, welche Aufgaben die Lagerhaltung in Ihrem Ausbildungsbetrieb zu erfüllen hat. Nennen Sie dazu je ein Beispiel aus der betrieblichen Praxis.

2 | Arten der Lagerhaltung

2.1 | Eigentümer

SITUATION

Ein Hersteller von Baumaschinen hat aufgrund der vermehrten Nachfrage aus dem Ausland sein Produktionsvolumen erhöht und produziert nun künftig 25 Prozent mehr Baumaschinen. Deshalb reichen seine bisherigen eigenen Lagerkapazitäten nicht mehr aus.

Er überlegt nun, was er unternehmen kann, um mit geringstmöglichem Aufwand eine wirtschaftliche Lösung für dieses Problem zu finden.

1 Klären Sie in der Arbeitsgruppe, was der Baumaschinenhersteller Ihrer Meinung nach unternehmen könnte, um sein Lagerproblem zu lösen.

2 Überlegen Sie, welche weiteren Probleme möglicherweise dabei auftreten könnten.

500634

SACHDARSTELLUNG

2.1.1 | Eigenlager

Kaum ein Unternehmen kommt **ohne** ein Eigenlager aus. Die Entscheidung darüber, in welchem Umfang ein Eigenlager betrieben bzw. ob ein gewerblicher Lagerhalter eingeschaltet wird, wird für einen längeren Zeitraum getroffen.

Entscheidungskriterien für Eigenlager

Pro

Besserer Informationsfluss
Störungen im Informationsfluss können dazu führen, dass Kundenaufträge nicht termingerecht erfüllt werden. Gewinneinbußen und Kundenverlust sind die Folge. Diese Gefahr ist bei Einsatz von Fremdlagern noch größer. Nur ein ungestörter, gut organisierter Informationsfluss kann dies verhindern.

Geringere Abhängigkeit
Unternehmen, die den größten Teil ihrer Waren und Materialien in Fremdlagern halten, müssen sich auf deren Zuverlässigkeit verlassen. Störungen beim Lagerhalter können verheerende Folgen für ein Unternehmen haben.

Kontra

Hohe Investitionskosten
Jeder Lagerneubau oder -umbau verursacht Kosten, die in einem vernünftigen Verhältnis zum Nutzen stehen müssen.

Hohe Lagerhaltungskosten
Je nach Einrichtung und Automatisierungsgrad fallen laufende Lagerkosten an, die nur durch eine hohe Lagerauslastung wirtschaftlich zu vertreten sind.

Know-how-Lücken
Gerade die modernen Lagertechniken verlangen ausreichend qualifiziertes Personal, das nicht immer ohne weiteres im Unternehmen verfügbar ist.

2.1.2 | Fremdlager

Fallen Kosten und Know-how zuungunsten des Unternehmens aus, dann ist die zusätzliche Einschaltung eines gewerblichen **Lagerhalters** sinnvoll. Der Lagerhalter übernimmt die **gewerbsmäßige** Einlagerung und Aufbewahrung von Gütern für andere. Er ist ein selbstständiger **Kaufmann** und oft gleichzeitig auch Frachtführer oder Spediteur. Lagerhalter siedeln sich häufig in Häfen sowie anderen großen Plätzen für den Warenumschlag an.

Der **Ablauf** der Ein- und Auslagerung beim Lagerhalter wird anhand des folgenden **Schemas** deutlich:

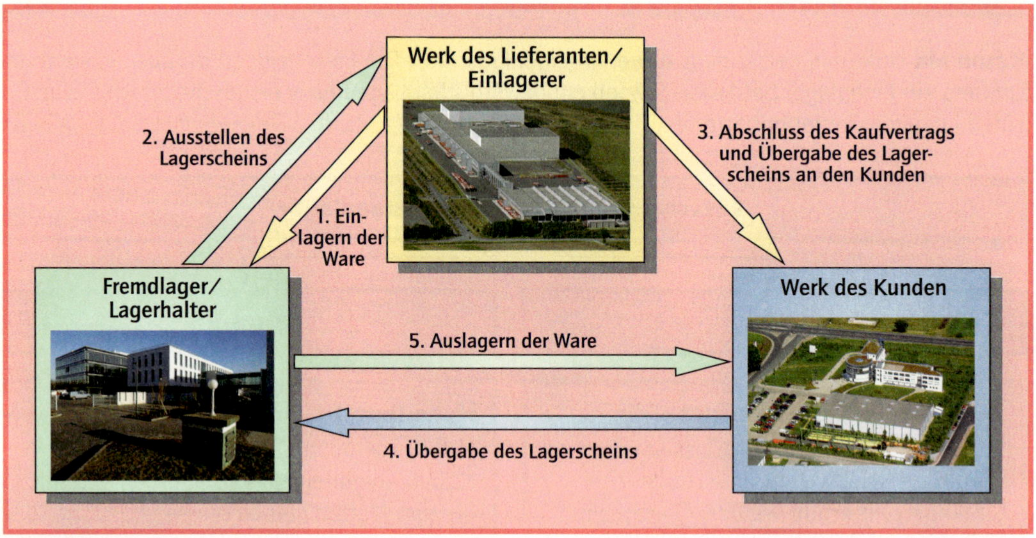

Bei Einlagerung der Ware stellt der Lagerhalter einen **Lagerschein** aus. Dieser dient zur Bestätigung der Einlagerung (Lagerempfangsquittung) und gleichzeitig als Berechtigungsschein zur Abholung der Ware. Er kann auch auf eine andere Person als den Einlagerer übertragen werden. Deshalb ist der Lagerschein ein **Warenwertpapier.**

Folgende Arten des Lagerscheins sind möglich:

Namenslagerschein
Nur die namentlich im Lagerschein genannte Person hat Anspruch auf Herausgabe der Ware. Die Übertragung des Anspruchs auf eine andere Person erfolgt durch eine Abtretungserklärung.

Inhaberlagerschein
Bei Vorlage dieses Lagerscheins kann jede Person die Ware in Empfang nehmen. Die Übertragung auf eine andere Person erfolgt einfach durch eine formlose Übergabe des Scheins.

Orderlagerschein
Durch Indossament ist dieser Lagerschein auf eine andere Person übertragbar. Das heißt, es erfolgt ein Übertragungsvermerk auf der Rückseite des Orderpapiers. Er ist der in der betrieblichen Praxis gebräuchlichste Lagerschein.

Daneben besteht die Möglichkeit, einen Lagerempfangsschein als reine Lagerempfangsquittung ohne Wertpapiercharakter auszustellen.

Vorteile der Fremdlagerung:

- Lagerhalter verfügen über moderne Lagertechnik und Lagereinrichtungen.
- Beim Lagerhalter erfolgt fachkundige Warenpflege durch Know-how.
- Lagermiete ist nur während der Einlagerungszeit zu zahlen.
- Durch geringere eigene Lagerhaltung sind Einsparungen von Lagerhaltungskosten möglich.
- Eine Fremdlagerung ist außerdem dann vorteilhaft, wenn das Unternehmen nur vorübergehend größere Warenmengen einlagern will.
- Mithilfe des Lagerscheins kann problemlos das Eigentum an der Ware auf eine andere Person übertragen werden.
- Der Lagerhalter trägt während der Einlagerung das Lagerrisiko für die Ware.

PRAXISFALL

Der in der Ausgangssituation vorgestellte Hersteller von Baumaschinen überlegt, ob die Lagerung der zusätzlichen Geräte im Eigenlager oder bei einem Lagerhalter erfolgen soll.

Es wird ein Kostenvergleich durchgeführt. Das bisherige Produktionsvolumen betrug 1 000 Maschinen pro Monat, die fixen Lagerkosten betragen monatlich 15.500,00 EUR, die variablen Lagerkosten 25,00 EUR pro Maschine.

Bei einer Fremdlagerung würden variable Lagerkosten von 75,00 EUR pro Maschine anfallen.

a) Ermitteln Sie, ob im vorliegenden Fall Eigenlagerung oder Fremdlagerung der **zusätzlichen** Maschinen günstiger ist.

b) Ermitteln Sie die Menge, bei der die Kosten von Eigenlagerung und Fremdlagerung gleich hoch sind.

c) Lösen Sie das Problem grafisch.

Lösung:

a) erhöhtes Produktionsvolumen = 25 % von 1 000 Stück = 250 Stück pro Monat

Kosten bei		***Eigenlagerung***		***Fremdlagerung***
fixe Kosten		15.500 EUR		0 EUR
variable Kosten 25 EUR · 250 Stück	=	6.250 EUR	75 EUR · 250 Stück	= 18.750 EUR
Gesamtkosten		***= 21.750 EUR***		***= 18.750 EUR***

Im vorliegenden Fall ist die Fremdlagerung der monatlich zusätzlichen 250 Baumaschinen günstiger als die Eigenlagerung.

b) Fremdlager = Eigenlager

$$75\,x = 15.500 \text{ EUR} + 25\,x \quad | -25\,x$$
$$50\,x = 15.500 \text{ EUR} \quad | :50$$
$$x = 310 \text{ Stück}$$

Bei einer Stückzahl von 310 Baumaschinen sind die Kosten bei Eigenlagerung und Fremdlagerung gleich hoch.

c) grafische Lösung:

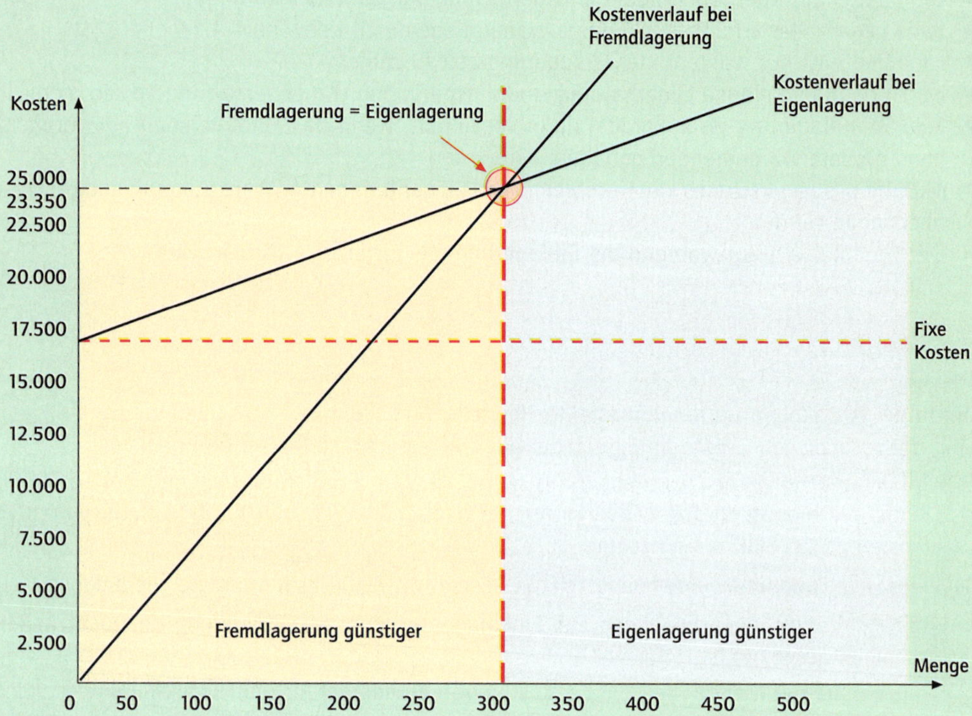

Beim Lagerhalter lassen sich folgende **Arten der Lagerhaltung** unterscheiden:

Mietlagerung
Der Einlagerer mietet einen Lagerraum und ist im Übrigen für die Lagerung seiner Ware selbst verantwortlich.

Trennungslagerung
Für jeden Einlagerer erfolgt die Lagerung seiner Waren getrennt von den anderen.

Sammellagerung
Sind die betreffenden Einlagerer einverstanden, so werden gleichartige Güter der verschiedenen Einlagerer gemeinsam gelagert.

Der Lagerhalter hat verschiedene **Pflichten**, aber auch **Rechte**:

Pflichten des Lagerhalters

↓ Ausstellen des Lagerscheins bei Warenempfang

↓ Versicherung der eingelagerten Ware, sofern der Einlagerer dies wünscht

↓ Erhaltung der Qualität und Quantität der Ware durch fach- und sachgerechte Lagerung

↓ Leistung von Schadenersatz bei vermeidbaren Schäden

↓ Information an den Einlagerer bei drohenden unvermeidbaren Schäden

↓ Herausgabe der Ware an den Empfangsberechtigten

Rechte des Lagerhalters

↓ Entgeltanspruch für die erbrachten Leistungen

↓ Anspruch auf Ersatz der für die Lagerhaltung notwendigen Kosten (z. B. Strom, Heizung usw.)

↓ Ausübung des Pfandrechtes zur Abdeckung seiner finanziellen Ansprüche im Falle der Nichtzahlung durch den Einlagerer

↓ Recht auf Kündigung des Lagervertrages, falls der Einlagerer nicht seinen Vertragspflichten nachkommt

2.1.3 | Konsignations- bzw. Kommissionslager

Beim Konsignations- bzw. Kommissionslager versorgt der Lieferant auf eigene Kosten seine Kunden mit seiner Ware.

Die Ware wird **im Lager der Kunden** eingelagert, bleibt jedoch **Eigentum des Lieferanten.** Es wird nur der tatsächliche Warenverbrauch durch die Kunden monatlich abgerechnet und bezahlt. Nicht mehr benötigte Waren werden vom Lieferanten zurückgenommen. Das Absatzrisiko liegt hier beim Lieferanten. Damit ist eine optimale Versorgung des Kunden bei gleichzeitig verringerter Kapitalbindung gewährleistet. Andererseits erfolgt eine Bindung des Kunden an den Lieferanten.

Diese Lagerart ist im Groß- und Einzelhandel gebräuchlich.

? AUFGABEN

1 Überlegen Sie, welche Nachteile eine Fremdlagerung mit sich bringt.

2 Überlegen Sie, unter welchen Voraussetzungen die Einschaltung eines Lagerhalters für den Baumaschinenhersteller günstig ist.

3 Beschreiben Sie, ob und inwieweit Ihr Ausbildungsbetrieb gewerbliche Lagerhalter einbezieht.

4 Überlegen Sie, unter welchen Bedingungen eine Sammellagerung günstig ist.

5 Erklären Sie, welche Vorteile ein Kommissionslager für ein Unternehmen hat.

6 Nennen Sie Vorteile, die ein Eigenlager gegenüber einem Fremdlager hat.

2.2 | Lagergestaltung

SITUATION

Die in Gründung befindliche Schöner Wohnen GmbH plant die Herstellung und den Vertrieb von Terrassenmöbeln.

Neben der Errichtung der Produktionsstätte ist auch der Bau eines Lagers notwendig, um die Materialien sowie die produzierten Waren ordnungsgemäß aufbewahren zu können. Dieses soll sowohl wirtschaftlich sein als auch eine sach- und fachgerechte Lagerung gewährleisten.

Nun überlegt die GmbH, welche Lagerart hierfür die richtige ist.

1 Überlegen Sie, welche Materialien in die Produktion einfließen und welche fertigen Produkte die o. g. GmbH herstellen könnte.

2 Diskutieren Sie in der Arbeitsgruppe, was bei der Lagerung der Materialien und der fertigen Produkte der Schöner Wohnen GmbH Ihrer Meinung nach zu beachten ist, um eine sach- und fachgerechte Lagerung zu gewährleisten.

SACHDARSTELLUNG

Wie das Lager gestaltet wird, hängt vor allem von der zu lagernden Ware ab.

500640

2.2.1 | Offene, halb offene oder geschlossene Lager?

Offene Lager, auch **Freilager** genannt, bieten keinen Schutz vor Witterungseinflüssen. Deshalb eignen sie sich nur für die Lagerung von Materialien, die witterungsunabhängig sind. Das sind vor allem Massengüter, wie z. B. Baumaterial, Bleche und Holz, oder Schüttgüter, wie z. B. Kohle, Kiese usw., die durch die offene Lagerung keine Qualitätseinbußen erleiden.

Freilager haben meistens einen befestigten Boden, um den Gebrauch von Fördermitteln zu ermöglichen und Verschmutzungen der Materialien zu vermeiden. Zum Schutz vor Diebstahl sind sie außerdem oft eingezäunt.

Halb offene Lager sind überdachte Freilager ohne seitlichen Schutz. Sie eigenen sich für die Lagerung von Stahl und Erz, aber auch von Fertigerzeugnissen, wie z. B. Maschinen, Autos oder Rohren. Diese sind meistens durch eine Verpackung vor Qualitätsminderungen geschützt. Jedoch ist hier ebenfalls zum Schutz vor Diebstahl eine Einzäunung zu empfehlen. Die Bau- und die Lagerhaltungskosten sind bei dieser Lagerart sehr gering.

Geschlossene Lager sind Gebäude oder Hallen, in denen diebstahlgefährdete oder witterungsempfindliche Waren gelagert werden. Hier sind alle zur Einlagerung, Umlagerung, Auslagerung, Registrierung sowie zum Zählen, Messen und Wiegen notwendigen Einrichtungen, Förder- und Hilfsmittel vorhanden.

Außerdem befinden sich hier die Räume für die Lagerverwaltung und die Sozialräume. Die Bau- und Lagerhaltungskosten sind bei dieser Lagerart entsprechend hoch.

2.2.2 | Eingeschossige oder mehrgeschossige Lager?

Bei geschlossenen Lagern wird außerdem zwischen eingeschossigen und mehrgeschossigen Lagern unterschieden. Entscheidend ist hierbei, wie viel Grundstücksfläche dem Unternehmen zur Lagerhaltung zur Verfügung steht.

Der Bau **eingeschossiger Lager** ist möglich, wenn dem Unternehmen eine genügend große Grundstücksfläche dafür zur Verfügung steht.

Sie verursachen geringere Investitionskosten als mehrgeschossige, da Treppen und Aufzüge hier nicht notwendig sind. An- und Abtransport bzw. Ein- und Auslagerung der Waren sind mit geringerem Aufwand ausführbar.

Verhältnismäßig kleine Grundstücksflächen machen den Bau **mehrgeschossiger Lager** notwendig. Hier werden die Waren auf mehreren Ebenen gelagert.

Diese Bauweise ist aber auch dann vorteilhaft, wenn die Fertigungs- und Lagerebenen so günstig zueinander angeordnet werden können, dass kurze Wege einen reibungslosen und wirtschaftlichen Materialfluss sichern.

Sie verursacht jedoch im Vergleich zur eingeschossigen Bauausführung höhere Investitionskosten für Fundament, Deckentraglast, Treppen, Aufzüge sowie sonstige Transporteinrichtungen.

2.2.3 | Bauformen

Freilager

Diese Bauform gibt es als **offenes** oder **halb offenes** Lager. Ein Freilager besteht nur aus einem befestigten Boden bzw. ist als überdachtes Freilager zusätzlich mit einem Leichtbaudach versehen (siehe auch Abschnitt 2.2.1).

Tank-/Silo-/Bunkerlager

Flüssigkeiten, Gase oder Schüttgüter werden in **Tanks**, **Silos** oder **Bunkern** gelagert. Diese haben eine quaderförmige oder zylindrische Bauform und erreichen Rauminhalte von bis zu 2 000 m^2 und Höhen bis 50 m.

Befüllt werden sie am oberen Ende mittels Stetigförderern. Die Entnahme der Ware erfolgt am unteren Ende mittels Auslaufvorrichtungen.

Traglufthallenlager

Traglufthallen sind ballonartige Konstruktionen mit einer Außenhaut aus PVC-beschichtetem Chemiefasergewebe und einer darunter angebrachten Isolierhaut. Dadurch sind sie luftundurchlässig. Mit Spezialankern wird die Halle auf der Betonbodenplatte fest verankert.

Ein Gebläse sorgt für einen geringen Überdruck im Halleninneren. Dieser hält die Konstruktion aufrecht, ist für den Menschen jedoch nicht wahrnehmbar.

Die Halle ist über Luftschleusen, die den Überdruck stabil halten, begehbar. Für gleich bleibende Wärme sorgt eine integrierte Heizung.

Die **Vorteile** liegen auf der Hand: Auf- und Abbau erfolgen in kürzester Zeit (ca. fünf Tage). Dadurch ist eine vielfache Wiederverwendung an verschiedenen Standorten möglich. Die Investitionskosten liegen weit unter denen anderer Bauformen.

Nachteil ist hier jedoch ein eingeschränkter Raumnutzungsfaktor aufgrund der ballonartigen Form.

Flachlager/Hochflachlager

Flachlager sind Gebäude mit nur einer **Geschossebene** und einer Höhe bis ca. 7 m. Hier sind alle Lagertechniken einsetzbar und sowohl Regallagerung als auch Bodenlagerung möglich. Gute Zugänglichkeit, ein wirtschaftlicher Materialfluss und einfache Erweiterungsmöglichkeiten sind die wichtigsten **Vorteile** von Flachlagern.

Flachlager, die eine Höhe von bis zu 12 m erreichen, werden **Hochflachlager** genannt. Die Regalbedienung erfolgt hier z. B. durch Hochschub-Gabelstapler oder geführte Schmalgang-Stapler (siehe auch Abschnitt 2.2.2).

Etagenlager

Etagenlager sind Gebäude mit **mehreren Geschossebenen.** Nachteile dieser Bauform sind aber u. a. beschränkte Deckentraglasten, begrenzte Flucht- und Brandbekämpfungsmöglichkeiten sowie die Notwendigkeit von Treppen, Aufzügen und sonstigen Transporteinrichtungen, die einen Engpass im Materialfluss darstellen (siehe auch Abschnitt 2.2.2).

500644

Hochregallager

Hochregallager sind **eingeschossige** Gebäude mit einer Höhe über 12 m bis maximal 45 m und einer Länge von maximal 120 m.

Die Regale werden über schienengeführte automatische Regalförderzeuge bedient.

Beim Hochregallager sind zwei verschiedene **Bauweisen** möglich.

- **Silobauweise:** Hier sind die Regale gleichzeitig tragende Elemente für Wände und Dach des Lagergebäudes.
- **Betonbauweise:** Hier werden die Regale nachträglich in einem massiven Gebäude freistehend aufgestellt.

Hochregallager sind **Einzweckanlagen**, die nicht für andere Zwecke als die Lagerhaltung nutzbar sind.

2.2.4 | Speziallager

Waren mit **technologischen Besonderheiten** sind in speziellen Lagern aufzubewahren, um deren Beschaffenheit gerecht zu werden. Das betrifft giftige, gesundheitsschädliche bzw. umweltschädigende, besonders diebstahlgefährdete oder leicht verderbliche Materialien in festem, staubförmigem, flüssigem und gasförmigem Zustand.

Flüssige Materialien, wie z. B. Treibstoffe, Schmierstoffe, Laugen, Säuren und andere chemische Stoffe, sind in Tanks aufzubewahren.

Gasförmige Materialien, wie z. B. Treibstoffe oder chemische Grundstoffe, müssen in drucksicheren, explosionsgeschützten Tanks und Rohrleitungen gelagert werden.

Staubförmige Materialien, wie z. B. Schwefel, Mehl oder Zucker, werden in Silos gelagert.

Dabei sind die gesetzlichen Bestimmungen hinsichtlich Umweltschutz, Feuergefahr, Schutz vor unbefugtem Zugriff usw. einzuhalten.

? AUFGABEN

1 Beschreiben Sie, welche Lagerbauformen in Ihrem Ausbildungsbetrieb zu finden sind.

2 Erklären Sie, welche Materialien bzw. Güter in den jeweiligen Lagerbauformen Ihres Ausbildungsbetriebes aufbewahrt werden.

3 Überlegen Sie gemeinsam mit Ihrer Arbeitsgruppe, welche Gründe ein Unternehmen für den Einsatz von Traglufthallenlagern haben könnte.

4 Nennen Sie je ein Beispiel für Materialien, die in Tanks, in Silos und in Bunkern gelagert werden.

5 Begründen Sie, warum Freilager nicht für alle Materialien geeignet sind.

500646

2.3 | Betriebsart

SITUATION

Die Outdoor Fashion GmbH ist ein mittelständisches Unternehmen. Sie ist Hersteller und Vertreiber von exklusiver Freizeitbekleidung und diversem Zubehör. Die GmbH beliefert 47 Einzelhandelsunternehmen mit ihren Erzeugnissen.

Aus verschiedenen Gründen hat die GmbH die Lagerwirtschaft in einzelne Lagerbereiche mit verschiedenen Lagerarten unterteilt.

Frau Meyer ist neu im Unternehmen und soll in der Lagerwirtschaft, speziell im Fertigwarenlager, eingesetzt werden.

1 **Diskutieren Sie in der Arbeitsgruppe, welche Funktion ein Fertigwarenlager haben wird.**

2 **Nennen Sie Beispiele für Waren, die im Fertigwarenlager der Outdoor Fashion GmbH gelagert sein könnten.**

3 **Welche Gründe wird ein Unternehmen dafür haben, nicht nur eine Lagerart zu unterhalten?**

SACHDARSTELLUNG

2.3.1 | Handelsunternehmen

2.3.1.1 | Einzelhandel

Einzelhandelsunternehmen beschaffen ihre Waren über den Großhandel oder unmittelbar beim Hersteller und verkaufen sie in kleineren Mengen an die Endverbraucher weiter.

In Einzelhandelsunternehmen sind folgende **Lagerarten** zu finden:

Das **Verkaufslager** ist die offene Verkaufsstelle, in der die Waren jedem Kunden zum Verkauf angeboten werden.

Das **Reservelager** sichert den Verkauf vor Engpässen im Warenfluss ab. Hier werden die Waren so lange zwischengelagert, bis sie für den Verkauf benötigt werden. Außerdem erfolgen hier die Warenannahme und die Warenprüfung.

2.3.1.2 | Großhandel

Großhandelsunternehmen beschaffen ihre Waren beim Hersteller und verkaufen sie in größeren Mengen an Industrieunternehmen, den Einzelhandel sowie Gewerbetreibende weiter.

Bei Großhandelsunternehmen kommen folgende **Lagerarten** vor:

Die vom Hersteller beschafften Waren werden in großen **Handelswarenlagern** aufbewahrt. Diese befinden sich aus wirtschaftlichen und logistischen Gründen oft am Stadtrand oder in Hafennähe sowie anderen großen Plätzen für den Warenumschlag.

Ebenfalls aus wirtschaftlichen und logistischen Gründen betreiben viele Großhandelsunternehmen zusätzlich mehrere eigene **Auslieferungslager.** Diese befinden sich in Kundennähe und verkürzen damit Transportwege und Lieferzeiten. Auslieferungslager werden sowohl durch die Handelswarenlager und als auch direkt durch die Hersteller mit Waren versorgt.

2.3.2 | Industrieunternehmen

Industrieunternehmen befassen sich im Wesentlichen mit folgenden **Schwerpunkten:**

- Rohstoff- bzw. Materialgewinnung
- Rohstoff- bzw. Materialveredelung
- Herstellung von Gütern

Diese Schwerpunkte begründen die im Folgenden beschriebenen verschiedenen **Lagerarten** in Industrieunternehmen.

Materiallager

Materiallager dienen zur Bereitstellung von Roh-, Hilfs- und Betriebsstoffen, aber auch von Halbfabrikaten für den Produktionsprozess.

Das **Materiallager** unterteilt sich in:

Rohstofflager
für Stoffe, die unmittelbar in das zu fertigende Erzeugnis eingehen und dessen Hauptbestandteil bilden, wie z. B. Rohöl, Rohbraunkohle, Holz, Stahl, Kupfer, Kautschuk usw.

Hilfsstofflager
für Stoffe, die ebenfalls unmittelbar in das zu fertigende Erzeugnis eingehen. Da ihr mengen- und wertmäßiger Anteil aber gering ist, erfüllen sie nur eine Hilfsfunktion, wie z. B. Farben, Schrauben, Verpackungsmaterialien, Lack, Leim usw.

Betriebsstofflager
für Stoffe, die mittelbar oder unmittelbar bei der Herstellung des Erzeugnisses verbraucht werden und den Produktionsprozess in Gang halten, selbst aber keinen Bestandteil des fertigen Erzeugnisses bilden, wie z. B. Benzin, Gas, Schmieröl, Büromaterialien usw.

Materiallager können nach folgenden **Merkmalen** aufgebaut sein:

Stofforientierte Lagerung
Hier werden gleichartige Materialien und Materialgruppen in dafür geeigneten Lagern zusammengefasst. Diese verfügen über spezielle, an die Eigenschaften der jeweiligen Materialien angepassten Lagereinrichtungen.
Beispiele: Kühllager, Treibstofflager

Verbrauchsorientierte Lagerung
Hier orientiert sich die Lagerung am Produktionsprozess. Das heißt, die Materialien werden nach dem Bedarf im Produktionsablauf gelagert.
Beispiele: Werkstattlager, Handlager

Werkstatt- bzw. Zwischenlager

Werkstattlager sind Zwischenlager im Fertigungsbereich. Der Produktionsprozess erfolgt im Allgemeinen in mehreren Fertigungsstufen. Zwischen diesen Fertigungsstufen entstehen Wartezeiten für die herzustellenden Produkte, die durch Zwischenlager überbrückt werden müssen. Die Größe der Werkstatt- bzw. Zwischenlager hängt sowohl von der Art des Produktes als auch von der Art der Fertigung, die Anzahl der Zwischenlager von der Anzahl der Fertigungsstufen ab.

Erfolgt der Produktionsprozess als Fließfertigung, dann sind Zwischenlager weitestgehend vermeidbar. Ein Beispiel bildet hierbei die eingangs vorgestellte Gläserne Manufaktur von VW in Dresden.

Fertigwarenlager

Die fertig hergestellten Produkte werden bis zum Verkauf in Fertigwaren- oder Erzeugnislagern eingelagert.

Das können sein:

- **fertige Erzeugnisse**, z. B. fertig gestellte Pkw
- **Halbfabrikate**, z. B. Pkw-Karossen
- **Ersatzteile**, z. B. Austauschmotoren
- **Handelswaren**, z. B. Bekleidung mit Firmen-Logo

Während der Produktionsprozess kontinuierlich läuft, ist der Absatz meistens Schwankungen unterworfen. Es ist **Aufgabe** von Fertigwarenlagern, diese Schwankungen des Absatzmarktes aufzufangen.

Wie ein Fertigwarenlager organisiert wird, hängt davon ab, ob die Endverbraucher direkt oder über den Handel mit Waren versorgt werden sollen.

Sonderlager

Zusätzlich zu den vorgenannten Lagerarten sind in Industrieunternehmen häufig Sonderlager eingerichtet.

Formen von Sonderlagern

- **Werkzeuglager** Hier werden die für die eigene Produktion benötigten Werkzeuge aufbewahrt bzw. bereitgestellt.
- **Ersatzteillager** Sie sind notwendig, um Werkstätten und Händler mit Ersatzteilen für Wartungs- und Reparaturarbeiten versorgen zu können.
- **Büromateriallager** Für die Verwaltung werden Büromaterialien benötigt, die in diesen Lagern zur Verfügung gestellt werden.
- **Packmittellager** Sie dienen zur Aufbewahrung der für den Versand benötigten Packmittel.

***Beispiel** eines Lagerplanes*

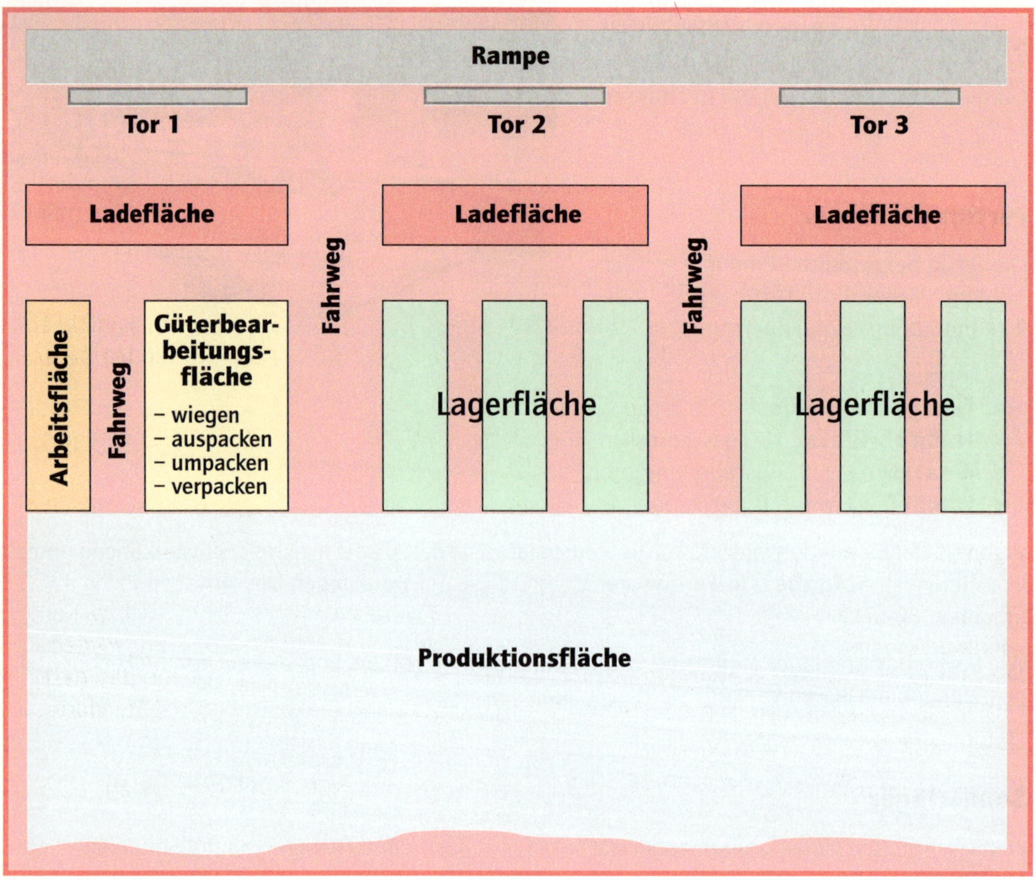

? AUFGABEN

1 Überlegen Sie, um welche Betriebsart es sich bei der Outdoor Fashion GmbH handelt.

2 Diskutieren Sie in Ihrer Arbeitsgruppe, welche Lagerarten bei der Outdoor Fashion GmbH noch vorhanden sein könnten.

3 Nennen Sie je ein Beispiel für Materialien, die in den Lagerarten der Outdoor Fashion GmbH aufbewahrt werden.

4 Überlegen Sie, welche Gründe ein Unternehmen haben könnte, Werkzeuge, Ersatzteile, Büromaterialien und Packmittel getrennt von den übrigen Materialien in Sonderlagern aufzubewahren.

2.4 | Lagerstandort

SITUATION

Die Nord-Rohr AG ist Hersteller verschiedener Rohre für den Straßen- und Hausbau. Sie hat ihren Produktionsstandort in Rostock. Aufgrund der immer größer werdenden Nachfrage nach ihren Produkten im Süden Deutschlands plant sie den Aufbau eines weiteren Produktionsstandortes in München. Zur kontinuierlichen Versorgung der Produktion mit den benötigten Materialien und Aufbewahrung der Fertigprodukte ist auch der optimale Lagerstandort zu planen.

1 **Überlegen Sie, welche Gründe die Nord-Rohr AG dazu bewogen haben könnten, künftig auch in München zu produzieren, anstatt die Waren wie bisher von Rostock in den Süden Deutschlands zu transportieren.**

2 **Nennen Sie die für die Aufbewahrung o. g. Materialien und Fertigprodukte geeigneten Lagerbauformen.**

SACHDARSTELLUNG

Der Lagerstandort ist vom Unternehmen so zu planen, dass alle Produktionsstandorte bzw. Kunden kontinuierlich und wirtschaftlich mit allen benötigten Materialien und Waren versorgt werden können. Dabei sind **zwei Varianten** möglich: *entweder* ein **zentrales** Lager für das gesamte Unternehmen *oder* mehrere **dezentrale** Lager für mehrere räumlich getrennte Standorte des Unternehmens.

Welche Variante das Unternehmen wählt, hängt vor allem von folgenden **Faktoren** ab:

- der Art, Form und Beschaffenheit der zu lagernden Materialien
- der Größe des Unternehmens
- dem Wunsch nach Kundennähe
- dem Produktionsprogramm
- der Entfernung zwischen den einzelnen Produktionsstandorten

2.4.1 | Zentrales Lager

Zentrale Lager gibt es hauptsächlich in Klein- und Mittelbetrieben. Aus diesen wird das gesamte Unternehmen mit allen notwendigen Materialien versorgt. Dadurch lassen sich Materialannahme, Materiallagerung, Materialabgabe und Lagerverwaltung wirtschaftlich gestalten.

Das bringt insbesondere folgende **Vorteile:**

- einfache Bedarfsermittlung
- niedrigere Kapitalbindung, da niedrigere Lagerbestände notwendig sind

- leichtes Kontrollieren von Materialein- und -ausgang
- geringere Gefahr des Verderbs und Veraltens der Lagerbestände, da der Lagerumschlag höher ist
- bessere Ausnutzung der vorhandenen Förder- und Hilfsmittel sowie der Lagereinrichtungen
- bessere Planung des Personaleinsatzes
- bessere Lagerraumausnutzung

2.4.2 | Dezentrales Lager

Vor allem Großunternehmen haben mehrere räumlich getrennte Produktionsstandorte. Wegen der damit verbundenen Transportwege und -zeiten sind hier dezentrale Lager sinnvoll. Aber auch Waren mit technologischen Besonderheiten sowie sperrige oder schwere Waren werden in dezentralen Lagern aufbewahrt. Dezentrale Lager bringen vor allem folgende **Vorteile:**

- Hier ist der Einsatz von speziellen Förder- und Hilfsmitteln sowie Lagereinrichtungen und Spezialgeräten (Belüftung, Kühlung, Heizung, Befeuchtung) möglich.
- Der effektive Einsatz von speziell ausgebildetem Lagerpersonal ist möglich.
- Dadurch ist eine sachgemäße Materiallagerung möglich.
- Die Informationen zwischen Produktion, Lager und Absatz fließen besser.
- Dadurch erfolgt eine einfachere und genauere Abstimmung zwischen Produktion, Lager und Absatz.

2.4.3 | Handlager

Handlager kommen vor allem in der Fließfertigung, aber auch in sonstigen Montagebereichen vor. Sie befinden sich am jeweiligen Arbeitsplatz und versorgen diesen mit Kleinteilen (Kabel, Nieten, Schrauben, Muttern, Dichtungen usw.). Die Entnahme der Materialien aus dem Handlager erfolgt zugriffsfrei, d. h., sie wird nicht einzeln erfasst und gebucht.

Die **Vorteile** von Handlagern sind klar erkennbar:

- Die Verwaltungsarbeiten werden einfacher, da nur das Auffüllen der Handlager erfasst wird.
- Es entfallen überflüssige Wege.

Das Handlager bringt jedoch auch einige **Nachteile:**

- Es besteht die Gefahr, dass Materialien unberechtigt entnommen werden.
- Eine exakte verbrauchsgesteuerte Bedarfsermittlung ist hier nicht möglich.
- Der Verbrauch ist nicht genau kontrollierbar.

? AUFGABEN

1 Beschreiben Sie, ob Ihr Ausbildungsbetrieb ein zentrales oder mehrere dezentrale Lager eingerichtet hat.

2 Nennen Sie die Gründe, die Ihren Ausbildungsbetrieb zu dieser Entscheidung bewogen haben.

3 Falls in Ihrem Ausbildungsbetrieb Handlager zum Einsatz kommen, erklären Sie, welche Kleinmaterialien darin zur Verfügung gestellt werden.

3 | Aufbau und Organisation des Lagers – Grundsätze ordnungsgemäßer Lagerhaltung

SITUATION

Am Ende des ersten Ausbildungstages drückt der Ausbilder dem Auszubildenden Robert einen Besen in die Hand und beauftragt ihn, das Lager sauber zu machen und aufzuräumen. Robert sieht das nicht ein und fragt, warum er das machen solle, da er doch zum Lernen da sei und nicht zum Putzen. Der Meister erklärt Robert daraufhin die Grundsätze ordnungsgemäßer Lagerhaltung.

Robert begreift, dass Sauberkeit, aber auch Geräumigkeit und Übersichtlichkeit sehr wichtig für eine sach- und fachgerechte Lagerung und das schnelle Wiederfinden der Waren sind.

1 Diskutieren Sie in Ihrer Arbeitsgruppe, warum Sauberkeit, Geräumigkeit und Übersichtlichkeit so wichtig für eine sach- und fachgerechte Lagerung sind.

2 Überlegen Sie, welche Möglichkeiten es für das schnelle Wiederfinden der Ware geben könnte.

3 Beschreiben Sie, wie Ihrer Meinung nach Sauberkeit, Geräumigkeit und Übersichtlichkeit in einem Lager erreicht werden könnten.

SACHDARSTELLUNG

Lagerbereiche dürfen generell nur durch befugtes Lagerpersonal betreten werden. Besucher, Lieferanten und Mitarbeiter anderer Abteilungen müssen sich vor dem Betreten beim Lagerverantwortlichen anmelden. Sie haben aber auch dann nur in Begleitung von Lagerpersonal Zutritt zum Lager. Im gesamten Lagerbereich herrscht grundsätzlich Rauchverbot.

Neben dieser **generellen** Vorschrift sind die **Grundsätze ordnungsgemäßer Lagerhaltung** (Sauberkeit, Geräumigkeit und Übersichtlichkeit) einzuhalten.

3.1 | Sauberkeit

Ein sauberes Lager ist Grundbedingung für eine ordnungsgemäße Lagerhaltung. Das wird erreicht durch tägliche Reinigung sowie

- zu bestimmten **Anlässen**, wie z. B. Ein- oder Auslagerung, Inventur, Lagerbesichtigungen usw.
- bei bestimmten **Vorkommnissen**, wie z .B. Auslaufen von Flüssigkeiten, Splittern von Glas usw.

Die Sauberkeit betrifft:
- die eingelagerten Waren
- die Lagerräume und Transportwege
- die Lagereinrichtungen, Fördermittel, Förderhilfsmittel und sonstigen Hilfsmittel
- das Lagerpersonal

Die Reinigung des Lagers erfolgt entweder durch interne bzw. externe Reinigungskräfte oder durch das Lagerpersonal selbst. Dabei werden sowohl manuelle (z. B. Besen, Lappen) als auch technische Hilfsmittel (z. B. Kehr- und Wischmaschinen) verwendet.

Vorteile eines sauberen Lagers:

- Die Unfall- und Verletzungsgefahr wird verringert.
- Die Lebensdauer der Lagereinrichtungen, Fördermittel, Förderhilfsmittel und sonstigen Hilfsmittel wird verlängert.
- Es wird ein angenehmeres Arbeitsumfeld für das Lagerpersonal geschaffen.
- Es wird ein positives Image bei Kunden, Lieferanten und Besuchern erzeugt.
- Die Ware bleibt länger verkaufs- und gebrauchsfähig.

3.2 | Geräumigkeit

Eine weitere wichtige Grundbedingung für eine ordnungsgemäße Lagerhaltung sind geräumige Lager.

Die Lagereinrichtungen und sonstigen Hilfsmittel müssen genügend Platz haben, um die Waren sach- und fachgerecht lagern zu können. Die Waren dürfen nicht dicht „eingequetscht" aufbewahrt werden.

Die Gänge zwischen den Lagereinrichtungen müssen genügend breit sein, um eine bequeme Bedienung zu gewährleisten.

Auch müssen genügend breite Fahrwege für die notwendigen Förder- und Förderhilfsmittel vorhanden sein.

500656

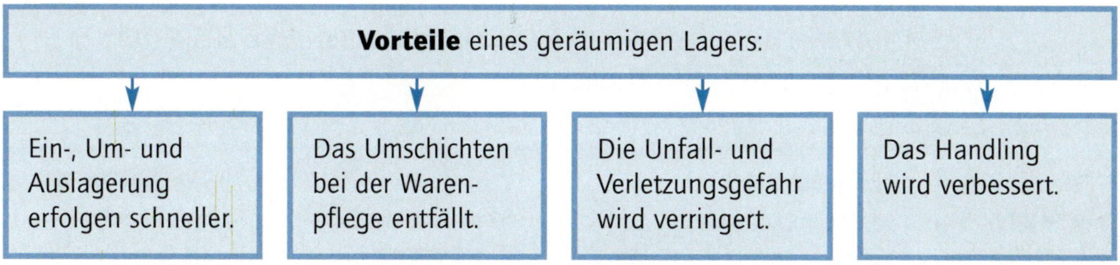

3.3 | Übersichtlichkeit

Ebenso wichtig wie Sauberkeit und Geräumigkeit ist die Übersichtlichkeit im Lager. Diese kann erreicht werden durch:

- räumlichen Aufbau nach dem Arbeitsfluss
- Vergabe von Materialnummern
- Einteilung in Lagerzonen
- Führen von Lagerfachkarten

3.3.1 | Räumlicher Aufbau des Lagers nach dem betrieblichen Arbeitsfluss

Vereinfacht kann der **Arbeitsfluss im Lager** folgendermaßen dargestellt werden:

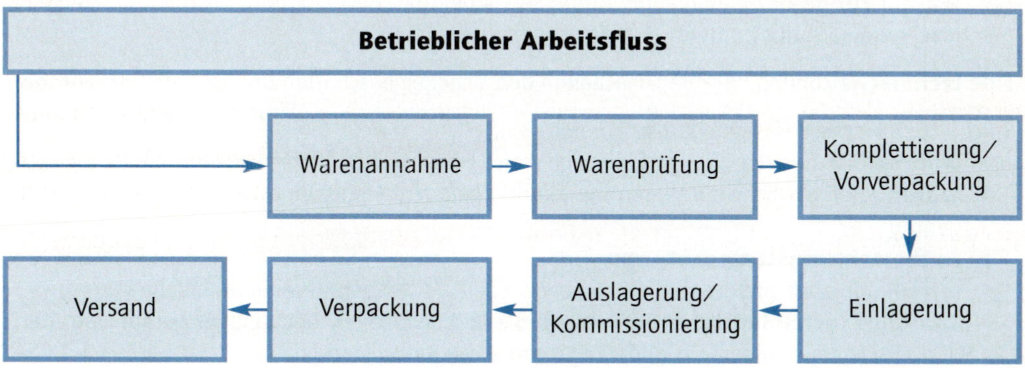

In der Praxis wird das **Lager** meist **in vier Funktionsbereiche** aufgeteilt:

Wareneingangsbereich	Lagerbereich	Warenausgangs- bzw. Kommissionierbereich	sonstige Funktionsbereiche,
zur Annahme und Prüfung der angelieferten Waren	zur Komplettierung, Vorverpackung und Lagerung der Waren. Er enthält die notwendigen Lagereinrichtungen und hat den für die Waren erforderlichen Lagerbedingungen zu entsprechen.	zur Auslagerung bzw. Kommissionierung und Verpackung bis hin zum fertigen Versand	z. B. Sicherheitszonen, Transportwege oder Abstellbereiche für Förder- und Förderhilfsmittel sowie leere Verpackungen

Diese Funktionsbereiche sind durch dauerhafte und deutlich sichtbare Markierungen mithilfe von Farben, Trassierband, Beschilderungen usw. zu kennzeichnen.

3.3.2 | Einteilung des Lagers in Lagerzonen

Das Lager kann sowohl einzonig als auch mehrzonig aufgebaut und organisiert sein. Bei einem **einzonigen** Aufbau geschieht dies für das gesamte Lager einheitlich. Bei **mehrzonigem** Aufbau wird das Lager nach verschiedenen technischen oder organisatorischen Gesichtspunkten aufgeteilt.

Eine **organisatorische** Zonung erfolgt nach dem betrieblichen Ablauf und ist **freiwillig.**

Organisatorische Gesichtspunkte sind:

- **Bedarfszeitraum:** Saisonware wird nur in bestimmten Zeiträumen verkauft und in einem gesonderten Bereich aufbewahrt.
- **Umschlaghäufigkeit:** Waren mit sehr unterschiedlicher Umschlaghäufigkeit werden in verschiedenen Zonen aufbewahrt, um Wegzeiten bei der Kommissionierung einzusparen.
- **Diebstahlgefahr:** Hochwertige Güter werden in separaten Bereichen aufbewahrt, um Diebstahl vorzubeugen.
- **Warengruppen:** Zusammengehörige Sets oder die Bevorzugung bestimmter Hersteller machen eine Aufbewahrung in Warengruppen sinnvoll.

Eine **technische** Zonung hat ihre Ursachen in den Wareneigenschaften und ist damit **erzwungen.**

Solche **technischen** Gesichtspunkte können sein:

- **Warengröße:** Sperrige oder großvolumige Waren erfordern eine andere Lagertechnik als Kleinteile.
- **Warengewicht:** Schwere Waren benötigen geeignete Hebezeuge zur Ein-, Um- und Auslagerung.
- **Aufbewahrungstemperaturen:** Tiefkühlware muss z. B. entsprechend aufbewahrt und demzufolge auch anders kommissioniert werden als temperaturunempfindliche Ware.
- **Sonstige technologische Besonderheiten:** Chemikalien und andere gefährliche Stoffe dürfen nicht zusammen mit anderen Waren aufbewahrt werden.

Bei der Einteilung des Lagers sollten jedoch nicht zu viele Zonen gebildet werden. Der Aufwand bei der Ein-, Um- und Auslagerung wäre dann zu hoch und das Lager würde unübersichtlich werden.

In großen Lagern bzw. Lagern mit mehreren Zonen ist es sinnvoll, das **Lagerplatznummernsystem** anzuwenden. Hier wird jedem Lagerplatz eine eigene Nummer gegeben. Die Lagerplatznummer enthält die Regalnummer, den Regalabschnitt (so genannter „Steher") und den Regalplatz (die „Ebene").

Beispiele: Numerische Lagerplatznummer — Alphanumerische Lagerplatznummer

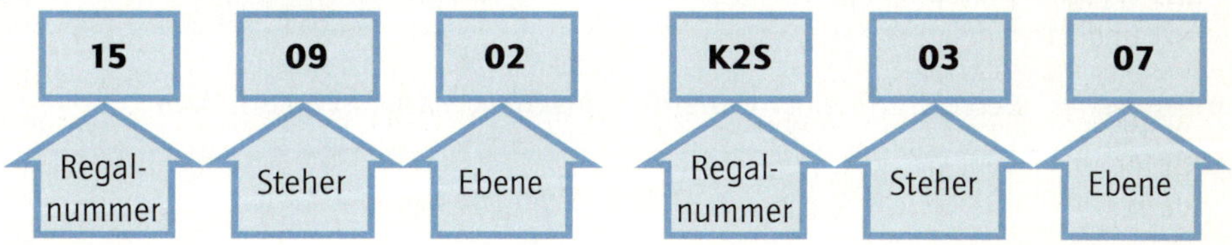

3.3.3 | Vergabe von Materialnummern

Durch die Vergabe von Materialnummern werden die Materialien in ein Ordnungssystem eingefügt. Die Materialnummer erfüllt vier Aufgaben:

Zum **Identifizieren** wird einem bestimmten Material eine bestimmte Nummer zugewiesen. Keine Nummer darf doppelt verwendet werden. Die Nummern werden lückenlos vergeben. Um 9 999 Materialien zu identifizieren, reicht eine vierstellige Zahl aus.

Zum **Informieren** werden einer bestimmten Nummer allgemein verständliche Angaben, wie z. B. Art, Größe, Hersteller usw., zugewiesen. Dazu werden sinnvolle Abkürzungen verwendet, wie beispielsweise WT 1200 T für Waschtrockner mit 1200 U/min und Timerfunktion.

Zum **Klassifizieren** wird einer bestimmten Nummer ein bestimmtes Merkmal, wie z. B. Form, Zustand, Funktion usw., zugewiesen. Die Nummer legt eindeutig fest, welcher Gruppe, Klasse oder Sorte ein Material zuzuordnen ist. Die verschlüsselten Merkmale sind für Materialgruppen allgemein und nicht für einzelne Materialien zutreffend, wie beispielsweise 01 für Gefrierobst, 02 für Konservenobst und 03 für frisches Obst.

Zum **Kontrollieren** werden heute selbstprüfende Nummernkombinationen verwendet. Diese schließen zu 99 % die fehlerhafte Eingabe und Verarbeitung von Materialnummern in der EDV aus. Aus der Grundnummer wird per EDV eine Prüfziffer errechnet und hinter diese Grundnummer als neuer Bestandteil angehängt. Bei jeder neuen Verarbeitung der Materialnummer über EDV erfolgt gleichzeitig eine erneute Berechnung und Kontrolle auf Übereinstimmung der Prüfziffer. Stimmen die Prüfziffern nicht überein, wird die weitere Verarbeitung der Daten unterbrochen.

Für die Berechnung der Prüfziffer wird heute das **Modulo-11-Verfahren** angewandt, das in folgenden **Schritten** abläuft:

Modulo-11-Verfahren:

1. Schritt: Die einzelnen Ziffern der Nummer werden von rechts nach links mit 1, 2, 3 ... multipliziert.

2. Schritt: Die Ergebnisse werden addiert.

3. Schritt: Die erhaltene Summe wird durch 11 dividiert.

4. Schritt: Der Restwert des Divisionsergebnisses wird von 11 subtrahiert.

Das Ergebnis ist die Prüfziffer.

Beispiel: *Berechnung einer Prüfziffer nach dem Modulo-11-Verfahren*

Grundnummer		7	9	8	1	
		x	x	x	x	
1. Schritt:	Multiplikation	4	3	2	1	
		=	=	=	=	
2. Schritt:	Addition	28 +	27 +	16 +	1	= 72
3. Schritt:	Division					72 : 11 = 66 Rest 6
4. Schritt:	Subtraktion					11 − 6 = 5

Die Prüfziffer heißt 5. Die neue, selbstprüfende Materialnummer heißt nun 7 9 8 1 5.

Ergibt die Berechnung als Prüfziffer die 10, so ist sie als „X" oder „0" darzustellen, da nur einstellige Prüfziffern darstellbar sind.

3.3.4 | Führen von Lagerfachkarten

Eine gängige Methode, Übersichtlichkeit im Lager zu erhalten, ist nach wie vor das Führen von Lagerfachkarten. Sie werden für jedes Material ausgestellt und direkt an den Lagerfächern angebracht. Die Bestandsprüfung ist unkompliziert, der Bestand schnell feststellbar.

Die Lagerfachkarten haben meist folgenden Inhalt:

- Materialbezeichnung
- Materialnummer
- Lagerplatznummer
- Mengeneinheit
- tatsächlicher Bestand
- Meldebestand
- Zugang und Abgang

Lagerfachkarten sind allerdings nur noch für kleinere Lager sinnvoll. In größeren Lagern wird heute meist über rechnergestützte Einlagerung und Kommissionierung der Übersichtlichkeit Rechnung getragen.

Beispiel *einer Lagerfachkarte:*

Materialbezeichnung	**Mengeneinheit**	**Meldebestand**
Spannschloss	Stück	50
Materialnummer	**Lagerzone**	**Lagerplatznummer**
5675/253	SE	08/04

Datum	Zugang	Abgang	neuer Bestand	Nachbestellung	Bearbeiter (Kurzzeichen, Unterschrift)
29.12.	175		175		SE3 / Schulz
07.01.		38	137		SE2 / Meyer
23.01.		45	92		SE3 / Schulz

AUFGABEN

1 Erklären Sie, warum nur Lagerpersonal Zutritt zum Lagerbereich haben darf.

2 Beschreiben Sie, wann und wie in Ihrem Ausbildungsbetrieb die Reinigung der Lagerräume durchgeführt wird.

3 Nennen Sie Vorteile, die dem Unternehmen durch eine gute Übersichtlichkeit im Lager entstehen.

4 Stellen Sie die Funktionsbereiche des Lagers Ihres Ausbildungsbetriebes anhand eines Aufbauschemas mit den dazugehörigen Arbeitsabläufen dar.

5 Welche Aufgaben haben Ihrer Meinung nach Lagerplatznummern zu erfüllen?

6 Berechnen Sie die Prüfziffern der Grundnummern 6112, 7910 und 8108 nach dem Modulo-11-Verfahren.

7 Nennen Sie Konsequenzen, die ein Unternehmen zu tragen hätte, wenn es die Grundsätze ordnungsgemäßer Lagerung nicht einhalten würde.

4 | Lagereinrichtungen

SITUATION

Die in Gründung befindliche Happy Garden GmbH plant die Herstellung und den Vertrieb von Gartenpavillons und Gartenmöbeln aus Stahlrohr.

Neben der Planung der Produktion und der Lagergestaltung ist auch die Planung der Lagereinrichtung notwendig.

Aus der Fülle der verschiedenen Möglichkeiten ist die für die benötigten Materialien geeignete Lagereinrichtung auszusuchen.

Wirtschaftlichkeit und eine sach- und fachgerechte Lagerung sind dabei wichtige Voraussetzungen.

1 Für welche Art von Lagerhaltung wird sich Ihrer Meinung nach die GmbH entscheiden?

2 Überlegen Sie, für welche Materialien die Happy Garden GmbH die geeigneten Lagereinrichtungen planen muss.

3 Was muss die GmbH bei der Planung der Lagereinrichtung bezüglich der Materialien beachten?

SACHDARSTELLUNG

Seit Beginn der Menschheit wird gelagert. Jeder Mensch lagert im privaten Bereich Waren. Ob Flaschen in Flaschenregalen, Tiefkühlkost in Tiefkühltruhen, Bücher in Bücherregalen oder Baumaterial auf dem Boden, der Vielfalt sind keine Grenzen gesetzt.

Auch für die Einrichtung eines betrieblichen Lagers stehen verschiedene **Möglichkeiten** zur Verfügung:

- Bodenlagerung
- Regallagerung
- Hochregallagerung

Deren **Anwendbarkeit** hängt jedoch von mehreren Gesichtspunkten ab:

- Lagerart
- Lagerbauform
- verfügbare Fördermittel
- notwendiger Automatisierungsgrad des Lagers

500662

- Art der zu lagernden Waren
- Menge der zu lagernden Güter
- Größe, Volumen, Gewicht der zu lagernden Waren
- Qualifikation des Lagerpersonals

Bei der Lagereinrichtung wird außerdem zwischen statischen und dynamischen **Lagerungsarten** unterschieden:

statisch	dynamisch
• Bodenlagerung • Palettenregale • Fachbodenregale • Kragarmregale • Wabenregale und Langgutkassetten • Kabeltrommelregale • Einfahr-/Durchfahrregale • Turmregale	• Durchlaufregale • Verschieberegale • Einschubregale • Umlaufregale

4.1 | Lagerung ohne Regale (Bodenlagerung)

Bei der **Bodenlagerung**, auch regallose Lagerung genannt, liegen die Waren ohne oder mit Förderhilfsmittel (siehe Lernfeld 4) direkt auf dem Boden des Lagers. Sie bildet die einfachste Form der Lagerung. Hier werden vor allem sperrige oder schwere Waren aufbewahrt. Der Lagerraum kann, mit Ausnahme der Flächen für Gänge und Fahrwege, in voller Höhe und Breite ausgenutzt werden. Die Bodenlagerung erfolgt entweder **gestapelt** oder **ungestapelt** als **Block-** oder **Reihenlagerung.** Die Blöcke und Reihen können **rechtwinklig** oder **schräg** zum Gang angeordnet sein. Folgende **Varianten** sind möglich:

Rechtwinklige, **gerade** Anordnung:

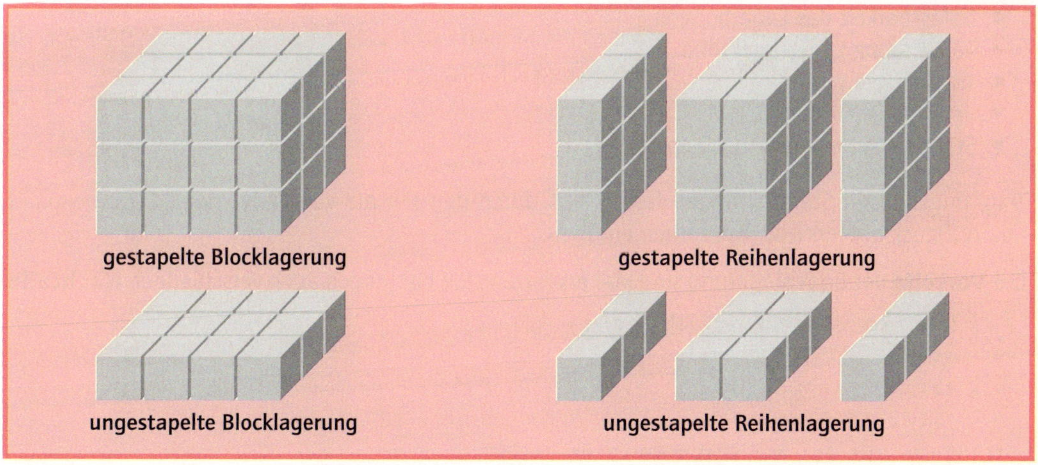

Schräg versetzte Anordnung:

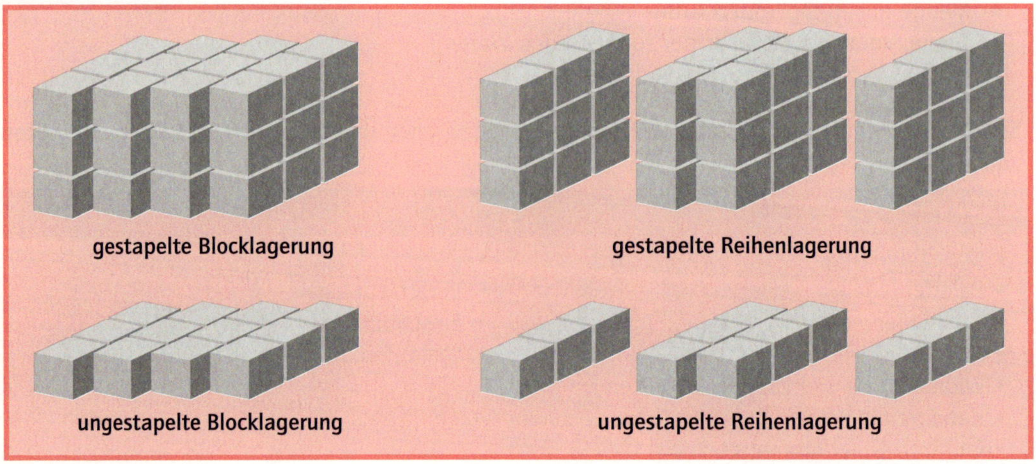

Die **Blocklagerung** eignet sich für große Warenmengen bei kleinem Sortiment. Hier werden viele Ladeeinheiten über-, neben-, hintereinander und ohne Zwischenräume für Bedienwege gelagert. Sie hat ein großes Fassungsvermögen und ist üblich z. B. in der Getränkeindustrie sowie im Baustoffhandel. Die Bedienung ist hier nur von oben nach unten sowie außen nach innen möglich. Bei dieser Lagerungsart kommt das LIFO-Prinzip zum Tragen.

Bei der **Reihenlagerung** werden die Waren in jeweils zwei Reihen nebeneinander und übereinander gelagert. Dazwischen befinden sich die Bedienwege. Die Bedienung erfolgt von oben nach unten. Hier ist ein beidseitiger, direkter Zugriff auf viele Ladeeinheiten möglich.

Durch eine **schräg versetzte** Anordnung wird einerseits die Zugriffszeit auf die Waren, andererseits aber auch die Raumausnutzung verringert.

Wie hoch die Waren **gestapelt** werden können, hängt vor allem von folgenden **Faktoren** ab:
- Belastbarkeit des Lagerbodens
- vorhandene Lagerraumhöhe
- Tragfähigkeit der einzelnen Ladeeinheiten
- verfügbare Fördermittel
- Standsicherheit der einzelnen Stapel

Tragfähigkeit und Standsicherheit lassen sich durch den Einsatz von Containern, Gitterboxpaletten, Aufsteckrahmen usw. wesentlich erhöhen.

Die **Vorteile** der Bodenlagerung sind klar erkennbar. Sie hat jedoch auch verschiedene **Nachteile.**

Vorteile	Nachteile
keine Investitionskosten	Unübersichtlichkeit bei größeren Warenbeständen
geringe Lagerhaltungskosten	Entnahme nicht überall uneingeschränkt möglich
an die jeweiligen Erfordernisse einfach anpassbare Lageraufteilung	Automatisierung nur in geringem Umfang realisierbar
hohe Flächen- und Raumausnutzung	Bestandskontrolle nur mit großem Aufwand durchführbar
geringer Personalbedarf	

4.2 | Lagerung in Regalen (Regallagerung)

Regale bilden die traditionelle Einrichtung in der Lagerhaltung. Es gibt verschiedene Regalarten in unterschiedlichen Ausführungen und Materialien, z. B. Fachbodenregale als Stecksysteme oder Schraubsysteme.

Die Lagerung der Güter erfolgt auf mehreren Ebenen mit meist unbeschränktem Zugriff. Die Waren werden ohne oder mit Förderhilfsmittel (siehe Lernfeld 4) in den Regalen aufbewahrt. Je nach Regalart ist eine gute bis sehr gute Raumausnutzung möglich.

4.2.1 | Palettenregale

Palettierte Waren werden meistens in **Palettenregalen** aufbewahrt. Palettenregale sind immer aus Stahl und bestehen aus geschraubten oder geschweißten Regalrahmen sowie geschraubten oder eingehängten Auflageträgern.

Da die Auflageträger höhenverstellbar sind, können Waren unterschiedlicher Höhe gelagert werden.

Je nach Anordnung der Auflageträger unterscheidet man zwischen **Längs- und Quertraversenregalen**.

Je nachdem, wie viele Paletten nebeneinander in ein Fach passen, wird zwischen Einplatz- und Mehrplatzlagerung unterschieden.

- Von **Einplatzlagerung** spricht man, wenn nur eine Palette pro Fach im Quertraversenregal gelagert werden kann.
- Passen dagegen mehrere Paletten nebeneinander in ein Lagerfach, handelt es sich um die **Mehrplatzlagerung** im Längstraversenregal. Dabei sind jederzeit alle Paletten zugänglich.

Bei Einsatz spezieller Lagertechnik, wie z. B. Gabelstapler mit besonderer Gabelverlängerung, können **doppelt tiefe** Regale eingesetzt werden. Dadurch können zwei Paletten hintereinander eingelagert werden, was eine enorme Erhöhung der Lagerkapazität zur Folge hat. Allerdings kann auf die hinteren Paletten dann nicht mehr direkt zugegriffen werden.

Palettenregale **eignen** sich für große Warensortimente mit großen Mengen. Die Bedienung erfolgt meistens mit

- Gabelstaplern,
- Hochregalstaplern,
- Stapelkranen,
- Regalförderzeugen.

Palettenregale haben viele Vorteile, aber auch einige Nachteile.

Vorteile
- hohe Raumausnutzung
- einfache Bestandsüberwachung
- durch Höhenverstellbarkeit hohe Anpassungsfähigkeit an unterschiedliche Waren
- Erweiterungsmöglichkeiten nur durch bauliche Gegebenheiten begrenzt
- meist direkter Zugriff auf die einzelnen Waren möglich
- hohe Automatisierungsmöglichkeit

Nachteile
- hohe Investitionskosten bei Automatisierung des Lagers
- Ausfallrisiko bei hoher Automatisierung
- FIFO-Prinzip bei doppelt tiefen Regalen nicht anwendbar
- großer Platzbedarf
- hohe Weg- und Greifzeiten

4.2.2 | Fachbodenregale

Unpalettierte Waren werden vorzugsweise in **Fachbodenregalen** aufbewahrt. Fachbodenregale sind aus Stahl und/oder Holz gefertigt und bestehen aus Regalrahmen und Fachböden. Die Fachböden werden angeschraubt oder eingehängt. Durch Umstecken der Fachböden können die Fächer an die jeweilige Warenhöhe angepasst werden.

Durch das Verwenden von Schubladen, Körben, Boxen, ausziehbaren Fachböden, Trennblechen, Seiten- und Rückwänden usw. ist das Fachbodenregal für viele unterschiedliche Waren geeignet und wird damit zu einer **Mehrzweckanlage.**

Die Standardhöhe von Fachbodenregalen beträgt ca. zwei Meter. Es sind aber auch Höhen von über 15 Metern möglich. Dann ist jedoch der Einsatz moderner Regalbediengeräte notwendig. Werden mehrere je zwei Meter hohe Regale übereinandergesetzt, spricht man von einer **Geschossanlage.** Hier sind zur Bedienung ebenfalls Regalbediengeräte, Aufzüge oder Treppen notwendig.

Fachbodenregale haben folgende Vor- und Nachteile:

Vorteile	Nachteile
Flexibilität durch einfache Regalkonstruktion	beschränkte Tragfähigkeit
direkte Zugriffsmöglichkeit auf alle Waren	großer Flächenbedarf
niedrige Störanfälligkeit	hoher Personalbedarf bei niedrigem Automatisierungsgrad
große Übersichtlichkeit	
geringe Investitionskosten	

4.2.3 | Kragarmregale

Langgut, wie beispielsweise Rohre, Leisten oder Stangen, wird oft in **Kragarmregalen** aufbewahrt. Kragarmregale sind aus Stahl gefertigt und bestehen aus Ständern mit ein- oder zweiseitig auskragenden Armen. Die Kragarme werden angeschweißt, eingehängt oder angeschraubt. Dabei können die Arme sowohl liegendes als auch stehendes Langgut aufnehmen. Das Langgut wird einzeln, in Bündeln oder in Stapeln gelagert. Die **Bedienung** der Kragarmregale kann sowohl manuell als auch automatisiert mit Regalförderzeugen, Gabelstaplern, Kranen usw. erfolgen.

Die Vor- und Nachteile von Kragarmregalen liegen auf der Hand:

Vorteile	Nachteile
direkter Zugriff auf die Güter	beschränkte Tragfähigkeit
große Übersichtlichkeit	großer Flächenbedarf für die Ein- und Auslagerungsvorgänge
sehr geringe Störanfälligkeit	großer Personalbedarf bei manueller Lagerung
niedrige Investitionskosten	

4.2.4 | Wabenregale und Langgutkassetten

Ebenso gebräuchlich ist die Aufbewahrung von Langgut in **Wabenregalen**. Seinen Namen erhielt diese Regalart durch seine wabenartigen Fächer, in die das Langgut von der Stirnseite aus eingeschoben wird.

Wabenregale sind aus Stahl und Holz gefertigt und haben **Tiefen** von bis zu sechs Metern. Rollbahnen an den Fächerböden erleichtern die Ein- und Auslagerung sehr schwerer oder unhandlicher Güter.

Ist das Langgut instabil, werden zur Lagerung **Langgutkassetten** verwendet. Die **Bedienung** der Waben- und Kassettenregale erfolgt mithilfe von Kranen oder Regalbediengeräten.

Vor- und Nachteile von Wabenregalen sind klar erkennbar:

Vorteile	**Nachteile**
kompakte Lagerung	mittlere bis hohe Investitionskosten für die notwendige Technik
Möglichkeit zur Lagerung vieler unterschiedlicher Langgüter	breite Gänge für die Ein- und Auslagerungsvorgänge
hohe Raum- und Flächenausnutzung	nicht verstellbare Fächerhöhen

4.2.5 | Kabeltrommelregale

Kabel, Seile, Ketten u. ä. Güter werden in **Kabeltrommelregalen** aufbewahrt. Kabeltrommelregale sind immer aus Stahl gefertigt und bestehen aus Ständern in gerader oder geneigter Ausführung sowie angeschweißten Auflegern, in welche die Kabeltrommeln eingehängt werden.

Die **Bedienung** erfolgt meist mithilfe von Gabelstaplern. Zur Entnahme von Teilmengen dient eine so genannte Abtrommelmaschine mit Zählwerk.

Vor- und Nachteile von Kabeltrommelregalen sind u. a.:

Vorteile	Nachteile
Drehbarkeit der Trommeln	mittlere bis hohe Investitionskosten für die notwendige Technik
direkte Entnahme ganzer Trommeln oder Teilmengen möglich	Ein- und Auslagerung ganzer Trommeln nur mithilfe von Technik möglich
Raum sparende und unfallsichere Aufbewahrung von Trommeln	

4.2.6 | Einfahr-/Durchfahrregale

Große Mengen gleichartiger Güter werden oft auf Paletten in **Einfahr-** bzw. **Durchfahrregalen** aufbewahrt.

Einfahr- bzw. Durchfahrregale sind immer aus Stahl gefertigt und bestehen aus geschraubten oder geschweißten Regalrahmen sowie geschraubten oder eingehängten Auflageträgern.

Die Bedienung erfolgt durch Gabelstapler, die in die befahrbaren Kanäle hineinfahren und mehrere Paletten hintereinander einbringen.

Einfahrregale sind an einer Stirnseite offen. Die zuerst eingelagerte Palette kann hier erst zuletzt wieder entnommen werden (LIFO-Prinzip), da kein direkter Zugriff möglich ist.

Durchfahrregale sind an beiden Stirnseiten offen und können damit von beiden Seiten bedient werden. Das heißt, es wird auf einer Seite eingelagert und auf der anderen Seite ausgelagert. Hier kann also die zuerst eingelagerte Palette auch zuerst wieder entnommen werden (FIFO-Prinzip), da ein direkter Zugriff möglich ist.

Einfahr- bzw. Durchfahrregale haben ähnliche Vor- und Nachteile wie Palettenregale:

Vorteile

- hohe Flächen- und Raumausnutzung durch kompakte Regallagerung
- Erweiterungsmöglichkeiten nur durch bauliche Gegebenheiten begrenzt
- hohe Automatisierungsmöglichkeit
- Realisierung des FIFO-Prinzips bei Durchfahrregalen

Nachteile

- hohe Investitionskosten bei Automatisierung des Lagers
- Ausfallrisiko bei hoher Automatisierung
- kein direkter Zugriff auf die hinteren Paletten bei Einfahrregalen

4.2.7 | Durchlaufregale

Für die Lagerung großer Artikelmengen bei kleinem Sortiment mit hohen Umschlagzahlen eignen sich **Durchlaufregale.** Durchlaufregale sind aus Stahl gefertigt und bestehen aus geschraubten oder geschweißten Rahmen sowie geneigten Durchlaufbahnen. Die Bedienung der Durchlaufregale kann sowohl manuell als auch automatisiert mit Regalförderzeugen erfolgen.

Die Einlagerung erfolgt an der höher gelegenen und die Auslagerung an der tiefer gelegenen Seite des Regals. Mittels Schwerkraft oder diversen Stetigförderern wird das hintereinander liegende Lagergut vom Einlagerungs- zum Auslagerungspunkt befördert. Dadurch wird das FIFO-Prinzip realisiert. Beträgt die Neigung mehr als acht Grad, sorgen Bremssysteme dafür, dass die Ware nicht vornüber aus dem Regal kippt.

Je nach Größe und Gewicht der Lagergüter sind folgende **Antriebssysteme** geeignet:

- **Tragrollen** für schwere Lagergüter auf Paletten oder in Behältern
- **L-Profile** für leicht rutschende Lagergüter in Behältern
- **Röllchenbahnen** und **Röllchenschienen** für leichte oder mittelschwere Lagergüter in Behältern
- **Fachböden** für leicht rutschende Lagergüter mit oder ohne Behälter

Durchlaufregale haben u. a. folgende Vor- und Nachteile:

Vorteile
- hohe Flächen- und Raumausnutzung durch kompakte Lagerung
- Realisierung des FIFO-Prinzips
- niedrige Weg- und Greifzeiten möglich
- hohe Automatisierungsmöglichkeit

Nachteile
- nicht jedes Förderhilfsmittel ist geeignet
- Lagergut kann im Kanal „verkanten"
- mittlere bis hohe Investitionskosten durch notwendige Stetigförderer und technische Sicherungen
- Störanfälligkeit bei Einsatz von Stetigförderern

4.2.8 | Verschieberegale

Paletten-, Fachboden- und Kragarmregale können auch als **Verschieberegale** konstruiert werden. Das bietet sich vor allem dann an, wenn für große Artikelmengen bei unterschiedlichen Sortimenten nur ein sehr begrenzter Raum zur Verfügung steht. Verschieberegale bestehen hauptsächlich aus Regalwagen, Regalen und Bodenschienen. Die Bedienung der Verschieberegale kann sowohl manuell als auch automatisiert mit Regalförderzeugen, Staplern usw. erfolgen.

Der **Aufbau** eines Verschieberegals ist aus folgender Abbildung ersichtlich:

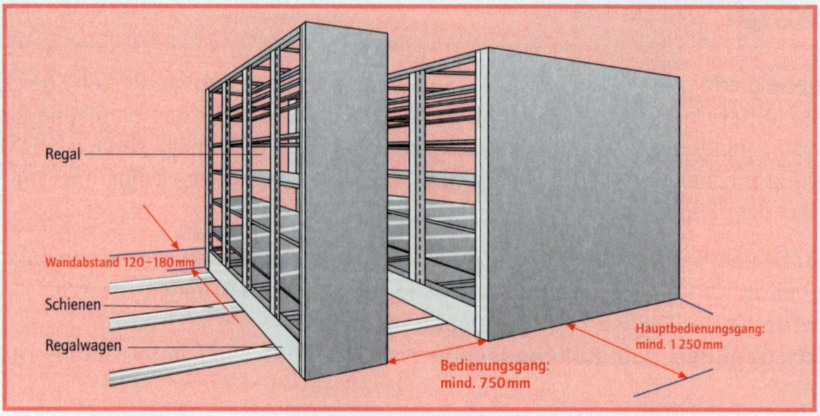

Das Verschieberegal zählt zu den **dynamischen** Regalarten. Bewegliche Regalzeilen werden als Block ohne Zwischenräume auf Schienen angebracht. Für jeden Block steht insgesamt nur eine Regalgasse zur Verfügung. Um zu den einzelnen Lagergütern zu gelangen, muss die Regalgasse an der entsprechenden Regalzeile aufgeschoben werden.

In Abhängigkeit vom Gewicht der Regalzeilen stehen dafür verschiedene **Antriebsysteme** zur Verfügung:

- **manueller Handantrieb** mit Handrädern für leicht verschiebbare Regalzeilen
- **maschineller Kraftantrieb** mit umlaufenden Schleppketten für schwer verschiebbare Regalzeilen

Zum Schutz vor Unfällen und Verletzungen sind jedoch eine Reihe von **Schutzeinrichtungen** notwendig.
Dazu gehören:

- Seilzugsicherungen
- Schaltleisten
- Freigabeschalter
- Lichtschranken

Die **Vor- und Nachteile** von Verschieberegalen sind:

Vorteile

- hohe Flächen- und Raumausnutzung durch kompakte Lagerung
- Realisierung des FIFO-Prinzips
- hohe Übersichtlichkeit
- direkter Zugriff auf die Lagergüter
- geschützte Lagerung der Güter
- kurze Wegstrecken

Nachteile

- geringe Umschlagleistungen
- geringe Automatisierungsmöglichkeit
- geringe Erweiterungsmöglichkeit
- hohe Investitions- und Wartungskosten
- Schutzeinrichtungen notwendig
- lange Wegzeiten durch langsame Gangöffnung

4.2.9 | Einschubregale

Klein- und Ersatzteile sowie Medikamente werden häufig in **Einschubregalen** aufbewahrt.

Einschubregale sind eine Sonderform der Verschieberegale.

Hier werden aber die Regale nicht seitlich, sondern die einzelnen Regalabschnitte auf Schienen nach vorn in den Lagergang verschoben.

Die Bedienung erfolgt überwiegend manuell.

Die ausgefahrenen Regalabschnitte stellen jedoch eine Behinderung des Lagerverkehrs dar. Deshalb sollte der Einsatz von Einschubregalen in Bereichen ohne Fördermitteleinsatz erfolgen.

Einschubregale haben viele **Vorteile**, aber auch einige **Nachteile.**

Vorteile

- gute Flächen- und Raumausnutzung
- Realisierung des FIFO-Prinzips
- direkter Zugriff auf alle Güter
- geringe Regallängen und -gewichte
- einfache Bedienung

Nachteile

- nur für leichtes Lagergut geeignet
- Behinderungen des Lagerverkehrs bei ausgefahrenen Regalen

4.2.10 | Umlaufregale

Paletten- und Fachbodenregale können außerdem als **Umlaufregale** konstruiert werden. Sie erreichen Höhen bis 15 Meter und eignen sich zur Aufbewahrung von kleinen Artikelmengen bei mittlerem bis großem Sortiment. Mit dieser Regalart wird das Kommissioniersystem „Ware zum Mann" realisiert.

Die Bedienung erfolgt überwiegend manuell oder automatisiert mit Stapler.

Umlaufregale zählen ebenfalls zu den dynamischen Regalarten. Zur Ein- und Auslagerung werden diese Regale in eine umlaufende Bewegung gebracht. Der Ein- und Auslagerungspunkt steht dabei fest und befindet sich in ergonomisch korrekter Höhe.

Umlaufregale gibt es in drei **Formen:**
- als Paternosterregal in vertikaler Form
- als Karussellregal in horizontaler Form
- als Kombination aus Paternoster- und Karussellregal

Paternosterregale führen eine vertikale Bewegung aus und nutzen die gesamte Höhe vom Boden bis zur Decke.

Sie gibt es vor allem als
- Schrankpaternoster für Kleinteile, Werkzeuge, Ersatzteile usw.
- Etagenpaternoster für Ballen, Rollen, Langgut usw.
- Schwerlastpaternoster für Güter bis 50 t Gewicht

Karussellregale führen eine horizontale Bewegung aus.

Es ist möglich, mehrere Karussellregale ohne Gang nebeneinander zu stellen. So hat ein Mitarbeiter gleichzeitig Zugriff auf mehrere Regaleinheiten. Das spart Platz und verringert die Zugriffszeiten.

Kombinationen aus Paternoster- und Karussellregal führen sowohl horizontale als auch vertikale Bewegungen aus.

Das heißt, sie bewegen sich horizontal bei gleichzeitiger Höhenveränderlichkeit der einzelnen Fächer.

Umlaufregale haben deutlich erkennbare Vor- und Nachteile:

Vorteile

- hohe Flächen- und Raumausnutzung
- gute Automatisierungsmöglichkeit
- geschützte Lagerung der Güter
- Realisierung des FIFO-Prinzips und des „Ware zum Mann"-Prinzips
- gute Kommissionierbarkeit und geringe Wegzeiten
- niedrige physische Belastungen durch ergonomische Gestaltung des Ein- und Auslagerungspunktes
- chaotische Lagerung möglich
- Gewährleistung des Arbeitsschutzes durch Schutzeinrichtungen

Nachteile

- keine Ausbaumöglichkeiten
- hohe Investitions- und Wartungskosten
- hohes Ausfallrisiko
- hohe Greifzeiten durch langsame Umlaufzeiten

4.2.11 | Turmregale

Für die vollautomatische Lagerung eignen sich **Turmregale.** Turmregale sind aus Stahl gefertigt und bestehen aus Regalrahmen, Auflageträgern und Tablaren. Sie erreichen Höhen von bis zu 10 m und eignen sich für kleine Artikelmengen bei mittlerem bis großem Sortiment.

Turmregale werden auch als Shuttle- oder Liftregal bezeichnet.

Die Bedienung erfolgt vollautomatisiert mit Regalbediengeräten. Hier wird das Kommissioniersystem „Ware zum Mann“ realisiert.

Das Turmregal hat folgende Vor- und Nachteile:

Vorteile

- geringe Grundfläche notwendig
- hohe Flächen- und Raumausnutzung
- geschützte Lagerung der Güter
- Realisierung des FIFO-Prinzips und des „Ware zum Mann“-Prinzips
- hoher Automatisierungsgrad
- chaotische Lagerung möglich
- einfache Kommissionierung

Nachteile

- keine Ausbaumöglichkeiten
- hohe Investitions- und Wartungskosten
- hohes Ausfallrisiko
- begrenzte Tragfähigkeit

4.3 | Lagerung in Hochregalen (Hochregallagerung)

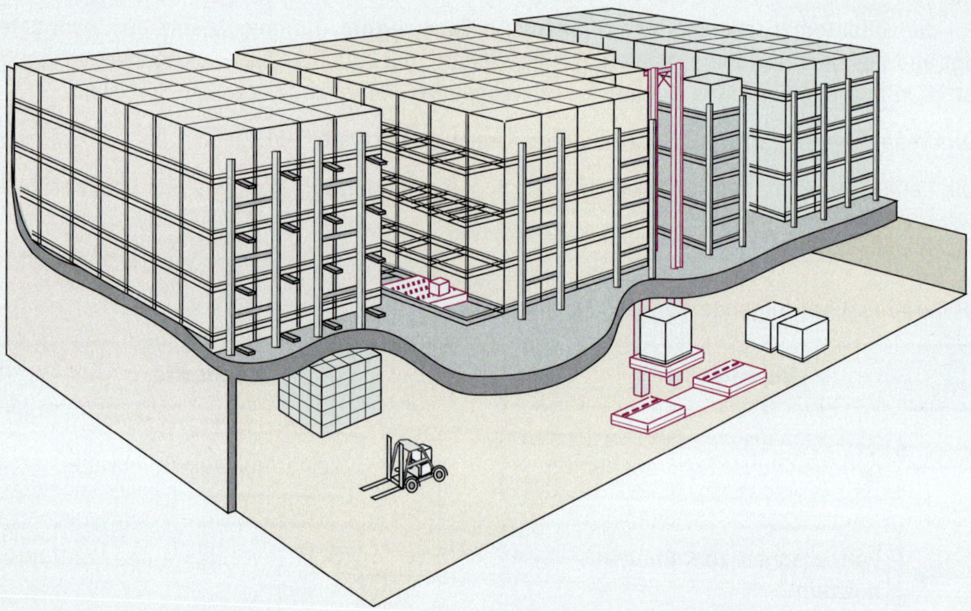

Der enorm gestiegene Bedarf an Lagerflächen (vor allem im Großhandel) bei gleich bleibend geringer Grundstücksfläche sowie das Erfordernis vollautomatischer Regalbedienung zur Leistungssteigerung machten die Entwicklung von Hochregallagern notwendig. Wie im Abschnitt 2.2.3 schon beschrieben, haben Hochregale eine Höhe zwischen 12 und maximal 45 m und erreichen Längen von maximal 120 m. Dadurch wird eine sehr hohe Flächen- und Raumausnutzung erzielt.

Hochregallager **eignen** sich vor allem für große Artikelmengen bei großem Sortiment mit mittleren bis hohen Umschlagszahlen. Die Lagerung der leichten bis mittelschweren Güter erfolgt überwiegend auf Flachpaletten oder in Gitterboxpaletten, die in die Hochregale eingebracht werden. Diese bestimmen letztendlich auch die Höhen und Breiten der verwendeten Regale und der Bediengänge. Die Bedienung der Hochregale erfolgt mechanisch mit Hochregalstaplern oder automatisch mit Stetigförderern und regalunabhängigen oder regalabhängigen Regalförderzeugen (siehe Lernfeld 7).

Dabei stehen drei verschiedene **Steuerungsarten** zur Verfügung:

- **manuelle Steuerung:** Das Lagerpersonal geht mit dem Gerät mit und steuert dieses per Tastendruck.
- **teilautomatische Steuerung:** Das Lagerpersonal fährt in einer Kabine mit dem Gerät mit und steuert dieses per Steuerungsschalter.
- **automatische Steuerung:** Das Gerät fährt ohne Lagerpersonal computergesteuert durch die Regalgassen.

500678

Die **automatische Ein- und Auslagerung** der Lagergüter geschieht folgendermaßen:

❶ Die Lagergüter werden mithilfe von Stetigförderern zum Hochregal gebracht. An den Stirnseiten des Hochregals befinden sich der Ein- und der Auslagerungspunkt.

❷ Der Stetigförderer (Zufördersystem) übergibt das Lagergut am **Einlagerungspunkt** an ein Regalförderzeug. Das Lagergut wird identifiziert und anschließend an der dafür vorgesehenen Stelle eingelagert. Der Einlagerungspunkt wird deshalb auch Identifikationspunkt (I-Punkt) genannt.

❸ Zur Auslagerung entnimmt das Regalförderzeug das Lagergut aus dem Regal. Am **Auslagerungspunkt** wird kontrolliert, ob das richtige Lagergut entnommen wurde. Deshalb wird der Auslagerungspunkt auch als Kontrollpunkt (K-Punkt) bezeichnet. Anschließend wird das Lagergut hier an einen Stetigförderer (Abfördersystem) übergeben.

Die vorgenannten Zu- und Abfördersysteme bewirken eine hohe Raum- und Flächenausnutzung sowie ein schnelles Handling bei der Ein- und Auslagerung.

Zwei verschiedene Bauweisen sind möglich:

Bei der **Silobauweise** sind die äußeren Regale gleichzeitig tragende Elemente für Wände und Dach des Lagergebäudes. Diese Bauweise verursacht niedrige Baukosten.

Bei der **Betonbauweise** (das so genannte **Einbau-Hochregallager**) werden die Regale nachträglich in einem massiven Gebäude frei stehend aufgestellt.

Da die Betonbauweise enorme Baukosten verursacht, ist bei einem Neubau die Silobauweise zu bevorzugen.

Hochregale bieten viele Vorteile. Sie haben jedoch auch einige, nicht zu unterschätzende Nachteile.

Vorteile

- sehr gutes Handling bei der Ein- und Auslagerung
- hohe Flächen- und Raumausnutzung
- direkter Zugriff auf alle Güter
- Realisierung des FIFO-Prinzips und des „Ware zum Mann"-Prinzips
- hoher Automatisierungsgrad
- chaotische Lagerung möglich
- niedrige Einlagerungs- und Kommissionierzeiten
- niedriger Personalbedarf
- Flexibilität bei unterschiedlichen Lagergütern
- hohe Umschlagleistung

Nachteile

- sehr beschränkte Ausbaumöglichkeiten
- hohe Investitions- und Wartungskosten
- hohe Störanfälligkeit bis zum absoluten Stillstand
- keine Verwendbarkeit der Fördermittel in anderen Bereichen
- hoher Organisationsaufwand vor und während des Betriebs

? AUFGABEN

1 Bei der regallosen Lagerung unterscheidet man Block- und Reihenlagerung. Bei welcher der beiden Arten ist das FIFO-Verfahren anwendbar?

2 Beschreiben Sie die Vorgehensweise bei der Blocklagerung. Für welche Lagergüter eignet sie sich?

3 Überlegen Sie, welche Kriterien bei der Wahl der geeigneten Regalart eine Rolle spielen.

4 Diskutieren Sie in Ihrer Arbeitsgruppe, welche Regalarten die Happy Garden GmbH verwenden wird. Begründen Sie kurz Ihre Antwort vor der Klasse.

5 Nennen Sie die Vorteile, die das Durchlaufregal gegenüber dem Fachbodenregal hat.

6 Beschreiben Sie, welche Regalarten es in Ihrem Ausbildungsbetrieb gibt und welche Lagergüter darin gelagert werden. Was hat Ihren Ausbildungsbetrieb zu dieser Entscheidung bewogen?

7 Überlegen Sie, was das Durchfahrregal vom Einfahrregal unterscheidet.

8 Erstellen Sie eine Übersicht der verschiedenen Regalarten mit den dafür jeweils geeigneten Lagergütern. Verwenden Sie dazu nachfolgendes Muster.[1]

Regalart	Geeignetes Lagergut

9 Beschreiben Sie, was das Durchlaufregal von allen anderen Regalarten unterscheidet.

10 Erklären Sie, was Sie unter einer Mehrplatzlagerung verstehen. Bei welcher Regalart wird sie angewendet?

11 Beschreiben Sie kurz die Regalart, bei der es pro Block nur eine Regalgasse gibt.

12 Welche Regalarten eignen sich für die Lagerung von Langgut?

13 Nennen Sie die Schutzeinrichtungen, die zur Vermeidung von Unfällen bei Verschieberegalen eingesetzt werden.

14 Überlegen Sie, ab welcher Höhe man von einem Hochregallager spricht.

15 Nennen Sie die verschiedenen Steuerungsarten von Hochregallagern.

16 Wie werden der Ein- und der Auslagerungspunkt in Hochregallagern noch bezeichnet?

17 Beschreiben Sie, welche Bauweisen es bei Hochregallagern gibt. Welcher ist bei einem Neubau der Vorzug zu geben? Begründen Sie kurz Ihre Antwort.

18 Überlegen Sie, welchen schwerwiegenden Nachteil Hochregallager haben.

1 Bitte keine Eintragungen im Buch vornehmen!

5 | Einlagerung der Materialien und Güter

SITUATION

Ein Großhandel für Drogerieerzeugnisse führt neben Säuglingsnahrung, Süßigkeiten und Getränken auch Kosmetik- und Hygieneartikel, Insektenspray, Reinigungsmittel usw. Das Lager ist nach Sortimenten in Lagerzonen aufgeteilt.

Stefan, ein Auszubildender im ersten Ausbildungsjahr, wird u. a. damit beauftragt, zwei Kartons mit Schokolade und drei Kartons mit Waschpulver einzulagern.

Da bereits bald Feierabend ist und noch weitere Aufträge zu erledigen sind, legt er die Kartons einfach nebeneinander in ein gerade leeres Lagerfach.

Stefan denkt nicht weiter darüber nach, da die Ware ja verpackt ist. Als der Vorarbeiter das bemerkt, rügt er Stefan jedoch ordentlich.

1 **Beschreiben Sie, welche Fehler Stefan gemacht hat.**

2 **Was ist Ihrer Meinung nach bei der Einlagerung von Lebensmitteln und Chemikalien zu beachten?**

3 **Überlegen Sie, in welche Lagerzonen das o. g. Lager aufgeteilt sein könnte.**

SACHDARSTELLUNG

Nachdem die Materialien und Güter auf die Einlagerung vorbereitet worden sind, können sie nunmehr eingelagert werden. Unter **Einlagerung** versteht man das körperliche Ablegen der Materialien und Güter an dem dafür vorgesehenen Lagerplatz. Die Einlagerung erfolgt manuell oder mithilfe geeigneter Fördermittel. Dabei ist zu beachten, dass die Einlagerung wegeoptimiert erfolgt. Außerdem gibt es verschiedene Einlagerungsgrundsätze und Einlagerungssysteme, die ebenfalls zu beachten sind.

Die erfolgte Einlagerung ist zu dokumentieren (siehe Abschnitt 5.4).

500682

5.1 | Wegeoptimierung

In der Kommissionierung wird eine optimale Entnahmereihenfolge angestrebt, um Wege und Zeiten weitgehend zu verkürzen. Das Gleiche gilt auch bei der Einlagerung.

Eine **optimale** Einlagerungsreihenfolge kann z. B. durch eine mit einem Lagerverwaltungsrechner ermittelte wegeoptimierte **Einlagerliste** verwirklicht werden. Das entsprechende Fördermittel wird nach dieser Liste beladen, fährt wegeoptimiert durch das Lager und lagert die Materialien und Güter ein.

Dabei gilt der Grundsatz, dass Materialien und Güter mit hohen Umschlagszahlen einen Lagerplatz mit kurzen Transportwegen erhalten.

Eine Steigerung der Wege- und Leistungsoptimierung erhält man, wenn das Fördermittel auf dem Rückweg nicht etwa leer fährt, sondern gleichzeitig eine Auslagerung vornimmt. Hier handelt es sich um ein so genanntes **„Doppelspiel".**

Außerdem sollten die Fördermittel zur Ein- und Auslagerung stets voll beladen sein und nicht etwa immer nur halb beladen durchs Lager fahren, um eine hohe Auslastung zu erhalten.

Sowohl bei der Ein- als auch bei der Auslagerung können zwei Wegstrategien verfolgt werden. Auf diese wird jedoch im Lernfeld 5 näher eingegangen.

5.2 | Einlagerungsgrundsätze

Bei der Einlagerung der Materialien und Güter sind drei wichtige Einlagerungsgrundsätze zu beachten.

Einlagerungsgrundsätze

FIFO-Verfahren →

Das FIFO-Verfahren wird besonders bei verderblichen oder schnell veraltenden Materialien bzw. Gütern angewandt.

Der Begriff FIFO-Verfahren heißt ausgesprochen: First-in-first-out-Verfahren. Übersetzt bedeutet es, dass die Materialien und Güter, die zuerst eingelagert wurden, auch zuerst wieder ausgelagert werden müssen. Deshalb wird bei der Einlagerung einer neuen Lieferung die bereits im Regal liegende Ware nach vorn geholt und die neue Ware nach hinten gelagert. Dadurch wird ein Veralten oder Verderben der Ware verhindert.

Durchlaufregale und Durchfahrregale erfüllen das FIFO-Verfahren zwangsläufig. Verschieberegale, Umlaufregale und Turmregale ermöglichen dieses Verfahren ebenfalls ohne zusätzlichen Aufwand.

LIFO-Verfahren →

Das LIFO-Verfahren wird vorzugsweise bei Schüttgütern, wie z. B. Sand oder Kies, aber auch bei einigen Regalarten angewandt.

Der Begriff LIFO-Verfahren heißt ausgesprochen: Last-in-first-out-Verfahren. Das bedeutet, dass die Materialien und Güter, die zuletzt eingelagert wurden, zuerst wieder ausgelagert werden. Verderbliche oder schnell veraltende Güter sollten deshalb nicht nach diesem Verfahren eingelagert werden.

Die Blocklagerung und das Einfahrregal verfahren zwangsläufig nach diesem Prinzip.

HIFO-Verfahren →

Das HIFO-Verfahren wird nur im buchhalterischen Sinne und bei der Verarbeitung von Edelmetallen, wie z. B. Silberwaren, angewandt. Für die eigentliche Lagerung ist es nicht von Bedeutung.

Der Begriff HIFO-Verfahren heißt ausgesprochen: Highest-in-first-out-Verfahren. Wurden gleichartige Güter und Materialien zu unterschiedlichen Einkaufspreisen erworben, so werden bei Lagerentnahmen die teuersten Preise zuerst ausgebucht.

5.3 | Einlagerungssysteme

5.3.1 | Feste Einlagerung

Die **feste Einlagerung** wird auch **Festplatzsystem** bzw. starre oder systematische Einlagerung genannt. Jedem Lagergut wird ein Lagerplatz **fest zugeordnet**, das heißt, dieses wird immer auf demselben Lagerplatz eingelagert. Werden keine EDV-gesteuerten Lagerverwaltungssysteme verwendet, so bestimmt der Lagerarbeiter den Lagerplatz selbst. Dabei erfolgt eine logische Einteilung nach Teile- bzw. Produktgruppen sowie Lieferanten. Innerhalb dieser Einteilung wird nach aufsteigenden **Artikel- bzw. Teilenummern** oder nach **Gängigkeit** sortiert.

Erfolgt eine Sortierung des Lagergutes nach **Gängigkeit**, so wird dem jeweiligen Lagergut ein wegeoptimierter Lagerplatz zugewiesen. Das heißt, Lagergüter mit hoher Umschlagszahl werden weiter vorn und Lagergüter mit niedriger Umschlagszahl weiter hinten im Lager eingelagert.

Nach **Artikel- bzw. Teilenummern** wird sortiert, wenn das Lagergut relativ wenige Bedarfsschwankungen aufweist.

Das Festplatzsystem hat folgende **Vor- und Nachteile:**

Vorteile

- kein rechnergestütztes Lagerplatz-Verwaltungssystem erforderlich
- Lagerplatz jedes Lagergutes ist bekannt

Nachteile

- geringe Raumnutzung bei niedrigem Lagerbestand
- eine notwendig werdende Umorganisation ist nur mit enormem Aufwand möglich
- bei Änderung der Umschlagshäufigkeiten keine Wegeoptimierung ohne Umlagern möglich
- bei großen Sortimenten zumindest manuelle Lagerverwaltung notwendig

5.3.2 | Freie Einlagerung

Die **freie Einlagerung** wird auch chaotische oder flexible Einlagerung bzw. **Freiplatzsystem** genannt. Jedes Lagergut wird auf einem **gerade freien** Lagerplatz eingelagert. Dabei ist es möglich, dass gleichartige Lagergüter auf verschiedenen, auseinander liegenden Ebenen oder sogar Regalen liegen.

Voraussetzung ist hier jedoch ein EDV-gestütztes Lagerplatz-Verwaltungssystem. Dieses gibt den jeweils für das Lagergut geeigneten, gerade freien Lagerplatz an. Nur mithilfe dieses Verwaltungssystems ist ein schnelles Auffinden und Auslagern der Lagergüter möglich bzw. gewährleistet.

Vor- und Nachteile des Freiplatzsystems sind u. a.:

Vorteile	**Nachteile**
hohe Raumausnutzung	ständige Aktualisierung des EDV-gestützten Lagerplatz-Verwaltungssystems notwendig
neue Mitarbeiter können schnell eingearbeitet werden	Auffinden des Lagergutes nur mithilfe der EDV möglich
Möglichkeit der Reservierung von Lagerplätzen	hohe Investitionskosten für das Lagerplatz-Verwaltungssystem
problemloses Einlagern neuer Lagergüter, auch bei unterschiedlicher Gängigkeit	Gefahr des völligen Stillstands bei Ausfall der EDV-Anlage
Lagerplätze müssen nicht gemerkt werden, da die EDV den Lagerort verwaltet	

5.3.3 | Einlagerung nach technischen und sicherheitsrelevanten Gesichtspunkten

Nicht jedes Lagergut ist für jede Lagerart, jede Lagereinrichtung oder jede Lagerbedingung geeignet. Mitunter sind spezielle Aufbewahrungsvorschriften bzw. Zusammenlagerungsverbote zu befolgen. Bei der Einlagerung ist zu beachten, dass nur **gleichartige** Güter in ein **gemeinsames** Lager gehören. Man unterscheidet dabei die Einlagerung nach technischen und nach sicherheitsrelevanten Gesichtspunkten.

Einlagerung nach technischen Gesichtspunkten

Bestimmte Lagergüter weisen spezielle Eigenschaften auf: Sie können verderblich, korrosionsgefährdet oder diebstahlgefährdet sein.

Verderbliche Güter sind:
- Güter mit begrenztem Haltbarkeitsdatum, z. B. Lebensmittel allgemein, Getränke
- Kühlgüter, z. B. Medikamente, Milch
- Gefriergüter, z. B. Tiefkühlmenüs, Speiseeis
- Güter, die trocken gelagert werden müssen, z. B. Medikamente, Filme, Papier

Korrosionsgefährdete Güter sind Güter, die bei hoher Luftfeuchtigkeit schnell Rost ansetzen, z. B. Karosserieteile, Motorteile, Elektronikteile.

Diebstahlgefährdete Güter sind Güter von besonders hohem materiellen Wert, wie beispielsweise Schmuck, Elektronikwaren, Computer.

Physikalische und **klimatische** Bedingungen nehmen **Einfluss** auf den Zustand des Lagergutes. Im Einzelnen sind das:
- Temperatur und Temperaturschwankungen
- UV-Strahlung
- Luftfeuchtigkeit

Um den **Zustand** der o. g. Lagergüter zu **erhalten**, ist deshalb die Aufbewahrung in **technisch** speziell ausgestatteten **Lagern** notwendig. Diese sind auf die besonderen Eigenschaften des Lagergutes ausgerichtet. Sonderlager sind u. a.:
- Kühllager
- Tiefkühllager
- klimatisierte Lager
- Verschlusslager

Einlagerung nach sicherheitsrelevanten Gesichtspunkten

Ein weiterer wichtiger Aspekt bei der Einlagerung von Gütern ist die Beachtung von **Sicherheitsbestimmungen**. Güter, die besonderen Sicherheitsvorschriften unterliegen, sind **Gefahrstoffe.**

Menschen kommen täglich mit unbekannten oder mangelhaft bekannten Stoffen in Berührung. Umfangreiche Informationen sind jedoch Grundlage für das Anwenden geeigneter Schutzmaßnahmen sowie den richtigen Umgang mit Gefahrstoffen. Dem tragen gesetzliche Bestimmungen und Arbeitsschutzvorschriften Rechnung.

Gefahrstoffe sind einerseits **Chemikalien**, andererseits aber auch **Erzeugnisse** und **Zubereitungen**, die Gefahrstoffe enthalten.

Formen von Gefahrstoffen
- **fest**
- **flüssig**
- **in der Luft schwebend**
  - Stäube
  - Rauche
  - Nebel
  - Gase
  - Dämpfe

Gefahrstoffe wirken schädigend auf den **menschlichen Organismus**. Dazu müssen sie jedoch in den Körper gelangen. Die **Aufnahme** in den Körper kann auf verschiedenen **Wegen** geschehen:

- **Einatmen:** Gase, Dämpfe, Stäube, Nebel
- **Hautresorption:** Stäube, Flüssigkeiten, Nebel, Dämpfe, Gase
- **Verschlucken:** Stäube, Flüssigkeiten

Geeignete **Schutzmaßnahmen** helfen, dies zu verhindern.

Schutzmaßnahmen beim Umgang mit Gefahrstoffen

- Einhaltung der Vorschriften zum Umgang
- Tragen persönlicher Schutzausrüstung
- Durchführung von Belüftungsmaßnahmen
- Kapselung von Maschinen, damit keine Stoffe austreten können
- Filtern von Gefahrstoffen aus der Luft
- Absaugen von Gefahrstoffen aus der Arbeitsumgebung

Gefahrstoffe können verschiedene schädigende **Eigenschaften** haben:

- explosionsfördernd, explosionsfähig
- brandfördernd
- hochentzündlich, leicht entzündlich, entzündlich
- gesundheitsschädlich
- sehr giftig, giftig
- sensibilisierend
- auf sonstige Weise chronisch schädigend
- umweltgefährlich
- erbgutverändernd
- fortpflanzungsgefährdend
- Krebs erregend
- reizend

Beim **Umgang** mit Gefahrstoffen sind deshalb vor allem folgende **Grundsätze** zu beachten:

- Der Umgang mit Gefahrstoffen erfordert höchste Sorgfalt.
- Die Gefahrenkennzeichnungen sind genau zu befolgen.
- Jede Möglichkeit des Eintritts von Gefahrstoffen in den Körper ist zu vermeiden.
- Essen und Trinken sind während des Umgangs mit Gefahrstoffen verboten.
- Geeignete Hilfs- und Rettungsmittel sind vor Anwendung griffbereit zu halten.
- Bei Havarien oder Unfällen sind Sofortmaßnahmen gemäß zutreffender, vom Arbeitgeber anzufertigender Betriebsanweisung einzuleiten.

Bei der **Aufbewahrung** bzw. **Lagerung** von Gefahrstoffen sind folgende **Grundsätze** einzuhalten:

- Gefahrstoffe müssen so gelagert werden, dass sie weder Mensch noch Umwelt gefährden. Dabei sind Vorkehrungen zum Ausschluss von Missbrauch oder Fehlgebrauch zu treffen. Die mit den Gefahrstoffen verbundenen Gefahren müssen eindeutig gekennzeichnet sein.

- Gefahrstoffe dürfen nicht in Behältern gelagert werden, die mit Lebens-, Futter- oder Arzneimittelbehältern verwechselt werden können. Außerdem dürfen sie nicht in der Nähe von Lebens-, Futter- oder Arzneimitteln gelagert werden.
- Giftige und sehr giftige Gefahrstoffe sind so zu lagern, dass nur fachkundige Personen Zugriff darauf haben.
- Es sind die nach dem „Konzept für die Zusammenlagerung von Chemikalien" vom Verband der Chemischen Industrie (VCI) erlassenen **Zusammenlagerungsverbote** und **Zusammenladeverbote** für Gefahrstoffe zu befolgen.

Die folgende Übersicht zeigt an, welche Gefahrstoffe zusammen gelagert werden dürfen und welche nicht.

	entzündlich	**giftig**	**brandfördernd**	**ätzend**	**reizend**
entzündlich	✓	✗	✗	✗	✓
giftig	✗	✓	✗	✓	✓
brandfördernd	✗	✗	✓	✗	✗
ätzend	✗	✓	✗	✓	✓
reizend	✓	✓	✗	✓	✓

✗ = Zusammenlagerungsverbot
✓ = Zusammenlagerung erlaubt

Bei einem **Zusammenlagerungsverbot** ist eine **Separatlagerung** erforderlich. Hier werden die unterschiedlichen Gefahrstoffe voneinander getrennt in verschiedenen Lagerräumen gelagert (separiert). Wände und Decken des Lagers müssen feuerbeständig sein. Die separate Aufbewahrung in Sicherheitsschränken nach DIN 12925 ist ebenfalls möglich.

Ein Zusammenlagerungsverbot ist notwendig, um die Risiken, die sich durch einen Kontakt verschiedener Gefahrstoffe miteinander ergeben könnten, zu verhindern.

Bei einer **eingeschränkt erlaubten Zusammenlagerung** wird eine **Getrenntlagerung** im selben Lagerraum erforderlich. Die Gefahrstoffe werden durch Barrieren, z. B. feuerfeste Trennwände, oder mit genügend Abstand voneinander getrennt gelagert.

Als **Faustregel** kann gesagt werden, dass eine Zusammenlagerung nur erlaubt ist, wenn die Gefahrstoffe bestimmte Voraussetzungen erfüllen, z. B. Angehören derselben Gefahrenklasse, Anwendbarkeit des gleichen Löschmittels, gleiche Lagertemperatur, gleiche Luftfeuchtigkeit usw.

Die in der **Kennzeichnung** nach der Gefahrstoffverordnung enthaltenen Sicherheitsratschläge (S-Sätze) und Gefahrenhinweise (R-Sätze) sowie die Sicherheitsdatenblätter geben Auskunft über spezielle Stoffeigenschaften (siehe Lernfeld 3).

Die **Gefahrstoffverordnung** regelt insbesondere das Inverkehrbringen und den Umgang mit Gefahrstoffen. Auf sie sowie auf andere wichtige Gesetze zum Arbeitsschutz wird im Lernfeld 3 näher eingegangen.

5.4 | Dokumentation der Einlagerung

Nach erfolgter **Einlagerung** ist diese zu **dokumentieren.** In kleinen Unternehmen mit kleinen, überschaubaren Lagern wird dies noch **manuell** mittels Lagerfachkarten sowie Lieferschein oder Wareneingangsschein durchgeführt. In großen, unübersichtlichen bzw. automatisierten Lagern geschieht die Dokumentation der Einlagerung heutzutage jedoch ausschließlich über **EDV-Lagerverwaltungssysteme.**

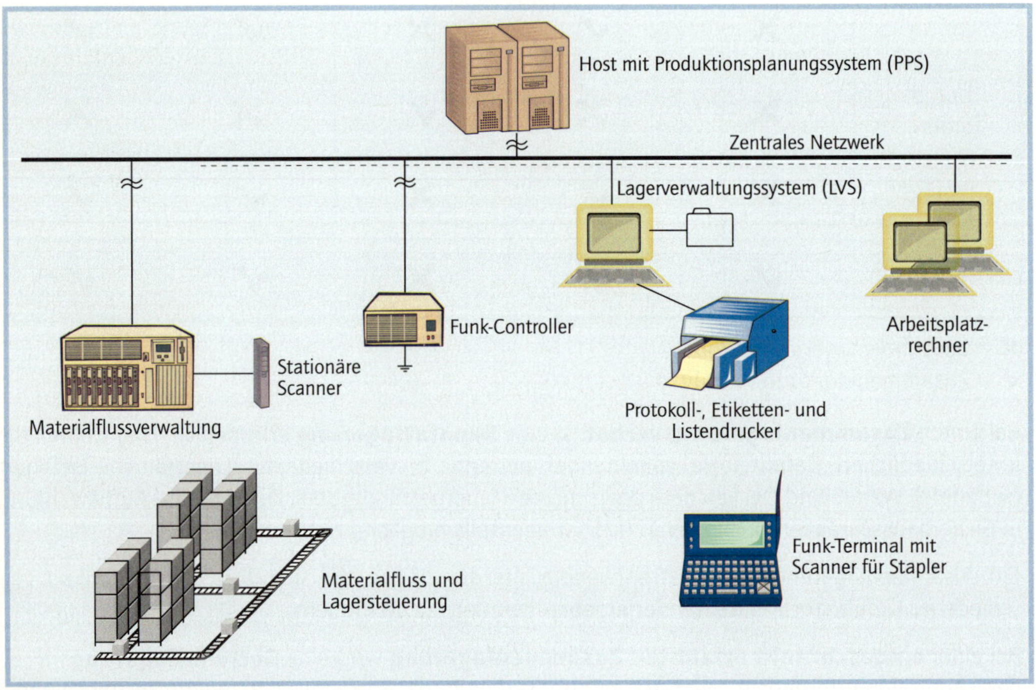

EDV-Lagerverwaltungssysteme ermöglichen einen reibungslosen Ablauf der Lager- und Transportvorgänge und damit einen reibungslosen Materialfluss. Sie verwalten Artikelstammdaten und steuern Lagerfunktionen vom Wareneingang über die Bestandsführung und Inventur bis zur Kommissionierung einschließlich Transport. Das System selbst wird über einen standardisierten Lagerleitrechner gesteuert. Von dort erfolgt die Einbindung der einzelnen Rechner und sonstigen Hilfsmittel über ein zentrales Netzwerk.

Wichtige **Artikelstammdaten** im EDV-Lagerverwaltungssystem sind u. a.:

- Teile- oder Artikelnr.
- Artikelkurzbezeichnung und Langtext
- Artikelbild oder Grafik
- Lieferanten, Hersteller
- Verkaufspreis
- Verpackungseinheit
- Mengeneinheit
- WE-Nr.
- Lagerplatz-Nr.

EDV-Lagerverwaltungssysteme steuern viele **Funktionen** und überwachen diese.

Funktionen eines EDV-Lagerverwaltungs-Systems

- Vergabe der Wareneingangsnummern
- Zuordnung der neuen Artikel zu leeren Lagerplätzen
- EAN-Codierung
- Etikettendruck
- Wegeoptimierung
- Einsatz von Barcode-Lesegeräten

- Datenfunk- und Scanneranbindung
- optimale Tourenbildung
- Suchfunktionen
- chaotische Lagerführung
- Steuerung des Fördermitteleinsatzes
- Bestandsüberwachung und Bestellauslösung

- Bestands-/Buchführung
- Bestandbewertung (ABC- u. XYZ-Analyse)
- Erfassung der Lagerbewegungen für Statistiken
- verschiedene Inventuren
- Leergut- und Behälterverwaltung
- beleglose Kommissionierung

Gleichgültig, ob die Dokumentation der Einlagerung manuell oder über EDV durchgeführt wird, sind folgende **Mindestangaben** festzuhalten:

- Artikel- oder Teilenummer
- Wareneingangsnummer
- Wareneingangsdatum
- neuer Artikelbestand
- eingelagerte Menge
- Lagerplatznummer

Eine Dokumentation **vor** erfolgter Einlagerung bringt **Probleme** mit sich:

Einerseits kann es dann geschehen, dass ein für die Auslagerung vorgesehenes Material oder Gut noch gar nicht körperlich verfügbar ist.

Andererseits kann es vorkommen, dass das Material oder Gut bei der Einlagerung beschädigt und deshalb unbrauchbar wird und nachbestellt werden muss.

In beiden Fällen besteht die Gefahr, dass der Materialfluss ins Stocken gerät.

? AUFGABEN

1 Überlegen Sie, nach welchem Einlagerungsgrundsatz verderbliche Güter eingelagert werden sollten. Begründen Sie Ihre Antwort.

2 Beschreiben Sie, nach welchem Einlagerungssystem die Materialien und Güter in Ihrem Ausbildungsbetrieb eingelagert werden. Was wird Ihren Ausbildungsbetrieb zu dieser Entscheidung bewogen haben?

3 Nennen Sie die Vorteile, welche die feste Einlagerung gegenüber der chaotischen hat.

4 Erklären Sie, warum es so wichtig ist, die Einlagerung der Waren zu dokumentieren.

5 Beschreiben Sie, wie die Dokumentation der Einlagerung in Ihrem Ausbildungsbetrieb vorgenommen wird.

6 Erklären Sie, warum die Fehlerhäufigkeit bei der EDV-Dokumentation der Einlagerung geringer als bei der manuellen Dokumentation ist.

500692

6 | Feuergefahr

SITUATION

Ein Großhändler für Weine und Spirituosen aus aller Welt mit zum Teil sehr hochprozentigen Spezialitäten will an einem neuen Standort ein weiteres Auslieferungslager eröffnen. Um die Kosten dafür so gering wie möglich zu halten, kauft er ein nach seiner Meinung geeignetes Gebäude und baut es nach seinen Bedürfnissen um.

Bei der Bauabnahme werden jedoch erhebliche Mängel bezüglich des Brandschutzes festgestellt und der Großhändler ist gezwungen, weitere Installations-, Um- und Ausbaumaßnahmen durchzuführen, um die Anforderungen an einen wirksamen Brandschutz zu erfüllen.

1 **Überlegen Sie, welche Mängel bezüglich des Brandschutzes Ihrer Meinung nach vorgelegen haben könnten.**

2 **Diskutieren Sie in Ihrer Arbeitsgruppe, was der Großhändler hinsichtlich eines wirksamen Brandschutzes zu beachten hat. Begründen Sie Ihre Antwort vor der Klasse.**

SACHDARSTELLUNG

Am Gesamtanteil aller Brandschäden in Industrie und Gewerbe nehmen Brandschäden im Lager über 30 Prozent ein. Solche Schäden können die weitere Existenz des gesamten Unternehmens gefährden.

Deshalb sind mögliche Gefahrenquellen aufzuspüren und zu beseitigen sowie speziell für das Lager geeignete Schutzmaßnahmen einzuleiten.

6.1 | Brandentstehung

6.1.1 | Ursachen der Brandentstehung

Die **Ursachen** für die Entstehung eines Brandes sind vielfältig. Die **häufigsten** sind:

- **Brandstiftung**
  Motive sind hier psychologisches Fehlverhalten, Rache, Vandalismus usw. durch eigene Mitarbeiter, Mitarbeiter von Fremdfirmen, Kunden oder auch völlig Fremde.
- **Rauchen**
  Obwohl im Lager generell Rauchverbot herrscht, wird dieses Verbot immer wieder verletzt. Achtlos weggeworfene glimmende Kippen und glühende Asche können schnell einen Brand verursachen.

- **Feuergefährliche Arbeiten**
  Das sind vor allem Schweißen, Löten, Trennschneiden, Schleifen, Heißkleben usw. Bei diesen Arbeiten werden die Brandgefahren oft unterschätzt und gebotene Sicherheitsvorschriften nicht genügend eingehalten. Das führt dazu, dass Schweißperlen, Funken oder Schlacke in Ecken und Spalten fallen und dort erst nach längerer Zeit durch Weiterglimmen einen Brand auslösen können.
- **Verpackungstechnik**
  Leicht entzündliches, brennbares Verpackungsmaterial kann durch Schweißen oder Schrumpfen lokal überhitzt werden und dadurch in Brand geraten.
- **Fördereinrichtungen**
  Durch Funkenausstoß, verdampfenden Kraftstoff, Laden von Batterien, elektrostatische Entladungen usw. an Fördermitteln, aber auch durch das Beschädigen elektrischer Anlagen durch Fördermittel können Brände verursacht werden.
- **Heizungen**
  Beispielsweise geben Heizquellen mit offener Flamme oder Strahlungsheizkörper hohe Temperaturen ab, die bei Einwirkung über einen längeren Zeitraum leicht brennbare Stoffe entzünden können.

6.1.2 | Bedingungen zur Brandentstehung

Zur **Entstehung** eines Feuers ist das Zusammenkommen dreier **Bedingungen** notwendig:

Brennbarer Stoff

Wie brennbar ein Stoff ist, hängt von seiner Fähigkeit ab, sich mit Sauerstoff zu verbinden. Brennbare Stoffe existieren **als**

- Stäube (z. B. Kohlestaub)
- Gase (z. B. Erdgas)
- Flüssigkeiten bzw. ihre Dämpfe (z. B. Benzin)
- Feststoffe (z. B. Holz)

Sauerstoff

Er ist normalerweise überall in der Luft vorhanden. Es hängt vom Zustand des brennbaren Stoffes ab, wie schnell der Sauerstoff mit dem brennbaren Stoff eine chemische Verbindung (→ Oxidation → Brand) eingeht.

Zünd- bzw. Wärmequelle

Ein Brand kann durch unterschiedliche Zünd- bzw. Wärmequellen ausgelöst werden. Sie müssen nur genügend Wärmeenergie abgeben. Dabei kommen vor allem infrage:

- Flammen, Funken, Lichtbögen, Schweißperlen
- heiße Gase, Flüssigkeiten oder Oberflächen
- Wärmestrahlung
- Eigenwärme durch Reibung oder chemische Prozesse

6.2 | Brandverhinderung – vorbeugender Brandschutz

Grundlage für den vorbeugenden Brandschutz bilden das Arbeitsschutzgesetz, die Arbeitsstättenverordnung, die entsprechenden Arbeitsstättenrichtlinien und die Unfallverhütungsvorschriften sowie DIN-Normen. Sowohl Arbeitgeber als auch Arbeitnehmer sind zur Verhütung von Bränden **verpflichtet.**

Voraussetzungen zur Verhütung und Bekämpfung von Bränden:

- Sauberkeit und Ordnung im Lager
- Identifizierung und Beachtung bestehender Brandgefahren am Arbeitsplatz
- Kenntnis betriebsspezifischer Brandverhütungsmaßnahmen
- Kenntnis richtigen Verhaltens im Brandfall

6.2.1 | Maßnahmen beim Bau von Lagerräumen – baulicher Brandschutz

Vorbeugender Brandschutz beginnt bereits beim Bau von Lagerräumen.

Lagerräume sind so zu errichten und einzurichten,

- dass Brände möglichst nicht entstehen oder sich zumindest nicht ausbreiten können

und

- dass im Brandfall Rettungs- und Löschmaßnahmen ungehindert durchführbar sind.

Dieses Ziel kann durch folgende **bauliche Einrichtungen** erreicht werden:

- feuerhemmende Wände, Fußböden und Decken aus nicht brennbaren Baustoffen
- feuerbeständige, sich im Brandfall automatisch schließende Stahltüren
- Unterteilung großer Lagerräume sowie Lagerräumen mit erhöhter Brandgefahr in überschaubare Brandabschnitte mit feuerbeständigen Wänden
- Rauch- und Wärmeabzugsanlagen, Brandmelder, Hydranten und Feuerlöschanlagen
- Flucht- und Rettungswege sowie Notausgänge mit Schildern
- Flucht- und Rettungspläne sowie Hinweistafeln für das Verhalten im Brandfall an zentralen Stellen

Insbesondere die Unterteilung in Brandabschnitte verhindert ein rasches **Ausbreiten** des Feuers im Raum, während feuerhemmende Bauelemente ein **Übergreifen** auf andere Bereiche bzw. Räume verhindern und die Standfestigkeit des Gebäudes erhalten sollen. Außerdem verringern die Verwendung nicht brennbarer Baustoffe und die Unterteilung in Brandabschnitte die Beiträge zur Feuerversicherung.

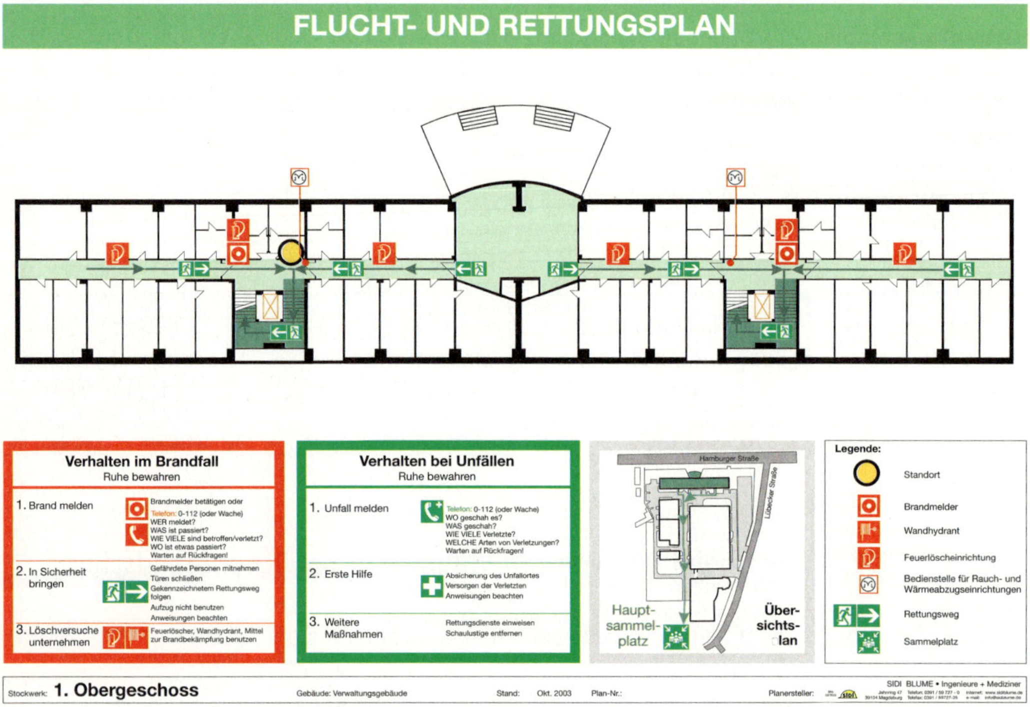

6.2.2 | Maßnahmen während der täglichen Arbeit – allgemeiner Brandschutz

Der bauliche Brandschutz allein reicht nicht aus, um Brände sicher zu verhüten. Auch während der täglichen Arbeit kommt es immer wieder zu Gefahrensituationen, die nur durch geeignete **Maßnahmen** verhindert werden können. Das sind u. a.:

- Flucht- und Rettungswege sowie Notausgänge nicht verstellen oder verschließen
- Brandmelde- und Feuerlöscheinrichtungen nicht verstellen
- generelles Rauchverbot im Lager einhalten
- keine offene Flamme oder sonstigen Wärmestrahlungsquellen in der Nähe von feuergefährlichem oder explosionsgefährdetem Material verwenden
- leicht entflammbare Materialien nur in speziellen Lagerräumen und außerhalb der Reichweite von Heizkörpern, Feuerstätten, Schornsteinen oder Rauchabzugsrohren lagern
- Lagerräume für brennbare oder explosionsgefährdete Materialien als solche kennzeichnen
- gebrauchte Schmier- und Putzlappen sowie andere leicht brennbare Abfälle in getrennten, nichtbrennbaren Behältern mit nichtbrennbarem Deckel sammeln und regelmäßig entsorgen
- keine Kraftfahrzeuge in Lagerräumen abstellen
- regelmäßig Brandschutz- und Rettungsübungen durchführen und die Arbeitnehmer mit der Handhabung von Feuerlöschgeräten vertraut machen

6.3 | Brandmelde- und Warneinrichtungen

Um ein Feuer so früh wie möglich entdecken und bekämpfen zu können, sind in jedem Unternehmen Brandmelde- und Warneinrichtungen notwendig.

Man unterscheidet zwischen **manuell auszulösenden** und **automatisch auslösenden** Brandmeldern.

Alle Brandmelder **lösen** bei Aktivierung Alarm aus. Die meisten automatischen Brandmelder **schließen** gleichzeitig die Brandschutztüren und aktivieren vorhandene ortsfeste Feuerlöschanlagen.

Die am **häufigsten** im Lager eingesetzten Geräte:

- **Druckknopfmelder** werden an strategisch wichtigen Punkten im Unternehmen installiert und durch Handauslösung aktiviert.
- **Rauchmelder** reagieren auf Rauch noch vor der Flammenbildung. Ihre maximale Überwachungsfläche beträgt 120 m^2. Man unterscheidet **optische Rauchmelder**, die durch sichtbaren Rauch ausgelöst werden und **Ionisationsrauchmelder,** die durch unsichtbaren Rauch ausgelöst werden.
- **Thermo- bzw. Wärmemelder** reagieren auf Wärme. Ihre maximale Überwachungsfläche beträgt 20 m^2. Man unterscheidet **Wärmemaximalmelder,** die ausgelöst werden, wenn die Temperatur einen festgelegten Maximalwert übersteigt, und **Wärmedifferenzialmelder,** die ausgelöst werden, wenn die Temperatur innerhalb einer festgelegten Zeit zu schnell ansteigt.

- **Flammen- bzw. Strahlenmelder** reagieren auf Flammenstrahlung. Ihre maximale Überwachungsfläche beträgt 1000 m^2. Man unterscheidet **Infrarotflammenmelder,** die durch Flammen im Infrarotbereich ausgelöst werden, und **Ultraviolettflammenmelder,** die durch Flammen im Ultraviolettbereich ausgelöst werden.

6.4 | Brandbekämpfungsgeräte und -anlagen

In jedem Unternehmen müssen Brandbekämpfungsgeräte und -anlagen vorhanden sein, die den betriebsspezifischen Gefahren entsprechen. Je eher sie aktiviert werden, umso schneller kann der Brand gelöscht oder zumindest eingedämmt werden.

Brandbekämpfungsgeräte und -anlagen müssen funktionsfähig gehalten, vor Beschädigungen geschützt und regelmäßig alle ein bis zwei Jahre durch Sachkundige überprüft werden. Durchgeführte Prüfungen, Nachfüllen und Instandsetzungen sind am Gerät bzw. der Anlage mit Plakette zu vermerken sowie schriftlich zu dokumentieren.

6.4.1 | Mobile Feuerlöschgeräte

Mobile Feuerlöschgeräte sind an leicht zugänglichen Stellen anzubringen bzw. aufzustellen. Deren Standort ist durch das Brandschutzzeichen F 04 „Feuerlöschgerät" zu kennzeichnen.

Bei den mobilen Feuerlöschgeräten **unterscheidet** man:

- **tragbare** Feuerlöscher als Pulverlöscher, Wasserlöscher, Schaumlöscher, Kohlendioxidlöscher
- **fahrbare** Feuerlöschgeräte als Pulverlöschgerät, Schaumlöschgerät, Kohlendioxidlöschgerät
- **sonstige** Löschgeräte als Kübel- oder Einstellspritze, Löschdecke, Feuerpatsche

Neben den mobilen Feuerlöschgeräten ist in besonders feuergefährdeten Bereichen der Einbau ortsfester Feuerlöschanlagen ratsam.

6.4.2 | Ortsfeste Feuerlöschanlagen

Ortsfeste Feuerlöschanlagen haben den Vorteil, dass im Falle eines Brandes keine Zeitverluste für die Brandentdeckung, Alarmierung und Bereitstellung der Löschmittel entstehen. Außerdem werden menschliche Unzulänglichkeiten und der Einsatz falscher Löschmittel vermieden. Löschkräfte müssen sich nicht unnötig in Gefahr begeben. Der Einbau ortsfester Feuerlöschanlagen vermindert überdies die Beiträge zur Feuerversicherung.

Bei den ortsfesten Feuerlöschanlagen werden folgende **Arten** unterschieden:

Sprinkleranlagen

Bei Erreichen einer bestimmten Temperatur zerplatzt das Sprinklergläschen, der Verschluss öffnet sich und über den Sprühteller strömt Wasser schirmartig auf den Bereich des Brandherdes. Das ausströmende Wasser löst Feueralarm aus.

Sprühwasseranlagen

Sprühwasseranlagen werden über einen Brandmelder ausgelöst. Sie ähneln den Sprinkleranlagen, haben jedoch offene Düsen und versprühen das Löschwasser regenartig über den gesamten Bereich.

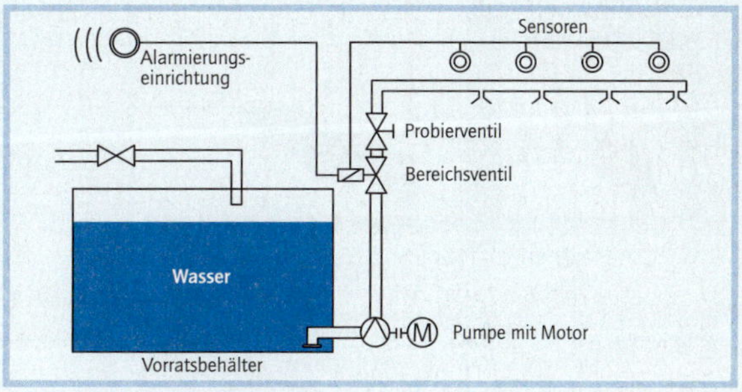

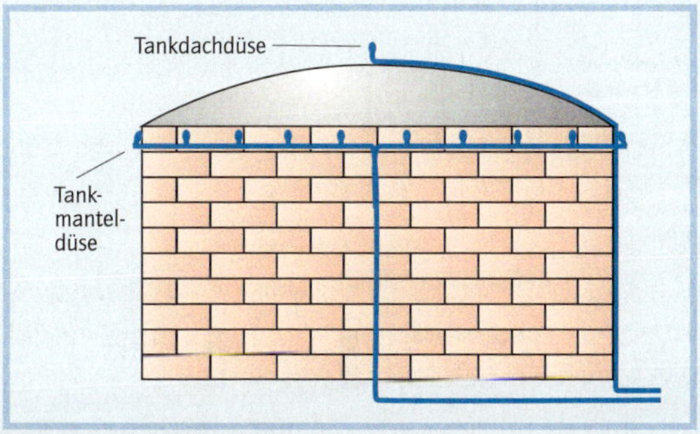

Berieselungsanlagen

Berieselungsanlagen werden per Hand ausgelöst. Sie kühlen durch herabfließendes Wasser vor allem gefährdete Tankanlagen, aber auch Bauteile ab und schützen diese vor dem Übergreifen des Feuers.

Schaumlöschanlagen

Schaumlöschanlagen werden über einen Brandmelder ausgelöst und oft in Lagern für brennbare Flüssigkeiten sowie für Tanks eingesetzt. Der Schaum breitet sich auf der brennenden Flüssigkeit aus und erstickt so das Feuer.

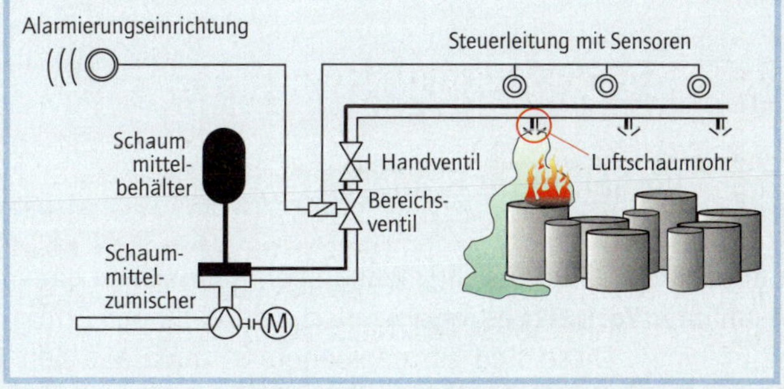

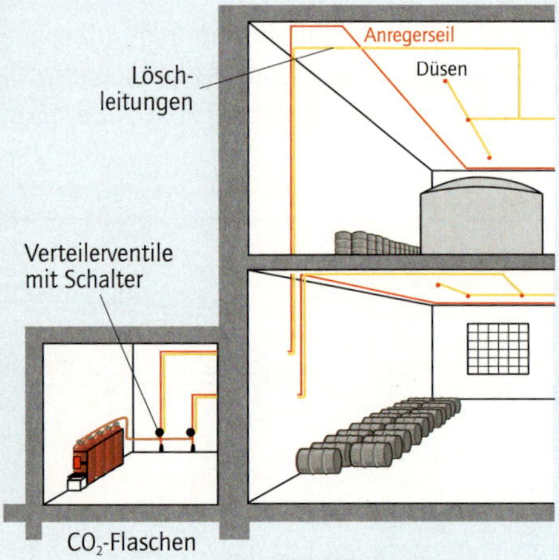

Kohlendioxidanlagen (CO_2-Anlagen)

Kohlendioxidanlagen werden per Hand ausgelöst. Dabei wird Kohlendioxid in den Raum geleitet, das dem Feuer den notwendigen Sauerstoff entzieht und so das Feuer löscht.

Bei dieser Anlage sind eine Warneinrichtung und eine Verzögerungseinrichtung notwendig, da für Menschen Erstickungsgefahr besteht und sie deshalb den Raum verlassen müssen.

Pulverlöschanlagen

Pulverlöschanlagen werden per Hand oder über Brandmelder ausgelöst. Dabei öffnet sich die Treibgasflasche, das Treibgas drückt das Löschpulver großvolumig auf den Brandherd und erstickt so das Feuer.

Da Erstickungsgefahr für Menschen besteht, ist eine Warneinrichtung nötig.

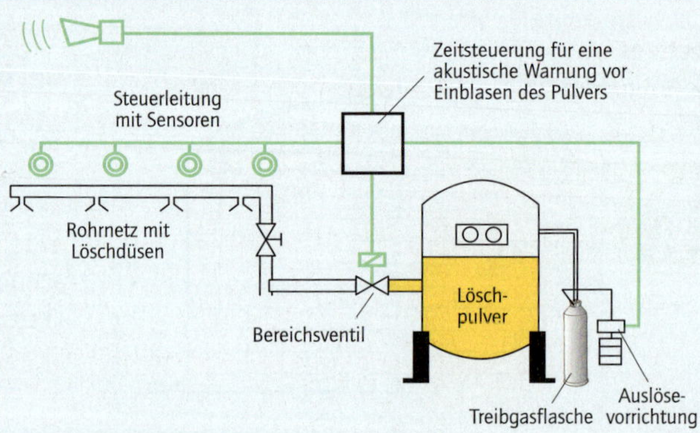

6.5 | Verhalten im Brandfall

Sollte es trotz aller Vorsichtsmaßnahmen dennoch zu einem Brand kommen, so ist die Einhaltung bestimmter **Verhaltensregeln** entscheidend für den Erfolg der Rettungs- und Brandbekämpfungsmaßnahmen. Diese sind zusammengefasst auch aus den **Hinweistafeln** für das Verhalten im Brandfall ersichtlich.

5006100

Ruhe bewahren

Besonnenheit und Vorsicht sind wichtig, um Panik und zusätzlichen Schaden zu vermeiden.

Die richtige **Reihenfolge** der Maßnahmen ist unbedingt zu beachten: **MELDEN → RETTEN → LÖSCHEN!**

Brand melden

☎ 112

Die Feuerwehr ist über Betriebsfunk, Feuermelder oder **Notruf** zu alarmieren.

Die Meldung muss folgende **Angaben** beinhalten:
WO brennt es? → Haus, Etage, Abteilung
WAS brennt? → Objekt
WIE VIELE Menschen sind gefährdet?
WER meldet den Brand? → Name, Telefonnummer
WARTEN auf eventuelle Rückfragen

Retten bzw. in Sicherheit bringen

Die Erhaltung von **Leben und Gesundheit** steht vor **Brandbekämpfung!**

Brennende Personen sind z. B. durch Einhüllen in Decken oder Kleidungsstücke zu **löschen.**

Bei **akuter Gefahr** ist der Brandbereich sofort über die Rettungswege zu verlassen und die festgelegte Sammelstelle aufzusuchen. Eventuell gefährdete Personen müssen gewarnt, hilflose Personen mitgenommen werden. Sind die **Rettungswege** unpassierbar, so ist die nächste Gebäudeöffnung (z. B. Fenster) aufzusuchen und die Feuerwehr aufmerksam zu machen.

Auf **keinen** Fall dürfen Aufzüge benutzt werden.
Die Türen zum Brandbereich sind zu schließen, um dem Feuer keine zusätzliche Nahrung zu geben.

Löschversuch unternehmen

Besteht **keine Gefahr** für die eigene Person, sind mithilfe der Feuerlöscher Löschversuche vorzunehmen. Der Einsatz **mehrerer** Feuerlöscher gleichzeitig erhöht die Erfolgschance.

Beim Löschversuch sind die auf dem Löscher angegebenen Hinweise sowie der eigene Schutz zu beachten und nur geeignete Löschmittel zu verwenden.

Aus den nachstehenden Abbildungen ist der **richtige Umgang mit Feuerlöschern** erkennbar:

- **Vorsicht beim Öffnen geschlossener Türen:**
  1. Tür vorsichtig einen Spalt breit öffnen, dabei Deckung hinter dem Türrahmen suchen.
  2. Kurzen Löschstrahl aus dem Feuerlöscher, dann Tür weiter öffnen und Feuer bekämpfen.

- **Feuerlöscher erst am Brandherd in Betrieb setzen.**
- Wind soll möglichst im Rücken sein.

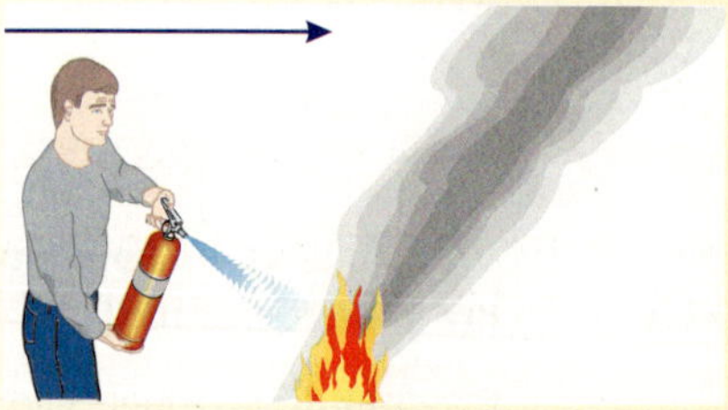

- Von unten nach oben und von vorn nach hinten löschen.

- Nur mit geeignetem Löschgerät löschen.

Löschmitteleignung und Einsatzbedingungen beachten!

5006102

PRAXISFALL

Vorgehensweise bei der Bekämpfung eines kleinen Feuers im Büromittellager:

1. Auslösen des Feueralarms (Alarmierung)
2. Annähern an die Brandstelle (so weit wie möglich)
3. Vorbereiten des Feuerlöschers
4. Löschen des Brandherdes mit dem Feuerlöscher (Brandbekämpfung)
5. Beaufsichtigen der Brandstelle nach Erlöschen des Feuers (Brandwache)

?

AUFGABEN

1 Begründen Sie, warum es wichtig ist, dass jeder Arbeitnehmer die Verhaltensregeln für den Brandfall und den richtigen Umgang mit Feuerlöschgeräten kennt.

2 Was verstehen Sie unter vorbeugendem Brandschutz und aus welchen zwei Teilbereichen besteht er?

3 Nennen Sie mindestens je drei Beispiele für Maßnahmen des baulichen und allgemeinen Brandschutzes in Ihrem Ausbildungsbetrieb.

4 Sie arbeiten in einem Auslieferungslager eines Drogeriegroßhändlers. Plötzlich bemerken Sie in einem Gang des Lagers ein kleines Feuer.
a) Wie verhalten Sie sich?
b) Überlegen Sie, wie es zu diesem Brand gekommen sein könnte.
c) Was könnte der Arbeitgeber unternehmen, um solche Brände künftig zu vermeiden?

5 Erklären Sie, mit welchen Mitteln ein frühzeitiges Entdecken eines Brandes möglich ist. Nennen Sie mindestens drei.

6 Zur Brandbekämpfung stehen sowohl mobile Feuerlöschgeräte als auch ortsfeste Feuerlöschanlagen zur Verfügung. Nennen Sie je zwei Beispiele dafür.

7 Überlegen Sie, nach welchen Kriterien ein Unternehmen geeignete Brandbekämpfungsgeräte oder -anlagen auswählt.

8 Beschreiben Sie, welche Brandbekämpfungsgeräte oder -anlagen in Ihrem Ausbildungsbetrieb vorhanden sind.

9 Überlegen Sie, welche Feuerlöschanlagen vor allem bei Tanks installiert werden.

7 | Diebstahlgefahr

SITUATION

Die Home-Entertainment GmbH verkauft Fernseher, Videorekorder, Hifi-Anlagen usw. seit über zehn Jahren. Der Geschäftsführer hielt schärfere Sicherheitsvorkehrungen immer für übertrieben und hatte deshalb als Diebstahlschutz nur eine einfache Alarmanlage sowie vergitterte Fenster. Schließlich war bisher nie etwas passiert und das Geschäft befindet sich in einer sicheren, ruhigen Gegend.

Als er jedoch am Montag morgen zum Geschäft kommt, muss er feststellen, dass ein Einbruch stattgefunden hat und die wertvollsten Geräte entwendet wurden. Die Polizei rekonstruiert den Tathergang und stellt dabei fest, dass die Sicherheitsvorkehrungen des Geschäfts unzureichend waren.

1. **Erklären Sie, warum die Sicherheitsvorkehrungen der Home-Entertainment GmbH unzureichend waren.**
2. **Überlegen Sie, wonach sich die Auswahl geeigneter Sicherheitsvorkehrungen wohl richten wird.**
3. **Diskutieren Sie in Ihrer Arbeitsgruppe, welche Sicherheitsvorkehrungen künftig für die GmbH infrage kommen.**

SACHDARSTELLUNG

Vor allem im Lagerbereich, aber auch im Einzelhandel, liegen die diebstahlgefährdeten Waren häufig in größeren Mengen zusammen, während die Sicherheitsvorkehrungen oft nicht den Anforderungen entsprechen. So ist es nicht verwunderlich, dass die Diebstahlrate gerade in diesen Bereichen sehr hoch ist.

Das Unternehmen muss überlegen, in welchen Bereichen besondere Sicherheitsmaßnahmen notwendig sind und welche Bereiche vor allem nach Arbeitsende einbruchsicher verschlossen werden können, um Diebstähle weitgehend zu verhindern.

5006104

7.1 | Arten der Diebstähle

Es gibt verschiedene Arten von Diebstählen. Sie werden in **zwei Gruppen** eingeteilt:

Diebstähle nach der **Art der gestohlenen Gegenstände:**

Diebstahl von Einzelteilen
Der Dieb entwendet nur einzelne Waren oder Materialien, also kleine Mengen. Diese Diebstahlart erfolgt i. d. R. im Zusammenhang mit einem geplanten oder ungeplanten Diebstahl.

Diebstahl kompletter Einheiten
Der Dieb entwendet ganze Einheiten, wie Kisten, Paletten, Container usw., also große Mengen. Dabei verwendet er i. d. R. Hilfsmittel, wie Fahrzeuge, Fördermittel usw. Diese Diebstahlart ist vor allem im Zusammenhang mit einem organisierten Diebstahl anzutreffen.

Diebstähle nach der **Vorgehensweise** des Diebes:

organisierter Diebstahl
Organisierte Diebstähle werden von bestimmten Personengruppen (Banden, Organisationen) durchgeführt. Diese Personengruppen **bereiten** sich gründlich darauf **vor**, indem sie über längere Zeit sorgfältig das „Objekt ihrer Begierde" erkunden und die notwendigen Hilfsmittel besorgen bzw. bereithalten.
Diese Diebstahlart ist meist mit einem Einbruch verbunden und verursacht den größten wirtschaftlichen Schaden.

geplanter Diebstahl
Diese Diebstahlart wird auch **vorsätzlicher** Diebstahl genannt, weil der oder die Diebe bereits bei Betreten des Bereichs die **Absicht** haben bestimmte Waren oder Materialien zu entwenden.

ungeplanter Diebstahl
Diese Diebstahlart geschieht **zufällig**. Der oder die Diebe haben bei Betreten des Bereiches nicht die Absicht, zu stehlen. Jedoch verleitet sie eine bestimmte Situation oder Gelegenheit dazu, Waren oder Materialien „mitzunehmen".

7.2 | Wer kommt als Dieb in Betracht und welche Folgen hat ein Diebstahl für ihn und den Betrieb?

Folgende Personen kommen bei einem Diebstahl als Täter (**Dieb**) in Betracht:

innerhalb des **Unternehmensumfeldes**

- eigene Mitarbeiter des Lagerbereichs
- eigene Mitarbeiter anderer Bereiche
- Mitarbeiter von Zulieferfirmen
- Mitarbeiter von Fremdfirmen (Service-Personal, Reinigungspersonal, Handwerker usw.)
- Firmenkunden
- Besucher

außerhalb des **Unternehmensumfeldes**

völlig fremde Personen als Einzeltäter, Banden oder Organisationen

Wird ein **Täter** des Diebstahls überführt, so hat das vielfältige **Folgen** für ihn:

Folgen für die **eigenen Mitarbeiter** sind

- Strafanzeige (mit Geld- oder Freiheitsstrafe und Gerichtskosten)
- Leistung von Schadenersatz
- Abmahnung oder Kündigung
- Hausverbot bei Kündigung

Folgen für **alle anderen Personen** sind

- Hausverbot
- Strafanzeige (mit Geld- oder Freiheitsstrafe und Gerichtskosten)
- Leistung von Schadenersatz
- Kündigung durch Arbeitgeber

Ein Diebstahl hat jedoch auch **Folgen** für das geschädigte **Unternehmen:**

- schlechteres Betriebsklima aufgrund gegenseitiger Beschuldigungen und Überwachung der Mitarbeiter untereinander
- Produktionsstillstand → Gewinneinbußen
- Engpässe bei der Kundenversorgung → möglicher Kundenverlust
- Kosten für
  - höhere Versicherungsbeiträge
  - zu ersetzende Waren
  - Reparatur der beschädigten Einrichtungen
  - zusätzliche Vorsorge- und Sicherungsmaßnahmen

5006106

7.3 | Diebstahlvorsorge und Sicherheitsmaßnahmen

Der Abschluss einer Versicherung kann nur die materiellen Schäden mindern, keineswegs jedoch Diebstähle verhindern. Um Diebstählen vorzubeugen, sind geeignete Sicherheitsmaßnahmen festzulegen und durchzuführen.

Nun wird man für ein Lager, in dem geringwertige Güter aufbewahrt werden, kein ultramodernes und teures Sicherheits- und Alarmsystem verwenden.

Vor der Festlegung dieser Maßnahmen sollte das Unternehmen sich also folgende **Frage** stellen: „**WAS** soll vor **WEM** geschützt werden?"

Die Vorgehensweise der Diebe ist sehr verschieden. Ebenso verschieden müssen deshalb auch die Vorsorge- und Sicherheitsmaßnahmen sein. Diese unterteilen sich in **organisatorische** und **technische** Maßnahmen.

Zu den **organisatorischen Maßnahmen** gehören vor allem folgende:

- Schaffen einer übersichtlichen Lagerung in hellen Räumen ohne „tote" Ecken und Winkel
- Einrichten von Sperrzonen, die von unbefugten Personen nicht betreten werden dürfen
- Vermeiden des Anreizes zum Diebstahl durch neutrale Verpackungen
- Verwenden von Klebeetiketten, die beim Entfernen zerreißen oder zerfallen
- Verwahren hochwertiger Güter in separaten Verschlusslagern
- regelmäßiges Durchführen von Kontrollen

Als **technische Maßnahmen** kommen vor allem infrage:

- Spiegel in „toten" Ecken und Winkeln
- elektronische Melder als Bewegungsmelder oder Glasbruchmelder
- Alarmanlagen
- Videoüberwachung
- elektronische Etiketten, die beim Entfernen bzw. Wegbringen der Ware Alarm auslösen
- elektronische Kontrolleinrichtungen an Ausgängen
- elektronische Magnetkontakte zur Überwachung von Türen und Fenstern hinsichtlich Öffnen und Schließen

Durch die **technischen Überwachungssysteme** ist eine Überwachung der gefährdeten Bereiche rund um die Uhr möglich. Im Falle eines Einbruchs wird sofort die Leitstelle der Polizei oder ein Sicherheitsdienst alarmiert.

? AUFGABEN

1 Überlegen Sie, welchen Sicherheitsaufwand ein Unternehmen als Diebstahlvorsorge jeweils für geringwertige Waren und für hochwertige Waren betreiben wird. Begründen Sie Ihre Antwort an je einem konkreten Beispiel.

2 Nennen Sie Sicherheitsmaßnahmen, die Ihr Ausbildungsbetrieb zum Schutz gegen Diebstähle anwendet.

3 Ordnen Sie die folgenden Tatbestände den richtigen Diebstahlarten zu: zufälliger Diebstahl, Diebstahl großer Mengen, vorbereiteter Diebstahl, vorsätzlicher Diebstahl, Diebstahl kleiner Mengen. Ordnen Sie anschließend die ermittelten Diebstahlarten den richtigen Diebstahlgruppen zu. Verwenden Sie dazu eine Tabelle nach folgendem Muster:[1]

Diebstahlgruppe	Diebstahlart	Tatbestand

1 Bitte nichts im Buch eintragen!

ZUSAMMENFASSUNG

Lagerbegriff	• Raum bzw. Gebäude, in dem die Materialien aufbewahrt werden • aufbewahrte Materialien selbst
Eigentümer	**Eigenlager** Vorteile • ungestörter Informationsfluss • Unabhängigkeit **Fremdlager** Vorteile • moderne Lagertechnik und -einrichtung • geringe Lagerkosten • Risiko liegt beim Lagerhalter
Aufgaben der Lagerhaltung	• Überbrückungsaufgabe • Sicherungsaufgabe • Spekulationsaufgabe • Veredelungsaufgabe • Umformungsaufgabe
Lagerschein	Warenwertpapier, das als Berechtigung zur Warenabholung dient und auf andere Personen übertragbar ist
Lagergestaltung	• offen • halb offen • geschlossen • eingeschossig • mehrgeschossig
Lagerbauformen	• Freilager • Tank-, Silo-, Bunkerlager • Traglufthallenlager • Flach-, Hochflachlager • Etagenlager • Hochregallager • Handlager (am Arbeitsplatz zur Versorgung mit Kleinteilen)
bevorzugte Lagerformen nach Branchen	**Einzelhandel** • Verkaufslager • Reservelager **Großhandel** • Handelswarenlager • Auslieferungslager **Industrie** • Materiallager • Zwischenlager • Fertigwarenlager • Sonderlager
Arten von Materiallagern	• Rohstofflager • Hilfsstofflager • Betriebsstofflager
Grundsätze ordnungsgemäßer Lagerhaltung	**Sauberkeit** – wird erreicht durch Reinigung, die durch Reinigungskräfte oder Lagerpersonal durchgeführt wird. **Geräumigkeit** – ist gegeben, wenn genügend Platz für eine ordnungsgemäße Lagerung sowie Gänge und Fahrwege zur Verfügung stehen. **Übersichtlichkeit** – wird erreicht durch • den räumlichen Aufbau des Lagers nach dem Arbeitsfluss, • die Einteilung des Lagers in Lagerzonen, • die Vergabe von Materialnummern, • das Führen von Lagerfachkarten.

Funktionsbereiche des Lagers	• Wareneingangsbereich • Warenausgangs- bzw. Kommissionsbereich • eigentlicher Lagerbereich • sonstige Funktionsbereiche		
Lageraufbau	kann einzonig oder mehrzonig gestaltet sein.		
Aufgaben der Materialnummern	• Identifizieren • Klassifizieren • Informieren • Kontrollieren (mithilfe des Modulo-11-Verfahrens)		
Formen der Lagereinrichtung			
Bodenlagerung	kann einzonig oder mehrzonig gestaltet sein.		
Regallagerung	**Regalarten:**		
	• Palettenregale • Fachbodenregale • Kragarmregale • Waben-/Kassetten-regale	• Kabeltrommelregale • Einfahr-/Durchfahr-regale • Durchlaufregale • Verschieberegale	• Einschubregale • Umlaufregale • Turmregale
	erforderliche Schutzeinrichtungen bei Verschieberegalen:		
	• Seilzugsicherungen • Schaltleisten • Freigabeschalter • Lichtschranken		
Hochregallagerung	eignet sich vor allem für Paletten und ist mit manueller, teilautomatischer oder vollautomatischer Steuerung möglich.		
Reihenfolge bei der Einlagerung	Ein optimales Vorgehen verkürzt hier Wege und Zeiten.		
Einlagerungsverfahren	FIFO	LIFO	HIFO
	First in, first out	Last in, first out	Highest in, first out
	Zuerst eingelagerte Güter werden zuerst entnommen.	Zuletzt eingelagerte Güter werden zuerst entnommen.	Teuerste Güter werden zuerst entnommen.
Lagerungssysteme	Festplatzsystem	Freiplatzsystem	
	Jedem Lagergut wird ein fester Lagerplatz zugeordnet.	Lagergüter werden auf gerade freien Lagerplätzen eingelagert. Voraussetzung: EDV-gestütztes Lagerplatzverwaltungssystem	
Lagerungsgesichtspunkte	technische: werden angewendet bei verderblichen, korrosions- oder diebstahlgefährdeten Gütern		
	sicherheitsrelevante: werden angewendet bei Gefahrstoffen (Zusammenlagerungsverbote sind zu beachten)		

Systeme der Lagerdokumentation	Lagerfachkarten	EDV-Verwaltungssystem
Erforderliche Angaben zur Lagerdokumentation	• Artikel- oder Teilenummer	• Wareneingangsnummer und -datum
Brandfälle	**Voraussetzung:** brennbarer Stoff, Sauerstoff, Zündquelle	
	Arten des Brandschutzes: baulicher, allgemeiner, vorbeugender	
	Erfordernisse zur frühen Erkennung: manuelle oder automatische Brandmelde- und -warneinrichtungen	
	Mittel zur Brandbekämpfung: mobile Feuerlöschgeräte, ortsfeste Feuerlöschanlagen	
Diebstahl	**Arten:** nach Art der gestohlenen Gegenstände und nach der Vorgehensweise der Diebe	
	Vorsorge- und Sicherheitsmaßnahmen: organisatorische und technische Maßnahmen	

AUFGABEN

?

1 Überlegen Sie, welche Aufgaben die Lagerhaltung der in der Einführung vorgestellten „Gläsernen Manufaktur" zu erfüllen hat.

2 Nennen Sie die 4 Merkmale, nach denen die Lagerarten unterschieden werden.

3 Beschreiben Sie den Ablauf der Ein- und Auslagerung beim gewerblichen Lagerhalter anhand des Schemas in Abschnitt 2.1.2.

4 Was bedeutet die Formulierung „Der Lagerschein ist ein Warenwertpapier"?

5 Die Nord-Rohr AG überlegt, ob sie die in München herzustellenden Fertigprodukte im Eigenlager oder bei einem Lagerhalter einlagern soll.
Es wird ein Kostenvergleich durchgeführt. Das Produktionsvolumen beträgt 150 000 Stück pro Monat, die fixen Lagerkosten betragen monatlich 37.500 EUR, die variablen Lagerkosten 1 EUR pro Stück. Bei einer Fremdlagerung würden variable Lagerkosten in Höhe von 1,50 EUR pro Stück anfallen.
a) Ermitteln Sie, ob im vorliegenden Fall Eigenlagerung oder Fremdlagerung der Produkte günstiger ist.
b) Ermitteln Sie die Menge, bei der die Kosten von Eigenlagerung und Fremdlagerung gleich hoch sind.
c) Lösen Sie das Problem grafisch.

6 Von welchem Kriterium hängt die Gestaltung eines Lagers ab?

7 Überlegen Sie, um welche Lagerbauform es sich bei der in der Einführung vorgestellten „Gläsernen Manufaktur" handelt. Begründen Sie Ihre Antwort.

8 Begründen Sie, warum man bei Hochregallagern von Einzweckanlagen spricht.

9 Beschreiben Sie, um welche Betriebsart es sich bei Ihrem Ausbildungsbetrieb handelt.

10 Welche Lagerarten sind in Ihrem Ausbildungsbetrieb vorhanden? Nennen Sie je ein Beispiel für die darin aufbewahrten Materialien.

11 Diskutieren Sie in der Arbeitsgruppe, was das Materiallager vom Fertigwarenlager unterscheidet. Begründen Sie Ihr Ergebnis vor der Klasse.

12 Begründen Sie, warum in der Fließfertigung Zwischenlager meist nicht nötig sind.

13 Erklären Sie, ob Ihr Ausbildungsbetrieb Sonderlager unterhält und wenn ja, welche Materialien darin gelagert werden.

14 Erklären Sie anhand eines Ablaufschemas, welche Arbeitsschritte bei der Einlagerung vorgenommen werden.

15 Beschreiben Sie den Unterschied zwischen dem LIFO-Verfahren und dem FIFO-Verfahren. Verwenden Sie dazu eine Tabelle nach folgendem Muster:[1]

	LIFO	**FIFO**
Unterschied		

16 Überlegen Sie, für welche Güter das LIFO-Verfahren angewendet wird.

17 Erklären Sie, was Sie unter der „chaotischen" Lagerung verstehen.

18 Beschreiben Sie die Vor- und Nachteile der starren und der flexiblen Einlagerung. Verwenden Sie dazu eine Tabelle nach folgendem Muster:[1]

	Festplatzsystem	**Freiplatzsystem**
Vorteile		
Nachteile		

19 Damit der Lagerbestand fortgeschrieben werden kann, muss jede Einlagerung dokumentiert werden. Welche Angaben müssen bei der Einlagerung mindestens festgehalten werden?

20 Nennen Sie die Möglichkeiten, die der Einsatz von EDV-Lagerverwaltungssystemen bietet.

21 Beschreiben Sie, welche Voraussetzungen zum Entstehen eines Brandes notwendig sind.

22 Begründen Sie, warum gerade in einem Lager für brennbare Flüssigkeiten besondere Sicherheitsvorkehrungen gegen den Ausbruch eines Brandes notwendig sind. Welche könnten das sein?

1 Bitte nichts im Buch eintragen!

LERNFELD 3 | Güter bearbeiten

Im Lager sind neben der eigentlichen Lagerung von Gütern auch verschiedene Maßnahmen zur Güterbearbeitung duchzuführen.

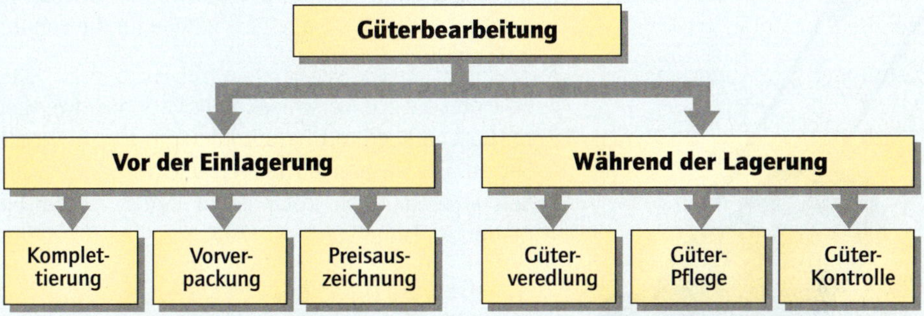

Dabei sind zur Vermeidung von Gefahren im Lager verschiedene **Sicherheitsmaßnahmen** zu treffen und **Verhaltensregeln** zu befolgen. Insbesondere existieren folgende **Gefahren** im Lager:

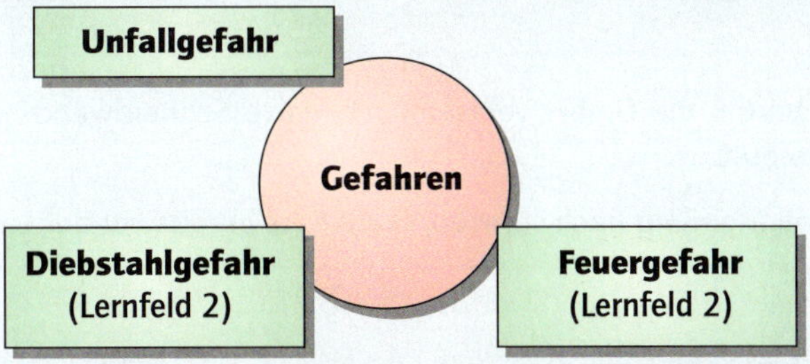

Vor allem die Unfall- und die Feuergefahr bringen viele **Folgen** mit sich. Unter anderem sind das:

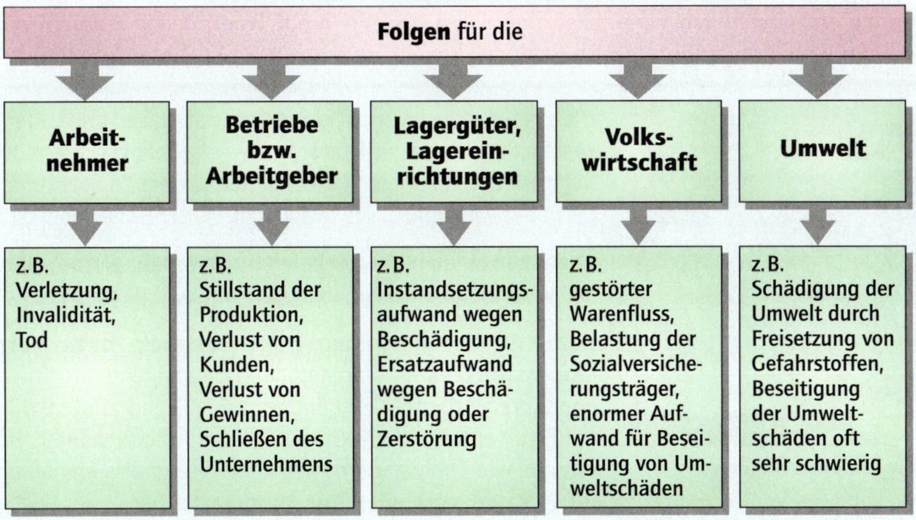

1 | Komplettierung, Vorverpackung, Preisauszeichnung

SITUATION

Die Green World GmbH ist Hersteller und Vertreiber von Rasenmähern und Rasentrimmern. Außerdem fertigt und verkauft sie auch Ersatzteile für die von ihnen hergestellten Geräte.

So bietet sie z. B. verschleißintensive Schneidwerkzeuge für Rasenmäher und Rasentrimmer in einem Komplett-Set an. Die Zusammenstellung und Verpackung dieser Sets in verkaufsfähige Einheiten findet vor der Einlagerung im Lager statt.

1 **Überlegen Sie, warum die GmbH verschleißintensive Schneidwerkzeuge als Komplett-Sets zum Verkauf anbietet.**

2 **Warum ist es Ihrer Meinung nach sinnvoll, diese Sets bereits vor der Einlagerung zusammenzustellen?**

SACHDARSTELLUNG

Werden die einzulagernden Materialien und Güter artikelrein auf lagerfähigen Paletten oder in lagerfähigen Behältern angeliefert, so ist in der Regel eine schnelle Einlagerung möglich.

Auspack- bzw. Verpackungsplatz

Oft werden jedoch verschiedenartige Materialien und Güter auf Mischpaletten oder in Paketen usw. angeliefert. Diese müssen dann vor der Einlagerung noch getrennt, ggfs. zu Sets komplettiert oder vorverpackt sowie evtl. mit Preisen versehen werden.

Außerdem fallen bei der Anlieferung Verpackungen an, die wiederverwendet, zurückgegeben oder entsorgt werden müssen.

Dafür ist die Einrichtung eines **Auspack- bzw. Verpackungsplatzes** im Wareneingang empfehlenswert. Die vorgenannten Arbeiten können hier schnell und effektiv durchgeführt werden, da dieser mit den dafür notwendigen Hilfsmitteln, wie Zählwaagen, Packmittel, Packstoffsammelbehälter, Etikettiermaschinen usw. ausgestattet ist.

1.1 | Komplettierung und Vorverpackung

Vor allem im Großhandel, aber auch beim Hersteller, kommt es häufig vor, dass eine Verkaufs- bzw. Verbrauchseinheit aus mehreren Einzelteilen besteht. Diese müssen für den Verkauf in verbrauchsgerechte Kombinationspackungen abgefüllt, d. h. **komplettiert** werden.

Die Komplettierung sollte bereits vor der Einlagerung erfolgen. Damit ist eine schnelle Versorgung der Kunden, wie beispielsweise Werkstätten oder Einzelhandel, aber auch der Produktion gewährleistet.

Ein ***Beispiel*** bildet hier das Zusammenstellen eines Sets zur Reparatur von Fahrradschläuchen, in dem die dafür benötigten Einzelteile bedarfsgerecht in einer Packung enthalten sind.

Außerdem werden die Materialien und Güter meist nicht unverpackt eingelagert, sondern in für das Lager geeigneten Förderhilfsmitteln (siehe Lernfeld 4) sowie in verbrauchs- oder verkaufsgerechten Mengen **vorverpackt.**

Das hat folgende **Vorteile:**
- Verbessern der Stapelfähigkeit
- bessere Lagerplatzausnutzung
- Schutz des Lagergutes
- Erleichtern der Bestandsaufnahme
- gleichzeitige Nutzung der Vorverpackung als Versandverpackung
- Verbessern der Kommissionierzeit bei Entnahme kompletter Einheiten
- Ermöglichen des Einsatzes von Fördermitteln

Meistens werden für die Vorverpackung folgende Förderhilfsmittel verwendet:
- **Paletten** aus Holz, Stahl, Kunststoff oder Pappe
- **Behälter** aus Holz, Stahl, Aluminium oder Kunststoff
- **Beutel**, **Netze** und **Säcke** aus Textilgewebe oder Kunststoff
- **Kartons** oder **Schachteln** aus Wellpappe

1.2 | Zähl-, Mess- und Wiegeeinrichtungen

Bei der Komplettierung und Vorverpackung steht eine Vielzahl von **Hilfsmitteln** zur Verfügung. Das sind vor allem:
- **Zähl-, Mess- und Wiegeeinrichtungen**
- **Verpackungs-, Klammer- und Umreifungsgeräte** (siehe Lernfeld 6)

Zu den am **häufigsten** im Lagerbereich eingesetzten **Wiegeeinrichtungen** gehören:

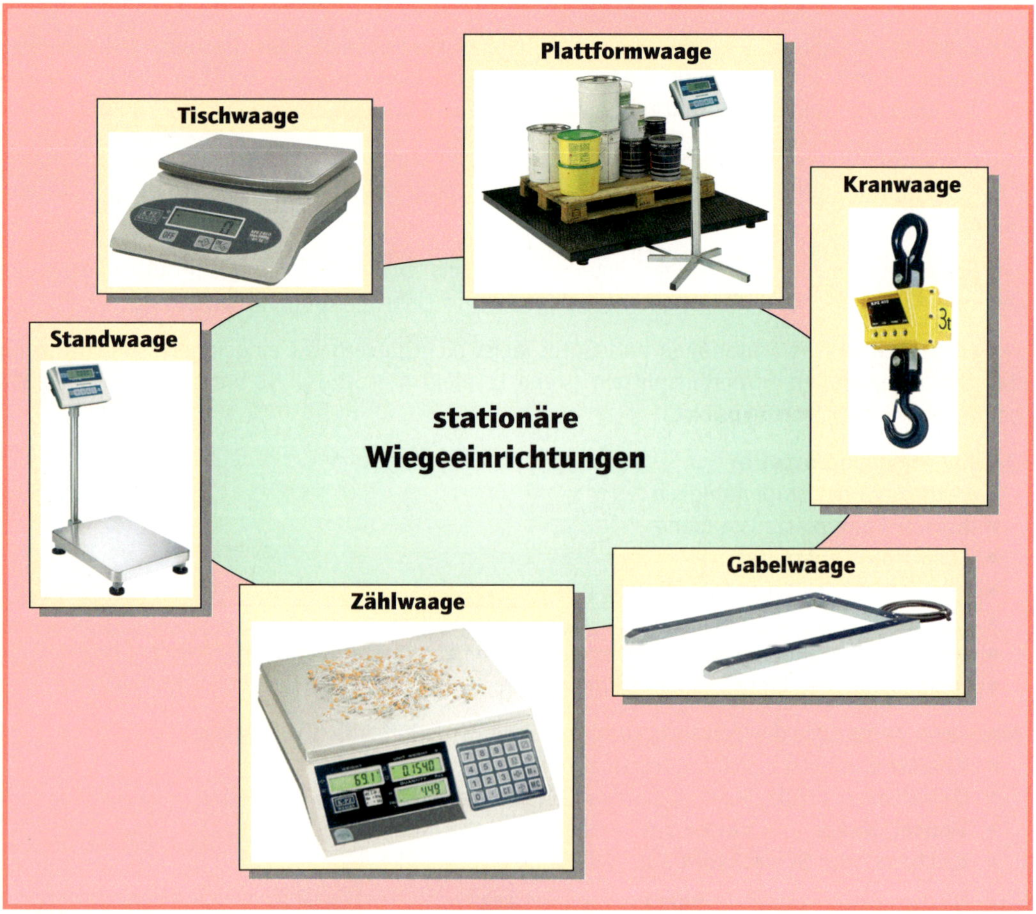

Außerdem ist es möglich, diverse Fördermittel, wie z. B. Stapler, Hubwagen, fahrerlose Transportsysteme, Regalförderzeuge usw. zusätzlich mit Wiegeeinrichtungen auszustatten. Sie werden damit zu **mobilen Wiegeeinrichtungen**, denn sie heben, wiegen und transportieren in einem Arbeitsgang. Dadurch wird der Transport zu einer stationären Waage überflüssig.

Wiegeeinrichtung für Stapler

Gabelhubwagen mit Waage

Die Wiegeeinrichtungen sind heute meistens mit **digitalen Speichersystemen** ausgestattet. Die in der digitalen Waage gespeicherten Gewichte können summiert oder subtrahiert werden. Die gewonnenen Daten können über einen Drucker ausgegeben werden. Über tauschbare Akkus erfolgt die **Stromversorgung**.

Eine Sonderform bilden die **Zählwaagen.** Diese sind in der Lage, die Menge der Lagergüter über deren Gewicht zu ermitteln. Sie gehören also sowohl zu den Wiege- als auch zu den Zähleinrichtungen.

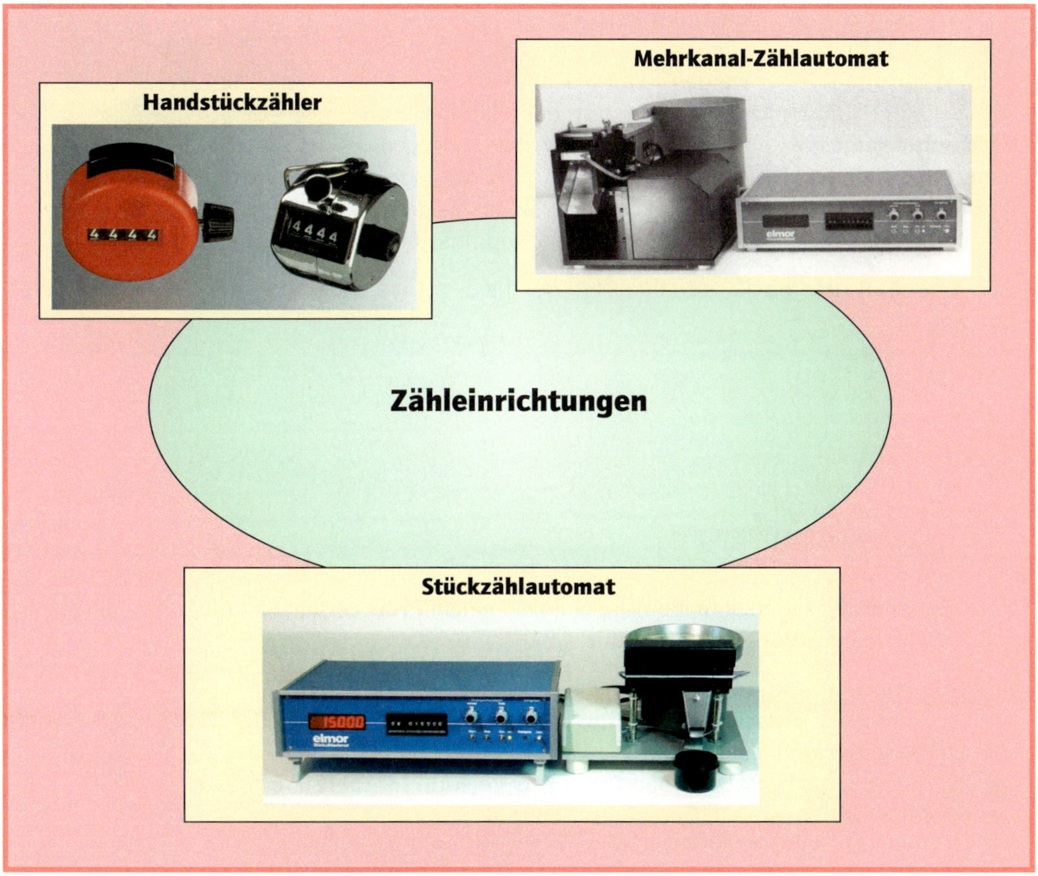

Handstückzähler können hintereinander bis zu 9 999 Teile zählen.

Elektronische **Stückzählautomaten** ermöglichen eine halb- oder vollautomatische Zählung von Kleinteilen mit verschiedenen Formen oder Gewichten, wie z. B. bei der Auszählung von mechanischen Kleinteilen oder pharmazeutischen Produkten.

Elektronische **Mehrkanal-Zählautomaten** ermöglichen die schnelle Zählung großer Mengen in mehreren parallelen Zählkanälen gleichzeitig. Dabei ist der Einsatz von maximal 25 Kanälen möglich. Auch hier können Kleinteile, wie z. B. Schrauben oder Muttern, mit verschiedenen Formen oder Gewichten gezählt werden.

Unter den **Messeinrichtungen** nehmen Maßbänder und Entfernungsmesser den ersten Platz ein:

Digitales Maßband

Die moderne Form des herkömmlichen Zollstocks bildet das **digitale Maßband.** Längen bis zu 5 m können damit gemessen werden, und das bei einer Genauigkeit von ± 1 m.

Ultraschall-Entfernungsmesser

Bis zu 99 aufeinanderfolgende Werte können summiert und gespeichert werden. Längen bis 20 m sowie Flächen und Rauminhalte können mit dem **Ultraschall-Entfernungsmesser** ermittelt werden. Kreisförmig angeordnete Laserpunkte registrieren Hindernisse auf der Messstrecke und bestimmen so die Werte. Ein akustisches Signal meldet den Empfang des Messergebnisses. Speicher- und Additionsfunktion sind auch hier integriert.

Die **Abschaltautomatik** gewährleistet bei beiden Geräten eine lange Lebensdauer der Batterien.

1.3 | Preisauszeichnung

Die im Einzelhandel zu verkaufende Ware muss mit einem **Preis** versehen werden. Das sollte zweckmäßigerweise bereits **vor** der Einlagerung geschehen.

Die **Preisauszeichnung** muss folgendes **beinhalten:**
- den **Endpreis einschließlich Umsatzsteuer.** Rabatte, Boni oder Skonti dürfen **nicht** berücksichtigt werden.
- bei Lebensmitteln zusätzlich den **Preis pro Verkaufseinheit**, z. B. 100 g = 1,99 €
- die **Güte der Ware,** z. B. Güte- oder Handelsklasse

Möglichkeiten der Preisauszeichnung

- Preistabellen, die im Verkaufsraum deutlich sichtbar ausgehängt werden
- Preisschilder bzw. Etiketten am Regal oder Behälter, in dem die Ware angeboten wird
- Preisschilder bzw. Etiketten an der Ware

5006118

Preisschilder bzw. Etiketten können wiederum auf verschiedene Weise an der Ware angebracht werden:

- Anstecketiketten
- Klebeetiketten
- Hängeetiketten
- Sicherungsetiketten

Sie enthalten oft zusätzliche Angaben, wie Artikelnummer, Artikelbezeichnung und Artikelfarbe.

Außerdem enthalten viele Etiketten verschlüsselte Angaben, wie Lieferdatum, Einkaufspreis, Lieferant usw., die nicht vom Kunden gelesen werden sollen. Für die Verschlüsselung eignet sich vor allem der **EAN-Code** (**E**uropäische **A**rtikel**n**ummerierung).

Der EAN-Code enthält **nicht** den Warenpreis. Dieser muss im EDV-System unter der entsprechenden Codenummer eingespeichert werden. Wird der Code an der Kasse mittels Scanner eingelesen, ordnet der Computer der Ware automatisch den richtigen Preis zu.

Auf Codierungen wird im Lernfeld 6 näher eingegangen.

1.4 | Barcodescanner, Barcodedrucker, Barcodeterminals

Barcodedrucker ermöglichen Druckformate bis DIN A4. Sie drucken Versand-, Verpackungs- und Preisetiketten sowie technische Etiketten mit hoher Druckgenauigkeit. Bei den meisten Geräten ist ein Dauerbetrieb sowie ein Anschluss an den PC möglich.

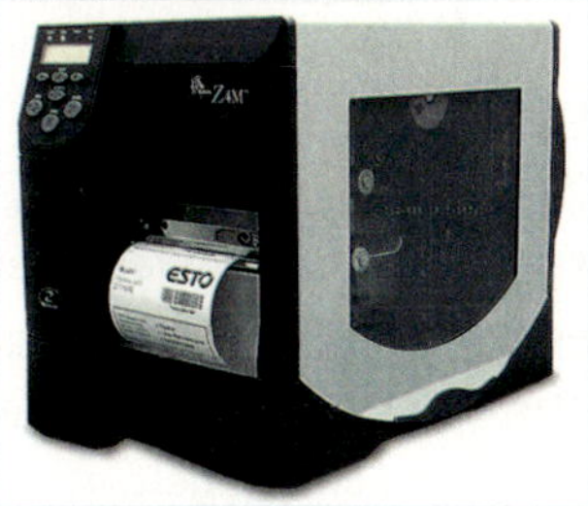

Barcodedrucker

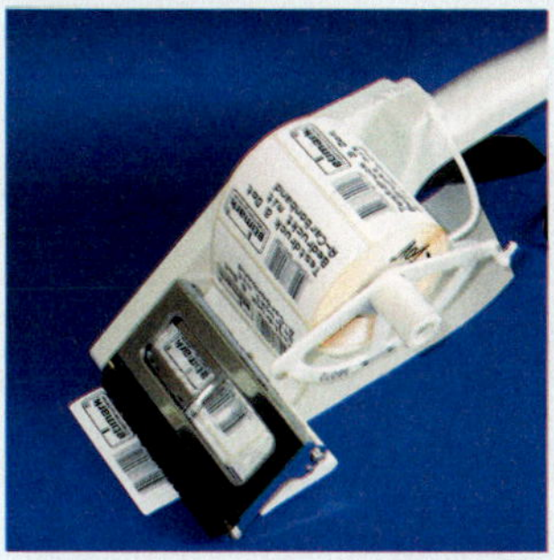

Etikettenspender

Etikettenspender werden sowohl im Handel als auch im Lager verwendet. Die auf einer Rolle befindlichen Etiketten können mithilfe des Spenders überall einfach aufgeklebt werden.

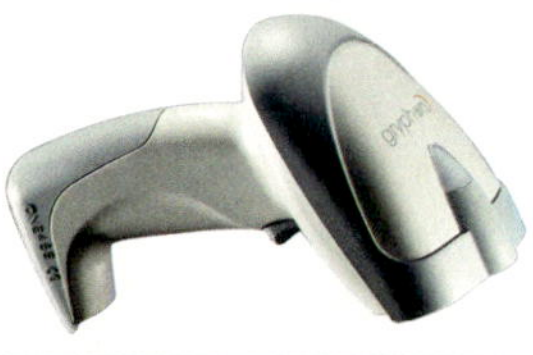

Barcodescanner

Barcodescanner sind in der Lage, die Daten in einem Leseabstand bis 35 cm zu lesen. Hohe Lesegeschwindigkeit, geringes Gewicht und ergonomisches Design sind nur einige Merkmale.

Barcodelesestifte

Barcodelesestifte eignen sich ebenfalls zum Lesen von Barcodedaten. Die Ergebnisse werden unmittelbar über LCD bzw. farbige LEDs angezeigt. Die Stifte sind sowohl auf Rechtshänder als auch auf Linkshänder umstellbar und gegenüber Scannern sehr kostengünstig.

Bei beiden Geräten können die Ergebnisse über einen optionalen Drucker gedruckt oder über Schnittstellen an einen PC gesendet werden.

mobile Barcoderfassungsterminals

Mobile Barcodeerfassungsterminals gibt es mit oder ohne Funkausstattung. Sie lesen, dekodieren und sammeln Daten für eine spätere Übertragung an den Host-Computer.

Eine Funkausstattung ermöglicht eine zeitgleiche Erfassung und Weitergabe der Daten an ein lokales PC-Netzwerk (LAN = Local Area Network).

? AUFGABEN

1 Beschreiben Sie, auf welche Weise in Ihrem Ausbildungsbetrieb die Waren komplettiert, vorverpackt und ausgepreist werden.

2 Nennen Sie mindestens je zwei Hilfsmittel, die in Ihrem Ausbildungsbetrieb bei der Komplettierung, Vorverpackung und Preisauszeichnung der Waren verwendet werden.

3 Im Wareneingang stehen fünf Mischpaletten mit verschiedenartigen Gütern. Die Paletten sind umschrumpft. Die Güter befinden sich in Kartons. Beschreiben Sie, welche Arbeitsschritte ausgeführt werden müssen, bevor die Ware eingelagert werden kann.

2 | Veredelung, Pflege und Kontrolle der Güter

SITUATION

Die Maschinenbau GmbH Luckau ist Hersteller und Vertreiber von Elektromotoren für verschiedene Maschinen. Der Vorarbeiter teilt dem Auszubildenden Thomas mit, dass er am nächsten Tag bei der quartalsmäßig durchzuführenden Warenkontrolle mitarbeiten soll.

Thomas ist überrascht und fragt sich insgeheim, warum eine Kontrolle der eingelagerten Motoren notwendig ist. Alle Zu- und Abgänge werden doch über das EDV-Lagerverwaltungssystem erfasst. Die Bestände sind seiner Meinung nach also im System sofort feststellbar.

Am nächsten Tag werden bei der Kontrolle Mengendifferenzen festgestellt. Außerdem sind viele Motoren völlig eingestaubt.

1 **Warum ist es Ihrer Meinung nach notwendig, trotz Bestandserfassung über EDV-Lagerverwaltungssysteme regelmäßige Kontrollen durchzuführen?**

2 **Überlegen Sie, welche Ursachen die festgestellten Mengendifferenzen haben könnten.**

3 **Warum sollte ein Einstauben der Elektromotoren vermieden werden?**

SACHDARSTELLUNG

Sind die Materialien und Güter eingelagert, bedeutet das nicht, dass nun bis zur Auslagerung nichts mehr passiert. Auch **während** der Lagerung sind Arbeiten auszuführen.

2.1 | Veredelung der Materialien und Güter

Unter **Bearbeitung** der Materialien und Güter versteht man auch die **Veredelung.** Viele Güter und Materialien erhalten ihre verkaufs- und verbrauchsfähige Güte und Qualität erst durch eine entsprechende Lagerung.

So müssen z. B. Tabak und Holz erst getrocknet werden. Das geschieht in Trockenkammern, die das geeignete Klima dafür bieten. Wein wird zur Reifung in entsprechenden Fässern gelagert, die unter geeigneten Lagerbedingungen aufbewahrt werden. Und auch Käse muss erst reifen, um die verlangte Güte zu erreichen.

2.2 | Pflege und Kontrolle der Materialien und Güter

Die **Warenpflege** ist eine sehr wichtige Arbeit während der Lagerung. Auch wenn einige Materialien und Güter bereits vor der Einlagerung vorverpackt wurden, sind dennoch Pflegearbeiten notwendig, um ihre Qualität und damit ihre Verbrauchs- und Verkaufsfähigkeit zu erhalten.

Zu den **Arbeiten** der Warenpflege zählen u. a.
- Einölen
- Durchlüften
- Schutz vor Schädlingsbefall
- Umdrehen
- Säubern

Während der Lagerung müssen **Quantität** und **Qualität** der eingelagerten Materialien und Güter **kontrolliert** werden.

Das erfolgt durch Zählen, Messen, Wiegen, Schätzen, Stichproben sowie **Sichtkontrollen** und kann in unterschiedlichen Zeitabständen geschehen:
- bei jeder Ein- und Auslagerung
- unerwartet (durch Vorgesetzte)
- permanent
- regelmäßig (täglich, wöchentlich, monatlich)

Bei der **Quantitätskontrolle** wird der tatsächlich vorhandene Lagerbestand (Ist-Bestand) mit dem dokumentierten Bestand (Soll-Bestand, Buchbestand) verglichen. Man führt also einen **Soll-Ist-Vergleich** durch.

Im Idealfall stimmen beide Bestände überein. Oft ist dies jedoch nicht der Fall.

Ursachen für Differenzen

- Diebstahl
- fehlerhafte Dokumentation der Ein- und Auslagerungen
- keine Dokumentation der Ein- und Auslagerungen
- Ware im falschen Lagerfach eingelagert
- Schwund oder Gewichtsverluste durch Verdampfen oder Verdunsten

PRAXISFALL einer Kontrollliste zur Qualitäts- und Quantitätskontrolle

Kontrollliste **Nr.** 0045/2004

Kontrollbereich/ Lagerzone Bereich Stahlbauerzeugnisse SE **Kontrolldatum** 09.02.2004

Kontrollart ☒ Zählen ☐ Messen ☐ Wiegen ☐ Schätzen ☐ Stichrobe

Lfd. Nr.	Lager-platz-Nr.	Artikel-/ Teile-Nr.	Bezeichnung	ME	Menge ist	Menge Soll	Diffe-renzen	MHD	Bemerkungen/ Festlegung
1	08/04	5675/25	Spannschloss	S	123	123	0		
2	08/05	5675/30	Spannschloss	St	214	214	0		
3	08/06	5675/35	Spannschloss	St	176	176	0		

	Name	Datum	Unterschrift
Kontrolldurchführender	Gebler	09.02.04	Gebler
Lagerleiter/Bereichsleiter	Krüger	10.02.04	Krüger

Neben der Menge und Güte der Materialien und Güter ist auch eine Kontrolle des **Mindesthaltbarkeitsdatums** erforderlich. Waren, die kurz vor dem Verfallsdatum stehen sowie sonstige **minderwertig** gewordene Waren, werden zum sofortigen Verkauf mit Preisnachlässen ausgesondert. Waren mit bereits verfallenem Datum oder sonstige unbrauchbar gewordene Waren werden ausgesondert und entsorgt. Wie oft Kontrollen durchgeführt werden, ist Sache des Unternehmens. Einzige Ausnahme bildet die gesetzlich vorgeschriebene Inventur.

3 | Unfallgefahr – Gesetze, Verordnungen, Vorschriften zum Arbeitsschutz

SITUATION

Die Life with Color GmbH ist Hersteller und Vertreiber von Farben und Lacken. Ihre Produktpalette reicht von Wandfarben und Lacken in verschiedenen Farbtönen für den Innenbereich über Holzbeize und Holzschutzmittel für den Innen- und Außenbereich bis hin zu gebrauchsfertigen Farben für Außenfassaden. Außerdem gehören dazu auch noch verschiedene Farblösungsmittel.

Die Auszubildende Sandra ist 16 Jahre alt. Sie erhält an ihrem ersten Tag im Lager eine Belehrung zu den für ihre Arbeit geltenden Vorschriften zum Arbeits- und Gesundheitsschutz. Außerdem erhält sie eine Unterweisung über die in diesem Lager bestehenden Gefahren sowie diesbezüglich einzuhaltende Schutzmaßnahmen.

1 Diskutieren Sie in der Arbeitsgruppe, wozu Sicherheitsbelehrungen und -unterweisungen in einem Unternehmen notwendig sind.

2 Überlegen Sie, vor welchen Gefahren Sandra bei ihrer Arbeit in diesem Unternehmen geschützt werden soll.

3 Welche Schutzmaßnahmen könnten Ihrer Meinung nach für Sandra infrage kommen?

SACHDARSTELLUNG

Zur Vermeidung von Unfällen sind die Vorschriften und Regeln zum Arbeitsschutz zu beachten und einzuhalten. Doch **was** ist eigentlich Arbeitsschutz? Arbeitsschutz bedeutet **Abwehr** von Unfall- und Gesundheitsgefahren zum Schutz vor Verletzungen und Erkrankungen. Gleichzeitig bedeutet Arbeitsschutz auch menschengerechte **Gestaltung** der Arbeitsumgebung.

Es gelten folgende Vorschriften und Regeln zum Arbeitsschutz:

Unfallverhütungsvorschriften regeln **Spezielles**, wie z. B. technische Sicherheitsstandards, Verhalten am Arbeitsplatz, Betreiben von Arbeitsmitteln oder persönliche Schutzausrüstung usw. Sie werden von den Berufsgenossenschaften erlassen. Gesetzliche Grundlage bildet hierbei das Sozialgesetzbuch VII.

Die **wichtigsten** UVV betreffen:
- die persönliche Schutzausrüstung
- die Sicherheits- und Gesundheitsschutzkennzeichnung
- die sicherheitstechnischen Richtlinien für Lagereinrichtungen und -geräte
- das Lagern und Stapeln
- den Handtransport und technische Hilfsmittel
- die Nutzung von Flurförderzeugen und Hebezeugen
- die Kennzeichnung und Aussonderung von Lastaufnahmemitteln

Gesetze und Verordnungen regeln **Grundsätzliches**, wie z. B. Arbeitsrecht, technisches Niveau der Arbeitssicherheit, Sicherheitsorganisation im Betrieb, Mütter- und Jugendschutz sowie allgemeinen Schutz vor Gefahren für Mensch und Umwelt usw. Sie werden vom Staat erlassen.

Die **wichtigsten** sind:
- Arbeitsschutzgesetz
- Arbeitsstättenverordnung
- Gerätesicherheitsgesetz
- Chemikaliengesetz
- Gefahrstoffverordnung
- Bundesimmissionsschutzgesetz
- Wasserhaushaltsgesetz

Technische Regelwerke regeln die technischen Details zum Arbeitsschutz und ergänzen die Gesetze, Verordnungen und Unfallverhütungsvorschriften. Sie werden von Berufsverbänden, Ausschüssen und Beiräten erlassen.

Die **wichtigsten** sind:
- DIN-Normen mit EN und ISO
- VDE-Normen
- technische Regeln z. B. für brennbare Flüssigkeiten
- VDI-Richtlinien

5006124

3.1 | Unfallverhütungsvorschriften

Lagereinrichtungen, Fördermittel und Lagerhilfsmittel werden so konstruiert, dass Unfälle und Gesundheitsrisiken größtenteils ausgeschlossen werden. Doch eine sichere Konstruktion allein reicht nicht aus, um Gefahren zu vermeiden. Wichtig ist auch, zu wissen, was beim Umgang mit Lagereinrichtungen, Fördermitteln und Lagerhilfsmitteln zu beachten ist, um sicher arbeiten zu können. Darüber geben die **Unfallverhütungsvorschriften** Auskunft.

Inhalte dieser Unfallverhütungsvorschriften sind:

- **Rechte und Pflichten** von Arbeitnehmern und Arbeitgebern hinsichtlich des Arbeits- und Unfallschutzes
- **technische Anforderungen** hinsichtlich der Sicherheit von Anlagen, Maschinen und Geräten
- **Vorschriften** beim Umgang mit Anlagen, Maschinen und Geräten bzw. Arbeitsverfahren

Laut **§ 7 der BGV A1** – allgemeine Vorschriften – ist der Arbeitgeber **verpflichtet** die für die Arbeitsbereiche relevanten Unfallverhütungsvorschriften an geeigneter Stelle **auszulegen.** Darüber hinaus ist er verpflichtet, die Arbeitnehmer über mögliche auftretende Gefahren sowie Maßnahmen zu deren Abwehr zu **unterweisen**. Diese Unterweisung muss mindestens einmal im Jahr erfolgen.

3.1.1 | Arbeitskleidung und persönliche Schutzausrüstung

Im Wareneingangs- und im Lagerbereich ist geeignete Arbeitskleidung und erforderlichenfalls eine persönliche Schutzausrüstung zu tragen.

Meistens legt der Arbeitgeber fest, welche **Kleidung bei Lagerarbeiten** zu tragen ist. Auf jeden Fall ist folgender **Grundsatz** zu beachten:

„Kleidung und Arbeit müssen zusammenpassen!"

Die drei wichtigsten **Anforderungen an geeignete Arbeitskleidung** sind:

- feste Arbeitsschuhe
- am Körper anliegende Kleidung
- möglichst Naturfaserstoffe, z. B. Baumwolle, verwenden

Ist betrieblich nichts anderes geregelt, muss der Arbeitnehmer selbst für die geeignete Arbeitskleidung sorgen.

Besteht am Arbeitsplatz eine **Gefährdung** und lässt sich diese nicht anders beseitigen, so muss nach **§ 4 BGV A1** eine **persönliche Schutzausrüstung** getragen werden. Der Arbeitgeber ist **verpflichtet** diese kostenlos zur Verfügung zu stellen und in ordnungsgemäßem Zustand zu halten. Der Arbeitnehmer ist **verpflichtet** diese zu tragen.

Persönliche Schutzausrüstung darf nur **so lange** getragen werden, wie es unbedingt zum Schutz der Gesundheit notwendig ist. Um die persönliche Schutzausrüstung zweckgemäß einsetzen zu können, ist eine umfassende **Kenntnis** der Gefährdung notwendig.

Anforderungen an persönliche Schutzausrüstungen

- Sie müssen ausreichend **vor** den jeweiligen **Gefahren schützen**, ohne selbst eine Gefahr zu bilden.
- Sie müssen **für die** jeweils am Arbeitsplatz **vorhandenen Gefahren geeignet** sein.
- Sie müssen **den ergonomischen und gesundheitlichen Anforderungen entsprechen** und mit einer CE-Kennzeichnung versehen sein.
- Sie müssen **dem Träger passen.**

Arm- und Handschutz

Bei Unfällen nehmen Handverletzungen den ersten Platz ein. Deshalb müssen Hände und Arme vor mechanischen, thermischen, chemischen sowie radioaktiven Gefahren oder vor Berührung mit elektrischer Spannung durch **Schutzhandschuhe** geschützt werden. Im Lager werden vor allem folgende Schutzhandschuharten verwendet:

Schutzhandschuhe **gegen mechanische Gefahren, Chemikalien, Kälte.**
Schutzhandschuhe müssen folgende **Kennzeichnung** enthalten:

- Größe
- Name des Herstellers oder seines Beauftragten
- Handschuhbezeichnung (Artikelname oder -code)
- CE-Kennzeichnung

Bein- und Fußschutz

Als Fußschutz werden **Sicherheitsschuhe** und **Schutzschuhe** eingesetzt. Sie unterscheiden sich nur durch die verschieden große Belastbarkeit der Zehenschutzkappen. Als Beinschutz eignen sich vor allem **Knieschützer.**

Schuhe und Knieschützer müssen folgende **Kennzeichnung** aufweisen:

- Größe
- Name und Zeichen des Herstellers
- Typenbezeichnung/Artikelnummer des Herstellers
- Herstellungsdatum (Quartal und Jahr)
- Herstellungsland
- Nummer der EN-Norm
- das/die der Schutzfunktion entsprechende(n) Symbol(e)
- CE-Kennzeichnung

Körperschutz

Körperschutz bedeutet eine den Rumpf bedeckende Kleidung als Schutzanzug, Schutzweste, Schutzjacke, Schutzhose, Schutzmantel oder Schutzschürze.

Im Lager kommt folgende Schutzkleidung zum Einsatz:

- **Kälteschutzkleidung** bei Temperaturen unterhalb von –5 °C
- **Wetterschutzkleidung** bei Temperaturen oberhalb von –5 °C
- **Chemikalienschutzkleidung** gegen flüssige und feste Chemikalien
- **Warnkleidung** mit fluoreszierendem Hintergrundmaterial und retroreflektierendem Material in Orange-Rot, Gelb und Rot.

Schutzkleidung muss folgendermaßen **gekennzeichnet** sein:

- Name oder Zeichen des Herstellers oder seines Bevollmächtigten
- Typbezeichnung, Artikelname oder Code
- Größe
- Nummer der europäischen Norm
- Symbole für die Gefahr, gegen die die Kleidung schützen soll
- Pflegekennzeichnung
- CE-Kennzeichnung

Kopfschutz

Mit dem Kopfschutz sollen Kopfverletzungen vermieden werden, die beim Anstoßen oder durch herabfallende oder umfallende Gegenstände sowie lose Haare verursacht werden könnten.

Beim Einsatz im Lager kommen als Kopfschutz infrage:

- **Schutzhelme** mit hoher Stoßdämpfung und Durchdringungsfestigkeit
- **Haarschutznetze** und **Haarschutzhauben** zum Schutz von lose hängenden Haaren oder Zöpfen in der Nähe bewegter Maschinen- und Triebwerksteile

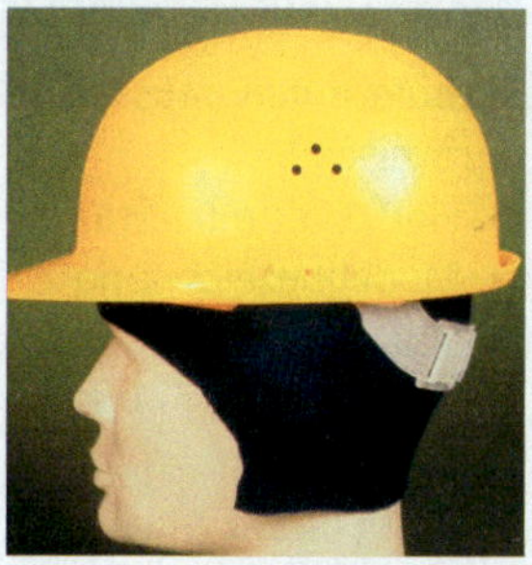

Schutzhelme sind wie folgt zu **kennzeichnen:**

- Angabe der Norm DIN EN 397
- Name oder Zeichen des Herstellers
- Jahr und Quartal der Herstellung
- Helmtyp (Bezeichnung des Herstellers)
- Größe oder Größenbereich (in cm)
- CE-Zeichen

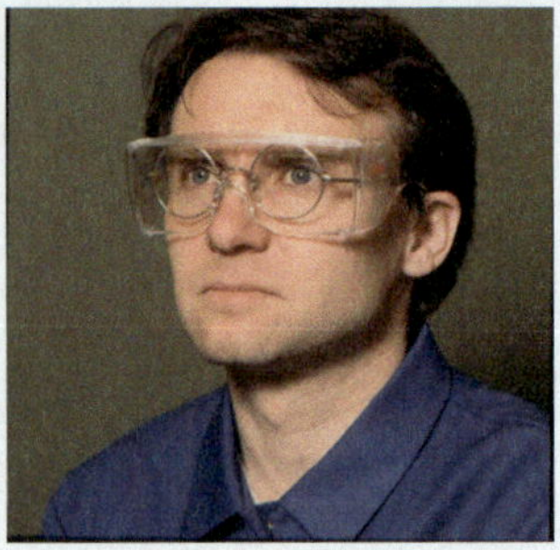

Gesichts- und Augenschutz

Die Schädigung des Auges oder des Gesichts kann durch mechanische, optische, chemische oder thermische Einwirkungen verursacht werden.

Vor diesen Gefahren schützen **Schutzbrillen** die Augen, **Schutzschilde** oder **Schutzschirme** das ganze Gesicht.

Diese müssen wie folgt **gekennzeichnet** sein:

Kennzeichnung des Tragekörpers:
- Identifikationszeichen des Herstellers
- Gefährdungsbereich
- mechanische Festigkeit (falls zutreffend)
- CE-Kennzeichnung

Kennzeichnung der Sichtscheiben:
- Identifikationszeichen des Herstellers
- Schutzstufe (nur Filter)
- optische Klasse
- mechanische Festigkeit (falls zutreffend)
- CE-Kennzeichnung

Gehörschutz

Als Gehörschutz im Lager werden Gehörschutzstöpsel und Kapselgehörschützer eingesetzt. **Gehörschutzstöpsel** werden in der Ohrmulde oder im Gehörgang getragen. Dabei wird zwischen fertig geformten und vor Gebrauch zu formenden Stöpseln unterschieden. Sie müssen sich ohne Hilfsmittel aus dem Gehörgang entfernen lassen.

Kapsel-Gehörschützer umschließen je eine Ohrmuschel **schalldämpfend** mit je einer Kapsel. Dabei werden diese mittels Bügeln getragen oder an Schutzhelmen befestigt.

Gehörschützer müssen folgende **Kennzeichnung** aufweisen:
- Hersteller oder Handelsmarke
- Modellbezeichnung
- Nummern der Europäischen Norm
- Hinweis zum Einsetzen und zur Anwendung
- Nenngrößenangaben
- CE-Kennzeichnung

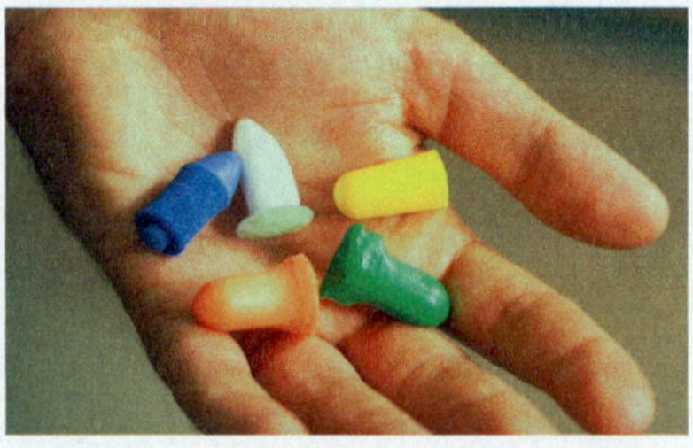

5006128

Hautschutz

Bei bestimmten Arbeiten ist es auch wichtig, die Haut vor belastenden Einflüssen zu schützen. Das geschieht durch das Auftragen von Cremes, Salben oder Lotionen auf die Haut.

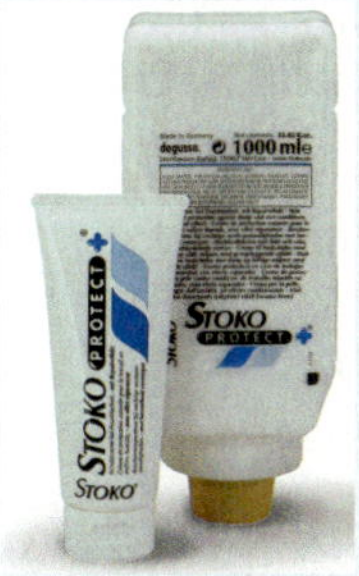

Zum Einsatz kommt im Lager:
- Hautschutz gegen **wasserunlösliche Arbeitsstoffe** (z. B. Öle, Fette, Harze, Lacke, Ruß usw.)
- Hautschutz gegen **wässrige Arbeitsstoffe** (z. B. Säuren, Laugen, Salze, Kalk, Zement usw.)
- Hautschutz gegen **spezielle Hautbelastungen** (z. B. Tragen von Gummistiefeln oder Handschuhen, UV-Belastungen, Belastungen durch Werkzeuge, Glasfasern, Farbstoffe usw.)

Hautschutzmittel müssen folgende **Kennzeichnung** enthalten:
- Hersteller
- Pflegeeigenschaften
- Gefährdungsbeispiele
- Beschaffenheit bzw. Zusammensetzung

Außerdem gibt es noch folgende, jedoch **nicht** für die Arbeit **im Lager** relevante persönliche Schutzausrüstung:

Atemschutz

In einigen Bereichen der Produktion ist es notwendig, Mundschutz oder Atemschutzgeräte zu tragen. Im Einzelnen sind das:
- Partikelfiltrierende **Halbmasken** als Geruchsschutzfiltermaske und Mundschützer sitzen dicht auf Mund und Nase und haben ein geringes Gewicht.
  Sie sind jedoch nur begrenzt einsetzbar.
- **Vollmasken** umschließen das gesamte Gesicht, denn sie sitzen dicht auf Stirn, Wangen und Kinn. Gleichzeitig schützen sie die Augen.
- **Helmmasken** als Atemschutzhauben-Sets besitzen eine dreifache Schutzwirkung, nämlich als Atemschutz, Kopfschutz und Körperschutz.

Atemschutzausrüstungen müssen mindestens folgende **Kennzeichnung** aufweisen:
- Hersteller oder Handelsmarke
- Modellbezeichnung
- Nummern der Europäischen Norm
- Hinweis zum Einsatz und zur Anwendung
- Größenangaben
- CE-Kennzeichnung

Absturzschutz

Bei einigen Arbeiten ist das Sichern des Arbeitnehmers vor einem Absturz notwendig. Hier wird unterschieden zwischen
- persönlichen Schutzausrüstungen **gegen Absturz** und
- persönlichen Schutzausrüstungen **zum Halten und Retten.**

Am gebräuchlichsten als Absturzschutz sind:
- **Haltegurte (Haltesysteme)**, bei denen ein freier Fall der im Haltegurt befindlichen Person durch möglichst kurzes Anseilen ausgeschlossen wird, z.B. beim Besteigen von Masten.
- **Auffanggurte (Auffangsysteme)**, bei denen eine begrenzte Fallhöhe gestattet ist. Fallhöhen von mehr als 50 cm müssen dabei mit Falldämpfern zwischen Auffanggurt und Anschlagstelle abgesichert sein.

Absturzschutzausrüstung muss mindestens wie folgt **gekennzeichnet** sein:
- Name und Zeichen des Herstellers
- Herstellungsjahr
- Typenbezeichnung
- Serien- und Herstellungsnummer
- CE-Kennzeichnung
- Nummer der EN-Norm
- nächste Prüfung durch Sachkundigen

Mindestens **einmal im Jahr** müssen die persönlichen Schutzausrüstungen durch einen speziell ausgebildeten **Sachkundigen** auf ihren einwandfreien Zustand **geprüft** werden. Mangelhafte Schutzausrüstung ist **auszusondern** und durch neue, einwandfreie zu **ersetzen**.

3.1.2 | Sicherheits- und Gesundheitsschutzkennzeichnung

Um die Arbeitnehmer vor Gefahren zu schützen und bei entstandenen Notfällen gefahrlos evakuieren zu können, sind nach **BGV A8** am Arbeitsplatz **Sicherheits- und Gesundheitsschutzkennzeichnungen** gut sichtbar anzubringen. An diese haben sich alle Arbeitnehmer zu halten. Dabei hat jedes Schild seine eigene Bedeutung, über welche die Arbeitnehmer zu unterweisen sind.

Man **unterscheidet** nach **Farben** und **Formen** folgende Kennzeichnungen:
- **Verbotszeichen** schwarzes Symbol, weißer Hintergrund, rote Umrandung
- **Gebotszeichen** weißes Symbol, blauer Hintergrund
- **Brandschutzzeichen** weißes Symbol, roter Hintergrund
- **Rettungszeichen** weißes Symbol, grüner Hintergrund
- **Warnzeichen** schwarzes Symbol, gelber Hintergrund, schwarze Umrandung

5006130

Im Lager gibt es vor allem folgende **Sicherheits- und Gesundheitsschutzkennzeichnungen:**

Verbotszeichen

P02 Feuer, offenes Licht und Rauchen verboten	P03 Für Fußgänger verboten	P06 Zutritt für Unbefugte verboten	P07 Für Flurförderzeuge verboten	P13 Personen-beförderung (Seilfahrt) verboten

Warnzeichen

W00 Warnung vor einer Gefahrstelle	W06 Warnung vor schwebender Last	W07 Warnung vor Flurförderzeugen	W21 Warnung vor explosionsfähiger Atmosphäre	W23 Warnung vor Quetschgefahr

Gebotszeichen

			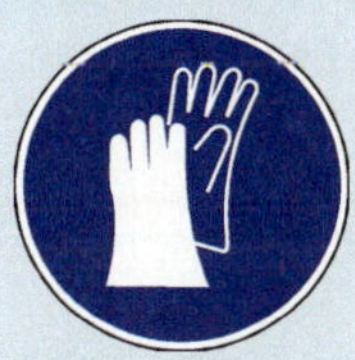	
M01 Augenschutz benutzen	M02 Schutzhelm benutzen	M03 Gehörschutz benutzen	M06 Handschutz benutzen	M10 Für Fußgänger

Rettungszeichen

	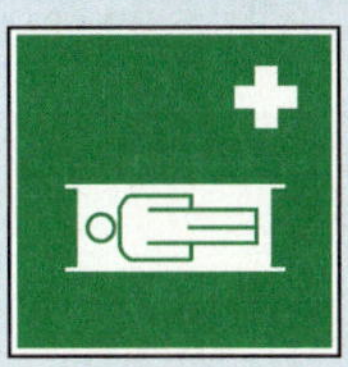			
E03 Erste Hilfe	E04 Krankentrage	E07 Notruftelefon	E11 Sammelstelle	E13 Rettungsweg

Brandschutzzeichen				

F01 Richtungs-angabe	F03 Löschschlauch	F05 Feuerlöscher	F06 Brandmelde-telefon	F08 Brandmelder (manuell)

3.1.3 | Sicherheitstechnische Richtlinien für Lagereinrichtungen und -geräte

Die **BGR 234** regelt **sicherheitsrelevante Vorgaben** für Lagereinrichtungen und -geräte, wie z. B. Standsicherheit, Tragfähigkeit, Nutzlast, oder Aufnahmefähigkeit von Lagereinrichtungen.

Diese Richtlinie **unterscheidet** zwischen

Lagereinrichtungen, die ortsfeste oder verfahrbare Regale oder Schränke sind,

und

Lagergeräten, die zur Wiederverwendung bestimmte Paletten mit oder ohne Stapelhilfsmittel sowie Stapelbehälter sind.

Lagereinrichtungen und Lagergeräte müssen die zulässigen Nutzlasten sicher aufnehmen können.

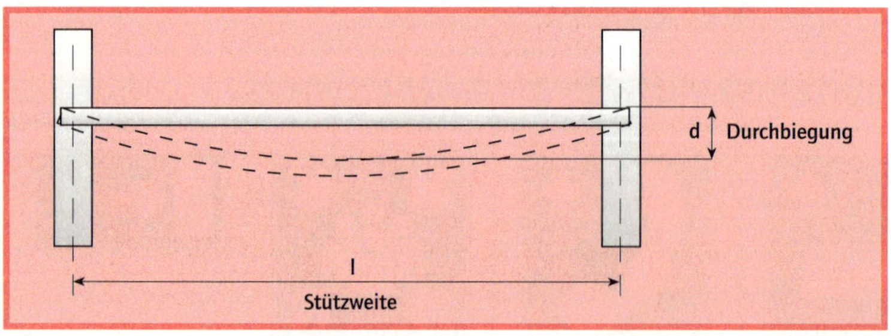

Die **maximale Durchbiegung** darf bei Lagereinrichtungen aus **Metall** höchstens **1/200,** bei Lagereinrichtungen aus **anderen Materialien** höchstens **1/150** ihrer **Stützweite** betragen.

Die **Gänge** zwischen den einzelnen Lagereinrichtungen und Lagergeräten müssen ausreichend groß sein:

- Hauptverkehrswege für Fußgänger → mindestens 1,25 m
- Nebengänge für Fußgänger bzw. Be- und Entladen von Hand → mindestens 0,75 m
- Hauptverkehrswege für kraftbetriebene oder spurgebundene Fördermittel → Breite der Fördermittel plus mindestens je 0,5 m auf beiden Seiten

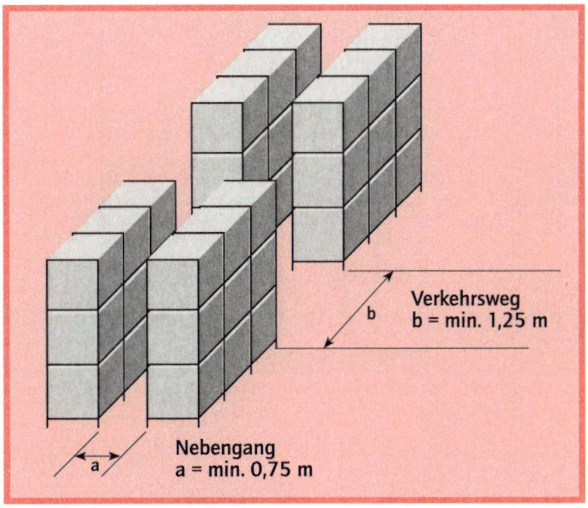

Für die verwendete Lagereinrichtung und die Lagergeräte muss eine **Aufbau- und Betriebsanleitung** des Herstellers mit Hinweisen für Aufstellung, Betrieb und Sicherheitsmaßnahmen vorliegen. Bei kraftbetriebenen Regalen und Schränken muss diese sichtbar und dauerhaft angebracht sein.

Sowohl die Teile der Lagereinrichtung als auch die Ladeeinheiten selbst müssen gegen unbeabsichtigtes **Heraus- oder Herunterfallen** gesichert sein.

In den Eckbereichen ortsfester Regale muss ein mindestens 30 cm hoher, nicht mit dem Regal verbundener gelb-schwarz gekennzeichneter **Anfahrschutz** befestigt sein.

Ortsfeste Regale mit einer Fachlast größer 200 kg oder einer Feldlast größer 1 000 kg sowie verfahrbare Regale oder Schränke müssen folgendermaßen **gekennzeichnet** sein:

- Hersteller oder Betreiber
- Typbezeichnung
- Baujahr
- ggf. elektrische Kenndaten, z. B. Netzspannung, Stromart, Nennbetriebsstrom, Frequenz und Phasenzahl
- zulässige Fach- und Feldlasten, bei Kragarmregalen die zulässigen Belastungen der einzelnen Kragarme und Stützen

Die von einer Regalseite aus einbringbare Last wird **Fachlast** genannt. Die Summe der gleichmäßig verteilten Fachlasten eines Feldes bildet die **Feldlast.**

Lagergeräte müssen wie folgt **gekennzeichnet** sein:

- Hersteller oder Betreiber
- Tragfähigkeit (Nutzlast, Auflast, Stapelhöhe)
- Baujahr

Das Gewicht aller auf die unterste Stapeleinheit aufgesetzten Stapeleinheiten wird **Auflast** genannt.

Insgesamt ist zu beachten, dass die **maximal zulässige Belastung** der Lagereinrichtungen und -geräte **nicht überschritten** wird.

Verfahrbare und kraftbetriebene Regale und Schränke müssen mit **Schutzeinrichtungen** zur Gefahrenabwehr ausgestattet sein. Diese müssen sofort nach Betätigen die Einrichtung gefahrlos stillsetzen.

Im Einzelnen sind das:

- Schaltleisten und Lichtschranken an allen Frontseiten, mit rot-weißer Kennzeichnung
- Seilzugsicherungen in einer Höhe von ca. 90 cm
- Freigabeschalter
- Kopplung von Auszügen mit dem Antrieb

Anhand der Aufbau- und Betriebsanleitungen des Herstellers hat das Unternehmen **Betriebsanweisungen** zu erstellen und die im Lager Beschäftigten darüber zu unterweisen. Festgestellte **Mängel** an Lagereinrichtungen und -geräten sind **sofort** sachgerecht zu beheben. Nur damit **beauftragte, ausgebildete** Personen dürfen verfahrbare Regale und Schränke bedienen. Einfahrregale dürfen nicht betreten werden.

Mindestens einmal im Jahr sind kraftbetriebene Regale und Schränke von einem **Sachkundigen** auf ihren sicheren Zustand zu **prüfen.** Das Prüfergebnis ist aufzubewahren.

3.1.4 | Lagern und Stapeln

Nach **§ 34 BGV A1** sind Lager und Stapel so zu errichten, dass die Belastung sicher aufgenommen werden kann und kein Herabfallen, Umfallen oder Wegrollen der Gegenstände möglich ist. Dies muss auch bei Neigung der Grundfläche, Wind oder Ähnlichem gewährleistet sein.

Die **Standsicherheit** der Stapel kann z. B. **erreicht** werden durch:

- Aufsetzen der Einheiten im Verbund
- pyramidenförmigen Aufbau, dabei kleine auf große, leichte auf schwere Einheiten stapeln
- ggf. Einhaltung des natürlichen Böschungswinkels
- Zwischenlagen, Keile, Kanthölzer usw. verwenden

Auch eine **Überlastung** kann die Standsicherheit von Lagern und Stapeln gefährden. Die maximal zulässige Belastung ist deshalb sichtbar und dauerhaft zu kennzeichnen und einzuhalten. Ebenso ist die maximal zulässige Stapelhöhe einzuhalten.

Bei der Errichtung von Lager und Stapeln ist ein **Sicherheitsabstand** zu ortsfesten oder spurgebundenen ortsveränderlichen Hebezeugen oder Fördermitteln von mindestens 50 cm nach allen Seiten einzuhalten. Entsprechendes gilt in der Nähe von Maschinen und sonstigen Anlagen.

Äußere Einflüsse, wie beispielsweise Nässe, Kälte oder Hitze, können ein Schrumpfen, Quellen, Korrodieren, Faulen, Austrocknen oder Verspröden des Lagergutes bewirken. Gegen diese chemischen oder physikalischen Veränderungen des Lagergutes sind Lager und Stapel entsprechend zu schützen.

Ergänzend zur BGV 1 § 34 hat die „Arbeitsgemeinschaft der Metall-Berufsgenossenschaften" ein **Merkblatt zum Lagern und Stapeln** herausgegeben, das folgenden Inhalt hat:

Lagern und Stapeln

Der Vorgesetzte:

- erstellt eine Lager- und Stapelordnung und informiert die Mitarbeiter,
- plant ausreichende Gang- und Wegbreiten und sorgt für deren Einhaltung,
- prüft die Tragfähigkeit des Bodens und der Regale und deren Kennzeichnung,
- lässt Lagerflächen markieren und setzt deren strikte Beachtung durch,
- schafft für Gefahrstoffe spezielle Lagereinrichtungen,
- veranlasst regelmäßige Prüfungen von Regalbediengeräten und kraftbetriebenen Schränken.

Geeignete Regal- und Lagersysteme halten Ordnung, sparen Zeit und vermeiden Unfälle.

Lagern und Stapeln

Der Mitarbeiter:

- lagert nur in den vorgesehenen Bereichen und Gestellen,
- hält Sperrzonen frei, z.B.
  - Verkehrs- und Rettungswege,
  - Feuerlöscheinrichtungen,
  - Notausgänge,
  - elektrische Schaltanlagen,
  - Erste-Hilfe-Kästen,
- beachtet das Zusammenlagerungsverbot,

						X
	+	–	–	–	–	+
	–	+	–	–	–	–
	–	–	+	–	–	+
	–	–	–	+	–	–
	–	–	–	–	+	o
X	+	–	+	–	o	+

+ dürfen zusammen gelagert werden
o dürfen nur unter Beachtung spezieller Vorkehrungen zusammen gelagert werden
– dürfen nicht zusammen gelagert werden

- verwendet Unterleghölzer und Zwischenlagen, um gefahrlos anschlagen oder entnehmen zu können,
- verlässt den Gefahrbereich bei schwebenden Lasten,
- sichert Fässer, Rohre und Coils gegen Wegrollen,
- stellt Flachpaletten nie senkrecht.

Beschädigte Flach- und Gitterboxpaletten dürfen nicht verwenden werden.

3.1.5 | Handtransport und technische Hilfsmittel

Obwohl die Unternehmen heutzutage mit Technik ausgestattet sind, sind an vielen Arbeitsplätzen noch **Hebe- und Transportarbeiten von Hand** notwendig. Die **BGI 582** Sicherheit und Gesundheitsschutz bei Transport- und Lagerarbeiten geht u. a. näher auf den Handtransport ein.

Der Mensch ist aufgrund des Aufbaus seiner Wirbelsäule nur bedingt zum Anheben und Tragen schwerer Lasten geeignet. Falsches Anheben und Tragen erhöhen das Unfallrisiko und können zu schweren Schädigungen des Stütz- und Bewegungsapparates führen.

Deshalb ist es wichtig, beim Anheben von Gewichten in die **Hocke** zu gehen und diese mit **geradem** Rücken anzuheben. Die Lasten sind so **nahe** wie möglich am Körper zu halten. Außerdem dürfen Lasten **nie ruckartig** angehoben werden.

Falsches Anheben

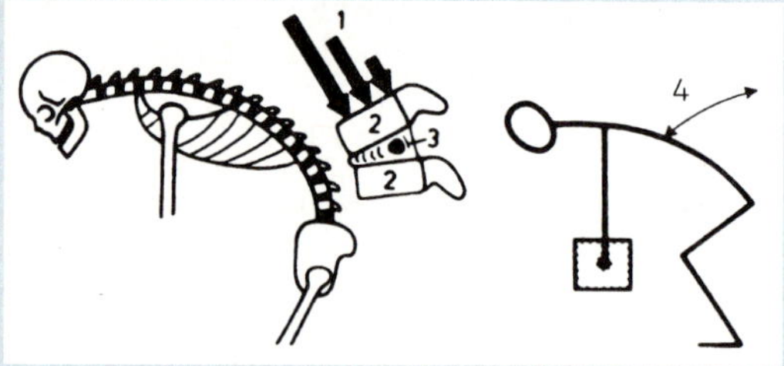

Richtiges Anheben

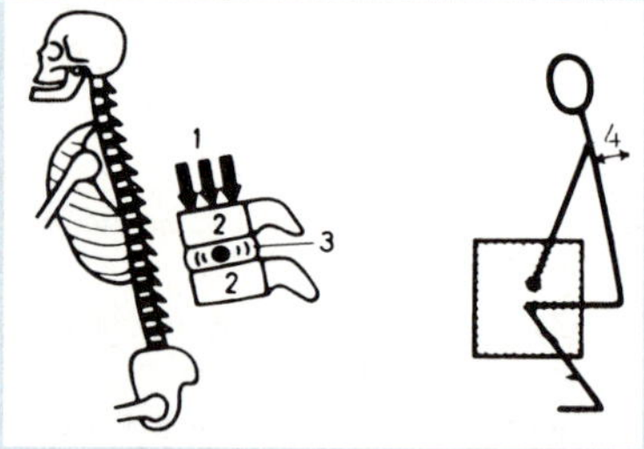

1 Belastung 3 Bandscheibe 2 Wirbelkörper 4 Beugewinkel

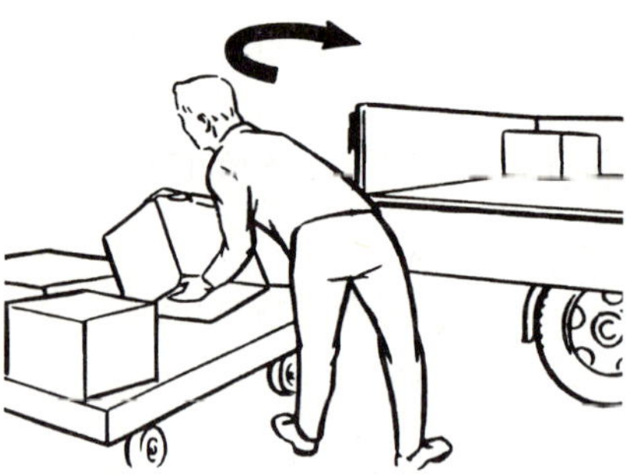

Beim Anheben und Tragen der Last ist eine **Hohlkreuzhaltung** sowie ein **Verdrehen** der Wirbelsäule unbedingt zu **vermeiden.**

Nun ist das Beschädigungsrisiko aber auch noch abhängig von der **individuellen Leistungsfähigkeit** des Arbeitnehmers. Außerdem haben Männer im Allgemeinen eine größere Leistungsfähigkeit, Lasten zu heben, als Frauen oder Jugendliche.

Um die gesundheitlichen Risiken so gering wie möglich zu halten, wurden deshalb **Grenzwerte** für das **Heben** von Hand festgelegt:

	Zumutbare Hochstlast in kg für			
	gelegentliches Heben von Lasten		**häufiges Heben** von Lasten	
Lebensalter	**Frauen**	**Männer**	**Frauen**	**Männer**
15 bis 18 Jahre	15	35	10	20
19 bis 45 Jahre	15	55	10	30
älter als 45 Jahre	15	45	10	25

5006136

Gelegentlich heißt hier weniger als zweimal pro Stunde, häufiger heißt öfter als zweimal pro Stunde.

Nach dem Gesetz zum Schutze der erwerbstätigen Mutter (Mutterschutzgesetz) dürfen **schwangere** Frauen häufig nicht mehr als 5 kg, gelegentlich nicht mehr als 10 kg Gewicht heben.

Für die **Grenzwerte** beim **Tragen** ist der zurückzulegende Transportweg zu berücksichtigen:

	zumutbare Einzellast in kg bei **häufigem Tragen** von Lasten durch Jugendliche über 16 Jahre bzw. Erwachsene	
Transportweg	**männlich**	**weiblich**
2 bis 10 m	14	8
11 bis 30 m	8	5
über 30 m	6	4

Beim Heben und Tragen muss auf eine möglichst **gleichmäßige Verteilung** der Last geachtet werden.

Bei einem durchzuführenden Transport durch **mehrere Personen** dürfen Anweisungen nur von einer Person erteilt werden. Außerdem sind die Personen gleichmäßig zu belasten und deren Bewegungen gleichzeitig auszuführen.

Außerdem sind, soweit irgendwie möglich, **technische Hilfsmittel** beim Heben und Tragen von Lasten zu verwenden.

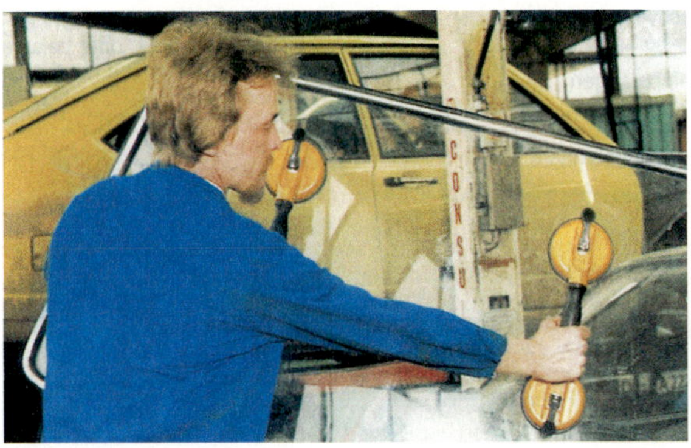

Handsaugtragegriffe

Das sind z. B für **leichte** Lasten

- Handmagnete
- Handsaugtragegriffe
- Tragklauen
- Traggurte
- Tragklemmen

Für **schwere** Lasten sind z. B. geeignet

- Kanteisen
- Rollknippstangen
- Wälzwagen
- Knippstangen
- Rollen oder Walzen
- Transportfahrwerke

Rollknippstange

Die Knippstange wirkt nach dem Hebelprinzip. Der Lastarm (das kurze Stück) wird unter die Last geschoben und mit dem Kraftarm (das lange Stück) wird die Last angehoben.

Zum Wenden von Profilstählen werden Kanteisen benutzt. Mit dem unteren, c-förmigen Ende, dem „Packende", wird der Profilstahl angehoben. Nach Erreichen des „Kipp-Punktes" kippt der Stahl selbstständig weiter.

Kanteisen

3.1.6 | Nutzung von Flurförderzeugen

Nach der **BGV D27** muss das Unternehmen für die Nutzung von **Flurförderzeugen** eine **Betriebsanweisung** erstellen und bekannt geben.

Um Flurförderzeuge steuern zu können, muss der Fahrer folgende **Anforderungen** erfüllen:
- mindestens 18 Jahre alt sein
- dafür geistig und körperlich geeignet sein
- dazu befähigt sein und diese Befähigung (z. B. Staplerführerschein) nachweisen
- vom Unternehmen schriftlich (mit Fahrausweis) dazu beauftragt sein

Das Flurförderzeug muss vom Fahrer **täglich** vor Inbetriebnahme auf eventuelle **Mängel** überprüft werden. Werden Mängel vor oder während des Betriebes erkannt, darf das Fahrzeug nicht weiter genutzt werden. Die Mängel sind umgehend zu beheben.

Die **Beladung** muss so erfolgen, dass
- die maximal zulässige Höchstlast nicht überschritten wird.
- die Sicht des Fahrers nicht eingeschränkt ist.
- die Last nicht herunterfällt oder verrutscht.

Während der **Fahrt** dürfen die Ladegabeln nur so hoch vom Boden angehoben werden, wie es für die ungehinderte Fahrt notwendig ist. Die vorgeschriebene Geschwindigkeit darf nicht überschritten werden. Gefälle und Steigungen müssen so befahren werden, dass die Last bergseitig transportiert wird. Auf- und Absteigen sind während der Fahrt verboten. Das Mitnehmen von Personen ist nur gestattet, wenn die Flurförderzeuge dafür ausgestattet sind (Sitz- oder Standplätze, Haltegriffe) und die Personen nicht durch die Ladung gefährdet sind. Werden **hängende Lasten** befördert, ist sicherzustellen, dass sich keine Personen davor oder darunter aufhalten. Beim **Abladen** ist zu beachten, dass das Lagergut nur auf den dafür vorgesehenen Plätzen und nicht in Verkehrs- oder Fluchtwegen sowie vor Sicherheitseinrichtungen abgestellt wird. Flurförderzeuge dürfen generell nur auf den dafür vorgesehenen Flächen und **nicht** auf Verkehrs- oder Fluchtwegen sowie vor Sicherheitseinrichtungen **abgestellt** werden.

5006138

Außerdem ist beim Abstellen des Fahrzeuges

- die **Feststellbremse** anzuziehen.
- die **Ladegabel** in tiefste Stellung zu bringen.
- der **Motor** abzuschalten.
- bei geneigten Flächen ein Wegrollen durch **Unterlegkeile** zu verhindern.
- das Fahrzeug gegen **unbefugte** Nutzung zu sichern.

Beim Einsatz von Flurförderzeugen in **Schmalgängen** ist außerdem Folgendes zu beachten: Flurförderzeuge dürfen nur in die Schmalgänge einfahren, wenn sich darin keine Fußgänger aufhalten. Im Gefahrfall müssen die Fahrer die Gänge ungehindert über Fluchtwege verlassen können. Mehrere Flurförderzeuge dürfen nur dann gleichzeitig in einem Gang eingesetzt werden, wenn automatische Schutzeinrichtungen einen Zusammenstoß verhindern können. Schmalgänge dürfen nicht für den Durchgangsverkehr genutzt werden. Mindestens einmal jährlich sind die Flurförderzeuge durch einen Sachkundigen auf Ordnungsmäßigkeit zu **überprüfen.** Festgestellte Mängel sind umgehend zu beseitigen. Die Mängelbeseitigung ist im Prüfnachweis zu vermerken.

3.2 | Gesetze und Verordnungen für Arbeitsschutz und Arbeitssicherheit, Arbeitsstätten, Gerätesicherheit sowie Umweltschutz

Zum Schutz vor Unfällen und Gesundheitsschäden, aber auch zum Schutz unserer Umwelt, sind **Gesetze** und **Verordnungen** notwendig. Sie können jedoch nur wirken, wenn eine ausreichende Kenntnis darüber vorhanden ist. Deshalb müssen alle Arbeitnehmer neben den Unfallverhütungsvorschriften auch die wichtigsten Gesetze und Verordnungen für den Arbeitsschutz, die Arbeitssicherheit sowie die Umwelt kennen und einhalten.

Zu den **wichtigsten** für die Arbeit **im Lager** zählen das Arbeitsschutzgesetz, die Arbeitsstättenverordnung, das Gerätesicherheitsgesetz, das Chemikaliengesetz, die Gefahrstoffverordnung, die technischen Regeln für brennbare Flüssigkeiten, das Bundesimmissionsschutzgesetz und das Wasserhaushaltsgesetz.

3.2.1 | Arbeitsschutzgesetz

Das Arbeitsschutzgesetz gilt für alle Tätigkeitsbereiche mit **Ausnahme** von:

- Hausangestellten in privaten Haushalten
- Beschäftigten auf Seeschiffen
- dem Bundesberggesetz unterliegenden Betrieben

Es **dient** dazu, Sicherheit und Gesundheitsschutz der Arbeitnehmer durch Maßnahmen zur Verhütung von Arbeitsunfällen und arbeitsbedingten Gesundheitsgefahren sowie Maßnahmen der menschengerechten Arbeitsgestaltung zu sichern und zu verbessern.

Der **Arbeitgeber** hat den Arbeits- und Gesundheitsschutz zu organisieren, die dafür erforderlichen Mittel bereitzustellen sowie alle damit zusammenhängenden Kosten zu übernehmen. Er trägt damit die grundsätzliche **Verantwortung** für die Einhaltung des betrieblichen Arbeits- und Gesundheitsschutzes und muss dabei von folgenden **Grundsätzen** ausgehen:

- Die Arbeitsgestaltung muss eine **Gesundheitsgefährdung** möglichst **vermeiden** bzw. gering halten.
- **Gefahren** sind zuerst **an ihrer Quelle** zu **bekämpfen.** Erst danach sind ggf. Individuelle Schutzmaßnahmen einzubeziehen.
- Der **Stand der Technik**, **Arbeitsmedizin** und **Hygiene** sowie sonstige ergonomische Erkenntnisse müssen bei der Festlegung der Schutzmaßnahmen **berücksichtigt** werden.
- Geschlechtsspezifisch wirkende Regelungen sind nur aus zwingenden biologischen Gründen gerechtfertigt.

Neben dem Arbeitgeber sind **weitere** Personen für die Durchsetzung der Gesundheits- und Arbeitsschutzmaßnahmen **verantwortlich.**

Im Einzelnen sind das:

- der gesetzliche oder bevollmächtigte Vertreter des Arbeitgebers
- die mit der Leitung des Unternehmens beauftragten Personen
- fachkundige beauftragte Personen, die eigenverantwortliche die Aufgaben des Arbeits- und Gesundheitsschutzes wahrnehmen

Der Arbeitgeber hat jeden Arbeitsplatz von Fachkräften für Arbeitssicherheit unter Abstimmung mit Betriebsärzten nach seiner Gefährdung **beurteilen** zu lassen. Nach dieser Gefährdungsbeurteilung richtet sich dann die **Festlegung,** welche Maßnahmen des Arbeitsschutzes notwendig sind. Bei **gleichartigen** Arbeitsplätzen muss nur jeweils ein Arbeitsplatz beurteilt werden.

Gefährdungen am Arbeitsplatz entstehen durch:

- mangelhafte Unterweisung und Qualifikation der Arbeitnehmer
- Arbeitsplatzgestaltung
- Arbeitsplatzklima
- Gefahrstoffe
- Arbeitsverfahren
- Arbeitsmittel

Die Ergebnisse der Gefährdungsbeurteilung sowie die Festlegung und die Überprüfung der Schutzmaßnahmen sind zu **dokumentieren.** Bei Unternehmen mit zehn oder weniger Arbeitnehmern **entfällt** eine Pflicht zur Dokumentation, wenn keine besondere Gefährdung vorliegt.

Der Arbeitgeber muss die Arbeitnehmer über die am Arbeitsplatz bestehenden Gefahren ausreichend und angemessen **unterweisen**. Das schließt Anweisungen und Erläuterungen über die spezifischen Arbeitsplatzgefahren ein. Diese Unterweisung muss bei der Einstellung, bei Arbeitsplatzwechsel sowie bei Ersteinführung neuer Arbeitsmittel oder -verfahren vor der Arbeitsaufnahme erfolgen und in regelmäßigen Abständen wiederholt werden.

Der Arbeitgeber ist verpflichtet, geeignete Maßnahmen zur **ersten Hilfe, Brandbekämpfung** und **Evakuierung** der Arbeitnehmer festzulegen, zu organisieren bzw. bereitzustellen. Außerdem hat er **Verantwortliche** festzulegen, die mit der Durchführung dieser Maßnahmen beauftragt werden.

5006140

Sind an einem Arbeitsplatz **Arbeitnehmer aus verschiedenen Unternehmen** tätig, so müssen diese Unternehmen bei der Durchsetzung des Gesundheits- und Arbeitsschutzes zusammenarbeiten sowie die Arbeitnehmer über bestehende Gefahren informieren.

Die **Arbeitnehmer** sind ihrerseits ebenfalls zur Einhaltung des Arbeits- und Gesundheitsschutzes **verpflichtet.** Insbesondere haben sie die zur Verfügung gestellte persönliche Schutzausrüstung sowie Anlagen, Geräte usw. bestimmungsgemäß zu benutzen. Festgestellte Gefahren und Sicherheitsmängel sind dem Arbeitgeber, dem Sicherheitsbeauftragten, der Fachkraft für Arbeitssicherheit oder dem Betriebsarzt unverzüglich zu melden. Bei **besonderen Gefahren** haben die Arbeitnehmer das Recht, selbst über geeignete Maßnah-men zur Gefahrenabwehr und Schadensbegrenzung zu entscheiden. Daraus darf ihnen kein Nachteil entstehen, ausgenommen, sie haben grob fahrlässig oder vorsätzlich falsche Maßnahmen getroffen. Werden Arbeitnehmer Gefahren ausgesetzt, so haben sie ein Recht auf regelmäßige **arbeitsmedizinische Untersuchungen** zur frühzeitigen Erkennung und Behandlung von Gesundheitsschäden.

3.2.2 | Arbeitsstättenverordnung (ArbStättV)

Arbeitsstätten sind im Sinne des **§ 2** der **Arbeitsstättenverordnung** Arbeitsplätze im Freien und alle Arbeitsräume in Gebäuden, inklusive der dazugehörigen Verkehrswege, Lager- und Maschinenräume, Pausen- und Umkleideräume, Wasch- und Toilettenräume sowie Sanitätsräume.

Die **wichtigsten Anforderungen** an Arbeitsstätten sind Folgende:

3.2.2.1 | Lüftung

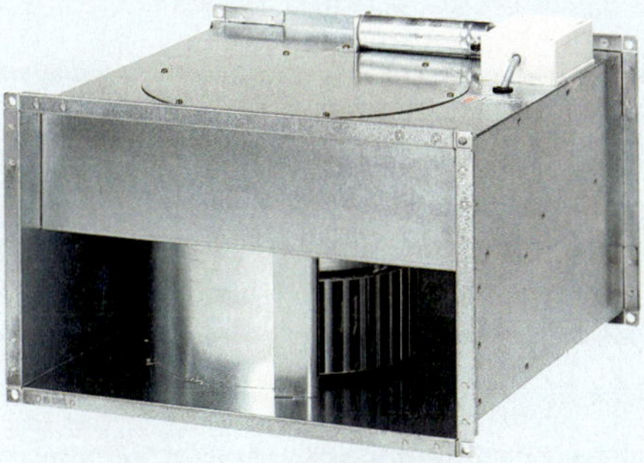

Nach **§ 5** der Arbeitsstättenverordnung muss in Arbeitsräumen ständig eine gesundheitlich zuträgliche **Atemluft** vorhanden sein. Das kann auf **zwei Wegen** erreicht werden.

Entweder erfolgt ein Austausch der Atemluft durch **natürliche** Lüftung über vorhandene Fenster oder Lüftungsöffnungen. Dabei ist jedoch unbedingt Zugluft zu vermeiden.

Ist eine natürliche Lüftung nicht möglich oder nicht ausreichend, so muss die Atemluft durch **lüftungstechnische** Anlagen wie Klimaanlagen oder Lüftungsanlagen ausgetauscht bzw. gereinigt werden.

Lüftungstechnische Anlagen müssen mit selbsttätig wirkenden Warneinrichtungen ausgestattet sein, um den Arbeitnehmern evtl. Störungen anzuzeigen. Mindestens alle zwei Jahre sind lüftungstechnische Anlagen zu überprüfen.

3.2.2.2 | Raumtemperatur und Luftfeuchtigkeit (Klima)

Außerdem muss nach § 6 ArbStV in Arbeitsräumen eine gesundheitlich zuträgliche **Raumtemperatur** bereits zu Arbeitsbeginn vorhanden sein. Notfalls muss über technische Einrichtungen, wie Heizungen, Kühlanlagen bzw. Klimaanlagen die geforderte Raumtemperatur erreicht werden.

Die gesundheitlich zuträglichen Raumtemperaturen sind je nach Art der Tätigkeit unterschiedlich.

Raumart	Art der Tätigkeit	Raumtemperatur
Büroräume	leichte Arbeit im Sitzen	mindestens 20 °C
Lager- und Maschinenräume	leichte Arbeit im Stehen	mindestens 18 °C
Lager- und Maschinenräume	schwere Arbeit im Stehen	mindestens 17 °C
Pausen-, Sanitär- und Sanitätsräume	–	mindestens 21 °C

Im engen Zusammenhang mit der Raumtemperatur steht die **Luftfeuchtigkeit.** Zu hohe Temperaturen mit zu hoher Luftfeuchtigkeit können Herz-Kreislauf-Beschwerden verursachen. Die gesundheitlich zuträgliche Luftfeuchtigkeit beträgt 80 % bei einer Lufttemperatur von 20 °C.

Die nachfolgende Darstellung gibt Auskunft über die Auswirkungen zu niedriger oder zu hoher Temperatur bzw. Luftfeuchtigkeit auf den Menschen.

Bedingung		Effekt	Wirkung auf Gesundheit, Leistung, Befinden
Temperatur	zu niedrig	Der Körper gibt mehr Wärme an die Umgebung ab, als er durch den Energieumsatz erzeugt.	• unangenehm • feinmotorische Arbeiten werden schwieriger • häufigeres Auftreten von Erkältungskrankheiten
	zu hoch	Der Körper kann die erzeugte Wärme nicht an die Umgebung abgeben.	• unangenehm • die Konzentration lässt nach • die Reizbarkeit nimmt zu • die körperliche Leistungsfähigkeit nimmt ab, Ermüdung tritt früher ein
Luftfeuchtigkeit	zu niedrig	Die Schleimhäute trocknen aus.	• unangenehm • Heiserkeit tritt auf • Erkrankungen des Nasen-Rachenraumes und der Atemwege treten auf
	zu hoch	Die Schweißverdunstung wird behindert.	• unangenehm • bei gleichzeitiger Hitze besteht die Gefahr schneller Überwärmung

5006142

3.2.2.3 | Beleuchtung

§ 7 ArbStV schreibt die notwendige **Beleuchtung** von Arbeits-, Pausen-, Sanitär- und Sanitätsräumen vor. Man unterscheidet zwischen **natürlicher** (Fenster, Oberlichter) und **künstlicher** (Lampen) Beleuchtung. So müssen sich Fenster (**natürliche** Beleuchtung) zur Vermeidung von Bunkereffekten in Augenhöhe befinden. Außerdem müssen Fenster und Oberlichter mit Einrichtungen ausgestattet sein, die gegen unmittelbare Sonneneinstrahlung der Räume abschirmen. Die mindestens notwendige Fensterfläche muss ein Zehntel der Fußbodenfläche des Raumes betragen.

Künstliche Beleuchtung darf weder Direktblendung noch Reflexblendung verursachen. Lichtschalter müssen sich in unmittelbarer Nähe der Aus- und Eingänge befinden, leicht zugänglich sowie selbstleuchtend sein.

Bestehen bei Ausfall der Beleuchtung Unfallgefahren, so muss an diesen Stellen eine **Sicherheitsbeleuchtung** vorhanden sein. Das betrifft vor allem Ausgänge, Flure, Treppen sowie Rettungswege. Die Sicherheitsbeleuchtung muss sich im Störfall automatisch einschalten.

Folgende Mindestbeleuchtungsstärken sind vorgeschrieben:

Beleuchtungsart	Beleuchtungsstärke
Allgemeinbeleuchtung	mindestens 15 Lux
Verkehrswege, Lagerräume	mindestens 50 Lux
ständig besetzte Arbeitsplätze	mindestens 200 Lux
Sicherheitsbeleuchtung	mindestens 1 % der Allgemeinbeleuchtung, jedoch mindestens 1 Lux

3.2.2.4 | Türen und Tore

Nach **§ 10 ArbStV** müssen von Fußgängern genutzte **Türen** und **Tore** leicht zu öffnen und zu schließen sein. Bei Toren für den Fahrzeugverkehr müssen sich in unmittelbarer Nähe Türen für Fußgänger befinden. **Pendeltüren und -tore** müssen Sichtfenster haben oder aus durchsichtigem Material bestehen. Ist dieses Material nicht bruchsicher, so muss es durch Schutzgitter gesichert werden. **Schiebetüren und -tore** müssen gegen Ausheben und Herausfallen, nach **oben öffnende** Türen und Tore müssen gegen Herabfallen gesichert sein. Türen in **Rettungswegen** müssen sich jederzeit ohne Hilfsmittel öffnen lassen, solange Arbeitnehmer im Raum sind.

Kraftbetriebene Türen und Tore müssen nach **§ 11 ArbStV** mit Schutzeinrichtungen versehen sein, die ein Einklemmen von Personen oder Fahrzeugen verhindern. Die Türen und Tore müssen im Gefahrenfall sofort zum Stillstand kommen. Das gilt sowohl für die Steuerung von Hand als auch für automatische Steuerung der Türen und Tore. Außerdem müssen Notabschalteinrichtungen vorhanden sein.

3.2.2.5 | Lärmschutz

Lärm sind die Gesundheit schädigende, störende Schallwellen, die in **Dezibel** gemessen werden.

§ 15 ArbStV besagt, dass zum **Schutz gegen Lärm** in Arbeitsstätten der **Schallpegel** so niedrig wie möglich zu halten ist. Deshalb sollte bereits bei der Anschaffung von Anlagen und Maschinen auf möglichst leise Antriebe und schwingungsdämpfende Bauteile geachtet werden.

Zum Schutz vor Schädigungen wurden folgende zulässigen **Grenzwerte** festgelegt:

Höchstzulässiger Schallpegel	
bis 55 dB(A)	bei überwiegend geistigen Tätigkeiten sowie in Pausen- und Sanitätsräumen
bis 70 dB(A)	bei einfachen oder überwiegend mechanischen Bürotätigkeiten und anderen gleichartigen Tätigkeiten
bis 85 dB(A)	bei allen sonstigen Tätigkeiten, höchster Richtwert
bis 90 dB(A)	nur in Ausnahmefällen, wenn nach betrieblicher Möglichkeit 85 dB(A) nicht einzuhalten sind
über 90 dB(A)	persönlicher Schallschutz muss getragen werden, Lärmbereiche müssen gekennzeichnet sein, Vorsorgeuntersuchungen sind vorgeschrieben

Die nachfolgende Abbildung zeigt zum Vergleich verschiedene Schallquellen und deren Schallpegel:

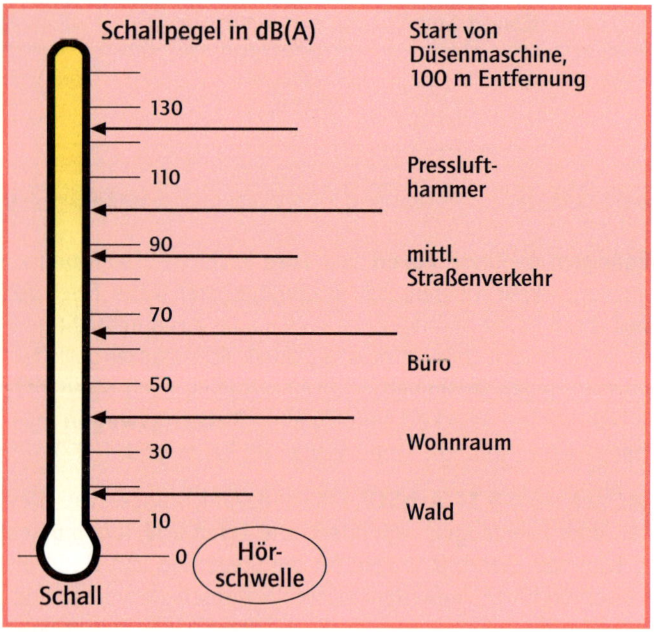

Wissenschaftliche Untersuchungen haben ergeben, dass Lärm **krank** macht. Sind die Arbeitnehmer dem Lärm dauerhaft ausgesetzt, dann entsteht **Schwerhörigkeit.** Sie ist unheilbar und nimmt mit fast 50 Prozent die Spitzenposition bei den Berufskrankheiten ein. Doch der Lärm wirkt sich auch auf **andere Bereiche** des menschlichen Organismus aus:

5006144

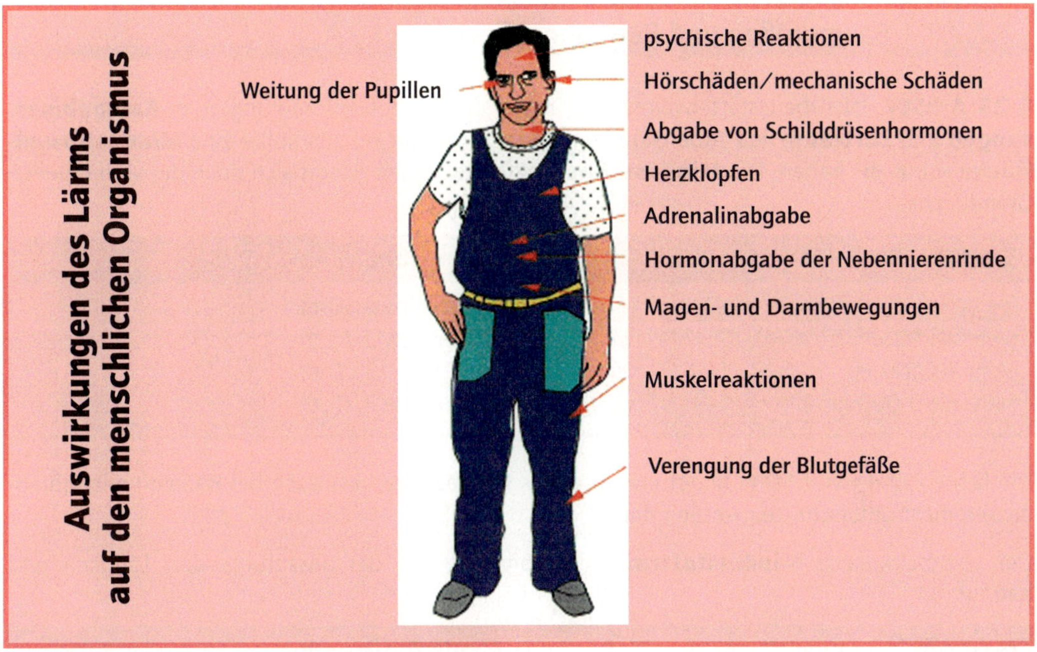

So sind neben psychischen Erkrankungen vor allem auch Herz-Kreislauf-Probleme und Magen-Darm-Beschwerden die Folge von dauerhaftem Lärm.

3.2.2.6 | Verkehrs- und Rettungswege

Zu den **Verkehrswegen** gehören Gänge (Gassen), Fahrwege und Fahrgleise, aber auch Flure und Treppen. Nach **§ 1 ArbStV** müssen **Verkehrswege** sicher begeh- und befahrbar sein. Unmittelbar an Verkehrswegen beschäftigte Arbeitnehmer dürfen nicht gefährdet sein.

Die **Mindestbreite** der Verkehrswege für **kraftbetriebene** oder **spurgebundene Fördermittel** ergibt sich aus der Summe der Breite der Fördermittel plus mindestens je 0,5 m auf beiden Seiten des Verkehrsweges (siehe auch ZH 1/428).

Der **Abstand** von Verkehrswegen für Fahrzeuge zu Türen, Toren, Durchgängen bzw. Durchfahrten muss mindestens einen Meter betragen.

In Lagerräumen mit großem Verkehrsaufkommen oder in Lagerräumen mit einer Grundfläche von mehr als 1 000 Quadratmeter müssen die Verkehrswege **gekennzeichnet** sein.

§ 19 ArbStV regelt **zusätzliche Anforderungen an Rettungswege.** Rettungswege müssen als solche **gekennzeichnet** sein und auf möglichst **kurzem Weg** in gesicherte Bereiche oder ins Freie führen. Rettungswege sind ständig **freizuhalten** und dürfen nicht verschlossen sein, solange sich Menschen im Raum aufhalten. Der Weg zum nächstgelegenen **Notausgang** darf maximal 30 Meter betragen.

3.2.2.7 | Raumgrößen und Bewegungsflächen

§ 23 ArbStV der Arbeitsstättenverordnung regelt die Mindestanforderungen an **Raumabmessungen** und **Luftraum** von Arbeitsräumen. Danach müssen Arbeitsräume eine **Mindestgrundfläche** von **8 m²** haben. Die **Mindesthöhe** in Arbeitsräumen richtet sich nach der vorhandenen Grundfläche:

Grundfläche	lichte Höhe
bis 50 m^2	mindestens 2,50 m
mehr als 50 m^2	mindestens 2,75 m
mehr als 100 m^2	mindestens 3,00 m
mehr als 2 000 m^2	mindestens 3,25 m

Die lichte Höhe von 2,50 m bildet ein absolutes Mindestmaß, das auch bei Räumen mit Schrägdecken nicht unterschritten werden darf.

Der vorgeschriebene **Mindestluftraum** ist abhängig von der auszuführenden Tätigkeit und beträgt:

Tätigkeit	Mindestluftraum
überwiegend sitzende Tätigkeit	12 m^3
überwiegend stehende Tätigkeit	15 m^3
schwere körperliche Tätigkeit	18 m^3

Die genannten Mindestlufträume gelten nur für Menschen. Befinden sich am Arbeitsplatz auch Schränke, Maschinen usw., so muss der Mindestluftraum entsprechend größer bemessen werden.

Die Arbeitnehmer müssen sich ungehindert bewegen können. Deshalb schreibt der **§ 24** ArbStV die notwendige **Bewegungsfläche am Arbeitsplatz** vor. Sie beträgt **mindestens 1,50 m²** pro Arbeitnehmer und Arbeitsplatz.

3.2.2.8 | Pausenräume

§ 29 ArbStV besagt, dass in Unternehmen mit mehr als zehn Arbeitnehmern ein leicht erreichbarer **Pausenraum** vorhanden sein muss. Für Arbeitnehmer, die in Büro- oder ähnlichen Räumen beschäftigt sind, ist kein Pausenraum nötig. Hier sind die Voraussetzungen für eine ausreichende Erholung in den Pausen bereits gegeben. Pausenräume müssen eine **Mindestgrundfläche** von einem Quadratmeter je Arbeitnehmer aufweisen, mindestens jedoch sechs Quadratmeter.

Die **Ausstattung** der Pausenräume muss leicht zu reinigende Tische, Sitzgelegenheiten mit Rückenlehne, Kleiderhaken, Abfallbehälter sowie Vorrichtungen zum Anwärmen und Kühlen von Speisen und Getränken beinhalten.

5006146

3.2.2.9 | Sanitärräume

Der Begriff **Sanitärräume** beinhaltet

- **Umkleideräume**
- **Waschräume**
- **Toilettenräume**

Müssen die Arbeitnehmer Arbeitskleidung tragen, so sind ihnen nach **§ 34 ArbStV Umkleideräume** zur Verfügung zu stellen, die nach Frauen und Männern **getrennt** sind. Die Arbeitnehmer müssen sich unbehindert umkleiden können. Umkleideräume müssen eine **Mindestgrundfläche** von sechs Quadratmetern haben und mit verschließbaren Schränken und Sitzgelegenheiten **ausgestattet** sein.

Falls erforderlich, sind den Arbeitnehmern nach **§ 35 ArbStV Waschräume**, **getrennt** nach Frauen und Männern, zur Verfügung zu stellen. Waschräume müssen groß genug sein, damit sich die Arbeitnehmer ungehindert waschen können. Deshalb ist eine **Mindestgrundfläche** von vier Quadratmetern vorgeschrieben. Die **Ausstattung** muss Mittel zur Reinigung und zum Abtrocknen der Hände sowie fließendes kaltes und warmes Wasser beinhalten.

In der Nähe von Arbeitsplätzen sowie Pausen-, Umkleide- und Waschräumen sind nach **§ 37 ArbStV Toilettenräume** mit einer ausreichenden Anzahl an Toiletten und Handwaschbecken zur Verfügung zu stellen. Sind mehr als fünf Arbeitnehmer verschiedenen Geschlechts beschäftigt, so müssen nach Männern und Frauen getrennte Toilettenräume vorhanden sein. Die **Ausstattung** muss Mittel zur Reinigung und zum Abtrocknen der Hände sowie fließendes Wasser beinhalten.

3.2.2.10 | Sanitätsräume und Mittel zur ersten Hilfe

Sind mehr als 1 000 Arbeitnehmer beschäftigt, muss nach **§ 38 ArbStV** im Unternehmen ein **Sanitätsraum** eingerichtet sein. Das Gleiche trifft bereits für Unternehmen mit 100 Arbeitnehmern zu, wenn dort besondere Unfallgefahren vorhanden sind.

Sanitätsräume müssen **gekennzeichnet** und mit einer Krankentrage leicht zu erreichen sein. Außerdem müssen sie mit den erforderlichen Einrichtungen und Mitteln für die erste Hilfe und ärztliche Erstversorgung ausgestattet sein.

Nach **§ 39 ArbStV** müssen sich in jedem Fall **Mittel und Einrichtungen** zur **ersten Hilfe** an mehreren, **gekennzeichneten** Stellen im Unternehmen befinden. Das betrifft vor allem Verbandkästen oder -schränke und Krankentragen. Sie müssen leicht zugänglich und gegen Verunreinigung, Nässe und hohe Temperaturen geschützt sein.

3.2.3 | Gesetz über technische Arbeitsmittel und Verbraucherprodukte (Geräte- und Produktsicherheitsgesetz – GPSG)

Produkte im Sinne des Geräte- und Produktsicherheitsgesetzes (GPSG) sind zum einen **technische Arbeitsmittel**, d. h. verwendungsfertige Arbeitseinrichtungen, Zubehörteile und Schutzausrüstungen, die ausschließlich bei der Arbeit verwendet werden (z. B. Industrieroboter) und zum anderen **Verbraucherprodukte**, d. h. Gebrauchsgegenstände und sonstige Produkte, die von Verbrauchern benutzt werden können (z. B. DVD-Player). Produkte, die sowohl technisches Arbeitsmittel als auch Verbraucherprodukt sein können (z. B. Bohrmaschinen), werden grundsätzlich als Verbraucherprodukt angesehen.

Nach dem GPSG dürfen nur solche Produkte in Verkehr gebracht werden, die den allgemein anerkannten **Regeln der Technik** sowie den **Arbeitsschutz- und Unfallverhütungsvorschriften** entsprechen. Sie dürfen bei vorschriftsmäßigem Gebrauch weder Leben noch Gesundheit der Benutzer oder anderer Personen in Gefahr bringen. Sind während des Gebrauchs eines Produktes zur Gefahrenvermeidung bestimmte Regeln einzuhalten, so muss mit diesem eine entsprechende **Gebrauchsanweisung** in deutscher Sprache geliefert werden.

Das Produkt kann auf Antrag des Herstellers bei den **Prüf- und Zertifizierungsstellen** des Berufsgenossenschaftlichen Prüf- und Zertifizierungssystems „BG-Prüfzert" einer Baumusterprüfung unterzogen werden. Bei sicherheitstechnischer Unbedenklichkeit stellen die vorgenannten Stellen eine Bescheinigung aus und das technische Produkt darf mit dem Zeichen **„GS = geprüfte Sicherheit"** versehen werden. Diese GS-Bescheinigung ist maximal **fünf Jahre** gültig. Für den Export technischer Produkte in Länder der Europäischen Union ist die **CE-Kennzeichnung** (CE bedeutet „Communaute Europeenne") erforderlich. Diese kann nach erfolgter EG-Baumusterprüfung gemäß EU-Maschinen-Richtlinie ebenfalls durch die o. g. Prüf- und Zertifizierungsstellen vergeben werden.

Die zuständigen Gewerbeaufsichtsämter überprüfen durch **Stichproben**, ob die serienmäßig hergestellten Produkte den zertifizierten Prüfmustern entsprechen. Bestehen an einem technischen Produkt trotz vorschriftsmäßigem Gebrauch **sicherheitstechnische Mängel**, so können die zuständigen Gewerbeaufsichtsämter das Inverkehrbringen dieses Produkts verbieten bzw. dessen Rückruf anordnen und überprüfen. Bei Gefahr im Verzug kann die Öffentlichkeit vor den bestehenden Gefahren gewarnt werden.

3.2.4 | Gesetz zum Schutz vor gefährlichen Stoffen (Chemikaliengesetz)

Im Lernfeld 2 wurde bereits darauf eingegangen, was gefährliche Stoffe sind, in welchen Formen sie vorkommen und welche Eigenschaften sie besitzen können. Außerdem wurde das Zusammenlagerungsverbot von Gefahrstoffen behandelt.

Das Chemikaliengesetz dient dem Schutz von Menschen und Umwelt vor schädlichen Einwirkungen gefährlicher Stoffe. Es wird **ergänzt** durch die Verordnung zum Schutz vor gefährlichen Stoffen (Gefahrstoffverordnung), auf die im Abschnitt 3.2.5 näher eingegangen wird.

Hersteller ist, wer Gefahrstoffe herstellt oder gewinnt. **Vertreiber** ist, wer Gefahrstoffe auf dem Markt anbietet und verkauft. Die Zuordnung eines Stoffes zu einem Gefährlichkeitsmerkmal wird **Einstufung** genannt.

Der Hersteller muss **neue** Gefahrstoffe, die er innerhalb der EU auf den Markt bringen will, **prüfen**, **Prüfnachweise** erstellen und die Gefahrstoffe entsprechend **einstufen.**

Außerdem muss er diese Gefahrstoffe bei der Bundesanstalt für Arbeitsschutz und Arbeitsmedizin (= Anmeldestelle) zur Anerkennung **anmelden.**

Diese Anmeldung muss u. a. folgenden **Angaben** enthalten:
- Name und Anschrift des Herstellers
- Produktbezeichnung und Zusammensetzung
- vorgesehene Einstufung, Verpackung und Kennzeichnung
- beabsichtigte Produktionsmengen pro Jahr
- die bei der Prüfung ermittelten Eigenschaften und Wirkungen des Gefahrstoffs auf Mensch und Umwelt
- Vorsichtsmaßnahmen beim Verwenden und Sofortmaßnahmen bei Unfällen
- geeignete Verfahren zur Entsorgung oder Wiederverwendung des Gefahrstoffs

Die **Entscheidung** über die Anerkennung des Stoffes muss innerhalb von 60 Tagen, bei Mengen unter einer Tonne pro Jahr innerhalb von 30 Tagen nach Eingang der Anmeldung erfolgen. Bei Anerkennung wird dem Stoff eine Anmeldenummer zugeordnet.

Nachträgliche **Änderungen** bzw. neue Erkenntnisse über den Gefahrstoff müssen der Anmeldestelle unverzüglich und schriftlich mitgeteilt werden.

Hersteller von **Zubereitungen für Endverbraucher** müssen darüber hinaus dem Bundesinstitut für Risikobewertung folgende **Angaben** machen:
- Name und Anschrift des Herstellers
- Bezeichnung und Zusammensetzung der Zubereitung
- Kennzeichnung
- Verwendungshinweise
- Vorsichtsmaßnahmen und Sofortmaßnahmen bei Unfällen

Das Bundesinstitut stellt diese Angaben sowie jede spätere Änderung **den Informations- und Behandlungszentren für Vergiftungen** zur Verfügung. Das sind medizinische Einrichtungen, die Erkenntnisse über die gesundheitlichen Auswirkungen gefährlicher Stoffe oder gefährlicher Zubereitungen sammeln und auswerten und bei stoffbezogenen Erkrankungen durch Beratung und Behandlung Hilfe leisten.

Liegt der begründete Verdacht vor, dass von einem Stoff eine **erhebliche** Gefahr für Mensch oder Umwelt ausgeht, so kann die zuständige Landesbehörde für die Dauer von drei Monaten anordnen, dass dieser Stoff
- überhaupt nicht
- nur unter bestimmten Voraussetzungen
- nur für bestimmte Zwecke
- nur in bestimmter Beschaffenheit

hergestellt, verkauft oder verwendet werden darf.

Diese Anordnung kann aus wichtigem Grund um bis zu ein Jahr verlängert werden.

3.2.5 | Verordnung zum Schutz vor gefährlichen Stoffen (neue Gefahrstoffverordnung 2005)

Seit dem 01.01.2005 gilt eine an europäisches Recht angepasste, vollständig überarbeitete neue Gefahrstoffverordnung (GefStoffV). Sie **dient**

- dem Schutz der Beschäftigten und anderer Personen vor Gefährdungen ihrer Gesundheit und Sicherheit durch Gefahrstoffe sowie
- dem Schutz der Umwelt vor stoffbedingten Schädigungen.

Im **Mittelpunkt** stehen vor allem die Gefährdungsbeurteilung, das neue Schutzstufenkonzept sowie die arbeitsmedizinische Vorsorge. Der **zweite** Abschnitt regelt das **Inverkehrbringen** von Gefahrstoffen. Die Abschnitte **drei bis sechs** regeln die Durchführung von **Tätigkeiten** mit Gefahrstoffen und beinhalten den **Schutz** der Beschäftigten vor Gefährdungen ihrer Gesundheit und Sicherheit.

Nach der neuen Gefahrstoffverordnung sind **Gefahrstoffe**

1. gefährliche Stoffe und Zubereitungen nach § 3a des Chemikaliengesetzes sowie Stoffe und Zubereitungen, die sonstige chronisch schädigende Eigenschaften besitzen	2. Stoffe, Zubereitungen und Erzeugnisse, die explosionsfähig sind	3. Stoffe, Zubereitungen und Erzeugnisse, aus denen bei der Herstellung oder Verwendung Stoffe oder Zubereitungen nach Nummer 1 oder 2 entstehen oder freigesetzt werden können	4. sonstige gefährliche chemische Arbeitsstoffe im Sinne der Richtlinie 98/24/EG des Rates vom 7. April 1998 zum Schutz von Gesundheit und Sicherheit der Beschäftigten vor der Gefährdung durch chemische Arbeitsstoffe bei der Arbeit (ABl. EG Nr. L 131 S. 11)

Der Begriff Umgang ist durch den Begriff **Tätigkeit** ersetzt worden. Nach § 3 Abs. 3 der neuen Gefahrstoffverordnung ist eine Tätigkeit **jede Arbeit**, bei der Stoffe, Zubereitungen oder Erzeugnisse verwendet, hergestellt, gelagert, befördert, entsorgt und behandelt werden.

Unter **Lagern** im Sinne der Gefahrstoffverordnung ist das Aufbewahren der Gefahrstoffe zur späteren Verwendung, Beförderung und Abgabe an andere zu verstehen.

Die Begriffe MAK, TRK, BAT und Auslöseschwelle fallen ebenfalls weg. Sie wurden ersetzt durch die Begriffe **Arbeitsplatzgrenzwert** (AGW) und **biologischer Grenzwert** (BGW).

Der **Arbeitsplatzgrenzwert** ist der Grenzwert der Konzentration eines Stoffes in der Luft am Arbeitsplatz, bei dem akute oder chronische schädliche Auswirkungen auf die Gesundheit im Allgemeinen **nicht** zu erwarten sind.

Der **biologische Grenzwert** ist der Grenzwert in biologischem Material, bei dem im Allgemeinen die Gesundheit eines Beschäftigten **nicht** beeinträchtigt wird.

3.2.5.1 | Inverkehrbringen von Gefahrstoffen

Inverkehrbringen von Gefahrstoffen bedeutet das Anbieten und den Verkauf auf dem Markt. Die §§ 5 und 6 der neuen Gefahrstoffverordnung schreiben eine **Bringschuld** der Hersteller, Einführer oder erneuten Inverkehrbringer (Händler) von Gefahrstoffen vor. Das heißt, diese müssen einen Gefahrstoff **vor** dem Inverkehrbringen entsprechend seinen gefährlichen Eigenschaften einstufen, sicher verpacken und eindeutig kennzeichnen.

Die neue Gefahrstoffverordnung schreibt andererseits jedoch auch eine **Holschuld** des Arbeitgebers, der den Umgang mit Gefahrstoffen beabsichtigt, vor. Das heißt, er muss sich ergänzende Informationen aus den für ihn frei zugänglichen Informationsquellen beschaffen. Das Internet bildet hierfür eine ideale Quelle.

Verpackungen von Gefahrstoffen müssen widerstandsfähig gegen die aufzunehmenden Gefahrstoffe sein und ein ungewolltes Austreten des Inhalts verhindern. Gefahrstoffe dürfen nicht in Behälter verpackt oder abgefüllt werden, die mit Lebens- oder Futtermittelbehältern, Kosmetikbehältern usw. verwechselt werden könnten.

Die **Kennzeichnung** muss mindestens folgende **Angaben** in deutscher Sprache enthalten:

Name des Stoffes → **Nickelcarbonyl** (Nickeltetracarbonyl)

EWG-Nummer → EWG-Nr.: 236-669-2

Gefahrensymbol →

F

leicht entzündlich

T

giftig

R-Sätze → Hinweise auf besondere Gefahren

- leicht entzündlich
- sehr giftig beim Einatmen
- irreversibler Schaden möglich
- kann Krebs erregen (Gruppe II)

S-Sätze → Sicherheitsabschläge

- Behälter an einem gut belüfteten Ort aufbewahren
- Dampf nicht einatmen
- bei Unfall oder Unwohlsein sofort Arzt zuziehen (wenn möglich, dieses Etikett vorzeigen)

VbK-Klasse → **VbF-Klasse: AI**

Hersteller mit Anschrift, Tel.-Nr. → E. Müller GmbH, Steinstr. 48, 12365 Hohenbrunn, Tel. 06225/4567

EG-SICHERHEITSDATENBLATT

Datum: 30.10.95 Blatt 1 von 1

1. Produkt und Firmenbezeichnung
Handelsname: 5805 Calciumcarbid
Firma: August Müller GmbH + Co.
Adresse: Destiliergasse 35–41
76185 Leuna
Telefon: 0354/244-0 Telefax: 0354 / 32222
Auskunftgebender Bereich: Produktmanagement
Notfallauskunft: Giftinformation Dresden
Telefon: 0245/566794 Telefax: 0245/7395

2. Angabe und Zusammensetzung
Summenformel: CaC_2 Molekulargewicht: 64,10
Das Produkt enthält die folgenden, relevanten Komponenten:
(1) Calciumcarbid
Charakterisierung relevanter Inhaltsstoffe nach 2.1:

CAS-Nr.	EWG-Nr.	UN-Nr.
(1) 75-20-7	2008483	1402

3. Mögliche Gefahren
Von Chemikalien gehen grundsätzlich besondere Gefahren aus. Sie sind daher nur von entsprechend geschultem Personal mit der nötigen Sorgfalt zu handhaben.
Das Produkt reagiert mit Wasser unter Bildung leicht entzündlicher Gase.

4. Erste-Hilfe-Maßnahmen
Bei Augenkontakt: Mit reichlich Wasser ausspülen, Augenarzt hinzuziehen
Bei Hautkontakt: Mit reichlich Wasser abwaschen, kontaminierte Kleidung entfernen
Bei Hautveränderungen: Arzt hinzuziehen
Bei Einnahme: Reichlich Wasser trinken lassen, Erbrechen herbeiführen. Arzt hinzuziehen
Bei Inhalation: Frischluft, gegebenenfalls Beatmung

5. Maßnahmen zur Brandbekämpfung
Geeignete Löschmittel: trockener Sand, Zement
Aus Sicherheitsgründen ungeeignete Löschmittel: Wasser

6. Maßnahmen bei unbeabsichtigter Freisetzung
Trocken aufnehmen

7. Handhabung und Lagerung
Handhabung: entsprechend der Laboratoriumsrichtlinie der BG-Chemie. Acetylenverordnung beachten.
Lagerung: Kühl, trocken, vor Licht geschützt. Nicht in der Nähe von Lebensmitteln lagern.

8. Expositionsbegrenzung und persönliche Schutzausrüstung
Zusätzliche Hinweise zur Gestaltung technischer Anlagen
Arbeitsplatzbezogene, zu überwachende Grenzwerte
Persönliche Schutzausrüstung
Augenschutz: Grundsätzlich ist beim Umgang mit Chemikalien eine Schutzbrille zu tragen.
Körperschutz: Grundsätzlich ist beim Umgang mit Chemikalien geeignete Schutzkleidung zu tragen.
Schutz- und Hygienemaßnahmen: Am Arbeitsplatz nicht essen, trinken oder rauchen und auf Sauberkeit achten.

9. Physikalische und chemische Eigenschaften
Form: fest Farbe: grau Geruch: typisch
Löslichkeit in Wasser: n.a. g/l
Zusätzliche Hinweise: Reagiert mit Wasser unter Bildung von Acetylen

10. Stabilität und Reaktivität
Zu vermeidende Stoffe: Wasser

11. Angaben zur Toxikologie

12. Angabe zur Ökologie
Produkt nicht in die Umwelt gelangen lassen. Angaben zur ökologischen Beurteilung liegen nicht vor.

13. Hinweise zur Entsorgung
Chemikalien sind in der Regel als Sonderabfall zu entsorgen.

14. Angaben zum Transport
GGVE/GGVS: 4.3 / 17b UN-Nr.: 1402

15. Vorschriften
Kennzeichnung: Gefahrensymbol F (leicht entzündlich)
R-Sätze: 15: R15: Reagiert mit Wasser unter Bildung leicht entzündlicher Gase
S-Sätze: 8-43; S8: Behälter trocken lagern. S43: Zum Löschen Sand verwenden.

16. Sonstige Angaben
Grundsätzlich sind die im Umgang mit Chemikalien üblichen Vorsichtmaßnahmen zu beachten. Dieses Sicherheitsdatenblatt gilt für die bei Müller erhältlichen Kleinmengen.

Des Weiteren haben die Hersteller dem Verwender spätestens bei der ersten Lieferung unaufgefordert und kostenlos ein **Sicherheitsdatenblatt** (s. S. 152) in deutscher Sprache zu übergeben.

Bei **unverpackt** in den Verkehr gebrachten Gefahrstoffen sind **jeder** Liefereinheit geeignete Sicherheitsinformationen, vorzugsweise ein Sicherheitsdatenblatt, in deutscher Sprache mitzugeben.

Im Einzelhandel **frei erhältlichen** Produkten, wie z. B. Haushaltreinigern, sind anstelle des Sicherheitsdatenblatts eine genaue und allgemein verständliche Gebrauchsanweisung mit Hinweisen auf mögliche Gefahren beizulegen oder auf der Verpackung anzubringen.

3.2.5.2 | Durchführung von Tätigkeiten mit Gefahrstoffen

Informationsbeschaffung durch den Arbeitgeber

Der Arbeitgeber muss ermitteln, ob es sich bei den vorkommenden Stoffen um Gefahrstoffe handelt. Deshalb sammelt er u. a. folgende Informationen:

- Mit welchen Stoffen wird im jeweiligen Arbeitsbereich gearbeitet?
- Welche Eigenschaften besitzen diese Stoffe?
- In welchen Mengen sind diese Stoffe vorhanden?
- Wo und wie werden diese Stoffe aufbewahrt?

Des Weiteren sind Informationen über die Arbeitsbedingungen und -verfahren, zur Exposition und Wirksamkeit von Schutzmaßnahmen wichtig.

Gefährdungsbeurteilung

Auf der Grundlage der im Vorfeld beschafften Informationen werden die inhalativen, dermalen und physikalisch-chemischen Gefährdungen beurteilt. Die Gefährdungsbeurteilung darf nur von **fachkundigen** Personen durchgeführt werden. Dazu zählen lt. § 7 Abs. 7 der GefStoffV unter anderem der Betriebsarzt und die Fachkraft für Arbeitssicherheit, aber auch der Hersteller von Gefahrstoffen.

Entsprechen die Tätigkeiten in seinem Betrieb den Vorgaben des Herstellers, kann der Arbeitgeber die vom Hersteller mitgelieferte Gefährdungsbeurteilung übernehmen und gegebenenfalls anpassen.

Nach § 7 Abs. 5 der GefStoffV muss bei der Ermittlung der Gefahren jede Art der Gefährdung bzw. Expositionsmöglichkeit jeweils **getrennt** von den anderen betrachtet und anschließend zu einer tätigkeitsbezogenen Gefährdungsbeurteilung zusammengefasst werden. Anschließend sind alle zu ergreifenden Schutzmaßnahmen für die jeweilige Tätigkeit aufzuführen.

Der Arbeitgeber ist verpflichtet, die Kontamination des Arbeitsplatzes bzw. die Gefährdung der Beschäftigten so gering wie möglich zu halten. Werden Arbeitsplatzgrenzwerte oder biologische Grenzwerte dennoch **überschritten** oder besteht eine Gefährdung durch Hautkontakt, so muss der Arbeitgeber unverzüglich zusätzliche Schutzmaßnahmen einleiten. Dazu zählt insbesondere die Bereitstellung persönlicher Schutzausrüstung.

Im Abstand von regelmäßig höchstens drei Jahren hat der Arbeitgeber die Wirksamkeit der eingeleiteten Schutzmaßnahmen zu überprüfen und das Ergebnis der Prüfung schriftlich festzuhalten. Die Ergebnisse sind den Beschäftigten und ihren Vertretern zugänglich zu machen.

Gefahrstoffverzeichnis (§ 7 Abs. 8 GefStoffV)

Für alle im Unternehmen verwendeten Gefahrstoffe ab der Schutzstufe 2 (siehe Abschnitt „Schutzstufenkonzept") hat der Arbeitgeber ein entsprechendes Verzeichnis zu führen. Dieses Gefahrstoffverzeichnis muss mindestens die Bezeichnung der Stoffe und den Hinweis auf die entsprechenden Sicherheitsdatenblätter enthalten.

Das Gefahrstoffverzeichnis muss allen betroffenen Beschäftigten sowie ihren Vertretern (Personal- und Betriebsräten) zugänglich sein.

Schutzstufenkonzept

Neu hinzugekommen ist in der Gefahrstoffverordnung das so genannte Schutzstufenkonzept (§§ 8 bis 11 GefStoffV). Dahinter verbirgt sich ein System aus **vier aufeinander aufbauenden Schutzstufen** für sicheres Arbeiten mit Gefahrstoffen. Sie beschreiben anhand der ermittelten Gefahrenmerkmale der Stoffe und der Gefährdungsbeurteilung mögliche Ersatzmaßnahmen, notwendige technische, organisatorische und persönliche Schutzmaßnahmen sowie deren Wirksamkeitskontrollen.

Je höher die Schutzstufe, desto umfangreicher sind die vom Arbeitgeber zu treffenden Maßnahmen zum Schutz vor gesundheitlichen Gefährdungen. Dabei sind die in einer höheren Stufe notwendigen Schutzmaßnahmen **zusätzlich** zu denen in den jeweils niedrigeren Schutzstufen zu treffen. Eine Übersicht des Schutzstufenkonzepts steht im Internet unter www.winklers.de zur Verfügung.

Betriebsanweisung, Unterweisung und Sicherheitsübungen (§§ 13-14 GefStoffV)

Für Tätigkeiten mit Gefahrstoffen hat der Arbeitgeber eine schriftliche **Betriebsanweisung** zu erstellen. Sie muss den Beschäftigten in verständlicher Form und Sprache zugänglich gemacht werden und mindestens folgende **Angaben** enthalten:

- Gefahrstoffbezeichnung, Gefahrstoffkennzeichnung
- Gefahren für Mensch und Umwelt
- notwendige Schutzmaßnahmen und Verhaltensregeln
- Anweisung für den Gefahrenfall (Betriebsstörungen, Unfälle, Notfälle)

Der Arbeitgeber hat die Beschäftigten vor Beschäftigungsbeginn und danach mindestens einmal jährlich anhand der Betriebsanweisung über auftretende Gefährdungen und entsprechende Schutzmaßnahmen **mündlich** zu **unterweisen**. Ferner hat der Arbeitgeber im Rahmen der Unterweisung eine allgemeine **arbeitsmedizinisch-toxikologische Beratung** durchzuführen. Die Unterweisung und die Beratung sind zu dokumentieren.

In regelmäßigen Abständen durchgeführte **Sicherheitsübungen** gewährleisten im Ernstfall den Schutz der Gesundheit und die Sicherheit der Beschäftigten.

Arbeitsmedizinische Vorsorge (§§ 15–16 GefStoffV)

Nach **§ 15 und 16 GefStoffV** hat der Arbeitgeber bei Tätigkeiten mit Gefahrstoffen eine angemessene **arbeitsmedizinische Vorsorgeuntersuchung** durch einen Facharzt für Arbeitsmedizin zu veranlassen. Hierbei wird zwischen Pflichtuntersuchungen und Angebotsuntersuchungen unterschieden. Wird der Arbeitsplatzgrenzwert **nicht eingehalten**, müssen arbeitsmedizinische **Pflichtuntersuchungen** durchgeführt werden. Der Arbeitgeber ist zur Durchführung, der Beschäftigte ist zur Annahme dieser Untersuchungen verpflichtet. **Angebotsuntersuchungen** sind vom Arbeitgeber anzubieten, wenn der Arbeitsplatzgrenzwert **eingehalten** wird. Die Annahme durch den Beschäftigten ist jedoch freiwillig.

Zu den arbeitsmedizinischen Vorsorgeuntersuchungen **gehören** insbesondere

- arbeitsmedizinische Beurteilungen von Gesundheitsgefährdungen einschließlich Empfehlung geeigneter Schutzmaßnahmen
- Aufklärung und Beratung der Beschäftigten über bestehende Gesundheitsgefährdungen
- spezielle arbeitsmedizinische Vorsorgeuntersuchungen zur Früherkennung von Gesundheitsstörungen und Berufskrankheiten
- arbeitsmedizinisch begründete Empfehlungen zur Überprüfung von Arbeitsplätzen und zur Wiederholung der Gefährdungsbeurteilung

Der **Untersuchungsbefund** ist vom Arzt zu dokumentierten und dem Beschäftigten mitzuteilen. Ferner hat der Arzt dem Beschäftigten eine Bescheinigung darüber auszustellen, ob und inwieweit gesundheitliche Bedenken bestehen.

Wird der Arbeitsplatzgrenzwert nicht eingehalten oder besteht eine Gesundheitsgefährdung durch direkten Hautkontakt, erhält der Arbeitgeber eine Kopie des Untersuchungsbefundes. Er hat dann eine **Vorsorgekartei** zu führen, die Angaben zur Exposition sowie das Ergebnis der arbeitsmedizinischen Vorsorgeuntersuchung enthält. Der Beschäftigte hat das Recht auf Einsichtnahme in diese Vorsorgekartei.

Die Vorsorgekartei sowie die ärztlichen Bescheinigungen sind vom Arbeitgeber so **aufzubewahren**, dass Dritte keine Einsicht haben. Beim Ausscheiden des Arbeitnehmers sind diese Unterlagen dem Arbeitnehmer **auszuhändigen**. Eine Kopie verbleibt beim Arbeitgeber.

Der Arbeitgeber hat nach § 19 GefStoffV unverzüglich die zuständige **Behörde** über

- jeden Unfall und jede Betriebsstörung, die bei Tätigkeiten mit Gefahrstoffen zu einer ernsten Gesundheitsschädigung der Beschäftigten geführt haben sowie
- Krankheits- und Todesfälle, bei denen konkrete Anhaltspunkte für eine Verursachung durch die Tätigkeit mit Gefahrstoffen bestehen,

zu **informieren**.

Betriebsanweisung
GEM. § 20 GEFSTOFFV

Nr. 68

Betrieb:	Fa. Müller & Söhne GmbH	**Arbeitsplatz:**	Betriebslabor
Gebäude:	A4 Produktion	**Tätigkeit:**	Qualitätsprüfung

Gefahrstoffbezeichnung

Acetonnitril, rein

Gefahren für Mensch und Umwelt

F

leicht entzündlich

leicht entzündlich.
Giftig beim Einatmen, Verschlucken und Berührung mit der Haut.

Wassergefährdungsklasse: 2
Gefahrenbezeichnung: B
Weitere Angaben: Gefahr für Trinkwasser!
Nicht in Gewässer, Abwasser oder Erdreich gelangen lassen!

T

giftig

Schutzmaßnahmen und Verhaltensregeln

Von Zündquellen fernhalten – nicht rauchen.
Beschmutzte, getränkte Kleidung sofort ausziehen.
Bei Unfall oder Unwohlsein sofort Arzt hinzuziehen
(wenn möglich dieses Etikett vorzeigen).

Handhabungshinweise: keine weiteren Anforderungen
Arbeitshygiene: kontaminierte Kleidung sofort wechseln.
Vorbeugender Hautschutz.
Nach Arbeitsende Hände und Gesicht waschen.
Atemschutz: erforderlich bei Auftreten von Dämpfen/Aerosolen. Filter A.
Handschutz: erforderlich
Augenschutz: erforderlich

Verfahren im Gefahrfall

Austreten des Stoffes beenden, ggf. auffangen. Ausgelaufene Flüssigkeit mit Chemikalienbinder aufnehmen. Bei Bränden mit alkoholbeständigem Schaum, Kohlendioxid oder Trockenlöschmittel löschen. Auf Rückzündungsgefahr achten!

Bei Umgebungsbrand Gebinde mit Sprühstrahl kühlen und möglichst entfernen.

Feuerwehr: Notruf 112

Erste Hilfe

Nach Einatmen: Frischluft, ggf. Atemspende oder Gerätebeatmung.
Nach Hautkontakt: mit reichlich Wasser abwaschen. Kontaminierte Kleidung entfernen.
Nach Augenkontakt: mit reichlich Wasser bei geöffneten Lidspalt ausspülen. Augenarzt hinzuziehen.
Nach Verschlucken: viel Wasser trinken lassen, besser physiologische Kochsalzlösung. Erbrechen auslösen. Arzt hinzuziehen. Magenspülung.
Bei Atemstillstand: Atemspende oder Gerätebeatmung

Arzt: Dr. Weise Tel. 07251/13234 **Rettungsdienst: Tel. 19222**

Entsorgung

Reste und Abfälle zuständiger Stelle zur Beseitigung übergeben. Verbrennungsanlage zuführen.

Im *Gesetz zum Schutze der arbeitenden Jugend (Jugendarbeitsschutzgesetz)* ist darüber hinaus festgehalten, dass **Jugendliche** nur Umgang mit Gefahrstoffen haben dürfen, wenn:

- es zum Erreichen des Ausbildungsziels unbedingt erforderlich ist
- sie mindestens 16 Jahre alt sind
- sie durch Anwesenheit eines Fachkundigen geschützt sind
- die Grenzwerte nicht überschritten werden

Nach dem *Gesetz zum Schutze der erwerbstätigen Mutter (Mutterschutzgesetz)* dürfen werdende oder stillende Mütter nicht an Arbeitsplätzen beschäftigt werden, die mit Gefahrstoffen belastet sind.

3.2.6 | Bundesimmissionsschutzgesetz

Das Gesetz zum Schutz vor schädlichen Umwelteinwirkungen durch Luftverunreinigungen, Geräusche, Erschütterungen und ähnliche Vorgänge, kurz Bundesimmissionsschutzgesetz (BImSchG), **dient**

- dem **Schutz** von Mensch, Umwelt, Atmosphäre, Kultur- und sonstigen Sachgütern sowie
- der **Vorbeugung** des Entstehens schädlicher Umwelteinwirkungen.

Luftverunreinigungen entstehen durch Rauch, Ruß, Staub, Gase, Aerosole, Dämpfe oder Geruchsstoffe.
Emissionen sind Luftverunreinigungen, Geräusche, Erschütterungen, Licht, Wärme, Strahlen usw., die von einer Anlage **ausgehen.**
Immissionen sind Luftverunreinigungen, die auf Mensch, Umwelt, Atmosphäre sowie Kultur- und sonstige Sachgüter **einwirken.**

Schädliche Umwelteinwirkungen sind Immissionen, die Gefahren, Nachteile oder Belästigungen für Mensch und Umwelt herbeiführen.

Zu den **Anlagen** zählen Betriebsstätten, Maschinen, Geräte, Fahrzeuge oder Grundstücke.

Anlagen, die gewerblichen oder unternehmerischen Zwecken dienen und in besonderem Maße schädliche Umwelteinrichtungen hervorrufen, sind **genehmigungsbedürftige Anlagen,** d. h., deren Betreiben muss vor Inbetriebnahme von den zuständigen Behörden genehmigt werden. Die zuständigen Behörden können das Betreiben dieser Anlage ganz oder zeitweise untersagen, wenn der Betreiber bestimmte Auflagen nicht erfüllt, die Anlage nach Genehmigung ändert bzw. die zulässigen Grenzwerte überschreitet.

Der Betreiber genehmigungsbedürftiger Anlagen hat folgende **Pflichten** beim Errichten und Betreiben:

- Entstehen schädlicher Umwelteinwirkungen durch die Anlage möglichst vermeiden, nicht vermeidbare Umwelteinwirkungen dürfen bestimmte Grenzwerte nicht überschreiten.
- regelmäßige Messungen von Emissionen und Immissionen durchführen bzw. veranlassen
- regelmäßige sicherheitstechnische Prüfungen der Anlagen durch Sachverständige durchführen lassen
- Abfälle möglichst vermeiden, nicht vermeidbare Abfälle verwerten oder beseitigen ohne Beeinträchtigung der Umwelt
- sparsamer Umgang mit Energien

Die **Kosten** der Messungen und Prüfungen hat der Betreiber der Anlage zu tragen. Die **Ergebnisse** der Messungen und Prüfungen sind fünf Jahre lang aufzubewahren und auf Verlangen den zuständigen Behörden vorzulegen.

3.2.7 | Wasserhaushaltsgesetz

Das Gesetz zur Ordnung des Wasserhaushalts, kurz Wasserhaushaltsgesetz (WHG), **dient** u. a. dem Schutz des Wassers vor Verunreinigungen.

Dabei bildet das Einbringen und Einleiten von Abwasser und anderen wassergefährdenden Stoffen in das Grundwasser, oberirdische Gewässer und Küstengewässer im Hinblick auf den Umweltschutz einen **Schwerpunkt.**

Vor dem Einleiten von **Abwasser** in **Gewässer** ist eine behördliche Genehmigung einzuholen. Abwasser darf nur in Gewässer eingeleitet werden, wenn die Schadstoffanteile die gesetzlich vorgeschriebene Höchstmenge nicht überschreiten. Das Gleiche trifft für das Einleiten von Abwasser in eine öffentliche **Abwasseranlage** zu. Abwasseranlagen bedürfen einer behördlichen Zulassung.

Von den in Gewässer oder öffentliche Abwasseranlagen eingeleiteten Abwassern darf keine Gefahr für die Allgemeinheit ausgehen. Das Errichten, Unterhalten und Betreiben von **Anlagen zum Umgang mit wassergefährdenden Stoffen** darf keine Verunreinigung der Gewässer oder sonstige Nachteile für die Umwelt verursachen. Zum Umgang im Sinne des WHG zählen das Herstellen, Abfüllen, Behandeln, Lagern und Verwenden wassergefährdender Stoffe. Diese Anlagen müssen ebenfalls von den zuständigen Behörden zugelassen werden. Wassergefährdende Stoffe sind nach dem WHG

- Rohöle, Benzine, Diesel-Kraftstoffe und Heizöle sowie
- andere flüssige oder gasförmige, die Gewässer verunreinigende Stoffe.

Der **Betreiber** dieser Anlagen ist **verpflichtet,** ihre Dichtheit sowie die Funktionsfähigkeit der Sicherheitseinrichtungen ständig zu überwachen. Darüber hinaus hat er die Anlage alle fünf Jahre durch einen zugelassenen Sachverständigen auf ordnungsgemäßen Zustand überprüfen zu lassen. Bei Anordnung der zuständigen Behörde hat der Betreiber im Unternehmen einen oder mehrere Mitarbeiter als Gewässerschutzbeauftragte zu bestellen.

Abwasseranlagen und Anlagen zum Umgang mit wassergefährdenden Stoffen unterliegen der **Überwachung** durch die zuständigen Behörden.

3.3 | Technische Regeln für brennbare Flüssigkeiten

Seit dem 1. Januar 2003 ist die Verordnung über brennbare Flüssigkeiten (VbF) mit Ausnahmen außer Kraft. Die Anforderungen bei der Lagerung brennbarer Flüssigkeiten ist in den vollständig überarbeiteten **Technischen Regeln für brennbare Flüssigkeiten TRbF 20 – Läger Teil A, B und C** – festgehalten.

Wie brennbar eine Flüssigkeit ist, hängt von ihrem **Flammpunkt** ab. Das ist die niedrigste Temperatur, bei der sich Dämpfe entwickeln, die in Verbindung mit Luft durch eine Zündquelle entflammbar sind.

Brennbare Flüssigkeiten sind in **zwei Gefahrenklassen** eingeteilt:
- **Gefahrenklasse A: wasserunlösliche** Flüssigkeiten mit einem Flammpunkt bis **100 °C**
- **Gefahrenklasse B: wasserlösliche** Flüssigkeiten mit einem Flammpunkt unter **21 °C**

Die Gefahrenklasse A unterteilt sich wiederum in **drei Gefahrengruppen:**

Gefahrengruppe	Flüssigkeiten mit einem Flammpunkt
A I	unter 21 °C
A II	von 21 °C bis 55 °C
A III	über 55 °C bis 100 °C

Flüssigkeiten der Gefahrenklasse A können nicht mit Wasser **gelöscht** werden, da sie sich über dem Wasserspiegel ausbreiten und sich nicht mit Wasser vermischen.

Die wasserlöslichen Flüssigkeiten der Gefahrenklasse B können dagegen mit Wasser gelöscht werden, da sie sich mit Wasser vermischen.

3.3.1 | Lagerung brennbarer Flüssigkeiten

Brennbare Flüssigkeiten werden in **ortsfesten** oder **ortsbeweglichen Behältern** gelagert. Ortsfeste Behälter dienen ausschließlich der Lagerung, ortsbewegliche Behälter darüber hinaus der Beförderung brennbarer Flüssigkeiten.

Für brennbare Flüssigkeiten dürfen nur geeignete Behälter verwendet werden. Die **Kennzeichnung** der Behälter muss u. a. enthalten: Stoffbezeichnung, Gefahrenklasse, zulässiger Füllstand, vorgeschriebene Verhaltensregeln usw. Ein Überlaufen der Flüssigkeiten aus und Überdruck in den Behältern sind zu **vermeiden.** Entstehende Dämpfe in den Behältern oder Räumen sind abzuleiten. Die **Reinigung** der Behälter darf nur unter Einhaltung von geeigneten Sicherheitsmaßnahmen erfolgen.

Die Lagerung brennbarer Flüssigkeiten ist

- **nicht gestattet** in
  - Durchgängen oder Durchfahrten
  - Treppen- und Flurbereichen
  - Arbeitsräumen
- **nur in begrenzten Mengen gestattet** in
  - Räumen ohne feuerbeständige Türen
  - Kellerräumen von Wohnhäusern
  - Verkaufs- und Lagerräumen des Einzelhandels

Aus Gründen des Brandschutzes sind auch in Lagerräumen maximal zulässige **Mengen** brennbarer Flüssigkeiten vorgeschrieben. Überschreiten die geplanten Lagermengen die festgelegten höchstzulässigen Mengen, so ist eine behördliche **Genehmigung** erforderlich.

Der Arbeitgeber/Betreiber ist verpflichtet, für den Umgang mit brennbaren Flüssigkeiten eine **Betriebsanweisung** zu erstellen und die Arbeitnehmer über die bestehenden Gefahren sowie erforderlichen Schutzmaßnahmen jährlich zu **unterweisen.** Ferner ist generell der Umgang mit Feuer, glühenden Gegenständen, offenem Licht sowie das Rauchen **verboten.**

3.3.2 | Lagerung in explosionsgefährdeten Bereichen

Durch ein Gemisch aus Luft und brennbaren Gasen, Dämpfen oder Nebeln entsteht eine **explosionsfähige** Atmosphäre, in der besondere Schutzmaßnahmen erforderlich sind.

Diese Bereiche werden in **Zonen** eingeteilt:

Zone 0: Hier ist eine explosionsfähige Atmosphäre **ständig** bzw. **häufig** vorhanden.

Zone 1: Hier ist eine explosionsfähige Atmosphäre **gelegentlich** vorhanden.

Zone 2: Hier ist eine explosionsfähige Atmosphäre **sehr selten** vorhanden.

In diesen Zonen ist nur der Einsatz explosionsgeschützter Fördermittel, Geräte und Anlagen zulässig. **Verboten** ist in diesen Bereichen die Lagerung von explosionsfähigen oder leicht entzündlichen Stoffen.

3.3.3 | Anforderungen an ein Lager für brennbare Flüssigkeiten

Wände, Fußböden, Decken und Türen der Lagerräume müssen **feuerhemmend** sein und aus nicht brennbaren Baustoffen bestehen. Die Fußböden müssen darüber hinaus **undurchlässig** für Flüssigkeiten sowie ohne Ablaufeinrichtungen sein.

Lagerräume, in denen mehr als 450 Liter brennbare Flüssigkeiten gelagert werden, müssen mit ausreichend großen **Auffangräumen** zum Auffangen auslaufender Flüssigkeiten ausgestattet sein. Das Gleiche gilt für das Lagern im Freien bei mehr als 1 000 Litern Flüssigkeit.

Es ist für eine ausreichende natürliche oder künstliche **Belüftung** (mindestens fünfmal pro Stunde in Bodennähe) zu sorgen.

Zur Vermeidung von Bränden und Explosionen sind **Blitzschutzeinrichtungen** notwendig. Als **Brandschutzmaßnahmen** sind ferner Feuerlösch- sowie Berieselungseinrichtungen mit geeigneten Löschmitteln (Schaum, Kohlensäure, Pulver, Wasser) sowie Brandmelder erforderlich.

Unbefugten ist das Betreten eines Lagers für brennbare Flüssigkeiten **verboten.**

3.4 | Zuständigkeiten hinsichtlich des Arbeitsschutzes

Die Durchsetzung und Einhaltung der Gesetze und Vorschriften zum Arbeits- und Gesundheitsschutz sind sowohl **betrieblich** als auch **außerbetrieblich** organisiert.

Während beim betrieblichen Arbeitsschutz Verantwortungs- und Beratungsfunktionen im Vordergrund stehen, obliegen dem außerbetrieblichen Arbeitsschutz vor allem Überwachungs- und Kontrollfunktionen.

Wie der Arbeitsschutz **organisiert** ist, zeigt nachfolgende Darstellung:

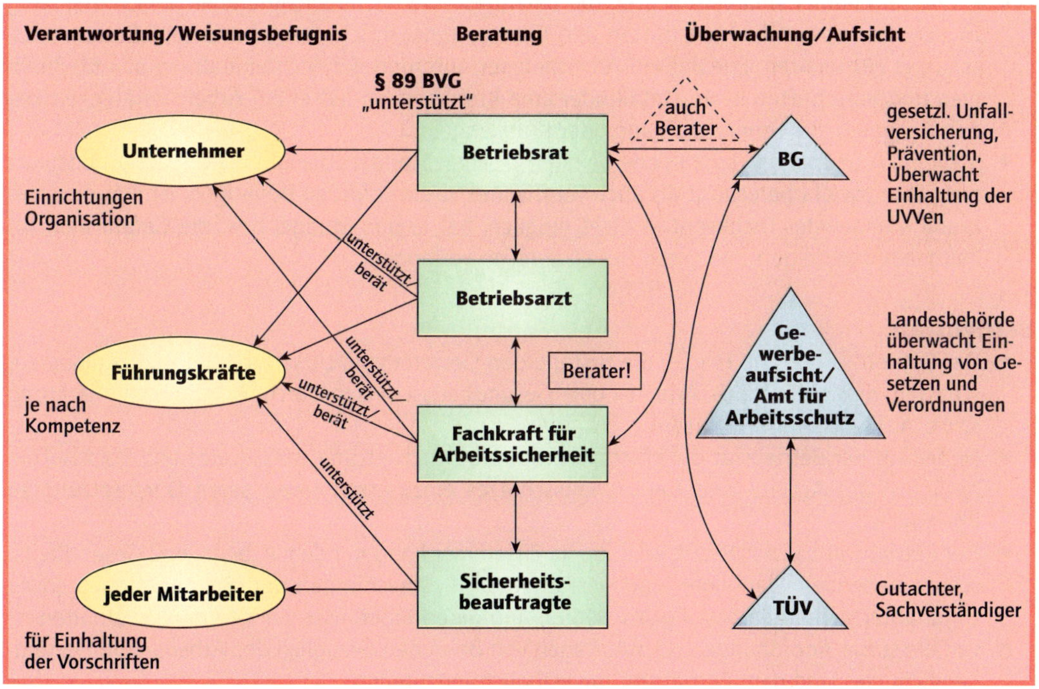

3.4.1 | Betriebliche Organisation des Arbeitsschutzes

Neben dem Arbeitgeber und dem Arbeitnehmer haben im Unternehmen weitere Personen für die Einhaltung der Gesetze und Verordnungen zum Arbeits- und Gesundheitsschutz zu sorgen.

Diese Personen haben dabei verschiedene Aufgaben und Kompetenzen, die gleichermaßen wichtig für die Gewährleistung der Sicherheit sind.

Arbeitgeber (Unternehmer und die von ihm beauftragten Führungskräfte):

- Der Arbeitgeber ist verpflichtet, alle für den Gesundheits- und Arbeitsschutz erforderlichen und geeigneten Maßnahmen auf ihre Wirksamkeit zu prüfen, festzulegen, zu organisieren, durchzuführen bzw. bereitzustellen sowie deren Anwendung zu überwachen und ggf. durchzusetzen. Die Kosten für die Maßnahmen zum Arbeits- und Gesundheitsschutz hat er in vollem Umfang zu tragen.
- Vor Anwendung der Maßnahmen hat er die Pflicht, den Betriebsrat oder, falls nicht vorhanden, die Arbeitnehmer zu den festgelegten Schutzmaßnahmen anzuhören.
- Der Arbeitgeber ist verpflichtet, den Arbeitnehmer vor Beschäftigungsbeginn sowie einmal jährlich über Gefahren am Arbeitsplatz sowie die bereitgestellten Schutzmaßnahmen zu belehren. Die für das Unternehmen zutreffenden Unfallverhütungsvorschriften sind an geeigneter Stelle im Unternehmen auszulegen.

Arbeitnehmer (Mitarbeiter):

- Die Arbeitnehmer sind verpflichtet, die bereitgestellten Schutzmaßnahmen vorschriftsmäßig zu benutzen sowie die Vorschriften und Gesetze hinsichtlich des Arbeits- und Gesundheitsschutzes einzuhalten. Erleidet ein Arbeitnehmer aufgrund der Nichteinhaltung von Maßnahmen und Vorschriften einen Unfall oder eine Krankheit, so hat er bei Arbeitsunfähigkeit keinen Anspruch auf Lohnfortzahlung oder Krankengeld.
- Stellt ein Arbeitnehmer einen sicherheitstechnischen Mangel oder eine Gefahr am Arbeitsplatz fest, ist er sowohl berechtigt als auch verpflichtet, diese sofort zu beseitigen. Ist ihm dies aufgrund mangelnder Fachkenntnis nicht möglich, hat er den Mangel bzw. die Gefahr dem Arbeitgeber anzuzeigen und deren Beseitigung zu verlangen.

Betriebsrat:

- Der Betriebsrat hat die Pflicht, die zuständigen Gewerbeaufsichtsämter und Berufsgenossenschaften hinsichtlich des Arbeits- und Gesundheitsschutzes durch Anregungen, Beratung sowie Auskunft zu unterstützen.
- Ferner hat der Betriebsrat die Pflicht, sich für die Durchsetzung der Gesetze und Vorschriften bezüglich des Arbeits- und Gesundheitsschutzes einzusetzen sowie deren Durchsetzung zu überwachen.
- Der Betriebsrat hat das Recht, an allen im Zusammenhang mit dem Arbeits- und Gesundheitsschutz stehenden Planungen und Gestaltungen, Besprechungen und Besichtigungen sowie Unfalluntersuchungen beteiligt zu werden und deren Ergebnisse zur Kenntnis zu erhalten.
- Unfälle sowie Anordnungen oder Auflagen von Behörden bezüglich des Arbeits- und Gesundheitsschutzes sind dem Betriebsrat unverzüglich mitzuteilen.

5006162

Sicherheitsbeauftragter:

- Sicherheitsbeauftragte sind fachkundige Personen, die sich mit den speziellen Problemen des Arbeits- und Gesundheitsschutzes im Unternehmen auskennen. In Unternehmen mit **mehr als 20 Arbeitnehmern**, bei besonderen Gefahren auch weniger als 20 Arbeitnehmern, hat der Arbeitgeber Sicherheitsbeauftragte zu bestellen.
- Die Sicherheitsbeauftragten haben den Arbeitgeber bei der Auswahl und Durchführung der Schutzmaßnahmen zu unterstützen, deren ordnungsgemäße Benutzung zu überwachen sowie auf bestehende Gefahren für Leben und Gesundheit aufmerksam zu machen. Ihnen darf aufgrund ihrer Tätigkeit keine Benachteiligung durch den Arbeitgeber entstehen.
- Die Sicherheitsbeauftragten haben das Recht, an Betriebsbesichtigungen und Unfalluntersuchungen teilzunehmen und deren Ergebnisse zur Kenntnis zu erhalten.

Fachkräfte für Arbeitssicherheit:

- Fachkräfte für Arbeitssicherheit sind Sicherheitsingenieure, Sicherheitstechniker oder Sicherheitsmeister, die vom Arbeitgeber schriftlich bestellt werden.
- Die Fachkräfte für Arbeitssicherheit haben den Arbeitgeber und alle sonstigen mit dem Arbeits- und Gesundheitsschutz Beauftragten in allen Fragen des Arbeits- und Gesundheitsschutzes, insbesondere bei der Planung und Mängelkontrolle von Schutzmaßnahmen, zu unterstützen. Sie führen regelmäßig Arbeitsstättenbegehungen, Belehrungen sowie Schulungen durch. Sie untersuchen und bewerten die Ursachen von Arbeitsunfällen.

Betriebsärzte:

- Betriebsärzte sind Mediziner, die über die erforderliche arbeitsmedizinische Fachkunde verfügen. Sie werden vom Arbeitgeber schriftlich bestellt.
- Die Betriebsärzte haben den Arbeitgeber in allen Fragen des Arbeits- und Gesundheitsschutzes zu unterstützen. Sie untersuchen Arbeitnehmer in arbeitsmedizinischer Hinsicht, führen regelmäßig Arbeitsstättenbegehungen durch, untersuchen die Ursachen arbeitsbedingter Erkrankungen und werten diese aus, führen Schulungen in erster Hilfe durch usw.

Arbeitsschutzausschuss:

- In Unternehmen mit **mehr als 20 Arbeitnehmern** hat der Arbeitgeber einen Arbeitsschutzausschuss zu bilden. Dieser setzt sich zusammen aus dem Arbeitgeber bzw. einem von ihm dazu Beauftragten, zwei Betriebsratsmitgliedern, den Betriebsärzten, den Fachkräften für Arbeitssicherheit und den Sicherheitsbeauftragten.
- Der Arbeitsausschuss berät Anliegen hinsichtlich des Arbeits- und Gesundheitsschutzes und tritt mindestens vierteljährlich zusammen.

3.4.2 | Außerbetriebliche Organisation des Arbeitsschutzes

Die außerbetriebliche Organisation des Arbeitsschutzes wird durch die Gewerbeaufsichtsämter und Berufsgenossenschaften wahrgenommen. Die **Gewerbeaufsichtsämter** sind als **staatliche Gewerbeaufsicht** für die Überwachung des Arbeits- und Gesundheitsschutzes verantwortlich. Insbesondere achten sie auf die Einhaltung der Gesetze und Vorschriften. Außerdem beraten sie die Arbeitgeber hinsichtlich Fragen des Arbeits- und Gesundheitsschutzes.

Ihre **Befugnisse** ergeben sich aus dem Arbeitsschutzgesetz sowie dem Arbeitssicherheitsgesetz.

Danach sind sie **befugt**,
- vom Arbeitgeber Auskünfte sowie Einsicht in Unterlagen bezüglich des Arbeits- und Gesundheitsschutzes zu verlangen,
- zu den Betriebs- und Arbeitszeiten die Arbeitsstätten zu betreten und zu besichtigen,
- Betriebsanlagen, Arbeitsmittel und persönliche Schutzausrüstungen zu prüfen,
- Arbeitsverfahren und Arbeitsabläufe zu untersuchen sowie Messungen vorzunehmen und arbeitsbedingte Gesundheitsgefahren festzustellen,
- Ursachen eines Arbeitsunfalls oder Schadensfalls sowie einer arbeitsbedingten Erkrankung zu untersuchen,
- Unterstützung durch den Arbeitgeber oder eine von ihm beauftragte Person bei der Durchführung ihrer Aufgaben zu verlangen,
- Maßnahmen zur Gewährleistung des Arbeits- und Gesundheitsschutzes mit Setzen einer angemessenen Frist anzuordnen,
- Maßnahmen zur Abwendung einer besonderen Gefahr für Leben und Gesundheit der Arbeitnehmer ohne Fristsetzung anzuordnen,
- bei Nichtbeachtung der Fristen oder Anordnungen die betroffene Arbeit oder die Verwendung der betroffenen Arbeitsmittel zu untersagen.

Die Gewerbeämter haben **vor** dem Erlass einer Anordnung die **Pflicht,**
- den Arbeitgeber und den Betriebsrat anzuhören und gemeinsam mit ihnen geeignete Maßnahmen zu finden und
- der zuständigen Berufsgenossenschaft die Möglichkeit zur Teilnahme und Stellungnahme zu geben.

Ferner haben die Gewerbeämter die **Pflicht**, den Betriebsrat über eine getroffene Anordnung schriftlich in Kenntnis zu setzen.

Bei der Wahrnehmung ihrer Aufgaben und Pflichten arbeiten die Gewerbeaufsichtsämter eng mit den Berufsgenossenschaften zusammen. Die **Berufsgenossenschaften** nehmen als **Träger der gesetzlichen Unfallversicherung** im Rahmen ihrer autonomen Befugnisse ebenfalls Überwachungs- bzw. Kontrollaufgaben zur Gewährleistung von Arbeits- und Gesundheitsschutz der Arbeitnehmer wahr. Insbesondere achten sie auf die Einhaltung der Unfallverhütungsvorschriften.

Arbeitsunfälle, durch die ein Arbeitnehmer länger als drei Tage arbeitsunfähig ist oder sogar getötet wurde, sind dem zuständigen Gewerbeaufsichtsamt und der zuständigen Berufsgenossenschaft durch den Arbeitgeber **innerhalb von drei Tagen anzuzeigen.**

In der **Unfallanzeige** sind wichtige **Angaben** bezüglich des Unfalls sowie des Geschädigten zu machen, wie beispielsweise:
- Name, Abteilung/Arbeitsbereich, Geburtsdatum und Anschrift des/der Geschädigten
- Anzahl der Verletzten und Art der Verletzungen
- mögliche offen erkennbare Unfallursachen
- Ort, Datum und Uhrzeit des Unfalls und Schilderung des Unfallhergangs
- Name und Anschrift eventueller Zeugen sowie Hilfeleistender
- Folgen des Unfalls (Arbeitsunfähigkeit, Tod des/der Geschädigten)

5006164

3.5 | Verhalten bei Unfällen

Obwohl bereits viel getan wurde, um Unfälle zu vermeiden, kommt es dennoch immer wieder dazu. Bei einem Unfall kommt es darauf an, dem Verletzten so **schnell** wie möglich die richtige Hilfe zukommen zu lassen. Dadurch kann Schlimmeres verhindert und der Mensch vor unnötigem Schaden bewahrt werden. Bei schweren Unfällen kann erste Hilfe das **Leben** des Verletzten **retten.**

Jeder, der zu einem Unfall hinzukommt, ist **verpflichtet**, Erste Hilfe zu leisten. Außerdem gibt es in jedem Unternehmen ausgebildete **Ersthelfer.** Diese Ausbildung ist für die Arbeitnehmer kostenlos und beinhaltet mehr als die für den Erwerb des Führerscheins notwendige Ausbildung „Sofortmaßnahmen am Unfallort".

Was ist also bei einem Arbeitsunfall zu tun?

- Die Arbeit muss sofort unterbrochen werden.
- Es ist sofort Erste Hilfe zu leisten.
- Der Arbeitsunfall ist schnellstmöglich zu melden.

Jeder Arbeitsunfall ist dem unmittelbaren Vorgesetzten zu **melden**. Bei **Arbeitsunfähigkeit** aufgrund eines Arbeitsunfalls ist der „Durchgangsarzt" (D-Arzt) aufzusuchen. Bei **Wegeunfällen** zur oder von der Arbeit ist wie bei einem Arbeitsunfall zu verfahren.

Das **richtige Verhalten** bei Unfällen ist in der **BGI 503 „Anleitung zur ersten Hilfe"** festgehalten. Diese beinhaltet u. a. folgende Punkte:

3.5.1 | Allgemeine Verhaltensweisen beim Auffinden einer verletzten Person

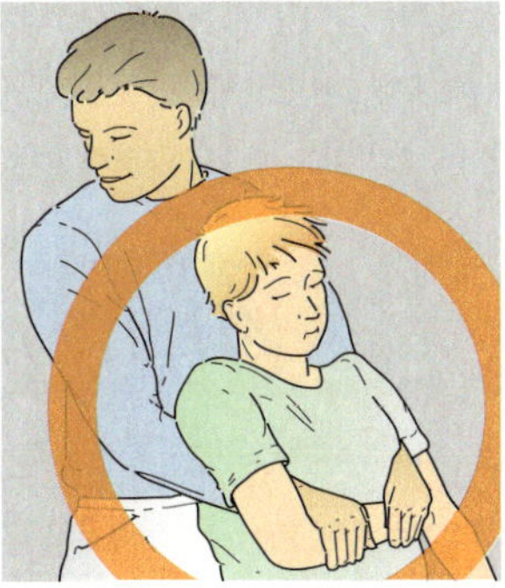

Beim Auffinden einer verletzten Person ist **Ruhe** zu bewahren. Die Unfallstelle ist zu **sichern.** Die eigene Sicherheit muss unbedingt beachtet werden. Die aufgefundene Person ist ggf. aus dem Gefahrenbereich zu retten.

Der **Notruf** muss folgende **Angaben** enthalten (die so genannten „5 W"):

Wo passierte der Unfall (Ort, Straße, Abteilung usw.)?
Was ist geschehen (Erkrankung, Unfall, Feuer usw.)?
Wie viele Personen sind verletzt oder erkrankt?
Welche Verletzungen hat die Person (Bewusstlosigkeit, Atemstillstand, Herzstillstand, Blutungen usw.)?

Warten auf eventuelle Rückfragen des Rettungsdienstes.

Bis der Rettungsdienst eintrifft, ist der Verletzte vor Wärmeverlust zu **schützen,** zu **betreuen** und vom Unfallgeschehen **abzulenken** (Schockprophylaxe).

3.5.2 | Lebensrettende Sofortmaßnahmen

Bei **Störungen** des Bewusstseins, der Atmung und des Kreislaufs sind **lebensrettende Sofortmaßnahmen** einzuleiten.

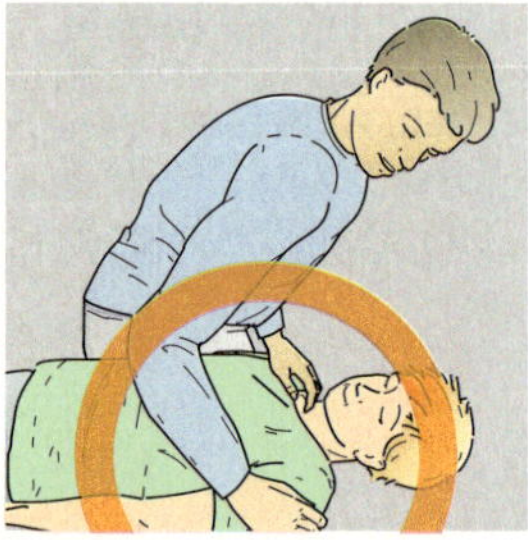

Das **Bewusstsein** des Verletzten muss **geprüft** werden. Das geschieht durch
- lautes Ansprechen
- Anfassen
- Schütteln

der Person.

Reagiert der Verletzte, so ist situationsgerecht zu helfen. Reagiert der Verletzte **nicht,** so ist seine **Atmung** zu **kontrollieren.**

Bei vorhandener Atmung muss der Verletzte in eine **stabile Seitenlage** gebracht werden. Atmung und Bewusstsein sind ständig zu kontrollieren.

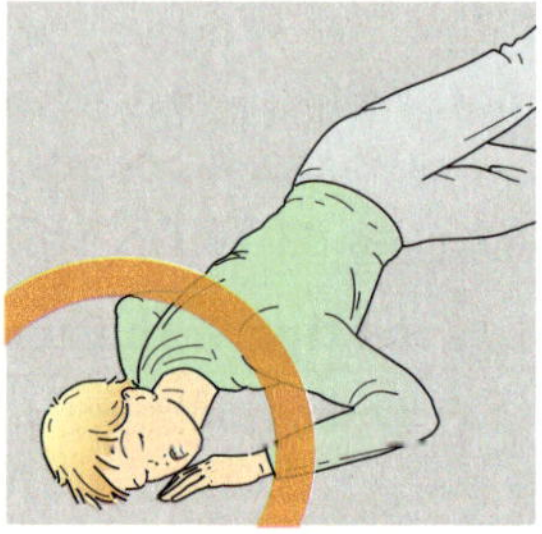

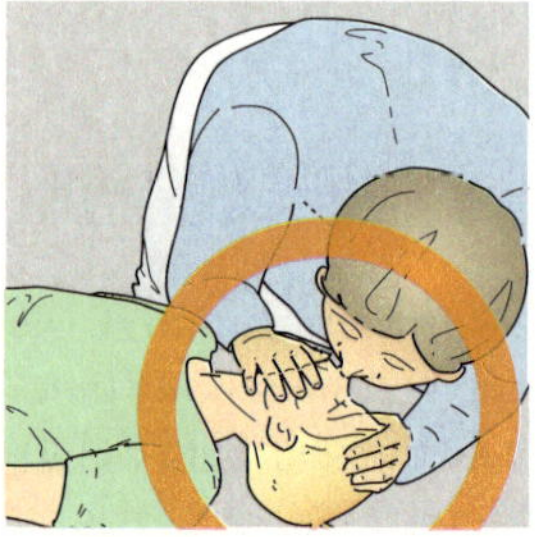

Bei einem **Atemstillstand** ist der Kopf nackenwärts zu beugen, der Unterkiefer anzuheben und eine **Beatmung** durchzuführen. Das geschieht entweder als
- Mund-zu-Mund-Beatmung (Nase des Verletzten zuhalten) oder
- Nase-zu-Mund-Beatmung (Mund des Verletzten zuhalten).

Ist beim Verletzten zusätzlich ein **Herzstillstand** festgestellt worden, so muss eine **Herzdruckmassage** folgendermaßen durchgeführt werden:
- Verletzten auf harter Unterlage in Rückenlage drehen
- Oberkörper des Verletzten freimachen
- Druckbereich (Herzgegend des Verletzten) aufsuchen
- 15 x Herzdruckmassage (Arbeitstempo: 100 mal pro Minute) im Wechsel mit zweimaliger Beatmung durchführen

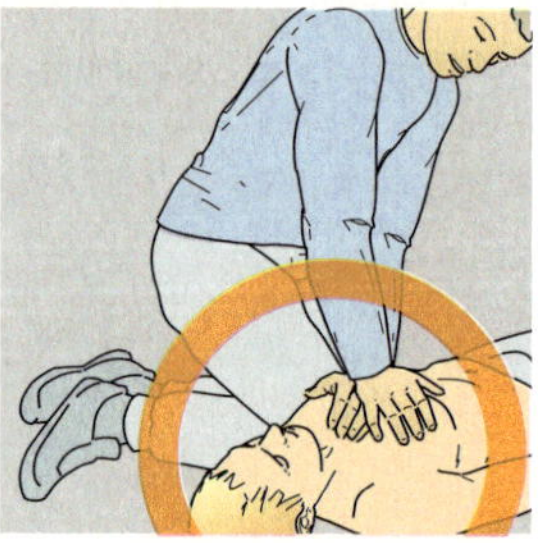

Diese Wiederbelebung muss **so lange** durchgeführt werden, bis die selbstständige Atmung des Verletzten wieder einsetzt oder der Rettungsdienst übernimmt.

5006166

3.5.3 | Sonstige Maßnahmen

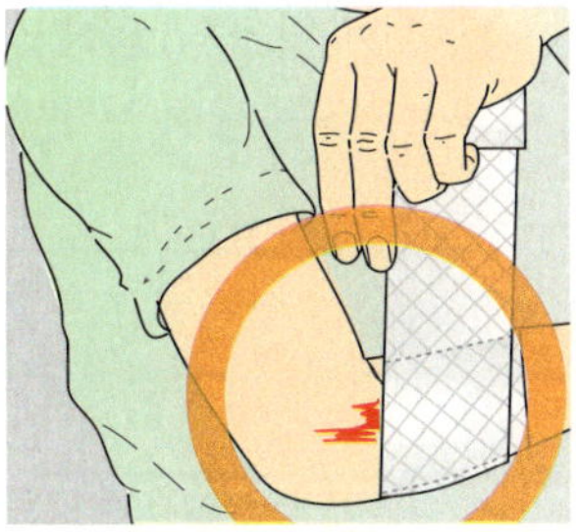

Blutende Wunden sind **keimfrei** abzudecken. Bei starken Blutungen ist ein **Druckverband** anzulegen.

Bei **Knochenbrüchen** ist der betroffene Körperteil ruhig zu stellen, d. h. einschließlich der jeweils angrenzenden Gelenke zu **schienen.**

Abgerissene Körperteile sind möglichst keimfrei und kühl verpackt dem Verletzten mitzugeben.

Anzeichen eines **Schocks** sind Frieren oder Zittern des Verletzten, blasse und kalte Haut sowie Schweiß auf der Stirn. Diese Anzeichen können einzeln oder gleichzeitig auftreten. **Maßnahmen** zur ersten Hilfe sind hier:

- den Verletzten beruhigen
- Wunden versorgen
- vor Wärmeverlust schützen
- den Verletzten in Schocklage bringen (siehe Abbildung rechts)

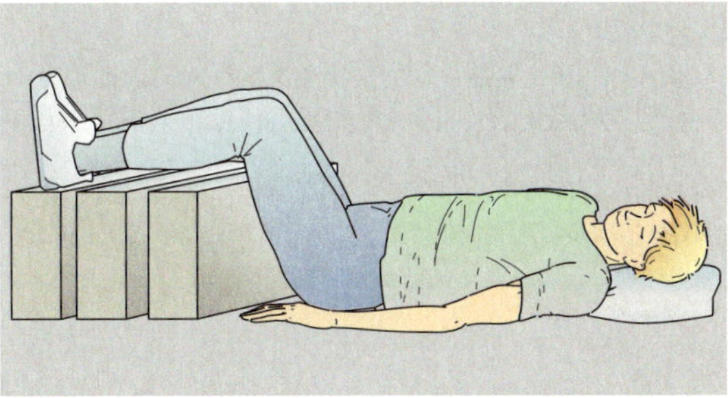

Außerdem sind ständig Bewusstsein und Atmung des Verletzten zu kontrollieren.

Bei **Knochenbrüchen** ist der verletzte Körperteil in vorgefundener Lage ruhig zu stellen. Offene Knochenbrüche sind steril abzudecken. Bei Verdacht auf Wirbelsäulenverletzung darf die Lage des Verletzten auf keinen Fall geändert werden.

Brennende Personen sind sofort zu **löschen**, die brennende Kleidung ist sofort zu **entfernen.** Dabei dürfen jedoch fest an der Haut haftende Kleidungsstücke nicht entfernt werden. Eine lokale **Kühlung** mit fließendem sauberen Wasser für ca. 10 bis 15 Minuten lindert den Schmerz. Brandwunden sind **keimfrei** abzudecken. Der Verletzte ist vor Wärmeverlust zu **schützen.**

Bei Unfällen durch **elektrischen Strom** ist immer **zuerst** die Stromzufuhr zu **unterbrechen** (Stecker ziehen, Gerät ausschalten, Sicherung betätigen). Der Helfer muss dabei auch immer an die eigene Sicherheit denken. Da bei einem Stromunfall mit einem Herzstillstand beim Verletzten gerechnet werden muss, ist eine ständige **Kontrolle** von Bewusstsein und Atmung notwendig. Bei Atem- bzw. Herzstillstand und Wunden ist wie oben beschrieben zu verfahren.

3.5.4 | Aufzeichnung im Verbandbuch

Wurde aufgrund eines Arbeitsunfalls erste Hilfe geleistet, ist diese in einem Verbandbuch zu **erfassen.** Die Unterlagen sind mindestens fünf Jahre **aufzubewahren.** Das ist notwendig, falls Folgen der Verletzung erst später auftreten sollten.

Folgende **Angaben** müssen mindestens enthalten sein:

Angaben zum Hergang des Unfalls bzw. des Gesundheitsschadens
- Name des Verletzten bzw. des Erkrankten
- Datum/Uhrzeit des Unfalls
- Abteilung/Arbeitsbereich
- Name des Zeugen
- Art und Umfang der Verletzung/Erkrankung

Erste-Hilfe-Leistung
- Name des Ersthelfers/Erste-Hilfe-Leistenden
- Datum/Uhrzeit der Erste-Hilfe-Leistung
- Art und Weise der Maßnahmen
- Erste-Hilfe-Material (verwendet/entnommen)

? AUFGABEN

1 Erarbeiten Sie eine Übersicht mit den wichtigsten, in Ihrem Ausbildungsbetrieb einzuhaltenden Gesetzen und Vorschriften zum Arbeits-, Gesundheits- und Umweltschutz. Verwenden Sie eine Tabelle nach folgendem Muster:[1]

Gesetze bzw. Vorschriften	zum Schutz vor	zum Schutz vor

2 Erklären Sie, welche persönliche Schutzausrüstung in Ihrem Ausbildungsbetrieb zu tragen ist und wovor diese zu schützen hat.

3 Begründen Sie, warum es notwendig ist, neben dem Leben und der Gesundheit der Arbeitnehmer auch die Umwelt zu schützen.

4 Beschreiben Sie, welche Sicherheits- und Gesundheitsschutzkennzeichnungen im Lager Ihres Ausbildungsbetriebs zu finden sind. Erklären Sie, vor welchen Gefahren diese warnen bzw. schützen sollen.

5 Überlegen Sie, woran der Endverbraucher erkennt, dass er ein Produkt hat, das Gefahrstoffe enthält.

1 Bitte nichts ins Buch eintragen!

5006168

6 Erklären Sie stichpunktartig, welche Pflichten der Arbeitgeber bei Tätigkeiten mit Gefahrstoffen hat. Verwenden Sie dazu eine Tabelle nach folgendem Muster[1]:

Pflichten bei Tätigkeiten mit Gefahrstoffen	Inhalt

7 Nennen Sie mindestens drei Beispiele für wassergefährdende Stoffe.

8 Nennen Sie mindestens drei Beispiele für Unternehmen, in denen ein Umgang mit brennbaren Flüssigkeiten vorliegt.

9 Beschreiben Sie, wie in Ihrem Ausbildungsbetrieb die Zuständigkeiten bezüglich des Arbeits- und Gesundheitsschutzes geregelt sind.

10 Warum ist es Ihrer Meinung nach wichtig, neben den Vorschriften auch über die betriebsspezifischen Maßnahmen zur ersten Hilfe Bescheid zu wissen?

ZUSAMMENFASSUNG

Arbeiten bei der Gütereinlagerung	artikelrein gelieferte Paletten: problemlose, schnelle Einlagerung
	nicht artikelreine Lieferung auf Mischpaletten: Komplettierung vor der Einlagerung
	verwendete Hilfsmittel zur Komplettierung und Vorverpackung: Zähl-, Mess- und Wiegeeinrichtungen sowie Verpackungs-, Klammer- und Umreifungsgeräte
	bei im Einzelhandel zu verkaufender Ware: Preisauszeichnung; Hilfsmittel dazu: Barcodedrucker und Etikettenspender, Barcodescanner und Lesestifte, mobile Barcodeerfassungsterminals
	Verwertung oder Beseitigung leerer Einwegverpackungen nach Gebrauch; Aufbewahrung oder Rückgabe leerer Mehrwegverpackungen
Vorschriften zum Arbeits- und Gesundheitsschutz	**§ 7 BGV A1 Allgemeine Vorschriften:** Verpflichtung des Arbeitgebers zur Auslage der für die Arbeitsbereiche relevanten Unfallverhütungsvorschriften an geeigneter Stelle
	§ 4 BGV A1: Pflicht zum Tragen persönlicher Schutzausrüstung, falls am Arbeitsplatz eine Gefährdung besteht, die sich nicht anders beseitigen lässt
	BGV A8: Pflicht zur gut sichtbaren Anbringung von Sicherheits- und Gesundheitsschutzkennzeichnungen am Arbeitsplatz zur Gewährleistung von Schutz bei Gefahren und rascher Evakuierung in Notfällen

Vorschriften zum Arbeits- und Gesundheitsschutz	**BGR 234:** sicherheitsrelevante Vorgaben für Lagereinrichtungen und -geräte, wie z. B. Standsicherheit, Tragfähigkeit, Nutzlast oder Aufnahmefähigkeit von Lagereinrichtungen
	§ 34 BGV A1: Pflicht, Lager und Stapel so zu errichten, dass die Belastung sicher aufgenommen werden kann und kein Herabfallen, Umfallen oder Wegrollen der Gegenstände möglich ist
	BGI 582 Sicherheit und Gesundheitsschutz bei Transport und Lagerarbeiten: u. a. Grenzwerte für das Heben und Tragen von Hand zur Reduzierung gesundheitlicher Risiken
	BGV D27: Pflicht des Unternehmens zur Erstellung und Bekanntgabe einer Betriebsanweisung für die Nutzung von Flurförderzeugen; enthält Anforderungen an die Fahrer
	Arbeitsschutzgesetz: Pflicht des Arbeitgebers zur Beurteilung der Arbeitsplätze nach ihrer Gefährdung sowie zur ausreichenden Unterrichtung der Arbeitnehmer über bestehende Gefahren am Arbeitsplatz; Pflicht des Arbeitsgebers zur Festlegung geeigneter Schutzmaßnahmen sowie Maßnahmen zur Ersten Hilfe, Brandbekämpfung und Evakuierung
	Arbeitsstättenverordnung: Regelungen zu Lüftungen, Klima, Beleuchtung, Lärmschutz, Verkehrs- und Rettungswegen, Raumgrößen und -flächen, Türen und Toren sowie Pausen-, Sanitär- und Sanitätsräumen
	Geräte- und Produktsicherheitsgesetz: Bestimmung, nur solche technischen Produkte in Verkehr zu bringen, die den allgemein anerkannten Regeln der Technik sowie den Arbeitsschutz- und Unfallverhütungsvorschriften entsprechen (sie erhalten das GS- sowie das CE-Zeichen)
	Chemikaliengesetz: Pflicht zur Anmeldung und Anerkennung neuer Gefahrstoffe bei der Bundesanstalt für Arbeitsschutz und Arbeitsmedizin
	Gefahrstoffverordnung, 2. Abschnitt: Regelungen zum Inverkehrbringen von Gefahrstoffen
	Gefahrstoffverordnung, 3.–6. Abschnitt: Regelungen zu Tätigkeiten mit Gefahrstoffen
	Bundesimmissionsschutzgesetz: Schutz von Mensch, Umwelt, Atmosphäre und Kultur sowie sonstigen Sachgütern sowie Vorbeugung vor schädlichen Umwelteinwirkungen
	Wasserhaushaltsgesetz: Schutz des Wassers vor Verunreinigungen
	TRbF 20 – Lager: Anforderungen bei der Lagerung brennbarer Flüssigkeiten

Einhaltung der Vorschriften zum Arbeits- und Gesundheitsschutz	**innerhalb des Unternehmens durch:** Arbeitgeber, Arbeitnehmer, Betriebsrat, Sicherheitsbeauftragte, Fachkräfte für Arbeitssicherheit, Betriebsärzte
	außerhalb des Unternehmens durch: Gewerbeämter, Berufsgenossenschaften

AUFGABEN

?

1 Nennen Sie mindestens drei Hilfsmittel, die in Ihrem Ausbildungsbetrieb bei der Bearbeitung der Waren verwendet werden.

2 Überlegen Sie, warum heutzutage zur Auspreisung der Waren Barcodeetiketten verwendet werden.

3 Unter bestimmten Voraussetzungen ist die Durchführung einer Stichprobeninventur möglich. Welche Voraussetzungen müssen hierfür gegeben sein?

4 Überlegen Sie, welche speziellen Unfallgefahren in Ihrem Ausbildungsbetrieb vorliegen und welche speziellen Unfallverhütungsvorschriften dafür einzuhalten sind.

5 Im Abschnitt 3.1.1 wurden verschiedene persönliche Schutzausrüstungen vorgestellt. Diese sollen vor verschiedenen Gefahren schützen. Nennen Sie dazu je ein konkretes Beispiel.

6 Erklären Sie in kurzen Stichpunkten, was beim Lagern und Stapeln zu beachten ist.

7 Es gibt fünf verschiedene Arten an Sicherheits- und Gesundheitsschutzkennzeichnungen nach BGV A8. Nennen Sie diese und beschreiben Sie deren Farbgebung und Form. Verwenden Sie dazu eine Tabelle nach folgendem Muster:[1]

Sicherheits- und Gesundheits-Schutzkennzeichen	Farben für Symbol, Hintergrund, Umrandung	Form

8 Erklären Sie, wozu das Geräte- und Produktsicherheitsgesetz dient.

9 Beschreiben Sie, woran man erkennt, dass ein technisches Gerät den Anforderungen des Geräte- und Produktsicherheitsgesetzes entspricht.

10 Beschreiben Sie, was Sie unter Einstufung in Bezug auf Gefahrstoffe verstehen.

11 Erklären Sie den Unterschied zwischen Hersteller und Vertreiber von Gefahrstoffen.

12 Erklären Sie, welche Pflichten Hersteller und Vertreiber jeweils nach der Gefahrstoffverordnung haben.

13 Nennen Sie mindestens drei Beispiele für Unternehmen, in denen ein Umgang mit Gefahrstoffen vorliegt.

1 Bitte nichts ins Buch eintragen!

14 Beschreiben Sie, ob und in welchem Umfang in Ihrem Ausbildungsbetrieb mit Gefahrstoffen umgegangen wird.

15 Falls in Ihrem Ausbildungsbetrieb mit Gefahrstoffen umgegangen wird, erklären Sie, um welche Gefahrstoffe es sich dabei handelt und welche speziellen Schutzmaßnahmen dabei eingehalten werden müssen.

16 Erklären Sie den Unterschied zwischen der Gefahrenklasse A und der Gefahrenklasse B bei brennbaren Flüssigkeiten.

17 Erstellen Sie eine Übersicht darüber, was in einem Lager für brennbare Flüssigkeiten verboten bzw. zu beachten ist. Verwenden Sie dazu eine Tabelle nach folgendem Muster:[1]

In einem Lager für brennbare Flüssigkeiten ist	
zu beachten	**verboten**

18 Beschreiben Sie, welche Befugnisse Gewerbeaufsichtsämter haben.

19 Der Lagerarbeiter Bernd erhält den Auftrag zur Einlagerung eines Elektromotors in ein Regal. Er sieht, dass in 1,70 m Höhe noch ein leeres Fach ist. Da er selbst 1,80 m groß ist und sich für stark hält, verzichtet er auf entsprechende Hilfsmittel und versucht, diesen Elektromotor nur mithilfe seiner Muskelkraft in das Regal zu legen. Dabei rutscht der Motor jedoch ab und fällt dem Lagerarbeiter auf den Fuß.

a) Erklären Sie, was der Lagerarbeiter Bernd falsch gemacht hat. Wie hätte er sich richtig verhalten müssen?
b) Sie haben als Kollege den Unfall gesehen. Wie verhalten Sie sich?
c) Wem und in welcher Frist ist dieser Arbeitsunfall zu melden?
d) Verfassen Sie eine kurze Unfallanzeige.

1 Bitte nichts in Buch eintragen!

5006172

LERNFELD 4 | Güter im Betrieb transportieren

Um fach- und sachgerechten Transport und Lagerung der Waren zu ermöglichen, ist der Einsatz geeigneter **„logistischer Hardware"** notwendig. Diese ist in der Anschaffung und Unterhaltung unterschiedlich teuer. Deshalb sollte vor der Anschaffung genau überlegt werden, inwieweit Kosten und Nutzen übereinstimmen.

Der Begriff „logistische Hardware" beinhaltet in diesem Sinne folgende **Bestandteile:**

Logistische Hardware

- Lagereinrichtungen
- Fördermittel
- Lagerhilfsmittel

Die Lagereinrichtungen wurden bereits im Lernfeld 2 behandelt.

1 | Fördermittel

SITUATION

Die Wood House GmbH baut schlüsselfertige Blockhäuser nach individuellen Kundenwünschen. Die einzelnen Blockbohlen und Balken werden bereits im Unternehmen passgenau zugeschnitten. Außerdem montiert das Unternehmen einige Bauteile, wie z. B. die Fenster- und Türrahmen, vor.

Neben dem Rohbau einschließlich Wärmedämmung, Fenster und Dacheindeckung ist auch der gesamte Innenausbau im Leistungsumfang enthalten. Aufgrund dessen ist eine enorm breite Palette verschiedener Materialarten von den Lieferanten zum Unternehmen, innerhalb des Unternehmens und von dort zu den Kunden zu transportieren.

1 **Klären Sie in Ihrer Arbeitsgruppe die Frage, ob es ein Transportmittel gibt, mit dem die GmbH alle Transporte durchführen kann.**

2 **Überlegen Sie, welche Transportmittel die GmbH für den Transport der Materialien zum Kunden verwenden wird.**

3 **Für welche Materialien werden Ihrer Meinung nach in der GmbH Handwagen und für welche werden Stapler eingesetzt?**

SACHDARSTELLUNG

Der **Transport** der benötigten Materialien und Güter ist eine der wichtigsten logistischen Aufgaben. Dabei sind mitunter große räumliche Distanzen zu überwinden. Deshalb sind auch die für den Transport notwendigen **Transportsysteme** von besonderer Bedeutung für ein Unternehmen.

Man unterscheidet bei den **Transportsystemen**
- außerbetriebliche Transportsysteme und
- innerbetriebliche Transportsysteme

1.1 | Außerbetriebliche Transportsysteme

Der **Transport** der benötigten Materialien und Güter **vom Lieferanten zum Unternehmen** und **vom Unternehmen zum Kunden** wird durch die außerbetrieblichen Transportsysteme realisiert.

Als außerbetriebliche Transportsysteme kommen z. B. folgende **Verkehrsmittel** infrage:
- Lkw, Kleintransporter
- Bahn
- Flugzeug
- Schiff
- Pipelines

Welche Transportsysteme letztendlich verwendet werden, hängt von verschiedenen Beurteilungskriterien ab. Im Lernfeld 8 wird näher darauf eingegangen und soll deshalb an dieser Stelle nicht weiter vertieft werden.

1.2 | Innerbetriebliche Transportsysteme

Innerbetriebliche Transportsysteme realisieren den **Transport** der benötigten Materialien und Güter **innerhalb des Unternehmens** bzw. **zwischen den einzelnen Betriebsstätten.** Dabei wird sowohl zwischen als auch innerhalb von Gebäuden bzw. Anlagen transportiert.

Als innerbetriebliche Transportsysteme kommen folgende **Fördermittel** infrage:

Stetigförderer
- Rollen- und Röllchenbahnen
- Gurt-, Stapel- und Kreisförderer
- Unterflurschleppkettenförderer
- Rutschen und Wendelrutschen
- Becherwerke u. a.

Unstetigförderer
- Krane
- Aufzüge, Hebebühnen
- Handroller, -wagen, -karren, -stapler
- Gabelhubwagen
- Wagen, Schlepper
- Stapler
- Regalförderzeuge
- fahrerlose Transportsysteme u. a.

5006174

Für den innerbetrieblichen Transport steht also eine große Vielfalt von Fördermitteln zur Verfügung. Bei der **Auswahl** der geeigneten innerbetrieblichen Transportsysteme sind deshalb folgende **Fragen** zu beachten:

- Bezüglich des **Transportgutes:** Welche Güter sind in welchen Maßen mit welchen Eigenschaften zu transportieren?
- Bezüglich des **Transportumfangs:** Welche Gütermengen sind zu transportieren?
- Bezüglich der **Transportstrecke:** Wohin und wie weit sind die Güter zu transportieren?
- Bezüglich der **Transportvorschriften:** Welche gesetzlichen Vorschriften sind beim Transport zu beachten?

Neben der Beantwortung o. g. Fragen sind bei der Auswahl der geeigneten Transportsysteme außerdem folgende **Aspekte** wichtig:

- **Automatisierungsgrad** der Fördermittel
- **Antrieb** der Fördermittel
- **Flurbindung** der Fördermittel
- **Beweglichkeit** der Fördermittel

Heutzutage werden an innerbetriebliche Transportsysteme viele **Anforderungen** gestellt:

- möglichst wenige Leerfahrten
- Flexibilität bei Änderungen
- geringe Betriebskosten
- geringe Beförderungszeiten
- höchstmögliche Ausnutzung
- Schonung der Umwelt

1.2.1 | Stetigförderer

Für den Transport großer Artikelmengen auf konstanten, festen Strecken eignen sich **Stetigförderer**. Diese befinden sich permanent in Bewegung. Dadurch wird ein ungestörter Materialfluss gewährleistet.

Die am **häufigsten** verwendeten Stetigförderer sind:

- Rollen- und Röllchenbahnen
- Gurt-, Stapel- und Kreisförderer
- Unterflurschleppkettenförderer
- Rutschen und Wendelrutschen
- Becherwerke

Die **Be- und Entladung** erfolgt manuell per Hand oder automatisch über rechnergestützte Bediengeräte.

Rollenbahnen

Durchlaufen Güter einen mehrstufigen **Produktionsprozess,** so kommt es vor, dass die noch unfertigen Produkte zwischen den einzelnen Fertigungsstufen auf den Stetigförderern, mit denen sie transportiert werden, **zwischengelagert** werden.

Stetigförderer haben folgende Vor- und Nachteile:

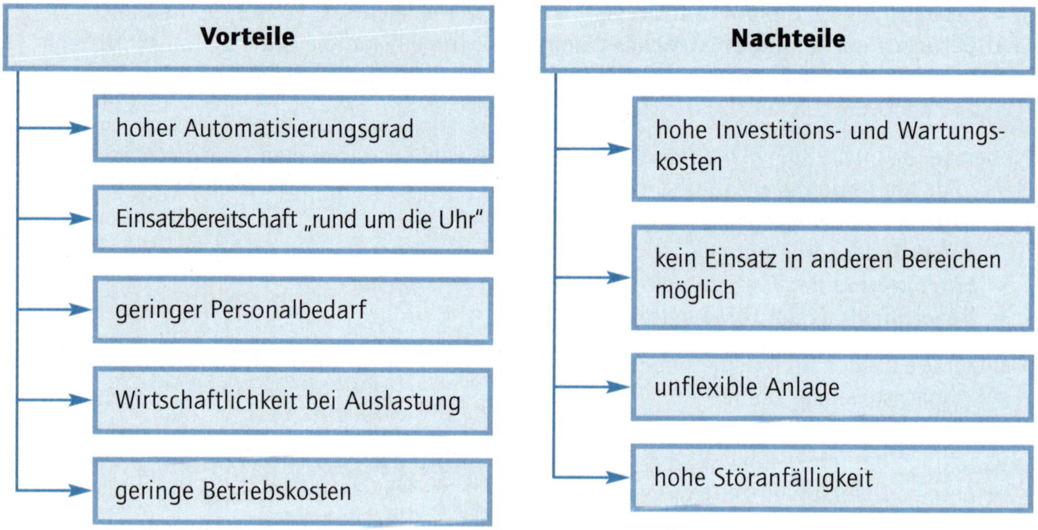

1.2.2 | Unstetigförderer

Unstetigförderer sind flexibel einsetzbar (Ausnahme: Aufzüge). Sie befinden sich nur in Bewegung, wenn sie gebraucht werden, und transportieren Güter auf variablen, nicht genau festgelegten Strecken. Während des Transports sind Unterbrechungen möglich.

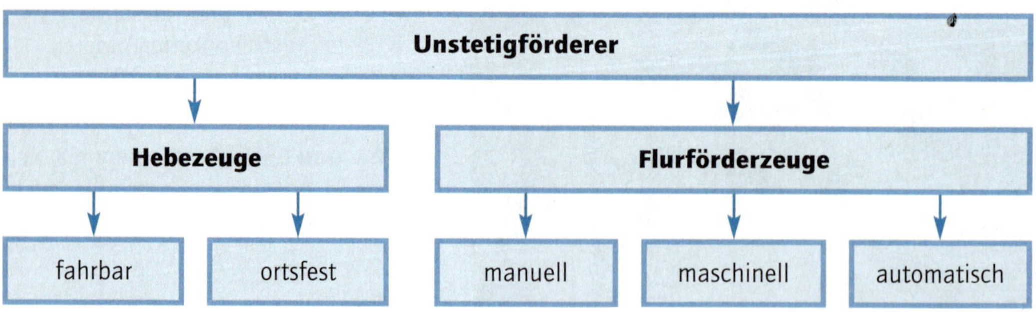

1.2.2.1 | Hebezeuge

Zum Anheben und Transportieren schwerer, großer und sperriger Güter mit oder ohne Förderhilfsmitteln eignen sich **Hebezeuge.** Hebezeuge benötigen keine Fahrwege (Flure), sie sind **flurfrei.** Man unterscheidet fahrbare und ortsfeste Hebezeuge.

Krane sind die wichtigsten **fahrbaren** Hebezeuge in der Lagerhaltung.

Sie sind meistens an der Hallenwand oder -decke, seltener auf Säulen installiert, benötigen daher wenig Platz und sind auch für niedrige Gebäude geeignet.

Krane können Güter **anheben,** übereinander **stapeln,** in jede Richtung **befördern** und **ablegen.**

Im Lager werden folgende **Kranarten** bevorzugt:

Deckenkrane

Die Kranträger sind starr an der Hallendecke befestigt. Nur die Katze fährt in Hallenbreite am Kranträger entlang. Sie werden eingesetzt, wenn nur ein kleiner Teil des Lagers bedient werden soll. Deckenkrane gibt es als Einträger-Deckenkrane und Zweiträger-Deckenkrane.

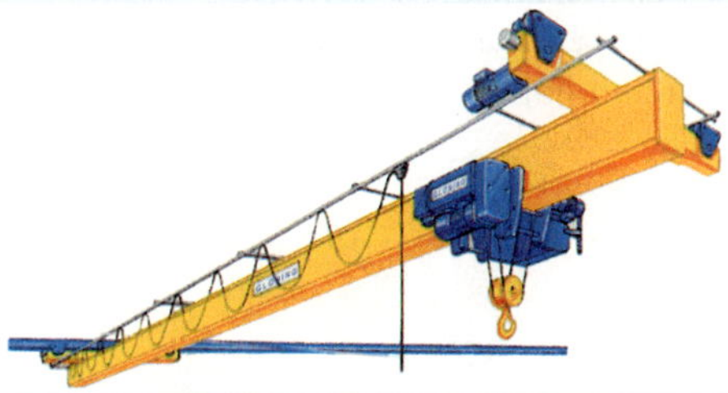

Einträger-Deckenkran

Einträger-Deckenkrane haben einen Kranträger und eignen sich für leichtere Lasten und kleinere Spannweiten.
Technische Daten sind:

- Tragfähigkeit bis 20 t
- Spannweiten bis 30 m
- Katzfahrgeschwindigkeit bis 28,0 m/min.
- Hubgeschwindigkeit bis 4,5 m/min.

Zweiträger-Deckenkrane sind mit zwei parallel nebeneinander verlaufenden Kranträgern ausgestattet und eigenen sich für schwere Lasten und große Spannweiten. Sie haben folgende technische Daten:

- Tragfähigkeit bis 63 t
- Spannweiten bis 50 m
- Katzfahrgeschwindigkeit bis 30,0 m/min.
- Hubgeschwindigkeit bis 12,5 m/min.

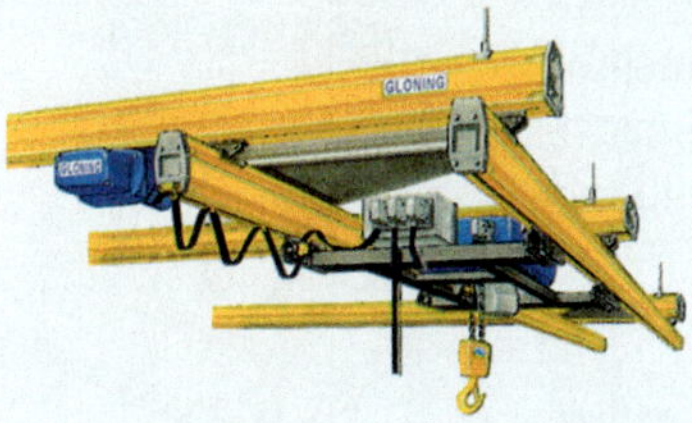

Zweiträger-Deckenkran

Laufkrane (Brückenkrane)

Die Kranträger sind auf Schienen und Laufrollen fahrbar angebracht und bewegen sich entlang der Hallenlänge, während die Katze sich entlang der Hallenbreite bewegt. Deshalb sind Laufkrane in der Lage, das gesamte Lager, sowohl in der Länge als auch in der Breite, optimal zu bedienen. Über Stichbahnen mit Verriegelungseinrichtungen können Laufkrane auf benachbarte Krane, Hängebahnen usw. überfahren, ohne dass die Last abgesetzt werden muss. Dadurch ist eine Verkettung von Lager und Produktion bei optimalem Materialfluss gewährleistet. Laufkrane gibt es in Einträger- und Zweiträger-Ausführung.

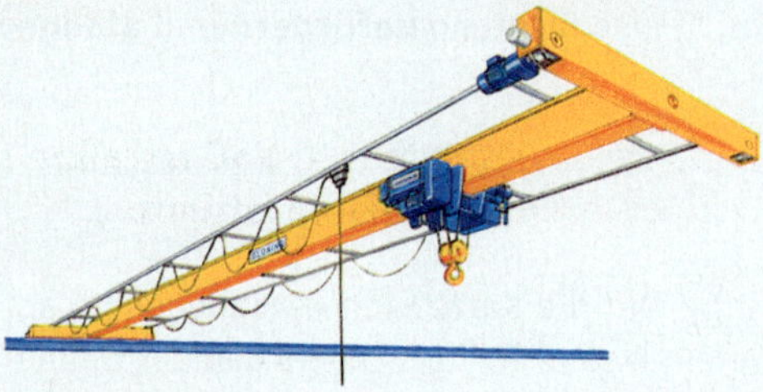

Einträger-Laufkran

Einträger-Laufkrane sind bei leichteren Lasten und kleineren Spannweiten günstig. Technische Daten sind:
- Tragfähigkeit bis 20 t
- Spannweiten bis 40 m
- Kranfahrgeschwindigkeit bis 10/40 m/min.
- Katzfahrgeschwindigkeit bis 28,0 m/min.
- Hubgeschwindigkeit bis 4,5 m/min.

Für schwere Lasten und große Spannweiten bieten sich **Zweiträger-Laufkrane** an. Sie können mit Flur- oder Führerhaussteuerung ausgerüstet sein und haben folgende technische Daten:
- Tragfähigkeit 100 t bis 160 t
- Spannweiten bis 50 m
- Kranfahrgeschwindigkeit bis 80,0 m/min.
- Katzfahrgeschwindigkeit bis 31,5 m/min.
- Hubgeschwindigkeit bis 12,5 m/min.

Zweiträger-Laufkran

Ladegabeln

Mit Ladegabeln werden hauptsächlich Flachpaletten, Gitterboxpaletten, Behälter, Kisten o. Ä. angehoben und befördert.

Sie haben ebenfalls einen fest angebrachten oder um 360° drehbaren Sicherheitslasthaken und sind mit festen oder verstellbaren Gabeln in Gebrauch.

Ladegabel mit festen Gabeln

Ladegabel mit verstellbaren Gabeln

Portalkrane

Portalkrane sind besonders geeignet für Hallen, die in Leichtbauweise erstellt wurden und deren Wände keine weiteren Belastungen zulassen. Sie lassen sich auf ebenen, glatten Böden mühelos von Hand oder elektrisch verfahren und leicht manövrieren.

Halbportalkran

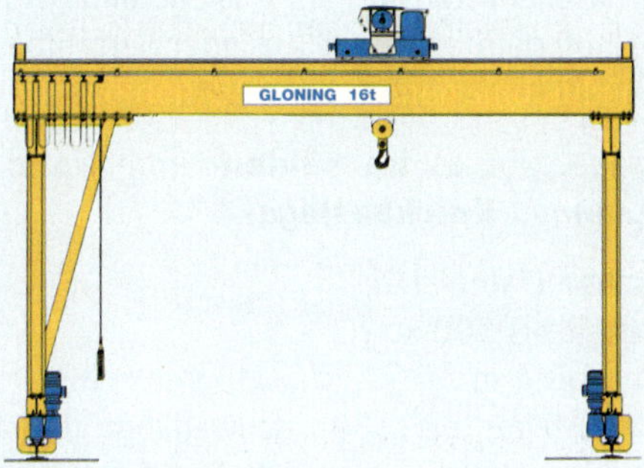

Vollportalkran

Portalkrane gibt es als **Halb-** oder **Vollportalkran** in **Einträger-** oder **Zweiträgerausführung.**

Technische Daten
- Tragfähigkeit bis 160 t
- Breite bis 40 m
- Kranfahrgeschwindigkeit bis 50,0 m/min.
- Katzfahrgeschwindigkeit bis 25,0 m/min.
- Hubgeschwindigkeit bis 12,5 m/min.

Schwenkkrane

Der schwenkbare Ausleger hat bei großer Ausladung und hoher Tragkraft ein verhältnismäßig niedriges Eigengewicht. Schwenkkrane gibt es als Säulenschwenkkran und Wandschwenkkran.

Wandschwenkkran

Säulenschwenkkrane erreichen bei kleinstem Bodenbedarf einen Schwenkwinkel bis 360° und können an jeder Stelle installiert werden. Sie stehen völlig frei und eignen sich für Freilager, Verladerampen und Hallen.

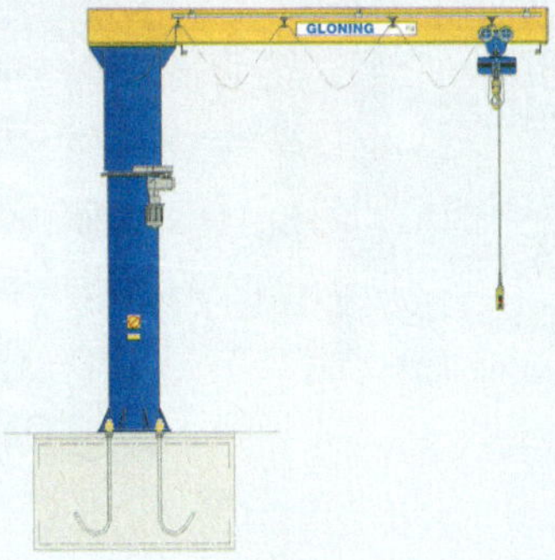

Säulenschwenkkran

Wandschwenkkrane brauchen keine Bodenfläche. Sie werden an der Hallenwand befestigt und erreichen einen Schwenkwinkel von max. 180°.

Säulen- und Wandschwenkkrane weisen folgende technische Daten auf:
- Tragfähigkeit bis 8000 kg
- Ausladung bis 10 m
- Hubgeschwindigkeit bis 16m/min.
- Schwenkwinkel bis 360° bzw. 180°

Knickarmkrane

Knickarmkrane haben im Ausleger ein Gelenk. Damit ist es möglich, Lasten in Bereichen aufzunehmen, die für andere Krane nicht erreichbar sind. Der vordere Ausleger ist bis max. 360° schwenkbar sowie auf den hinteren Ausleger mittels Rollenfahrwerk verfahrbar. Der hintere Ausleger ist starr oder begrenzt drehbar angeordnet.

Wandknickarmkran

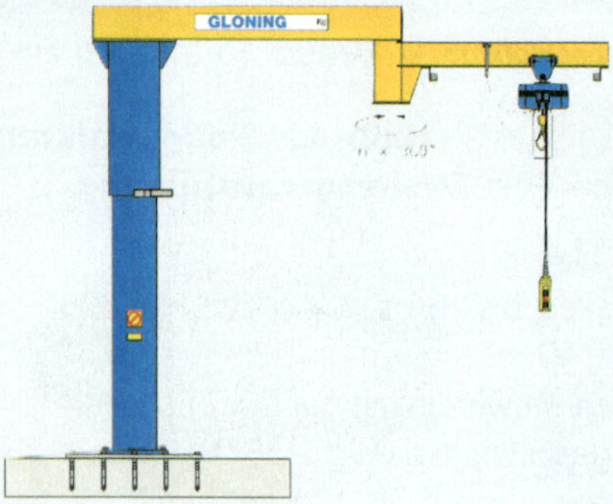

Säulenknickarmkran

Die Lastaufnahmemittel sind am Auslegerende stationär oder auf dem vorderen Ausleger verfahrbar angebracht.

Knickarmkrane gibt es als **Säulen-** und **Wandschwenkkran** mit **Knickausleger.**

Die technischen Daten sind:
- Tragfähigkeit bis 500 kg
- Ausladung bis 4 m
- vorderer Ausleger bis 360° schwenkbar (beim Säulenknickarm) bzw. bis 180° schwenkbar (beim Wandknickarm)

Stapelkrane

Stapelkrane werden dort eingesetzt, wo Stückgüter, Behälter oder Paletten mit einem Lastgewicht bis 500 kg transportiert, sortiert und gelagert werden. Da sie diese Aufgaben in einem Arbeitsgang ausführen können, ersparen sie den Einsatz weiterer Hilfsmittel.

Wesentliche **Bestandteile** von Stapelkranen sind der Zweiträgerlaufkran sowie eine spezielle Stapelkatze. Die Stapelkatze ist mit Greifzangen, Gabeln, Dornen oder anderen für das Lagergut notwendigen Lastaufnahmemitteln ausgestattet.

Stapelkrane lassen sich sowohl maschinell als auch leicht von Hand verfahren und erreichen einen Schwenkwinkel von 360°.

Stapelkran

Um die verschiedenartigen Lasten sachgerecht anheben und transportieren zu können, sind neben dem üblichen Lasthaken unterschiedliche **Lastaufnahmemittel** entwickelt worden, die den Eigenschaften der Lagergüter gerecht werden. In der Lagerhaltung sind die Krane meistens mit folgenden Lastaufnahmemitteln ausgestattet:

Greifer

Sperrige Materialien oder Schüttgüter sind mit „normalen" Lastaufnahmemitteln nicht aufnehmbar. Deshalb werden spezielle Greifer eingesetzt, die auf diese besonderen Gütereigenschaften abgestimmt sind.

Der **Mehrschalengreifer (Sperrgutgreifer)** wird für **grobe** und **sperrige** Materialien eingesetzt und erreicht ein Hubgewicht bis 4 t.

Der **Zweischalengreifer (Schüttgutschalengreifer)** ist für den Einsatz bei **Schüttgütern** wie Erz, Kohle, Sand, Kies, Getreide usw. geeignet und erreicht ein Hubgewicht von 1 bis 3 t bzw. 6 m³.

Sperrgutgreifer

Schüttgutschalengreifer

Traversen

Traversen eignen sich vorrangig zur Aufnahme und Beförderung von Gitterboxpaletten, Behältern, Kisten o. Ä.

Einfachtraverse

Kreuztraverse

Sie haben einen fest angebrachten oder um 360° drehbaren Sicherheitslasthaken und sind als Einfachtraverse, Kreuztraverse oder Rahmentraverse in Einsatz.

Magnete

Magnete sind für die Lastaufnahme und auch für heiße Materialien bis zu 600 °C einsetzbar. Im Gebrauch sind vor allem **netzabhängige** Einzelmagnete als Rundmagnete, Traversenmagnete als Rund- oder Rechteckmagnete sowie **netzunabhängige** Lasthebemagnete.

Der **netzunabhängige Lasthebemagnet** kann sowohl innen als auch außen eingesetzt werden. Er ist pausenlos im Einsatz und hat eine Hebelschaltung mit eingebauter Sicherung gegen versehentliches Ausschalten. Seine maximale Tragfähigkeit beträgt 2 000 kg für Rund- und Flachmaterial.

Traversenmagnet als Rundmagnet

netzunabhängiger Lasthebemagnet

Der **Einzelmagnet als Rundmagnet** ist für den Transport großflächiger und sperriger Güter geeignet und erreicht eine Tragfähigkeit von maximal 6 300 kg.

Der **Traversenmagnet als Rundmagnet** ermöglicht auch schwierigste Blechtransporte durch eine Verteilung der Aufhängepunkte. Ein Durchhängen der Last wird so vermieden. Durch das eingebaute Federsystem im Magneten erfolgt außerdem ein materialschonender Transport.

Einzelmagnet als Rundmagnet

Der **Traversenmagnet als Rechteckmagnet** ist für den Transport großflächiger Bleche, langer Profilstücke und anderer sperriger Formate geeignet. Hier werden Magnete zu drehbaren Traversen mit einer Tragfähigkeit bis 1 520 kg kombiniert.

Traversenmagnet als Rechteckmagnet

5006182

Vorteile

- hoher Automatisierungsgrad möglich
- geringer Personalbedarf
- Bodenflächen bleiben für andere Fördermittel frei
- für sehr schwere Lasten geeignet
- für viele verschiedene Güter einsetzbar durch Ausstattung mit verschiedenen Lastaufnahmemitteln

Nachteile

- relativ hohe Investitions- und Wartungskosten
- kein Einsatz in anderen Bereichen möglich
- Agieren nur innerhalb eines abgegrenzten Raumes

Ortsfeste Hebezeuge gibt es als **Aufzüge** und **Hebebühnen.** Sie sind in Etagenlagern einsetzbar und befördern in vertikaler Richtung Güter und Personen.

Folgende **Typen** von **Aufzügen** werden im Lager eingesetzt:
Lastenaufzüge befördern **Güter und Personen** bis zu einem Gesamtgewicht von **maximal 3 000 kg.**

Für kleine Förderhöhen und -geschwindigkeiten werden Lastenaufzüge mit hydraulischem Antrieb und kleinen Schachtabmessungen eingesetzt. Für große Förderhöhen und -geschwindigkeiten werden Lastenaufzüge mit Treibscheibenantrieb und größeren Schachtabmessungen eingesetzt.

Eine moderne Mikroprozessorsteuerung garantiert Sicherheit und Zuverlässigkeit bei jeder zulässigen Belastung.

Güteraufzüge befördern ausschließlich **Güter** bis zu einem Gesamtgewicht von **maximal 2 000 kg.** Personen dürfen nicht damit befördert werden.

Die maximale Förderhöhe beträgt 3 Etagen bzw. 12 m, die maximale Fahrkorbfläche 2,5 m^2 und die höchstmögliche Geschwindigkeit 0,3 m/s. Der Antrieb erfolgt hydraulisch. Auch hier garantieren moderne Mikroprozessorsteuerungen Sicherheit und Zuverlässigkeit.

Kleingüteraufzüge befördern ebenfalls ausschließlich **Güter,** jedoch nur bis zu einem Gesamtgewicht von **maximal 300 kg.** Sie sind **nicht betretbar,** haben ein selbsttragendes Schachtgerüst, eine Fahrkorbfläche von bis zu 1 m^2 und eine Geschwindigkeit von maximal 0,45 m/s. Der Antrieb erfolgt hydraulisch.

Wie schon bei den vorgenannten Aufzügen gewährleisten auch hier Mikroprozessorsteuerungen Sicherheit und Zuverlässigkeit.

Hebebühnen bieten durch ihre vielen unterschiedlichen Ausstattungsmöglichkeiten verschiedene Einsatzmöglichkeiten.

In der Lagerhaltung kommen vor allem **Scherenhebebühnen** zum Einsatz.

Ihre maximale Arbeitshöhe liegt zwischen 6,5 und 22,5 m. Sie sind sowohl innen als auch außen einsetzbar und verfügen über einen Diesel- oder Elektroantrieb. Damit sind Hublasten **bis zu 10 000 kg** möglich. Alle Funktionen sind von der Plattform aus steuerbar.

Vorteile

- Innen- und Außeneinsatz möglich
- große Plattformen und hohe Hublasten
- schnelle Arbeitsgeschwindigkeit, dadurch Verkürzung der Einsatzdauer
- umweltschonende (Elektro), schadstoffarme (Diesel) Antriebe
- Erweiterung der Arbeitsfläche durch vergrößerbare oder verschiebbare Plattformen möglich

Nachteile

- relativ hohe Investitionskosten
- kein Einsatz in anderen Bereichen möglich

5006184

1.2.2.2 | Flurförderzeuge

Flurförderzeuge benötigen Fahrwege (Flure), sie sind **flurgebunden.** Die Fahrwege müssen breit genug sein, um ein gefahrloses Rangieren der Flurförderzeuge zu gewährleisten. Flurförderzeuge sind frei oder geführt fahrbar. Sie dienen zum Befördern, Ziehen oder Schieben. Man **unterscheidet** zwischen manuellen, maschinellen und automatischen Flurförderzeugen.

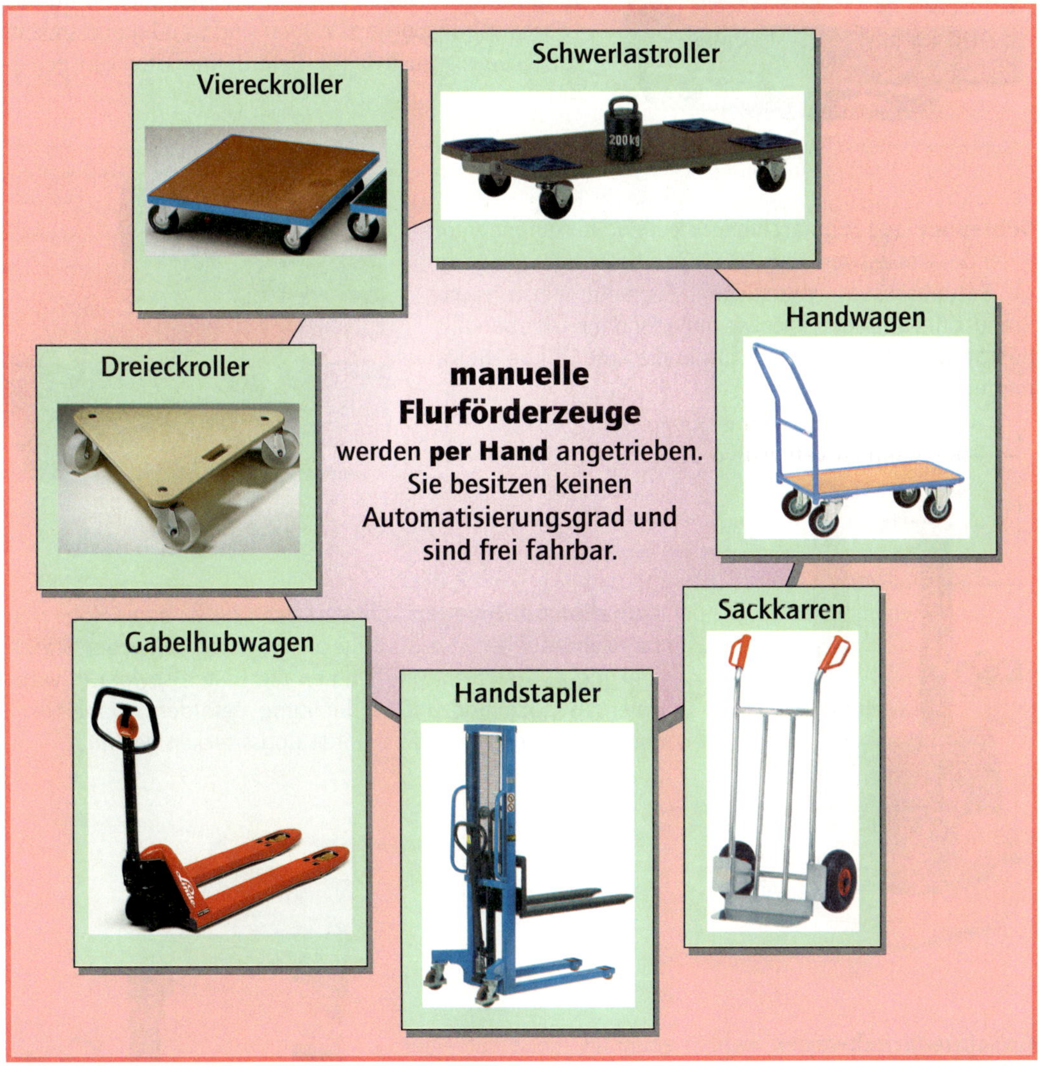

Maschinelle Flurförderzeuge haben einen geringen bis mittleren Automatisierungsgrad.

Wagen werden mit Gehlenkung, Standlenkung oder Sitzlenkung sowie mit oder ohne Überbau ausgestattet. Bei der Gehlenkung (Deichselführung) geht das Personal vor oder neben dem Wagen, bei der Stand- oder Sitzlenkung fährt das Personal stehend oder sitzend auf dem Wagen mit. Auf der Ladefläche wird das Lagergut transportiert. Wagen sind wendig und sowohl für kurze als auch lange Beförderungsstrecken geeignet.

Schlepper sind Zugmaschinen, die mehrere Anhänger mit einer Gesamtlast von über 30 Tonnen befördern und geringe Betriebskosten verursachen. Sie sind meistens mit Stand- oder Sitzlenkung sowie mit oder ohne Überbau ausgestattet. Schlepper sind für kurze und lange Beförderungsstrecken geeignet.

Gabelhochhubwagen können Lasten bis zu einer Höhe von ca. 4 m anheben. Sie sind meist mit einer Geh- oder Standlenkung ausgestattet und können die Lasten sowohl in vertikaler als auch horizontaler Richtung befördern. Gabelhochhubwagen sind für kurze Beförderungsstrecken geeignet.

Gabelniederhubwagen werden ebenfalls meist mit einer Geh- oder Standlenkung ausgestattet. Sie heben das Lagergut nur so weit von der Bodenfläche ab, wie es für die Beförderung erforderlich ist und sind für kurze Beförderungsstrecken geeignet.

Regalförderzeuge (nicht automatische) sind regalunabhängig oder regalabhängig konstruiert. Regalunabhängige Regalförderzeuge bewegen sich schienengeführt in Längsrichtung vor dem Regal. Regalabhängige Regalförderzeuge sind direkt am Regal befestigt und bewegen sich daran in horizontaler oder vertikaler Richtung.

Transport, Ein- und Auslagerung werden durch mitfahrendes Lagerpersonal gesteuert.

Kurvengängige Regalförderzeuge bzw. Umsetzeinrichtungen ermöglichen die Bedienung mehrerer Regalgassen mit nur einem Fahrzeug. Starr geführte Regalförderzeuge können nur für jeweils eine Regalgasse eingesetzt werden.

Beim Einsatz der maschinellen Flurförderzeuge nehmen **Stapler** jedoch den ersten Platz ein. Deshalb wird nachfolgend näher darauf eingegangen.

Stapler sind Flurförderzeuge mit Hubeinrichtungen. Sie haben folgende Aufgaben:
- anheben
- befördern
- stapeln
- ablegen

Der Gabelstapler benötigt ein **Gegengewicht,** damit er unter Belastung nicht vornüber kippt. Zum Anheben und Absetzen der Last ist ein hydraulisches **Hubgerüst** (Hubmast) notwendig, das auch nach vorn und hinten geneigt werden kann.

Am Hubgerüst befindet sich der **Gabelträger;** hier wird die **Gabel** oder sonstiges Anbaugerät befestigt. Als Förderhilfsmittel werden meistens **Paletten** verwendet.

Nachfolgendes Bild verdeutlicht den **Aufbau eines Gabelstaplers:**

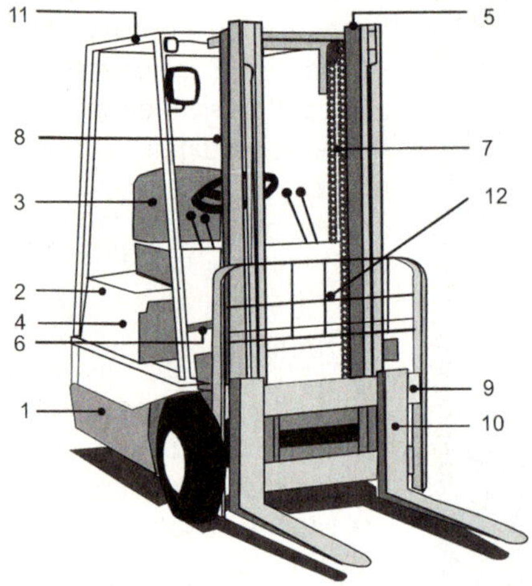

1 Rahmen
2 Gegengewicht
3 Fahrersitz
4 Motorhaube/Batterieabdeckung
5 Hubgerüst
6 Neigezylinder
7 Lastketten
8 Hubzylinder
9 Gabelträger
10 Gabelzinken
11 Fahrerschutzdach
12 Lastschutzgitter

Die Form und die Gewichtsverteilung des Lagergutes bestimmen seinen **Lastschwerpunkt,** d. h. den Punkt, an dem die Last (das Lagergut) beim Anheben im Gleichgewicht bleibt.

Bei **gleichmäßiger** Gewichtsverteilung und gleichmäßiger Form einer Palette, Kiste o. Ä. liegt der Lastschwerpunkt in der Mitte derselben.

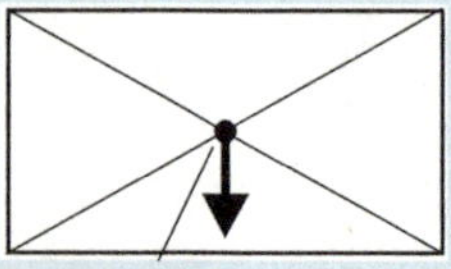

Lastschwerpunkt

Bei **ungleichmäßiger** Gewichtsverteilung oder unregelmäßiger Form liegt der Lastschwerpunkt entsprechend versetzt außerhalb der Mitte.

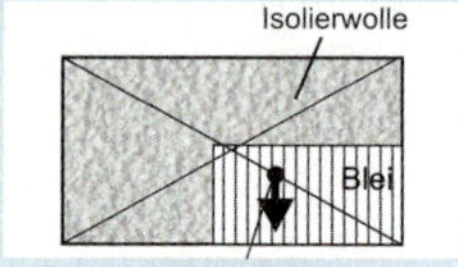

Lastschwerpunkt

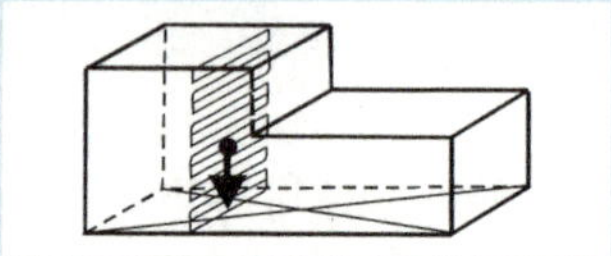

Lastschwerpunkt

Das Lagergut ist so auf der Gabel zu positionieren, dass der Lastschwerpunkt immer möglichst nahe am Gabelrücken liegt. Die Beachtung des Lastschwerpunktes ist wichtig, da ansonsten die **Gefahr** besteht, dass der Stapler hinten abhebt oder sogar umkippt.

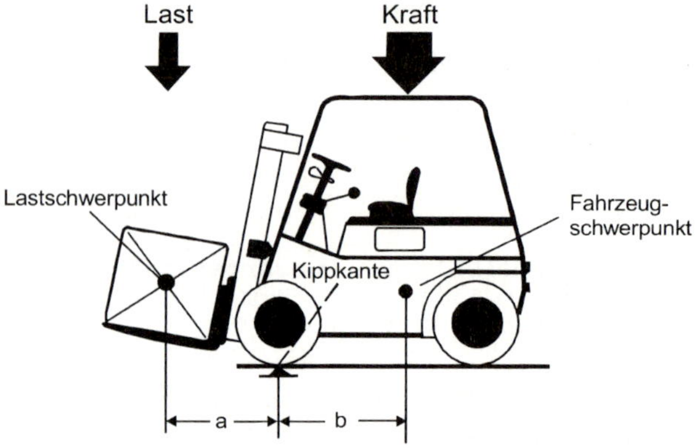

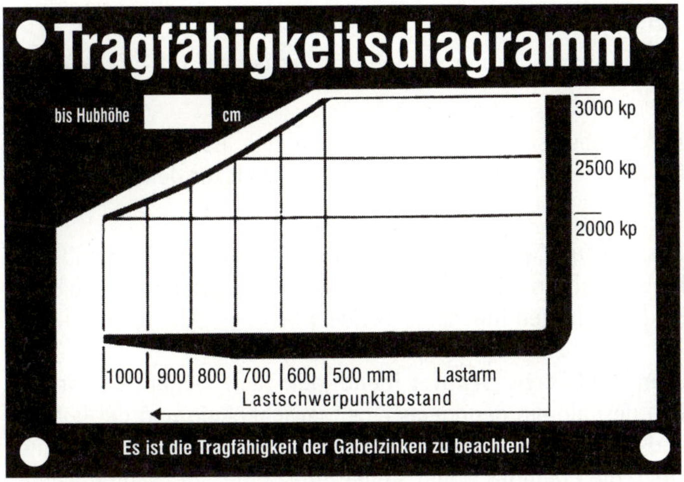

Deshalb werden am Gabelstapler **Tragfähigkeitsdiagramme** (auch Lastschwerpunktdiagramme genannt) angebracht, an denen die maximale Belastung ablesbar ist.

Die waagerechte Achse gibt den **Lastschwerpunktabstand,** d. h. den Abstand vom Gabelrücken bis zum Lastschwerpunkt an. Die dafür jeweils **höchstens zulässigen Lastgewichte** sind an der Schnittstelle zur senkrechten Achse ablesbar.

Die so ermittelte höchstzulässige Tragfähigkeit darf auf keinen Fall überschritten werden, um ein Anheben oder Kippen des Staplers zu vermeiden.

PRAXISFALL

Ermittlung des höchstzulässigen Lastgewichtes

a) Eine 1 m hoch beladene Palette mit gleichmäßiger Gewichtsverteilung hat eine Länge von 2 m und eine Breite von 1,60 m. Ihr Lastschwerpunkt liegt bei 0,80 m. Wie schwer darf die Palette höchstens sein, damit sie mit dem Gabelstapler bei dem zuvor dargestellten Tragfähigkeitsdiagramm noch angehoben werden darf?

Antwort: Die Palette darf höchstens 2 300 kg schwer sein.

b) Wie wäre der Sachverhalt, wenn das Gewicht der Palette ungleichmäßig verteilt wäre und der Lastschwerpunkt damit bei 1 m liegen würde?

Antwort: Hier dürfte die Palette nur noch maximal 2 000 kg wiegen.

Es steht eine Vielzahl unterschiedlicher Stapler zur Verfügung. Die unterschiedlichen **Staplerarten** lassen sich nach folgenden **Merkmalen** unterscheiden:

- **Radzahl** (Vierradstapler, Dreiradstapler)
- **Hubhöhe** (Einfach-, Zweifach-, Dreifach-, Vierfachhubmast)
- **Unterfahrbarkeit** (frei tragend, radunterstützt)
- **Sitzposition** (Seitsitzstapler, Frontstapler)
- **Bereifung** (Vollgummi-, Superelastik-, Luftreifen)
- **Bedienerposition** (Steh-, Sitzstapler, Deichselführung)
- **Antriebsart** (Elektro-, Diesel-, Benzin-, Treibgasstapler)
- **Bedienstand** (mit oder ohne hebbaren Bedienstand)
- **Transportart** (Vertikalstapler, Horizontalstapler)

Benzinstapler sind aufgrund der hohen Abgasbelastung nur für den Außeneinsatz geeignet.

Treibgasstapler weisen eine geringe Abgasbelastung auf und sind deshalb sowohl für den Innen- als auch für den Außeneinsatz geeignet.

Dieselstapler weisen eine höhere Abgasbelastung aus, die jedoch geringer ist als bei Benzinstaplern. Deshalb sind sie vor allem für den Außeneinsatz, kurzzeitig aber auch für den Inneneinsatz geeignet.

Elektrostapler weisen keine Abgasbelastung aus, haben jedoch nur eine begrenzte Tragfähigkeit und Einsatzdauer. Sie beziehen ihre Antriebsenergie aus der mitgeführten Batterie, die gleichzeitig als Gegengewicht dient, und sind nur für den Inneneinsatz geeignet.

Radunterstützte Stapler benötigen kein Gegengewicht und haben deshalb ein geringeres Eigengewicht. Aufgrund der höheren Grundstellung der Gabeln können jedoch nur Lasten aufgenommen werden, die ebenfalls höher stehen und somit unterfahren werden können.

Frei tragende Stapler besitzen ein hohes Eigengewicht (durch Gegengewichte) und brauchen breite Regalgassen. Sie sind in der Lage, an jedes Fahrzeug, jedes Regal bzw. jede Rampe heranzufahren und alle Lasten bis zur maximalen Höchstgrenze aufzunehmen.

Radunterstützter Stapler

Luftreifen sind nicht pannensicher und sowohl für den Innen- als auch für den Außeneinsatz geeignet.

Superelastikreifen sind pannensicher und ebenfalls für den Innen- und Außeneinsatz geeignet.

Vollgummireifen sind ebenfalls pannensicher, jedoch nur für den Inneneinsatz geeignet.

Beim **Vierradstapler** erfolgt der Antrieb in der Regel über die Vorderachse und die Lenkung über die Hinterachse. Dadurch sind sie für den Einsatz auf Steigungen und bei schlechter Bodenbeschaffenheit geeignet. Außerdem erreichen sie eine höhere Transportgeschwindigkeit als Dreiradstapler.

Beim **Dreiradstapler** erfolgen Antrieb und Lenkung oft über die Hinterachse. Das macht sie wendiger und damit vorteilhafter für den Einsatz in engeren Regalgassen.

Dreiradstapler

5006190

Eine Spezialart bilden die **explosionsgeschützten Stapler.** Sie sind funkensicher ausgestattet, denn bei ihnen sind Anlasser, Schalter, Anzeigen, Bremsen, Motor und Kabel druckfest verkapselt. Die Beschichtung der Gabeln besteht aus Edelstahl oder Messing. Explosionsgeschützte Stapler werden in Räumen eingesetzt, in denen gasförmige, staubförmige, dampfförmige, nebelförmige oder brennbare Materialien eine explosionsfähige Atmosphäre erzeugen können.

In der Lagerwirtschaft **am häufigsten eingesetzte Stapler:**

- Frontstapler
- Seitsitzstapler
- Schubmaststapler
- Schmalgangstapler
- Hochregalstapler

Beim **Frontstapler** ist der Fahrersitz in Richtung des Lagergutes und parallel zur Fahrtrichtung angeordnet. Das zu transportierende Lagergut liegt freitragend vor den Vorderrädern auf der Gabel.

Frontstapler können schwere Lasten heben, erreichen hohe Transportgeschwindigkeiten und eignen sich für den Innen- und Außeneinsatz.

4-Rad-Elektro-Frontstapler

Beim **Seitsitzstapler** ist der Fahrersitz seitlich hinter dem Hubmast bzw. quer zur Fahrtrichtung angeordnet. Der Hubmast ist in Fahrtrichtung angeordnet. Dadurch ist die Bedienung schmaler Regalgassen möglich. Seitsitzstapler sind auch für Langguttransporte und nur für den Inneneinsatz geeignet.

Elektro-Seitsitzstapler

Beim **Schubmaststapler** ist der Fahrersitz ebenfalls quer zur Fahrtrichtung bzw. seitlich hinter dem Hubmast angeordnet. Sollen Lagergüter aufgenommen oder abgestellt werden, so wird der Mast bis vor die Vorderräder geschoben und auf den Boden abgesenkt. Vor dem Transport wird der Mast dann wieder in die Ausgangslage zurückgenommen.

Schubmaststapler sind nur für leichte bis mittlere Gewichte und nur für den Inneneinsatz geeignet.

Elektro-Schubmaststapler

Beim **Hochregalstapler** kann der Fahrersitz quer oder parallel zur Fahrtrichtung angeordnet sein. Er ist mit oder ohne hebbaren Bedienstand sowie starren oder Teleskop- bzw. Schwenkhubgabeln ausgestattet.

Hochregalstapler können sehr schwere Lasten heben, erreichen sehr große Hubhöhen und sind deshalb für die Bedienung von Hochregalen geeignet.

Hochregalstapler

Schmalgangstapler haben eine seitliche Schienenführung in der Regalgasse. Sie sind mit oder ohne hebbarem Bedienstand sowie starren oder Teleskop- bzw. Schwenkhubgabeln ausgestattet. Der Fahrersitz ist quer zur Fahrtrichtung angeordnet.

Sie sind für die Bedienung schmaler Regalgassen geeignet, können Lagergüter diagonal befördern und erreichen eine hohe Transportgeschwindigkeit im Innen- und Außeneinsatz.

Schmalgangstapler

Für die Stapler stehen vielfältige **Anbaugeräte** zur Auswahl. Damit werden ihre Einsatzmöglichkeiten enorm erweitert. Sie können mit wenigen Handgriffen an dem Gabelträger montiert werden. Zu den **wichtigsten** Anbaugeräten gehören:

- **Tragdorn** zum Transport hohler Gegenstände, wie Rohre, Coils, Teppichrollen usw.
- **Kranarm** zum Transport von Langgut, Fertigteilen usw.
- **Schüttgutschaufel** zum Aufnehmen und Transport von Schüttgütern, wie Sand, Kohle, Getreide usw.
- **Drehgerät** zum Transport und Drehen von Lasten, wie Behältern, Paletten usw. um 180° bzw. 360°
- **Kippschlitten** zum Abkippen von Behältern, Paletten usw.
- **Klammergabel** zum Umklammern und Transport von Behältern
- **Drehgabelklammer** als Kombination aus Drehgerät und Klammergabel zum Umklammern, Drehen und Transport von Behältern
- **Lasthalter** zur Stabilisierung von Lagergütern beim Transport
- **Gabelverlängerungen** (Gabelschuhe) zum Transport von überlangen Lagergütern

Für jedes Anbaugerät und jede Gabelverlängerung ist ein entsprechendes **Tragfähigkeitsdiagramm** notwendig, da sich hier die auf dem Stapler angegebenen höchstzulässigen Lastgewichte **verändern.**

Automatische Flurförderzeuge haben einen hohen Automatisierungsgrad. Zu ihnen zählen fahrerlose Transportsysteme (FTS) und computergestützte Regalförderzeuge.

Fahrerlose Transportsysteme (FTS), auch **Teletraks** genannt, haben keine mechanischen Führungen. Ihre **Zielsteuerung** erfolgt über am Boden befindliche optische (Laser), akustische (Ultraschall) oder magnetische Leitlinien bzw. im Boden verlegte Induktionsschleifen.

Start- und Stoppstellen für Güteraufnahme, -transport, -verteilung und -abgabe werden in das Fahrzeug programmiert. Ein Zentralrechner übermittelt die **Transportaufträge** an das Fahrzeug.

FTS werden für **Horizontaltransporte** und **Vertikaltransporte** eingesetzt. Die **Energieversorgung** erfolgt über verschiedene, mitgeführte Batteriesysteme. Diese werden an einer Ladestation aufgeladen. Dadurch sind sie flexibel und mobil im Einsatz.

Zur Vermeidung von **Unfällen** sind FTS mit Hinderniserkennung, Auflaufsicherung oder Abstandshaltung in verschiedenen Ausführungen (z. B. Ultraschallsensoren, Laserscanner, Lichtschranken) ausgestattet. Dadurch sind sichere Kolonnenfahrten gewährleistet. Ein Wartezeitmodul sorgt darüber hinaus bei Engstellen für einen flüssigen Materialfluss.

Fahrerlose Transportsysteme verursachen hohe Investitionskosten, einen hohen Wartungs- und Reparaturaufwand sowie hohen Platzbedarf aufgrund der Fahrspurbreite und erfordern eine komplexe datentechnische Vernetzung.

Auf dem Gebiet der FTS gibt es interessante Neuentwicklungen:

Dabei handelt es sich um einen herkömmlichen Gabelstapler, der sowohl personengeführt als auch vollautomatisch genutzt werden kann. Sein Name: RED STAR.

Eine ausgefeilte **L**azer-**T**each-**I**n-Technologie sorgt für eine einfache Fahrkursprogrammierung. Sein Hauptanwendungsbereich liegt dort, wo Gabelstapler einfache, wiederkehrende Transporte durchgeführt haben und keine Vernetzung in komplexen Anlagen notwendig ist.

Seine Zielsteuerung erfolgt über Laserortung von Reflexmarken. Seine Bewegungen sind flächendeckend möglich. Es können bis zu zehn Fahrzeuge parallel eingesetzt werden.

Zur Bedienung rechnergestützter Lagerplätze eigenen sich **computergesteuerte Regalförderzeuge (RFZ)**. Diese transportieren und lagern Güter automatisch **ohne Begleitung** von Lagerpersonal ein und aus. Sie erreichen hohe Umschlagszahlen, sind optimal steuerbar, benötigen wenig Raum und sind deshalb besonders wirtschaftlich. Der Mensch hat nur noch wenige Überwachungs- und Steuerungsaufgaben zu erfüllen.

5006194

Computergesteuerte Regalförderzeuge werden in **Hochregallagern** eingesetzt. Sie können das Lagergut **diagonal** befördern. Das spart Transportwege und -zeiten ein.

Ebenso wie maschinelle, so sind auch automatische **Regalförderzeuge** regalunabhängig oder regalabhängig konstruiert. **Regalunabhängige** Regalförderzeuge bewegen sich schienengeführt in Längsrichtung vor dem Regal. **Regalabhängige** Regalförderzeuge sind direkt am Regal befestigt und bewegen sich daran in horizontaler und vertikaler Richtung. Auch hier ermöglichen kurvengängige Regalförderzeuge bzw. Umsetzeinrichtungen die Bedienung mehrerer Regalgassen mit nur einem Fahrzeug, während starr geführte Regalförderzeuge nur für jeweils eine Regalgasse eingesetzt werden können.

Die **Übertragung der Daten** vom Zentralrechner zum Regalförderzeug kann auf verschiedene Weise erfolgen:
- Infrarot
- Ultraschall
- Induktion
- Datenfunk
- Schleppkabel (dienen zugleich als Energieversorgung)
- Laser

AUFGABEN

?

1 Erklären Sie mit wenigen Worten, was beim Führen und Bedienen von Gabelstaplern zu beachten ist.

2 Überlegen Sie, welche Güter für den Rohrleitungsverkehr infrage kommen.

3 Welche beiden Aufgaben haben Stetigförderer in einem mehrstufigen Produktionsprozess zu erfüllen?

4 Nennen Sie die vier Tätigkeiten, die ein Kran ausführen kann.

5 Beschreiben Sie, welche Aufgaben ein Stapelkran ausführen kann.

6 Für welche Art von Gütern werden Magnete als Lastaufnahmemittel verwendet?

7 Welchen Einfluss übt der Lastschwerpunkt auf die Tragfähigkeit des Gabelstaplers aus?

8 Nennen Sie drei Fördermittel, die in Ihrem Ausbildungsbetrieb genutzt werden. Beschreiben Sie, um welche Art von Fördermitteln es sich dabei handelt.

2 | Lagerhilfsmittel

SITUATION

Die Easy Rider AG ist Hersteller und Vertreiber von Motorrädern. Die für die Herstellung der Motorräder notwendigen Bauteile werden zum Teil in großen Containern angeliefert.

Diese sind jedoch für die im Unternehmen vorhandenen Fördermittel und Lagerkapazitäten ungeeignet.

Deshalb ist es notwendig, diese Bauteile nach Anlieferung in lager- und transportfähige Einheiten umzupacken. Außerdem müssen diese Einheiten eindeutig identifizierbar sein.

1 **Überlegen Sie, um welche Bauteile es sich in der beschriebenen Situation handeln könnte.**

2 **Diskutieren Sie in der Arbeitsgruppe, welche Möglichkeiten die Easy Rider AG haben könnte, diese Bauteile transport- und lagerfähig zu machen.**

3 **Wie könnte die AG Ihrer Meinung nach die lagerfähigen Einheiten identifizierbar machen?**

SACHDARSTELLUNG

Lagerhilfsmittel

Förderhilfsmittel	**sonstige Lagerhilfsmittel**
Paletten Behälter Beutel, Netze, Säcke Kartons, Schachteln	Abwickel-, Umwickelmaschinen Zählwaagen, Zählwerke, Waagen Etikettendrucker Strichcodescanner Klammergeräte Verpackungsmaschinen Rechnersysteme Reinigungsgeräte usw.

2.1 | Förderhilfsmittel

Förderhilfsmittel sind alle Packmittel, die folgende Aufgaben erfüllen:

- Herstellen der Transportfähigkeit
- Erleichtern des Auf- und Abladens
- Herstellen der Lagerfähigkeit
- Schutz des Lagergutes

Bei der **Auswahl** geeigneter Förderhilfsmittel sind folgende **Anforderungen** einzuhalten:

- wenige verschiedene Förderhilfsmittelarten
- möglichst genormte Förderhilfsmittel
- kostengünstige Förderhilfsmittel
- umweltschonende, leicht entsorgbare Förderhilfsmittel
- wiederverwendbare Förderhilfsmittel

Die Verwendung wiederverwendbarer genormter Behälter lässt die Verpackungs- und Transportkosten spürbar sinken. Um darüber hinaus ein mehrfaches Umlagern zu vermeiden, sollte folgender **Grundsatz** beachtet werden:

Ladeeinheit = Transporteinheit = Lagereinheit

Die **wichtigsten** in der Lagerhaltung verwendeten **Förderhilfsmittel** sind:

- **Paletten** aus Holz, Stahl, Kunststoff oder Pappe, z. B. Flachpaletten, Gitterboxpaletten
- **Behälter** aus Holz, Stahl, Aluminium oder Kunststoff, z. B. Container, Collicos, Kisten
- **Beutel**, **Netze** und **Säcke** aus Textilgewebe oder Kunststoff
- **Kartons** oder **Schachteln** aus Wellpappe

2.2 | Sonstige Lagerhilfsmittel

Unter sonstigen Lagerhilfsmitteln versteht man die Lagerhilfsgeräte. Sie werden für die unterschiedlichsten Tätigkeiten verwendet, z. B. zum Zählen, Messen, Wiegen, Um- oder Auslagern, Pflegen, Auspreisen, Ein- und Auspacken, Reinigen, Verwalten, Identifizieren der Güter usw. Lagerhilfsmittel ermöglichen so eine saubere, effektive und leichte Lagerarbeit.

Abwickelmaschine für Kabeltrommeln

Zu den für die Lagerhaltung wichtigsten sonstigen Lagerhilfsmitteln zählen:

- Abwickel-, Umwickelmaschinen
- Zählwaagen, Zählwerke
- Waagen
- Maßbänder, Zollstöcke o. Ä.
- Etikettendrucker
- Strichcodescanner
- Klammergeräte
- Umreifungsmaschinen
- Verpackungsmaschinen
- Handwerkzeuge wie Cutter, Scheren, Hammer o. Ä.
- Rechnersysteme
- Reinigungsgeräte wie Wisch-Kehr-Maschinen, Staubsauger, Besen o. Ä.

? AUFGABEN

1 Welche Förderhilfsmittel und sonstigen Lagerhilfsmittel sind Ihnen neben den vorgenannten noch bekannt?

2 Überlegen Sie, welche Förderhilfsmittel und welche sonstigen Lagerhilfsmittel bei der Easy Rider AG zum Einsatz kommen könnten.

3 Nennen Sie je drei Förderhilfsmittel und sonstige Lagerhilfsmittel, die in Ihrem Ausbildungsbetrieb verwendet werden.

5006198

ZUSAMMENFASSUNG		
„Logistische Hardware"	Lagereinrichtung, Fördermittel und Lagerhilfsmittel	
Transportsystem	**außerbetrieblich**	**innerbetrieblich**
	realisieren als Verkehrsmittel den Transport vom Lieferanten zum Unternehmen und vom Unternehmen zum Käufer	realisieren als Fördermittel den Transport innerhalb des Unternehmens bzw. zwischen den einzelnen Betriebsstätten
Fragen bei der Auswahl der Fördermittel	• Welcher Art sind die Transportgüter? • Welchen Umfang hat der Transport? • Wie lang ist und wie verläuft die Transportstrecke? • Welche Transportvorschriften sind zu beachten?	
Innerbetriebliche Transportsysteme	**Anforderungen**	
	• möglichst wenige Leerfahrten • Flexibilität bei Änderungen • geringe Betriebskosten	• geringe Beförderungszeiten • höchstmögliche Ausnutzung • Schonung der Umwelt
	Arten	
	Stetigförderer: transportieren das Lagergut auf konstanten, festen Strecken und sind permanent in Bewegung	
	Unstetigförderer: sind flexibel einsetzbar, befinden sich nur während des Gebrauchs in Bewegung	
	Hebezeuge	**Flurförderzeuge**
	sind flurfrei (Beispiel: Krane)	sind flurgebunden, d. h., sie benötigen Fahrwege (Beispiel: Stapler)
	ortsfeste Variante: Aufzüge, Hebebühnen	automatische Variante: fahrerlose Transportsysteme (FTS) und computergesteuerte Regalförderzeuge
Lastschwerpunkt	Punkt, an dem das Lagergut beim Anheben im Gleichgewicht bleibt	
	Tragfähigkeitsdiagramme geben die jeweils maximale Belastung bei unterschiedlichen Lastschwerpunktabständen an. Sie darf auf keinen Fall überschritten werden.	
Förderhilfsmittel	Packmittel, die Lagergut transport-, lager- und ladefähig machen und schützen	

? AUFGABEN

1 Beschreiben Sie, welche Transportsysteme unterschieden werden. Worin besteht deren Unterschied?

2 Überlegen Sie, welche Aufgaben innerbetriebliche Transportsysteme zu erfüllen haben.

3 Falls in Ihrem Ausbildungsbetrieb Hebezeuge verwendet werden, beschreiben Sie, um welche Art von Hebezeugen es sich dabei handelt.

4 Ordnen Sie in einer Übersicht nach unten stehendem Muster[1] den bekannten Lastaufnahmemitteln geeignete Lagergüter zu.

Lastaufnahmemittel	geeignete Lagergüter

5 Überlegen Sie, was die Hebezeuge von den Flurförderzeugen unterscheidet.

6 Beschreiben Sie, welche Vorteile Unstetigförderer gegenüber Stetigförderern haben.

7 Nennen Sie je zwei Beispiele für manuelle, maschinelle und automatische Flurförderzeuge.

8 Ordnen Sie in einer Übersicht die nachgenannten Fördermittel den jeweiligen Arten zu: Handwagen, Stapler, FTS, Hebebühne, Rollenbahn, Röllchenbahn, Becherwerk, Gurtförderer, Unterflurschleppkettenförderer, Portalkran. Verwenden Sie dazu unten stehendes Muster[1].

Fördermittel	
Stetigförderer	Unstetigförderer

9 Ergänzen Sie in nachfolgendem Bild die fehlende Beschriftung der Bestandteile des Staplers.

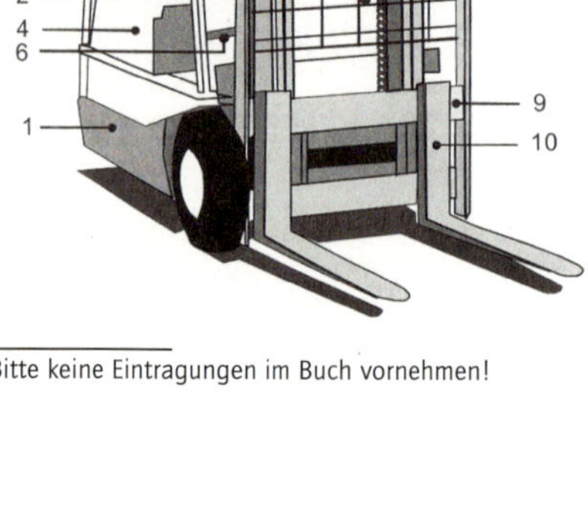

1 Bitte keine Eintragungen im Buch vornehmen!

10 Eine Holzkiste ist 1,60 m lang und 1,20 m breit. Ihr Lastschwerpunkt liegt in der Mitte bei 0,60 m. Darf der Gabelstapler diese Kiste bei folgendem Tragfähigkeitsdiagramm anheben?

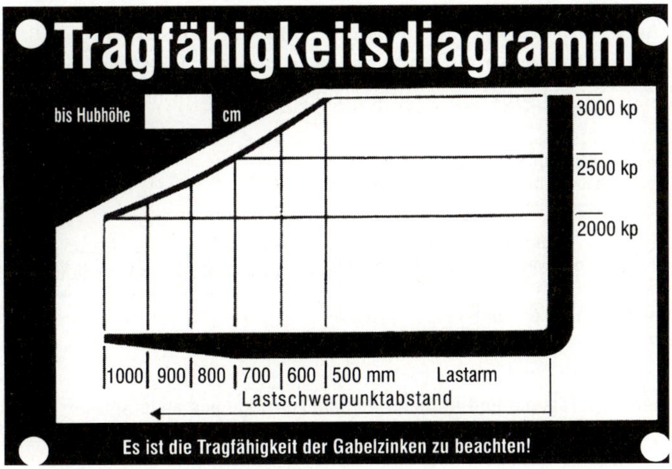

11 Nennen Sie die verschiedenen Steuerungsarten von FTS.

12 Beschreiben Sie, durch welche Einrichtungen bei FTS ein Unfall verhindert wird.

13 Welche sonstigen Lagerhilfsmittel verwenden Sie in Ihrem Ausbildungsbetrieb? Nennen Sie deren Einsatzmöglichkeiten.

LERNFELD 5 | Güter kommissionieren

Obwohl die Technisierung und Automatisierung im Lager- und Kommissionierbereich immer mehr zunimmt, ist der Mensch aus den Abläufen nicht wegzudenken. Er ist noch immer der beste Kommissionierer und kein notwendiges „Restübel". Die Gründe dafür liegen auf der Hand:

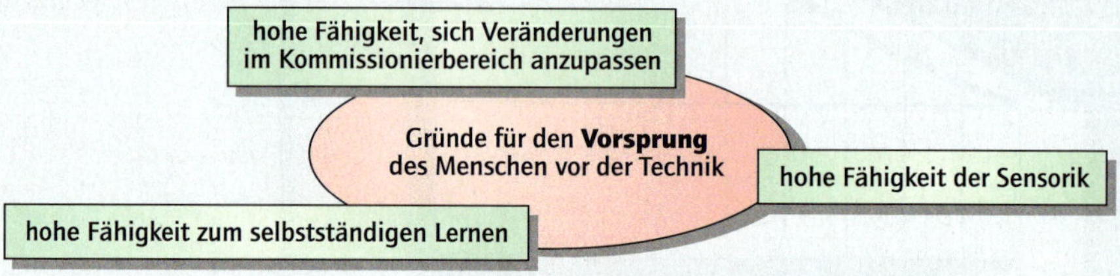

Die Kommissionierung beginnt mit der Erfassung und Aufbereitung der Aufträge und endet mit der Abgabe und Kontrolle der kommissionierten Ware. Folgende Darstellung zeigt alle Teilaufgaben im Warenfluss innerhalb der Kommissionierung.

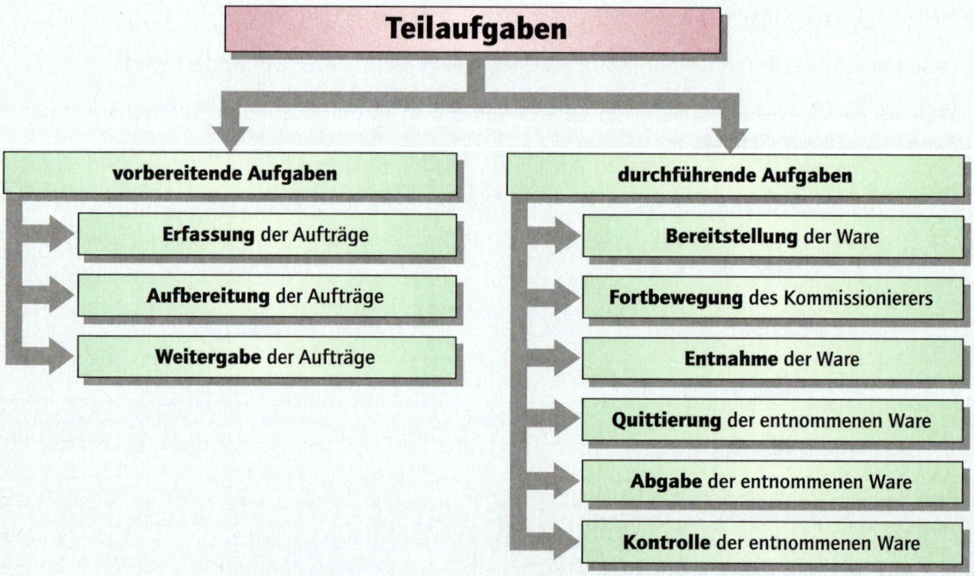

Bei der Abarbeitung der einzelnen **Kommissionieraufträge** stehen dem Kommissionierer zum einen auftrags- und serienorientierte **Kommissioniermethoden** und zum anderen verschiedene **Wegstrategien** zur Verfügung.

Auch bei der Kommissionierung sind die betreffenden **Unfallverhütungsvorschriften** sowie **Gesetze** und **Verordnungen** zum Gesundheits- und Arbeitsschutz einzuhalten. Auf diese wurde bereits im Lernfeld 3 ausführlich eingegangen.

5006202

1 | Grundlagen und Vorbereitung der Kommissionierung

SITUATION

Die in Gründung befindliche Officeline GmbH plant die Herstellung und den Vertrieb von Schreib- und Büromaterialien.

Aufgrund der geplanten Größe der Produktionsstätte und der Lage und Größe des Materiallagers beschließt die Geschäftsleitung, ein separates Kommissionierlager zu betreiben.

Aus der Fülle der verschiedenen Möglichkeiten sind die für das geplante Kommissionierlager optimale Lagereinrichtung sowie geeignete Kommissioniertechnik auszusuchen.

Diese sollen sowohl eine sach- und fachgerechte Lagerung als auch eine wirtschaftliche Kommissionierung gewährleisten.

1 **Diskutieren Sie in Ihrer Arbeitsgruppe, welche Materialarten im Materiallager und welche Materialarten im Kommissionierlager aufbewahrt werden könnten.**

2 **Überlegen Sie, welche Regalarten Ihrer Meinung nach für den Kommissionierbereich der Officeline GmbH geeignet wären. Wovon wird die Entscheidung darüber abhängen?**

SACHDARSTELLUNG

In anderen Lernfeldern wurde beschrieben, wie die benötigten Materialien und Güter beschafft und gelagert werden. Sinn und Zweck jeder Beschaffung und Lagerhaltung ist es jedoch letztendlich, diese Materialien und Güter einem Verwendungszweck zuzuführen.

1.1 | Gründe für eine Warenauslagerung

Eine Warenauslagerung kann aus verschiedenen Gründen erfolgen. Grundlage dafür bildet meistens ein **Auftrag.** Der Auftrag kann dabei sowohl absatzorientiert (Kundenbestellung) als auch produktionsorientiert (Anforderung der eigenen Produktion bzw. Werkstatt) sein.

Der **produktionsorientierte** Auftrag ist innerhalb eines bestimmten Zeitraums planbar, da auch der Bedarf an Materialien für die Produktion des Unternehmens zeitlich geplant wird. Eine kontinuierliche Versorgung der Produktion ist damit gewährleistet.

Die Auslagerung geschieht hier anhand eines **Materialentnahmescheins** und betrifft die Bereitstellung von

- Baugruppen
- Einzelteilen
- Roh-, Hilfs- und Betriebsstoffen
- Verschleißwerkzeugen

Der **absatzorientierte** Auftrag ist dagegen nicht im Voraus planbar, da im Allgemeinen nicht bekannt ist, ob und wann ein Kunde bestellt. Er will jedoch in kürzester Zeit die gewünschten Waren und Materialien erhalten. Demzufolge müssen die Kommissionierzeiten entsprechend kurz und die Kommissionierleistungen entsprechend hoch sein.

Die Auslagerung geschieht hier anhand enes **Kundenauftrags** und betrifft die Lieferung von

- fertigen und unfertigen Erzeugnissen
- Roh-, Hilfs- und Betriebsstoffen
- Ersatzteilen
- Reparatursets usw.

Neben der Belieferung des Kunden und der Bereitstellung für die Produktion (den Hauptgründen) gibt es noch **weitere Gründe** für eine Auslagerung. Grundlage bilden hier **interne Anforderungen.** Sie betreffen die

- Bereitstellung von Waren zum Auffüllen von Außen- oder Verkaufslagern
- Umlagerung von Waren in ein anderes Lager
- Bereitstellung von Materialien für Reparatur- und Wartungsleistungen
- Aussonderung von veralteten oder verdorbenen Waren (Ausschuss)
- Rücksendungen an den Hersteller

1.2 | Kommissionierbegriffe

Bei der Kommissionierung werden vor allem folgende **Fachbegriffe** verwendet:

- Ein **Kommissionierlager** ist ein vom eigentlichen Lager abgetrenntes, selbstständiges Lager. Dieses muss jedoch permanent aufgefüllt werden, da die Aufbewahrungszeiten der Waren hier relativ kurz sind.
- **Kommissionieren** bedeutet das Zusammenstellen von Artikeln aus einem zur Verfügung stehenden Sortiment aufgrund eines Auftrags.
- Unter einer **Kommission** ist ein lagertechnischer Auftrag zu verstehen.
- Der **Kommissionierer**, auch **Greifer** genannt, ist ein Mitarbeiter, der einen Auftrag abarbeitet.
- Die **Kommissionierliste (= Pickliste)** besteht aus mehreren, untereinander angeordneten Zeilen, den **Positionen**, die alle für die Entnahme notwendigen Daten enthalten.
- Eine **Lagereinheit** ist die Einheit, in der ein Artikel im Lager aufbewahrt wird. Sie beinhaltet sowohl Bereitstelleinheiten als auch Einheiten für Reservierungen und Rücksendungen.
- **Bereitstelleinheiten** sind Einheiten, die für die Entnahme verfügbar sind.

- Unter der **Entnahmeeinheit** ist die Einheit eines Artikels zu verstehen, die durch den Kommissionierer bei **einem** Zugriff bewegt wird.
- **Kommissioniereinheiten** werden auch **Sammeleinheiten** genannt und sind die Einheiten, die **ein** Kommissionierer anhand **einer** Pickliste zusammenträgt.
- Die Zusammenfassung aller Kommissioniereinheiten **eines** Auftrags ergibt die **Versandeinheit.**

1.3 | Geeignete Kommissioniertechnik

Vom Grundsatz her können alle im Lernfeld 4 genannten Fördermittel für die Kommissionierung verwendet werden. Es wurden jedoch darüber hinaus spezielle Fahrzeuge für das Kommissionieren entwickelt.

Horizontalkommissionierer

So gibt es Kommissionierstapler als **Vertikal-** oder **Horizontalkommissionierer** und Regalförderzeuge als **Vertikal-, Horizontal-** oder **Diagonalkommissionierer.**

Kommissionierstapler sind entweder im Gang frei verfahrbar oder mechanisch bzw. induktiv zwangsgeführt. Regalförderzeuge sind immer mechanisch oder induktiv zwangsgeführt.

Bei Vertikal- und Diagonalkommissionierern wird die Fahrerkabine zusammen mit dem Lastträger angehoben.

Niedrigkommissionierer haben eine integrierte Standplattform für den Fahrer. Sie sind der Konstruktion von Elektrogabelniederhubwagen sehr ähnlich und eignen sich zum Kommissionieren in der ersten und zweiten Regalebene.

Vertikalkommissionierer

Niedrigkommissionierer

fahrerloses Transportsystem und Hängebahn

Neben den gerade genannten sind folgende **Fördermittel** die gängigsten bei der Kommissionierung:

- Handwagen
- Gabelhubwagen
- Gabelstapler
- Stapelkrane
- Hubbühnen
- Umlaufförderer
- Unterflurförderer
- Hängebahnen
- fahrerlose Transportsysteme

Kommissionierfahrzeuge lassen sich nach folgenden **Merkmalen** unterscheiden:

- manuelle oder automatische Steuerung
- vertikale, horizontale oder diagonale Anfahrmöglichkeit
- hebbare oder starre Bedienerstände
- frei fahrbar oder zwangsgeführt
- Stehen, Sitzen oder Mitlaufen des Bedieners

***Beispiel** moderner Kommissioniertechnik*

Eine intelligente Lösung aus der Praxis stellt der stationäre **Pick-Car** dar. Er wird in mehrstufigen Kommissioniersystemen entlang der Regalfront eingesetzt.
Während Kommissionierstapler oder Regalförderzeuge eine nur begrenzte Sammelkapazität aufweisen, erfolgt beim Pick-Car das Sammeln und Abgeben der artikelrein entnommenen Einheiten permanent. Über Stetigförderer werden die Entnahmeeinheiten zu einer nachgeschalteten Sortierstufe transportiert (dezentrale Abgabe siehe Abschnitt 2.5).
Dieses System hat folgende **Vorteile:**

- Erhöhung der Kommissionierleistung
- Verringerung der Kommissionierzeiten
- Wegfall von Leerfahrten, die bei der Abgabe der kommissionierten Waren sonst entstehen

Der Pick-Car wird vor allem in Lagern mit hoher Kommissionierleistung, aber auch in Lagern mit besonderen klimatischen Bedingungen (z. B. Tiefkühllager) eingesetzt.

5006206

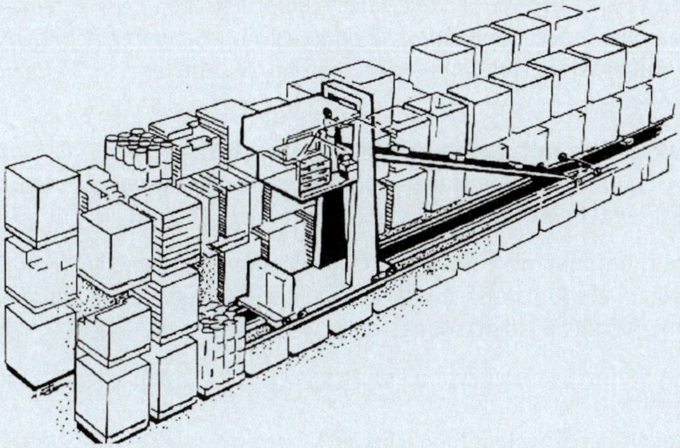

1.4 | Kommissionieraufträge

Bevor mit der eigentlichen Kommissionierung begonnen werden kann, muss zunächst einmal der zugrunde liegende Auftrag erfasst und als Kommissionierauftrag aufbereitet werden. Das ist notwendig, um die Kommissionierung zeit- und wegoptimiert durchführen zu können. Anschließend ist der Kommissionierauftrag an den Kommissionierer weiterzugeben.

Ein eingehender Kundenauftrag muss mindestens die Kundenidentifikation (Name, Anschrift), die Artikelbezeichnung bzw. Artikelnummer und die gewünschte Menge enthalten.

1.4.1 | Erfassung der Kommissionieraufträge

Die Aufträge zur Kommissionierung können mündlich oder schriftlich, z. B. per EDV, vom Kunden oder der anfordernden Abteilung übermittelt werden.

Wege zur Erfassung der Aufträge

- manuell
- manuell mit automatischer Unterstützung
- automatisch

Bei der **manuellen Erfassung** werden die Auftragsinformationen per Hand in ein Auftragsformular übertragen. Das kann jedoch Probleme, wie beispielsweise Schreibfehler oder Unvollständigkeit, mit sich bringen. Außerdem erfordern sie den größten Zeitaufwand im Vergleich zu den beiden anderen Möglichkeiten.

Eine **manuelle Erfassung mit automatischer Unterstützung** liegt vor, wenn die Auftragsinformationen per Hand in den PC übertragen werden, das Auftragsformular aber anschließend durch den PC automatisch erstellt wird.

Werden die Auftragsinformationen über eine Onlineverbindung vom Kunden oder der anfordernden Abteilung direkt in ein Auftragsformular des Lagers übertragen, handelt es sich um eine automatische Erfassung. Mögliche Übertragungsfehler werden hier vermieden.

Auf welche Art und Weise die Kommissionieraufträge erfasst werden, hängt jedoch letztendlich ab von:

- den vorhandenen betrieblichen Möglichkeiten,
- der zu erfassenden Informationsmenge und
- dem Verhältnis zum Kunden bzw. der Produktionsabteilung.

1.4.2 | Aufbereitung der Auftragsdaten

Nachdem die Auftragsinformationen erfasst wurden, müssen sie noch kommissioniergerecht **aufbereitet** werden. Das heißt, sie werden mit den für die Kommissionierung notwendigen Informationen, wie Kommissionierzone, Lagerfachnummer usw. verknüpft und in **Picklisten** übertragen.

Werden **zu viele Positionen** auf einer Pickliste untergebracht, dann wird sie unübersichtlich und es können während der Kommissionierung Fehler, wie z. B. das Vergessen von Positionen oder das Entnehmen falscher Artikel bzw. Mengen, auftreten. Dies kann jedoch verhindert werden, indem extrem große Aufträge in mehrere Teilaufträge aufgeteilt werden.

Picklisten sollten grundsätzlich folgendermaßen **gestaltet** sein:

- Lagerfachnummer, Artikelnummer und Entnahmemenge sollten auf einen Blick erkennbar sein.
- Picklisten sollten wegoptimiert aufbereitet sein.
- Zum Abhaken der erledigten Positionen und für Bemerkungen sollte genügend Platz vorhanden sein.
- Picklisten sollten nicht handschriftlich erstellt werden.

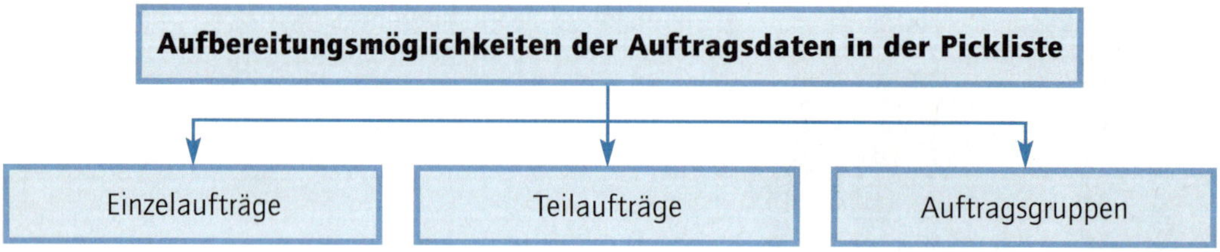

5006208

Als **Einzelauftrag** stellt die Pickliste genau einen Kundenauftrag dar. Bei einer Zerlegung in **Teilaufträge** bildet die Pickliste einen bestimmten Abschnitt eines großen Kundenauftrags. In einer **Auftragsgruppe** sind mehrere kleine Kundenaufträge zusammengefasst, um dadurch eine Steigerung der Kommissionierleistung zu erreichen.

mögliche Vorgehensweise bei der Aufbereitung der Auftragsdaten

Aufbereitung der Auftragsdaten im Batch-Modus
Hier werden die erfassten Auftragsdaten eines ganzen Tages gesammelt und anschließend zu einem bestimmten Zeitpunkt (nur einmal am Tag) aufbereitet.

Aufbereitung der Auftragsdaten im Realtime-Modus
Hier werden die Auftragsdaten jedes Auftrags sofort nach Erfassung einzeln aufbereitet. Dies wird in Lagern mit hoher Kommissionierleistung sowie vielen Eilaufträgen praktiziert.

***Beispiel** einer Pickliste:*

Kommission Nr. SE/00002248/04 Datum: 09.02.2004

Empfänger:
Name/Firma Stahlbau GmbH Kunden-Nr.: 05124 / 99
Anschrift Gewerbepark 4
03222 Lübbenau

Bestellung vom: 02.02.2004 Auftragsnummer: 00025/2004

Kommissionierer:
Herr/Frau Frau Gebler Identnummer: ge-12/522/6

lfd. Nr	Lager-zone	Lagerplatz-nummer	Artikel-nummer	Artikelbezeichnung	Bestell-menge	Korrektur-menge	Fehl-menge
1	SE	08/04	5675/25	Spannschloss	15 Stück		
2	SE	10/03	6483/85	Stahlseil 5 mm	15 lfd. m		
3	SE	10/05	6483/88	Stahlseil 8 mm	15 lfd. m		

1.4.3 | Weitergabe der Kommissionieraufträge

Die fertig erstellten Picklisten können auf zwei Arten an den Kommissionierer weitergegeben werden.

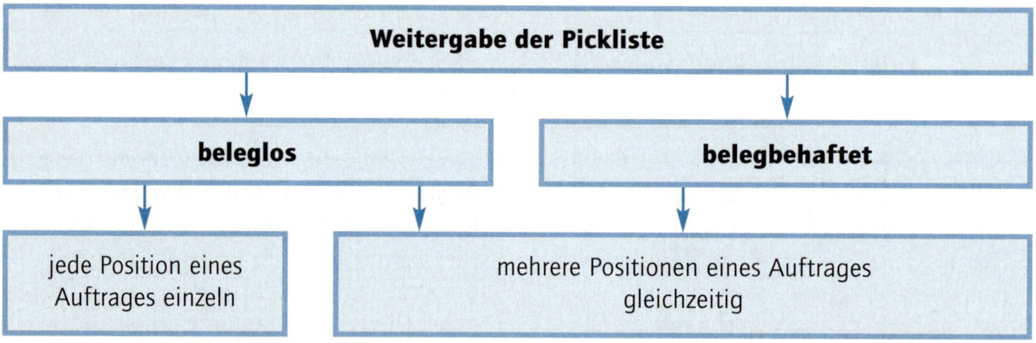

Heutzutage erfolgt die Weitergabe der Picklisten in zunehmendem Maße **beleglos.** Das heißt, der Mitarbeiter erkennt auf dem Display eines Terminals alle für die Entnahme notwendigen Informationen. Für die **belegbehaftete** Weitergabe werden die Picklisten ausgedruckt und an den Kommissionierer weitergegeben. Auf die beleglose und die belegbehaftete Kommissionierung wird noch im Abschnitt 2.4.2 näher eingegangen.

Die Picklisten werden entweder vor Übergabe durch den Bearbeiter bzw. Lagerverwaltungsrechner oder nach Übergabe durch den Kommissionierer nach **Dringlichkeit** oder **Reihenfolge** des Eingangs **sortiert.**

? AUFGABEN

1. Beschreiben Sie, aus welchen Gründen in Ihrem Ausbildungsbetrieb Warenauslagerungen vorgenommen werden und welche Materialarten sie jeweils betreffen.
2. Erklären Sie, anhand welcher Unterlagen eine Auslagerung in Ihrem Ausbildungsbetrieb erfolgt.
3. Erklären Sie den Unterschied zwischen Lagereinheit und Bereitstelleinheit.
4. Beschreiben Sie, welche Kommissioniertechnik in Ihrem Ausbildungsbetrieb eingesetzt wird. Warum hat sich Ihr Ausbildungsbetrieb gerade für diese Technik entschieden?
5. Überlegen Sie, wovon es abhängen könnte, ob die Weitergabe der Picklisten belegbehaftet oder beleglos erfolgt.
6. Erklären Sie anhand eines Ablaufschemas, wie in Ihrem Ausbildungsbetrieb die Vorbereitung der Kommissionieraufträge erfolgt.
7. Begründen Sie, warum es wichtig ist, die Kommissionierlisten vor der Abarbeitung nach Dringlichkeit oder Reihenfolge zu sortieren.

5006210

2 | Durchführung der Kommissionierung – Kommissioniervorgang

SITUATION

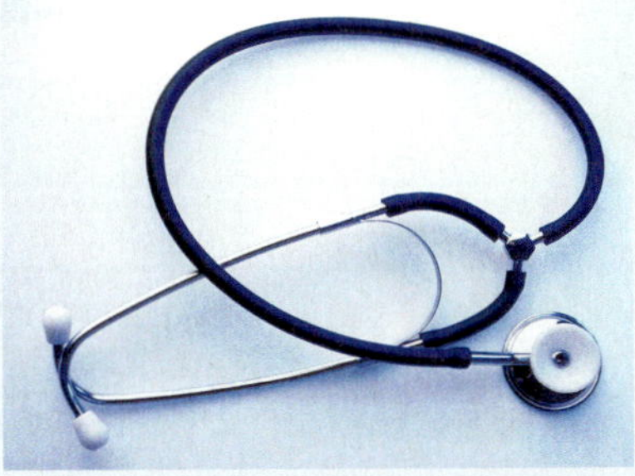

Die Medikus AG ist Hersteller und Vertreiber von medizinischen Kleingeräten für Kliniken und Arztpraxen.

Anja ist Auszubildende im zweiten Ausbildungsjahr und hat im Rahmen ihrer Ausbildung bisher Tätigkeiten der Beschaffung, des Wareneingangs und während der Lagerung von Materialien und Waren kennen gelernt. Nun wird sie erstmalig im Kommissionierbereich eingesetzt.

Anja war bisher der Meinung, dass Kommissionieren nichts weiter beinhaltet, als Waren aus den Regalen zu nehmen und an Kunden zu verschicken.

Nun lernt sie jedoch den kompletten Ablauf eines Kommissioniervorganges kennen. Sie begreift, dass der Kommissioniervorgang sehr viel komplexer ist, als bisher angenommen, und dass eine Reihe wichtiger Tätigkeiten beim Kommissionieren anfallen.

1 **Überlegen Sie, welche Tätigkeiten Ihrer Meinung nach innerhalb eines Kommissioniervorgangs anfallen könnten.**

2 **Nennen Sie eine geeignete Kommissioniertechnik, die für den Einsatz im Kommissionierbereich der Medikus AG infrage käme. Begründen Sie Ihre Antwort.**

SACHDARSTELLUNG

Der **eigentliche Kommissioniervorgang** enthält sechs Grundfunktionen:

❶ Bereitstellung der Ware
❷ Fortbewegung des Kommissionierers
❸ Entnahme der Ware
❹ Quittierung der entnommenen Ware
❺ Abgabe der entnommenen Ware
❻ Kontrolle der entnommenen Ware

2.1 | Bereitstellung der Ware – Kommissioniersysteme

Die Ware kann auf **drei unterschiedliche Arten** bereitgestellt werden, nämlich

- dynamisch
- maschinell
- statisch

Während die dynamische und die statische Bereitstellung **unter dem Einsatz von Menschen** erfolgt, wird die maschinelle Bereitstellung **ausschließlich durch Technik** ausgeführt.

Die **statische** Bereitstellung wird durch das Kommissioniersystem **„Mann zur Ware"** realisiert, das deshalb auch statisches Kommissioniersystem genannt wird. Durch das Kommissioniersystem **„Ware zum Mann"** wird die **dynamische** Bereitstellung realisiert, auch dynamisches Kommissioniersystem genannt. Die **maschinelle** Bereitstellung erfolgt durch **Kommissionierroboter** oder **Kommissionierautomaten.** Dabei stehen jeweils verschiedene Lagersysteme zur Verfügung.

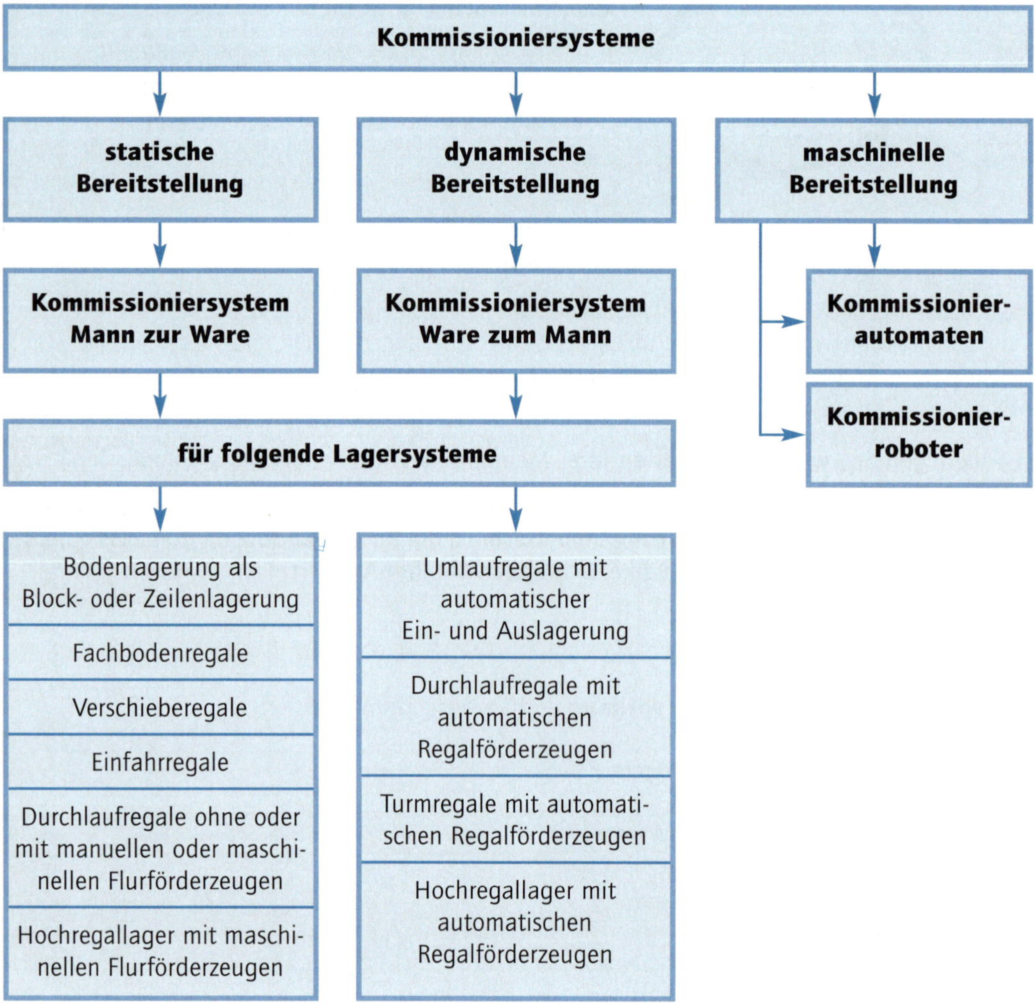

2.1.1 | Statische Bereitstellung – Kommissioniersystem Mann zur Ware

Bei diesem Kommissioniersystem bewegt sich der Kommissionierer zu den Lagerplätzen der Artikel. Dort entnimmt er die betreffenden Artikel in der vorgegebenen Menge und Reihenfolge.

Das wird an folgendem ***Beispiel*** deutlich:

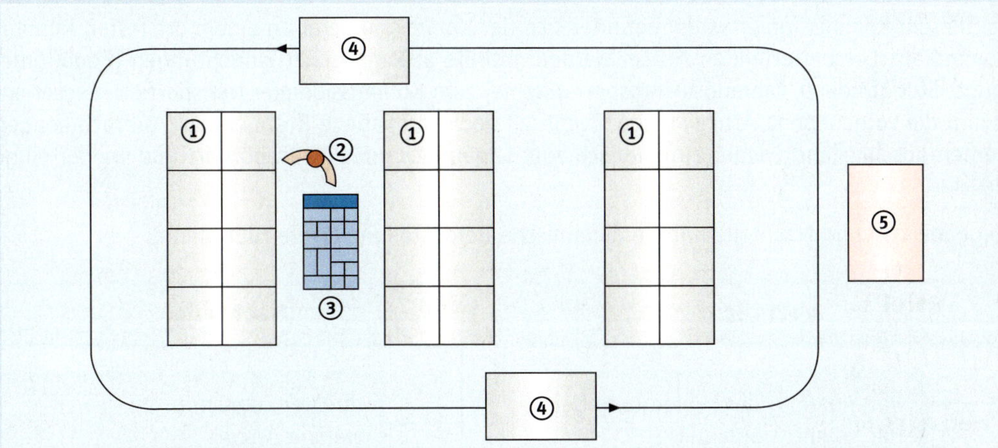

Als Lagersystem kommt ein Fachbodenregal ❶ zum Einsatz. Die Entnahme erfolgt manuell. Der Kommissionierer ❷ bewegt sich mit seinem Kommissionierwagen ❸ zum Lagerplatz des gewünschten Artikels, entnimmt diesen und legt ihn in den Behälter des Kommissionierwagens. Der Inhalt dieses Behälters bildet die Sammeleinheit.

Ist der gesamte Kommissionierauftrag abgearbeitet, legt der Kommissionierer die Sammeleinheit auf einem ständig in Bewegung befindlichen Unterflurschleppkettenförderer ❹ ab. Die Sammeleinheit wird so dezentral zum Versand ❺ transportiert.

Die statische Bereitstellung (Mann zur Ware) bringt folgende Vor- und Nachteile:

Vorteile

- geringer Investitionsaufwand
- direkter Zugriff auf alle Artikel
- Realisierung von Eilaufträgen möglich
- flexibel bei schwankenden Anforderungen

Nachteile

- z. T. erhebliche Wegzeiten
- geringe Kommissionierleistungen bei kleinen Aufträgen
- Abtransport leerer Ladehilfsmittel erschwert
- optimale technische Ausrüstung des Entnahmeplatzes nicht möglich

2.1.2 | Dynamische Bereitstellung – Kommissioniersystem Ware zum Mann

Bei diesem Kommissioniersystem befindet sich der Kommissionierer an einem ortsfesten Kommissionierplatz. Die betreffenden Artikel werden mithilfe automatischer Einrichtungen (Regalförderzeuge, Stetigförderer, fahrerlose Transportsysteme) zum Kommissionierer transportiert. Dieser entnimmt die vorgegebene Artikelmenge. Eventuell noch verbliebene Restmengen (Anbruchmengen) werden anschließend wieder automatisch zum Lagerplatz zurück transportiert und wieder eingelagert.

Folgende Vor- und Nachteile hat die dynamische Bereitstellung (Ware zum Mann):

Vorteile

- Verringerung der Fehlerquote bei der Kommissionierung
- hohe Kommissionierleistungen aufgrund fast gänzlich entfallender Wegzeiten
- optimale technische Ausrüstung des Entnahmeplatzes möglich
- ergonomisch optimales Arbeiten möglich
- einfacher Abtransport leerer Ladehilfsmittel

Nachteile

- direkter Zugriff nur auf jeweils wenige Artikel
- unflexibel bei schwankenden Anforderungen
- hoher Investitionsaufwand
- hoher organisatorischer Aufwand
- bei Stromausfall kompletter Stillstand

5006214

Folgendes ***Beispiel*** verdeutlicht dieses Kommissioniersystem:

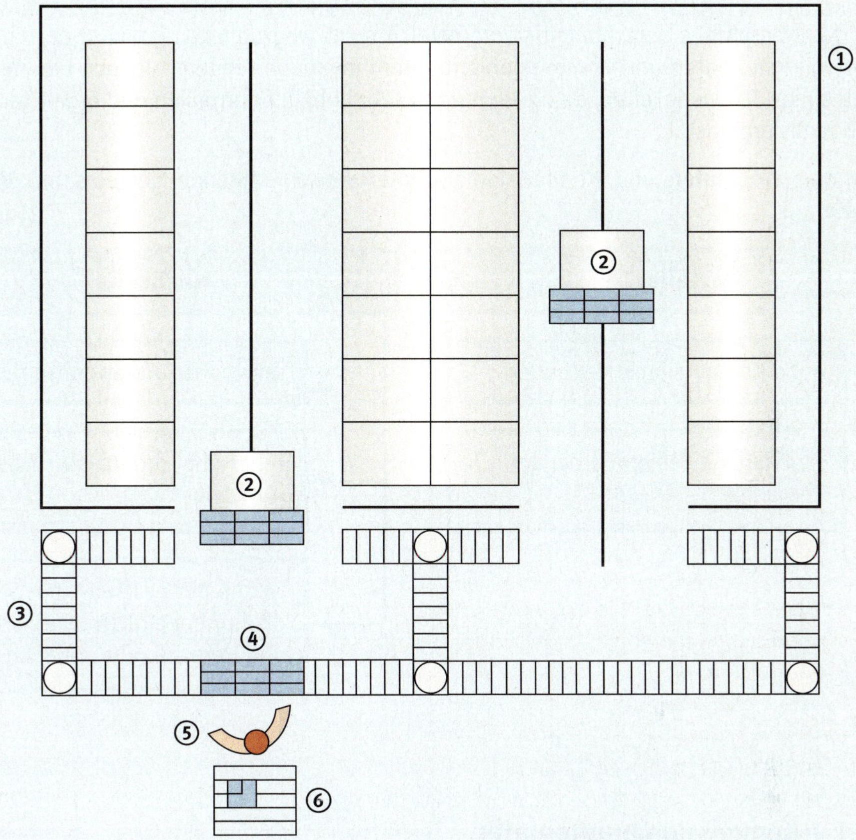

Als Lagersystem kommt z. B. ein automatisches Hochregallager ❶ zum Einsatz. Die betreffenden Artikel werden durch ein vollautomatisches Regalförderzeug ❷ aus dem Lagerplatz entnommen und anschließend in der Lagervorzone auf eine Rollenbahn ❸ übergeben. Diese transportiert die Artikel zum ortsfesten Kommissionierplatz ❹, wo der Kommissionierer ❺ die Artikel in der vorgegebenen Menge entnimmt. Eine verbliebene Restmenge wird, ebenfalls vollautomatisch, zum Lagerplatz zurücktransportiert. Hinter dem Kommissionierer befindet sich eine weitere Rollenbahn ❻, auf der ein Behälter steht. In diesen wird die Sammeleinheit gelegt und anschließend zum Versand weitertransportiert.

2.1.3 | Maschinelle Bereitstellung – Kommissionierautomaten und Kommissionierroboter

Obwohl der Mensch aus dem Kommissionierbereich nicht wegzudenken ist, wird der Einsatz von Kommissionierautomaten und Kommissionierrobotern immer verbreiteter. Jedoch bereitet ihr Einsatz noch einige Schwierigkeiten, da dieser nur mit sehr hohem finanziellen und organisatorischem Aufwand realisierbar ist.

Kommissionierautomaten und Kommissionierroboter weisen folgende gemeinsame **Vor- und Nachteile** auf:

Vorteile

- hohe Kommissionierleistungen
- sehr geringe Fehlerrate bei der Entnahme

Nachteile

- sehr hoher Investitionsaufwand
- sehr hoher organisatorischer Aufwand
- wegen der beschränkten Sensorik oft nur bei einheitlicher Artikel- und Verpackungsgröße einsetzbar

2.1.3.1 | Kommissionierautomaten

Kommissionierautomaten haben stark eingeschränkte Einsatzmöglichkeiten, da sie jeweils nur für einen speziellen Anwendungsfall konstruiert werden. Damit sind sie unflexibel gegenüber möglichen Veränderungen. Zum Einsatz kommen vor allem Schachtkommissionierer.

Schachtkommissionierer

Schachtkommissionierer bestehen aus aneinander gereihten Magazinschächten in vertikaler, geneigter Stellung. Die einzelnen Schächte sind meistens zwischen 1,5 und 6 m hoch und können zusammengestellt Längen von ca. 80 m erreichen.

In die Magazinschächte werden die Artikel übereinander gestapelt. Die Entleerung erfolgt durch einen direkt am Magazinschacht installierten Schieber. Nach der Entnahme bewegen sich infolge der Schwerkraft die verbleibenden Artikel nach unten in die richtige Entnahmeposition.

Die Beschickung der einzelnen Schächte erfolgt artikelrein von oben. Es sind Artikelmaße, die zwischen der Größe einer Streichholzschachtel und eines Schuhkartons liegen, und Einzelgewichte bis ca. 2 500 g realisierbar.

Die **Arbeitsweise** von Schachtkommissionierern sieht folgendermaßen aus:

Zwischen den einander zugeneigten Schächten führt ein Förderband hindurch. Ein vor dem Automaten installierter Laserscanner identifiziert den vorbeikommenden Behälter und gibt die Informationen an den Lagerrechner weiter. Der Rechner ordnet dem Behälter einen Kommissionierauftrag zu.

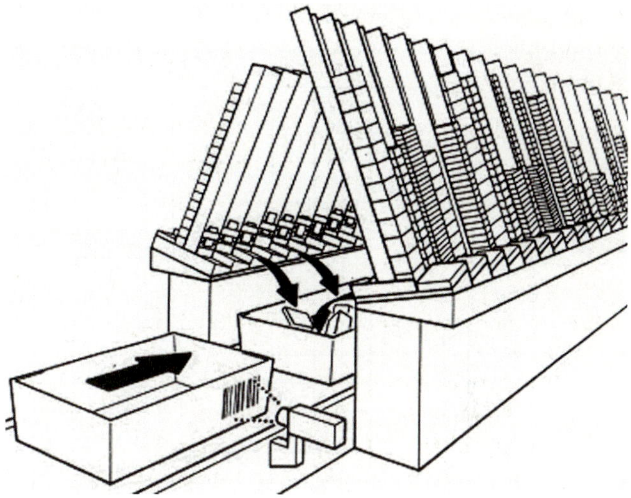

Beim Durchlauf des Behälters geben am Schacht befindliche computergesteuerte Auswerfer die jeweilige Artikelmenge ab.

Nach Beendigung des Durchlaufs wird der Behälter gewogen. Über das ermittelte Gewicht wird kontrolliert, ob alle Artikel in der richtigen Menge entnommen wurden.

2.1.3.2 | Kommissionierroboter

Kommissionierroboter sind aufgrund universell einsetzbarer Greifeinrichtungen flexibler im Einsatz als Kommissionierautomaten. Die Bewegungen sind innerhalb bestimmter Parameter frei programmierbar. Die Ware wird in ein mitgeführtes Behältnis (Karussell, Paletten usw.) gelegt.

Neben verschiedenen, an die jeweiligen Artikeleigenschaften angepassten Greifern sind sie mit einem Ultraschall-Sensor oder Infrarot-Bilderkennungs- und -verarbeitssystem zur Lageerkennung der Teile ausgerüstet.

Die Auftragsdaten (Auftragsnummer, Lagerplatzkoordinaten, Stückzahl und Gewicht des Artikels) erhält der Roboter vom Lagerrechner.

In der Kommissionierung werden sowohl ortsfeste als auch mobile Roboter eingesetzt. **Ortsfeste** Roboter benötigen einen relativ großen Arbeitsbereich.

Mobile Roboter sind im Prinzip ortsfeste Roboter auf einem dafür geeigneten Unstetigförderer und damit fahrbar.

Die Entnahme von Artikeln durch Roboter wird vereinfacht, wenn diese bereits in einer standardisierten Menge in Behältern eingelagert wird.

Die Arbeitsweise von Kommissionierrobotern soll anhand eines ***Beispiels*** erklärt werden:

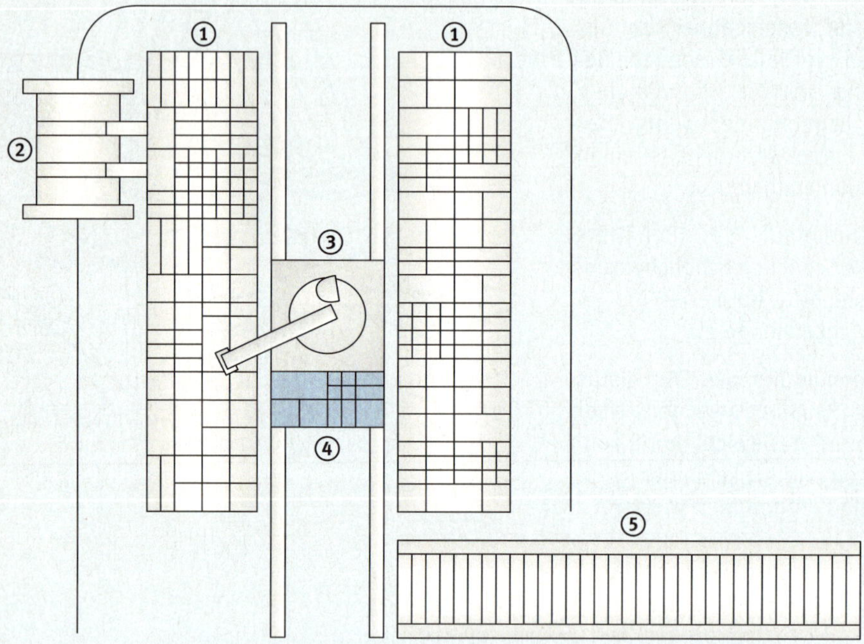

Als Lagersystem kommt ein vollautomatisches Palettenregallager ❶ zum Einsatz. Ein automatisches Regalförderzeug ❷ lagert die artikelreinen Paletten ein. Der Kommissionierroboter ❸ fährt schienengeführt an der Regalfront entlang und entnimmt die betreffenden Artikeleinheiten in der vorgegebenen Menge. An den Roboter ist ein Palettenfahrzeug ❹ gekoppelt, auf das die Entnahmeeinheiten abgestellt werden. Ist der gesamte Kommissionierauftrag abgearbeitet, übergibt der Roboter die Sammeleinheit einem Stetigförderer ❺ (z. B. Rollenbahn) zum Weitertransport an den Versand.

2.2 | Fortbewegung des Kommissionierers

Unter Fortbewegung ist der Weg des Kommissionierers zu und zwischen den Entnahmepunkten zu verstehen. Sie kann

- eindimensional und
- zweidimensional

erfolgen.

Bei der **eindimensionalen** Fortbewegung bewegt sich der Kommissionierer **nur horizontal** im Lager fort und kommissioniert in der von ihm erreichbaren Greifhöhe. Seine mögliche Zugriffshöhe ist somit auf ca. 1,60 m bis 1,80 m eingeschränkt. Die optimale Greifhöhe liegt zwischen ca. 0,80 m und 1,50 m. Deshalb sollten Schnellläufer grundsätzlich in diesem Bereich gelagert werden.

Bei der **zweidimensionalen** Fortbewegung bewegt sich der Kommissionierer sowohl horizontal als auch vertikal durch das Lager.

Mithilfe von Tritten, Leitern oder gleichzeitig fahr- und hubfähigen Kommissioniergeräten werden Zugriffshöhen bis ca. 10 m erreicht. Im unteren Zugriffsbereich werden Schnellläufer, im oberen Langsamdreher und Reserven gelagert.

Bei Anwendung der zweidimensionalen Fortbewegung kann auf kleinerer Lagergrundfläche eine größere Anzahl von Artikeln gelagert werden, die sich im direkten Zugriffsbereich des Kommissionierers befinden.

2.3 | Entnahme der Ware

Die Entnahme der Ware aus den Lagerplätzen kann auf **drei Arten** erfolgen, nämlich
- manuell
- automatisch
- mechanisch

- **Manuelle Entnahme:**
  Die manuelle Entnahme wird vollständig vom Menschen unter Zuhilfenahme manueller Flurförderzeuge ausgeführt und gesteuert. Sie ist ohne Probleme durchführbar, wenn sich die Entnahmeeinheiten in optimaler Greifhöhe befinden.

- **Mechanische Entnahme:**
  Bei der mechanischen Entnahme erfolgt der Zugriff unter Zuhilfenahme maschineller Flurförderzeuge. Hier hat der Mensch allerdings vor allem Steuerungsaufgaben und weniger Muskelarbeit auszuführen. Sie ist auch dann durchführbar, wenn sich die Entnahmeeinheiten außerhalb der optimalen Greifhöhe des Kommissionierers befinden.
- **Automatische Entnahme:**
  Die automatische Entnahme wird vollständig durch computergesteuerte Flurförderzeuge, Kommissionierroboter oder Kommissionierautomaten ohne Eingreifen des Menschen ausgeführt. Der Zentralrechner übermittelt alle notwendigen Daten und übernimmt die Steuerung. Zur problemlosen Durchführung müssen die Artikel bzw. Packmittel jedoch standardisiert sein.

Welche Art der Entnahme letztendlich angewendet wird, richtet sich nach
- der Art und den Eigenschaften der Artikel, wie z. B. Volumen, Gewicht, Maße, Beschaffenheit usw.
- den vorhandenen technischen Möglichkeiten
- der Lagereinrichtung

2.4 | Quittierung der entnommenen Ware

Mit der Quittierung wird die Entnahme der Ware **bestätigt.** Außerdem enthält eine Quittierung ggf. auch die Meldung über **Fehlmengen** und notwendiges **Auffüllen** völlig leerer Lagerfächer.

Die Quittierung erfolgt analog der Weitergabe der Kommissionieraufträge entweder belegbehaftet oder beleglos.

2.4.1 | Belegbehaftete Kommissionierung

Bei der belegbehafteten Kommissionierung wird die Pickliste ausgedruckt und dem Kommissionierer mitgegeben. Die Entnahme der einzelnen Positionen wird durch Abhaken, die fertige Abarbeitung der Pickliste durch Unterschrift oder Kurzzeichen auf der Liste quittiert.

Nach Abgabe der Sammeleinheit wird der Lieferschein ausgedruckt. Fehlmengen werden als Nachlieferpositionen auf dem Lieferschein gekennzeichnet.

Die **einzelnen Bearbeitungsschritte** der belegbehafteten Kommissionierung sind aus folgendem Ablaufschema ersichtlich:

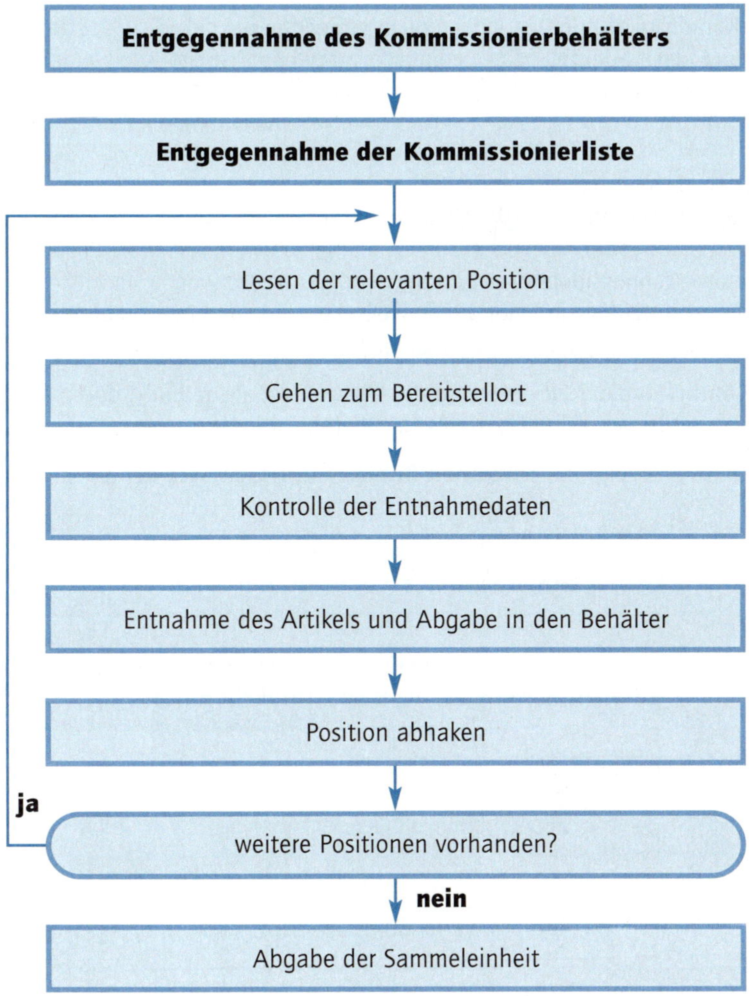

Bei dieser Vorgehensweise sind jedoch mehrere **Fehler** möglich:

- Der Kommissionierer verrutscht während der Entnahme in der Zeile und entnimmt die **falsche Menge.**
- Der Kommissionierer verrutscht zwischen zwei Entnahmen in der Zeile und **vergisst eine Position.**
- Der Kommissionierer greift beim Blickwechsel vom Lagerfach zur Pickliste in das falsche Fach und entnimmt den **falschen Artikel.**

Belegbehaftete Kommissionierung ist jedoch nicht schlechter als beleglose. Ist das Lager vernünftig organisiert und der Lagerablauf systematisch aufgebaut, so ist auch eine belegbehaftete Kommissionierung effektiv.

2.4.2 | Beleglose Kommissionierung

Bei der beleglosen Kommissionierung entfällt das Ausdrucken einer Pickliste. Die einzelnen Positionen werden dem Kommissionierer auf dem Display eines Terminals angezeigt. Die Entnahme der einzelnen Positionen wird durch Drücken einer Taste quittiert.

Nach erfolgter Abarbeitung der Pickliste wird der Lieferschein ausgedruckt und die Sammeleinheit abgegeben. Auch hier werden Fehlmengen als Nachlieferpositionen auf dem Lieferschein vermerkt.

Folgendes Ablaufschema zeigt die **einzelnen Bearbeitungsschritte** der beleglosen Kommissionierung:

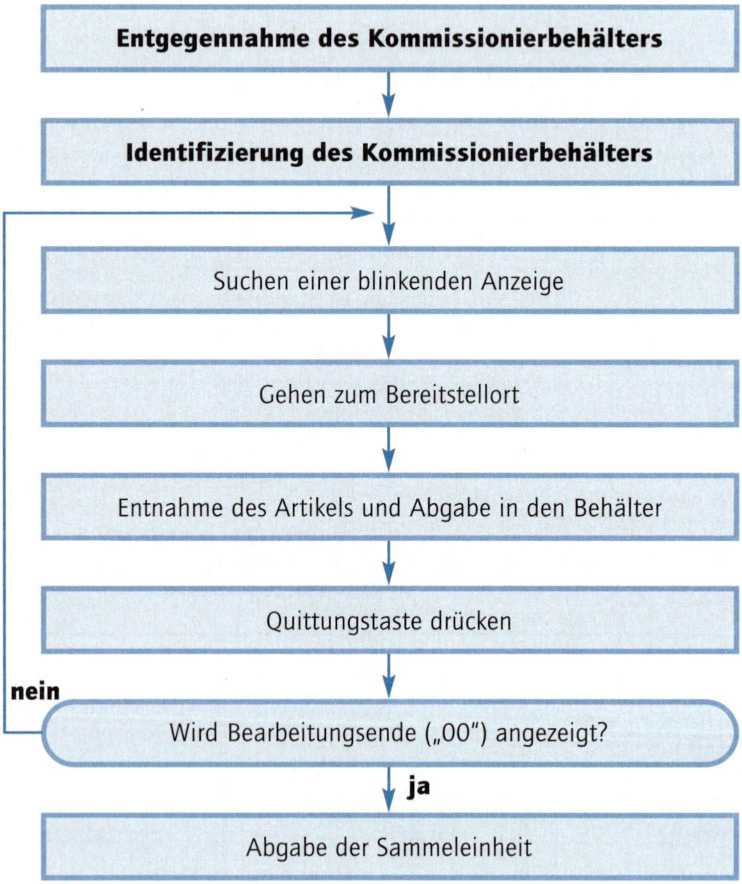

Es stehen zwei **Arten** von Terminals zur Verfügung:
- ortsfeste Terminals
- mobile Terminals

Sowohl die ortsfesten als auch die mobilen Terminals führen den Kommissionierer **wegoptimiert** durch das Lager.

Für die **Übertragung der Daten** zwischen Zentralrechner und Terminal stehen verschiedene Techniken zur Verfügung:
- Infrarot
- Ultraschall
- Induktion
- Datenfunk
- Laser
- Kabelverbindung zusätzlich bei ortsfesten Terminals

Durch diese Datenübertragungstechniken kann bereits direkt nach der Entnahme des letzten Artikels der Lieferschein ausgedruckt und der Sammeleinheit vor Weitergabe an den Versand beigefügt werden. Das wird vor allem beim Pick-Pack-Verfahren (siehe Abschnitt 2.5) praktiziert.

Beleglose Kommissionierung mit ortsfesten Terminals

Ortsfeste Terminals sind an jedem Lagerfach fest installiert. Die Terminals enthalten neben dem Display zur Anzeige aller Entnahmedaten eine Quittierungstaste sowie ein Lichtsignal zur Facherkennung. Außerdem ist an jedem Lagerblock ein Leuchtsignal zur besseren Orientierung bzw. Erleichterung der Suche weit sichtbar angebracht. Pro Lagerzone kann nur jeweils ein Auftrag gleichzeitig abgearbeitet werden.

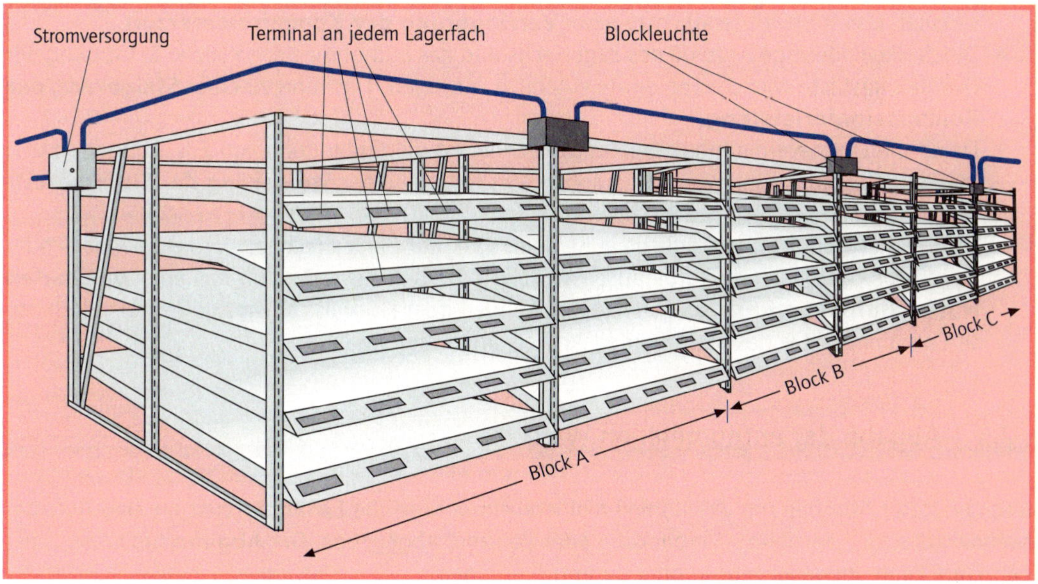

Beleglose Kommissionierung mit mobilen Terminals

Mobile Terminals werden vom Kommissionierer ständig mitgeführt. Dabei sind zwei Varianten möglich: als Handterminal oder als fest am Kommissioniergerät installiertes Terminal (s. Lernfeld 3, Kapitel 1.4). Bei der Kommissionierung mit mobilen Anzeigen kann es passieren, dass der Kommissionierer ins falsche Fach greift. Durch Drücken einer zusätzlich am Regalfach angebrachten Quittierungstaste oder einer Barcode-Scannung können diese Entnahmefehler jedoch vermieden werden.

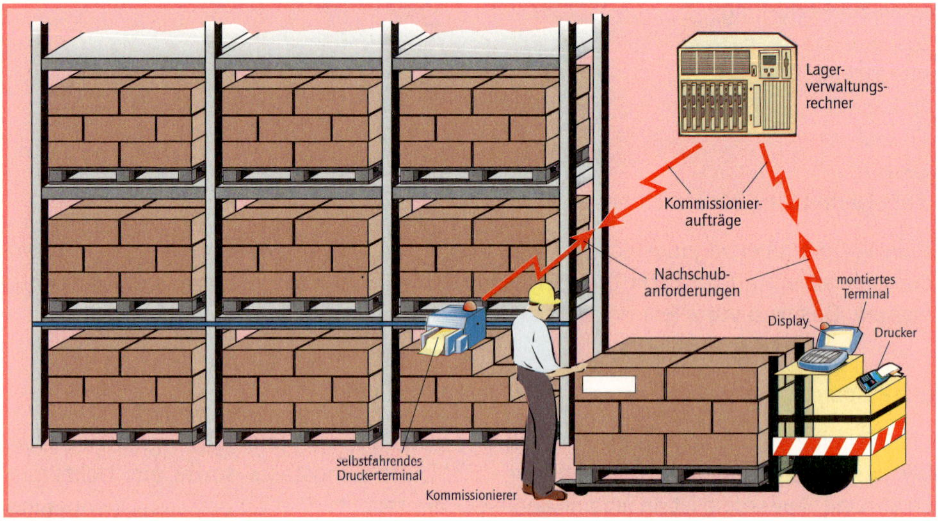

Vorteile **der** beleglosen gegenüber der belegbehafteten **Kommissionierung:**

- Durch die Anzeige des Entnahmeortes werden die Such- und Orientierungszeiten erheblich verkürzt. Das führt letztendlich zu einer **Verringerung der Kommissionierzeit.**
- Durch die eindeutige Anzeige des Lagerfachs und der Entnahmemenge sowie Betätigung der Quittierungstaste wird die Fehlerrate erheblich verringert. Das führt zu einer **Steigerung der Kommissionierleistung.**
- Durch die Onlineverbindung zum Zentralrechner ist die Einbindung von Eilaufträgen in den laufenden Kommissioniervorgang möglich. Das führt zu einer **Steigerung der Lieferbereitschaft und Verkürzung der Lieferzeit.**
- Die Onlineverbindung ermöglicht außerdem, dass der Zentralrechner bei Fehlmengen- oder Mindestbestandmeldung automatisch den Nachschub auslöst. Das führt zu einer **optimalen Nachschubsteuerung.** Bei Fehlmengen können dem Kommissionierer ggf. sofort alternative Entnahmeplätze des betreffenden Artikels angezeigt werden.

2.5 | Abgabe der entnommenen Ware

Nach erfolgter Abarbeitung des Kommissionierauftrags wird die Sammeleinheit an eine Auftragsammelstelle, z. B. Fertigung, Verpackung oder Versand, abgegeben. Die **Abgabe** der entnommenen Ware kann entweder zentral oder dezentral erfolgen.

Bei der **zentralen Abgabe** werden die in einem Behälter abgelegten Sammeleinheiten nach Abarbeitung des Kommissionierauftrags bei der Auftragssammelstelle abgegeben. Das Auftragsvolumen ist durch die während der gesamten Kommissionierung mitgeführten Behälter begrenzt.

Bei der **dezentralen Abgabe** wird der Behälter nach Abarbeitung des Kommissionierauftrags einem Stetigfördersystem übergeben, das diesen zur Auftragssammelstelle befördert. Das Auftragsvolumen ist hier nicht durch die mitgeführten Behälter begrenzt, sondern durch die Größe der Artikel.

Beim **Pick-Pack-Verfahren** wird die Ware sofort nach der Entnahme in einen Versandkarton bzw. sonstiges Packmittel gelegt. Die Größe des benötigten Packmittels wird vor der Kommissionierung durch den Zentralrechner ermittelt. Kommissionierung und Verpackung erfolgen somit in einem Arbeitsgang. Die Sammeleinheit kann anschließend zentral oder dezentral an den Versand abgegeben werden.

Das Pick-Pack-Verfahren bringt folgende **Vorteile:**
- Ein Umpacken der Ware entfällt.
- Es wird kein gesonderter Verpackungsbereich benötigt.
- Kommissionierbehälter sind nicht notwendig.

Der **Ablauf** des gesamten Pick-Pack-Verfahrens kann vereinfacht so dargestellt werden:

1. erforderliche Packmittelgröße ermitteln
2. Packmittel vorbereiten und Versandetikett aufkleben
3. Transport zum Kommissionierbereich
4. Kommissionierung
5. zentrale oder dezentrale Abgabe an den Versand
6. Prüfung auf Vollständigkeit
7. Einlegen des Lieferscheins
8. Packmittel verschließen

2.6 | Kontrolle der entnommenen Ware

Bevor die Ware für den Versand verpackt werden kann, muss sie nochmals kontrolliert werden. Diese **Kontrolle** bezieht sich sowohl auf die **Art** als auch auf die **Menge** der Waren. Das ist notwendig, um sicherzugehen, dass auch wirklich die richtigen Güter in der richtigen Menge kommissioniert wurden. Je gewissenhafter diese Kontrolle erledigt wird, umso seltener werden Reklamationen seitens des Kunden auftreten. Für die **Kontrolle** der entnommenen Waren stehen **manuelle** und **automatische** Verfahren zur Verfügung.

Die **manuelle Kontrolle** wird auf der Grundlage einer beiliegenden Liste (Lieferschein, Kommissionierliste oder eventuell separate Kontrollliste) durch den Kommissionierer oder einen Mitarbeiter der Auftragssammelstelle durchgeführt. Dabei werden alle Positionen der beiliegenden Liste mit dem Inhalt der Sammeleinheit auf Vollständigkeit und Richtigkeit hin überprüft.

Eine **automatische Kontrolle** wird durch den Zentralrechner durchgeführt: **Entweder** wird über eine **Gewichtskontrolle** ein Vergleich des Soll-Gewichts lt. Auftrag mit dem ermittelten Ist-Gewicht der Sammeleinheit durchgeführt, **oder** der Zentralrechner überprüft mittels **Barcodescanning**, ob die Sammeleinheit mit dem Kommissionierauftrag übereinstimmt. Bei bestehenden Differenzen ist eine detaillierte manuelle Kontrolle notwendig.

? AUFGABEN

1 Erklären Sie, welches Kommissioniersystem in Ihrem Ausbildungsbetrieb angewandt wird. Was wird Ihren Ausbildungsbetrieb zu dieser Entscheidung bewogen haben?

2 Überlegen Sie, ob es sich bei den folgenden Tätigkeiten um die statische oder die dynamische Bereitstellung handelt:
- Entgegennehmen der Pickliste
- Ermitteln des Lagerplatzes des nächsten Artikels
- Gang zum Lagerplatz
- Kontrollieren, dass es sich bei dem im Lagerfach liegenden Artikel um den richtigen handelt
- Entnehmen des betreffenden Artikels
- Abgeben der Sammeleinheit bei der Auftragssammelstelle

3 Man unterscheidet zwischen eindimensionaler und zweidimensionaler Fortbewegung des Kommissionierers.
a) Erklären Sie, um welche Art der Fortbewegung es sich handelt, wenn sich der Kommissionierer sowohl horizontal als auch vertikal am Regal entlang bewegt.
b) Beschreiben Sie die eindimensionale Fortbewegung des Kommissionierers.
c) Überlegen Sie, welche Fortbewegungsart die wirtschaftlichere ist.

4 Nennen Sie den Unterschied zwischen manueller, mechanischer und automatischer Entnahme der Waren.

5 Erklären Sie, ob in Ihrem Ausbildungsbetrieb die belegbehaftete oder die beleglose Kommissionierung zum Tragen kommt.

6 Beschreiben Sie die Möglichkeiten, die für die Kontrolle der entnommenen Waren bestehen.

3 | Vorgehensweisen bei der Abarbeitung der Kommissionieraufträge

SITUATION

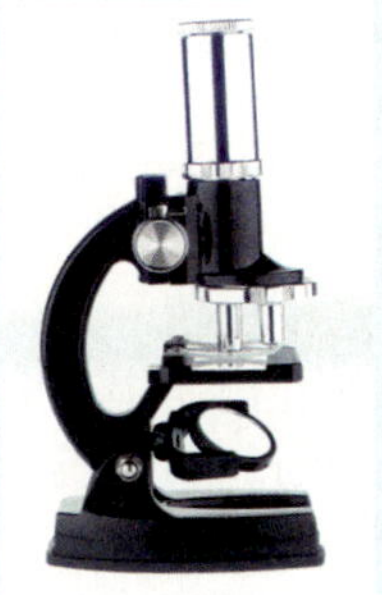

Die Medical Test GmbH ist Hersteller und Vertreiber von Labortechnik und -zubehör.

Bisher wurde jeder Kundenauftrag, jeder Auftrag aus der Produktionsabteilung und jeder interne Auftrag separat hintereinander von jeweils einem Kommissionierer abgearbeitet. Bei der Abarbeitung der Kommissionieraufträge wurde grundsätzlich die gesamte Lagerzone schleifenförmig durchlaufen.

Diese Vorgehensweise führte jedoch dazu, dass in Stoßzeiten die Anzahl der noch abzuarbeitenden Aufträge rapide zunahm und damit Engpässe bei der Bereitstellung der gewünschten Materialien bzw. Artikel entstanden.

1 Überlegen Sie, welche Konsequenzen aus der vorgenannten Situation für das Unternehmen entstehen könnten.

2 Diskutieren Sie in Ihrer Arbeitsgruppe, was die GmbH unternehmen sollte, um diese Konsequenzen abzuwenden.

SACHDARSTELLUNG

Bei der Abarbeitung der im vorhergehenden Abschnitt behandelten Teilschritte der Kommissionierung kann auf unterschiedliche Art und Weise vorgegangen werden. Dabei stehen dem Kommissionierer zum einen verschiedene Kommissioniermethoden und zum anderen verschiedene Wegstrategien zur Verfügung.

3.1 Kommissioniermethoden

Die Abarbeitung der Kommissionieraufträge kann mithilfe folgender **Kommissioniermethoden** durchgeführt werden:

- auftragsorientierte, serielle Kommissionierung mit oder ohne Übergabestelle
- serienorientierte, parallele Kommissionierung
- auftragsorientierte, parallele Kommissionierung

Während die beiden auftragsorientierten Kommissioniermethoden eine **einstufige** Kommissionierung ist, stellt die serienorientierte Kommissionierung eine **zweistufige** Kommissionierung dar.

3.1.1 | Auftragsorientierte, serielle Kommissionierung

Die auftragsorientierte, serielle Kommissionierung kann sowohl mit als auch ohne Übergabestellen durchgeführt werden. Bei beiden Varianten werden die einzelnen Positionen eines **kompletten** Kundenauftrags **(auftragsorientiert)** in den verschiedenen Lagerzonen **hintereinander (seriell)** abgearbeitet.

Auftragsorientierte, serielle Kommissionierung mit Übergabestellen

Die Kommissionierer sind auf die einzelnen Lagerzonen aufgeteilt und nur jeweils für diesen Teil zuständig. Am Ende jeder Lagerzone ist eine Übergabestelle eingerichtet. Der für die erste Lagerzone zuständige Kommissionierer übernimmt den Auftrag und kommissioniert die betreffenden Artikel in seiner Zone.

Anschließend übergibt er den Auftrag komplett mit Behälter an den zuständigen Kommissionierer der nächsten Lagerzone zur weiteren Bearbeitung. Das wird so oft wiederholt, bis der gesamte Auftrag abgearbeitet ist.

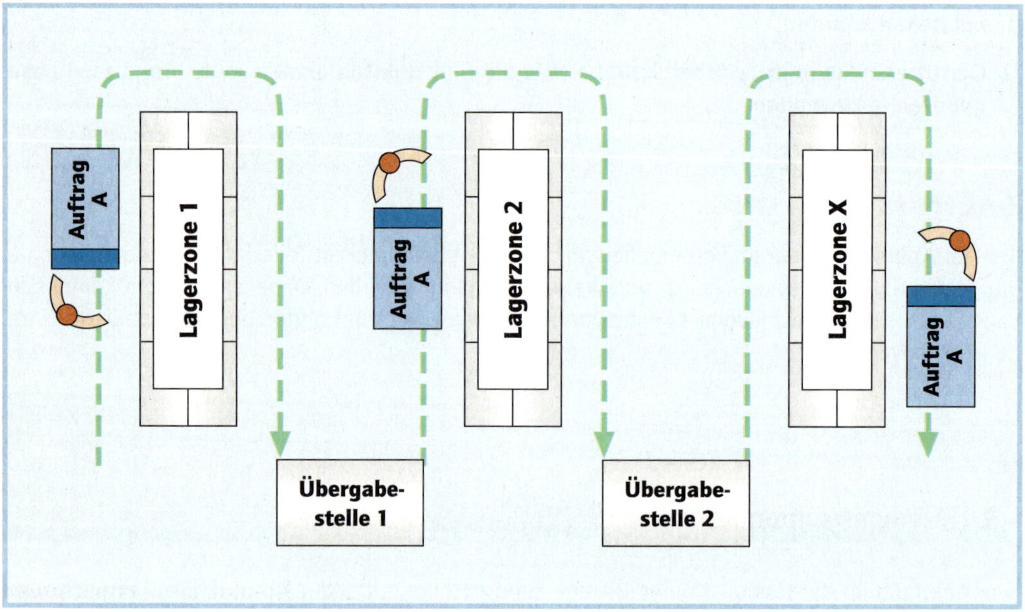

Auftragsorientierte, serielle Kommissionierung ***ohne*** *Übergabestellen*

Hier ist jeder Kommissionierer für alle Lagerzonen zuständig und führt einen kompletten Kundenauftrag allein aus, d. h., er durchläuft den gesamten Lagerbereich, bis der Kundenauftrag vollständig abgearbeitet ist. Anschließend arbeitet er den nächsten Kundenauftrag ab.

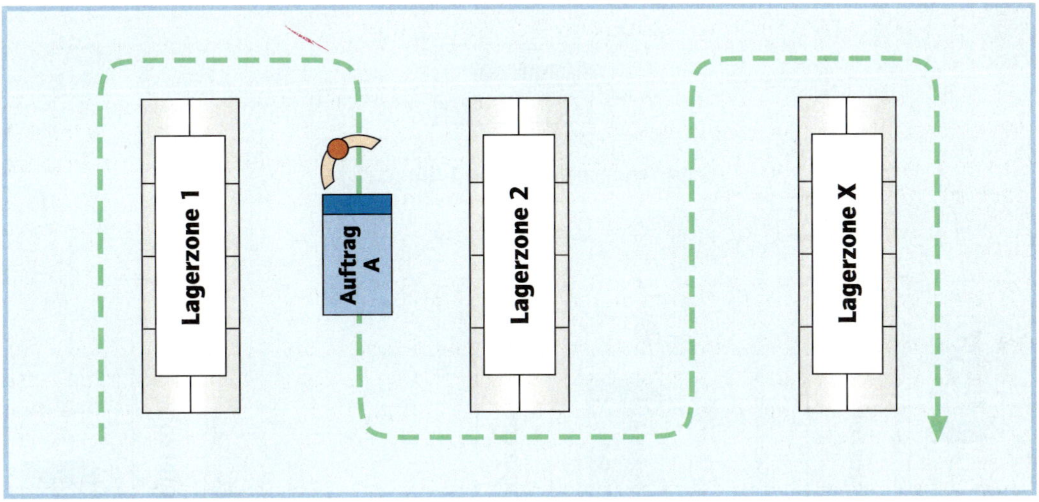

Vorteile	Nachteile
geringer organisatorischer Aufwand	lange Kommissionierwege
leichte Einarbeitung möglich	hohe Kommissionierzeiten

3.1.2 | Auftragsorientierte, parallele Kommissionierung

Hier sind die Kommissionierer ebenfalls auf die einzelnen Lagerzonen aufgeteilt und nur jeweils für diesen Teil zuständig. Der Kundenauftrag wird entsprechend der zutreffenden Lagerzonen in Teilaufträge aufgeteilt.

Die zuständigen Kommissionierer arbeiten diese Teilaufträge **eines** Kundenauftrags **(auftragsorientiert)** in den verschiedenen Lagerzonen **gleichzeitig (parallel)** ab. Nach erfolgter Abarbeitung aller Teilaufträge wird der Kundenauftrag an der Auftragssammelstelle zusammengeführt.

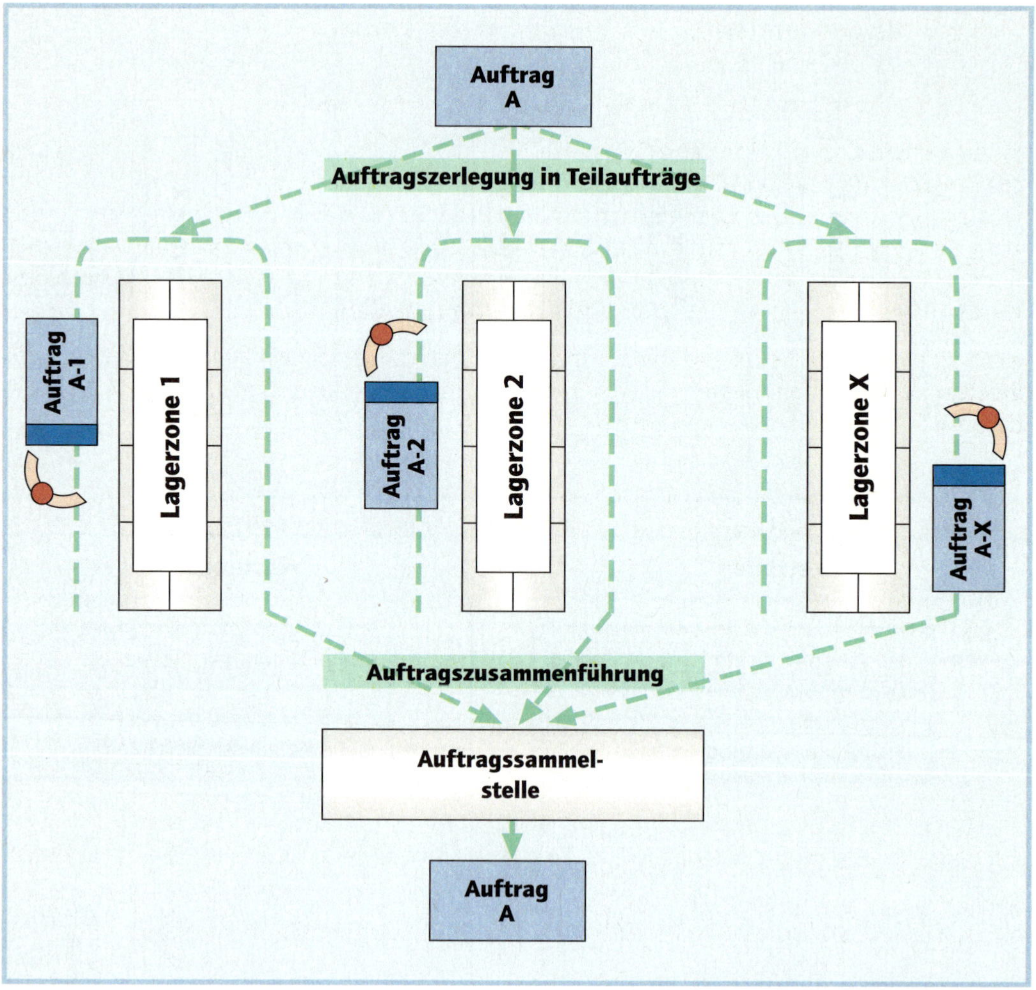

Vorteile

- Verkürzung der Kommissionierzeiten
- Erhöhung der Kommissionierleistung

Nachteile

- höherer organisatorischer Aufwand
- nicht ohne EDV durchführbar
- einzelne Lagerzonen sind ungleichmäßig ausgelastet

3.1.3 | Serienorientierte, parallele Kommissionierung

Die serienorientierte, parallele Kommissionierung läuft in **zwei Stufen** ab:

In der **ersten Kommissionierstufe** werden die eingehenden Kundenaufträge gesammelt. Die gesammelten Aufträge werden zu einer oder mehreren Serien pro Tag zusammengefasst. Jede Serie wird anschließend entsprechend der zutreffenden Lagerzonen in Teilaufträge aufgeteilt. Dadurch kann ein in mehreren Kundenaufträgen enthaltener Artikel in nur einem Arbeitsgang entnommen werden. Die zuständigen Kommissionierer arbeiten diese Teilaufträge **einer** Serie **(serienorientiert)** in den verschiedenen Lagerzonen **gleichzeitig (parallel)** ab.

Nach erfolgter Abarbeitung aller Teilaufträge einer Serie müssen die entnommenen Artikel in der **zweiten Kommissionierstufe** auf die einzelnen, ursprünglichen Kundenaufträge verteilt werden, d. h., jeder Kundenauftrag wird separat zusammengeführt.

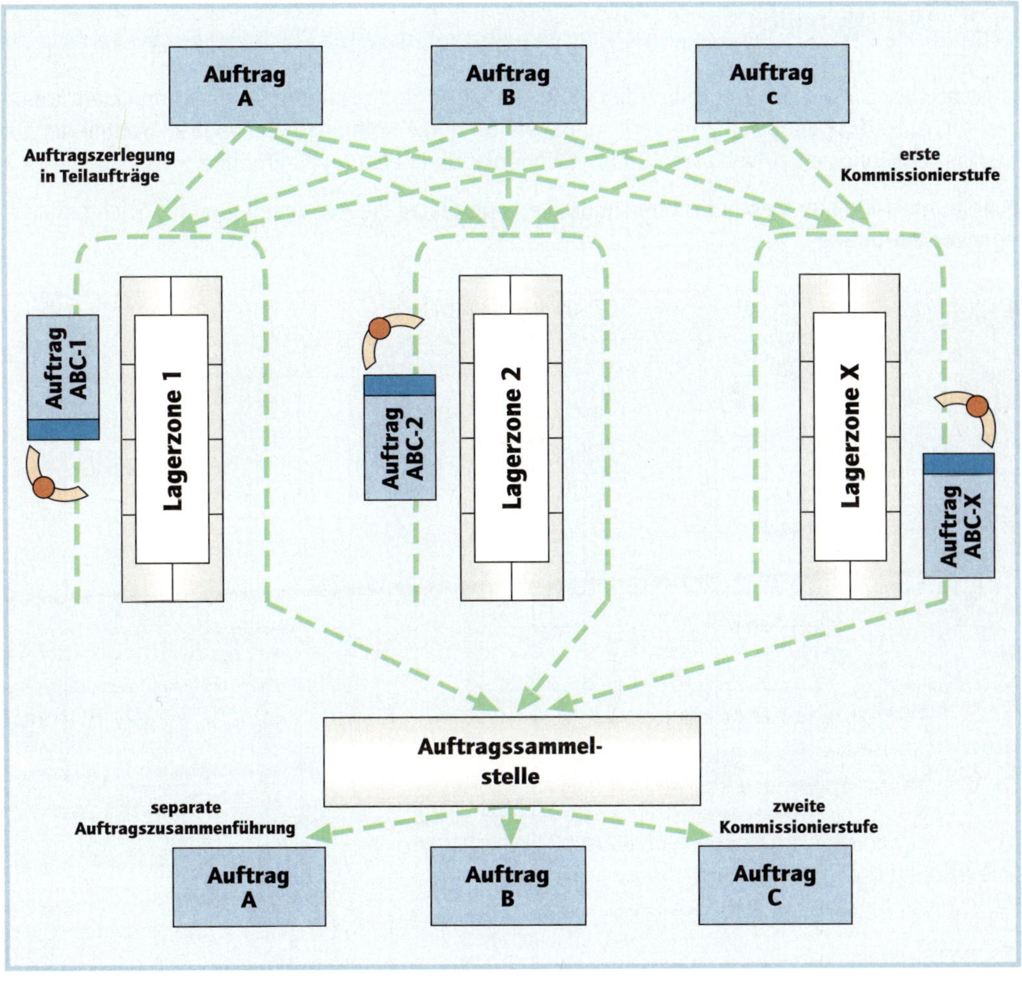

Vorteile	Nachteile
Verkürzung der Wegzeiten durch Wegoptimierung	Erhöhung der gesamten Kommissionierzeit durch zweistufiges Vorgehen
Erhöhung der Kommissionierleistung	großer organisatorischer Aufwand
	nicht ohne EDV durchführbar

3.2 | Wegstrategien

Es ist bewiesen, dass die Wegzeiten den Hauptanteil an der gesamten Kommissionierzeit haben. Deshalb ist es dringende Aufgabe der Lagerverwaltung, die Kommissionierwege zu optimieren, um die Kommissionierzeit zu verkürzen und die Kommissionierleistung zu erhöhen.

Dem Kommissionierer stehen zur Erreichung der Lagerplätze die Rundgang- und die Stichgangstrategie zur Verfügung.

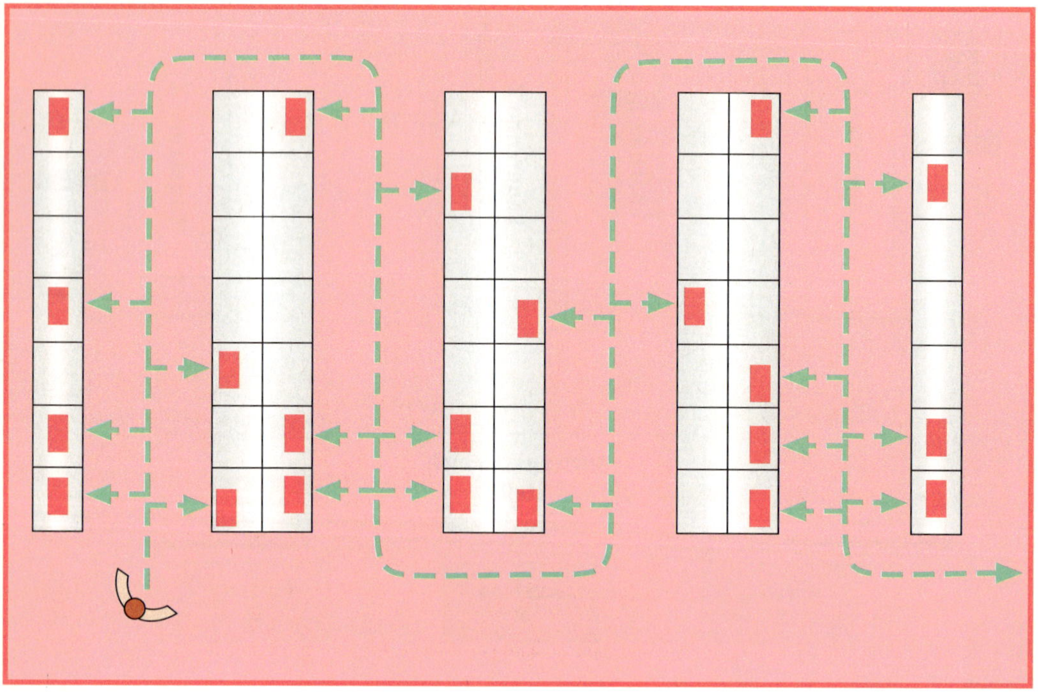

Bei beiden Wegstrategien sollten genügend breite Gänge vorhanden sein, um ein gegenseitiges Behindern der Kommissionierer beim Überholen oder Entgegenkommen zu verhindern.

Bei der **Rundgangstrategie** durchläuft der Kommissionierer **schleifenförmig** die Gänge einer Lagerzone **komplett von Anfang bis Ende.** Dabei lässt er jedoch Gänge aus, in denen sich keine Artikel für den abzuarbeitenden Kommissionierauftrag befinden.

Diese Strategie **eignet** sich vor allem für Lagerzonen mit Artikeln, die ähnliche Umschlaghäufigkeiten aufweisen oder für Lagerzonen, bei denen die Schnelldreher durchgehend in den unteren Etagen, die Langsamdreher in den oberen Etagen gelagert werden.

Bei der **Stichgangstrategie** durchläuft der Kommissionierer den betreffenden Gang jeweils **nur bis zum Lagerfach des letzten zu entnehmenden Artikels.** Gänge, in denen sich keine Artikel für den abzuarbeitenden Kommissionierauftrag befinden, überspringt er. Diese Strategie **eignet** sich für Lagerzonen mit Artikeln, die sehr unterschiedliche Umschlaghäufigkeiten aufweisen, wobei sich die Schnelldreher in der vorderen Hälfte und die Langsamdreher in der hinteren Hälfte eines Ganges befinden.

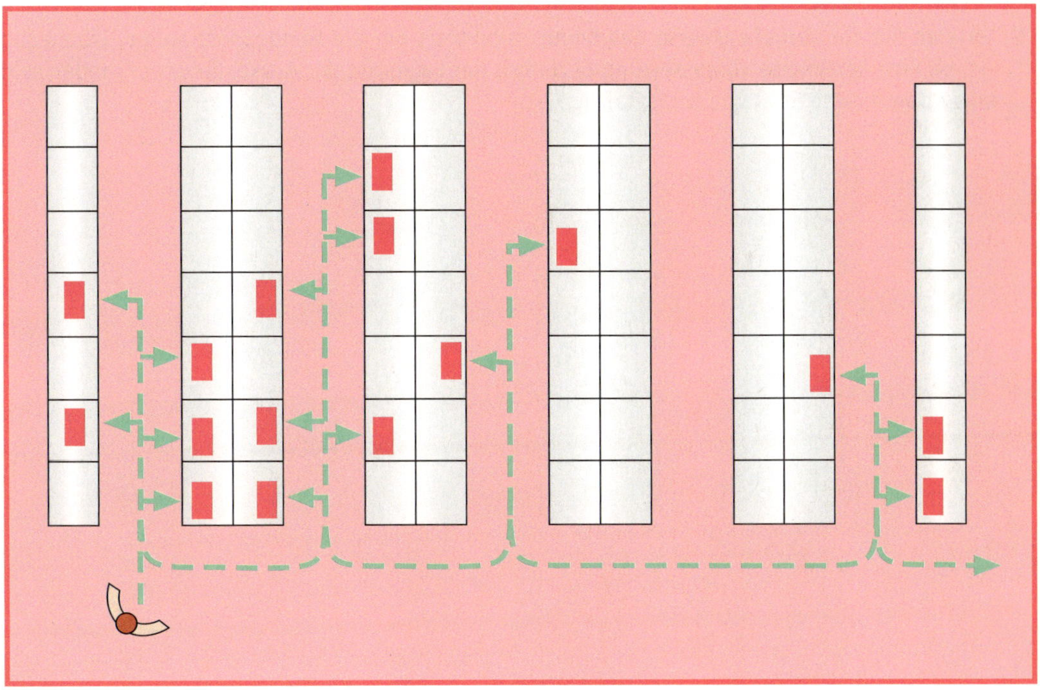

? AUFGABEN

1 Erklären Sie, um welche Kommissioniermethoden es sich jeweils handelt:

a) Es werden mehrere Kundenaufträge zu einer Serie zusammengefasst. Jede Serie wird nach Lagerzonen aufgeteilt und zeitgleich von mehreren Kommissionierern abgearbeitet. Anschließend werden die Sammeleinheiten nach Kundenaufträgen sortiert.

b) Jeder Kommissionierer führt einen kompletten Kundenauftrag allein aus. Anschließend bearbeitet er den nächsten Kundenauftrag komplett.

c) Der erste Kommissionierer arbeitet einen Kundenauftrag in seiner Lagerzone komplett ab. Anschließend übergibt er den Kundenauftrag mit dem Kommissionierbehälter an den Kommissionierer der nächsten Lagerzone, der den Auftrag weiter bearbeitet. Das geschieht so lange, bis der komplette Kundenauftrag abgearbeitet ist. Der Kommissionierer der letzten Lagerzone übergibt die Sammeleinheit der Auftragsammelstelle.

2 Beschreiben Sie, welche Kommissioniermethode in Ihrem Ausbildungsbetrieb angewandt wird.

3 Überlegen Sie, welchen entscheidenden Nachteil die serienorientierte, parallele Kommissionierung hat.

4 Beschreiben Sie, welche Wegstrategie in Ihrem Ausbildungsbetrieb angewandt wird.

5 Erklären Sie die Vorgehensweise des Kommissionierers bei der Rundgangstrategie. Überlegen Sie, ob eine bestimmte Voraussetzung bezüglich der Lagerung der Artikel dafür vorhanden sein muss, damit diese Strategie wirtschaftlich ist.

5006234

4 | Kennzahlen der Kommissionierung

SITUATION

Die Junior & Co GmbH ist als mittelständisches Unternehmen Hersteller und Vertreiber von Baby- und Kleinkinderkleidung und -spielzeug.

Die Geschäftsleitung war bisher sehr sparsam bei neuen Investitionen, sodass die Lagereinrichtung veraltet und nur einfachste Kommissioniertechnik vorhanden ist.

Bei einer Untersuchung zur Kostenverteilung stellte die Geschäftsleitung fest, dass im Kommissionierbereich sehr hohe Gesamtkosten anfielen, während die Kommissionierleistungen insgesamt zu niedrig und die Kommissionierzeiten zu lang waren.

1 **Worin könnte Ihrer Meinung nach die Ursache für den vorgenannten Sachverhalt liegen?**

2 **Überlegen Sie, was die Junior & Co. GmbH unternehmen könnte, um den o. g. Sachverhalt zu verbessern.**

3 **Welche Konsequenzen hätten die zu hohen Gesamtkosten letztendlich für das Unternehmen?**

4 **Wovon hängen Ihrer Meinung nach die Kommissionierleistungen ab?**

SACHDARSTELLUNG

4.1 | Kommissionierleistung

Die Kommissionierleistung drückt die **durchschnittliche Entnahme pro Zeiteinheit** aus, d. h., wie viele Zugriffe die Kommissionierer pro Zeiteinheit zu leisten imstande sind. Sie zeigt also an, wie effektiv die Arbeit im Kommissionierbereich ist.

$$\textbf{Kommissionierleistung} = \frac{\text{Positionen}}{\text{Stunde}} \text{ oder } \frac{\text{Kolli}}{\text{Tag}}$$

Die Kommissionierleistung lässt sich anhand verschiedener **Kennzahlen** beurteilen. Das sind vor allem

$$\textbf{Ø Anzahl der Kommissionierpositionen je Auftrag} = \frac{\text{Gesamtzahl der Kommissionierpositionen}}{\text{Anzahl Aufträge}}$$

$$\textbf{Ø Kommissionierkosten je Auftrag} = \frac{\text{Kommissionierkosten gesamt}}{\text{Anzahl der Kommissionieraufträge}}$$

$$\textbf{Fehlerquote} = \frac{\text{Kommissionierfehler}}{\text{Anzahl Kommissionierungen gesamt}} \times 100$$

Aufgrund der in jedem Unternehmen unterschiedlich vorherrschenden Bedingungen sind allgemein gültige Aussagen zu üblichen Kommissionierleistungen nicht möglich. Die Höhe der Kommissionierleistung hängt also von verschiedenen **Faktoren** ab. Das sind u.a.:

- die eingesetzte Kommissioniertechnik
- die Lagereinrichtung
- die Artikeleigenschaften
- das angewandte Kommissioniersystem
- das eingesetzte EDV-System (Automatisierungsgrad)
- die jeweils gegebene Artikelmenge je Auftragsposition
- die angewandte Kommissioniermethode

4.2 | Kommissionierzeit

Von der Kommissionierzeit hängt es entscheidend ab, wie schnell ein Kunde oder die Produktionsabteilung die gewünschten Artikel bzw. Materialien erhält. Deshalb ist die Kommissionierzeit so niedrig wie möglich zu halten. Die Kommissionierzeit setzt sich aus verschiedenen Einzelzeiten zusammen:

	Basiszeit
+	Wegzeit
+	Greifzeit
+	Totzeit
+	Verteilzeit
=	Kommissionierzeit

4.2.1 | Basiszeit

Die **Basiszeit** wird **pro Auftrag** ermittelt. In ihr werden **vor-** bzw. **nachbereitende Tätigkeiten zum gesamten Kommissioniervorgang** ausgeführt.

- vorbereitend
  - Kommissionieraufträge entgegennehmen, lesen und nach Rangfolge ordnen
  - Kommissioniertechnik und Hilfsmittel bereitstellen
- nachbereitend
  - abgearbeitete Kommissionieraufträge zentral oder dezentral abgeben

Durch folgende **Maßnahmen** lässt sich die Basiszeit **verringern:**

- Kommissionieraufträge (Picklisten) gut lesbar, übersichtlich und wegoptimiert erstellen
- Kommissioniertechnik und Hilfsmittel organisiert, d. h. an einem zentralen Punkt, bereitstellen
- Sammelstellen für abgearbeitete Kommissionieraufträge möglichst in unmittelbarer Nähe des Kommissionierbereichs einrichten

4.2.2 | Wegzeit

Die **Wegzeit** wird **pro Position** ermittelt und hat den größten Anteil an der Kommissionierzeit. Sie stellt die Zeit dar, die der Kommissionierer für die **Fortbewegung zwischen zwei Entnahmeorten** benötigt.

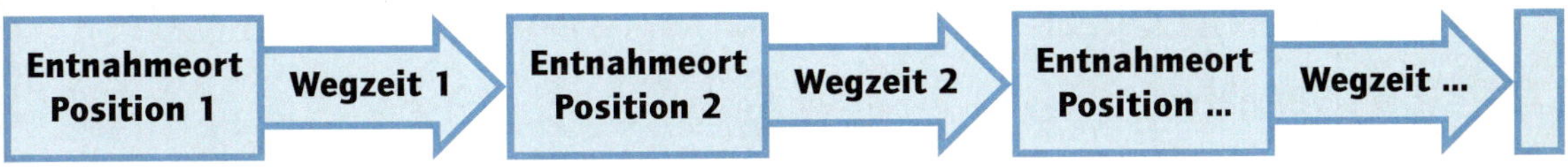

Die Wegzeit kann durch folgende **Maßnahmen verringert** werden:

- Erstellung wegoptimierter Kommissionierlisten
- Anwendung zweidimensionaler Fortbewegung
- Anwendung der Stichgangstrategie bei gleichzeitiger Lagerung der Schnelldreher in der vorderen Hälfte des Ganges
- Zusammenfassung mehrerer Kundenaufträge zu einem Kommissionierauftrag (serienorientierte Kommissionierung)
- in großflächigen Lagern Einsatz von Kommissionierfahrzeugen

4.2.3 | Greifzeit

Die **Greifzeit** wird ebenfalls **pro Position** ermittelt. Sie beinhaltet die Zeit für die **Entnahme** des Artikels aus dem Regalfach und dessen **Ablage** in den Kommissionierbehälter.

Die Greifzeit hängt von folgenden Größen ab:

- der Greifhöhe
- der Greiftiefe
- der Höhe, in der sich der Kommissionierbehälter befindet
- der zu entnehmenden Artikelmenge pro Position
- den Eigenschaften des zu entnehmenden Artikels (Größe, Gewicht usw.)

4.2.4 | Totzeit

Die **Totzeit** wird **pro Position** ermittelt. Sie wird auch Nebenzeit genannt. In ihr werden **vor- und nachbereitende Tätigkeiten zur Entnahme** ausgeführt.

- vorbereitend:
  - Suchen des Lagerfaches
  - Vergleichen der Position mit dem im Fach befindlichen Artikel
  - ggf. Bilden des Anbruches
  - Abzählen der Entnahmemenge
- nachbereitend:
  - Vergleichen des entnommenen Artikels mit der Position
  - Quittieren der Entnahme

Eine **Verringerung** der Totzeit kann durch folgende **Maßnahmen** erreicht werden:
- Anwendung der beleglosen Kommissionierung
- ordentliche Kennzeichnung der Regalfächer
- Kommissionierung ganzer Einheiten durch Vorverpackung der Artikel in gängigen Mengen

4.2.5 | Verteilzeit

In der Verteilzeit wird **nicht effektiv gearbeitet.** Sie unterteilt sich in
- sachliche Verteilzeit
  - Warten auf den nächsten Kommissionierauftrag, Warten auf ein freies Kommissionierfahrzeug, usw.
- persönliche Verteilzeit
  - Hände waschen, umkleiden, Gang zur Toilette usw.

Die Verteilzeit kann durch folgende **Maßnahmen verringert** werden:
- optimale Organisation der Arbeitsabläufe
- Motivation der Mitarbeiter durch Einführung von Prämienlohn unter qualitativen (Fehlerquote) oder quantitativen (Kommissionierleistung) Bedingungen

? AUFGABEN

1 Erklären Sie, warum eine allgemein gültige Aussage zur Höhe der Kommissionierleistung nicht möglich ist.

2 Ermitteln Sie die Kommissionierzeit eines Auftrags anhand folgender Angaben:
Basiszeit 3 Minuten
- durchschnittliche Wegzeit 1 Minute pro Position
- durchschnittliche Greifzeit 30 Sekunden pro Position
- durchschnittliche Totzeit 1 Minute pro Position
- persönliche Verteilzeit 7 Minuten

Für den Auftrag waren 14 Positionen abzuarbeiten.

3 Anhand welcher Kennzahlen lässt sich die Kommissionierleistung beurteilen? Nennen Sie mindestens zwei Beispiele aus Ihrem Ausbildungsbetrieb.

4 Nennen Sie mindestens je ein weiteres Beispiel für die sachliche und die persönliche Verteilzeit.

5006238

<table>
<tr><th colspan="4">ZUSAMMENFASSUNG</th></tr>
<tr><td>Gründe für Warenauslagerung:</td><td>produktionsorientiert</td><td>absatzorientiert</td><td>interne</td></tr>
<tr><td>Begriff „Kommissionieren“:</td><td colspan="3">Zusammenstellung von Artikeln aus einem zur Verfügung stehenden Sortiment aufgrund eines Auftrags</td></tr>
<tr><td>Fördermittel zur Komissionierung:</td><td colspan="3">Fahrzeuge als Vertikal-, Horizontal- oder Diagonalkommissionierer (siehe auch Lernfeld 4)</td></tr>
<tr><td>Erfassung der Aufträge:</td><td>manuell</td><td>manuell mit automatischer Unterstützung</td><td>automatisch</td></tr>
<tr><td>Aufbereitung der Auftragsdaten</td><td colspan="3">• als Einzelauftrag
• als Teilauftrag
• als Auftragsgruppe</td></tr>
<tr><td>Pickliste:</td><td colspan="3">wird beleglos oder belegbehaftet an den Kommissionierer gegeben</td></tr>
<tr><td rowspan="3">Kommissioniersysteme:</td><td colspan="2">statische Bereitstellung</td><td>dynamische Bereitstellung</td></tr>
<tr><td colspan="2">„Mann zur Ware“</td><td>„Ware zum Mann“</td></tr>
<tr><td colspan="2">Kommissionierer bewegt sich zu den Lagerplätzen der Artikel</td><td>Artikel werden mithilfe automatischer Einrichtungen zum Kommissionierer transportiert</td></tr>
<tr><td>Entnahme der Waren:</td><td>manuell</td><td>mechanisch</td><td>automatisch</td></tr>
<tr><td>Fortbewegung des Kommissionierers:</td><td colspan="2">eindimensional (horizontal)</td><td>zweidimensional (horizontal und vertikal)</td></tr>
<tr><td>Quittierung der Entnahme:</td><td colspan="3">• belegbehaftet durch Abhaken auf Listen
• beleglos durch Drücken einer Quittierungstaste</td></tr>
<tr><td rowspan="4">Abarbeitung der Kommissionieraufträge:</td><td colspan="3">mögliche Kommissioniermethoden:</td></tr>
<tr><td>auftragsorientiert, seriell mit oder ohne Übergabestelle</td><td>auftragsorientiert, parallel</td><td>serienorientiert, parallel</td></tr>
<tr><td colspan="3">Beim Pick-Pack-Verfahren erfolgen Kommissionierung und Verpackung in einem Arbeitsgang; bevor die Ware für den Versand verpackt werden kann, muss sie nochmals manuell oder automatisch kontrolliert werden.</td></tr>
<tr><td colspan="3">Nach Abarbeitung wird die Sammeleinheit zentral an eine Auftragsammelstelle oder dezentral an ein Stetigfördersystem abgegeben.</td></tr>
<tr><td>Kommissionierleistung:</td><td colspan="3">Zur Erreichung der Lagerplätze stehen dem Kommissionierer Rundgangstrategie und Stichgangstrategie zur Verfügung.

Die Kommissionierleistung hängt von verschiedenen Faktoren ab, drückt die durchschnittliche Entnahme pro Zeiteinheit aus und lässt sich anhand verschiedener Kennzahlen beurteilen.</td></tr>
</table>

ZUSAMMENFASSUNG (Fortsetzung)		
Kommissionierzeit:	ist so gering wie möglich zu halten und setzt sich aus fünf Komponenten zusammen:	
	Basiszeit	Zeit für vor- bzw. nachbereitende Tätigkeiten des gesamten Kommissioniervorgangs
	Wegzeit	Zeit für die Fortbewegung zwischen zwei Entnahmen
	Greifzeit	Zeit für die Entnahme und Ablage des Artikels
	Totzeit	Zeit für vor- und nachbereitende Tätigkeiten zur Entnahme
	Verteilzeit	ist uneffektiv und unterteilt sich in sachliche und persönliche Verteilzeit

? AUFGABEN

1 Beschreiben Sie, was Sie unter den Begriffen Kommissionieren, Kommissionierer und Pickliste verstehen.

2 Kommissionierfahrzeuge lassen sich nach verschiedenen Merkmalen unterscheiden. Nennen Sie mindestens vier.

3 Falls Ihr Ausbildungsbetrieb einen separaten Kommissionierbereich hat, erklären Sie, welche Regalarten und welche Kommissioniertechnik dort zum Einsatz kommen.

4 Erklären Sie den Unterschied zwischen der statischen und der dynamischen Bereitstellung.

5 Überlegen Sie, welche Regalarten sich vor allem für die statische Bereitstellung eignen. Nennen Sie mindestens zwei Beispiele.

6 Nennen Sie mindestens vier Fördermittel, die sich für das Kommissioniersystem „Mann zur Ware" eignen.

7 Überlegen Sie, welche der nachfolgenden Regalarten sich für das Kommissioniersystem „Ware zum Mann" eignen.

a) Verschieberegal
b) Turmregal
c) Durchlaufregal
d) Karussellregal
e) Fachbodenregal
f) Paternosterregal

8 Sowohl die statische als auch die dynamische und die maschinelle Bereitstellung haben Vor- und Nachteile. Nennen Sie jeweils mindestens zwei. Verwenden Sie dabei eine Tabelle nach folgendem Muster[1]:

1 Bitte keine Eintragungen im Buch vornehmen!

	Bereitstellung		
	statische	*dynamische*	*maschinelle*
Vorteile			
Nachteile			

9 Die Kommissionierung kann sowohl belegbehaftet als auch beleglos erfolgen.

a) Erklären Sie, welcher Unterschied zwischen diesen beiden Verfahren besteht.

b) Nennen Sie die Vorteile, welche die beleglose Kommissionierung gegenüber der belegbehafteten hat.

c) Erklären Sie, unter welchen Voraussetzungen die belegbehaftete Kommissionierung ebenfalls effektiv sein kann.

d) Ordnen Sie die folgenden Tätigkeiten bei der beleglosen Kommissionierung in der richtigen Reihenfolge:

- Drücken der Quittierungstaste
- Gang zum Lagerplatz des Artikels
- Suchen nach einem Leuchtsignal
- Entgegennehmen des Kommissionierbehälters
- Entnehmen des Artikels
- Abgeben der Sammeleinheit bei der Auftragsammelstelle

e) Zählen Sie die Tätigkeiten bei der belegbehafteten Kommissionierung in der richtigen Reihenfolge auf.

10 Erklären Sie, was Sie unter dem Pick-Pack-Verfahren verstehen.

11 Nennen Sie die Vorteile der auftragsorientierten, parallelen Kommissionierung mit Übergabestellen.

12 Nennen Sie mindestens je zwei Vor- und Nachteile der auftragsorientierten, parallelen und der auftragsorientierten, seriellen Kommissionierung. Verwenden Sie dazu eine Tabelle nach folgendem Muster[1]:

	auftragsorientierte, parallele Kommissionierung	auftragsorientierte, serielle Kommissionierung
Vorteile		
Nachteile		

1 Bitte keine Eintragungen im Buch vornehmen!

13 Beschreiben Sie die erste und die zweite Kommissionierstufe der serienorientierten, parallelen Kommissionierung. Erklären Sie, welchen Vorteil diese Kommissioniermethode gegenüber den anderen hat.

14 Erklären Sie die Vorgehensweise des Kommissionierers bei der Stichgangstrategie. Überlegen Sie, welche Voraussetzung bezüglich der Lagerung der Artikel dafür vorhanden sein muss, damit diese Strategie wirtschaftlich ist.

15 Nennen Sie mindestens vier Faktoren, von denen die Höhe der Kommissionierleistung abhängt.

16 Überlegen Sie, um welche Kommissionierzeit es sich bei den folgenden Tätigkeiten jeweils handelt:
a) einen Anbruch bilden
b) zum nächsten Lagerplatz gehen
c) Kommissionierauftrag entgegennehmen, lesen und ordnen
d) einen Artikel aus dem Lagerfach entnehmen
e) Hände waschen

17 Überlegen Sie, durch welche Maßnahmen die Kommissionierzeiten verringert werden können. Nennen Sie dazu je ein Beispiel. Verwenden Sie dabei eine Tabelle nach folgendem Muster[1]:

	Maßnahme zur Verringerung
Basiszeit	
Wegzeit	
Greifzeit	
Totzeit	
Verteilzeit	

1 Bitte keine Eintragungen im Buch vornehmen!

LERNFELD 6 | Güter verpacken

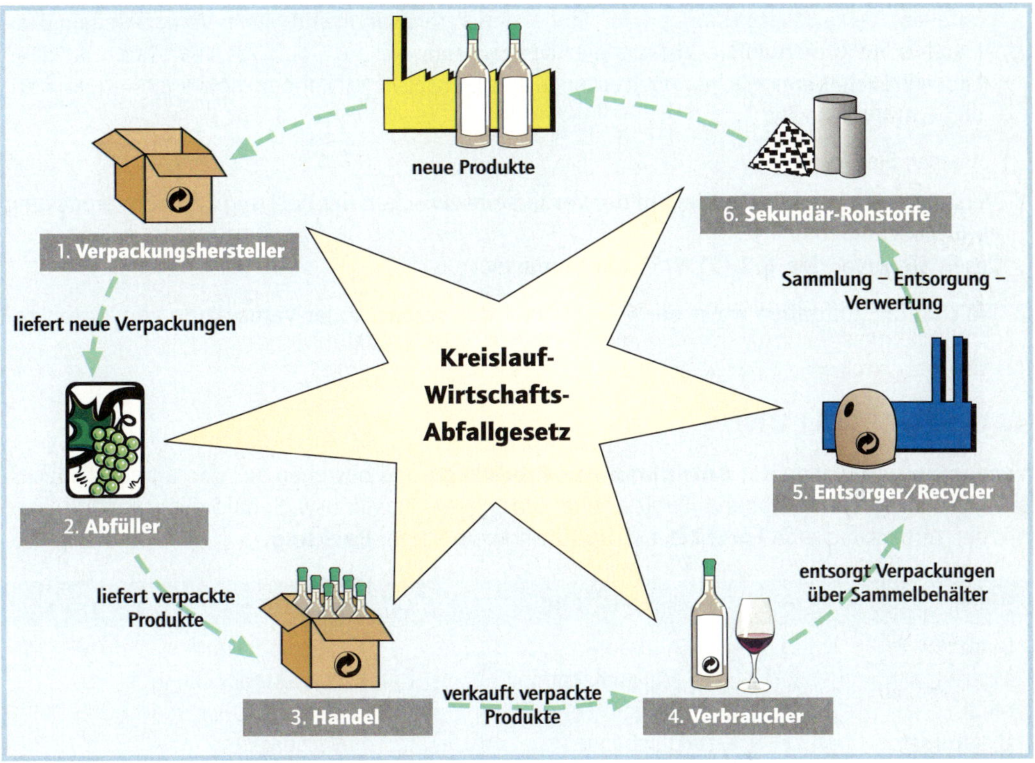

1 | REGELKREIS DER VERPACKUNG

1.1 | Packung und Verpackung

SITUATION

Auszug aus der Verpackungsverordnung (VerpackV):

§ 3 Begriffsbestimmungen

(1) Im Sinne dieser Verordnung sind

1. Verpackungen: Aus beliebigen Materialien hergestellte Produkte zur Aufnahme, zum Schutz, zur Handhabung, zur Lieferung oder zur Darbietung von Waren, die vom Rohstoff bis zum Verarbeitungserzeugnis reichen können und vom Hersteller an den Vertreiber oder Endverbraucher weitergegeben werden.

2. Verkaufsverpackungen:
   Verpackungen, die als eine Verkaufseinheit angeboten werden und beim Endverbraucher anfallen. Verkaufsverpackungen im Sinne der Verordnung sind auch Verpackungen des Handels, der Gastronomie und anderer Dienstleister, die die Übergabe von Waren an den Endverbraucher ermöglichen oder unterstützen (Serviceverpackungen) sowie Einweggeschirr und Einwegbestecke.

**1 Versuchen Sie bei dem Parfüm auf der Vorderseite zwischen der Packung und der Verpackung zu unterscheiden.
Lesen Sie zuvor den § 3 (1) Nr. 1 der VerpackV.**

2 Welche fünf Aufgaben weist der § 3 (1) Nr. 1 der VerpackV der Verpackung von Waren zu?

SACHDARSTELLUNG

Verpackungen dienen der **Aufnahme von Produkten** und bestehen aus den unterschiedlichsten Materialien wie Kartonage, Papier, Folie, Glas, Blech, Plastik usw. Sobald die verpackte Ware mit der Verpackung eine Einheit bildet, spricht man von einer **Packung.**

Ware	Verpackung	Packung
Butter	Alupapier	Butterpackung
Zigaretten	Pappschachtel	Zigarettenpackung
Mehl	Papiertüte	Mehlpackung
Maiskörner	Blechdose	Maispackung
Parfüm	Glasflasche	Parfümflakon
Joghurt	Plastikbecher	Jogurtpackung
Wurst	Einschweißfolie	Wurstpackung
Äpfel	Pappschale mit Folie	Packung Äpfel
Dübel und Schrauben	Hartplastikschachtel	Kombipackung Befestigungsmittel

? AUFGABE

Aussage des Marketingleiters eines großen süddeutschen Lebensmittelherstellers in einem Interview in einer Fachzeitschrift:

„... Der Aufbau eines positiven Markenimage bei Lebensmitteln ist heute ohne eine umweltverträgliche Verpackungspolitik nicht mehr denkbar. ..."

In welchen Fällen haben Sie sich schon einmal über „unsinnige" Verpackungen geärgert?

5006244

Bedeutung der Verpackung

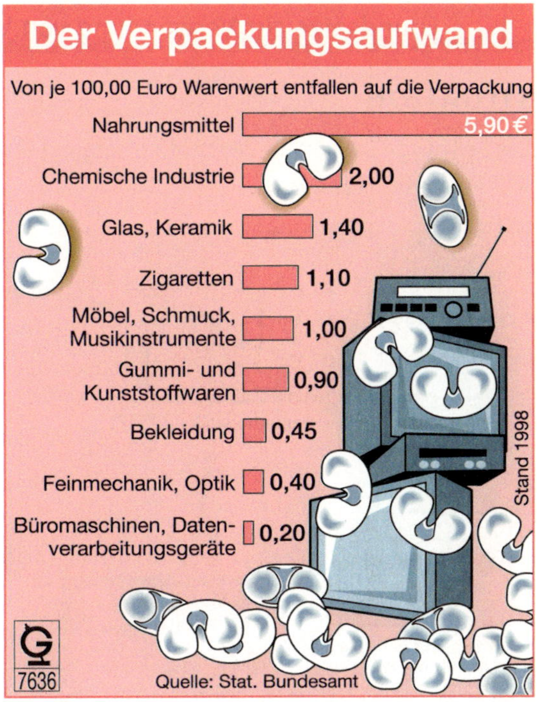

In den letzten Jahrzehnten verstärkte sich der **Trend zu immer aufwändigeren Verpackungen.** Ausgesuchte Materialien und hochwertige Druck- und Farbgestaltung sollten den Absatz der Waren auf den Märkten unterstützen. Die Verpackung wurde somit ein wichtiger Teil des Absatzmarketings.

Folglich entfallen schon heute jährlich ca. **200 kg Verpackungsmüll** auf jeden Bundesbürger. Diese Abfallflut wird nicht nur aus Gründen des Umweltschutzes infrage gestellt.

Für das Abfallmanagement und die Gesetzgebung der Europäischen Union (EU) steht daher an erster Stelle die Vermeidung von Verpackung, gefolgt von deren Mehrfachverwendung. Dabei sollte jedoch die **Umweltbilanz** der einzelnen Verpackungsentscheidung mehr Beachtung finden. Elemente der Umweltbilanz sind die tatsächliche Umweltbelastung durch Herstellung, Entsorgung des Verpackungsmaterials und eventuelle Wiederverwendung als Rohstoff.

Daher spielt die Verpackung heute auch eine ökologische Vorreiterrolle im Warenkreislauf. Zunehmend wird so der Erfolg eines Produkts auch von der **ökologischen Verträglichkeit** seiner Verpackung mitbestimmt.

Vorzüge der Verpackung	Probleme durch die Verpackung
• Schutz vor Verderb bzw. Schutz vor Qualitätsverschlechterung • längere Haltbarkeit der verpackten Ware • Selbstbedienungssysteme werden durch Klein- und Einzelverpackungen ermöglicht. • leichtere Wiedererkennbarkeit der Ware für den Verbraucher (Farbe, Form) • Senkung der Herstellungs- und Handlingkosten • Rationalisierung: – im Lager – bei der Verladung – auf dem Transport	• aufwändige Verpackung verteuert die Ware. • Verschwendung wertvoller Rohstoffe und teurer Arbeitskraft • Verpackungsabfall belastet die Umwelt. • „Mogelverpackungen" täuschen den Verbraucher bezüglich Inhalt, Wert, Zustand usw. • eventuelle Gesundheitsschäden durch falsche und gefährliche Verpackungsstoffe

1.2 | Grundsätze zur Verwendung von Verpackung

SITUATION

Die ReSy-Organisation für Wertstoffentsorgung GmbH vergibt das ReSy-Kennzeichen für Vepackungen aus Kartonage.

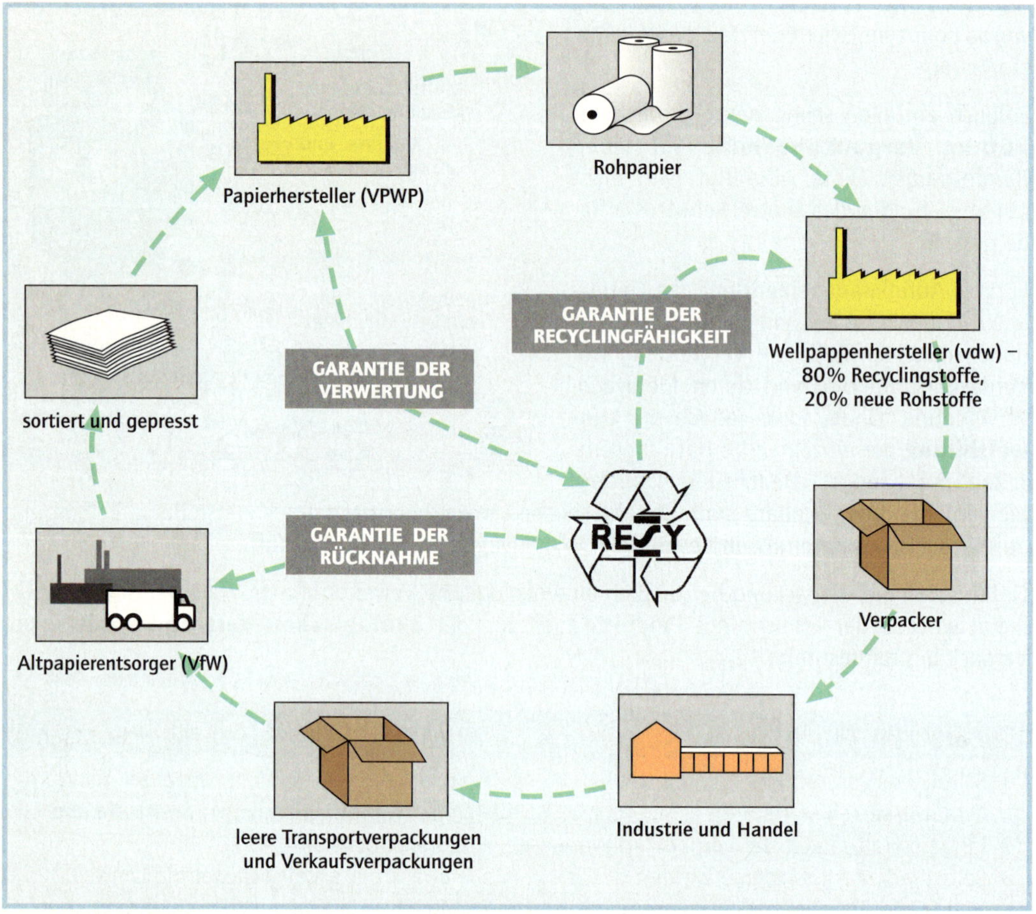

1 Beschreiben Sie den Stoffkreislauf der Wellpappe mit dem ReSy-Kennzeichen mithilfe der obigen Skizze.

2 Welchen Grundsatz zur Verwendung von Verpackung erfüllt das ReSy-Kennzeichen auf einem Karton?

3 Für welche drei Garantien stehen die drei Kreislaufpfeile des ReSy-Symbols?

SACHDARSTELLUNG

Mehr als 14 Mio. Tonnen **Verpackungsmaterial** werden jährlich allein in der Bundesrepublik Deutschland verkauft. Dabei sind die gängigsten Materialien:

- Kunststoff
- Karton
- Aluminium
- Kautschuk
- Papier
- Holz
- Folie
- Blech
- Textil
- Kork
- Keramik
- Blei

Die Verpackungsflut bewirkte in den Neunzigerjahren die Politisierung des Themas Verpackung in der EU. Durch Gesetze (z. B. Kreislaufwirtschaftsgesetz, Abfallgesetz) und Verordnungen (z. B. Verpackungsverordnung) stellte die Bundesregierung seit 1991 folgende **Grundsätze zur Verwendung von Verpackung** auf:

- **Vermeidung** von Verpackung
- **Wiederverwendung** der Verpackung
- **Recycling** des Verpackungsmaterials
- **Entsorgung** des Verpackungsmaterials

1.2.1 | Vermeidung von Verpackung

Die Notwendigkeit, die wachsenden Müllberge einzudämmen, zielt auch auf gesetzliche Maßnahmen zur Vermeidung von Verpackung.

Im § 1 der VerpackV wird dieses abfallwirtschaftliche Ziel verdeutlicht:

> „Abfälle aus Verpackung sind dadurch zu vermeiden, dass Verpackungen ...
> 1. nach Volumen und Gewicht auf das ..... unmittelbar notwendige Maß beschränkt werden."

Neben den gesetzlichen Bestimmungen sprechen auch **betriebswirtschaftliche Gründe** für dieses Ziel, weil

- überflüssige Verpackung unnötige **Verpackungskosten** verursacht,
- unnötige Verpackung auch höhere **Handlingkosten** bewirkt,
- nicht notwendige Verpackung höhere **Entsorgungskosten** zur Folge hat,
- zu viel Verpackung die **Transportkosten** und die **Umweltbelastung** auf dem Transport erhöht.

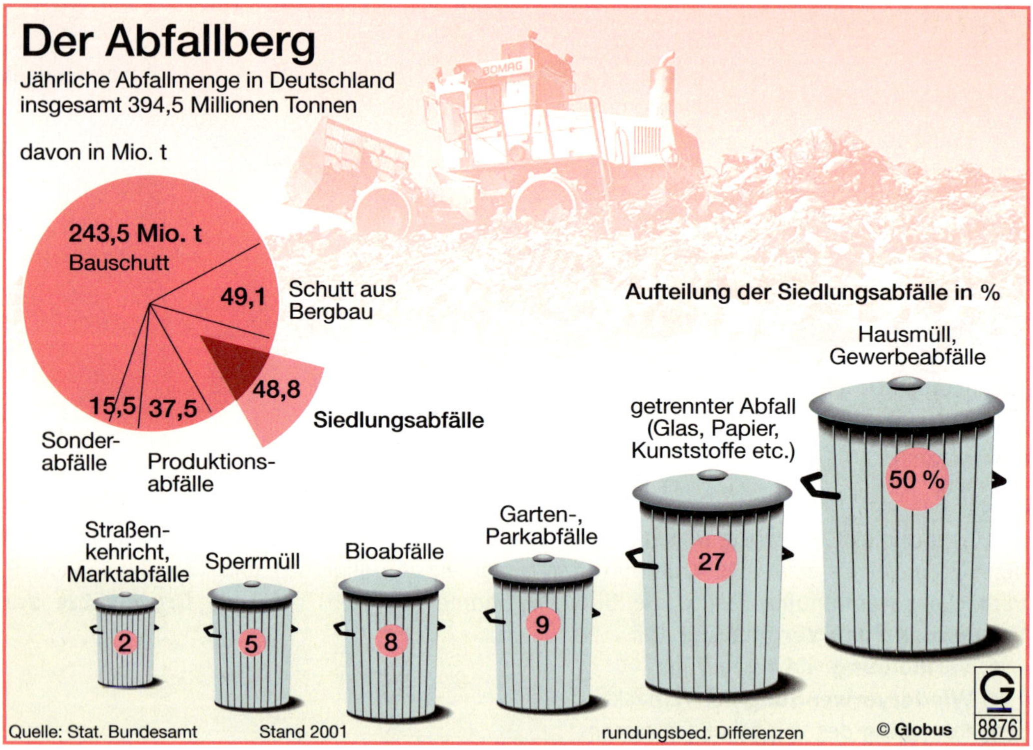

1.2.2 | Wiederverwendung von Verpackung

§ 1 VerpackV (Abfallwirtschaftliche Ziele):

... im Übrigen wird der Wiederverwendung von Verpackungen ... Vorrang vor der Beseitigung von Verpackungsabfällen eingeräumt. ...

Nach der Wiederverwendung von Verpackungen unterscheidet die Verpackungsverordnung zwischen

- Einwegverpackung und
- Mehrwegverpackung.

Einwegverpackungen sind Packmittel, die nur zum einmaligen Gebrauch bestimmt sind. **Mehrwegverpackungen** sind Leihverpackungen bzw. Umlaufpackmittel. Diese werden innerhalb eines Leihverkehrs oder eines Rückgabeverkehrs über einen längeren Zeitraum für den Warenverkehr verwendet.

Daneben gibt es auch **Mehrfachverpackungen (Recyclat-Verpackung)**, die gesetzlich den Einwegverpackungen zugerechnet werden. Die Mehrfachverpackung wird außerhalb eines geregelten Umlaufs mehrfach als Verpackungsmittel wiederverwendet. In der Versandpraxis kann ein stabiler Karton mehrfach im Warenversand verwendet werden. Damit kann der Betrieb Verpackungs- und Entsorgungskosten einsparen.

Einwegverpackung	Mehrfachverpackung (Recyclat-Verpackungen)	Mehrwegverpackung
Einweg-Glasflaschen Einweg-PET-Flaschen Verschläge leichte Holzkisten (Obst) Farbeimer Dosen Tuben Geschenkpapier Packpapier Schachteln Tüten Papiersäcke Leichtkartons Klarsichtbecher Einwegschalen Außerhausverpackungen	Karton (stabil) Holzkisten (stabil) Eimer Kübel Kanister Taschen Pappschachtel Slip-Sheets (Kraftpappe als Ladungsträger und Alternative zu Paletten)	Pfandflaschen Korbflaschen Systemeimer Getreidesäcke Paletten (Euro, Chep usw.) Container (Binnen-, ISO- usw.) **Mehrweg-Systeme:** Collico Wannen Kästen (Fleisch) Faltgitterboxen (Baumschulen) Mehrwegsteigen (Milch) Transportgestelle (Folien) **Branchenlogistik-Systeme** Kaufring – MTS-Pool Allibert-, Otto-System

1.2.3 | Recycling oder Beseitigung des Verpackungsmaterials

§ 1 VerpackV (Abfallwirtschaftliche Ziele):

... im Übrigen wird ... der stofflichen Verwertung sowie den anderen Formen der Verwertung von Verpackungen Vorrang vor der Beseitigung von Verpackungsabfällen eingeräumt. ...

Am Ende jeder Nutzung von Verpackungen – egal ob einmalig oder mehrfach – steht deren Verwertung oder deren Beseitigung. Dabei hat die stoffliche Verwertung als **Recycling** Vorrang vor der Beseitigung. Beim Recycling werden die Verpackungen stofflich wiederverwertet. Ist dies z. B. wie bei Folie nicht möglich, wird die Verpackung über die Verbrennung zur Energiegewinnung eingesetzt.

Ist eine Verwertung der Verpackungsmaterialien nicht möglich, muss über eine **Beseitigung** nachgedacht werden. Letztlich ist dabei die Müllverbrennung der Deponierung vorzuziehen. Besonders bei Verpackungen, die durch Gefahrgüter verunreinigt sind, werden meist spezialisierte Entsorgungsunternehmen eingeschaltet. Über die Entsorgung dieser verunreinigten Verpackungen muss dann ein gesonderter Nachweis geführt werden.

Die Mitgliedsunternehmen des Verbands der Wellpappenhersteller garantieren, dass bei der Herstellung von Wellpappe 75 % der Rohstoffe aus Recyclingstoffen bestehen und nur ca. 25 %

neue Rohstoffe wie z. B. Holzzellulose. Wellpappe gehört somit zu den umweltfreundlichsten Verpackungsmaterialien.

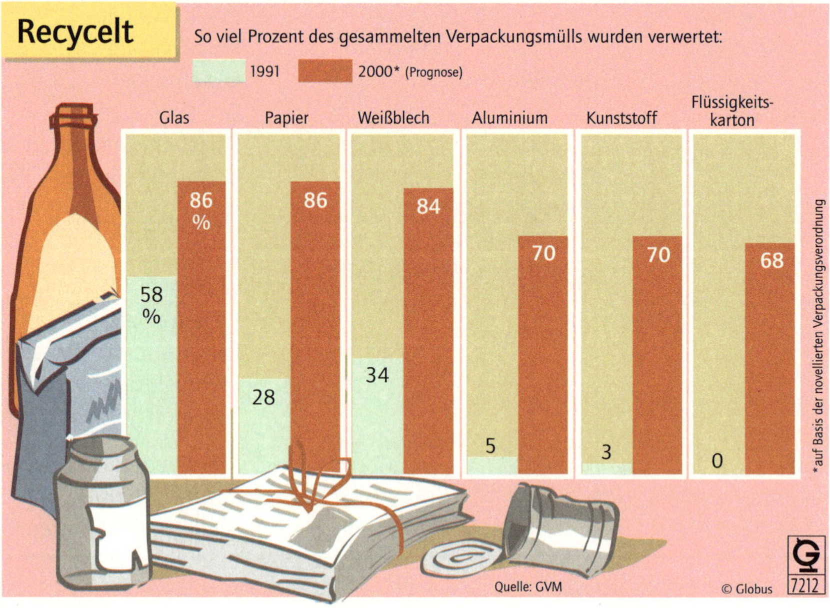

Stoffliche Verwertung von Verpackungen (Verpackungsrecycling)

Verpackungsmittel →	Stoffliche Verwertung (Recycling) →	Recyclingmaterial
Karton	Papierherstellung	Rohpapier
Holz	Schredderung	Spanplatten
Holzabfälle	Zelluloseproduktion	Rohpapier
Blechdosen	Einschmelzung	Rohmetall
Glas	Glasschmelze	Rohglas
Plastik	Schredderung	Plastikzusatz
Packpapier	Papierherstellung/ Kompostierung	Rohpapier/Komposterde

? AUFGABEN

1 Erstellen Sie eine Liste der Recyclingverpackungen, die in Ihrem Ausbildungsbetrieb verwendet werden.

2 Welche Verpackungen müssen in Ihrem Ausbildungsbetrieb beseitigt werden? Wie geschieht dies jeweils?

1.3 | Gesetzliche Regelungen

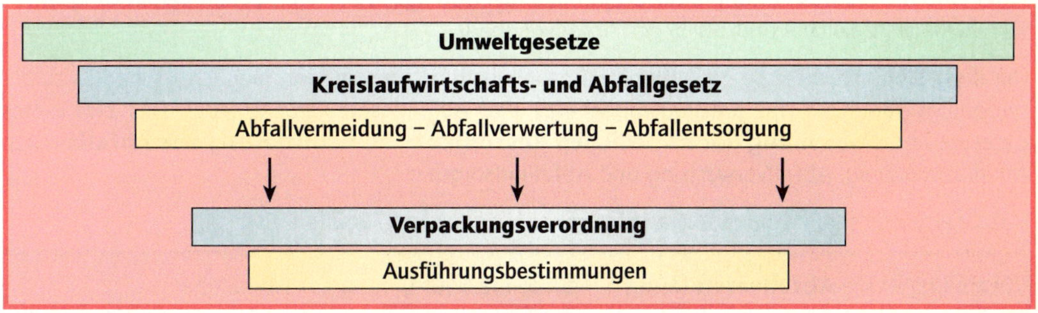

1.3.1 | Kreislaufwirtschafts- und Abfallgesetz

SITUATION

Prinzip der Kreislaufwirtschaft

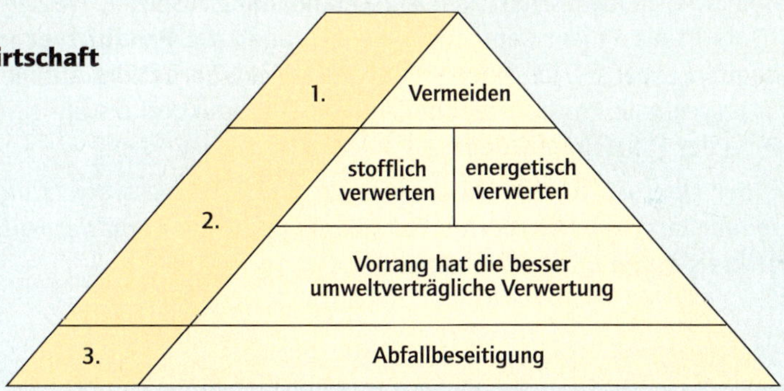

Grundsätze der Kreislaufwirtschaft

Vermeidungsgrundsatz	**Verursacherprinzip**	**Produktverantwortung**
Abfall, Verpackung vermeiden vor verwerten – vor entsorgen	Rücknahme- und Verwertungspflicht des Herstellers/ Verkäufers	Herstellerverantwortung über den ganzen Produktzyklus

1 Erläutern Sie am Beispiel der Autoproduktion, wie dort das Prinzip der Kreislaufwirtschaft umgesetzt wird.

2 Wie wirken sich die einzelnen Grundsätze der Kreislaufwirtschaft bei den Autoherstellern aus?

SACHDARSTELLUNG

Jeder einzelne Bundesbürger produziert jährlich fast 400 kg Abfall – mit einem Verpackungsanteil von 30 % des Gewichts und 50 % des Abfallvolumens.

Um diese stetig wachsende Abfall- und Verpackungsflut zu lenken und möglichst schadlos zu beseitigen, wurde 1996 das Kreislaufwirtschafts- und Abfallgesetz verabschiedet. Das **Ziel** dieses Gesetzes ist die **Schonung der natürlichen Ressourcen** und **Reduzierung des Abfalls** durch Abfallvermeidung, Abfallverwertung und Abfallentsorgung.

Das Gesetz legt eine zwingende **Rangfolge** im Umgang mit Abfällen fest:

Erstrangig ist die **Abfallvermeidung**	– durch Kreislaufführung der Produktion – durch abfallarme Produkt- und Verpackungsgestaltung – durch Veränderung des Konsumverhaltens
Zweitrangig ist die **Abfallverwertung**	– durch stoffliche Verwertung (Recycling) – durch Kompostierung – durch energetische Verwertung (Energiegewinnung)
Drittrangig ist die **Abfallbeseitigung**	– durch Behandlung der Abfälle (Müllverbrennung usw.) – durch Deponierung im Inland

Um eine abfallarme Kreislaufwirtschaft in Deutschland durchzusetzen, werden Hersteller und Handel in erster Linie in die Pflicht genommen. Beide tragen die **Produktverantwortung**, die sich über den gesamten Lebenszyklus eines Produkts erstreckt. So hat die Automobilindustrie die Verantwortung für recycelbare Produkte bei der Automobilproduktion bis hin zur Entsorgung der Autowracks am Ende der Fahrzeugnutzung.

Beispiel: *Bei der Opel AG basiert die ganzheitliche Produktverantwortung auf zwei Pfeilern: der recyclingorientierten Fahrzeugkonstruktion und der Nutzung von Wertstoffkreisläufen in der Produktion*

? AUFGABEN

1 Aluminium kann zu fast 100 % in den Verwertungskreislauf zurückgeführt werden. Beschreiben Sie die einzelnen Schritte von der Produktion einer Aludose bis zu deren erneuten Produktion.

2 Stellen Sie den Stoffkreislauf von der Produktion über den Verbrauch, die Rücknahme bis zum Recyclingprozess und zur Wiederverwertung zeichnerisch dar.

1.3.2 | Verpackungsverordnung

§ 2 VerpackV (Anwendungsbereich):
(1) Die Verordnung gilt für alle im Geltungsbereich des Kreislaufwirtschafts- und Abfallgesetzes in Verkehr gebrachten Verpackungen, unabhängig davon, ob sie in der Industrie, im Handel, in der Verwaltung, im Gewerbe ... anfallen ...

§ 3 VerpackV (Beauftragung Dritter)[1]:
Hersteller und Vertreiber können sich zur Erfüllung der in dieser Verordnung bestimmten Pflichten Dritter bedienen.

Die Verpackungsverordnung ist Teil des Kreislaufwirtschafts- und Abfallgesetzes. Daher werden hier die Vermeidung, die Verwertung und Entsorgung von Verpackungsabfällen geregelt.

Hersteller und Vertreiber haben eine **Rücknahme- und Verwertungspflicht**. Um dieser nachzukommen, wurde bundesweit das **„Duale System"** eingeführt. Verpackungen mit dem **„Grünen Punkt"** werden durch das „Duale System Deutschland" (DSD) eingesammelt und stofflich verwertet.

Unabhängig davon ist der Einzelhandel verpflichtet, Verkaufsverpackungen im Ladenlokal selbst zurückzunehmen.

Die Finanzierung geschieht über **Lizenzentgelte** der Hersteller/Vertreiber, die diese Kosten in den Preis der Waren einkalkuliert haben. Je nach Verpackungsmaterial werden Gewichtsentgelte oder Stückentgelte (nach Volumen) vom DSD berechnet. Um einen hohen Rücklauf von Verpackungsmaterial zu erreichen, legt der Gesetzgeber so genannte **Verwertungsquoten** fest. Werden diese, wie z. B. bei Getränkedosen, nicht erreicht, wird ein Zwangspfand auf diese Verpackungen erhoben, um die Verwertungsquote zu erreichen.

Material	**Glas**	**Papier, Pappe, Karton**	**Aluminium**	**Weißblech**	**Kunststoff**
Verwertungsquote mind.	75 %	70 %	60 %	70 %	60 %

Für die Rückführung der gebrauchten Verpackungen musste sich das Duale System an die vorhandenen kommunalen Sammelsysteme anpassen. Daher können heute grundsätzlich zwei Entsorgungssysteme unterschieden werden:

Entsorgungssysteme im „Grünen Punkt"

Hol-System	**Bring-System**
Gelber Sack, gelbe Tonnen für Kunststoff-, Weißblech-, Aluverpackungen	Wertstoff-Container, Wertstoff-Höfe für Glas, Pappe, Papier, Karton

Für die Verwertung sind getrennt nach Materialien so genannte **Abnahme- und Garantiegeber** des Dualen Systems verantwortlich. So wird z. B. das gesammelte Glas von der Gesellschaft für Glasrecycling und Abfallvermeidung mbH (GGA) nachweislich verwertet.

1 Dritter: Duales System Deutschland AG DSD
Verpackungen mit dem „Grünen Punkt" werden von der DSD eingesammelt und verwertet.

Beispiel:

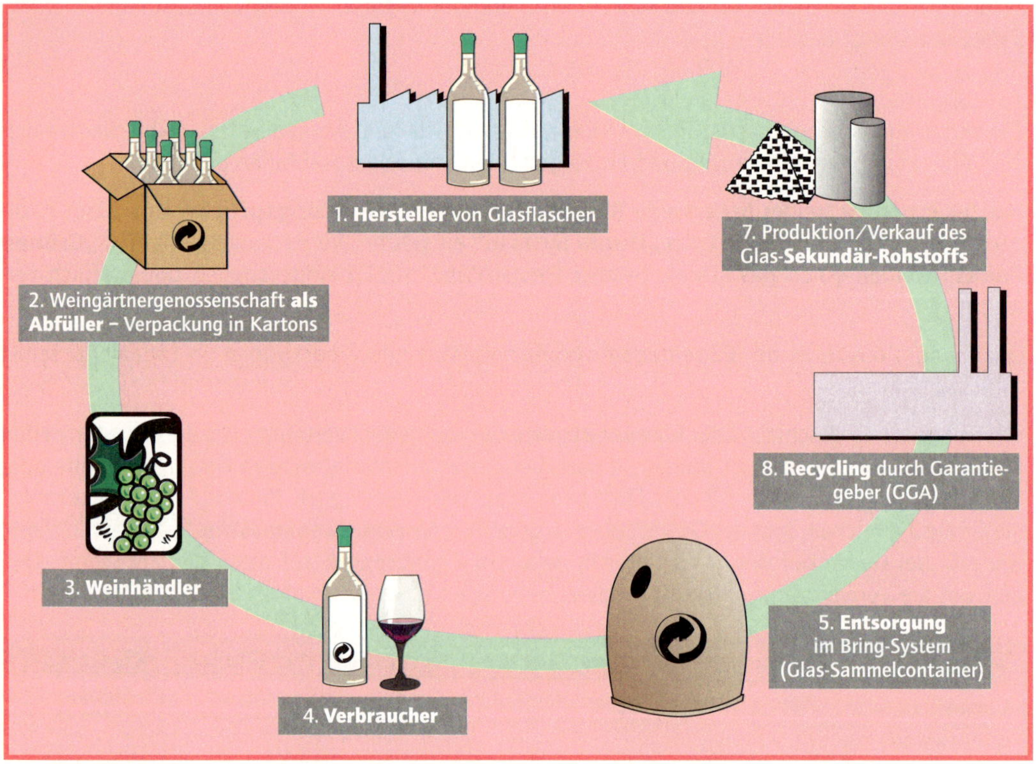

Vorteile des Dualen Systems:

- Versorgung und Entsorgung werden getrennt betrieben (dual).
- Das Verursacherprinzip wird angewendet (Verantwortlichkeit/Kosten verbleiben beim Hersteller/Vertreiber).
- Verpackungs- und Materialvielfalt bleibt erhalten.
- Organisationsverantwortung liegt bei der Wirtschaft, nicht beim Staat.
- Mehrwegsysteme, wie Mehrwegflaschen, Pfandsysteme bei Getränkedosen, werden gefördert und genutzt.
- Wieder verwendbare Verpackungsmaterialien wie Container, Boxen usw. werden verstärkt eingesetzt.
- Für den Verbraucher werden finanzielle Anreize zur Verpackungsrückgabe (Pfandsysteme) geschaffen.

Um die Zuständigkeiten für die Verpackungsrücknahme und Verpackungsentsorgung genau regeln zu können, werden die einzelnen **Verpackungsarten** in der VerpackV definiert:

Transportverpackungen, die zum Transport vom Hersteller zum Handel benutzt werden, müssen

- **wiederverwertet** (z. B. Mehrfachverpackungen),

5006254

- **zurückgenommen** (z. B. Mehrwegverpackungen) oder
- **stofflich verwendet** (z. B. Verbundverpackungen) werden.

Umverpackungen können vom Käufer im Geschäft zurückgelassen werden. Sie müssen
- **zurückgenommen** (z. B. vom Einzelhändler) oder
- **stofflich verwendet** werden (z. B. Duales System).

Verkaufsverpackungen werden zur Aufbewahrung bzw. zum Transport verwendet. Sie müssen
- **im Laden zurückgenommen** (durch den Einzelhändler),
- **wieder verwendet** (z. B. durch den Hersteller) oder
- im **Dualen System** erfasst und verwertet werden.

Verpackungsart	Definition (vgl. § 3 VerpackV)	Beispiele
Verkaufsverpackung	dient der Aufbewahrung bzw. wird zum Transport der Ware benötigt.	Kartons, Tuben, Dosen, Flaschen, Blister, Folienverpackungen
Umverpackung	ist eine zweite Außenverpackung zur Verkaufs- oder zur Transporterleichterung.	Sixpack Bier, Karton mit folienumschweißter Tiefkühlpizza, Pappschachtel mit Zahnpastatube
Transportverpackung	dient einmalig oder mehrmals reinen Transportzwecken und der Transporterleichterung.	Karton, Wannen, Boxen, Behälter, Kisten, Paletten, Fässer
Getränkeverpackung	geschlossene Verpackungen für flüssige Lebensmittel	Weinflasche, Cola-Dose, Tetrapak H-Milch, PET-Flasche Mineralwasser, Folienschlauch Milch
Mehrwegverpackung	ist wieder verwendbar und dient dem mehrfachen Gebrauch innerhalb organisierter Rückholsysteme.	Pfandflaschen, Pfandkisten, Gitterboxen, Europaletten, Kisten, Fässer
Mehrfachverpackung (Recyclat-Verpackung)	stabiles Verpackungsmittel, das mehrfach verwendet werden kann, aber ohne organisiertes Rückholsystem	Karton (stabil), Holzkiste (stabil), Eimer, Taschen, Slip-Sheets, Industriepaletten
Einwegverpackung	dient dem einmaligen Gebrauch zur Aufbewahrung und zum Versand.	Einweg-Glasflaschen, Einweg-PET-Flaschen, Dosen, Tuben, Verschläge, Leichtkarton, Tüten, Folien

ZUSAMMENFASSUNG		
Begriffe	Die **Verpackung** dient der Aufnahme von Produkten. Eine **Packung** ist die Einheit von Ware und Verpackung.	
Beurteilung aus Sicht des Käufers bzw. der Gesellschaft	Vorteile	Nachteile
	• Schutz der Ware vor Verderb bzw. Gewährleistung längerer Haltbarkeit • Rationalisierung des Kaufs und des Transports • bessere Wiedererkennung	• Verteuerung der Ware • Verschwendung von Rohstoffen • Umweltbelastung durch Verpackungsabfall • Täuschungen durch „Mogelpackungen"
Beurteilung aus Sicht des produzierenden Unternehmens	• Verpackungen verursachen Material- und Handlingkosten. • Es entstehen Entsorgungskosten. • Durch Verpackungen erhöhen sich Transportkosten und das Ausmaß der Umweltbelastung.	
Gesetzliche Grundsätze zur Verwendung von Verpackungen	• Vermeidung von Verpackung • Wiederverwendung von Verpackung • Recycling des Verpackungsmaterials • Entsorgung des Verpackungsmaterials	
Gesetzliche Rangfolge für den Umgang mit Abfällen	1. Abfallvermeidung → 2. Abfallverwertung → 3. Abfallbeseitigung	
Verpackungsarten nach der Häufigkeit ihrer Verwendung	• **Einwegverpackungen:** Packmittel, die zum einmaligen Gebrauch bestimmt sind. • **Mehrwegverpackungen:** Leihverpackungen bzw. Umlaufpackmittel, die über einen längeren Zeitraum in einem organisierten Warenverkehr verwendet werden. • **Mehrfachverpackungen (Recyclatverpackungen):** Verpackungsmittel, die außerhalb eines geregelten Umlaufs mehrfach wieder verwendet werden.	
Verpackungsarten nach VerpackV	• **Transportverpackungen** (zum Transport vom Hersteller zum Handel) • **Umverpackungen** (können vom Käufer im Geschäft zurückgelassen werden) • **Verkaufsverpackungen** (zur Aufbewahrung bzw. zum Transport)	
Duales System („Grüner Punkt")	**Wesen:** Verwertung und Entsorgung von Verpackung durch den Handel bzw. die Industrie als Hol- oder Bringsystem **Vorteile:** • Versorgung und Entsorgung werden getrennt betrieben. • Das Verursacherprinzip wird angewendet. • Verpackungs- und Materialvielfalt bleibt erhalten. • Mehrwegsysteme werden genutzt und gefördert. • Wieder verwendbare Verpackungsmaterialien werden verstärkt eingesetzt. • Es entstehen finanzielle Anreize zur Entsorgung (z. B. Pfandsysteme).	

5006256

?

AUFGABEN

1 Welche Grundsätze stellt das Kreislaufwirtschafts- und Abfallgesetz für den Umgang mit Verpackungen auf?

2 Auszug: „Heilbronner Stimme" vom Juni 2002

> **Mülltonnendetektive unterwegs**
>
> … Mit der Ausgabe der neuen „Gelben Mülltonnen" kontrollieren so genannte „Müllinspektoren" den Inhalt der normalen Abfalltonnen. Finden sie dort Verpackungen mit dem „grünen Punkt", erhalten diese Tonnen ein rotes Band und werden damit nicht geleert. Diese rigorose Maßnahme ist durch die Verpackungsverordnung abgedeckt …

a) Welchen Sinn hat diese Vorgehensweise der Müllabfuhr?
b) Trennen Sie in Ihrem Ausbildungsbetrieb auch den Müll? Wie geschieht dies? Welche Produkte werden getrennt?
c) Wer zahlt die Verwertung und Entsorgung der „Grüne-Punkt"-Verpackungen?

3 Ordnen Sie die folgenden Verpackungen der der VerpackV entsprechenden Verpackungsart zu: Cola-Dose, Zigarettenschachtel, Europalette, Weinflasche, Tiefkühlpizza folienverpackt im Karton, Bierkasten, CD-Hülle, Milka-Schokoladenverpackung, Schrauben im Verkaufsblister aus Karton und Kunststoff, Pralinenschachtel, Bierfass für ein Bistro, Karton mit sechs Weinflaschen.

4 Ordnen Sie die jeweilige Verpackungsart den unten stehenden Beispielen zu:
a) Karton, in dem Glasflaschen geliefert werden
b) Cola-Dose, Milchpack, Mineralwasserflasche
c) Einschweißfolie um CD-Hülle
d) CD-Hülle zur Aufbewahrung der CD
e) Ketschupflasche, Streichholzverpackung
f) Brötchentüte, Geschenkpapier
g) Gitterbox, die an den Absender zurückgeht
h) Glasbehälter mit Aluminiumschraubdeckel

5 Erstellen Sie eine Tabelle nach folgendem Muster[1] und ordnen Sie die nachfolgenden Verpackungen der Einweg- bzw. Mehrwegverpackung zu:

Collico, Weißblechdose (Konservendose), Kunststofffass, Holzfass, Blechfass, Papiertüten, Essigkanister, Benzinkanister, Getreidesäcke, Pfandflaschen (Bier), Einweg-Bierflasche, Pralinenschachtel, Papiersack, Europalette, Farbeimer

Einwegverpackung	Mehrwegverpackung

6 Wie lassen sich folgende Einwegverpackungen durch Mehrwegverpackungen ersetzen? Geben Sie jeweils zwei Beispiele an.
a) Limonadendose aus Weißblech
b) Tragetaschen aus Kunststoff
c) Einwegpalette mit Zementsäcken

1 Bitte nichts ins Buch eintragen!

2 | Funktionen (Aufgaben) der Verpackung

SITUATION

Ein Markensekthersteller packt seine Sektflaschen in Wellpappekartons, stapelt diese auf Europaletten und umwickelt diese mit Stretchfolie.

1 Welche Aufgaben erfüllt ein Sektkarton auf seinem Weg vom Hersteller zum Konsumenten?

2 Denken Sie über mögliche Verpackungsalternativen für Sektflaschen nach. Sammeln Sie diese Vorschläge.

3 Bewerten Sie die gefundenen Verpackungsalternativen hinsichtlich der Aufgaben, die Sie in Aufgabe 1 aufgestellt haben.

4 Welche Aufgaben erfüllt die Europalette auf ihrem Weg vom Hersteller des Sekts zum Konsumenten?

5 Denken Sie über mögliche Verpackungsalternativen zur Europalette nach. Sammeln Sie diese Vorschläge. Bewerten Sie die gefundenen Verpackungsalternativen hinsichtlich der Aufgaben, die Sie in Aufgabe 4 aufgestellt haben.

6 Machen Sie weitere Vorschläge, wie die Kartons beim Transport auf der Palette gesichert werden könnten. Welche Vorzüge haben Ihre Vorschläge?

5006258

SACHDARSTELLUNG

Verpackungen begleiten Waren von der Produktion bis zum Verbrauch. Auf diesem Weg zum Verbraucher erfüllt die **Verpackung** verschiedene Aufgaben:

- **Hauptaufgabe:**
  - Schutz der Waren/Werterhaltung der Ware bis zum Gebrauch/Verbrauch
- **Zusatzaufgaben:**
  - Lagerung
  - Transport
  - Information

Grundüberlegungen für die Wahl der geeigneten Verpackung:

- Wie hoch ist die **Empfindlichkeit der Ware?**
  - mögliche Risiken, Beschädigungen, Beanspruchungen ermitteln und bewerten
- Wie stark sind die **Beanspruchungen der Ware** auf dem Transport?
  - Beschädigungsrisiko, Unfallgefahren, sonstige Beanspruchungen durch das jeweilige Transportmittel ermitteln und bewerten
- Wie kann die Ware vor **Beschädigung und Verlust** geschützt werden?
  - Diebstahlrisiko, Verlustrisiko, Beschädigungen durch Ungeziefer ermitteln und bewerten
- Welche **Transportmittel** werden eingesetzt?
  - besondere Anforderungen der jeweiligen Transportmittel, Transportrisiken, Transportbelastungen usw. ermitteln und bewerten
- Wie ist die **Transportstrecke** beschaffen? Wo liegt das Transportziel?
  - Transportlänge, Transportdauer, Transportbelastungen durch Klima usw. ermitteln und bewerten
- Welche **Verpackungsvorschriften** müssen beachtet werden?
  - Import-/Exportvorschriften, Vorgaben der Verkehrsträger, Versicherungen, Gefahrgutvorschriften usw. ermitteln und bewerten
- Welche **Verpackungsanweisungen des Kunden** liegen vor und müssen beachtet werden?
  - Mehrwegsysteme, Spezialpaletten, Sonderverpackung usw.

AUFGABEN

?

Erarbeiten Sie auf Basis der obigen Grundüberlegungen für die folgenden Warensendungen Vorschläge für eine sinnvolle Verpackung:

1 30 DVD-Player gehen über den Spediteur Schnell zum Einzelhändler Sinner (Distanz: 300 km).

2 Eine Exportsendung mit 1 000 DVD-Playern geht nach Australien.

3 Ein DVD-Player geht repariert wieder an den Kunden E. Müller nach Leipzig.

2.1 | Schutzaufgabe der Verpackung

SITUATION

Im Betriebshof einer Spedition wurde eine Holzkiste abgeladen, auf der das nebenstehende Zeichen zu sehen ist.

1 **Wovor soll der Inhalt dieser Holzkiste geschützt werden?**

2 **Welchen Sinn haben solche Aufkleber**
- **für die verpackte Ware?**
- **für die Menschen, die mit der verpackten Ware umgehen?**

3 **In der Holzkiste befindet sich verderbliche Ware. Mit welchen weiteren Zeichen sollte diese Holzkiste zusätzlich versehen werden?**

SACHDARSTELLUNG

Der **Schutz der Ware** vor qualitativen und quantitativen Schäden steht bei der Wahl der geeigneten Verpackung an erster Stelle.

Verpackung schützt	Schadensrisiken
... die Ware selbst	Verderb, Qualitätsverlust, Quantitätsverlust Bruch durch Fall, Schub, Stöße, Druck, klimatische Beanspruchung (Klimazonen, Wärme, Kälte, Licht, Nässe, Schwitzwasser ...) Beschädigung durch Ungeziefer Verluste durch Raub und Diebstahl
... den Menschen	Verletzungsgefahr Gesundheitsschäden Vermögensschäden
... die Umwelt	Gefahrstoffe Gesundheitsgefährdung Wasserverschmutzung Luftverschmutzung Bodenverschmutzung Feuergefahr Explosionsgefahr

5006260

Verpackung schützt	Schadensrisiken
... die Transportmittel	Beschädigung Verschmutzung Unfallgefahr
... andere Waren und Packmittel	Beschädigung, Bruch Geruchs- und Geschmacksübertragung Verunreinigung Schädlingsübertragung

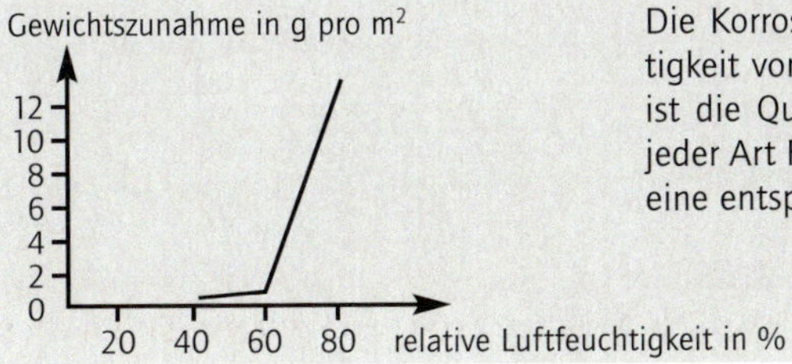

Die Korrosion von Eisen beginnt bei einer relativen Luftfeuchtigkeit von ca. 40 % und nimmt ab ca. 60 % rapide zu. Daher ist die Qualitätssicherung von Eisenwaren beim Transport vor jeder Art Feuchtigkeit (See-, Regen-, Kondenswasser usw.) durch eine entsprechende Schutzverpackung notwendig.

2.1.1 | Schutz vor Verderb, Qualitäts- und Quantitätsverlust

Sauerstoff, Feuchtigkeit, Wärme und Kälte bewirken bei vielen Waren Fäulnisprozesse, Gärung, Flüssigkeitsverluste usw. Durch **Verpackungstechnologien** wie Trocknung, Vakuumverfahren, Pasteurisierung usw. verhindern die Produzenten den Verderb der Waren und Qualitätsverluste von der Produktion bis zum Verkauf.

Verpackungsmittel, die vor Verderb schützen und die Haltbarkeit verlängern, sind:

- Einschweißfolien
- Plastikfolien, Alufolien, Alupapiere usw.
- Alufolienverschlüsse auf Plastikbechern, Gläsern usw.
- Plastikbecher, Plastikpackungen usw.
- Schlauchfolien
- Dosen, Fässer aus Metall
- Flaschen, Gläser mit Vakuumverschluss

Die Haltbarkeit kann durch entsprechende Verpackung wesentlich verlängert werden.

Milchprodukte in Flaschen, Plastikbechern, Schlauchfolien, Gläsern:	1 Woche bis 4 Wochen
Frischeprodukte in Folienverschweißung (Tortellini, Pizza usw.):	2 Wochen bis 2 Monate
Wurstwaren in Folienverpackung, Dosen usw.:	1 Monat bis 12 Monate
Fruchtsäfte, Bier, Wein in Glasflaschen:	6 Monate bis 6 Jahre
Geschwefelte Trockenprodukte (Müsli, Trockenobst usw.):	1 Jahr bis 2 Jahre
Vollkonservendosen, -gläser (Gemüse, Eintöpfe usw.):	2 Jahre bis 6 Jahre

2.1.2 | Schutz vor Fall, Druck, Schub und Transportstößen

Vor allem beim Transport und beim Warenumschlag können **mechanische Beanspruchungen** der Waren auftreten. In der Praxis unterscheidet man:

- **Fallschäden**
  Das Ausmaß des Schadens ist dabei abhängig von:
  - der Fallhöhe
  - dem Eigengewicht der Ware
  - der Beschaffenheit des Untergrunds
  - der Empfindlichkeit der Ware
  - der Art der Verpackung
  - dem Aufprallpunkt (z. B. Kante oder Fläche)
- **Druckschäden**
  Das Ausmaß des Schadens ist dabei abhängig von:
  - der Stapelhöhe
  - der Transportart
  - der Empfindlichkeit der Ware
  - der Art der Verpackung
- **Schub- und Transportstoßschäden**
  Das Ausmaß des Schadens ist dabei abhängig von:
  - der Geschwindigkeit beim Transport
  - dem Eigengewicht der Ware
  - dem Anfahrschub, der Kurvenlage, der Bremseinwirkung
  - der Straßenbeschaffenheit, von Steigungen, Gefällstrecken
  - der Aufprallgeschwindigkeit beim Rangieren

Vermeidung von	durch folgende Maßnahmen
Fallschäden	stabile Verpackung, Zwischenverpackung, Stapeln im Verbund, Füllstoffe, Luftkissen, Gurte usw., Schrumpffolien zur Palettensicherung, Stretchfolie
Druckschäden	schwere Waren immer nach unten legen, Vorsichtsmarkierungen setzen und beachten, stabilere Verpackung durch Kanten-/Seitenverstärkungen
Schub- und Stoßschäden	Verankerung der Waren durch Gurte, Festlegehölzer, Verkeilung, Verbundstapelung, Folieneinschweißung, Leerräume mit Luftkissen ausfüllen, Leerpaletten usw.

5006262

Beladepraxis unter Beachtung des Waren- und Verpackungsschutzes

Palettierte Güter

Um eine stabile und kompakte Ladung zu erreichen, müssen die Stapelgüter mit den Rändern der Palette möglichst bündig abschließen und im Verbund gesetzt werden.

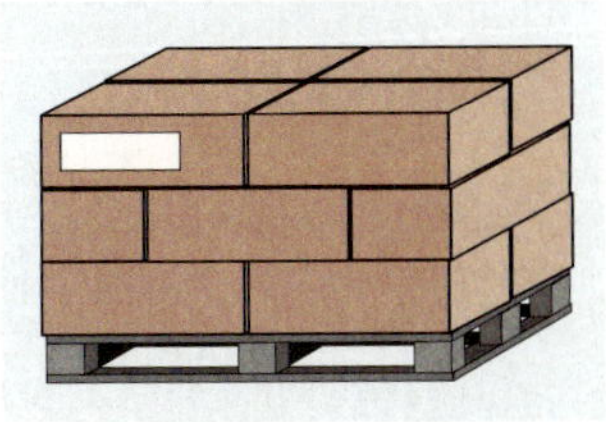

Güter in Säcken

Die Stapelung im Verbund hat sich besonders bewährt. Bei glatter Oberfläche (Kunststoff oder kunststoffbeschichtetes Papier) empfiehlt es sich, Zwischenlagen aus rauem Papier zu verwenden oder sie mit einem Antigleitmittel zu besprühen.

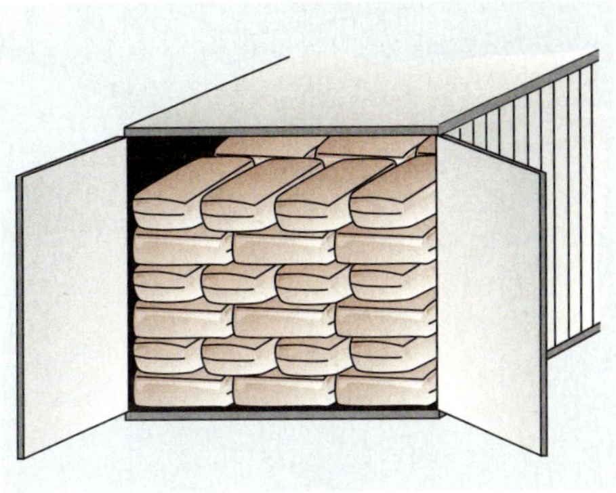

Fässer, Trommeln und dergleichen stehend verladen

Um eine Stabilisierung der Ladung zu erreichen, kann es zweckmäßig sein, die Gebinde versetzt anzuordnen. Eine weitere Möglichkeit zur Stabilisierung besteht darin, dass jeweils mehrere Gebinde mit Verpackungsbändern oder Gurten zu einem Block zusammengefasst werden. Bei Verladung in mehreren Schichten sind Zwischenlagen aus Holz oder anderem geeignetem Material erforderlich, wenn die Gebinde zum Stapeln nicht besonders eingerichtet sind.

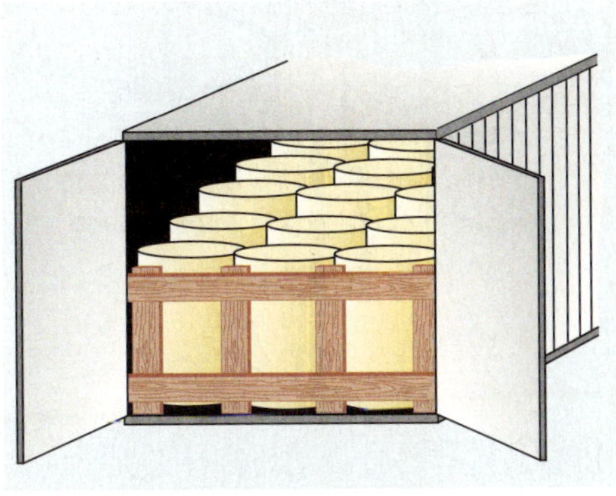

Papierrollen und dergleichen liegend verladen

Solche Ladeeinheiten müssen gegen Rollbewegungen durch Keile oder Ladegestelle gesichert werden.

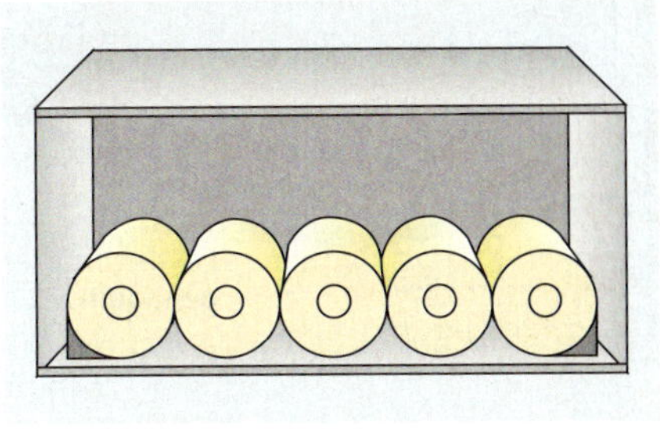

Das Beladen von Containern unter Beachtung des Warenschutzes gegen Schub- und Stoßschäden auf dem Transport

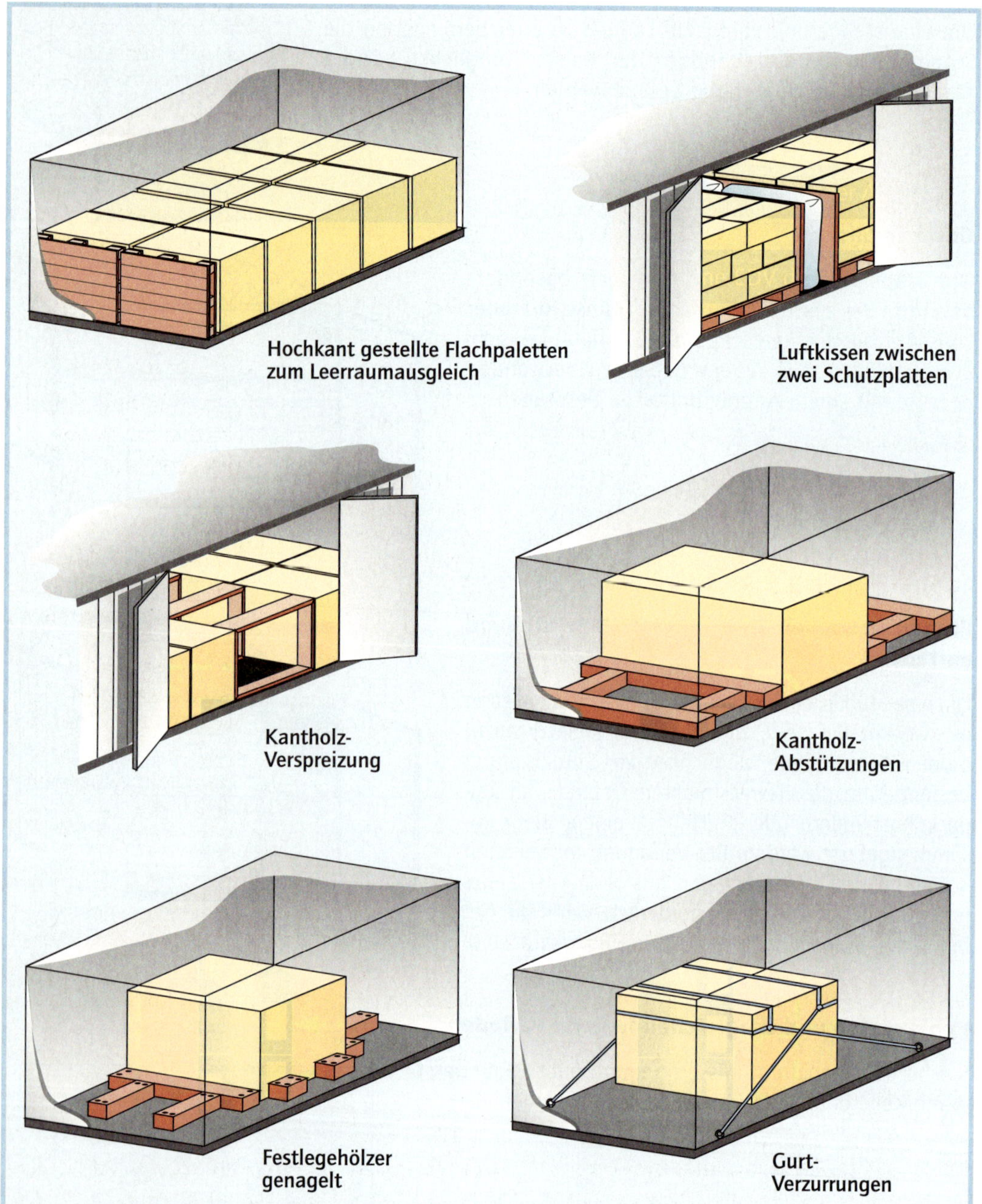

2.1.3 | Schutz vor klimatischer Beanspruchung

Auch in unseren gemäßigten Breiten muss die Verpackung die Ware vor klimatischen Einflüssen schützen. Im Sommer drohen **Wärmeschäden,** während es im Winter **Frostschäden** sind, welche die Ware bei ungenügender Verpackung vor allem **auf dem Transport** und **beim Umschlag** beschädigen. Je länger der **Transportweg** und die **Transportzeit,** desto mehr muss die Verpackung einen sicheren Schutz vor den verschiedenen klimatischen Beanspruchungen bieten:

Beanspruchung auf dem Transport/ beim Umschlag	Beispiele	Probleme	**Schutzverpackungen**
durch Klimazonen	Landklima – Seeklima arktisches ... gemäßigtes ... subtropisches ... tropisches Klima	Schwitzwasser Kondenswasser Rost Schimmelbildung Verfärbungen Frostrisse Oxidation Verdunstung	Holz, Kartonage wirken feuchtigkeits- und temperaturausgleichend Schaumstoffe, Styropor isolieren gegen Frost, Hitze und Feuchtigkeit
durch Witterungseinflüsse	Hitze Frost Schnee Regen Nebel	Verderb Gärung Qualitätseinbußen	Folien, Teerpapier, Ölpapier schützen vor äußerer Feuchtigkeit Gaspapier, Fette, Öle, Trockenmittel, wie Kieselgel, Aktivton, Trockensalzkissen usw. regulieren Schwitz- und Kondenswasser

2.1.4 | Schutz vor Ungeziefer

Weltweit werden Milliardenwerte an Lebensmitteln und sonstigen Waren durch **Ungeziefer** zerstört, unbrauchbar oder minderwertig.

- Ratten, Mäuse, Fliegen, Larven und Würmer bedrohen vor allem Lebensmittel.
- Motten zerstören Stoffe, Garne, Rohwolle usw.
- Ratten und Mäuse nagen Güter an, zerstören diese oder machen sie unverkäuflich.

Die wirksamste **Gegenmaßnahme** ist absolute **Sauberkeit und Ordnung** im Lager, beim Umschlag und beim Transport. **Schutzmittel** wie Gift und Fallen bekämpfen Ungeziefer. Bei der Verpackungswahl kommt es auf die **Dichtigkeit** (z. B. durch Folieneinschrumpfung) und Nagefestigkeit der Verpackung (z. B. Hartplastik, Metall) an, um einen bestmöglichen Ungezieferschutz zu gewährleisten.

2.1.5 | Schutz vor Raub und Diebstahl

Raub und Diebstahl von Waren während des Transports, beim Umschlag und im Lager stellen ein vielschichtiges **Problem** für Produzenten, Spediteure und Händler dar:

- Für den Verkäufer entstehen **Vermögensschäden** und höhere Versicherungskosten.
- Für den Käufer bedeutet die fehlende Ware **Produktionsverzögerungen** oder Umsatzeinbußen.
- Für den Frachtführer oder Spediteur entstehen höhere **Versicherungskosten** und ein Eigenanteil am Schaden (i. d. R. muss der Spediteur oder Frachtführer 10 % des Schadens selbst zahlen).
- Der Dieb selbst riskiert die **Strafverfolgung**, den Verlust des Arbeitsplatzes und hat künftig erhebliche Schwierigkeiten, einen neuen Arbeitsplatz zu finden.

Durch entsprechende Verpackungstechniken, Vorsichts- und Sicherheitsmaßnahmen lässt sich das Diebstahlrisiko erheblich reduzieren.

Maßnahmen	Wirkung der Maßnahme
neutrale Verpackung wählen	Der spontane Anreiz zum Diebstahl entfällt.
stabile, aufwändige **Verpackung** verwenden, z. B. Umreifung, Klammern	Die Entnahme der einzelnen Waren wird für den Dieb erschwert.
Folieneinschweißung der Verpackung	Diebstahl kann sofort erkannt werden – so wird das Risiko für den Dieb erhöht.
kleine Packstücke zu **größeren Verpackungseinheiten** zusammenfassen	Je größer die Verpackungseinheit, desto geringer ist die Diebstahlgefahr.
wertvolle Ware auf Paletten **unten** oder **in die Mitte** zwischen andere Packstücke setzen	Je unscheinbarer das Packstück, desto geringer wird die Diebstahlgefahr: „Was man nicht weiß, macht nicht heiß."
Verschlusslager für wertvolle Ware einrichten	Verschlusslager führen zu eindeutiger Verantwortungszuweisung. Der Zugang für Dritte ist eingeschränkt.
häufige, wechselnde **Kontrollen im Lager,** im Umschlagsbereich und beim Transport	Verunsicherung des Diebes. Hohes Entdeckungsrisiko für den Dieb.
elektronische **Sicherungssysteme,** Radiofrequenzsysteme, magnetische Sicherungssysteme	automatischer Alarm, wenn die Ware nicht deaktiviert wurde

2.1.6 | Schutz der Ware durch Vorsichtsmarkierungen

Vorsichtsmarkierungen als **Handhabungsmarkierungen** in Textform und/oder als Piktogramme (Bildzeichen) erleichtern den ordnungsgemäßen Umgang mit der Ware. Eine **Markierung** muss klar und präzise sein. Sie sollte sich deutlich vom Packstück abheben.

Eine vollständige Markierung besteht aus drei Teilen:

1. Leitmarke	2. Informationsmarkierung	Handhabungshinweise
Kennmarke z. B. Anfangsbuchstabe des Empfängers/Absenders ... **Kennnummer** z. B. Auftragsnummer des Empfängers **Gesamtzahl der Packstücke** **laufende Nummer** des Packstücks z. B. 5/12 oder 5–12 **Bestimmungsort/** Bestimmungshafen	**Ursprungsland** nach den Bestimmungen des Emfängerlandes **Gewichtsangabe** des Packstücks Ab 1 000 kg Bruttogewicht müssen Packstücke mit der Gewichtsangabe versehen werden. Die Gewichtsangabe ist aber auch bei geringeren Gewichten hilfreich. **Abmessungen** des Packstücks ... sind in cm anzugeben.	diese Vorsichtsmarkierungen können **textliche Hinweise** und/oder **bildliche Hinweise** sein. Damit tragen die Handhabungshinweise zu erhöhter Sorgfalt bei den Umschlagsarbeiten, beim Transport und im Lager bei.

Im Folgenden wird die **richtige Markierung einer Kiste** beispielhaft dargestellt:

Leitmarke	Informationsmarkierung	Handhabungshinweise
(1) Kennmarke	(6) Ursprungsland	(10) Oben
(2) Kennnummer	(7) Nettogewicht	(11) Zerbrechlich
(3) Bestimmungsort	(8) Bruttogewicht	
(4) Bestimmungshafen	(9) Abmessungen	
(5) Packstücknr. und Anzahl der Packstücke		

Für innerdeutsche Transporte genügt der deutsche Text; Exportsendungen müssen zusätzlich textlich mit der Sprache des Empfängerlandes ergänzt werden.

Die Symbole für die Handhabungshinweise von Verpackungen sind durch DIN-Norm[1] und ISO-Norm[2] einheitlich festgelegt:

Bezeichnung	Symbol	Erklärung
zerbrechliches Packgut engl.: fragile, handle with care franz.: fragile		Das Symbol ist bei leicht zerbrechlichen Waren anzubringen. Derartig gekennzeichnete Waren sind sorgfältig zu behandeln und keineswegs zu stürzen oder zu schnüren.
keine Handhaken verwenden engl.: use no hooks franz.: a manipuler sans crochet		Bei derartig gekennzeichneten Waren sollte auch jede weitere punktförmige Belastung vermieden werden. Das Zeichen verbietet nicht automatisch die beim Sackgutumschlag eingesetzten Tellerhaken.
oben engl.: this way up, top franz.: haut		Das Packstück muss grundsätzlich so transportiert, umgeschlagen und gelagert werden, dass die Pfeile jederzeit nach oben zeigen. Rollen, Klappen, starkes Kippen oder Kanten sowie andere Formen des Handlings müssen unterbleiben. Die Ladung muss aber nicht „on top" gestaut werden.
vor Hitze (Sonneneinstrahlung) schützen engl.: keep away from heat, keep cool franz.: craint la chaleur		Am besten entspricht man dem Symbol, wenn die Ware möglichst kühl abgestellt wird. Auf jeden Fall muss sie vor zusätzlichen Wärmequellen geschützt werden. Es kann angebracht sein, nachzufragen, ob bestehende oder zu erwartende Temperaturen schädlich sein können. Auch bei Waren, von denen jeder weiß, dass sie Wärme nicht ausgesetzt werden dürfen, wie z. B. Butter und Schokolade, sollte diese Markierung verwendet werden, um Schäden vorzubeugen.

1 DIN = Deutsches Institut für Normung, Berlin – DIN 55 402
2 ISO = International Organization of Standardization, Toronto – ISO R/780

Bezeichnung	Symbol	Erklärung
vor Hitze und radioaktiven Strahlen schützen engl.: protect from heat and radioactive sources franz.: craint la chaleur et sources radioactives		Stauung wie beim vorherigen Symbol beschrieben. Zusätzlich muss die Ware noch vor radioaktiven Strahlen geschützt werden.
hier anschlagen engl.: sling here franz.: pour soulever fixer ici	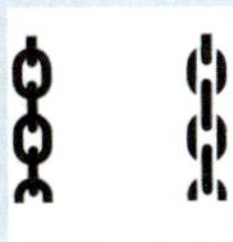	Das Zeichen gibt nur einen Hinweis darauf, wo angeschlagen werden soll, nicht aber auf die Anschlagmethode. Sind die Symbole gleich weit von der Mitte bzw. vom Schwerpunkt angebracht, hängt das Packstück bei gleich langen Anschlagmitteln gerade. Ist das nicht der Fall, müssen die Anschlagmittel auf einer Seite gekürzt werden.
vor Nässe schützen engl.: keep dry franz.: craint l'humidité		Derartig gekennzeichnete Waren sind vor zu hoher Luftfeuchtigkeit zu schützen, sie müssen daher gedeckt gelagert werden. Können besonders schwere oder sperrige Packstücke nicht in Hallen oder Schuppen gelagert werden, sind sie sorgfältig abzuplanen.
Schwerpunkt engl.: centre of gravity franz.: centre de gravité		Durch dieses Zeichen soll die Lage des Schwerpunktes eindeutig gekennzeichnet werden. Sinnvollerweise sollte das Zeichen nur verwendet werden, wenn der Schwerpunkt nicht mittig ist. Die Eindeutigkeit ist bereits gegeben, wenn das Symbol auf zwei rechtwinklig zueinander stehenden Flächen angebracht wird.
Stechkarre hier nicht ansetzen engl.: no hand truck here franz.: ici n'enplace pas l'engin de levage		Das Fehlen dieses Symbols auf Packstücken kommt der Erlaubnis gleich die Stechkarre dort ansetzen zu dürfen.
zulässige Stapellast engl.: stacking limitation franz.: limitation de stockage	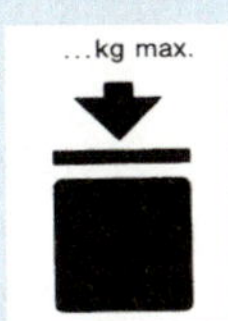	Neben der Angabe „... kg max." ist die zulässige Stapellast anzugeben. Da eine derartige Markierung nur bei wenig belastbaren Packstücken sinnvoll ist, sollten derartig gekennzeichnete Waren in der obersten Lage gestaut werden.

Bezeichnung	Symbol	Erklärung
Klammern in Pfeilrichtung engl.: clamp here franz.: ici fixation		Der Hinweis, dass das Packstück an den angegebenen Stellen geklammert werden darf, kommt logischerweise einem Verbot des Klammerns an anderer Stelle gleich.
zulässiger Temperaturbereich engl.: temperature limitations franz.: limitation de température		Das Symbol ist nach den Vorschriften entweder mit dem Zusatz „... °C" für eine bestimmte Temperatur zu versehen oder für einen Temperaturbereich mit oberem („... °C max.") und unterem („... °C min.") Temperaturgrenzwert. Die entsprechenden Temperaturen oder Temperaturgrenzen sollten darüber hinaus im Frachtbrief vermerkt werden.
Gabelstapler hier nicht ansetzen engl.: do not use fork lift truck here franz.: ne pas utiliser l'élévateur à fourche ici		Dieses Symbol ist nur an den Seiten anzubringen, an denen nicht mit dem Gabelstapler angehoben werden darf. Ein Fehlen auf anderen Seiten des Packstücks kommt einer Erlaubnis zum Benutzen von Gabelstaplern an diesen Seiten gleich.
elektrostatisch gefährdetes Bauelement engl.: electrostatic sensitive device franz.: élément de construction éléctrostatique mis en danger par		Berühren derartig gekennzeichneter Packstücke ist bei niedriger relativer Feuchte zu vermeiden, insbesondere wenn isolierendes Schuhwerk getragen wird oder der Untergrund nicht leitend ist. Mit niedriger relativer Feuchte ist besonders an warmen, trockenen Sommertagen und sehr kalten Wintertagen zu rechnen.
Sperrschicht nicht beschädigen engl.: do not destroy barrier franz.: ne pas défruire la limitation		Unter der äußeren Verpackung befindet sich eine (nahezu) wasserdampfdichte Sperrschicht, in die Trockenmittel zum Korrosionsschutz eingebracht sind. Diese Schutzwirkung wird hinfällig, wenn die Sperrschicht beschädigt wird. Da das Symbol noch nicht von der ISO aufgenommen wurde, muss insbesondere bei Packstücken mit dem Aufdruck „Packed with desiccants" ein Durchstechen der äußeren Hülle vermieden werden.
hier aufreißen engl.: tear off here franz.: découdre ici		Dieses Symbol ist nur für den Empfänger bestimmt.

2.2 | Lagerungsaufgabe der Verpackung

SITUATION

Die Möbelfabrik NATURA GmbH lagert aus Polen importierte Möbelbeschläge in großen Holzkisten mit je 40 000 Beschlägen. Für die Produktion werden pro Serie 200 Beschläge benötigt.

Durch die Kistenlagerung verhaken sich oft die Beschläge, lassen sich so schlecht entnehmen, verstauben und oxidieren.

Diskutieren Sie, durch welche Maßnahmen die Probleme bei der Lagerung der Möbelbeschläge behoben werden könnten.

SACHDARSTELLUNG

Jede Ware durchläuft von der Rohstoffbeschaffung über die Produktion bis zum Verbraucher verschiedene Lagerarten.

Damit das Gut überhaupt wirtschaftlich gelagert werden kann, muss es sinnvoll verpackt werden. Dabei muss zwischen der produktionsbedingten Lagerung und der logistischen Lagerung unterschieden werden.

Für die **produktionsbedingte Lagerung** werden meist Gitterboxen, Verschläge, Boxen, Kunststoffkisten usw. eingesetzt. Die Wahl der Verpackung für die Rohstoffe und Halbfertigfabrikate hängt von den jeweiligen innerbetrieblichen Produktionsverfahren und der innerbetrieblichen Logistik ab.

Damit die Ware bei der **logistischen Lagerung** möglichst wirtschaftlich umgeschlagen und gelagert werden kann, sollte diese in **Standard- oder Systemverpackungen** gepackt werden. So sind bei palettierter Ware die Umschlags- und Lagerkosten weit geringer als bei unpalettierter Ware.

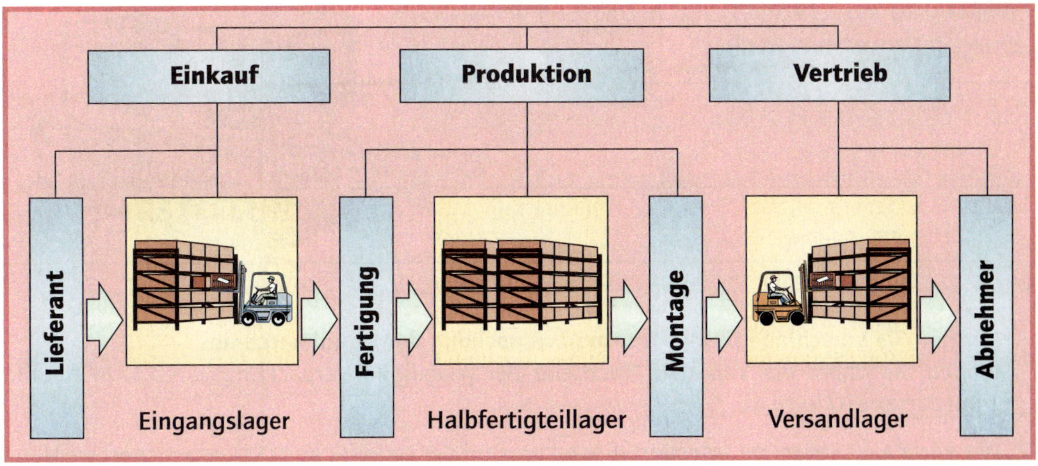

Systemverpackungen (Wareneingang)	innerbetriebliche Verpackungen	Systemverpackungen (Versand)
z. B. Box-Container Schüttcontainer Gitterboxen Europaletten	z. B. Schüttboxen Kunststoffkisten Produktionsverschläge Industriepaletten	z. B. – Europaletten – Kartons – Welltainer – Collico
Lageraufgabe • Produktionseinheiten (Losgrößen) ... • Lagersystemeinheiten ... • Inventureinheiten ... ... bilden	**Lageraufgabe** • Losgrößeneinheiten • Halbfertigfabrikate ... ... puffern	**Lageraufgabe** • Verpackungseinheiten • Inventureinheiten • Lagersystemeinheiten (Boxen-, Paletteneinheiten) ... zusammenstellen
Ziel: Reduzierung der Bezugs- und Lagerkosten durch geeignete Verpackungen	**Ziel:** Optimierung der Produktionsabläufe durch geeignete Zwischenverpackungen	**Ziel:** Reduzierung der Vertriebs- und Lagerungskosten durch geeignete Verpackung

2.3 | Lade- und Transportaufgabe der Verpackung

SITUATION

Eine Abfüllmaschine im Gewicht von 2,4 t und den Maßen 2,10 m x 2, 20 m x 1,80 m soll von Köln nach Dresden transportiert werden.

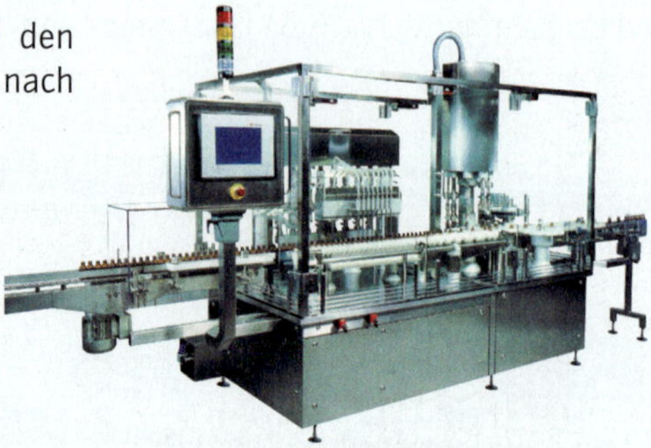

1 Machen Sie Vorschläge für die Transportverpackung der Abfüllmaschine. Wägen Sie dabei die Vor- und Nachteile der jeweiligen Verpackungsvorschläge für die Transportabwicklung ab.

2 Wie könnte die jeweilige Transportverpackung auf der Ladefläche des Lkw gesichert werden?

SACHDARSTELLUNG

Versandverpackungen vermindern sowohl beim Transport als auch bei der Beladung Schäden am Transportgut.

Genormte Versandverpackungen, wie z. B.

- Gitterboxen,
- Paletten,
- Aufsetzrahmen für Flachpaletten,
- Paltainer,
- Welltainer,
- Kartons,
- Log-Box (staplerfähiger Karton mit Palettenkufen),
- Faltboxen aus Metall bzw. Kunststoff

ermöglichen eine rationelle und kostengünstige Beladung der Transportmittel. Durch den Einsatz ebenfalls normierter Transportmittel wie z. B. Wechselbrücken kann das vorhandene Transportvolumen bestmöglich ausgenutzt werden. Dadurch werden auch die Transportkosten niedriger.

Mittel zur Transportsicherung, wie z. B.

- Abdecknetze,
- Staupolster,
- Zurrgurte,
- Kantenschutzwinkel, -ecken,
- Antirutschmatten

bieten einen zusätzlichen Schutz auf dem Transport und bei Umschlagsvorgängen. Mit einer genormten Verpackung (z. B. Gitterbox) kann der Lade- und Transportvorgang beschleunigt werden, weil hier auch **maschinelle Hilfsmittel** eingesetzt werden können, wie z. B.

- Gabelstapler,
- Hubwagen,
- Rollenbänder,
- Laufbänder usw.

Große Gütermengen können somit in genormten Verpackungen zu günstigen Kosten transportiert und umgeschlagen werden. Auch im Lager können durch größere Verpackungseinheiten die Lager- und Einlagerungskosten reduziert werden.

Paletten-Klappbox

2.4 | Informations- und Verkaufsaufgabe der Verpackung

SITUATION

Ein neues Fitnessgetränk, das mit Vitaminen und Koffein versetzt ist, soll unter dem Markennamen „Co-Fit" auf den Markt gebracht werden.

Bilden Sie Arbeitsgruppen und bearbeiten Sie die folgenden Fragen:

1 **Wie könnte das Verpackungsmaterial des Getränks gewählt werden, damit es dem Kunden im Verkaufsregal auffällt?**

2 **Welche Informationen erwartet der Verbraucher auf der Verpackung dieses Getränks?**

3 **Welche Information benötigt der Handel auf der Verpackung dieses Getränks?**

Diskutieren Sie die Arbeitsergebnisse Ihrer Arbeitsgruppen.

SACHDARSTELLUNG

Über 90 % aller an den Endverbraucher verkauften Waren werden über **Selbstbedienungssysteme** vertrieben. Damit hat die Verkaufsverpackung sowohl eine Verkaufs- als auch eine Informationsaufgabe im Warenabsatz an den Kunden. Bei der **Verkaufsaufgabe** ist die Verpackung gleichzeitig Werbeträger, dient dem Kundendienst und erfüllt noch Zusatzaufgaben.

Als **Werbeträger** entscheidet die

- Gestaltung der Verpackung in Form und Farbe,
- Erkennbarkeit als Markenartikel,
- die Platzierung im Verkaufsraum

vor allem im Selbstbedienungsbereich in großem Maße über den Verkaufserfolg der Ware.

Beispiel: *So brachte die Änderung der Verpackungsgestaltung in Form und Farbe bei einer Schokoflakesspezialität einen Umsatzzuwachs von 45 %, ohne dass dieser Artikel in den Medien beworben worden wäre.*

Die Verpackung dient dem **Kunden,** indem Rezepte, Kontaktadressen, Internethinweise und Bedienungsanweisungen aufgedruckt werden. Die Verpackung erfüllt so noch eine Zusatzaufgabe.

Beispiel: *Indem eine Schokonougatcreme in Trinkgläser abgefüllt wurde, konnte sowohl der Umsatz, als auch der Erlös pro 100 g wesentlich erhöht werden. Ebenso stabilisieren beigelegte Sammelbilder, Rezepte usw. den Warenabsatz.*

Die **Informationsaufgabe** erfüllt die Verpackung , indem sie **gesetzlich vorgeschriebene Informationen** wie Gewicht, Herstellungsdatum, Mindesthaltbarkeitsdatum, Inhaltsstoffe usw. auf der Verpackung angibt.

Kaufmännische Informationen wie Preis, Stückzahl, Produkteigenschaften, Identnummern, Label usw. erleichtern den Selbstbedienungsverkauf und verringern den Beratungsaufwand. Dadurch, dass die Waren bereits abgepackt, gewogen und preisausgezeichnet sind, dient die Verpackung auch der **Rationalisierung des Verkaufs.**

5006274

Beispiel: *Bereits abgepackte Bananen erleichtern den Verkauf in der Selbstbedienung, informieren über Abpackdatum, Gewicht, Kilopreis, Verkaufspreis und Produktionsland. Kombipackungen wie Pflegesets, Schrauben-Dübel-Sätze, Spagetti-Gerichte usw. verringern den Beratungsaufwand und beschleunigen den Warenverkauf.*

2.5 | Codierungen als Informationsträger auf Verpackungen

SITUATION

Die Verpackung des Fitnessgetränks „Co-Fit" soll für den Verkauf, die Lagerung und die Produktion mit einer Codierung versehen werden.

Bilden Sie Arbeitsgruppen und tauschen Sie Ihre Arbeitsergebnisse aus.

1 **Welche Daten sollten für den Verkauf auf der Verpackung codiert werden?**

2 **Welche Daten müssten für die Lagerung auf der Verpackung codiert werden?**

3 **Welche codierten Daten benötigt man für die Produktion bzw. Produktionsplanung des Getränks?**

SACHDARSTELLUNG

Über 90 % aller verpackten Konsumgüter sind heute mit **Strichcodesystemen** (Barcode-Technik) versehen.

Damit können an der Verkaufskasse **(point of sale)** alle wichtigen Warendaten erfasst und verarbeitet werden. Nicht nur der Kunde erhält dadurch eine detaillierte Information über seine Einkäufe auf dem Kassenzettel. Auch das Handelsunternehmen bis hin zum Produzenten werden auf diese Weise mit wichtigen Daten für die **Verkaufsdatenerfassung, Lager- und Produktionsplanung** versorgt. So wird die Lagerbewirtschaftung, die Steuerung des Bestellwesens und die Warendisposition erleichtert. Alle großen Speditionsgesellschaften und Frachtführer, wie die Post AG, codieren heute ihre Sendungen, um den Informations- und Warenfluss zu beschleunigen. Gleichzeitig können sie dadurch die einzelne Sendung auf ihrem Weg vom Absender zum Empfänger verfolgen **(tracking and tracing)**[1].

Auch in der modernen **Lagertechnik** ist die optimale Verknüpfung von Informations- und Materialfluss zur Steuerung der Warenströme ohne den Einsatz der Codierungstechnik nicht mehr denkbar.

Ein erfolgreiches Steuern und Verfolgen des Materialflusses setzt eine große Rechnerleistung für die Verarbeitung der anfallenden Datenmenge voraus. Dabei müssen die benötigten Daten so codiert sein, dass sie vom Rechner direkt gelesen und verarbeitet werden können.

1 Sendungsverfolgungssystem, bei dem die Sendung an jedem Umschlagspunkt gescannt wird.

Es gibt verschiedene **Möglichkeiten der Codierung** auf Verpackungen, wie:

- **mechanische Codierungen** – z. B. mit Codierleisten
- **magnetische Codierungen** – z. B. mit Magnetstreifen
- **elektromagnetische Codierungen** – z. B. Transponder, Infrarotcodierung
- **Strich- bzw. Balkencodierung** (Barcode) als die wichtigste und preisgünstigste Codierungstechnik

Allein bei den Strich- bzw. Balkencodes gibt es bis heute ca. 50 verschiedene Codetypen. Der Informationsgehalt eines Strichcodes wird durch Linien unterschiedlicher Breite sowie durch die Größe der Zwischenräume bestimmt.

Erfasst werden die Informationen über Lesestifte, Infrarotleser, Kameralaser (I-Punkte) und verschiedene Scannersysteme. Ein ausreichender Kontrast ist dabei für die fehlerfreie Lesbarkeit des Strichcodes notwendig.

Üblich sind heute meist **eindimensionale Strichcodes,** jedoch liegt die Zukunft bei **mehrdimensionalen Strichcodes**, die auch dann noch ablesbar sind, wenn weniger als 50 % der Codierfläche lesbar ist.

Beispiel *für Strichcodes*

ISBN 3-8045-5042-8

9 783804 550421

Besonders im Einzelhandel hat sich international das **EAN-Code-System**[1] durchgesetzt.

Die einzelne Verkaufs- und Verpackungseinheit trägt dabei den EAN-Code, der dann am Kassenterminal mittels Laserscanner erfasst wird. Damit kann ein geschlossenes Warenwirtschaftssystem aufgebaut werden, bei dem die eingelesenen Informationen folgende **Aufgaben** haben:

- Kassenzettelerstellung mit Artikelbezeichnung
- Fakturierung des Verkaufs
- Verkaufsdatenerfassung
- Zentrallager- und Regionallagerbewirtschaftung
- Steuerung des Bestellwesens beim Einzelhandel
- Steuerung der Produktionsplanung beim Lieferanten
- Warendisposition beim Handel und in der Industrie

1 Europäische Artikelnummer (EAN) von IBM entwickelt und seit 1976 standardisiert

Länderkennzeichen		bundeseinheitliche Betriebsnummer „bbn"					individuelle Artikelnummer des Herstellers					Prüfziffer
4	0	1	2	3	4	5	0	0	3	1	5	4
Centrale für Coorganisation für die Bundesrepublik Deutschland		Franz Schuster KG Travemünder Landstr. 100 23569 Lübeck					Lübecker Edelmarzipan Geschenkpackung 100 g					99 % Sicherheit

Weitere wichtige Code-Systeme sind:

Code 2/5 Industrial und 2/5 interleaved

Dies ist ein rein **numerischer Code,** bei dem ausschließlich die Ziffern 0 bis 9 dargestellt werden. Die Information ist ausschließlich durch die Linien gegeben. Die speicherbare Datenmenge wird durch den Code nicht beschränkt. Dieser Code ist selbst prüfbar. Vorteilhaft sind diese Codes in allen Fällen, bei denen die Codierung groß sein soll, wie z. B. bei Behältern auf einer Rollenbahn und einer Sortierstraße.

Code 39

Dieser **alphanumerische Code** gilt heute als weltweit sicherster und flexibelster Code. Mit ihm ist jedes beliebige ASCII-Zeichen darstellbar. Die speicherbare Datenmenge ist durch den Code nicht beschränkt. Der Code kann als sehr zuverlässiges System sogar auf eine Prüfziffer verzichten.

NVE-Code

NVE steht für **„Nummer der Versandeinheit".** Jedes Packstück (Collo), ob Palette oder Container, kann eine Versandeinheit sein.

Die 18-stellige NVE ist in fünf Datenbereiche eingeteilt:
- Datenbezeichner
- Kennzeichnung der Verpackung
- Betriebsstättennummer des Versenders
- laufende Nummer der Versandeinheit
- Prüfziffer

Beispiel: *Trakingnummer eines Packstücks: 1Z8X063E6849361167*

Bei jedem Umschlag (Einscann-Punkt) wird die NVE eingescannt. Die Einscannung erfolgt meist durch mobile Datenerfassungsgeräte (MDE). Somit kann jederzeit eine lückenlose **Sendungsverfolgung** (tracking and tracing) aufgebaut werden.

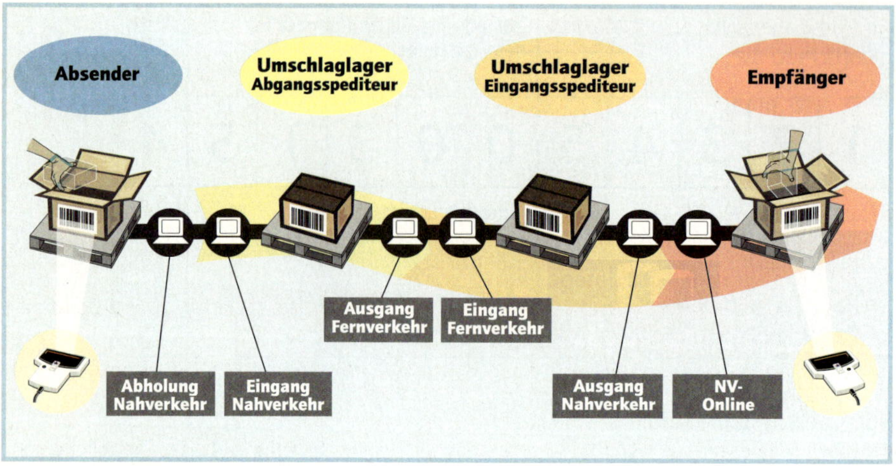

Einscann-Punkte sind dabei:

- Übernahme der Sendung beim Empfänger (Vorlauf)
- Eingang beim Versandspediteur (Umschlagslager – Versand)
- Ausgang beim Versandspediteur (Hauptlauf)
- Eingang beim Empfangsspediteur (Umschlagslager – Empfang)
- Ausgang beim Empfangsspediteur (Nachlauf)
- Zustellung beim Empfänger (Empfangsquittung)

ZUSAMMENFASSUNG	
Hauptaufgabe	**Schutz und Werterhaltung der Ware** bis zum Gebrauch/Verbrauch, insbesondere Schutz vor • Verderb und Qualitätsverlust • Fall, Druck, Schub, Transportstößen • klimatischen Beanspruchungen • Ungeziefer • Raub und Diebstahl
Zusatzaufgabe	**Lageraufgabe** als Standard- oder Systemverpackung; Ziel: kostengünstige Lagerung der Ware
	Lade- und Transportaufgabe zum Schutz vor Schäden und Belastungen. Genormte Transportverpackungen und Mittel zur Transportsicherung ermöglichen eine Optimierung des Transportvolumens und senken so die Transport- und Umschlagskosten.
	Informations- und Verkaufsaufgabe zur Unterstützung des Warenverkaufs, zur Information der Kunden und Rationalisierung des Verkaufs
Codierung	**Erfassung aller wichtigen Warendaten** auf der Verpackung. Der EAN-Code des Einzelhandels ist weltweit am meisten verbreitet. Mithilfe von Codesystemen werden Güter- und Informationssysteme von Produzenten über den Handel bis zum Verbraucher gesteuert. In der Verkehrswirtschaft erlaubt der NVE-Code den Einsatz von Sendungsverfolgungssystemen (tracking and tracing).

AUFGABEN

?

1 Bestimmen Sie die Aufgabe der Verpackung in den folgenden Fällen:
a) Die Milchwerke AG stellt die Verpackung von der Schlauchverpackung auf die Tetraverpackung um.
b) Die Schraubenhandels GmbH kauft 1 000 kg MT-Holzschrauben und packt diese in ihrem Lager in kundengerechte 1-kg-Schachteln um.
c) Die Fleischwerke AG druckt auf die Fleischverpackung das Gewicht, das Herstellungsdatum und die Haltbarkeit der Ware.
d) Die Neubert KG verschickt Autoteile in Collico-Transportbehältern, weil dadurch die Elektronikteile optimal gegen Feuchtigkeit geschützt werden.
e) Die TEXMA AG lagert ausschließlich in das Hochregallager ein. Dadurch werden nur Europaletten angenommen.

2 Maschinenteile im Gewicht von 4 000 kg sollen mit dem Seeschiff nach Asien verschickt werden.
a) Welchen Beanspruchungen ist diese Ware auf dem Transport ausgesetzt?
b) Welche Schutzmarkierungen sollten auf der Transportverpackung angebracht werden?
c) Beschreiben Sie den Umfang der Schutzaufgabe für die zu wählende Verpackung.

3 Ordnen Sie die folgenden Verpackungen der Rubrik „Systemverpackung" bzw. „Standardverpackung" zu:
Schüttbox, Europalette, Gitterbox, Schlauchfolie für Milch, Pfandflasche für Milch, Konservendosen, Collico, Gefahrgutkartons, Welltainer, Papiertüten, PET-Flaschen

4 Zeigen Sie an einem Beispiel aus dem Sortiment Ihres Ausbildungsbetriebs auf, wie durch eine entsprechend gestaltete Verpackung die Verkaufsaufgabe und die Informationsaufgabe gegenüber dem Kunden erfüllt werden.

5 In jeder Tiefkühl-Verkaufstruhe findet der Verbraucher in Verkaufskartons verpackte Pizzas. Beschreiben Sie die einzelnen Informations- und Verkaufsaufgaben des Umkartons einer Tiefkühlpizza.

6 Gestalten Sie in Gruppenarbeit den Transport- und Verkaufskarton einer Ministereoanlage. Stellen Sie Ihre Arbeitsergebnisse vor.

7 a) Erläutern Sie ein Codesystem, das in Ihrem Ausbildungsbetrieb angewendet wird.
b) Welche Vorteile hat dieses System
- für Ihren Ausbildungsbetrieb?
- für Sie an Ihrem Arbeitsplatz?
- für die Kunden Ihres Unternehmens?

8 Fertigen Sie einen Fachbericht an zum Thema „Durchgängige Sendungsauskunft durch tracking and tracing". Bearbeiten Sie das Thema auf der Basis des Schaubildes zur Sendungsverfolgung auf S. 278.

3 | Transportbehälter

SITUATION

Im Versandlager der Maschinen- und Werkzeuggroßhandlung Hann & Kolp OHG, Essen, sollen folgende Waren zum Versand an Kunden verpackt werden:
a) ein Industriestaubsauger, 35 kg, nach Nürnberg
b) 1 m^3 Kunststoffgranulat, 20 kg, nach Oldenburg
c) 80 Schwachstrom-Messgeräte in Verkaufskartons, 0,5 m^3, 43 kg, nach Stuttgart
d) eine CNC-Drehmaschine (4 m x 1,80 m x 1,70 m), 800 kg, nach Wien
e) 10 Glasflaschen (je 1l) mit Maschinenreiniger, 12 kg, nach Köln
f) 0,5 m^3 Maschinenteile, 280 kg, nach Amsterdam
g) eine Walze für eine Stahlpresse (3,80 m x 0,60 m), 3 500 kg, nach Helsinki

Welche Transportbehältnisse würden Sie in den Fällen a) bis g) einsetzen, damit die Ware auf dem Transport optimal geschützt, umgeschlagen und befördert werden kann?

Begründen Sie Ihre Entscheidungen.

3.1 | Übersicht

SACHDARSTELLUNG

Transportbehälter müssen vorrangig die Ware auf dem Transport schützen. Daneben sollen sie auch einen einfachen, kostengünstigen Umschlag gewährleisten. Außerdem müssen die Transportbehälter dem Transportmittel angepasst sein, damit die Transportkosten und auch die Transportschäden minimiert werden können.

Je schwerer das Transportgut, je instabiler die Ware und je weiter die Transportstrecke, desto fester und stabiler muss das gewählte Transportbehältnis sein.

Folgende Transportbehälter stehen dabei zur Wahl:

Paletten	**Karton**	**Kisten, Kleinbehälter**	**Großbehälter**
• Europalette • Eurogitterbox • Industriepaletten – Mehrweg – Einweg • Logistikpaletten	• Wellpappe • Vollpappe • X-Ply • Gefahrgutkartons	• Holzkisten als Inlandskisten – Seekisten • Metallkisten • Collico • LD-Behälter • Kunststoffkisten	• Binnencontainer • ISO-Container • Luftfracht-Container

5006280

Sonstige Behältnisse

- aus Textil:
  - Jutesäcke
  - Wertfrachtsack
- aus Metall:
  - Fässer
  - Silo
- aus Papier:
  - Tüten
  - Säcke
- sonstiges Material:
  - Kunststoffsäcke
  - PET-Behälter

Drehstapelbehälter

Mehrwegbehälter

3.2 | Behältnisse

SITUATION

15 t Kunststoffgranulat in Papiersäcken zu je 40 kg sollen vom Produzenten in Düsseldorf zu einem Autozulieferer in Barcelona/Spanien verschickt werden.

1 Warum wäre im obigen Fall der Einsatz von Containern
– aus der Sicht des Produzenten,
– aus der Sicht des Transporteurs,
– aus der Sicht des Empfängers
sinnvoll?

2 Machen Sie Vorschläge, in welchen alternativen Behältnissen das Kunststoffgranulat verschickt werden könnte.

3 Diskutieren Sie die Vorzüge und Nachteile dieser Vorschläge.

SACHDARSTELLUNG

Die weltweite Arbeitsteilung ließ den Güteraustausch ab Mitte des 20. Jahrhunderts regelrecht explodieren. Der Transport dieser Gütermengen machte immer neue Arten von Behältnissen notwendig, um die Güter auf den langen Transportwegen und mit den geeigneten Transportmitteln sicher zum Empfänger zu befördern.

Mit der Einführung von **„Just-in-time"-Lieferungen** mussten Behältnisse entwickelt werden, die einen optimalen Schutz der Güter gewährleisteten und gleichzeitig in Kreislaufsystemen einsetzbar waren. Da die meisten Behälter mehrwegfähig sind, leisten sie auch einen Beitrag zum Schutz der Umwelt und helfen, die Verpackungsflut einzudämmen.

3.2.1 | Paletten

Paletten sind **unterfahrbare Plattformen** aus Holz, Kunststoff, Pappe oder Metall. Plattformen ohne Aufbauten nennt man **Flachpaletten** – solche mit Aufbauten **Boxpaletten.** Sie können manuell mit dem Hubwagen, maschinell mit dem Gabelstapler oder auch automatisch mit Regalförderzeugen bzw. fahrerlosen Transportsystemen bewegt werden. Sie dienen als inner- und außerbetriebliches Transporthilfsmittel.

Hierbei ist die Palette:
- Transporteinheit
- Umschlagseinheit
- Lagereinheit
- Inventureinheit
- Fertigungseinheit
- Bestell- und Liefereinheit

Palettenarten	
Einweg-Flachpaletten • **Industrie-Einwegpaletten** aus Holz , Pressholz, Pappe • **Logistik-Einwegpaletten** aus Holz, Pressholz, Pappe	**Mehrweg-Flachpaletten (Tauschpaletten)** • **Euro-Flachpaletten** als Pool-Paletten nach EPAL-Norm • **private Tauschpaletten** z. B. CHEP
Einweg-Boxpaletten • **Industrie-Einwegboxpaletten** aus Holz, Pressholz, Pappe • **Logistik-Einwegboxpaletten** aus Holz, Pressholz, Pappe als Paltainer, Welltainer, LOG-Box, Plibox, Palettenkisten, Holz-, Kunststoffverschläge, Kunststoffboxen, Kunststofffaltboxen	**Mehrweg-Boxpaletten (Tauschpaletten)** • **Euro-Gitterboxpaletten** als Pool-Paletten nach EPAL-Norm • **private Tausch-Boxpaletten** z. B. CHEP, Collico-Transfer-System

Euro-Flachpalette und Euro-Gitterbox

Die **Euro-Flachpalette** wird nach den Vorgaben der EPAL[1] Qualitätsvorgaben in Gemischtbauweise aus Hartholz und Weichholz hergestellt. Dadurch wird eine große Stabilität erreicht. Bis zu vier Paletten, mit je 1 000 kg beladen, können so übereinander gestapelt werden. Die Euro-Flachpalette ist eine Vier-Wege-Palette, das heißt, sie kann von allen Seiten ungehindert aufgenommen werden:

5006282

- die **Tragfähigkeit** der einzelnen Palette liegt bei **max. 1 000 kg**
- das Eigengewicht bei ca. **30 kg**
- die **Maße 80 cm x 120 cm** ergeben einen **Flächenbedarf von 0,96 m²**

In der Praxis rechnet man daher mit einem Flächenverbrauch von einem Quadratmeter pro Palette.

Zeichenerklärung siehe folgende Seite

Die **Euro-Gitterboxpalette** ist mit vier Wänden aus Baustahlgitter mit einer Maschenweite von 50 mm x 50 mm und einer Drahtstärke von 4,6 mm eingefasst. Jede Kreuzungsstelle ist punktgeschweißt. Drei Wände sind fest angeordnet – die Vorderwand besitzt zwei Klappen, die nach oben bzw. unten um 180 Grad geschwenkt werden können. Die Klappen sind fest verriegelbar. Die Stabilität ist so groß, dass bis zu fünf Euro-Gitterboxpaletten mit je 1 000 kg Zuladung übereinander gestapelt werden:

- die **Tragfähigkeit** der einzelnen Gitterboxpalette liegt bei **max. 1 000 kg,**
- das **Eigengewicht** bei ca. **85 kg.**
- die Innenmaße entsprechen der Euro-Flachpalette. Die **Außenmaße 83,5 cm x 124 cm** ergeben einen **Flächenbedarf von 1,03 m².**

Dadurch ergeben sich bei der Lkw-Beladung oft Probleme mit der Ladebreite auf der Pritsche. In der Praxis rechnet man daher mit einem Flächenverbrauch von einem Quadratmeter pro Gitterbox.

Bei der Verbreitung der Euro-Flachpalette und bei der Euro-Gitterbox spielen die europäischen Eisenbahnen eine zentrale Rolle.

Um die steigende Zahl von Paletten-Leertransporten zu senken, wurde in den Fünfzigerjahren der europäische Palettenpool (EPP) gegründet, dem sich im Laufe der Jahre nahezu alle europäischen

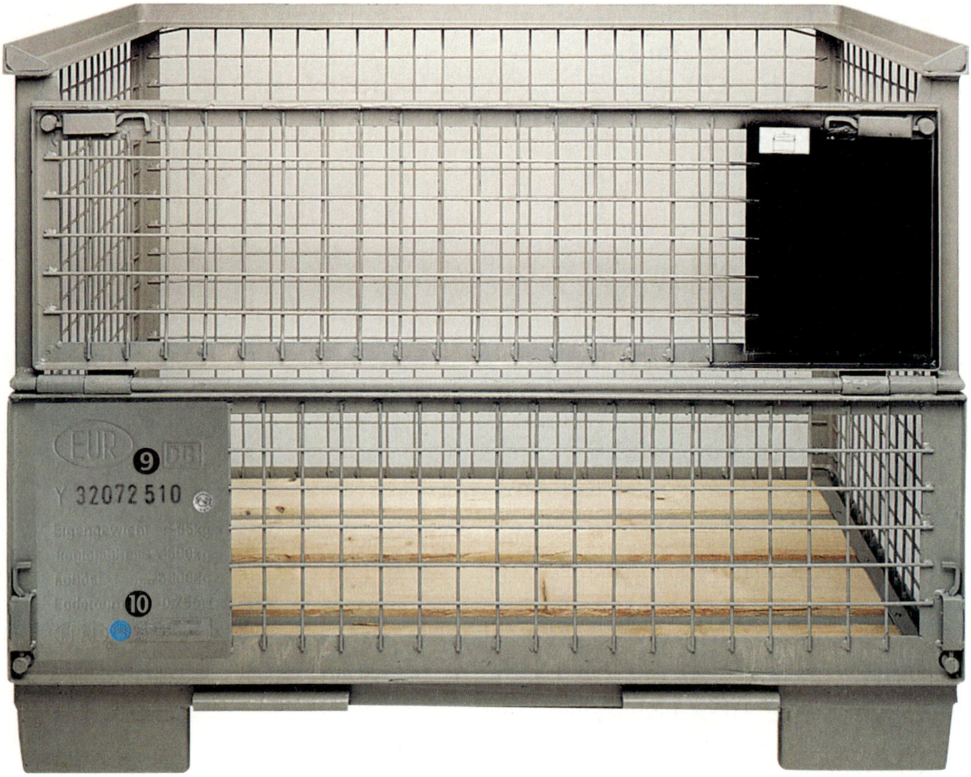

Eisenbahngesellschaften anschlossen. Mitte der Sechzigerjahre wurde die Euro-Gitterbox in den Tauschpool integriert.

Alle im Pool verwendeten Paletten müssen die folgenden **EPAL[1]-Qualitätsnormen** einhalten:

❶ Brandzeichen einer europäischen Bahngesellschaft
❷ Brandzeichen der European Pallet Association EPAL
❸ Brandzeichen des Europäischen Palettenpools EPP
❹ genormtes Nagelbild
❺ angefaste Bodenbretter
❻ keine Schimmelbildung

Nur qualitätsgeprüfte Europaletten mit den EPAL-Qualitätszeichen (7 bis 10) sind wirklich grenzenlos sicher.

❼ EPAL-Güteprüfklammer
❽ Reparaturkennzeichnungsnagel
❾ Qualitätsprüfplakette mit EPAL-Qualitätszeichen
❿ Reparaturplakette mit EPAL-Qualitätszeichen

1 European Pallet Association (EPAL)

Nur unbeschädigte Paletten können auf dem Transport, beim Umschlag und im Lager wirtschaftlich eingesetzt werden. **Beschädigte Paletten** dürfen nicht angenommen und getauscht werden, weil sie Schaden am arbeitenden Menschen und dem eingesetzten Material verursachen können.

Nicht gebrauchsfähig sind Flachpaletten, wenn
❶ ein Brett fehlt, schräg oder quer gebrochen ist,
❷ mehr als **zwei** Bodenrand-, Deckrandbretter oder **ein** Querbrett so abgesplittert sind, dass je Brett mehr als **ein** Nagel- oder Schraubenschaft sichtbar ist,
❸ **ein** Klotz fehlt, so zerbrochen oder abgesplittert ist, dass mehr als **ein** Nagel- oder Schraubenschaft sichtbar ist,
❹ die wesentlichen Kennzeichen fehlen oder unleserlich sind,
❺ offensichtlich unzulässige Bauteile zur Reparatur verwendet worden sind (zu dünne, zu schmale, zu kurze Bretter oder Klötze) oder
❻ der Allgemeinzustand so schlecht ist, dass die Tragfähigkeit nicht mehr gewährleitet ist (morsche, faule oder mehrere abgesplitterte Bretter oder Klötze).

Quelle: Hauptverband der gewerblichen Berufsgenossenschaften, Zentralstelle für Unfallverhütung und Arbeitsmedizin

Nicht gebrauchsfähig sind Boxpaletten, wenn
❶ der Stellwinkelaufsatz oder Ecksäulen verformt sind,
❷ die Vorderwandklappen unbeweglich oder so verformt sind, dass sie nicht mehr geschlossen werden können, bzw. wenn Klappenverschlüsse nicht mehr funktionsfähig sind,
❸ der Bodenrahmen oder die Füße so verbogen sind, dass die Boxpalette nicht mehr gleichmäßig auf den vier Füßen steht oder nicht mehr ohne Gefahr gestapelt werden kann,
❹ die Rundstahlgitter gerissen sind, sodass die Drahtenden nach innen oder nach außen ragen (eine Masche pro Wand darf fehlen)
❺ ein Brett fehlt oder gebrochen ist oder
❻ die wesentlichen Kennzeichen fehlen oder unleserlich sind.

Quelle: Hauptverband der gewerblichen Berufsgenossenschaften, Zentralstelle für Unfallverhütung und Arbeitsmedizin

PRAXISTIPP

Palettenbestückung

Besonders bei der Verwendung von Flachpaletten müssen die darauf gestapelten Kartons besonders gesichert werden, damit die Waren beim Transport und Umschlag nicht verrutschen und beschädigt werden können. Um Warenschäden zu vermeiden, darf die Ware keinesfalls über den Palettenrand hinausreichen. Sonst besteht die Gefahr, dass die Ware hängen bleibt und beschädigt wird. Im Rahmen der automatischen Einlagerung wird eine solche Palette zurückgewiesen und verursacht so zusätzliche Einlagerungskosten.

In der Versandpraxis werden folgende **Paletten-Sicherungsmittel** eingesetzt:
- Verbundstapelung der Kartons, wo immer möglich
- Verwendung von Karton-**Zwischenlagen** zur Stabilisierung
- Fixierung der Ware mithilfe von **Schrumpf- bzw. Stretchfolien-Ummantelung**

- Umhüllung mit **Textilnetzen** (besonders bei Luftfracht)
- **Bandumreifung** mit Klebeband, Kunststoffband, Stahlband, Textilgurten usw.
- **Verkleben** der Kartons mit Heißkleber
- **Manschettenumreifung**

Um die Transportmittel optimal beladen zu können, gibt es für die verschiedenen Transportmittel spezielle **Europalettenladepläne:**

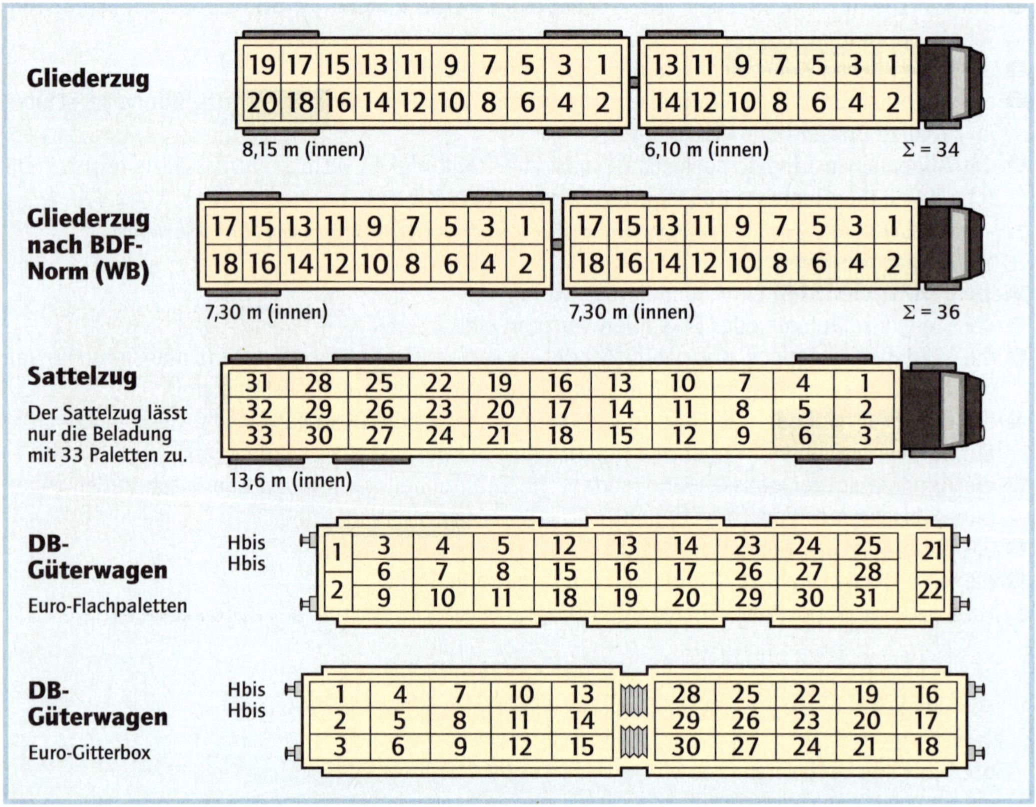

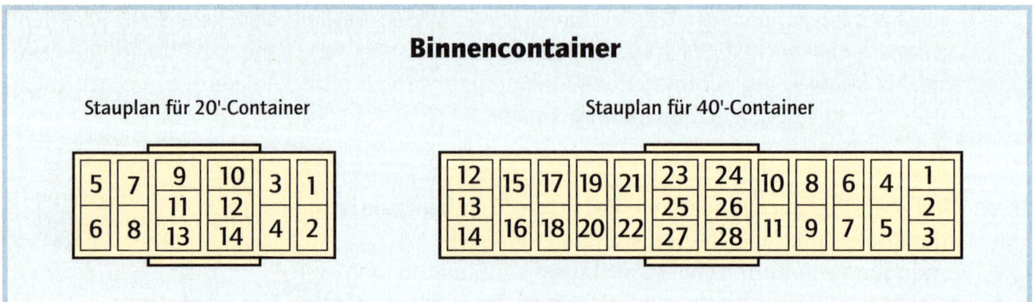

5006286

Sonstige Paletten

Neben der Europalette mit den Standardmaßen 120 cm x 80 cm gibt es aus Gründen der Absatzpolitik, der Warentechnik oder bedingt durch das Verkehrsmittel eine kaum überschaubare Zahl von **Industrie- und Logistikpaletten** mit anderen Maßen.

Industriepaletten sind firmeneigene Einweg- oder Mehrwegpaletten. Mehrwegpaletten werden oft im Rahmen von industrieeigenen Logistikprojekten wie z. B. in der Automobilindustrie eingesetzt. Logistikpaletten gehen meist als Einweg- oder Mehrwegpaletten an den Handel. Hier kommen auch so genannte „Halbpaletten" mit den Maßen 60 cm x 80 cm direkt im Verkaufsraum zum Einsatz.

***Beispiele** für Industrie- und Logistikpaletten:*

- **Paltainer**
  Wellkarton auf einer Pressholzpalette mit Kunststoffstopfen fixiert. Hohe Stabilität, keine Sollbruchstellen und eine Klappe an der Vorderwand sind die Vorzüge dieser Industriepalette.

  Maße: von 60 cm x 40 cm x 40 cm
  bis 120 cm x 80 cm x 107 cm

- **Export-Paltainer**
  Paltainer aus Linacor®, einer speziellen, nassfesten, dreiwelligen Wellpappe, die besonders für Seetransporte geeignet ist.
  Maße: von 63 cm x 40 cm x 38 cm
  bis 120 cm x 80 cm x 107 cm

- **Palettenfaltbox**
  Kunststoffpalette mit flexiblem Ring und Deckel. Längsseitige Entnahmeklappe erleichtert die Entnahme und schützt vor Verschmutzung.
  Maße: von 120 cm x 80 cm x 85,5 cm
  bis 124,5 cm x 84,5 cm x 85,5 cm

- **Log-Box/Pal-Box**
  Stapelbarer Karton aus Qualitätswellpappe mit einer Belastung von 200 kg bis 250 kg. Die Log-Box ist zusammenlegbar, kann mehrfach verwendet werden und ist voll recycelbar.
  Maße: als „Halbpalette"
  80 cm x 60 cm x 103 cm

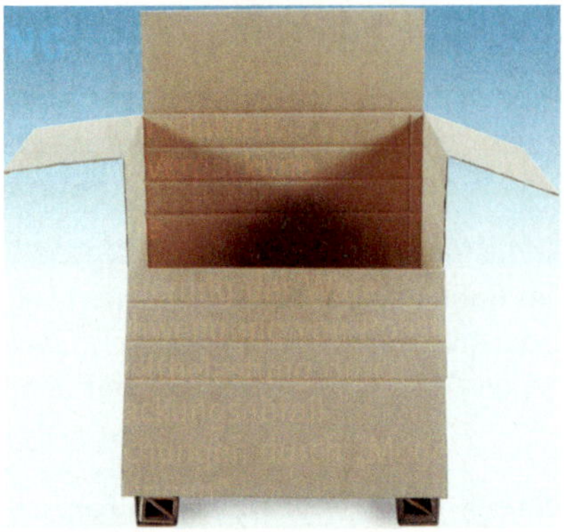

- **Plibox**
  Sperrholzkiste, die auch für Gefahrguttransporte bis 1 000 kg zugelassen ist. Diese Kiste ist zusammenlegbar, form- und feuchtigkeitsbeständig. Sie hat auch eine hohe Stapelfähigkeit und ist weitgehend schlagfest.
  Maße: von 35 cm x 25 cm x 27 cm
  bis 120 cm x 100 cm x 91 cm

- **Drahtbundkiste**
  Durch Umdrahtung extrem stabile Holzkiste, die zerlegbar und mehrfach verwendbar ist.
  Maße: von 35 cm x 30 cm x 20 cm
  bis 120 cm x 80 cm x 60 cm

- **Holzaufsetzrahmen**
  Aufsetzrahmen für Paletten aus Massivholz ermöglicht variable Höhen. Er wird als Mehrwegtransportverpackung von Industriebetrieben eingesetzt.
  Maße: von 60 cm x 80 cm x 20 cm
  bis 120 cm x 100 cm x 20 cm

5006288

- **Pressholzpaletten**
  Flachpaletten, die als Einwegpaletten besonders in der Luftfracht und bei Exportgeschäften eingesetzt werden, weil sie den Importanforderungen von Australien, den USA und China entsprechen. Die Palette ist umweltschonend durch die Verwendung von Alt- und Restholz. Durch die besondere Formgebung ist eine hohe Belastbarkeit bis 1 250 kg gegeben.
  Maße: von 60 cm x 40 cm
  bis 120 cm x 80 cm

Quelle: Collico GmbH, Solingen

- **Paletten-Klappbox**
  Robuste Kunststoffkiste, die auf 30 % ihres Volumens zusammengelegt werden kann. Sie ist hochregalfähig, ohne scharfe Kanten, mit Klappen an der Längs- und Stirnseite. Die Box aus PE-HD ist langlebig und zu 100 % recyclebar. Die Box hat eine Zuladung bis 1 000 kg.
  Maße: 120 cm x 100 cm x 98 cm

Vorteile des Paletteneinsatzes im Lager, beim Umschlag und Transport

Mit Paletten können **ununterbrochene Transport- und Lagerketten** aufgebaut werden. Dies gilt national wie auch international.

Paletten bringen **Kostenvorteile** und **Rationalisierungsgewinne** auf allen Ebenen der Lager- und Transportkette durch:

- **schonenden Transport** der Güter
- Kosteneinsparung durch **schnelleren Güterumschlag**
- **durch Normierung bessere Ausnutzung des Laderaums** auf dem Transport und im Lager
- **Einsparung von Verpackungsmaterial**
- **leichtere Übersicht und Bestandskontrolle** durch Bildung von Paletteneinheiten
- **Warenverteilung wird erleichtert** und ist kostengünstiger
- **Vermeidung** kostenintensiver **Einzeltransporte**

3.2.2 | Kartons

Die Wellpappen-Faltschachtel (Karton) ist heute die am häufigsten verwendete Transportverpackung. **Wellpappe** ist ein recht junges Verpackungsmaterial. Ende des 19. Jahrhunderts in den USA erfunden, kam die Wellpappe erst um 1920 nach Deutschland.

Die typische Transportverpackung besteht aus Wellpappe

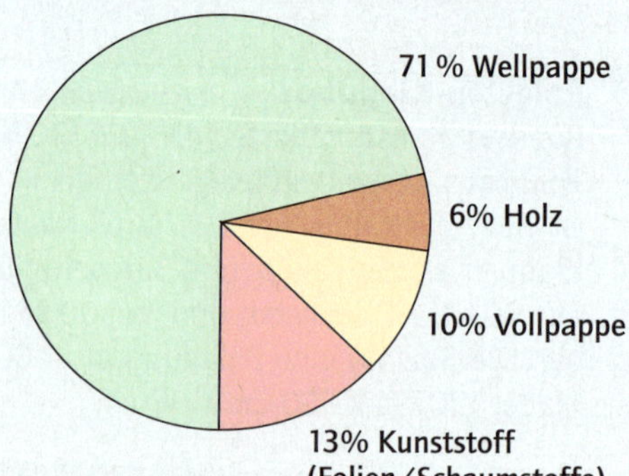

nach Quelle: VDW-Statistik

Das Herstellungsprinzip ist einfach. Eine gewellte Papierbahn wird zwischen zwei glatten Deckbahnen verklebt. Diese Fixierung hält die Welle in Form und verleiht dem leichten Papier auch eine besonders hohe Stabilität gegen mechanische Einwirkungen.

Dies ist der Grund für den Erfolg des Kartons. Seine **Stabilität** schützt die Ware vor Beanspruchungen auf der gesamten Prozesskette vom Hersteller bis zum Endverbraucher.

Jährlich werden in Deutschland über sechs Milliarden Quadratmeter Wellpappe unterschiedlicher Qualität produziert. Dadurch ist der Karton das mit Abstand am meisten verwendete Verpackungsmaterial (siehe auch Statistik). Kartons aus Wellpappe sind heute hoch präzise und vielseitige Produkte. Packstraßengerecht gestanzt, gefalzt oder geheftet erreichen sie den Verwender. Damit beim Verpacken alles reibungslos verläuft, müssen die Kartons millimetergenau gearbeitet sein.

Höchste Stabilität erreichte die Wellpappe seit 1929, als man zwei verschiedene Riffelungen, d. h. eine fein- und eine grobwellige Wellenbahn, kombinierte. Um den hohen Anforderungen an den Karton gerecht zu werden, wurden eine DIN-Norm, Prüfverfahren und technische Eigenschaften für Kartons festgelegt, um diese klassifizieren zu können.

Als Einwegverpackung ist der Wellpappekarton **ökologisch vernünftig.** Bereits ab einer Transportentfernung von 150 km ist der Karton ökologisch sinnvoll, weil die Wellpappe den Rücktransport per Lkw erspart. Die Umwelt wird durch die fehlenden Rücktransporte entlastet und Wellpappe ist vollständig recycling- bzw. wiederverwendungsfähig.

Kartonage zeichnet sich durch die folgenden **Vorzüge** aus:

- **hohe Festigkeit** und Formstabilität
- **hohe Tragfähigkeit** bis 150 kg und leicht stapelbar
- **hohe Berstfestigkeit** und somit Schutz der Ware auf dem Transport
- **Durchstoßfestigkeit** verhindert Transportschäden
- hohe **Kantenstauchfestigkeit** für Stapelungen
- **Schutz vor Handlingsschäden,** da gute Polsterfähigkeit
- **hohe Reißfestigkeit** schützt vor Verschmutzung der Waren
- **klassisches Recyclingprodukt,** da zu 80 % aus Altpapier hergestellt
- **Marketingfunktion der Verpackung,** weil gut und markengerecht bedruckbare Verpackung den Verkauf unterstützt

Karton-qualitäten	Anzahl der Wellen	Wellen-klassifi-zierung	Wellenstärke in mm	Kartonprodukte
Lager-wellpappe	**einwellig** 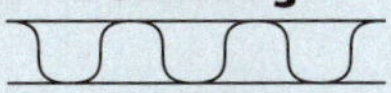 (C-Welle)	N-Welle F- Welle **E-Welle** **B-Welle** **C-Welle** **A-Welle**	0,8 mm 1,2 mm **1,5 mm** **3,0 mm** **4,0 mm** **5,5 mm**	z. B. Verkaufkartons Geschenkverpackungen Display leichter Versandkarton
Transport-wellpappe	**zweiwellig** 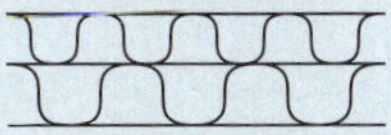 (B-C-Welle)	F-E-Welle **E-B-Welle** **B-C-Welle** **A-B-Welle** **A-C-Welle**	1,2 + 1,5 = 2,7 **5,0** **7,0** **8,0** **8,5**	z. B. Standardkarton DB-Gütesiegel-Karton Gefahrgutkarton Schlechtwetter- bzw. See-Karton Pal-Box
Schwerwell-pappe	**dreiwellig** 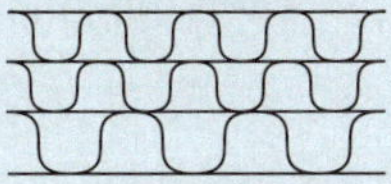 (A-B-C-Welle)	**A-B-C-Welle** **A-C-A-Welle**	**11,0** **14,0**	z. B. Schwerlastkarton Tri-Star-Karton Heavy-Duty-Karton Star-Pac mit Holz X-Ply

X-Ply

Diese dreiwellige Wellpappe im ACA-Profil, deren Wellenbahnen sich kreuzen, zeichnet sich durch **höchste Biege- und Verwindungssteifigkeit** aus. Bei Großcontainern wird das Ausbeulen der Seitenwände auf ein Minimum reduziert. Der Stapelstauchwiderstand wird im Vergleich zu herkömmlicher Wellpappe mit gleicher Papierzusammensetzung wesentlich erhöht.

Anwendungsbereiche: Granulatsilos, Flüssigkeitsverpackungen, Maschinenbau, Anlagenbau, Elektroindustrie, Textil- und Kunststofffolien, Schwergüter aller Art. Für Großcontainer ist die Kombination X-PLY/Holz nicht zu übertreffen.

Wellpappe-Gefahrgutkartons

Wellpappe-Gefahrgutkartons besitzen die UN-Zulassung für die Verpackungsgruppen I, II und III für gefährliche Güter. Für besonders hohe Belastungen werden sie auch in nassfester Ausführung, gefertigt aus LINACOR® angeboten. Diese Kartons tragen den Prüfstempel der Bundesanstalt für Materialforschung und -prüfung (BAM) und der Beratungs- und Forschungsstelle für Versandverpackungen (BESV).

3.2.3 | Kisten

Kisten sind stabile, geschlossene Transportbehältnisse aus Holz, Metall oder Kunststoff. Den meist großvolumigen Versandgütern bieten sie durch ihre **Steifigkeit** und **Kantenfestigkeit** besten Schutz auf dem Transport, beim Warenumschlag und bei der Lagerung. Nahezu alle Kisten werden mehrfach eingesetzt bzw. sind in **Mehrwegsysteme** eingebunden.

Kisten		
Holzkisten	**Metallkisten**	**Kunststoffkisten**
• Inlandskisten • Seekisten • Palettenkisten • Drahtbundkisten • Holzaufsetzrahmen mit Sperrholzdeckel	• Collico – Normtypen – Standardtypen – Koffertypen • ULD-Luftfrachtbehälter • Einzelanfertigungen für – Export – Gefahrguttransport	• Industrie-Mehrwegbehälter • Schwerlastbehälter • Gefahrgutbehälter • Wertbehälter • Logistikbehälter

3.2.3.1 | Holzkisten

Zwar nimmt der Anteil der Holzkisten als Transportbehälter weiter ab, doch ist sie vor allem beim Maschinenversand unverzichtbar. Der größte Vorteil der Holzkiste liegt in der **Flexibilität.** Kistenbauer können für jedes Transportgut eine angepasste Holzkiste bauen.

Vor allem im Maschinenbau werden für den Export maßgefertigte Holzkisten benötigt, die sicherstellen, dass die Maschine auf dem Transport und beim Umschlag optimal geschützt wird. Angesichts der Tatsache, dass eine Maschine oft mehrere hunderttausend Euro kostet, ist die teure Maßfertigung einer Holzkiste gerechtfertigt. Eine **„Zickzacknagelung"** erhöht die Stabilität der Holzkiste zusätzlich. Sie hat eine Tragfähigkeit von bis zu 150 t. Neben den im vorangegangenen Abschnitt beschriebenen Palettenkisten werden zwei weitere Grundbauarten unterschieden.

Die **Inlandskiste** ist an den Verstärkerleisten der Längsseiten leicht erkennbar. Damit wird die Stabilität und Belastbarkeit der Kiste erhöht. Gleichzeitig wird die Kiste mit dem Stapler unterfahrbar und ist somit leicht zu transportieren. Aufgrund der hohen Anschaffungskosten werden diese Holzkisten meist als Pfandkiste an den Empfänger geschickt.

Inlandskiste

Die **Seekiste** erkennt man an den fehlenden Verstärkerleisten an den Längsseiten. Die Stabilität der Seekiste wird durch die **Rahmenkopfleisten an der Stirnseite** erreicht. Verstärkerleisten an der Innenseite der Kiste bringen eine zusätzliche Stabilität. Der Grund für die unterschiedliche Bauweise der Seekiste liegt in der Abrechnung der Seefracht und der Luftfracht für die Seekiste. Hier spielt das Volumen, gemessen an den äußersten Kanten der Kiste, eine entscheidende Rolle für die Abrechnung.

Seekiste

Beispiel: *Eine Seekiste mit den Maßen 1,50 m x 1,50 m x 2,50 m hat ein Volumen von 5,625 m³ und wiegt 2 200 kg. Dies entspricht einer M/G-Abrechnung von 5,625 frt in der Seefracht. Wäre die Seekiste eine Inlandskiste mit je 7 cm starken Verstärkerleisten an der Längsseite, müsste man 6,724 frt abrechnen. Bei 800,00 €/frt müsste man für diese Inlandskiste dann 880,00 € mehr Seefracht zahlen als für eine Seekiste.*[1]

1 Details und Beispiele zur Seefracht- und Luftfrachtabrechnung finden Sie im Lehrbuch „Rechnungswesen für Berufe der Lagerwirtschaft/Logistik", ISBN 3-8045-6436-4, Winklers Verlag.

3.2.3.2 | Metallkisten

Versandgüter mit **hohen Schutzanforderungen** an die Versandverpackung werden oft in Metallkisten verschickt. Je kleiner das Volumen des Versandgutes und je höher das Eigengewicht dieses Gutes, desto sinnvoller ist der Einsatz einer Metallkiste.

Systemkisten	Einzelanfertigungen
• **Collico-System-Metallisten** – Normtypen: CA1 – CA8 50 kg – 500 kg Zuladung – Standardtypen: CA 29 – CA 71 150 kg – 500 kg Zuladung – Koffertypen: CAL 16 – CAL 27 25 kg – 40 kg Zuladung • **LD -Luftfrachtbehälter** – LD 3-Container – LD 7 Container • **Logistik-Boxen** (z. B. der DB AG)	• Export-Metallkisten • Gefahrstoff-Transportbehälter

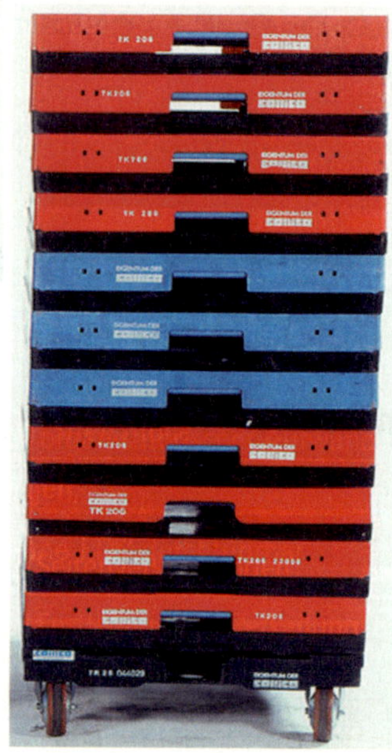

5006294

Collico-Systembehälter sind zusammenklappbare Leichtmetallkisten. Sie werden den Kunden von der Collico Verpackungslogistik GmbH zur Miete angeboten.

Die **Vorteile** dieses System liegen ...
- in der **Stabilität** der Kisten.
- in der **Vielfalt** der angebotenen Produktypen für alle Einsatzzwecke, d. h. maßgeschneiderte Individual-Transportlösungen.
- in der **optimalen Laderaumausnutzung** durch Industriemaße und Euronorm.
- in der **Gefahrgutzulassung** bestimmter Behälter.
- in der **Tarafreiheit** (unter bestimmten Bedingungen).
- in der **Zusammenfaltbarkeit** auf ca. 25 % des Volumens.
- im angebotenen **Depotsystem** (variable Reaktion auf Nachfragespitzen).
- im angebotenen **Transfersystem** („return to sender").
- im **Mietsystem**, das Investitionskosten spart und fest kalkulierbare Entgelte ermöglicht.
- in der **Umweltverträglichkeit** („Blauer Engel" für Mehrwegsystem, 100 % recyclingfähig, kein Verpackungsmüll und durch Volumenreduzierung ca. 80 % Transportraum- und Energieeinsparung).

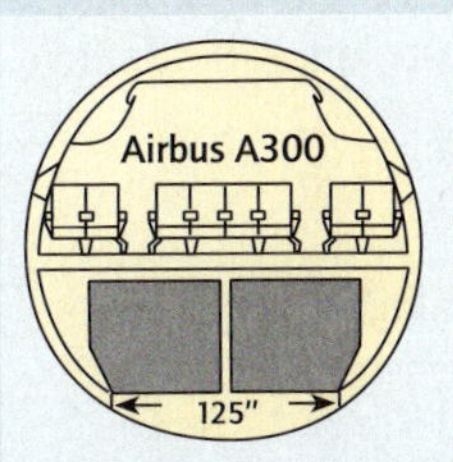	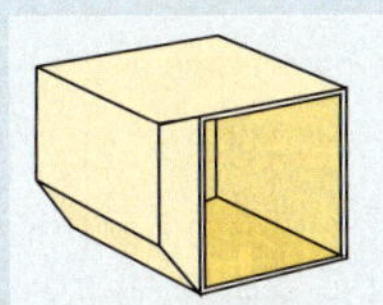	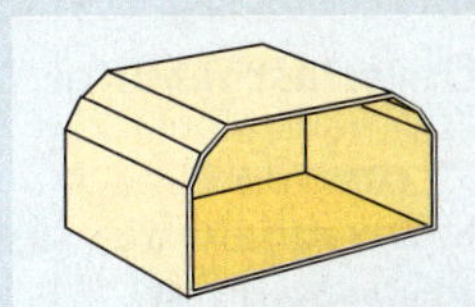
für Unterflur-Laderäume	**LD 3 Halb-Container**	**LD 7 Voll-Container**
Lademaß in cm	146 x 144 x 160	306 x 200 x 153
max. Zuladung in t	1,5	5,8
Volumen in m³	3,8	9,5

Luftfracht-Leichtmetallbehälter sind Kisten, die exakt auf die Frachträume der Boeing- und Airbus-Flugzeuge zugeschnitten sind. Diese Leichtmetall-Transportbehälter sind einerseits sehr leicht im Eigengewicht, können aber andererseits sehr hohe Transportgewichte aufnehmen (siehe obige Übersicht). Wie alle Luftfracht-Lademittel sind auch die LD Mehrwegtransportverpackungen, die zu 100 % recyclingfähig sind. LD können auch im Haus-Haus-Verkehr eingesetzt werden.

Logistikboxen aus Leichtmetall werden den Kunden meist von Logistikdienstleistern im Rahmen von Logistikverträgen zur Verfügung gestellt. Letztlich haben die Logistikboxen die gleichen Vorteile, die bei den Collicoboxen angeführt wurden.

3.2.3.3 | Kunststoffkisten

Kunststoffkisten setzen sich als Transportbehälter im Gütertransport und innerhalb von Logistiksystemen, wie z. B. dem Kanbansystem, immer mehr durch.

Dieser Erfolg der Kunststoffkisten ist in den folgenden **Vorzügen** begründet:
- Eignung für leichte, aber **großvolumige Transportgüter**
- hohe **Stabilität** bei geringem Eigengewicht
- große **Stapelfähigkeit**
- Einsatz in der **automatisierten Lagersteuerung über Codiersysteme** möglich
- umweltfreundlich durch **Mehrwegsystemeignung** und volle **Recycelbarkeit**
- **Einsparung von Verpackungsmüll**

Die folgende Übersicht soll die vielfältigen **Einsatzmöglichkeiten von Kunststoffkisten** beispielhaft aufzeigen:

Behälterart	Einsatzmöglichkeiten
• **Industrie-Mehrwegbehälter ❶**	– Produktretouren, z. B. PC-Retouren an den Hersteller – Versorgung mit Produktionsteilen, z. B. Kfz-Teile
• **Schwerlastbehälter ❷**	– schwere Kleinteile , Motoren – Schrauben, Eisenteile usw.
• **Mehrwegbehälter für Gefahrstoffe ❸**	– feste oder flüssige Chemikalien – Spraydosen, Farbdosen
• **Post-Mehrwegbehälter ❹**	– Päckchen, Warensendungen – Wertsendungen
• **abschließbare Wertbehälter**	– Medikamente, wertvolle Produkte – Dokumente, Wertpapiere
• **Colli-Log** (Mehrweg-Faltboxen in ⅛, ¼, ½ EUR-Normgrößen)	– Waren innerhalb von Logistikkreisläufen – Kfz-Teile, Elektronikbauteile

❶

❷

❸

❹

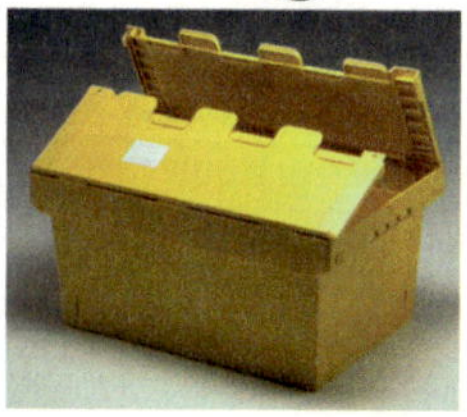

5006296

Kunststoffkästen werden zum Transport und zur Lagerung von Kleinteilen wie Muttern, Abdeckkappen, Hülsen usw. eingesetzt. Kästen findet man in Magazinschränken, Schranksystemen und Regalsystemen.

Regalwagen

Großraumschrank mit Schubladenblock und Kästen

AUFGABEN

?

1 Woran erkennen Sie als Fachkraft für Lagerlogistik, ob Sie eine Seekiste oder eine Inlandskiste vor sich haben?

2 Suchen Sie sich einen Artikel aus dem Sortiment Ihres Unternehmens aus. Erstellen Sie für die Unternehmensleitung eine Liste mit den Vorteilen, die der Einsatz eines Collico für den Warenversand Ihres Unternehmens hat.

3 Erstellen Sie eine Übersicht, welche Kisten/Kleinbehälter in Ihrem Ausbildungsbetrieb im Lager und im Versand eingesetzt werden. Unterteilen Sie diese Kisten/Behälter in drei Gruppen: Holz – Metall – Kunststoff.
   a) Ordnen Sie diesen Kisten und Behältern Einsatzbereiche zu.
   b) Stellen Sie Ihr Arbeitsergebnis in der Gruppe/Klasse vor.
   c) Wo möglich, erläutern Sie der Gruppe/Klasse, warum sich Ihr Betrieb für die jeweilige Lösung entschieden hat.

4 Erstellen Sie im Rahmen Ihrer Klasse/Arbeitsgruppe in Metaplantechnik einen Vergleich von mindestens zwei Kisten-Lösungen zu folgendem Problem:
Ein Automobilzulieferer sucht eine Behälterlösung für den Versand von täglich je 1 500 kg druckempfindlichen Elektrobauteilen (6 m³) an drei verschiedene Fahrzeughersteller.
Diskutieren Sie in der Klasse die Arbeitsergebnisse der jeweiligen Arbeitsgruppen.

3.2.4 | Sonstige Behältnisse

Nicht alle Güter sind in Systembehältern transportierbar oder werden in traditionellen Behältnissen befördert.

Beispiele:

Sonstige Behältnisse		
Materialien	**Behältnisse**	**Verwendung für**
aus **Textil**	Jutesäcke Netze Leinensäcke Ballen	Kartoffeln Zwiebeln Getreide Tee, Tabak
aus **Metall**	Fässer Büchsen Kübel Eimer Kippbehälter 	Bier Fette Essiggurken Teer Bauchemikalien Schüttgut Restmüll
aus **Papier**	Tüten Säcke Beutel	Mehl Zement Brot
aus **sonstigem Material**	Plastiksäcke Plastikfässer Plastikeimer Harass Korb Becher 	Düngemittel Wein, Säfte Wandfarbe Lattenkiste für Ballonflaschen Korbflaschen mit Säuren Baustoffe, Kleber

? AUFGABEN

1 Suchen Sie zu der obigen Übersicht weitere Verwendungsbeispiele für die einzelnen Behältnisse.

2 Erstellen Sie eine Übersicht nach dem obigen Muster. Zeigen Sie darin die in Ihrem Ausbildungsbetrieb verwendeten sonstigen Behältnisse auf.

5006298

ZUSAMMENFASSUNG

Aufgaben:	**Hauptaufgabe:** Schutz der Ware beim Transport **Zusatzaufgaben:** • Ermöglichung eines einfachen, schnellen und kostengünstigen Umschlags • Minimierung der Schadenquote bei den Transportgütern • Senkung der Transportkosten durch optimale Ausnutzung des Transportraums

Behälter	Vorteile	Arten
Palette	• schonender, kostengünstiger Gütertransport • Einsatz als Transport-, Umschlags-, Lager-, Inventur-, Fertigungs-, Bestell- und Liefereinheit möglich • schneller, maschineller Güterumschlag • Einsparung von Verpackungsmaterial • leichte Übersicht und Bestandskontrolle	Europalette; Maße: 120 cm x 80 cm, 1 000 kg max. Zuladung
Karton	• hohe Festigkeit und Formstabilität • hohe Tragfähigkeit und leichte Stapelbarkeit • hohe Berstfestigkeit • Durchstoßfestigkeit • hohe Kantenstauchfestigkeit für Stapelungen • gute Polsterfähigkeit • hohe Reißfestigkeit • gute Recyclingfähigkeit (da zu 80 % aus Altpapier hergestellt) • gute und markengerechte Bedruckung möglich	Wellpappe ist das am meisten verwendete Material. Qualitätsabstufungen: einwellig, zweiwellig, dreiwellig
Kiste	• Stabilität • Vielfalt der angebotenen Typen • optimale Laderaumausnutzung durch Industriemaße und Normen • Gefahrgutzulassung bestimmter Behälter • Tarafreiheit (unter bestimmten Bedingungen) • Zusammenfaltbarkeit auf ca. 25 % des Volumens • variable Reaktion auf Nachfragespitzen im angebotenen Depotsystem • Einsparung von Kosten und fest kalkulierbare Entgelte im Mietsystem • Umweltverträglichkeit	Holzkisten als Inlands- (mit Verstärkerleisten an den Längsseiten) oder Seekisten (mit Rahmenkopfleisten an den Stirnseiten) Metallkisten, insbesondere der Collico (klappbare Leichtmetallkiste, die im Güterversand tarafrei als Mehrwegkiste eingesetzt wird) Kunststoffkisten mit Vorteilen innerhalb von Logistiksystemen (zum Beispiel Kanbansystemen)

? AUFGABEN

1 Notieren Sie die Daten der Europalette wie in der Übersicht dargestellt:[1]

a) Euro-Flachpalette:

Maße	Grundfläche	Tara

b) Euro-Gitterbox

Maße	Grundfläche	Tara

2 Worin liegt Ihrer Meinung nach das Erfolgsgeheimnis der Palette als Ladehilfsmittel?

3 Schreiben Sie einen Fachbericht zum Thema: „Einsatz der Palette im Warenhandel".

4 Zeigen Sie in einer Übersicht mit zwei Spalten die Palettenarten auf (Euronormpalette, sonstige Industrie- und Logistikpaletten), die Ihr Ausbildungsbetrieb im Güterversand und im Lager einsetzt.

5 Welche Vorteile hat Ihr Ausbildungsbetrieb durch den Paletteneinsatz
a) im Lager? b) beim Warenumschlag? c) beim Transport zum Kunden?

6 Erstellen Sie eine Übersicht über die in Ihrem Ausbildungsbetrieb eingesetzten Kartons nach folgendem Muster[1] und ergänzen Sie die Zeilen bei
a) einwelligen Kartons, b) zweiwelligen Kartons und c) dreiwelligen Kartons:

Kartonart	Wellentyp	betriebliche Einsatzbereiche
a) einwellige Kartons b) zweiwellige Kartons c) dreiwellige Kartons		

7 Welche Vorteile des Kartons führten in Ihrem Ausbildungsbetrieb zur Entscheidung, Kartons als Transportverpackung zu verwenden?

8 Schreiben Sie einen kurzen Fachbericht zu folgendem Thema: „Der Karton – ein umweltgerechtes Verpackungsmaterial".

9 Schrauben sollen in Versandkartons verpackt werden. Wovon hängt die Haltbarkeit und die Belastbarkeit dieser Kartons ab?

10 Maschinenteile im Gewicht von 4 000 kg sollen mit dem Seeschiff nach Asien verschickt werden.
a) Unterscheiden Sie die Seekiste von der Inlandskiste.
b) Welche Vorteile hätte die Verwendung einer Kiste für diesen Transport?

1 Bitte keine Eintragungen im Buch vornehmen!

5006300

4 | Verpackungshilfsmittel

SITUATION

Bestellte Autoteile und Autozubehör kommen im Karton an. Eine Glasflasche mit Spezialreiniger ist zerbrochen, ein Metallgehäuse eingedellt und Verkaufspackungen aufgeweicht – Schaden: 680,00 Euro.

Von 20 Sack Fliesenkleber auf einer Europalette sind 10 Säcke seitlich aufgerissen und somit unverkäuflich. Schaden: 230,00 Euro.

Ein Großlüfter für eine Industrieklimaanlage wird mit beschädigten Turbinenflügeln in einem 20-ft.-ISO-Container angeliefert. Sachschaden: 43.000,00 €. Konventionalstrafe: 9.000,00 €/Tag.

Diskutieren Sie die Ursachen für diese Transportschäden, die der WÜBA-Transportversicherung, Heilbronn, gemeldet wurden.

SACHDARSTELLUNG

Verpackungshilfsmittel werden auch als **Packmittel** bezeichnet. Packmittel sind Materialien, die zusammen mit der Verpackung den Warenschutz auf dem Transport und beim Güterumschlag verbessern. Packmittel schützen die Ware zusätzlich vor Fall, Stößen, Druck, Bruch und Feuchtigkeitseinwirkung.

Verpackungshilfsmittel (Packmittel)		
Schutzmittel	**Füllstoffe**	**Verschlussmittel**
• Außenpackmittel • Innenpackmittel	zum Füllen der Hohlräume	zum Verpackungsverschluss

4.1 | Schutzmittel

4.1.1 | Außenpackmittel

Außenpackmittel **schützen die Verpackung** zusätzlich beim Transport vor Umwelteinflüssen und Transportschäden. Folgende gängige Außenpackmittel werden im Güterversand eingesetzt:

Außenpackmittel	Verwendung bei ...
Packpapier **Kronenpapier** **Natronkraftpapier**	Verkaufskartons beim Transport sichern und schützen – 60–80 Gramm/m^2
einseitige Packwelle	Maschinenteile zum Schutz vor Beschädigung umwickeln
Schrumpffolie **Stretchfolie** **Handstretchfolie** **Foliendehnband**	Geräte, Autoteile usw. vor Staub, Feuchtigkeit schützen Kartons auf Flachpaletten sichern – Diebstahlschutz – Schutz vor Feuchtigkeit, Verrutschen – Fixierung von Fässern auf Paletten
Kantenschutzwinkel **Kantenschutzecken**	Versand- und Verkaufskartons – zur Sicherung der Kantenfestigkeit
Luftpolsterwände **Antirutschmatten**	Güter in Containern,Waggons – vor Schub und Druck schützen – vor dem Verrutschen schützen

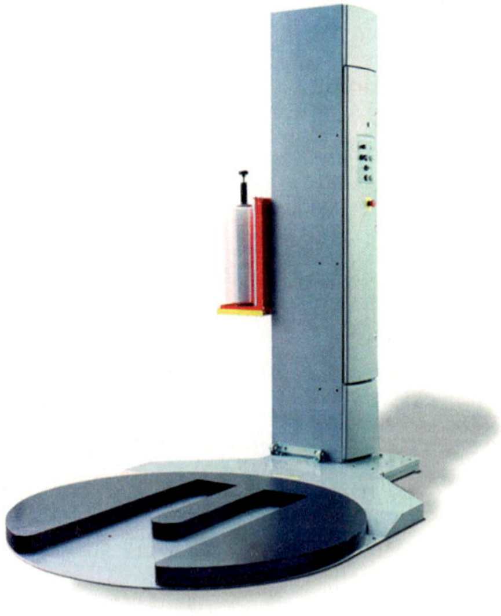

4.1.2 | Innenpackmittel

Innenpackmittel schützen das Transportgut in der Verpackung während des Transports vor Korrosionsschäden und Beschädigungen. Folgende gängige Innenpackmittel werden im Güterversand eingesetzt:

Innenpackmittel	Verwendung bei ...
Luftpolsterfolie **Schaumstoffe** **Pavac**	Fall- und Druckschutz bei empfindlichen, technischen Artikeln, Glas, Porzellan usw. als Zwischenlage bei kratzempfindlichen Gütern ❶–❸
Schlauchfolien **Schrumpffolien** **PVC-Packfolie**	Bruchschutz bei Flaschen, Gläsern, Steingut, Porzellan, sowie Schutz der Artikel vor Verrutschen im Karton
Seidenpapier **Stopfpapier**	leichte „Bäckerseide" zur Umhüllung kratzempfindlicher Güter zum Druckschutz und Feuchtigkeitsausgleich im Karton
Ölpapiere z. B. als Kraftölpack mit und ohne Gewebe **Teerpapier** **VCI-Gaspapiere** (**v**olatile **c**orrosion **i**nhibitor) **Verbundfolien** **Sperrschichtpapiere/-folien** **Silicat-Gelkissen**	für alle Waren, Maschinen, Metallteile in Kisten, Kartons, Containern usw. als Feuchtigkeits- und Korrosionsschutz bzw. zur Feuchtigkeitsaufnahme bei Seetransporten usw.

❶

❸

❷

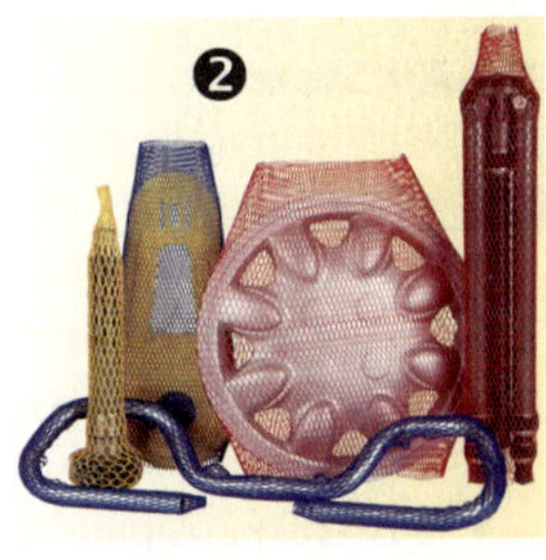

❸

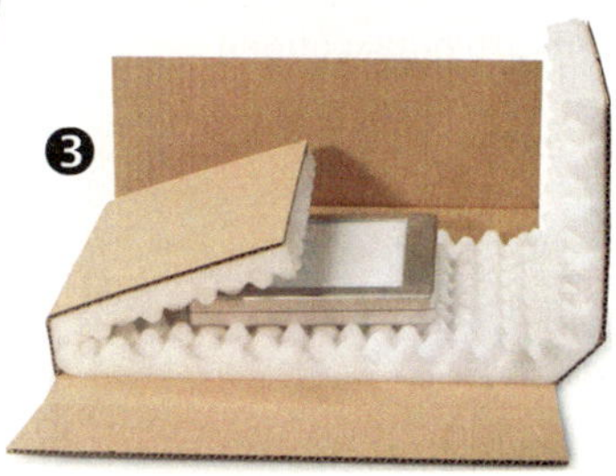

❸

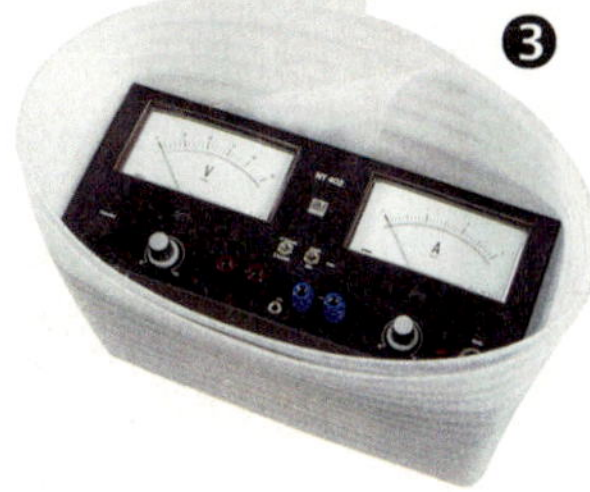

4.2 | Füllstoffe

Füllstoffe finden in der Verpackung als **Hohlraumausgleich** Verwendung. Füllstoffe schützen vor Beschädigung, Fall und Bruch auf dem Transport. Bei der Wahl von Füllstoffen sollte man auch auf die Möglichkeit zur umweltgerechten Entsorgung achten.

Folgende Füllstoffe werden im Güterversand eingesetzt:

Füllstoffe	Verwendung bei ...
Luftpolster **Noppenschaum** **Schaumpolster**	in Kartons mit verschiedenen Versandartikeln hoher Schutz bei Druck und Fall Schaumkissen, die nach dem Verschluss aufschäumen (bis zum 280fachen des Flüssigvolumens, d. h., nur ca. 3,5 cm^3 ergeben 1 Liter Schaumpolster)
Wellpappenrolle **Chips** – Kunststoff-Chips – Bio-Chips	zur Auspolsterung von Kartons und Kisten Schutz bei eingelegten Einzelartikeln: Schaumstoff-Chips, Styropor-Chips z. B. aus Mais (kompostierbar, verfütterbar)
Form-Styropor **Packkissen** (z. B. Smartpack)	Form-Styropor bei Elektronikartikeln, Glaswaren usw. Packpapierkissen mit geschredderten Kartons als Bruchschutz für alle Waren in Kisten, Kartons usw.
Holzwolle **Papierwolle**	zerbrechliche Waren in Kartons und Kisten werden ausgepolstert (kompostierbar)

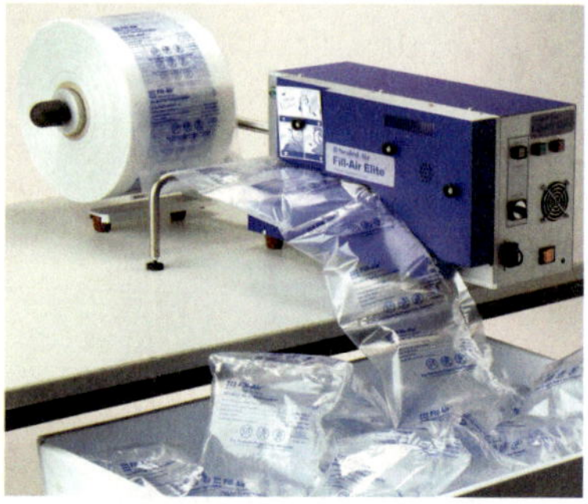

Fill Air System

- Herstellung von 25–30 Polstern pro Minute
- Beutellänge von 150–300 mm wählbar
- Polsterherstellung ohne Personal am System

Romwell© Schutzverpackungen aus Wellpappe

- Flexible Innen-Verpackungen für empfindliche Produkte
- aus 100 % Papier, deshalb voll recyclebar
- Mehrwegverpackung möglich
- preiswerter als vergleichbare Kunststoffverpackungen

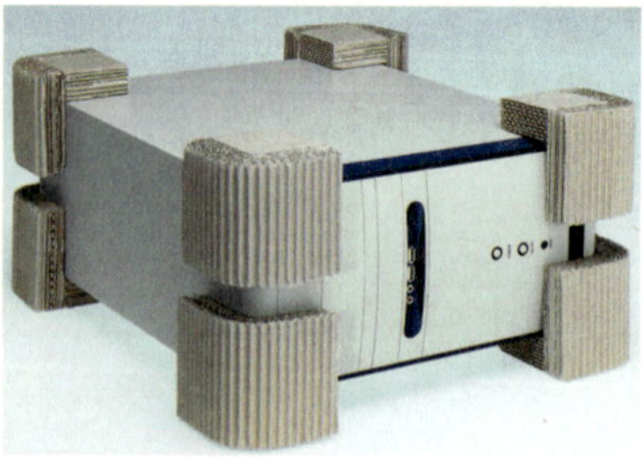

5006304

4.3 | Verschlussmittel

Verschlussmittel **verschließen** und **stabilisieren** die Transportverpackung. Sie dienen auch dem **Diebstahlschutz.** Folgende gängige Verschlussmittel werden im Güterversand eingesetzt:

Verschlussmittel	Verwendung bei ...
Stretchfolie/Schrumpffolie	Kartons auf Paletten fixieren und umschließen
PVC-Packfilm **Selbstklebeband**/bedruckt **Nass-Klebestreifen** **Packband** – fadenverstärkt **Doppelklebeband**	für schwere Packstücke geeignet Kartons, Dosen, Eimer verschließen Verschließen von leichten Kartons mittelschwere Kartons verschließen Stapelfixierung
Umreifungsbänder – Kunststoff-/Stahlband	Kartonumreifung mit Bändern aus Kunststoff bzw. Metall Fixierung von Fässern, Kanistern, Eimern auf Paletten
Spannringe/Dosendeckel **Vernagelung** **Verpackungsdraht** **Verschlussklammern**	Verschluss von Eimern, Kübeln, Dosen aus Weißblech usw. versetzte Vernagelung von Kisten/Verschlägen Fixierung von Verschlägen, Kanistern, Kisten Klammern von Kartons, Holzkisten
Verpackungsschnüre **Kordel/Seile**	Verschnüren von Packpapier, Kartons Fixierung von Maschinenteilen, Blechen, Kanistern, Eimern usw.
Kunststoffplomben **Weichmetallplomben** **Seals** (Plomben [Plombenverschlussband aus Stahldraht])	Verschlusssicherung von Containern, Waggons, Lkw-Wechselbrücken bzw. Sattelaufliegern aus zolltechnischen Gründen oder zur Diebstahlsicherung als Versicherungsbedingung

ZUSAMMENFASSUNG

Begriff	Verpackungshilfsmittel (Packmittel) sind Materialien, die zusammen mit der Verpackung den Warenschutz beim Transport und beim Güterumschlag verbessern.	
Arten	**Beschreibung**	**Beispiele**
Schutzmittel	Außenpackmittel schützen die Verpackung von außen beim Transport und beim Umschlag.	Packpapier, Stretchfolie, Schrumpffolie, Kantenschutz, Luftpolsterwände
	Innenpackmittel schützen das Transportgut in der Verpackung zusätzlich.	Luftpolsterfolie, Schlauchfolie, Schrumpffolien, Ölpapiere, Teerware, VCI-Papier
Füllstoffe	dienen dem Ausgleich der Hohlräume in der Verpackung. Sie schützen die Ware damit vor Bruch und Beschädigungen beim Transport und beim Umschlag.	Luftpolster, Schaumpolster, Chips, Formstyropor, Packkissen, Holzwolle, Papierwolle
Verschlussmittel	verschließen und stabilisieren die Transportverpackung.	Klebeband, Klebestreifen, Umreifungsbänder, Spannringe, Verschlussklammer, Nägel, Verschlussplomben

? AUFGABEN

1 Empfindliche Messgeräte sollen per Expressdienst an einen Kunden von Pirna nach Saarbrücken verschickt werden.
a) Begründen Sie, mit welchen Außenpackmitteln Sie diese Messgeräte auf dem Transport schützen würden.
b) Begründen Sie, mit welchen Innenpackmitteln Sie diese Messgeräte auf dem Transport schützen würden.
c) Welche Füllstoffe sind hier sinnvoll?

2 In welchen Fällen werden Verschlussplomben als Verschlussmittel eingesetzt?

3 a) Welche Außenpackmittel setzt Ihr Ausbildungsbetrieb im Warenversand ein?
b) Welche Vorzüge haben diese gegenüber anderen Außenpackmitteln?

4 a) Welche Verschlussmittel setzt Ihr Ausbildungsbetrieb bei Exportgütern ein?
b) Welche Vorzüge haben diese gegenüber anderen Verschlussmitteln?

5 a) Welche Füllstoffe setzt Ihr Ausbildungsbetrieb ein?
b) Welche Vorzüge haben diese gegenüber anderen Füllstoffen?

5006306

6 Erstellen Sie eine Tabelle über die Verpackungshilfsmittel, die in Ihrem Ausbildungsbetrieb verwendet werden. Bauen Sie Ihre Tabelle nach dem folgenden Muster[1] auf und ergänzen Sie die Zeilen bei:
a) Innenpackmittel
b) Außenpackmittel
c) Füllstoffe
d) Verschlussmittel

Packmittel	verwendete Packmittel	Vorteile bzw. Einsatz bei ...

7 Welche der beschriebenen Verpackungshilfsmittel würden Sie auswählen, um die folgenden Güter zu schützen?
a) verschiedene Maschinenteile 450 kg
b) 30 Flaschen Wein 45 kg
c) 10 Pkw-Felgen 80 kg
d) 20 CD-Player 100 kg
e) 20 Autoschiebedächer 170 kg
f) 1 Walze für Papiermaschine 3 500 kg
g) 1 Industriestaubsauger 45 kg
h) Granulat 50 kg
i) Getreide 500 kg

8 Ein 20-ft.-ISO-Container soll mit Bauchemie-Artikeln nach Litauen verschifft werden. Die Waren sind in Säcke verpackt und auf Paletten geladen. Erläutern und begründen Sie, welche Verpackungshilfsmittel Sie für diesen Transport einsetzen würden.

9 Erstellen Sie eine Übersicht über die in Ihrem Ausbildungsbetrieb eingesetzten Verpackungshilfsmittel und bewerten Sie diese kurz. Erstellen Sie als Lösungshilfe folgende Tabelle und füllen diese aus[1]:

Verpackungshilfsmittel	Einsatz bei ...	Vorzüge	Probleme

1 Bitte keine Eintragungen im Buch vornehmen!

5 | Gefahrgutversand

SITUATION

Im Versandbereich einer Autoteilegroßhandlung steht folgender Kundenauftrag zum Verpacken an: 1 VE mit 24 Flaschen Alu-Felgenreiniger, 20 verschiedene Bremsbeläge, 10 Autobatterien, 5 Dosen Autolack und 1 VE mit 36 Dosen Defroster-Spray.

1 **Welche Artikel dieser Sendung sind nach Ihrer Meinung Gefahrgüter?**

2 **Wie können Sie in der Praxis erkennen, ob die einzelnen Versandartikel Gefahrgüter sind?**

3 **Welche Gefahren gehen von solchen Gefahrgütern aus? Erstellen Sie hierzu ein Szenario in Arbeitsgruppen.**

4 **Wen können Sie in Ihrem Ausbildungsbetrieb befragen, wenn Sie genauere Informationen zum Gefahrgutversand benötigen?**

SACHDARSTELLUNG

5.1 | Rechtsgrundlagen zum Gefahrgutversand

Das Gesetz zur Beförderung gefährlicher Güter erklärt **Gefahrgüter** als Stoffe, von denen beim Lagern, Ein- und Auspacken, Be- und Entladen sowie bei der Beförderung **Gefahren für Menschen, Tiere, Sachen und die Umwelt ausgehen.**

Für jeden Verkehrsweg bestimmt dieses Gesetz **Gefahrgutverordnungen**, die auf diesen Verkehrswegen den sachgemäßen Umgang mit Gefahrgütern regeln.

Für jeden Betrieb, der mit Gefahrgütern umgeht, ist ein **Gefahrgutbeauftragter** zu bestellen.

- **Nationale Gesetze/Verordnungen:**
  - Gesetz über die Beförderung gefährlicher Güter
  - Gefahrgutverordnung Straße (GGVS)
  - Gefahrgutverordnung Eisenbahn (GGVE)
  - Gefahrgutbeauftragtenverordnung (GbV)
- **Internationale Übereinkommen für den Gefahrguttransport:**
  - Straße: ADR[1]
  - Bahn: RID[2]
  - Binnenschiff: ADNR[3]
  - Seeschiff: IMDG[4]
  - Luftverkehr: DGR[5]

1 ADR – Europäisches Übereinkommen über die Beförderung gefährlicher Güter auf der Straße
2 RID – Internationale Ordnung über die Beförderung gefährlicher Güter mit der Eisenbahn
3 ADNR – Europäisches Übereinkommen über den Transport gefährlicher Güter auf dem Rhein
4 IMDG – International Maritim Goods Code der UNO
5 DGR – Dangerous Goods Regulations der IATA (International Air Transport Assoziation)

5006308

Als Oberbehörde überwacht das Bundesministerium für Verkehr die Einhaltung dieser Gesetze und Verordnungen für die Beförderung gefährlicher Güter. Nachgeordnete Behörden wie Polizei, Bundesamt für den Güterverkehr und Gewerbeaufsichtsämter überwachen deren Einhaltung in der Praxis.

Allgemein regeln die **Gefahrgutvorschriften:**

- welche Gefahrgüter wie transportiert werden dürfen
- wie Gefahrgüter verpackt und gekennzeichnet sein sollen
- wie die Beförderungsmittel gebaut, ausgerüstet und gekennzeichnet sein sollen
- welche Vorschriften für die Be- und Entladung, für die Stauung von Gefahrgut gelten
- welche Papiere (Unfallmerkblätter, Prüfbescheinigungen, Erlaubnisbescheinigungen usw.) mitzuführen sind.

5.2 | Kennzeichnung gefährlicher Güter

National und international werden die Gefahrgüter weitgehend einheitlich in **Gefahrklassen** und **Gefahrziffern** eingeteilt . Damit können Gefahrgüter in der Transport- und Verpackungspraxis leichter zugeordnet und zweckmäßiger behandelt werden:

Klasse		Gefährliche Stoffe	Beispiele
1		explosive Stoffe/Gegenstände mit Explosionsstoff (in sechs Unterklassen eingeteilt)	Munition, Signalkörper, Feuerwerkskörper
2		Gase	Propan, Spraydosen
3		brennbare Flüssigkeiten	Benzin, Heizöl
4.1		entzündbare feste Stoffe	Zündhölzer, Gummi
4.2		selbstentzündliche Stoffe	Phosphor, Kohlenstaub

Klasse		Gefährliche Stoffe	Beispiele
4.3		Stoffe, die bei Berührung mit Wasser entzündbare Gase entwickeln	Natrium, Calciumcarbid
5.1		entzündend (oxidierend) wirkende Stoffe	chlorhaltige Unkrautvernichter
5.2		organische Peroxyde	Kunststoffkleber
6.1		giftige Stoffe	Pestizide, Arsen
6.2		ansteckungsgefährliche Stoffe	Krankenhausabfälle, bestimmte Viren
7		radioaktive Stoffe	Teile von Röntgengeräten
8		ätzende Stoffe	Salpetersäure, Ätznatron
9		verschieden gefährliche Stoffe und Gegenstände	Asbest, bestimmte Kühlmittel

Für diese Gefahrgüter besteht eine **Kennzeichnungspflicht,** um in Notfällen richtig reagieren zu können. Bei der Kennzeichnung ist zwischen der Markierung des einzelnen Packstücks und der Beschriftung des Fahrzeugs zu unterscheiden.

5006310

<table>
<tr><th colspan="3">Kennzeichnungen bei Gefahrguttransporten</th></tr>
<tr><th colspan="2">Kennzeichnung des Versandstücks</th><th>Kennzeichnung des Transportmittels</th></tr>
<tr><td rowspan="2">Gefahrzettel
für Stoffklasse 1 bis 9</td><td>Abfertigungskennzeichen
z. B. „Magnetisch"
„Achtung Gefährlich"</td><td rowspan="2">orangefarbene Gefahrgut-Warntafeln für Lkw, Wechselbrücken, Container, Waggons</td></tr>
<tr><td>Gefahrensymbole
gelten auch für sonstige Lager- und Transportgüter</td></tr>
<tr><td colspan="3">Unfallmerkblätter – zum Beilegen zu den Versandstücken</td></tr>
</table>

Gefahrzettel

Packstücke mit Gefahrgut müssen mit Gefahrzetteln gekennzeichnet werden. Gefahrzettel zeigen **einheitliche Gefahrsymbole** und signalisieren damit die Hauptgefahr, die von dem Gefahrgut ausgehen kann. So zeigt z. B. die Gefahrgutklasse 3 das Flammensymbol für entzündbare flüssige Stoffe.

Gefahrzettel sind vom Absender auf dem Packstück anzubringen. Müssen Gefahrzettel am Fahrzeug angebracht werden, ist dies die Aufgabe des Fahrzeugführers.

Beispiele: *Gefahrensymbole*

Symbol	Gefahren-bezeichnung	Einstufung	Vorsicht
	**E: Explosions-gefährlich**	Stoffe und Zubereitungen, die auch ohne Luftsauerstoff exotherm reagieren und die nach festgelegten Prüfbedingungen detonieren, schnell deflagrieren oder beim Erhitzen unter teilweisem Einschluss explodieren können.	Schlag, Stoß, Reibung, Funkenbildung, Feuer- und Hitzeeinwirkung vermeiden.
	**O: Brand-fördernd**	Organische Peroxide, die brennbar sind, auch wenn sie nicht mit brennbaren Materialien in Berührung kommen. Sonstige Stoffe und Zubereitungen, die in der Regel selbst nicht brennbar sind, aber bei Berührung mit brennbaren Materialien, überwiegend durch Sauerstoffabgabe, die Brandgefahr und die Heftigkeit eines Brandes beträchtlich erhöhen.	Jeden Kontakt mit brennbaren Stoffen vermeiden. **Entzündungsgefahr:** Ausgebrochene Brände können gefördert, die Brandbekämpfung erschwert werden.

Symbol	Gefahren- bezeichnung	Einstufung	Vorsicht
	**F: Leicht- entzündlich**	Flüssigkeiten mit einem Flammpunkt unter 21 °C, die aber nicht hochentzündlich sind. Feste Stoffe und Zubereitungen, die durch kurzzeitige Einwirkung einer Zündquelle leicht entzündet werden können und danach weiterbrennen oder weiterglimmen.	Von offenen Flammen, Funken und Wärmequellen fernhalten.
	**T: Giftig**	Einatmen, Verschlucken oder Aufnahme über die Haut in geringer Menge können zu Gesundheitsschäden erheblichen Ausmaßes, eventuell mit Todesfolge, führen. Bei erheblichen Anhaltspunkten für schwere, eventuell irreversible Gesundheitsschäden durch einmalige, wiederholte oder länger andauernde Aufnahme, insbesondere bei Krebs erregenden, erbgutverändernden und reproduktionstoxischen (fortpflanzungsgefährdenden) Wirkungen.	Jeglicher Kontakt mit dem menschlichen Körper ist zu vermeiden. Bei Unwohlsein sofort Arzt hinzuziehen. Bei als Krebs erregend, erbgutverändernd und reproduktionstoxisch (fortpflanzungsgefährdend) eingestuften Stoffen wird auf diese Gefahren hingewiesen. Beim Umgang mit diesen Stoffen sind besondere Vorschriften zu beachten!
	**C: Ätzend**	Zerstörung des Hautgewebes in seiner gesamten Dicke bei gesunder, intakter Haut oder wenn dieses Ergebnis vorausgesagt werden kann.	Durch besondere Schutzmaßnahmen Berührung mit Augen, Haut und Kleidung vermeiden. Dämpfe nicht einatmen! Bei Unfall oder Unwohlsein sofort Arzt hinzuziehen!
	**Xn: Gesund- heits- schädlich**	Einatmen, Verschlucken oder Aufnahme durch die Haut können akute oder chronische Gesundheitsschäden verursachen. Bei Anhaltspunkten für schwere, eventuell irreversible Gesundheitsschäden durch einmalige, wiederholte oder länger andauernde Aufnahme, insbesondere bei Verdacht von Krebs erregenden, erbgutverändernden und reproduktionstoxischen (fortpflanzungsgefährdenden) Wirkungen.	Kontakt mit dem menschlichen Körper ist zu vermeiden. Bei Stoffen, die in Verdacht stehen Krebs erregend, erbgutverändernd oder reproduktionstoxisch (fortpflanzungsgefährdend) zu sein, wird auf diesen Umstand hingewiesen.

Symbol	Gefahren-bezeichnung	Einstufung	Vorsicht
	**N: Umwelt-gefährlich**	Bei Freisetzung in die aquatische und nichtaquatische Umwelt kann eine Schädigung des Ökosystems durch Veränderung des Naturhaushalts sofort oder später herbeigeführt werden. Manche Stoffe oder ihre Umwandlungsprodukte können gleichzeitig verschiedene Kompartimente beeinträchtigen.	Je nach Gefährdungspotenzial nicht in Kanalisation, Boden oder Umwelt gelangen lassen. Besondere Entsorgungsvorschriften beachten!

Unfallmerkblätter

Unfallmerkblätter müssen der Ware bei Gefahrguttransporten beigelegt werden. Damit haben der Fahrer und vor allem die Hilfskräfte wie Polizei, Feuerwehr, Sanitäter die Informationen und die Möglichkeit, bei Unfällen sachgerecht zu helfen und zu reagieren.

Dem Unfallmerkblatt können folgende Informationen entnommen werden:

- Bezeichnung des gefährlichen Gutes mit Klasse und Ziffer
- Eigenschaften des Ladegutes (z. B. farblose, stechend riechende Flüssigkeit)
- notwendige Schutzausrüstung (z. B. Augenschutzbrille, Atemschutz, Augenspülflasche)
- einzuleitende Notmaßnahmen (z. B. Zündquellen fernhalten, keine Berührung mit Wasser)
- Verhalten bei Lecks (z. B. mit Erde eindämmen)
- Hinweise auf evtl. Wassergefährdung, Gewässerschutz
- Verhalten bei Feuer (z. B. nur mit Atemschutz löschen, keine Ladungsbrände löschen)
- Maßnahmen zur ersten Hilfe (z. B. Haut mit viel Wasser spülen, durchtränkte Kleidung entfernen)
- Person, die für den Inhalt der Sendung verantwortlich ist.

Folgende **Arten von Unfallmerkblättern** werden unterschieden:

Einzelunfallmerkblatt	Gruppenunfallmerkblatt	Sammelunfallmerkblatt
für einzelne Stoffe, z. B. Benzin, Farbe	für Güter einer bestimmten Gefahrenklasse, z. B. brennbare Farben und Lacke	für Güter mehrerer Gefahrenklassen

Der **Verlader** muss dem Fahrzeugführer die Unfallmerkblätter übergeben. Diese müssen im Führerhaus aufbewahrt werden.

Bei allen grenzüberschreitenden Verkehren müssen die Unfallmerkblätter in der Sprache des Versandlandes, des Empfangslandes und der jeweiligen Transitländer beigepackt und mitgegeben werden.

UNFALLMERKBLATT FÜR DEN STRASSENTRANSPORT

33
1263

ADR 3 5a
13.07.04
Ihre Feldbezeichnung

LADUNG
FARBE

EIGENSCHAFTEN DES LADEGUTES
Verschiedene gefährliche Stoffe und Gegenstände
Flüssigkeiten, Feststoffe oder Pasten, oft mit Geruch

ART DER GEFAHR
Kann ätzend sein
Kann entzündbar sein
Kann giftig sein
Leicht flüchtig
Gefahr einer Bioakkumulation
Mögliche Gefahr für Gewässer und Kläranlagen

PERSÖNLICHE SCHUTZAUSRÜSTUNG
Augenspülflasche mit reinem Wasser
Handschuhe, Schutzanzug und Stiefel aus Gummi
Dichtschließende Schutzbrille
Geeigneter Atemschutz

VOM FAHRZEUGFÜHRER ZU TREFFENDE ALLGEMEINE MASSNAHMEN
Polizei und Feuerwehr verständigen
Funkenfreie Werkzeuge und explosionsgeschützte Leuchten und Elektrogeräte benutzen
Motor abstellen
Schutzausrüstung vor Betreten der Gefahrenzone anlegen
Straße sichern und andere Straßenbenutzer warnen
Auf windzugewandter Seite bleiben
Unbefugte fernhalten
Zündquellen fernhalten (z. B. kein offenes Feuer), Rauchverbot

VOM FAHRZEUGFÜHRER ZU TREFFENDE ZUSÄTZLICHE UND/ODER BESONDERE MASSNAHMEN
Auslaufende Flüssigkeit mit Erde, Sand oder anderen geeigneten Mitteln eindämmen; Fachmann hinzuziehen
Eindringen der Flüssigkeit in Kanalisation, Gruben und Keller verhindern. Dämpfe können Explosionsgefahr verursachen
Falls Ladegut in Gewässer oder Kanalisation gelangt oder auf Erdboden oder Pflanzen gekommen ist, Feuerwehr oder Polizei darauf hinweisen
Verschüttetes Ladegut zusammenkehren (Staubentwicklung vermeiden) und an einen sicheren Ort bringen – Fachmann hinzuziehen
Wenn möglich, Undichtheiten beseitigen

FEUER, INFORMATIONEN FÜR DEN FAHRZEUGFÜHRER IM FALLE EINES BRANDES
Niemals scharfen Wasserstrahl verwenden
Vorzugsweise mit Wassersprühstrahl, Löschpulver oder Schaum löschen
Bei Feuereinwirkung Behälter mit Wassersprühstrahl kühlen

ERSTE HILFE
Falls Produkt in Augen gelangt ist, unverzüglich mit viel Wasser mehrere Minuten spülen; Arzt aufsuchen
Mit Produkt verunreinigte Kleidungsstücke unverzüglich entfernen, Produkt von der Haut abstäuben, anschließend betroffene Haut mit Seife und Wasser waschen
Personen, die die bei einem Brand oder chemischen Reaktionen entwickelten Gase eingeatmet haben, zeigen nicht unbedingt sofort Symptome – sie hinlegen und ruhig halten, zum Arzt bringen und dieses Merkblatt vorzeigen
Ärztliche Hilfe erforderlich bei Symptomen, die offensichtlich auf Einatmen, Verschlucken oder Einwirkung auf Haut oder Augen zurückzuführen sind

Zusätzliche Hinweise

Gilt nur während des Straßentransportes

Telefonische Rückfrage:

Warntafeln

Befördert ein Fahrzeug Gefahrgüter als so genannte „GGVS/ADR-Beförderungseinheiten", sind Warntafeln an dem Fahrzeug anzubringen. Warntafeln sind orangefarben und die vorgeschriebene Größe beträgt 40 cm x 30 cm. Mit diesen Warntafeln soll den anderen Verkehrsteilnehmern signalisiert werden, dass in der Nähe dieses Fahrzeugs besondere Vorsicht geboten ist.

Aufbau einer Warntafel:

Obere Zahlenfolge
(Kemmler-Zahl in Anlehnung an die Gefahrgutklassen
X = Berührung mit Wasser verboten)

X 423
1428

Untere Zahl:
UN-Stoffnummer

1. Ziffer = Hauptgefahr z. B.
2 = Gas
3 = entzündbarer flüssiger Stoff
4 = entzündbarer fester Stoff
6 = giftiger Stoff
7 = Radioaktivität
8 = ätzender Stoff
9 = Gefahr einer spontanen heftigen Reaktion

2./3. Ziffer = zusätzliche Gefahr z. B.
0 = nur normale Gefahr
2 = Entweichen von Gas
3 = Entzündbarkeit von Flüssigkeiten/Gasen
4 = Entzündbarkeit fester Stoffe
5 = Oxidierende (brandfördernde) Wirkung
6 = Giftigkeit
8 = Ätzwirkung
9 = Gefahr einer spontanen heftigen Reaktion

Verdoppelung weist auf eine besondere Gefahr hin – z. B. 633 = giftiger Stoff, der hochentzündlich ist.

***Beispiel** für eine Warntafel:*

X 423
1428

X = Berührung mit Wasser verboten, d. h. nicht mit Wasser löschen
423 = entzündbarer fester Stoff – Gas kann entweichen – das entzündlich ist
1428 = UN-Stoffnummer für Natrium – erleichtert der Feuerwehr die Arbeit

Der Fahrzeughalter hat den Lkw mit den erforderlichen Warntafeln auszurüsten. Der Fahrer des Lkw ist dafür verantwortlich, dass die Tafeln sichtbar sind, wenn Gefahrgut befördert wird. Bei Leerfahrten oder wenn kein Gefahrgut befördert wird, muss er die Tafeln verdecken.

5.3 | Gefahrgutbeauftragter

Die sichere Abwicklung von Gefahrguttransporten zählt zu den wichtigsten verkehrspolitischen Aufgaben. Daher muss jedes Unternehmen, das an Gefahrguttransporten beteiligt ist, mindestens einen Gefahrgutbeauftragten bestellen. Seine Aufgaben und Bestellung regelt die Gefahrgutbeauftragtenverordnung (GbV). Um Gefahrgutbeauftragter zu werden, muss man an einer IHK-Schulung mit Abschlussprüfung teilgenommen haben. Der Schulungsnachweis gilt dann für fünf Jahre. Hat man an Fortbildungen teilgenommen, so ist eine Verlängerung um weitere fünf Jahre möglich.

Bei seinen Aufgaben wird er unterstützt von **„beauftragten Personen"** wie Abteilungsleitern, Bereichsleitern usw. und „sonstigen verantwortlichen Personen für Gefahrgut" wie Fahrern von Gefahrgut, Verpackern gefährlicher Güter usw.

Die wesentlichen **Aufgaben des Gefahrgutbeauftragten** sind:
1. **Überwachung** der Einhaltung der Vorschriften für die Gefahrgutbeförderung
2. unverzügliche Anzeige von Sicherheitsmängeln
3. **Beratung** des Unternehmens bei allen Tätigkeiten im Zusammenhang mit Gefahrgut
4. **Erstellung eines Jahresberichts** bezüglich der Gefahrgutbeförderungen des Unternehmens
5. Überwachung gefahrgutbezogener Verfahren und Abläufe im Unternehmen **(Gefahrgutmanagement)**

ZUSAMMENFASSUNG	
Gefahrgüter	= Stoffe, von denen Gefahren für Menschen, Tiere, Sachen und die Umwelt ausgehen.
Gefahrgutverordnungen	regeln den Umgang mit Gefahrgütern beim Transport und national (zum Beispiel die GGVS) sowie international (zum Beispiel die RID) die Gefahrguttransporte mit den einzelnen Verkehrsträgern.
Gefahrenklassen	Gefahrgüter werden in neun Gefahrenklassen eingeteilt. Jedes Gefahrgut ist entsprechend zu kennzeichnen. Dies erfolgt durch Gefahrzettel, Gefahrensymbole, Merkblätter und Gefahrgutwarntafeln.
betrieblicher Gefahrgutbeauftragter	Er überwacht die Einhaltung der Gefahrgutvorschriften und berät das Unternehmen bezüglich des Umgangs mit Gefahrgütern.

AUFGABEN

1 Was versteht man unter Gefahrgütern?

2 Welche Rechtsgrundlagen gelten für den Gefahrguttransport
- a) auf deutschen Straßen?
- b) auf italienischen Straßen?
- c) mit der Bundesbahn?
- d) mit Seeschiffen nach Übersee?
- e) mit Flugzeugen im Luftfrachtverkehr?

3 Ordnen Sie die folgenden Gefahrgüter der jeweiligen Gefahrklasse zu:
- a) Kunststoffkleber
- b) Spraydosen
- c) Asbest
- d) Benzin
- e) Feuerwerkskörper

4 An einem Lkw sehen Sie die folgende orangefarbene Warntafel:

30
1202

- a) An welchen Stellen am Lkw ist diese Warntafel anzubringen?
- b) Welche Bedeutung hat die obere Ziffer der Warntafel?
- c) Welche Bedeutung hat die untere Ziffer der Warntafel?
- d) Warum schreibt der Gesetzgeber bei Gefahrguttransporten die Warntafel vor?
- e) Angenommen, vor der Zahl „30" stünde ein „X". Welche Bedeutung hätte dieser Zusatz?

LERNFELD 7 | Touren planen

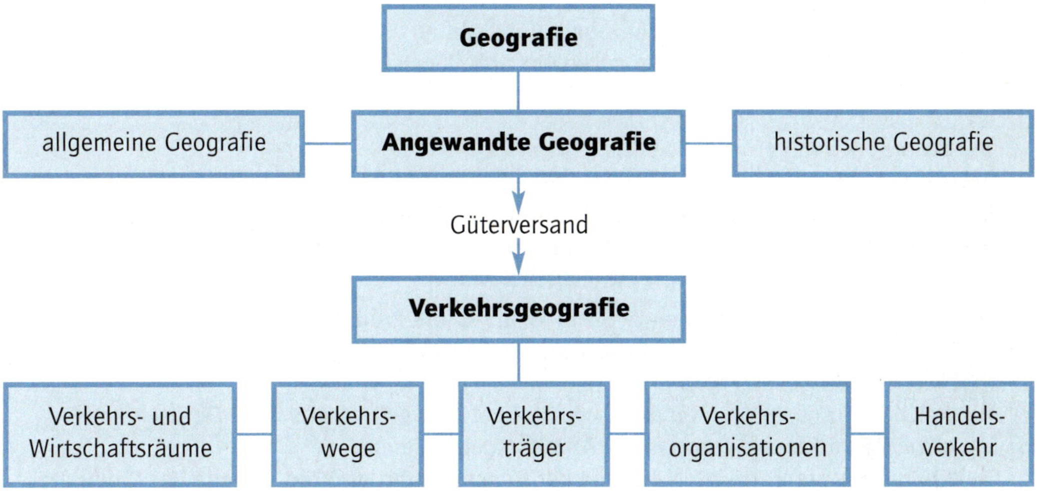

1 | Grundlagen der Verkehrsgeografie

SITUATION

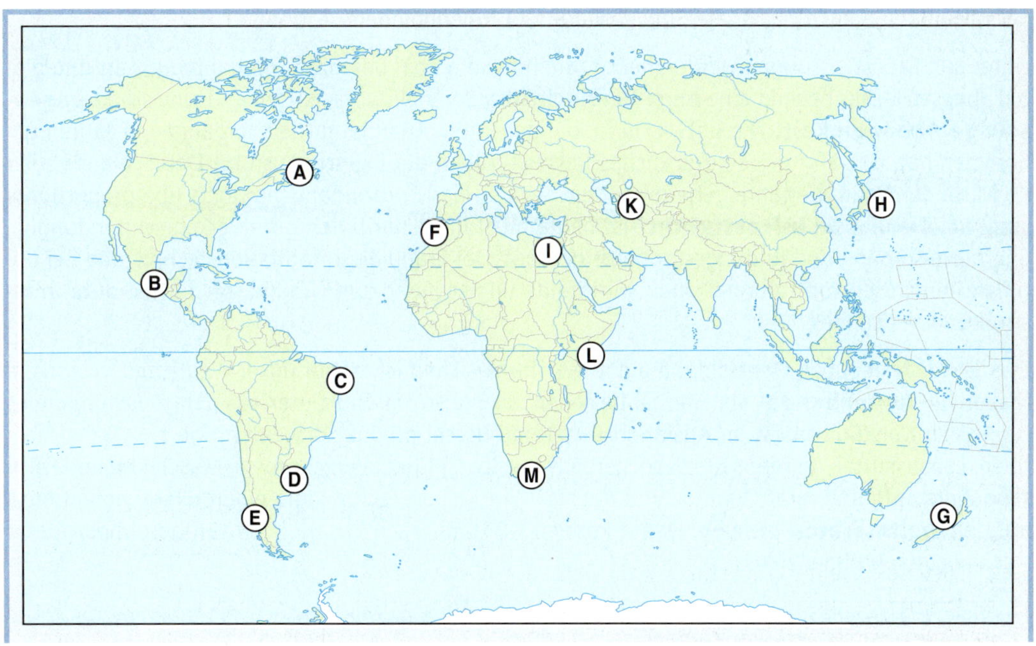

Die Welt – ein globales Dorf?

Noch vor 30 Jahren war die Tomate ein reines Sommergemüse. Heute erhalten wir Freilandtomaten das ganze Jahr über. Früchtebezogene Jahreszeiten gibt es in Deutschlands Einzelhandel kaum noch. Güter, Dienstleistungen, auch Obst und Gemüse werden heute weltweit produziert und weltweit gehandelt.

Im Sortiment einer Einzelhandelskette finden sich **im Monat März** folgende Artikel:

❶ Bananen ❷ Äpfel, aus neuer Ernte ❸ Straußenfleisch ❹ Naturlachs
❺ Weintrauben, neue Ernte ❻ Zwiebeln, neue Ernte ❼ Rosenstrauß ❽ Erdbeeren
❾ Kaffeebohnen ❿ Litschi-Früchte ⓫ echter Kaviar ⓬ Kartoffeln aus neuer Ernte

a) Ordnen Sie in Partnerarbeit den Artikeln ❶ bis ⓬ die Produktionsländer Ⓐ bis Ⓜ zu.
b) Klären Sie mit Ihrem Partner , welche Transportmittel für den Transport der Artikel ❶ bis ⓬ üblicherweise eingesetzt werden.
c) Auf welchem Transportweg gelangen die Artikel ❶ bis ⓬ zu uns nach Deutschland?
d) Tauschen Sie im Klassenverband die Arbeitsergebnisse aus.
e) Diskutieren Sie die Vorteile/Nachteile der Konsumenten und die Vorteile der Produktionsländer aus dieser Form des Welthandels.

SACHDARSTELLUNG

Seit den 90er-Jahren des 20. Jahrhunderts nimmt die **internationale Arbeitsteilung** und Verflechtung der Unternehmen stetig zu. Diese Globalisierung des Welthandels bewirkt einen weltweiten Austausch von Waren und Dienstleistungen. Die globale Produktion und der globale Handel beeinflussen auch nationale Entwicklungen in zunehmendem Ausmaß.

Güter und Dienstleistungen werden heute zunehmend global beschafft, global produziert und global abgesetzt. Dies bewirkt eine **enge Verflechtung** der Volkswirtschaften und eine starke **gegenseitige Abhängigkeit.** Die Entwicklung, die der Internethandel in den vergangenen Jahren genommen hat, ist dafür ein eindrückliches Beispiel. Allein der Export (Ausfuhr) Deutschlands stieg ab Mitte der Neunzigerjahre gegenüber dem Anstieg des Bruttoinlandsprodukts überproportional stark an. Die globale **Infrastruktur**[1] ist heute nicht mehr nur durch gute Verkehrsverbindungen, Energieversorgung und Bildungsstandards geprägt. Der Stand der Informationstechnik und der optimale Austausch von Informationen wird heute immer mehr zum Gradmesser für die gute Infrastruktur eines Landes.

Da die Bundesrepublik Deutschland ein rohstoffarmes Land ist, hängt unser Wohlstand in starkem Maße vom **Außenhandel** ab. Hierbei beziehen wir Rohstoffe und Güter aus dem Ausland, die es bei uns zu wenig gibt bzw. im Ausland billiger und besser produziert werden, wie z. B. Rohöl, Textilien, Lebensmittel. Andererseits exportieren wir weltweit Chemieerzeugnisse, Maschinen und Fahrzeuge, die aufgrund ihrer Qualität und der fortschrittlichen Technologie einen relativ hohen Preis auf den **Weltmärkten** erzielen. Damit können wir dann auch unsere hochwertigen Importe und Auslandsurlaube finanzieren.

1 alle wirtschaftlich-organisatorischen Grundlagen (z. B. Bildungssystem/Sozialsystem) und Anlagen (z. B. Straßensystem/Gesundheitswesen/Kommunikationswesen) einer hoch entwickelten Wirtschaft

Zur fachmännischen Beurteilung der nationalen und internationalen Transportabläufe sowie zur sachgemäßen Behandlung der Waren im Lager und auf dem Versandweg sind gute **wirtschaftsgeografische Kenntnisse** für alle Beschäftigten in der Lagerwirtschaft/Logistik berufsnotwendig. Das erfordert Kenntnisse in der Arbeit und Planung mit Karten sowie Wissen über die nationalen und internationalen Wirtschaftsräume und Transportabläufe.

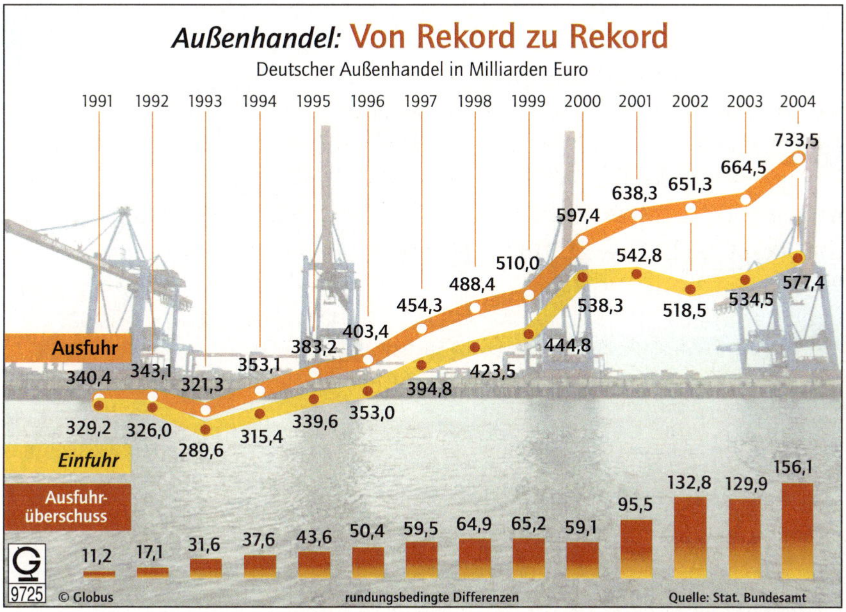

AUFGABEN

?

1 Notieren Sie drei Gründe, warum Sie als Auszubildender in der Lagerwirtschaft/Logistik Kenntnisse in Wirtschaftsgeografie haben sollten. Tauschen Sie Ihre Gründe innerhalb des Klassenverbands aus.

Bearbeiten Sie in Arbeitsgruppen die folgenden Fragen und wählen dann eine/n Gruppensprecher/-in, der/die die Arbeitsergebnisse vor der Klasse vorstellt:

2 Welche positiven Auswirkungen hat die Globalisierung der Wirtschaft
a) für die Verbraucher in Deutschland?
b) für die Unternehmen (Wirtschaft)?
c) für die Arbeitnehmer in den Betrieben?

3 Welche negativen Auswirkungen hat die Globalisierung der Wirtschaft
a) für die Verbraucher in Deutschland?
b) für die Unternehmen (Wirtschaft)?
c) für die Arbeitnehmer in den Betrieben?

2 | Karten

SITUATION

Sie sind nach Stuttgart umgezogen. Ihr neuer Arbeitsplatz liegt in Stuttgart-Mitte. Da Sie im Versand arbeiten, müssen Sie manchmal Eilgüter direkt zum Flughafen Stuttgart bringen.

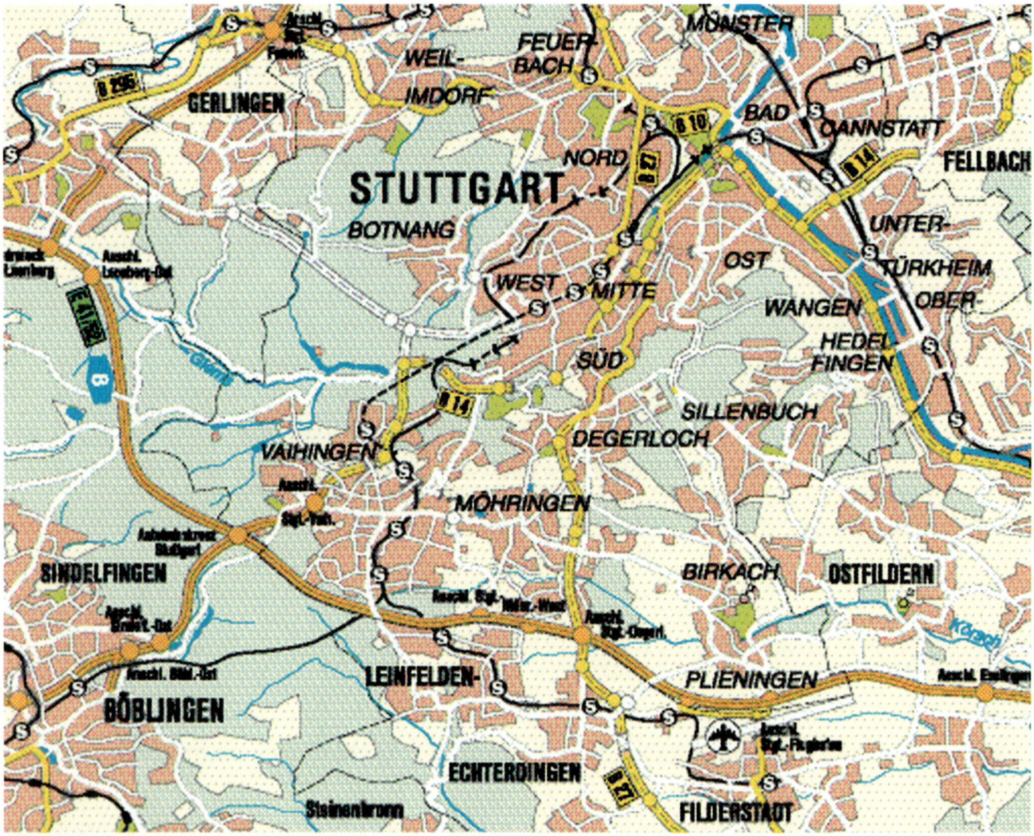

© Stadtmessungsamt Stuttgart, 2004

Bearbeiten Sie in Partnerarbeit die folgenden Fragen mithilfe der obigen Karte und tauschen Sie danach Ihre Arbeitsergebnisse aus:

1 Warum benötigen Sie als Ortsunkundiger eine Karte für Ihre Arbeit?

2 Wie kann man auf der Karte erkennen, dass der Flughafen südlich der Stadtmitte liegt?

3 a) Woran erkennt man auf der obigen Karte eine vierspurige bzw. eine zweispurige Straße?
b) Welche vierspurigen Straßen führen zum Flughafen Stuttgart?
c) Welche Vorteile haben vierspurige Straßen für den Gütertransport?

4 **Ein Versanddokument soll dringend zum Flughafen gebracht werden. Begründen Sie, ob Sie einen Mitarbeiter auch mit der Bahn zum Flughafen schicken könnten.**

5 **Suchen Sie für einen Kleintransporter den kürzesten Weg aus, um eine Luftfrachtsendung zum Flughafen zu bringen.**

6 **Die Bundesstraße 27 ist nach einem schweren Unfall in Degerloch gesperrt. Suchen Sie mithilfe der obigen Karte nach einer alternativen Fahrstrecke zum Flughafen.**

SACHDARSTELLUNG

Karten sind ein wichtiges Hilfsmittel im Beruf und im Privatleben. Karten

- geben **Informationen** (z. B. zur Größe von Städten, Straßen usw.),
- ermöglichen die **Orientierung im Raum** (z. B. Himmelsrichtung, Entfernungen von A nach B),
- veranschaulichen abstrakte Sachverhalte **räumlicher Gegebenheiten** (z. B. durch Höhenlinien).

2.1 | Kartenarten

Eine Karte ist die verkleinerte zweidimensionale Darstellung der Erdoberfläche. Die Verkleinerung wird durch den Maßstab herbeigeführt. Die zweidimensionale Darstellung erfordert die Darstellung der Höhen durch z. B. Höhenlinien oder Farben und die Darstellung von Geländedetails durch **Kartenzeichen** und Beschriftungen. Die Kartenarten werden meist durch den **Maßstab** unterschieden. Jedoch gibt es auch eine Unterscheidung der Kartenarten

- nach dem **Hersteller** (amtliche oder private Karten),
- nach dem **Inhalt** (topografische oder thematische Karten),
- nach dem **Verwendungszweck** (Landkarten, Seekarten, Luftfahrtkarten oder astronomische Karten).

2.2 | Kartenmaßstab

Jede Landkarte ist ein verkleinertes Abbild der Wirklichkeit. Daher hat jede Karte einen Maßstab. Der Maßstab gibt an, wie stark die wirklichen Maße auf der Karte verkleinert wurden. So drückt der Maßstab das Verhältnis zwischen Karte und Natur in Zentimetern aus. Weil es sich beim Maßstab stets um ein Verkleinerungsverhältnis von zwei Strecken handelt, spricht man auch **vom linearen Maßstab.**

Beispiel 1: *Lesen wir auf einer Landkarte: „Maßstab 1 : 100 000" (sprich: eins zu einhunderttausend), so bedeutet dies, dass ein cm auf der Karte in Wirklichkeit einer Strecke von 100 000 cm, 1 000 m oder 1 km entspricht. Liegen zwei Orte auf dieser Karte 4,5 cm auseinander, so beträgt die wirkliche Entfernung 4 500 m bzw. 4,5 km.*

Beispiel 2: *Maßstab 1 : 50 000 bedeutet, dass ein cm auf der Karte 50 000 cm bzw. 500 m in der Wirklichkeit entsprechen. So entspricht ein km in der Natur zwei cm auf der Karte.*

Beispiel 3: *Maßstab 1 : 25 000 bedeutet, dass ein cm auf der Karte 25 000 cm bzw. 250 m in der Wirklichkeit entsprechen. So entspricht ein km in der Natur vier cm auf der Karte.*

Daraus ergibt sich die **Maßstabsregel:**

Je kleiner die Maßstabszahl (d. h. die Zahl rechts von Doppelpunkt), **desto größer ist der Maßstab** und desto genauer und inhaltsreicher ist die Karte (z. B. Wanderkarte).
Je größer die Maßstabszahl, desto kleiner der Maßstab und desto allgemeiner, oberflächlicher und großflächiger ist der Karteninhalt (z. B. Länderkarte).

Nach ihren Maßstäben werden Karten in drei Gruppen eingeteilt:

große Maßstäbe	mittlere Maßstäbe	kleine Maßstäbe
1 : 5 000/1 cm = 50 m 1 : 10 000/1 cm = 100 m 1 : 25 000/1 cm = 250 m 1 : 50 000/1 cm = 500 m	1 : 100 000/1 cm = 1 km 1 : 200 000/1 cm = 2 km 1 : 300 000/1 cm = 3 km 1 : 500 000/1 cm = 5 km	1 : 1 Million /1 cm = 10 km 1 : 2 Millionen/1 cm = 20 km 1 : 5 Millionen/1 cm = 50 km 1 : 10 Millionen/1 cm = 100 km 1 : 30 Millionen/1 cm = 300 km 1 : 50 Millionen/1 cm = 500 km
Wanderkarte Fahrradkarte Ortsplan Stadtplan topografische Karten	Ballungsraumkarte Stadtumgebungskarten Regionalkarte Straßenkarte Übersichtskarte	Länderkarte Europakarte Weltkarte geografische Karten

PRAXISTIPP

Streicht man von der Maßzahl in Gedanken zwei Stellen ab, dann erhält man jeweils die Meter der Natur, die einem Zentimeter der Karte entsprechen.

2.3 | Kartenzeichen und Kartenbeschriftung

Die **Weitergabe von Informationen** ist die wichtigste Aufgabe einer Karte. Diese Informationen werden durch die Kartenbeschriftung und die Kartenzeichen weitergegeben.

Die Kartenbeschriftung und die Kartenzeichen werden in der **„Legende“** am unteren rechten Kartenrand erläutert und somit verständlicher.

Viele Objekte einer Karte, wie z. B. Gebäude, Brücken und Straßen, müssen entsprechend ihrer Bedeutung durch **Kartenzeichen** veranschaulicht werden. Kartenzeichen sind nicht maßstabsgerecht wiedergegeben. Farben in der Karte werden meist einheitlich verwendet:

schwarz	rot	grün	braun	blau
Bauwerke Wege Bahnlinien	Straßen Fahrwege	Bodenwuchs Wälder Wiesen usw.	Bodenformen Berge	Bäche, Flüsse Kanäle Seen

Höhenlinien sind in der Karte braun dargestellt und lassen Geländeformen wie Berge, Täler, Höhenzüge usw. anschaulich erkennen. Jede Höhenlinie verbindet Punkte der gleichen Höhenlage im Gelände. Aus dem Abstand der Höhenlinien lassen sich Steigungen und Gefällstrecken ablesen. Je geringer der Abstand, desto steiler ist das Gelände.

Durch die Art der **Kartenbeschriftung** lassen sich zu bestimmten Objekten des Karteninhalts nähere Angaben entnehmen. So verrät die Laufrichtung der Schrift die Fließrichtung von Bächen und Flüssen oder es lässt sich aus der Schriftgröße und Schriftstärke auf die Größe, Einwohnerzahl, Bedeutung usw. von Orten und Städten schließen. Ortsbeschriftungen sind waagrecht – verlaufen also von West nach Ost, während die Beschriftung großräumiger Objekte wie Landschaften, Gebirgszüge usw. deren Verlauf oder Lage in der Karte wiedergeben.

Die **Himmelsrichtungen** werden in Karten durch die Windrose dargestellt. Karten sind so aufgebaut, dass Norden immer oben ist, Süden immer unten, Westen links und Osten rechts liegt. Liegt der Norden in alten Karten nicht oben, so wird die Himmelsrichtung in der Karte durch Pfeile angegeben, sodass die Karte „eingenordet" werden kann.

Entfernungsanzeigen finden sich auf den meisten Straßenkarten. Die Entfernung zwischen zwei Orten lässt sich auf zweifache Weise direkt auf der jeweiligen Straßenstrecke ablesen: Für große Strecken wird die Distanz in fett gedruckten Ziffern in km zwischen zwei Orten durch Markierungen angegeben. Diese Großkilometrierung erlaubt so die Addition einer Gesamtstrecke. Kurze Entfernungen zwischen zwei Orten sind ohne Markierung direkt über der Straße in klein gedruckten Ziffern angegeben.

Die **Ortssuche in einer Karte** wird durch das Ortsverzeichnis am Ende erleichtert.

Beispiel: *Sucht man den Ort „Neuenstein" im Straßenatlas, so findet man im Ortsverzeichnis die folgende Angaben: „Neuenstein 86Å9 x 74632"*
Den Ort „Neuenstein" findet man im Straßenatlas auf der Seite 86. Stellt man sich das Blatt S. 86 als Zifferblatt vor, so findet man Neuenstein im Feld 09:00 Uhr. Damit Neuenstein/Württemberg nicht mit Neuenstein/Hessen verwechselt wird, ist zusätzlich noch die Postleitzahl angegeben, damit nach dem richtigen Ort gesucht werden kann.

PRAXISTIPP

Ist eine Karte älter als fünf Jahre, so ist diese immer kritisch zu prüfen. Straßen, Wege, Brücken und Siedlungen können sich in dieser Zeit bedeutend verändert haben.

ZUSAMMENFASSUNG	
Aufgabe von Karten	Information und Orientierung
Kartenarten	geografische Karten, Übersichtskarten, topografische Karten, Pläne
verwendete Karten im Güterversand und in der Logistik	• Stadtverkehr: Pläne (zum Beispiel Stadtumgebungskarten) • Überlandverkehr: Übersichtskarten (zum Beispiel Straßenkarten) • zur nationalen und internationalen Übersicht: geografische Karten (zum Beispiel Mitteleuropa)
Kartenmaßstab	= Verhältnis zwischen Karte und Natur in cm. Beispiel: Der Maßstab 1 : 100 000 drückt aus, dass ein Zentimeter auf der Karte 100 000 Zentimetern in der Natur entspricht. Je größer der Maßstab, desto genauer und inhaltsreicher ist die Karte.
Kartenlegende	= Zusammenstellung von Kartenbeschriftung und Kartenzeichen
Kartenaufbau	Die Himmelsrichtung „Norden" befindet sich stets oben, die Himmelsrichtung „Süden" immer unten auf der Karte; Ortsnamen sind in West-Ost-Richtung geschrieben.

? AUFGABEN

Bilden Sie in der Klasse Arbeitsgruppen, bearbeiten Sie die Fragen und stellen Sie die Arbeitsergebnisse vor.

1 Von Ihrem neuen Arbeitsplatz „Stuttgart-Mitte" soll eine Eilsendung mit dem Kleintransporter direkt zum Kunden in Köln-Deutz, Messestr. 16, geliefert werden.

a) Mit welchen Karten planen Sie den Transportweg zum Kunden?

b) Welche für den Transportablauf notwendigen Informationen entnehmen Sie den jeweiligen Karten?

c) Ermitteln Sie mithilfe eines Straßenatlas die genaue Fahrstrecke und die zu fahrenden km. Notieren Sie die Fahrstrecke, messen Sie die cm der Fahrstrecke ab und berechnen Sie die km mithilfe des angegeben Maßstabs.

d) Das Fahrzeug benötigt durchschnittlich 12 Liter Treibstoff auf 100 km. Wie hoch sind die Treibstoffkosten dieser Fahrt, wenn wir für den Liter mit 1,16 € rechnen müssen?

e) Wie lange wird das Fahrzeug unterwegs sein, wenn die Durchschnittsgeschwindigkeit bei 80 km/h liegt und wir für das Abladen und Pausen mit 90 Minuten rechnen?

2 Für einen Transport messen wir auf der Straßenkarte mit einem Maßstab von 1 : 200 000 eine Fahrstrecke von 17 cm ab.

a) Wie viel km beträgt die Transportstrecke hin und zurück?

b) Der Fahrer startet um 08:30 Uhr und kommt um 11:00 Uhr zurück. Beim Kunden hielt er sich 15 Minuten auf und für den Tankstopp benötigte er weitere 15 Minuten. Mit welcher Durchschnittsgeschwindigkeit war er unterwegs?

c) Worin könnten die Gründe für die relativ geringe Durchschnittsgeschwindigkeit liegen?

3 Wie können Sie die Himmelsrichtungen auf einer Karte feststellen?

5006324

3 | Wirtschaftsräume in Deutschland

SITUATION

Bearbeiten Sie mithilfe der obigen Karten die folgenden Fragen in Arbeitsgruppen und tauschen Sie Ihre Arbeitsergebnisse aus.

1 Ordnen Sie den in der Karte eingezeichneten Wirtschaftsräumen ❶ bis ⓮

a) die jeweiligen Bundesländer zu.
b) mindestens zwei bis drei Städte zu.
c) Durch welche Industrien sind diese Wirtschaftsräume hauptsächlich geprägt?
d) Welche bedeutenden Unternehmen haben in diesen Wirtschaftsräumen ihren Sitz?

2 An welchen schiffbaren Flüssen liegen die Wirtschaftsräume ❶❷❺❻❼❽❾❿?

3 a) Welche Bundesländer haben keine bedeutenden Wirtschaftsräume?
b) Welche Probleme haben diese Bundesländer?
c) Welche Stärken haben diese Bundesländer?

SACHDARSTELLUNG

Deutschland ist eines der wichtigsten Industrieländer der Welt. Mit über 82 Millionen Einwohnern ist Deutschland die zweitgrößte **Handelsnation** und die drittgrößte **Wirtschaftsnation** der Welt. Dabei ist Deutschland ein rohstoffarmes Land und somit auf Rohstoffeinfuhren dringend angewiesen. Obwohl Deutschland mit 357 022 km^2 weltweit nur Rang 61 einnimmt, gehört es doch mit über 230 Einwohnern pro km^2 zu den am dichtesten besiedelten Ländern der Welt.

Die vier **wichtigsten Branchen** der Industrie sind
- die chemische Industrie,
- der Fahrzeugbau (Automobilindustrie),
- der Maschinenbau,
- die Elektroindustrie.

Von großer Bedeutung ist auch der Hightechsektor in Deutschland, d. h. die Computertechnologie, die Biotechnologie, die Informatik, die Medienindustrie.

In der **Landwirtschaft** hat Deutschland mit über 90 % einen hohen Selbstversorgungsgrad. Die Wirtschaftskraft Deutschlands ermöglicht den Import zusätzlicher hochwertiger Nahrungsmittel.

Deutschland besitzt eine gut ausgebaute **Infrastruktur:**
- **Eisenbahnnetz** 44 360 km,
- überörtliches **Straßennetz** 220 793 km (davon 10 473 km Autobahnen),
- **Binnenwasserstraßen** (Rhein mit Nebenflüssen, Weser, Elbe),
- **Überseehäfen** (Hamburg, Bremen, Rostock, Kiel),
- hoch entwickeltes **Kommunikationswesen** (Telefone, Handys, Internet, Medien),
- weit verzweigtes **Bildungswesen.**

Zu Beginn des 21. Jahrhunderts steht Deutschland vor der schwierigen Aufgabe, die Wirtschaft weiter an die **Bedingungen der Globalisierung** anzupassen und die Arbeitslosigkeit abzubauen. Investitionen in die Infrastruktur und in die modernen Zukunftstechnologien sind notwendig, um die führende Stellung Deutschlands als Wirtschaftsnation zu sichern und den vergleichsweise hohen Lebensstandard in Deutschland zu halten.

3.1 | Verdichtungsräume in Deutschland

Die wirtschaftliche Entwicklung Deutschlands in den letzten 200 Jahren verlief nicht gleichmäßig in der Fläche, sondern regional sehr unterschiedlich.

Diese Entwicklung der **industriellen Verdichtungsräume** in Deutschland hat u. a. die folgenden Ursachen:
- **Rohstoffvorkommen,** z. B. Kohle im Ruhrgebiet und im Saarland,
- **Verkehrslage,** z. B. chemische Industrie an Flüssen (Rhein, Main, Elbe) und an der Küste,
- **freie Arbeitskräfte,** z. B. kriegsbedingte Wanderungen von Arbeitskräften ins Ruhrgebiet und nach Süddeutschland,
- **innovative Erfindungen,** z. B. Elektrotechnik in Berlin/Nürnberg, Fahrzeugbau in Stuttgart/Mannheim, Mikroelektronik in München.

Die so entstandenen industriellen **14 Verdichtungsräume** sind auf der Karte zu erkennen.

Solche Verdichtungsräume sind gekennzeichnet durch
- **hohe Einwohnerzahlen** von 500 bis 1 000 Einwohner pro km^2,
- **hohe Erwerbsquoten,**
- **große Industriebetriebe und deren Zulieferunternehmen,**
- **hoch entwickelte Infrastruktur.**

Beispiele *für Verdichtungsräume:*

Ballungsraum	wichtige Städte im Ballungsraum	Hauptindustriezweige
Hamburg	Hamburg, Wedel, Buxtehude, Reinbek	Tabak, Kosmetik, Aluminium
Bremen	Bremen, Bremerhaven, Oldenburg	Kaffee, Tabak, Fahrzeugbau
Niedersächsisches Industriegebiet	Braunschweig, Salzgitter, Wolfsburg, Hannover, Hildesheim	Fahrzeugbau, Maschinenbau, Nahrungsmittel
Großraum Berlin	Berlin, Potsdam, Bernau	Fahrzeugbau, Medien, Elektro
Ruhrgebiet	Dortmund, Bochum, Essen, Herne, Gelsenkirchen, Recklinghausen, Hamm	Eisen, Stahl, Wälzlager, Fahrzeugbau, Medien
Rheinschiene	Köln, Leverkusen, Düsseldorf, Neuss	Fahrzeugbau, Medien, Chemie
Saargebiet	Saarbrücken, Saarlouis, Völklingen, Homburg, Metz	Eisen-Stahl-Hütten, Keramik, Fahrzeugbau
Rhein-Main-Gebiet	Frankfurt, Hanau, Offenbach, Mainz, Rüsselsheim, Wiesbaden, Darmstadt	Chemie, Fahrzeugbau, Medien, Kosmetik, Logistik
Rhein-Neckar-Raum	Mannheim, Ludwigshafen, Heidelberg, Karlsruhe, Bruchsal	Chemie, Maschinenbau, Fahrzeugbau, Biotechnologie
Mittlerer Neckar	Stuttgart, Esslingen, Ludwigsburg, Böblingen, Sindelfingen, Heilbronn	Fahrzeugbau, Maschinenbau, Medien, Elektro, Nahrungsmittel
Nürnberg/Fürth	Nürnberg, Erlangen, Fürth, Ansbach, Schwabach, Roth, Ingolstadt	Elektro, Maschinenbau, Fahrzeugbau, Nahrungsmittel
München	München, Dachau, Augsburg, Erding, Fürstenfeldbruck, Rosenheim	Fahrzeugbau, Elektronik, Medien, Biotechnologie
Industriedreieck Dresden/Zwickau/Chemnitz	Dresden, Meißen, Pirna, Chemnitz, Freiberg, Zwickau, Plauen	Elektronik, Maschinenbau, Fahrzeugbau, Keramik, Chemie, Textilindustrie
Halle/Leipzig	Halle, Merseburg, Leipzig, Bitterfeld, Leuna	Maschinenbau, Medien, Chemie, Fahrzeugbau

Daneben gibt es auch **Gebiete mit traditioneller Industrie,** wie z. B. die Spielwarenindustrie im Erzgebirge und im Thüringer Wald, die Glas- und Keramikindustrie im Bayrischen Wald, Feinmechanik im Schwarzwald, Kleineisenindustrie im Bergischen Land, Sauerkonserven im Spreewald.

Auch wenn sich in bestimmten Ballungsräumen Schwerpunktindustrien herausgebildet haben, so verteilen sich die einzelnen Industrien über die ganze Bundesrepublik Deutschland:

3.2 | Ländliche Räume in Deutschland

Ländliche Räume sind geprägt durch

- **geringe Einwohnerzahlen** von unter 100 Einwohner pro km^2,
- **niedrigere Erwerbsquoten** und geringeres Pro-Kopf-Einkommen,
- **umfassende Land- und Forstwirtschaft,**
- **kleine und mittlere Industrie- und Handwerksbetriebe,**
- **schwächer entwickelte Infrastruktur.**

Diese Gebiete haben hier meist den Vorteil geringerer Lebenshaltungskosten, einen relativ hohen Erholungswert und der Tourismus ist ein wichtiger Wirtschaftsfaktor.

Nr.	ausgewählte ländliche Räume/ Regionen	ausgewählte Städte/Gebiete
❶	Nordfriesland/Schleswig-Holstein	Husum, Insel Sylt, Schleswig, Kiel, Fehmarn
❷	Ostfriesland	Leer, Norden, Inseln Norderney, Wangerooge
❸	Mecklenburg-Vorpommern, Uckermark	Schwerin, Neubrandenburg, Insel Rügen
❹	Emsland	Meppen, Nordhorn, Papenburg
❺	Lüneburger Heide	Lüneburg, Winsen, Celle
❻	Weserbergland	Hameln, Göttingen, Kassel
❼	Harz	Goslar, Osterode, Halberstadt
❽	Fläming	Wittenberg, Torgau
❾	Rhön	Fulda, Bad Kissingen, Meiningen
❿	Thüringer Wald	Suhl, Eisenach, Ilmenau, Sonneberg
⓫	Fichtelgebirge	Bayreuth, Kulmbach, Arzberg
⓬	Erzgebirge	Annaberg, Freiberg, Aue
⓭	Pfälzer Wald	Kaiserslautern, Bad Dürkheim, Pirmasens
⓮	Odenwald	Michelstadt, Eberstadt, Miltenberg
⓯	Hohenlohe	Schwäbisch Hall, Künzelsau, Rothenburg o. d. T.
⓰	Bayrischer Wald	Passau, Deggendorf, Regen, Furth i. W., Cham
⓱	Schwarzwald	Pforzheim, Freudenstadt, Villingen, Waldshut
⓲	Allgäu	Kempten, Oberstdorf, Füssen, Memmingen

(Die entsprechenden Karten finden Sie in den Internetmaterialien zu diesem Buch.)

5006328

ZUSAMMENFASSUNG	
Rolle Deutschlands	zweitgrößte Handelsnation und drittgrößte Wirtschaftsnation; zurzeit muss sich Deutschland an die Bedingungen der Globalisierung anpassen und in Zukunftstechnologien sowie den Ausbau der Infrastruktur investieren. In diesem Anpassungsprozess steht die Bekämpfung der Arbeitslosigkeit im Zentrum.
Ballungsräume	Deutschland hat 14 industrielle Verdichtungsräume (Ballungsräume). Kennzeichen: • hohe Einwohnerzahlen • hohe Erwerbesquoten • regional dominierende Großindustrie • hoch entwickelte Infrastruktur
ländliche Räume	Kennzeichen: • niedrige Einwohnerzahl (unter 100 Einwohner pro Quadratkilometer) • niedrige Erwerbsquoten • vorherrschende Land- und Forstwirtschaft • kleine und mittlere Industrie- und Handwerksbetriebe • schwächer entwickelte Infrastruktur

AUFGABEN

?

1 a) Bestimmen Sie den Ballungsraum, in dem Sie arbeiten bzw. in dessen nächster Nähe Sie arbeiten.
b) Durch welche Industrien ist dieser Ballungsraum geprägt? Worin liegen die Ursachen für die Ansiedlung dieser Industrien gerade in diesem Ballungsraum?
c) Welche Vorzüge hat dieser Ballungsraum für die Menschen, die dort leben?
d) Mit welchen Problemen haben sich die Menschen in Ihrem Ballungsraum auseinander zu setzen?
e) Nennen Sie zwei bis drei benachbarte Ballungsräume und geben Sie die dort vorherrschenden Industriezweige an.

2 a) Welche ländlichen Räume finden sich im Umkreis von 200 km um Ihren Wohnort?
b) Durch welche traditionellen Industrien ist dieser Raum jeweils geprägt?
c) Mit welchen strukturellen Problemen haben die Menschen in diesem ländlichen Raum zu tun?
d) Worin sehen Sie die Hauptvorteile dieses Raums, wenn Sie dort leben sollten?

3 In welche Verdichtungsräume liefert Ihr Ausbildungsbetrieb seine Waren?

4 Aus welchen Verdichtungsräumen in Deutschland bezieht Ihr Ausbildungsbetrieb seine Waren?

4 | Verkehrswege in Deutschland

SITUATION

Als Land in der Mitte Europas ist Deutschland das klassische Durchgangsland (Transitland). Das Wachstum der innerdeutschen Verkehrsströme durch die Wiedervereinigung und die Zunahme des Verkehrs vor allen nach Osteuropa stellen hohe Anforderungen an das deutsche Verkehrsnetz. Investitionen in den Straßenbau, in das Schienennetz, den Ausbau der Wasserwege und die Verbesserung des Luftverkehrs sind in den nächsten Jahren notwendig, um die Leistungsfähigkeit der deutschen Infrastruktur zu erhalten.

Verkehrsleistungen im Güterverkehr* (in Mrd. tkm)

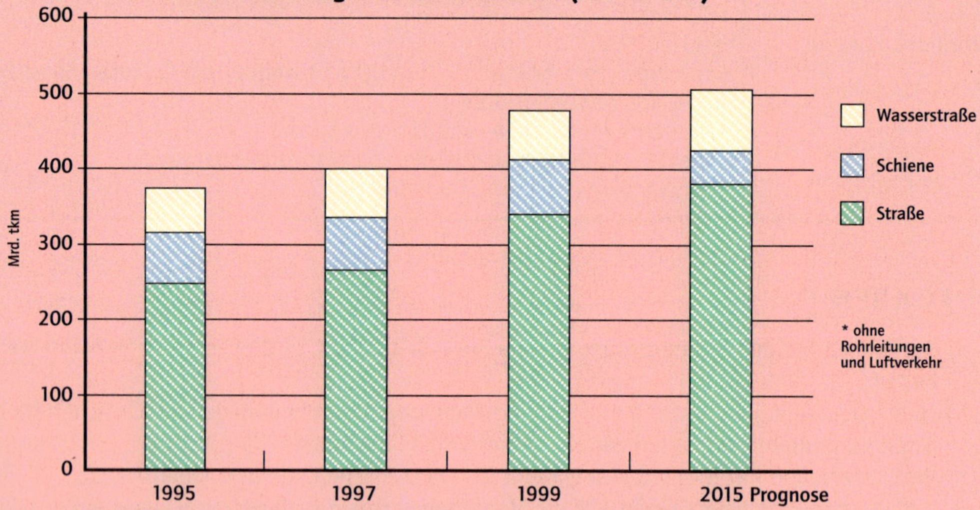

Quelle: Verkehr in Zahlen 2000, Prognose für 2015 aus Verkehrsbericht 2000 Copyright: Wirtschaftsrat der CDU e.V.

Bearbeiten Sie die folgenden Aufgaben in Partner-/Gruppenarbeit und tauschen Sie anschließend die Arbeitsergebnisse aus.

1 Um wie viel Prozent werden die gesamten Verkehrsleistungen in den 20 Jahren von 1995 bis 2015 steigen?

2 Beschreiben Sie die Entwicklung des deutschen Straßenverkehrs in der Zeit von 1995 bis 2015.

3 a) Welche Probleme ergeben sich aus dieser Entwicklung des Straßenverkehrs?
b) Wie könnten diese von Ihnen genannten Probleme gelöst werden?

4 Beschreiben Sie die Entwicklung des deutschen Schienenverkehrs von 1995 bis 2015.

5 Wie lässt sich die Entwicklung des Schienenverkehrs von 1999 bis 2015 erklären?

6 Beschreiben Sie die Entwicklung der Binnenschifffahrt in der Zeit von 1995 bis 2015.

SACHDARSTELLUNG

4.1 | Straßenverkehrswege

Deutschland hat eines der weltweit dichtesten Straßennetze. Dieses **Straßennetz** ist zwar gut ausgebaut, aber der Straßenverkehr stößt bei uns an die Grenze der Fahrzeugaufnahmefähigkeit. Waren vor 30 Jahren Staumeldungen im Radio eher die Ausnahme, so werden heute halbstündlich minutenlang Staumeldungen verlesen. Das deutsche Straßennetz ist in fünf Kategorien gegliedert:

Deutsche Straßenkategorien		
Straßenklasse	Straßenbau – Straßenunterhalt	**Kennzeichnung – Beispiel**
(Europastraßen)	Einzelstaaten – Bundesautobahnverwaltung	E 45 (Dänemark – Italien)
1. Autobahnen	Bund – Bundesautobahnverwaltung	A 7 (Flensburg – Füssen)
2. Bundesstraßen	Bund – Bundesstraßenverwaltung	B 3 (Hamburg – Lörrach)
3. Landstraßen	Bundesländer – Landesverkehrsministerium	L 32 (Weinsberg – Öhringen)
4. Kreisstraßen	Landkreise – Kreisverwaltung	K 69 (Öhringen–Zweiflingen)
5. Ortsstraßen	Gemeinden – Stadt-/Gemeindeverwaltung	Straßennamen: Marktstraße

Bundesautobahnen[1] gelten gesetzlich als Fernstraßen, die ausschließlich für den Schnellverkehr mit Kraftfahrzeugen bestimmt sind. Die deutschen Autobahnen sind frei von höhengleichen Kreuzungen. Sie verfügen über getrennte Fahrbahnen, die in der Regel zwei- oder dreispurig sind. Insgesamt umfasst das deutsche Straßennetz heute über 11 000 Autobahnkilometer. Seit 1973 sind die deutschen Autobahnen nach dem **Gitternetzprinzip** nummeriert:

Autobahnen mit einstelliger Ziffern = erstrangige Bundesautobahn (BAB) – bilden das Grundnetz der Autobahnen –		
ungerade Nummern	Verkehrsrichtung: **Nord – Süd**	A 1 Oldenburg/Holst. – Saarbrücken A 3 Oberhausen – Passau A 5 Gießen – Weil am Rhein A 7 Flensburg – Füssen A 9 Berlin – München
gerade Nummern	Verkehrsrichtung: **West – Ost**	A 2 Oberhausen – Berlin A 4 Aachen – Görlitz A 6 Saarbrücken – Waidhaus A 8 Perl/Saarl. – Bad Reichenhall

1 Übersicht siehe S. 356

Autobahnen mit zweistelligen Ziffern = Verbindungsautobahn – verbinden das Grundnetz –		
ungerade Nummern	Verkehrsrichtung: **Nord – Süd**	A 13 Berlin – Dresden A 27 Cuxhaven – Hannover A 31 Salbergen – Recklinghausen A 45 Hagen – Gießen A 61 Mönchengladbach – Hockenheim A 81 Würzburg – Gottmadingen/Bs. A 93 Inntal – Kiefersfelden
gerade Nummern	Verkehrsrichtung: **West – Ost**	A 10 Berlin – Potsdam A 24 Hamburg – Berlin A 44 Aachen – Kassel A 72 Hof – Chemnitz A 96 München – Lindau/Bodensee

Die erste Stelle bei der Nummerierung dieser Verbindungsautobahnen zeigt eine genaue **geografische Gliederung** dieser Autobahnen: ab 10 Berlin und neue Bundesländer, ab 20 Norddeutschland, ab 30 Niedersachsen, ab 40 Rhein/Ruhr, ab 50 Niederrhein, ab 60 Rheinland-Pfalz, Saarland, Südhessen, ab 70 Frankenland, Vogtland, ab 80 Baden-Württemberg, ab 90 Bayern/Bodenseeraum.

Autobahnen mit dreistelligen Ziffern = regionale Bundesautobahn – haben nur regionale Bedeutung –		
ungerade Nummern	Verkehrsrichtung: **Nord – Süd**	A 113 Berlin – Berliner Ring A 215 Kiel – Bordesholm A 565 Bonn – Meckenheim A 995 Umfahrung München
gerade Nummern	Verkehrsrichtung: **West – Ost**	A 210 Kiel – Nord-Ostsee-Kanal A 480 Umfahrung Gießen A 620 Umfahrung Saarbrücken

Bundesstraßen sind Fernstraßen, die dem weiträumigen Verkehr dienen. Träger der Bau- und Unterhaltungslast ist der Bund. Dieser ist auch für die Ortsdurchfahrten der Bundesstraßen zuständig. Bundesstraßen sind gegenüber den untergeordneten Straßen vorfahrtsberechtigt. Stark befahrene Bundesstraßen sind meist vierspurig ausgebaut.

Die numerische Gliederung der Bundesstraßen erfolgt im **Gitternetz**, ist aber differenziert:
B 1 ⇒ West-Ost-Richtung, B 2 bis B 4 ⇒ Nord-Süd-Richtung, B 5 bis B 10 ⇒ West-Ost-Richtung.

Bundesstraßen mit zweiter und dritter Ziffer zeigen bei geraden Ziffern als Hauptrichtung West – Ost und bei ungeraden Ziffern als Hauptrichtung Nord – Süd an.

Beispiele: *B 2 Nürnberg – München, B 4 Hamburg – Coburg, B 7 Düsseldorf – Rochlitz/Sachsen, B 10 Saarbrücken – Ulm/Donau*

5006332

Landstraßen verbinden Regionen der einzelnen Bundesländer. Diese Straßen werden aus Landesmitteln gebaut und von den Bundesländern unterhalten.

Kreisstraßen verbinden Gemeinden und Städte auf Kreisebene bzw. sind Anschlussstrecken an das überregionale Verkehrsnetz. Träger der Baulast sind die Landkreise.

Ortsstraßen werden durch die Gemeinde und die jeweiligen Anlieger finanziert und unterhalten.

4.2 | Schienenwege

Das **Schienennetz** in Deutschland ist durch historische und geografische Bedingungen geprägt. Aus vielen Privatbahnen und aus den Staatsbahnen der Länder entwickelte sich gegen Ende des 19. Jahrhunderts das dichteste Schienennetz in Europa. Heute dominiert im Schienenverkehr die Deutsche Bahn AG (DB AG). Die DB AG ist die Rechtsnachfolgerin der Deutschen Reichsbahn, in der 1920 alle Länderbahnen aufgingen. Jedoch gibt es daneben noch 32 weitere Eisenbahngesellschaften in Deutschland. Das deutsche Schienennetz hatte im Jahr 2003 eine Länge von ca. 35 600 km.

Streckennetz

Das Streckenetz der Bundesrepublik war bis 1990 noch durch die Nord-Süd-Ausrichtung geprägt. Mit der Wiedervereinigung wurde das **sternförmige Schienenwegenetz** mit Berlin im Mittelpunkt wiederhergestellt. Die teilungsbedingten Streckenlücken werden heute durch ein Lückenschlussprogramm geschlossen. Ebenso sind alle Hauptstrecken weitgehend elektrifiziert.

Im Rahmen der europäischen Schnellstreckenplanung werden auch in der Bundesrepublik Deutschland planmäßig weitere **Schnellstrecken** gebaut. Damit werden diese Schienenwege eine ernsthafte Konkurrenz zum Luftverkehr, da auf Schnellstrecken, wie z. B. Frankfurt – Köln, bis zu 300 km/h gefahren werden können.

Seit 1998 werden die **Verkehrsströme** des Güter- und Personenverkehrs **„entmischt".** Dadurch fahren Güterzüge und Personenzüge auf bestimmten Fernstrecken auf parallelen Strecken, die dann unterschiedliche Geschwindigkeiten zulassen. Damit lässt sich vor allem im Güterverkehr eine erhebliche Kapazitätserweiterung erzielen. Somit kann dann ein aktiver Beitrag zur Entlastung des Güterverkehrs auf der Straße erzielt werden. Das Schienennetz wird heute auch von **Privatfirmen** genutzt, die an die DB Netz AG die gefahrenen Trassen-km direkt bezahlen. Allein im Jahr 2002 wurden hier bereits Umsätze von über 120 Mio. Euro erzielt.

4.3 | Wasserstraßen

Kaum ein anderes Land in Europa hat eine geografisch günstigere Situation für die Binnenschifffahrt als Deutschland:

- große Ströme – meist in Süd-Nord-Richtung,
- relativ geringes Gefälle und langsame Fließgeschwindigkeit,
- regelmäßige Niederschläge gewährleisten den notwendigen Tiefgang für die Binnenschiffe,
- gemäßigtes Klima über das ganze Jahr ermöglichen fast ganzjährige Schiffstransporte.

Daher waren die großen **Flüsse,** wie z. B. Rhein, Weser und Elbe, vom Mittelalter bis zum 19. Jahrhundert die wichtigsten Verkehrsträger im Güterverkehr. Der Grund lag in dem mangelhaften Straßensystem, das seit der Römerzeit zunehmend zerfallen war. Fast alle wichtigen Handelsstädte des Mittelalters lagen an verkehrswichtigen Flüssen, wie z. B. Köln am Rhein, Hamburg an der Elbe und Bremen an der Weser. Vor allem im 20. Jahrhundert wurden viele Nebenflüsse kanalisiert und es wurden viele künstliche **Kanäle** angelegt, um die großen Ströme miteinander zu vernetzen. Das deutsche Kanalnetz erstreckt sich heute über 1 680 km. Mit dem Rhein-Main-Donau-Kanal wurde ein Jahrtausendprojekt verwirklicht, das schon Karl der Große geplant hatte. Der Nord-Ostsee-Kanal verbindet mit 11 m Tiefe und 109 km Länge die Nordsee bei Brunsbüttel mit der Ostsee bei Kiel und wird fast ausschließlich von Seeschiffen befahren.

Binnenwasserstraßen		
Rhein und Nebenflüsse		**1 719 km**
Rhein (Rheinfelden – niederländische Grenze)	618 km	
Neckar (Mündung Rhein – Plochingen)	201 km	
Main (Mündung Rhein – Moenns)	384 km	
Main-Donau-Kanal (Mündung Main – Mündung Donau)	171 km	
Mosel (französische Grenze – Mündung Rhein)	242 km	
Saar (französische Grenze – Ensdorf, Völklingen – Mündung Mosel)	103 km	
Wasserstraßen zwischen Rhein und Elbe		**1 437 km**
Ruhr (Mündung Rhein – Mülheim)	12 km	
Rhein-Herne-Kanal (Duisburg – Mündung Dortmund-Ems-Kanal)	49 km	
Wesel-Datteln-Kanal (Weser – Mündung Dortmund-Ems-Kanal)	60 km	
Datteln-Hamm-Kanal (Mündung Dortmund-Ems-Kanal – Schmehausen)	47 km	
Dortmund-Ems-Kanal und Unterems (Dortmund – Seegrenze)	304 km	
Küstenkanal und Untere Hunte (Mündung Dortmund-Ems-Kanal – Seegrenze)	95 km	
Mittellandkanal (Mündung Dortmund-Ems-Kanal – Mündung Elbe)	325 km	
Weser und Unterweser (Hannoversch-Münden – Seegrenze)	430 km	
Elbe-Seitenkanal (Mündung Mittellandkanal – Mündung Elbe)	115 km	
Elbegebiet		**1 049 km**
Nord-Ostsee-Kanal (Mündung Elbe – Kieler Förde)	109 km	
Elbe-Lübeck-Kanal und Kanaltrave (Mündung Elbe – Seegrenze)	88 km	
Elbe und Unterelbe (tschechische Grenze – Seegrenze)	728 km	
Saale (Leuna-Kreypau – Mündung Elbe)	124 km	
Wasserstraßen zwischen Elbe und Oder		**1 494 km**
Berliner Haupt- und Nebenwasserstraßen	184 km	
Havel-Oder-Wasserstraße und Nebengewässer	488 km	
Spree-Oder-Wasserstraße und Nebengewässer	252 km	
Sonstige Teilstrecken	570 km	
Oder (polnische Grenze – Abzweigung Westoder)		**162 km**
Gewässer an der Ostseeküste		**539 km**
Donau (Kelheim – österreichische Grenze)		**210 km**
Sonstige Bundeswasserstraßen		**757 km**

Quelle: Bundesverkehrsministerium, Handbuch Binnenschifffahrt

5006334

NORDSEE
OSTSEE
Flensburg
SCHLESWIG-
HOLSTEIN
Schlei
Tönning
Rendsburg
Eider
Nord-Ostsee-K
KIEL
Brunsbüttel
Stör
Krückau
Cuxhaven
Oste
ELBE
LÜBECK
Trave
ROSTOCK
Wismar
Warnow
Stralsund
Ryck
Recknitz
Trebel
Peene
MECKLENBURG-
VORPOMMERN
Nebel
HAMBURG
Lauenburg
E.-Lübeck-K
SCHWERIN
Störw
Müritz-Elde-Wa
Ob. Havel-Wa
Uecker
Oder
SZCZECIN
(STETTIN)
W' haven
Bremerhaven
Emden
Aurich
Delfzijl
GRONINGEN
Oldenburg
BREMEN
Hunte
Lüneburg
Ilmenau
Uelzen
Elbe-Seitenkanal
BRANDEN-
BURG
Havel
Oder-Wa
Wa
Ebers-walde
BERLIN
ODER
Wartha
EMS
Küstenkanal
NIEDER-
SACHSEN
Verden
Aller
Leine
Meppen
Hase
Dortmund-Ems Kanal
Ems
IJssel
Celle
Mittelland-
Kanal
WESER
Minden
HANNOVER
OSNABRÜCK
Rheine
MÜNSTER
BRAUN-SCHWEIG
Unt.-Havel-Wa
E.-Havel-K
Brandenburg
POTSDAM
Teltowk
MAGDEBURG
Odra
Spree
Lausitzer Neiße
Saale
SACHSEN-
ANHALT
Wesel
WDK
DHK
RHK
Datteln
Hamm
NORDRHEIN-
WESTFALEN
DUISBURG
ESSEN
DORTMUND
Diemel
Ruhr
Maas
DÜSSELDORF
Hann. Münden
KASSEL
Werra
Fulda
Eder
HALLE
LEIPZIG
ELBE
DRESDEN
SACHSEN
Unstrut
ERFURT
THÜRINGEN
KÖLN
AACHEN
RHEIN
BONN
Lahn
Giessen
HESSEN
KOBLENZ
RHEINLAND-
PFALZ
FRANKFURT
Main
Aschaffenburg
Schweinfurt
Eger
PRAHA
(PRAG)
Beraun
Mosel
St. Goar
Bingen
MAINZ
WÜRZBURG
Bamberg
Regnitz
Trier
SAARLAND
Saar
SAARBRÜCKEN
MANNHEIM
Heidelberg
Neckar
BADEN-
WÜRTTEMBERG
NÜRNBERG
Main-Donau-Kanal
PLZEN
(PILSEN)
Moldau
Regen
REGENSBURG
Heilbronn
KARLSRUHE
Neuburgweier
Altmühl
Kelheim
DONAU
Rhein-Marne-Kanal
STRASBOURG
STUTTGART
Plochingen
Donau
BAYERN
Passau
Isar
Ulm
AUGSBURG
Lech
MÜNCHEN
Inn
Breisach
FREIBURG
Rhein-Rhône-Kanal
BASEL
20 0 20 40 60 80km
Seewasserstraßen
Binnenwasserstraßen
Hoheitsgrenze
Staatsgrenze
Landesgrenze

Das **Wasserstraßennetz** der Bundesrepublik ist heute ca. 4 800 km lang und entspricht der Klassifizierung für den internationalen Güterverkehr.

Mehr als 50 deutsche Großstädte verfügen heute über eine Wasserstraßenanbindung.

Auf den deutschen Wasserstraßen werden heute über 20 % der Gütertransporte abgewickelt. Dabei handelt es sich fast ausschließlich um **Massengüter,** wie Baustoffe, Mineralöl, Erz, Kohle, Getreide, Eisen und Stahl sowie chemische Erzeugnisse. Des Weiteren werden heute Schwerlastgüter, Überlängengüter und Fahrzeuge im so genannten Ro-Ro-Verkehr[1] auf dem Wasser befördert.

In den letzten Jahren wuchs der Containerverkehr auf den deutschen Wasserstraßen überproportional. So wurden im Jahr 2001 über 500 000 Container auf dem Wasser befördert.

Der Gütertransport auf den Wasserstraßen hat folgende **Vorteile:**

- **niedrige Transportkosten** pro Tonne,
- **sparsamer Energieverbrauch** (1 PS auf der Straße transportiert 0,08 t, auf der Schiene 0,5 t, auf dem Wasser 4 t),
- **hohe Transportkapazitäten** (Binnenschiffe bis 3 000 t und Schubverbände bis 15 000 t),
- relativ **großes Verkehrsnetz** in Deutschland mit Anbindung an die Seehäfen,
- Binnenschiffe sind ein **sicheres und zuverlässiges Transportmittel,**
- Binnenschifffahrt ist **umwelt- und ressourcenschonend.**

Binnenhäfen sind die Zugangsstellen zur Binnenschifffahrt. Sie sind gekennzeichnet durch

- **Anlegestellen** (Kais),
- **Umschlagsanlagen** (Kräne, Bagger, Sauganlagen, Transportbänder, Containerkrane usw.),
- **Lagerflächen** (Freilager, Lagerhallen),
- **Hafenbetriebsstätten** (Hafenverwaltung, Reedereien, Speditionen, Umschlagsbetriebe, Güterverkehrsbetriebe),
- **multimodale Schnittstellen des Güterverkehrs** (Straßenanschluss, Schienenanschluss).

Jeder Güterverkehr auf den Binnengewässern ist **stationsgebunden,** da der Umschlag nur über Binnenhäfen abgewickelt werden kann.

In der Vergangenheit war der Binnenschiffsverkehr meist **Massengutverkehr** für Kohle, Steine, Kies, Eisen, Stahl und Futtermittel. Heute werden zunehmend **neue Verkehre** angeboten, wie z. B. Schwerlastgüter, Ro-Ro-Verkehre, Fluss-See-Verkehre in Europa, Gefahrguttransporte, Containerverkehre und Stückgutverkehre für Pkw, Traktoren usw.

Da Transporte auf den Binnengewässern mit durchschnittlich 8 km/h zeitaufwändig sind, sollte bei diesen Transporten der **Zeitfaktor** zweitrangig sein. So benötigt ein Containertransport von Stuttgart nach Köln ca. drei bis vier Tage, während dieser Transport auf der Straße innerhalb eines Tages abgewickelt werden kann.

1 Ro-Ro-Verkehr – roll-on – roll-off, d. h. Fahrzeuge wie Lkw und Pkw werden auf das Schiff und vom Schiff herabgefahren (Fähren-Prinzip).

5006336

4.4 | Luftverkehrsstraßen

Um den Luftverkehr sicher abwickeln zu können, wird der Luftraum in Luftverkehrsstraßen gegliedert. Diese **Luftverkehrsstraßen** werden durch Fluglotsen überwacht. Die Fluglotsen steuern den Luftverkehr, der durch die unterschiedlichen Flughöhen der Flugzeuge dreidimensional abgewickelt wird. Luftverkehr ist stationsgebunden und wird von Flughafen zu Flughafen durchgeführt. Die meisten internationalen Flughäfen in Deutschland haben eine direkte Anbindung an eine Autobahn und auch meist einen Gleisanschluss. Dreh- und Angelpunkt des internationalen Luftverkehrs in Deutschland ist der Frankfurter Flughafen. Daneben gibt es noch Landes- und Regionalflughäfen.

internationale Flughäfen	Landesflughäfen	Regionalflughäfen
Abwicklung des nationalen und internationalen Linien- und Charterverkehrs im Personen- und Güterverkehr	Abwicklung des nationalen Linienverkehrs und des internationalen Charterverkehrs – meist nur Personenverkehr	Abwicklung des nationalen Privatverkehrs
Beispiele: Frankfurt/M. (FRA) München (MUC) Düsseldorf (DUS) Köln (CGN) Hamburg (HAM) Stuttgart (STR) Leipzig (LEI)	Beispiele: Paderborn Dresden Hahn Friedrichshafen Augsburg Magdeburg Münster	Beispiele: Westerland/Sylt Zirchow/Usedom Donaueschingen Schwäbisch Hall Oldenburg-Alexanderfeld Vilshofen Höxter

Für den nationalen Güterverkehr ist der Luftverkehr von untergeordneter Bedeutung. Nur die nationale Luftpostbeförderung von Briefen und Zeitungen im Nachtsprung ist erwähnenswert.

4.5 | Rohrleitungsverkehr

Mehr als 3 % des deutschen Güterverkehrs findet in Rohrleitungen statt.

Pressemitteilung der ESSO AG:

Unsichtbarer Transport großer Mengen

Die ausschließlich unterirdisch verlaufenden Rohrleitungen sind so konzipiert, dass Jahr für Jahr unsichtbar und ohne Beeinflussung des Verkehrs riesige Mengen Rohöl umweltschonend transportiert werden könne. So wurden z. B. 1998 in der TAL 35,6 Mio. Tonnen und in der SEPL 21,3 Mio. Tonnen transportiert. Diese Menge entspricht einer Anzahl von 1 000 000 Kesselwagen der Bundesbahn oder einer Zuglänge, die 25-mal die Entfernung Hamburg–München abdeckt.

Rohrleitungsgüter		
Erdgas	**Erdöl**	**Wasser**
Beispiele: Gasrohrleitung von Sibirien nach Mitteleuropa, Gasrohrleitungen aus den Niederlanden nach West- und Norddeutschland	Beispiele: **Transalpine Ölleitung (TAL)** Rohrleitung von Triest/Italien nach Ingolstadt **Süd-Europäische Pipeline (SEPL)** Rohrleitung von Marseille/Frankreich nach Karlsruhe	Beispiele: Bodenseewasserversorgung von Sipplingen/Bodensee in den Bereich Stuttgart/Heilbronn
Sie versorgen Haushalte und Unternehmen in Ost- und Mitteleuropa mit Erdgas.	Sie versorgen Raffinerien in Mitteleuropa mit Rohöl.	Sie versorgen Haushalte und Unternehmen mit Trinkwasser.

Viele **Vorteile** sprechen für den Rohrleitungsverkehr:

- **geringe Transportkosten** je t/km,
- **Entlastung des Verkehrs** durch Rohrleitungstransporte,
- **leichte Verbrauchsanpassung** durch den entsprechenden Pumpdruck in der Leitung,
- **umweltschonender Transport,**
- **keine Belastung der Landschaft** durch unterirdischen Transport,
- **geringe Unfallgefahr** durch umfassende elektronische Überwachung zur Leckerkennung über Tank-Volumen-Vergleich und durch Druckdifferenzverfahren.

4.6 | Verkehrsknotenpunkte in Europa

Der Güterverkehr in Europa wird hauptsächlich auf der **Straße** abgewickelt. Nur der Rhein ist als wichtigste **Binnenschifffahrtsstraße** Europas für den internationalen Verkehr von Bedeutung.

Das europäische Schienennetz ist zwar das dichteste der Welt, aber durch den Übergang von einer nationalen Bahngesellschaft zur anderen ist der **Schienenverkehr** als Konkurrent zur Straße noch zu langsam und umständlich. Der Außenhandel der EU geht zu über 80 % über die **Seehäfen** der Europäischen Union, in denen in der Regel alle Verkehrsträger zusammenlaufen.

Die Nummern der **Europastraßen** sind nach dem Gitternetzprinzip angelegt. Somit verlaufen bei Europastraßen die Straßen mit der Endnummer 5 in Nord-Süd-Richtung (z. B. E 05 von Schottland nach Südspanien). Lautet die Endnummer auf 0, so verläuft die Europastraße in West-Ost-Richtung (z. B. E 20 von Limerick/Irland nach St. Petersburg/Russland). Die Europastraßen gelten im internationalen Verkehr meist als die klassischen Fernverkehrsrouten, weil die Strecken in der Regel sehr gut ausgebaut sind. Dieses europäische Straßensystem erstreckt sich über ein Netz von ca. 50 000 km und verbindet alle wichtigen europäischen Wirtschaftszentren.

5006338

Reykjavik
ISLAND
Murmansk
Stjördal
Trondheim
SCHWEDEN
FINNLAND
Tampere
NORWEGEN
Bergen
Oslo
Turku
Helsinki
St. Petersburg
Atlantischer
Ozean
Tallinn
Stockholm
ESTLAND
Nowgorod
Glasgow
Edinburgh
Nordsee
Göteborg
Riga
LETTLAND
Belfast
GROSS-
BRITANNIEN
Kopenhagen
Moskau
Dublin
IRLAND
Liverpool
Leeds
Manchester
DÄNEMARK
Malmö
Ostsee
LITAUEN
Flensburg
Königsberg
Wilna
Danzig
WEISS-
Minsk
Birmingham
Hamburg
Bremen
NIEDERLD.
London
Den Haag
Hannover
Berlin
POLEN
RUSSLAND
Gomel
Antwerpen
Posen
Warschau
Brest
Brüssel
Düsseldorf
DEUTSCH-
LAND
Köln
BEL
Dresden
Breslau
Lodz
Kiew
Brest
Lux.
Frankfurt
TSCHECH.
REP.
Kattowitz
Krakau
Lemberg
Paris
Saarbrücken
Nürnberg
Prag
UKRAINE
Nantes
Stuttgart
Straßburg
Passau
SLOWAKEI
München
Wien
Bratislava
FRANKREICH
Salzburg
Bern
MOLDAW.
ÖSTERREICH
Budapest
La Coruña
Genf
SCHWEIZ
Klausenburg
Kischinew
Gijón
Bordeaux
Lyon
UNGARN
Mailand
Turin
Verona
SL.
RUMÄNIEN
Bilbao
Ljubljana
Zagreb
Temeschburg
Kronstadt
Porto
Valladolid
Toulouse
Genua
Bologna
Venedig
KROAT.
Belgrad
Konstanza
PORTUGAL
Zaragoza
Nizza
B.-H.
SERB. U.
Bukarest
Marseille
Florenz
Sarajewo
Warna
Lissabon
Madrid
ITALIEN
MONTENEGR.
Sofia
BULGARIEN
SPANIEN
Barcelona
Korsika
Rom
Skopje
Istanbul
MAZ.
Valencia
Bari
ALBAN.
Sevilla
Córdoba
Brindisi
Tirana
Sardinien
Neapel
Saloniki
Alicante
Balearen
Tarent
Tanger
Malaga
Almeria
Cartagena
GRIECHEN-
LAND
Izmir
Palermo
Messina
Reggio
Algier
Rabat
Fès
Sizilien
Patras
Athen
Casablanca
Tunis
Kreta
MAROKKO
ALGERIEN
Mittelmeer
TUNESIEN
Tripolis
Bengasi
LIBYEN
0
200
400
600
km

In den nachfolgenden Streckenbeispielen sind die deutschen Strecken sowie der Start und das Ziel fett gedruckt:

E-Nr.	Streckenverlauf
E 30	**Lissabon** – Paris – Antwerpen – **Hannover** – **Hamburg** – **Flensburg** – Göteborg – **Stockholm**
E 40	**Lissabon** – Barcelona – Genf – Basel – **Frankfurt/M.** – **Hamburg** – Kopenhagen – **Helsinki**
E 55	**London** – Brüssel – **Aachen** – **Köln** – **Frankfurt/M.** – **Nürnberg** – **Passau** – Wien – Budapest – Belgrad – **Istanbul**
E 65	**Stjördal** – Trondheim – Oslo – Malmö – **Berlin** – **Hof** – **München** – Innsbruck – Bologna – **Rom**
E 80	**London** – Den Haag – **Osnabrück** – **Hannover** – **Berlin** – Warschau – **Moskau**
E 110	**Paris** – Straßburg – **Karlsruhe** – **Stuttgart** – **München** – **Salzburg**
E 120	**Paris** – **Saarbrücken** – **Mannheim** – **Nürnberg** – Prag – Breslau – Warschau – **Moskau**
E 155	**Hamburg** – **Berlin** – **Dresden** – Prag – **Budapest**

Trotz der gut ausgebauten Verkehrsinfrastruktur in Europa müssen z. B. im Alpentransit und im Skandinavienverkehr geografisch bedingte Hindernisse überwunden werden. Dies geschieht durch **Straßen- und Eisenbahntunnel** und durch den **Fährverkehr.**

4.7 | Grenzübergänge

Im **grenzüberschreitenden Verkehr** entfallen zwischen den Staaten des „Schengener Abkommens" die Grenzkontrollen. Dies gilt für fast alle EU-Binnengrenzen.

Zollabfertigungen finden heute nur noch zu Drittländern statt. Für internationale Transporte sind daher neben der günstigsten Fahrstrecke auch die Grenzabfertigungen zu berücksichtigen.

So ist z. B. die **Transitstrecke** durch die Schweiz von Südwestdeutschland nach Norditalien entfernungsbezogen am günstigsten, aber der „Schweiztransit" ist zolltechnisch zeitaufwändig und wird durch die Gewichts- und Durchfahrtbeschränkungen[1] eingeengt. Daher wird meist die längere Route über Österreich (Brenner) bevorzugt.

1 Schweiz: Beschränkung auf 28 t Gesamtgewicht – Verkehrssteuerung durch Phase „rot", d. h., der Lkw-Verkehr wird bei Behinderungen bereits an der Grenze angehalten.

Deutsche Grenzübergänge zu Drittländern mit Grenzabfertigung (Beispiele):		
deutscher Grenzübergang	**nach**	**ausländischer Grenzübergang**
Weil am Rhein Lörrach Waldshut Konstanz	**Schweiz**	Basel/Autobahn Riehen Koblenz Kreuzlingen
Schirnding Waidhaus Furth im Wald	**Tschechische Republik**	Pomezi Rozvadov Folvama
Frankfurt/Oder Pomellen Guben Forst	**Polen**	Slubice Stettin Gubin Ikzyna

Internationale Grenzübergänge zu Drittländern mit Grenzabfertigung (Beispiele):		
von	**nach**	**ausländischer Grenzübergang**
Schweiz	**Italien**	Como/Chiasso/Autobahn
Österreich	**Italien**	Brenner/Autobahn
Österreich	**Slowenien**	Wurzenpass
Österreich	**Ungarn**	Nickelsdorf/Györ
Dänemark	**Schweden**	Öresund-Brücke (Kopenhagen – Malmö)
Frankreich	**Großbritannien**	Eurotunnel/Kanaltunnel (Calais – Dover)
Frankreich	**Spanien**	Perthus/Autobahn (Südfrankreich – Barcelona)

Für den internationalen Handel sind die **Seehäfen in Europa** unerlässlich. Sie bilden meist die Außengrenze der Europäischen Union. Hier vereinen sich seeschiffstiefe Anlegemöglichkeiten mit guten Verkehrsanbindungen über Autobahnen, Eisenbahnstrecken und Binnenwasserstraßen an die industriellen Ballungsräume im Einzugsgebiet des jeweiligen Seehafens. Seehäfen sind somit Transitdrehscheiben im Güterverkehr.

Über die Hälfte des Güterumschlags der großen europäischen Seehäfen wird in **Containern** umgeschlagen. So schlägt der Hafen Hamburg fast vier Millionen Container im Jahr um und der Anteil der Stückgüter am Gesamtumschlag nimmt Jahr für Jahr ab.

Sind für Süd- und Westdeutschland die Häfen der **Rheinschiene,** Rotterdam und Antwerpen von größter Bedeutung, so ist es Hamburg für Mittel- und Ostdeutschland sowie Bremen für Norddeutschland.

Bereich	Seehäfen (Beispiele)	Land
Nordsee	Bergen, Oslo	Norwegen
	Hamburg, Breme/Bremerhaven	Deutschland
	Antwerpen	Belgien
	Rotterdam	Niederlande
	Le Havre (Kanal)	Frankreich
Ostsee	**Kiel**, Rostock	Deutschland
	Malmö, **Stockholm**	Schweden
	Helsinki, Turku	Finnland
	St. Petersburg	Russland
	Danzig	Polen
Atlantik	Plymouth, Cardiff, Liverpool, Glasgow	Großbritannien
	Brest, Nantes, Bordeaux	Frankreich
	Bilbao, Corunia, Cadiz	Spanien
	Lissabon, Porto, Faro	Portugal
Mittelmeer	Valencia, Barcelona	Spanien
	Marseille, Nizza	Frankreich
	Genua, Livorno, Neapel, Palermo, Triest, Bari	Italien
	Rijeka, Split, Dubrovnik	Kroatien
	Patra, Pireus (Athen), Thessaloniki	Griechenland
	Istanbul, Antalya	Türkei
Schwarzes Meer	**Constanza**	Rumänien
	Odessa	Ukraine
	Rostov/Don	Russland

Für den Seeverkehr sind **Meerengen** (Meeresstraßen) und **Seeschiffskanäle** von großer Bedeutung. Hier verdichtet sich der Schiffsverkehr und Lotsen müssen an Bord genommen werden. Meist werden aber durch die Nutzung der Meerengen und Seeschiffskanäle umfangreiche und teure Transportzeiten eingespart.

So spart man bei der Benutzung des Panamakanals 15 Seetage ein und die Fahrt durch den Sueskanal verkürzt die Asienreise um zehn Tage. Der Nord-Ostsee-Kanal verkürzt die Reise in die Ostsee um 8 bis 14 Stunden, je nach den Wetterverhältnissen im Kattegatt.

Meerengen	Seeschiffkanäle	Verbindung von – nach
Straße von Dover/Kanal		Nordsee – Atlantik
Bosporus/Dardanellen		Mittelmeer – Schwarzes Meer
Straße von Gibraltar		Atlantik – Mittelmeer
Malakka-Straße		Indischer Ozean – Pazifik
Straße von Hormuz		Persischer Golf – Indischer Ozean
St.-Lorenz-Seeweg		Atlantik – Große Seen (USA, Kanada)
	Nord-Ostsee-Kanal	Nordsee (Brunsbüttel) – Ostsee (Kiel), erspart die Umfahrung Dänemarks
	Sueskanal	Mittelmeer – Rotes Meer/Ind. Ozean, erspart die Umfahrung Südafrikas (Kap der Guten Hoffnung)
	Panamakanal	Atlantik (Karibik) – Pazifik, erspart die Umfahrung Südamerikas (Kap Horn)

Internationale Seehäfen, Wasserstraßen und Kanäle

ZUSAMMENFASSUNG			
Straßen	**Autobahnen** mit geraden Nummern verlaufen in West-Ost-Richtung, mit ungeraden Nummern in Nord-Süd-Richtung.		
	Bundesstraßen mit geraden Nummern verlaufen in West-Ost-Richtung, mit ungeraden Nummern in Nord-Süd-Richtung.		
	• **Landstraßen**	• **Kreisstraßen**	• **Ortsstraßen**
Schienennetz	**Spurbreite:** Schienenstandard ist in Mitteleuropa die europäische Normalspur, in Russland, Finnland, Spanien und Portugal die Breitspur.		
	Belastbarkeit: Angabe in den Schienenklassen A bis D. In Deutschland ist die Klasse D neben den Hochgeschwindigkeitsstrecken die Regel.		
Wasserstraßennetz	**Hauptflüsse:** Rhein, Weser, Elbe und große Kanalsysteme wie der Mittellandkanal und der Rhein-Main-Donau-Kanal		
	Einteilung: Wasserstraßenklassen I bis VII		
	Binnenhäfen: Güterverkehrszentren, in denen neben Massengütern auch Schwerlast- und RoRo-Verkehre abgewickelt werden.		
Luftverkehr	Abwicklung über Flughäfen, die in drei Klassen eingeteilt werden:		
	internationale Flughäfen	Landesflughäfen	Regionalflughäfen
Rohrleitungsverkehr	zum Transport von Erdgas, Erdöl, Wasser		
Ballungszentren in Europa	entlang der Rheinschiene: Basel/Rheinfelden (Schweiz), Rhein-Neckar-Raum, Rhein-Main-Gebiet, Kölner Becken, Ruhrgebiet, Antwerpen (Belgien), Rotterdam (Niederlande)		
	finden sich meist im Bereich der jeweiligen Hauptstädte		
Verkehrsknotenpunkte	**im Straßenverkehr:** Europastraßen (besonders in den Transitländern wie Deutschland und Österreich)		
	im Seeverkehr: Seehäfen (Hamburg, Rotterdam, Marseille, Genua); Meeresengen (zum Beispiel der englische Kanal, Nord-Ostsee-Kanal; zur Sicherung der Schifffahrt besteht in diesen Gebieten für alle Seeschiffe Lotsenpflicht)		
	im Bahnverkehr: Schnellstreckennetze der europäischen Eisenbahnen (besonders in Deutschland und Frankreich		
Grenzübergänge	wichtige Übergänge für Deutschland: Basel-Autobahn zur Schweiz, Schirnding zur Tschechischen Republik, Pomellen bzw. Frankfurt/Oder nach Polen		
	Durch das Schengener Abkommen entfallen die meisten Grenzkontrollen.		

AUFGABEN

?

1 Am Autobahnkreuz „Ulm-Elchingen" kreuzen sich die A8 und die A7. Sie wollen Richtung Hamburg weiterfahren. Begründen Sie, auf welcher Autobahn Sie weiterfahren werden.

2 In welcher Hauptrichtung verläuft die B9?

3 Sie fahren auf der A6 von Saarbrücken nach Nürnberg. Welche erstrangigen Autobahnen kreuzen Sie? Nennen Sie drei Großstädte, an denen Sie von West nach Ost vorbeifahren.

4 Für ein Chemiewerk in Berlin werden 1 500 t Industriesalz von Heilbronn nach Berlin befördert. Welche Flüsse und Kanäle werden dabei durch das Binnenschiff befahren?

5 Beschreiben Sie vier Vorteile einer Güterbeförderung mit dem Binnenschiff.

6 Welche neuen Verkehre werden heute neben Massengutverkehren von der Binnenschifffahrt angeboten?

7 In welche drei Klassen werden Flughäfen in Deutschland eingeteilt? Geben Sie jeweils zwei Beispielflughäfen an.

8 Worin liegen die Vorteile des Rohrleitungsverkehrs? Geben Sie drei Rohrleitungsgüter an.

9 a) Welche Länder liegen an der „Rhein-Schiene"?
b) Nennen Sie sechs industrielle Ballungsräume entlang der „Rhein-Schiene" in Nord-Süd-Richtung.
c) Welche drei großen europäischen Unternehmen sind an der „Rhein-Schiene" beheimatet? In welchen Branchen sind sie tätig?
d) Welches Land der „Rhein-Schiene" ist kein Mitglied der Europäischen Union (EU)?
e) Welche Besonderheiten beim Grenzübergang besteht bei diesem Land gegenüber den anderen Ländern, die Mitglied der EU sind?

10 a) Mit welchen ausländischen Unternehmen arbeitet Ihr Ausbildungsbetrieb im Export bzw. Import zusammen?
b) Aus welchem Land und aus welchem Ballungsraum kommt das jeweilige Unternehmen?

11 a) Autozubehör soll von Hannover zu „Euro-Car" nach Lissabon geliefert werden. Über welche Europastraßen könnten diese Güter transportiert werden?
b) Maschinenteile im Gewicht von 16 t sollen von Köln nach Mailand transportiert werden. Welche Alpenübergänge könnten für diesen Transport mit dem Lkw bzw. im Kombi-Verkehr genutzt werden?
c) Eine Druckmaschine im Gesamtgewicht von 4,5 t soll mit einem Lkw von Düsseldorf nach Dublin transportiert werden. Welche Fährverbindungen könnten dazu genutzt werden?

12 a) Ein 20-ft-Container soll von Stuttgart nach Bombay/Indien per Seeschiff versandt werden. Welche Nordseehäfen bzw. welche Mittelmeerhäfen kommen für den Seetransport infrage?
b) Welche Meerengen bzw. Seekanäle werden bei diesem Transport befahren?

5 | Tourenplanung

SITUATION

Antwortschreiben eines Möbelhauses aufgrund einer Kundenbeschwerde:

Guten Tag, Herr Müller,

Ihren Brief haben wir erhalten. Es tut uns sehr Leid, dass Sie mit unserer Auslieferung unzufrieden waren. Sicher ist es ärgerlich, einen ganzen Urlaubstag auf die Möbel zu warten.

Ihre Möbel konnten am Montag leider nicht ausgeliefert werden, weil wir uns im Volumen verschätzt hatten. Dadurch konnte Ihre Lieferung nicht mehr geladen werden. Ein anderes Fahrzeug stand uns nicht zur Verfügung. Wegen der Transportentfernung konnten wir auch keine Extratour einplanen.

Im Laufe des kommenden Montags werden wir aber Ihre Möbel sicherlich liefern.

1 **Welche Probleme verursacht der „geplatzte" Liefertermin beim Kunden des Möbelhauses?**
2 **Welche Ursachen führten beim Möbelhaus zu dieser Kundenbeschwerde?**
3 **Machen Sie Vorschläge, wie das Möbelhaus solche Vorfälle in Zukunft vermeiden könnte.**

SACHDARSTELLUNG

5.1 | Grundlagen der Tourenplanung

Die Lieferung der verkauften Waren an die Kunden kann durch den Verkäufer selbst erfolgen oder wird auf Dienstleister, wie Speditionen, Paketdienste und freie Frachtführer, übertragen.

In jedem Fall aber muss die Ware
- zum **richtigen Zeitpunkt,**
- in der **richtigen Menge,**
- an den **richtigen Kunden,**
- in der **verlangten Qualität** und
- zu **optimalen Kosten**

ausgeliefert werden.

Um dies zu erreichen, ist auch eine geografisch und ökonomisch fundierte **Tourenplanung** notwendig. Grundsätzlich können die Auslieferungen auf zwei Arten erfolgen:

Einzelbelieferung	Gruppenbelieferung
Der Auftrag ist im Verhältnis zum Fahrzeug so groß, dass er einzeln zum Kunden transportiert werden kann.	Die Aufträge sind vom Volumen und Gewicht so klein, dass mehrere versandbereite Aufträge zu einer Auslieferungstour zusammengefasst werden.

Ob der Tourenplan manuell oder mithilfe von EDV-Programmen erstellt wird, er ist stets nach den gleichen Grundprinzipien aufgebaut.

Grundbedingungen zur Tourenplanung	**Nebenbedingungen** zur Tourenplanung
• Liefermenge • Wegstrecke • Fahrzeiten • Standzeiten	• Kundenzeitfenster • Arbeitszeiten des eigenen Personals • Gebietsstruktur • Straßenverhältnisse • Fuhrparkdaten

Die **Liefermenge** muss bei der Tourenplanung mit den einsetzbaren Fahrzeugen, mit den Zuladegewichten und dem Ladevolumen abgeglichen werden.

Die **Einsatzzeit** der Fahrzeuge ist grundsätzlich von der Arbeitszeit des eigenen Personals abhängig. Diese vorgegebene Einsatzzeit ist dann von der Wegstrecke, den Straßenverhältnissen sowie den Fahr- und Standzeiten beim Kunden abhängig. Je besser die **Wegstrecke,** desto größer sind die zurücklegbaren Entfernungen und desto kürzer sind die Fahrzeiten. So liegt die Durchschnittsgeschwindigkeit für Lkws auf Autobahnen bei ca. 60 km/h, auf Bundesstraßen im Überlandverkehr bei ca. 40 km/h und im Stadtverkehr bei ca. 15 km/h. Zudem müssen **Beschränkungen im Straßennetz,** wie Baustellen, Staustrecken, Umleitungen, Zufahrtsbeschränkungen und Einbahnstraßen, berücksichtigt werden.

Für jeden Kunden muss man heute ein **Kundenzeitfenster** vorgeben. Dabei sind kundenbezogene Servicezeiten bei der Warenannahme, Pausenzeiten, Wartezeiten und sonstige Schwierigkeitsfaktoren, wie Fahrzeugbeschränkungen, Rangierbedarf, Außenlager usw., zu berücksichtigen.

Diese Vielzahl der zu berücksichtigenden Faktoren führt in der Praxis dazu, dass heute meist eine **EDV-gestützte Tourenplanung** vorgenommen wird, wenn der Kundenstamm über 50 Kunden liegt. Eine konventionelle Tourenplanung über Fähnchen, Fäden und sortierte Lieferscheine ist dann meist nicht mehr möglich, da zu viele Faktoren bei der Tourenplanung berücksichtigt werden müssen.

Für jede Art von Tourenplan gelten die gleichen Prinzipien zur **Tourenoptimierung:**

- möglichst **geringe Gesamtwegstrecken** planen,
- **Verkürzung der Fahrzeiten** durch entsprechende Straßenauswahl,
- höchstmögliche **Fahrzeugauslastung** durch die Wahl des richtigen Fahrzeugs,
- logische und verkehrssichere **Beladeplanung,**
- **Vermeidung von Planungsfehlern,** wie z. B. Falschauslieferung usw.,
- Steigerung der **Qualität des Kundenservices,**
- **Kostenminimierung** als oberstes Ziel der Tourenplanung.

Der Trend geht heute dazu, die Tourenplanung mit **Mobilkommunikation** und **Satellitenortung** zu verknüpfen.

Dadurch kann der Disponent kurzfristig mit dem Fahrer direkten Kontakt aufnehmen, um z. B. aktuelle Tourenänderungen bei Staus, zusätzliche Abholungen usw. zu veranlassen.

Durch **Satellitenortung** über GPS, GSM oder Euteltracks weiß die Zentrale jederzeit, wo sich das Fahrzeug befindet und kann so dem Kunden gegebenenfalls den veränderten Liefertermin mitteilen.

Ablauf einer EDV-gestützten Tourenplanung:
(gilt auch für den manuellen Planungsablauf)

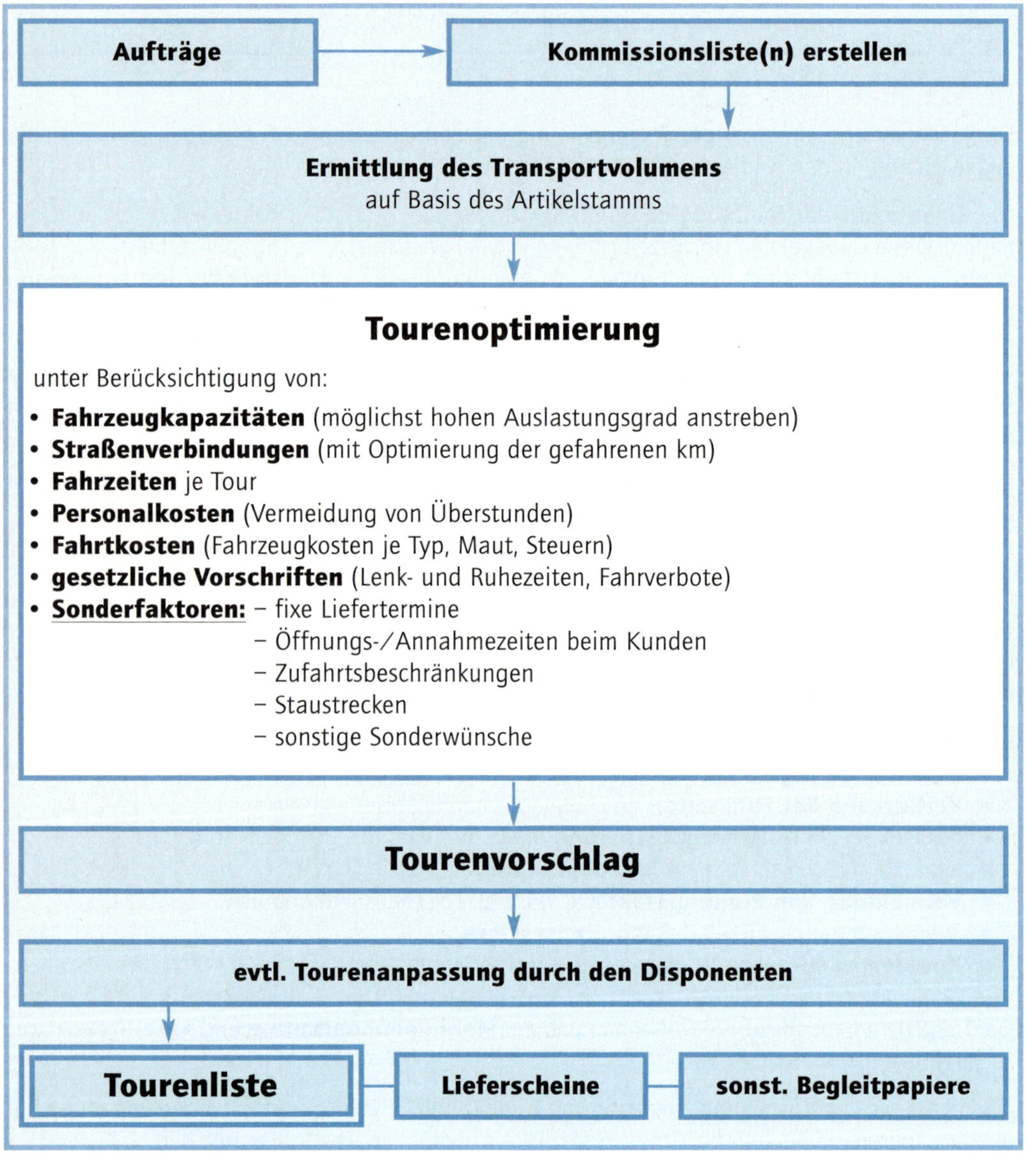

5.2 | Praxis der Touren- und Transportplanung

Der Zwang zur Kosteneinsparung, zur Transportbeschleunigung, zum umfassenden Informationsaustausch und zu umweltfreundlichen Transporten führte in den letzten Jahren zu immer neuen Entwicklungen in der Logistik. Einige **aktuelle Entwicklungen** sollen nachfolgend dargestellt werden.

5.2.1 | City-Logistik

Mit der City-Logistik werden die Wareneingangsströme zu den Empfängern in den Innenstädten gebündelt. Dadurch werden die Innenstädte entlastet und Kosten eingespart.

Bei der City-Logistik schließen sich Verkehrsunternehmen und große Handelsketten zusammen und übergeben einem neutralen Dienstleister ihre Güter zur Auslieferung in den Innenstädten.

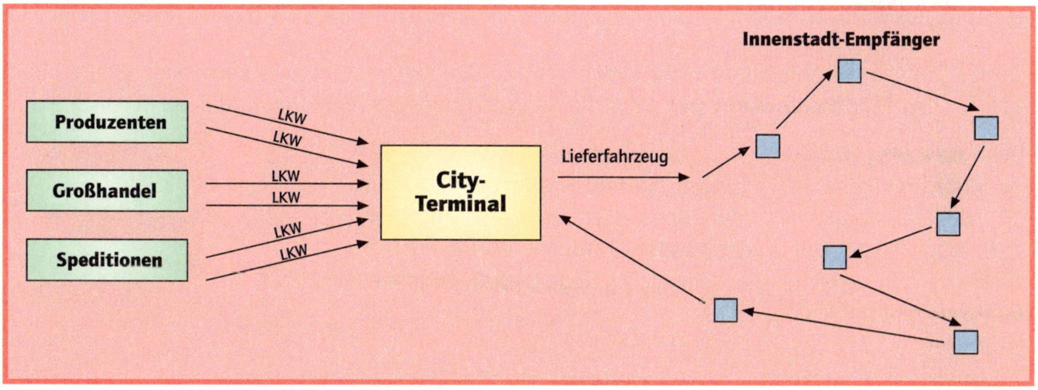

Beispiel *für ein **City-Liefermodell:***
- *bis 08:00 Uhr: Anlieferung der Sendungen ins City-Terminal durch viele Lkw*
- *08:00 – 09:00 Uhr: Bündelung der Sendungen zu den Empfängern und Planung der Touren*
- *ab 09:30 Uhr: Vormittagstour (als erster Zustelltermin)*
- *ab 15:00 Uhr: Nachmittagstour (als zweiter Zustelltermin)*

Die City-Logistik hat vielfältige **Vorteile** für alle Beteiligten. Dies ist ein Grund für die positive Entwicklung dieses Logistikmodells.

Versender	Transportgewerbe	Empfänger	Kommunen
• verbesserter Warenfluss • zuverlässige Güterversorgung • Zeit- und Kostenersparnis	• bessere Kapazitätsauslastung • optimierte Routenplanung • kürzere Zustellzeiten • Sonderzufahrtsrechte in Fußgängerzonen	• weniger Zustellfahrzeuge • geringere Zustellkosten • schnellere Warenversorgung • Retouren- und Verpackungsentsorgung	• Entlastung der City • Umweltentlastung • höhere Verkehrssicherheit • besserer Verkehrsfluss

Beispiele *für **City-Logistik-Modelle:***

- *In **Basel** wird die Innenstadt mit drei umweltfreundlichen Fahrzeugen versorgt. Dabei werden 12 % der Fahrleistungen eingespart.*
- *In **Koblenz** beliefern drei Speditionen mit einem Fahrzeug die City. Von 45 000 Fahr-km wurden 30 000 km eingespart.*
- *In **Kassel** versorgen statt ca. 20 Lkw nur noch zwei bis drei Lkw die 350 Einzelhandelsgeschäfte mit Waren. Verbesserter Verkehrsfluss in der City, weil nun keine Lkw mehr zur Entladung in der zweiten Reihe stehen.*

5.2.2 | Nabe-Speichen-Transportsysteme (Hub and Spoke)

Dieses Transportsystem wurde 1972 in den USA für den Luftfrachtverkehr entwickelt. Heute hat es sich für den **Flächenverkehr per Lkw** durchgesetzt und löst immer mehr das Rastersystem ab.

Beim **Rastersystem** bestehen von jedem Punkt zu jedem Punkt im System Verkehrsverbindungen. So hat ein Rastersystem mit 10 Niederlassungen, die durchschnittlich 20 Ziele anfahren, 200 mögliche Verkehrsverbindungen. Dadurch ist für die Abwicklung der Verkehre ein sehr hoher logistischer Organisationsaufwand notwendig. Ebenso erhöhen sich so auch die Fehlerquellen.

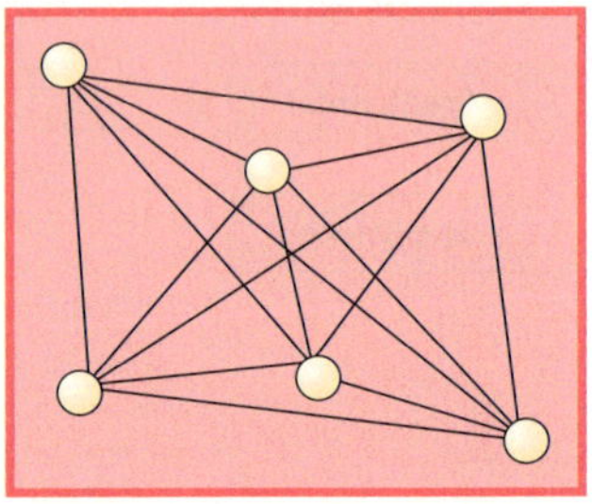

Beim **Nabe-Speichen-System** wird ein zentraler Terminal (Hub/Nabe) eingerichtet, auf den alle Güter zulaufen. Im Hub werden die hereinkommenden Güter umgeschlagen und danach wieder auf die Verkehrsrichtungen (Spoke/Speichen) verteilt. Dies reduziert die Investitionskosten (nur ein Hub) und erhöht den Arbeits- und Informationsfluss. Trotz größerer Wegstrecken verkürzt sich die Transportzeit zum Kunden wesentlich und die Logistikkosten werden reduziert.

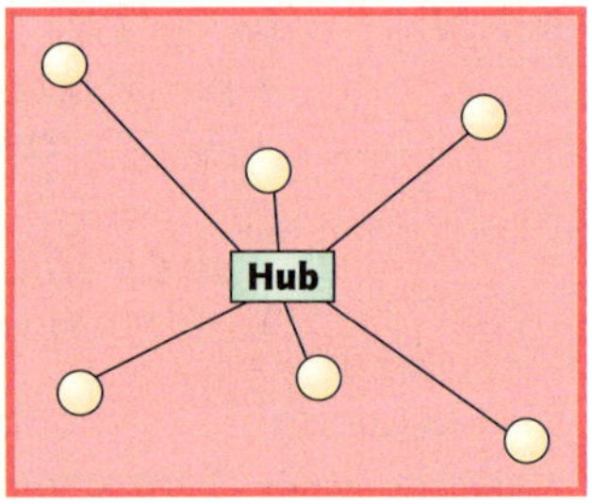

1972 wurden durch den US-Luftfrachtexpressdienst FedEx Testpakete von Boston nach Washington (500 km) über 3 000 km zum Hub nach Memphis/Tennessee geschickt.
Diese Pakete erreichten die Empfänger innerhalb von 16 Stunden zum halben Preis des Direkttransports, bei dem auf dem Landweg zwei Tage benötigt wurden.
Mit diesem neuen Transportkonzept wurde der Grundstein zum weltgrößten Luftfrachtexpressdienst gelegt, der heute über 10 Mrd. Euro pro Jahr umsetzt.

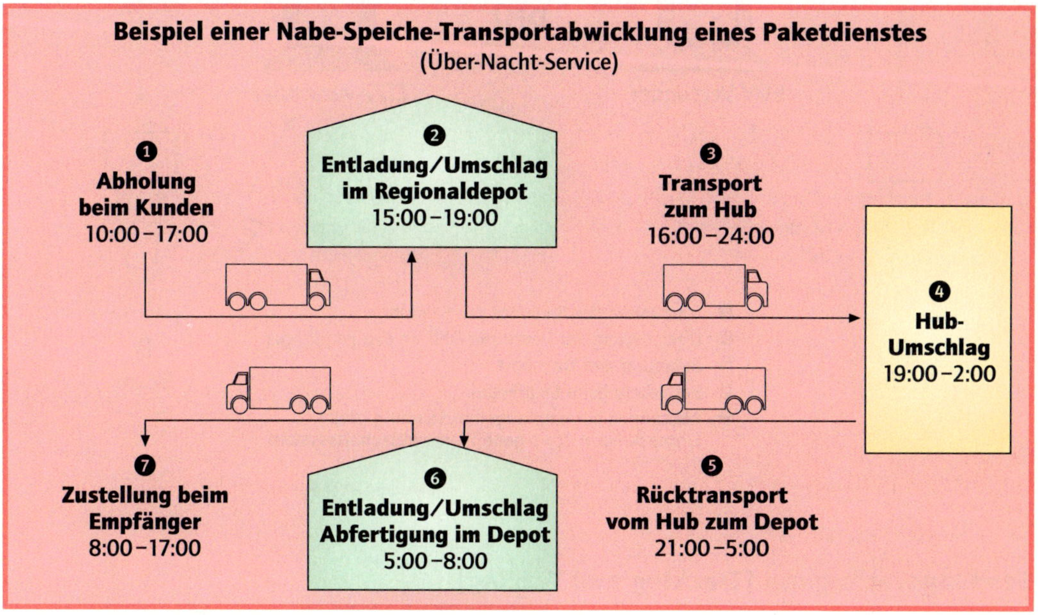

5.2.3 | EDV-gestützte Transportabwicklung

EDV-gestützter Informationsfluss

Um besser planen und organisieren zu können, sind viele Kunden heute auf **vorauseilende Informationen** im Warenfluss angewiesen. Diese Informationen erreichen den Kunden durch Datenfernübertragung **(DFÜ)** oder das **Internet** vor dem Eintreffen der Sendungen.

Dadurch können
- Umschlagsabläufe frühzeitig geplant werden,
- eigene Kunden über die Lieferzeitpunkte informiert werden,
- die betrieblichen Abläufe zeitlich entzerrt werden.

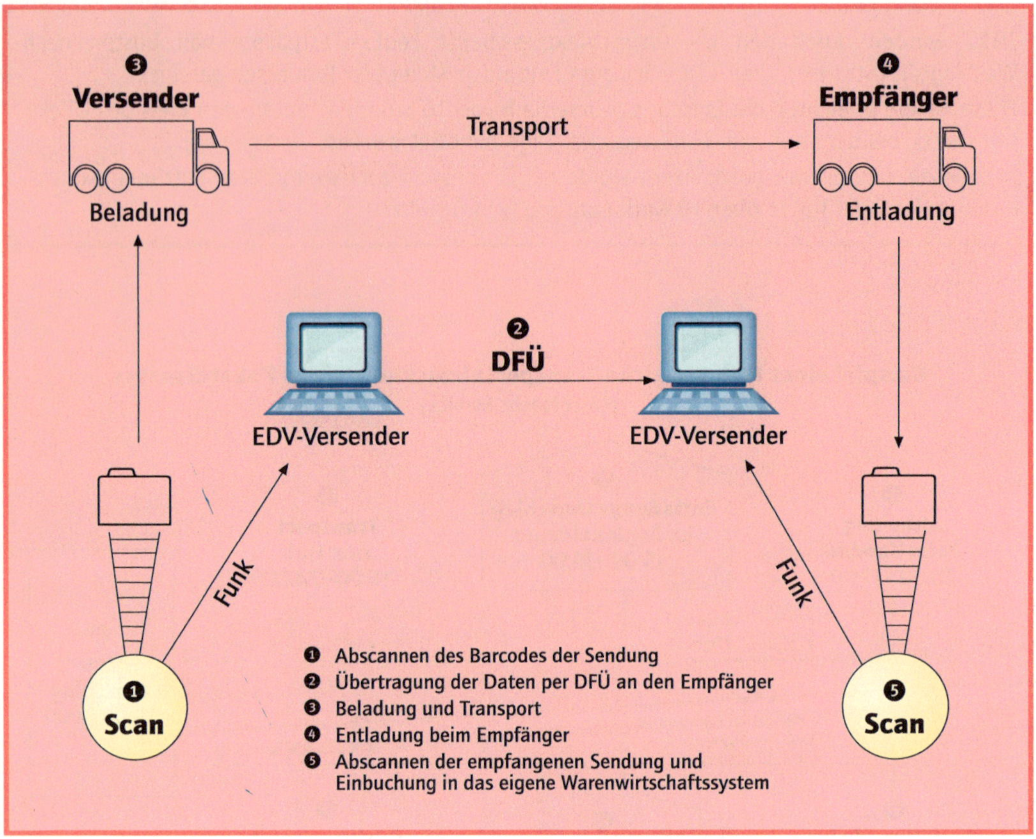

Sendungsverfolgung (Tracking and Tracing)

Geht ein Warentransport über eine längere Distanz, über verschiedene Verkehrsträger oder mehrere Umladestationen, so möchte der Kunde wissen, wo sich seine Sendung zurzeit befindet – also, welchen **Status** diese Sendung hat. Dazu wird die Sendung an fest definierten **Schnittstellen** in der Versandkette gescannt und in der Versender-EDV erfasst. Über das Internet oder die Datenfernübertragung (DFÜ) kann dann der Empfänger jederzeit den Status seiner Sendungen online ermitteln. Dieses Informationssystem wird in der Logistik als **„Tracking and Tracing"** bezeichnet.

Mit diesem System kann der reibungslose Ablauf der Transportkette dargestellt werden. Außerdem werden dann auch Störungen über so genannte **Fehlercodes** dokumentiert, wie z. B. – Adresse falsch – Annahme verweigert – Empfänger nicht angetroffen – Empfänger im Urlaub usw.

Tracking (verfolgen, aufspüren)	**Tracing** (nachspüren)
d. h. Aufspüren der Sendung **während des Transports**	d. h. Nachvollziehbarkeit des Sendungsflusses **nach dem durchgeführten Transport**

5006352

Beispiel: *Tracking and Tracing eines Paketdienstes*

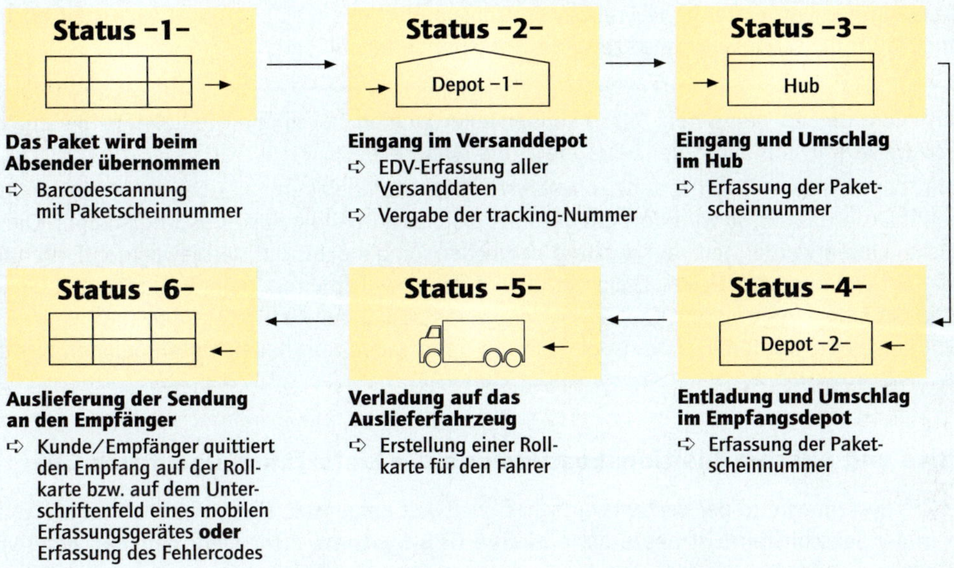

Transpondertechnologie (RFID)[1]

Barcodesysteme werden seit ca. 20 Jahren im Warenverkehr verwendet. Barcodes sind heute in der Transportabwicklung nicht mehr wegzudenken. Jedoch gibt es bislang kein einheitliches Barcodesystem, sodass auf einem Versandgut oft mehrere verschiedene Labels notwendig sind.

Die Nachteile des Barcodesystems kennt die **Transpondertechnologie** nicht. Der Transponder ist ein Chip mit einer Kapazität bis 64 KByte. In die Verpackung oder das Produkt eingesetzt dient der Transponder der **Identifikation** und ist ein **aktiver Datenspeicher.**

Vorteile des Transpondereinsatzes:

- Der Datenaustausch ist ohne Sichtkontakt auch bei Umverpackungen möglich.
- Eine Anbindung an eine zentrale Datenbank ist zum Datenempfang nicht notwendig.
- Transponder können auch in der Steuerung des Materialflusses eingesetzt werden.
- Daten können auch später noch hinzugefügt werden (Aufbau eines „Güterlebenslaufs“).
- Die Chips sind nahezu verschleißfrei und wieder verwendbar.
- Der Transponder ist unempfindlich gegen Schmutz und Feuchtigkeit.
- Durch die **Pulkerfassung** können mehrere Transponder gleichzeitig gelesen werden.
- Der Transponder enthält Sicherheitsfunktionen für den Schutz vor unbefugtem Zugriff.
- Mit dem Transponder sind die Verschlüsselung von schützenswerten Daten, wie z. B. der Einkaufspreis, leicht möglich.

1 RFID = radiofrequente Identifikation

Mit der Transpondertechnologie wird das „Tracking and Tracing" zum **„Advanced Tracking and Tracing" (ATT)** weiterentwickelt. Das ATT basiert auf der Nutzung der RFID-Technologie[1]. Diese ermöglicht die automatische Erfassung der Transponderdaten und die Verknüpfung mit der Datenverwaltung. Der relativ hohe Preis eines Transponderchips (ca. 1–2 Euro) ist zurzeit noch ein Hemmnis für die schnellere Umsetzung der Transpondertechnologie in der Logistik.

Bei einem großen deutschen Automobilhersteller werden bei einigen Zulieferern bereits versuchsweise Transponder in der Teilezulieferung eingesetzt.

Fährt der Lkw, der mit Transpondern bestückte Teilekisten geladen hat, über einen werkseitigen Identifikationspunkt, so wird dort die gesamte Lieferung über die Pulkerfassung erkannt. Die erfassten Daten werden mit dem Auftrag verglichen, eingebucht und den jeweiligen Empfangsorten im Werk bereits avisiert. Gleichzeitig wird dem Lkw-Fahrer ein freier Entladepunkt bei der Warenannahme zugewiesen. Die Teilekisten gehen zurück an den Lieferanten und können erneut eingesetzt werden. Der Transponder kann dann wieder mit neuen Daten geladen werden.

Aktive und passive Positionsbestimmung der Lieferfahrzeuge durch GPS[2]

Das GPS-System wird in der Verkehrswirtschaft weltweit eingesetzt. Die Navigation im Luftverkehr und in der Seeschifffahrt ist heute ohne **aktive GPS-Systeme** nicht mehr denkbar. Jeder vierte Neuwagen und jeder zweite Lkw wird zurzeit mit Kfz-Navigationssystemen zur dynamischen Zielführung auf Basis des GPS-Systems ausgestattet. Damit werden die Fahrer auch ohne genaue Ortskenntnisse exakt zu ihren Zielen geführt.

Dieses aktive GPS-System wird nun ergänzt durch ein **passives GPS-System.** Damit kann ein Unternehmen seine Fahrzeuge jederzeit orten. Satellitengestützt kann über GPS somit die momentane Position eines Lieferfahrzeugs bestimmt werden. So kann der Disponent jederzeit Änderungen im Tourenablauf planen, Kontakt mit dem Fahrzeug aufnehmen und diese Abweichung gleich umsetzen.

Um in Zukunft nicht weiterhin von dem amerikanischen System abhängig zu sein, entwickelte die europäische Union ein eigenes **Satellitensystem: Galileo**. Dieses System, bestehend aus 30 nichtgeostationären Satelliten, soll 2010 in Betrieb gehen. Es wird wesentlich genauer sein als GPS und erlaubt eine metergenaue Zielführung.

Das **Global Positioning System** (GPS) ist ein satellitengestütztes System zur Ermittlung der geografischen Position eines GPS-Empfängers auf der Erdoberfläche. Das System basiert auf einem Verbund von mehr als 24 nichtgeostationären Satelliten, die vom US-Militär betrieben werden. Diese Satelliten umkreisen die Erde auf definierten Bahnen und senden Signale aus, die der GPS-Empfänger empfängt und daraus – mehr oder weniger genau – die Position der geografischen Länge und Breite ermittelt. Hierzu sind mindestens drei Satelliten notwendig, ab dem vierten kann zusätzlich die aktuelle Höhe ermittelt werden.

1 RFID = **R**adio **F**requency **I**dentification – funkfrequenzgesteuerte Erkennung/Bestimmung
2 GPS – **G**lobal **P**ositioning **S**ystem – satellitengestütztes weltweites Ortungssystem

5006354

ZUSAMMENFASSUNG		
Ziel	Anlieferung der Ware	
	zum richtigen Zeitpunkt	in der richtigen Menge
	in der verlangten Qualität	zu den optimalen Kosten
Strategien bei ...	großen, fahrzeugfüllenden Aufträgen:	kleineren Aufträgen:
	Einzelbelieferung	Zusammenfassung zu Gruppenbelieferungen
zu berücksichtigende Grundbedingungen	Liefermenge	Wegstrecke
	Fahrzeiten	Standzeiten
Hilfsmittel	• EDV-Unterstützung • Mobilkommunikation • Satellitenortung	
Vorgehen bei der Beladung	Transportgüter müssen in der richtigen Reihenfolge, Platz sparend gestaut, mit verkehrssicherer Gewichtsverteilung und geeigneter Sicherung auf der Ladefläche platziert werden.	
	Güter, die zuerst entladen werden, werden zuletzt beladen (first out, last in).	
	Güter, die zuletzt entladen werden, werden zuerst beladen (last out, first in).	
neue Entwicklungen	• City-Logistik • EDV-gestützte Transportabwicklung • Nabe-Speichen-System	
Sendungsverfolgungssysteme	ermöglichen optimierten Datenaustausch auf dem Weg vom Versender zum Empfänger Beispiele: • Tracking and Tracing • GPS-Systeme • Transpondertechnologie	

AUFGABEN

?

Bearbeiten Sie die folgenden Aufgaben im Team und tauschen Sie Ihre Arbeitsergebnisse danach aus.

1 Aktionsware in Rollcontainern soll an sieben verschiedene Kunden ausgeliefert werden.
   a) Begründen Sie, welche Auslieferungsart hier vorliegt.
   b) Welche Angaben brauchen Sie, um einen Tourenplan erstellen zu können?
   c) Erläutern Sie, was man unter Tourenoptimierung versteht.
   d) Zeigen Sie an fünf Beispielen die Umsetzung dieser Tourenoptimierung im Tourenplan.

Zeit-/Entfernungskarte bei durchschnittl. 100 km/Stunde

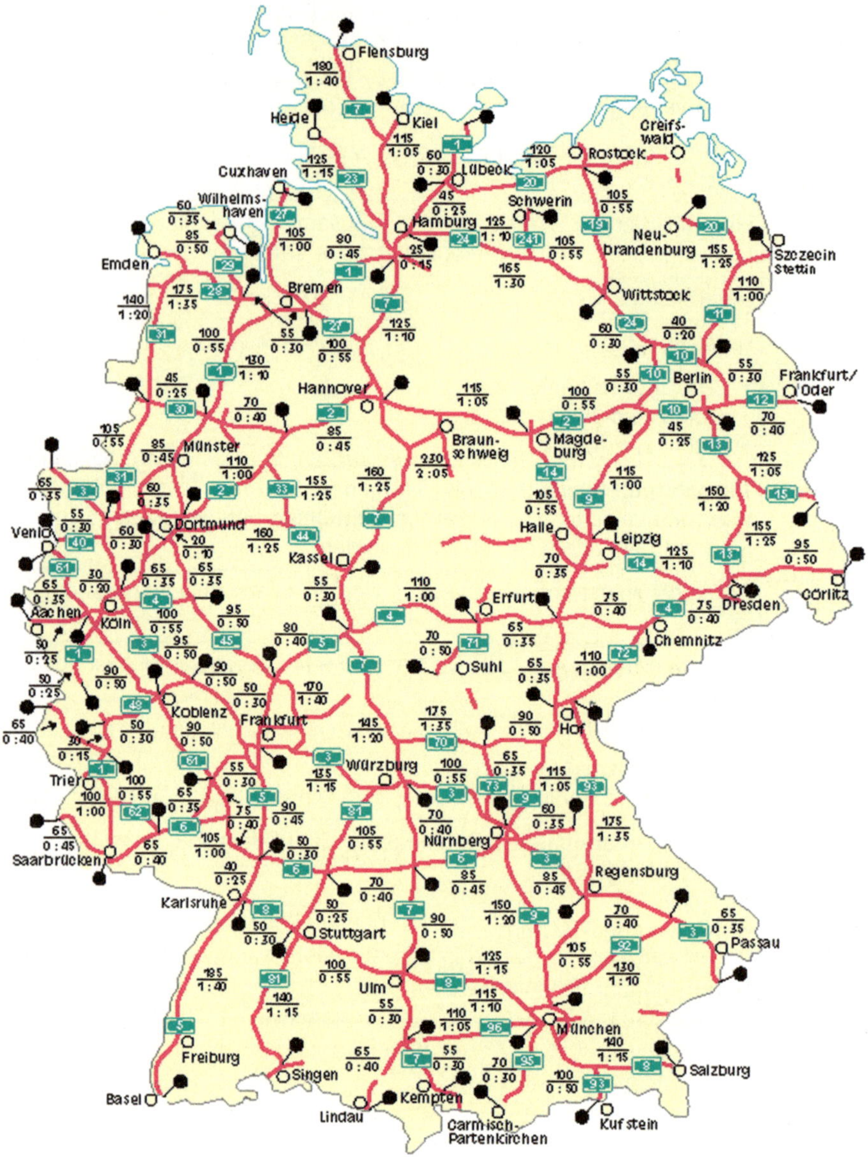

5006356

2 a) Welche Grundsätze sollten bei der Beladeplanung unbedingt berücksichtigt werden?
b) Wie viele Rollcontainer mit den Maßen 1,20 m x 0,90 m x 1,95 m können auf der Ladefläche einer Wechselbrücke mit den Innenmaßen von 7,35 m x 2,45 m bei einer Auslieferungstour befördert werden? Erstellen Sie hilfsweise eine Skizze.
c) Wie viele Fahrten mit der WB sind notwendig, wenn an insgesamt 20 Kunden je drei Rollbehälter transportiert werden sollen?

3 Tauschen Sie Ihre Erfahrungen in einem **Rundgespräch** zu den folgenden Themen aus:
a) Welche neuen Entwicklungen in der EDV-gestützten Transportabwicklung werden in meinem Ausbildungsbetrieb bereits heute verwendet?
b) Wo liegen dabei die Vorteile bzw. wo treten Probleme in der Umsetzung auf?
c) Gibt es Technologien, die Sie Ihrer Unternehmensleitung empfehlen würden (mit Begründung)?
d) Wäre der Einsatz der Transpondertechnologie in Ihrem Ausbildungsbetrieb sinnvoll? Begründen Sie Ihre Meinung.

4 **Fallstudie „Cerchert"**
Die Maschinenfabrik Cerchert, Heilbronn, stellt Reinigungsgeräte her und beliefert Baumärkte in ganz Deutschland im Rahmen eines Werkverkehrs.
Die Waren werden in Rollcontainern (1,20 m x 1,00 m) an die Kunden ausgeliefert.

Es sind nur Sattelzüge mit einer Ladefläche von 2,45 m x 12,40 m im Einsatz.
a) Prüfen Sie, ob die folgenden Aufträge für Süddeutschland in einem Lastzug verladen werden können (Skizze und Rechnung notwendig):
① 4 Rollcontainer nach **Regensburg**
② 4 Rollcontainer nach **Nürnberg**
③ 2 Rollcontainer nach **Frankfurt**
④ 8 Rollcontainer nach **Passau**
⑤ 2 Rollcontainer nach **Würzburg**
⑥ 2 Rollcontainer nach **Ulm**
⑦ 4 Rollcontainer nach **Passau**
b) Entscheiden und begründen Sie auch betriebswirtschaftlich, welche(r) Auftrag/Aufträge **nicht** befördert werden sollte(n).
c) Zeigen Sie den Tourenverlauf auf, indem Sie die **Reihenfolge** der **Anlieferungen** und die genaue **Fahrtroute** beschreiben.
Zusatzinformationen: Die A 4 ist bei Chemnitz auf einer Länge von 60 km nur einspurig befahrbar. Die A 9 ist nördlich von Leipzig durch verschiedene Baustellen auf einer Länge von 100 km staugefährdet.
d) Wie viele Stunden beträgt die **Transportzeit** auf Ihrer dargestellten Fahrtroute, wenn der Lkw mit 50 km/h Durchschnittsgeschwindigkeit fahren kann und jeder Stopp mit 30 Minuten durchschnittlicher Entladezeit kalkuliert wird?
(**Lösungshinweis:** Die Zeitangaben der Karte beziehen sich auf eine Durchschnittsgeschwindigkeit von 100 km/h.) Ausgangs- und Endpunkt soll **Nürnberg** sein.
e) Erstellen Sie für die Tour einen **Beladeplan** und kennzeichnen Sie die Sendungen für die einzelnen Kunden (①–⑦). Zeichnen Sie die Ladefläche maßstäblich und tragen Sie die einzelnen Sendungen ein.
f) Geben Sie fünf Faktoren an, die bei der Planung einer Auslieferungstour zu berücksichtigen sind.

LERNFELD 8 | Güter verladen

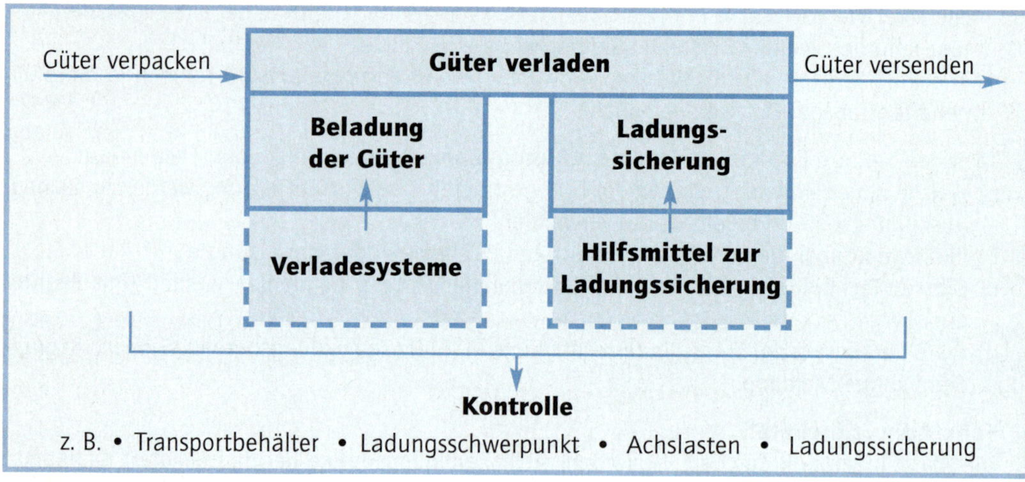

1 | Verladung der Güter

SITUATION

1 **Welche der folgenden Anforderungen zur Beladung und Ladungssicherung werden jeweils an die Verkehrsmittel Lkw, Bahn, Schiff oder Flugzeug gestellt?**
a) Der Absender ist für die betriebssichere Beladung zuständig.
b) Der Frachtführer ist für die betriebssichere Beladung zuständig.
c) Die Beladung erfolgt nur zu vorgegebenen Ladefristen/-zeiten.
d) Die Ladefristen werden vertraglich vereinbart bzw. vorgegeben.
e) Gefahrgutvorschriften müssen bei der Beladung beachtet werden.
f) Der Frachtführer ist für die verkehrssichere Beladung zuständig.
g) Die Ladung muss im Laderaum gewichtsmäßig gleich verteilt sein.
h) Das zulässige Gesamtgewicht muss bei der Beladung beachtet werden.

2 **Bei welchem Verkehrsmittel ist eine Ladungssicherung notwendig?**

3 **Bei welchem Verkehrsmittel sind maximale Achslasten vorgegeben?**

SACHDARSTELLUNG

Die **Verantwortung für die Beladung und die Ladungssicherung** ist gesetzlich bzw. vertraglich geregelt. Sie liegt je nach Verkehrsmittel entweder beim Absender oder beim jeweiligen Frachtführer.

Im nationalen Güterkraftverkehr, dem Eisenbahnverkehr und der Binnenschifffahrt regelt das **HGB** die Zuständigkeiten. Danach ist der **Absender** sowohl für die Beladung als auch für die Entladung der Versandgüter verantwortlich. Damit ist auch das Transportgut auf der Ladefläche durch den Absender (oder seinen Beauftragten) **beförderungssicher** zu laden, zu stauen und zu befestigen.

Für die **betriebssichere Beladung** ist jedoch der Frachtführer allein verantwortlich. Dies bedeutet beispielsweise, dass das Fahrzeug nicht überladen werden darf.

In der Seeschifffahrt, im Luftfrachtverkehr und im internationalen Güterkraftverkehr wird die Verantwortung für die betriebs- und beförderungssichere Beladung durch privatrechtliche Vertragsgrundlagen geregelt. Aus der Natur der Beförderungsmittel heraus ergibt es sich, dass für die Beladung und die Ladungssicherung die jeweilige Reederei bzw. die Luftfrachtgesellschaft verantwortlich sind. Im internationalen Güterkraftverkehr nach CMR[1] jedoch ist dafür üblicherweise der Absender zuständig. Die Kontrolle der Betriebssicherheit der Verladung obliegt dem Frachtführer.

1.1 | Grundregeln der Beladung und Ladungssicherung

Vor der Beladung	
Planung der Beladung	– Auf **gleichmäßige Verteilung** der Zuladungsgewichte auf der Ladefläche achten. – **Zuladungsverbote** bei Gefahrgütern beachten. – Güter, die zuletzt entladen werden, werden zuerst beladen (last out – first in bzw. first out – last in). – **Stapelverbote** bei der Ladeflächenplanung beachten. – Maximale Zuladungsgewichte des Fahrzeugs berücksichtigen.
Transport-behälter-kontrolle	– **Ladefläche** von Laderesten (Nägel, Draht, Holz usw.) **säubern.** – Transportbehälter (WB, Container usw.) auf **Nässeschäden** und **Dichtigkeit** kontrollieren. – Lassen sich Türen, Planen usw. ordnungsgemäß schließen?

Bei der Beladung	
Ladungs-schwerpunkt	– Ladungsschwerpunkt sollte auf der **Längsmittellinie** des Transportmittels liegen. – Der Ladungsschwerpunkt sollte **möglichst tief** liegen (schweres Gut unten, leichtes Gut oben). – Bei Lkw und Wechselbrücken sollten schwere Güter wegen der Bremswirkung möglichst weit vorne bzw. an der Stirnwand geladen werden. – Lastschwerpunkte sollten in der **Raummitte des Transportmittels** liegen. 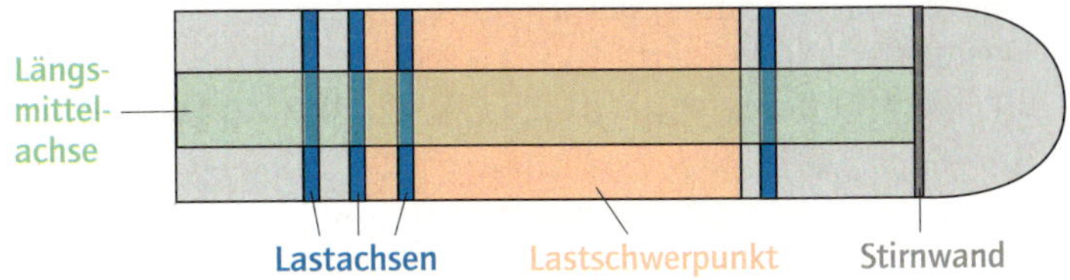

1 CMR = Übereinkommen über den Beförderungsvertrag im internationalen Straßengüterverkehr

Bei der Beladung	
Achslast beachten	– Zulässiges **Gesamtgewicht nicht überschreiten.** – Jede Achse gleichmäßig belasten. – **Lastgrenzen** bei Bahntransporten beachten. Lastgrenzraster der DB-Waggons: **A** **B** **C** **D** ⇒ Streckenklasse 90 16,0 20,0 24,0 29,0 ⇒ Ladegewicht bis 90 km/h S 16,0 20,0 24,0 ⇒ Ladegewicht bei Zügen mit 100 km/h Die DB AG hat die Normalstreckenklasse = D.
Ladungs-sicherung	– Ladung so verstauen und sichern, dass diese unter verkehrsüblichen Umständen nicht verrutschen, umfallen, verrollen oder herabfallen kann. – Stückgüter so **dicht** und so **nieder** wie möglich verstauen, damit das Ladegut nicht in Bewegung gerät. – **Leerräume** mit Leerpaletten, Luftkissen usw. ausfüllen.
Beladungs-kontrolle	– Verladene Kolli auf dem Verladepapier (z. B. Lieferschein) abhaken. – **Kontrollumfang:** Stückzahl – Palettenzahl – Unversehrtheit der Güter – Unstimmigkeiten vermerken und gegenzeichnen lassen. – Die ordnungsgemäße Beladung auf den Verladepapieren durch Unterschrift bestätigen lassen. – **Fehlverladungen** können durch deutlich gekennzeichnete und beleuchtete Bereitstellungsplätze vermieden werden.

PRAXISFALL

Ist die Ladung in Fahrtrichtung ausreichend gesichert?

Fall 1: Nutzlast 20 t – Ladungsgewicht 10 t
Bremsbelastung in Fahrtrichtung 0,8 G
Erforderliche Sicherungskraft 0,8 G x 10 t Ladungsgewicht = 8 t

Stirnwandbelastbarkeit : Nutzlast x 0,4 = 20 t x 0,4 = 8 t
Gleit/Reibewert (Holz-Kunststoff u = 0,2) x 10 t Ladungsgewicht = 2 t
10 t

Folge: Die Ladung ist in Fahrtrichtung ausreichend gesichert.

Fall 2: Nutzlast 20 t – Ladungsgewicht 20 t
Bremsbelastung in Fahrtrichtung 0,8 G
Erforderliche Sicherungskraft 0,8 G x 20 t Ladungsgewicht = 16 t

Stirnwandbelastbarkeit : Nutzlast x 0,4 = 20 t x 0,4 = 8 t
Gleit/Reibewert (Holz-Kunststoff u = 0,2) x 20 t Ladungsgewicht = 4 t
12 t

Folge: Die Ladung ist in Fahrtrichtung nicht ausreichend gesichert – Zusatzsicherung durch Zurrgurt, rutschhemmende Unterlagen usw. notwendig.

5006360

1.2 | Hilfsmittel zur Ladungssicherung

Meist kann eine ausreichende Ladungssicherung durch das Transportmittel allein nicht gewährleistet werden. In den wenigsten Fällen kann das Transportmittel vollständig und ohne Leerräume beladen werden. Hilfsmittel zur Ladungssicherung sind daher zumeist notwendig.

Die Hilfsmittel sind entweder mit dem Transportmittel fest verbunden oder frei eingesetzt.

fest verbundene Hilfsmittel	frei eingesetzte Hilfsmittel
• Stirnwandverstärker • Rungen • Zahnleisten • Lademulden • Spannwinden (in Verbindung mit Gurten/Seilen) • Ankerschienen (in Verbindung mit Zurrgurten, Seilen usw.) • Anschlagpunkte (fest oder beweglich)	• Ladehölzer (Keile, Bretter, Kanthölzer) • Ketten, Seile (Naturfaser-, Kunstfaser-, Stahlseile) • Zurrgurte (nach VDI 2701) • Spannschlösser, Spindelspanner • Seilschoner, Kantenschutz • verstellbare Sperrbalken • Füllmittel, wie z. B. Luftkissen • Aufsatzbretter, Rungenverlängerungen • Ladegestelle, z. B. für Rohre, Trommeln usw. • Planen und Netze

***Beispiele** für Hilfsmittel zur Ladungssicherung:*

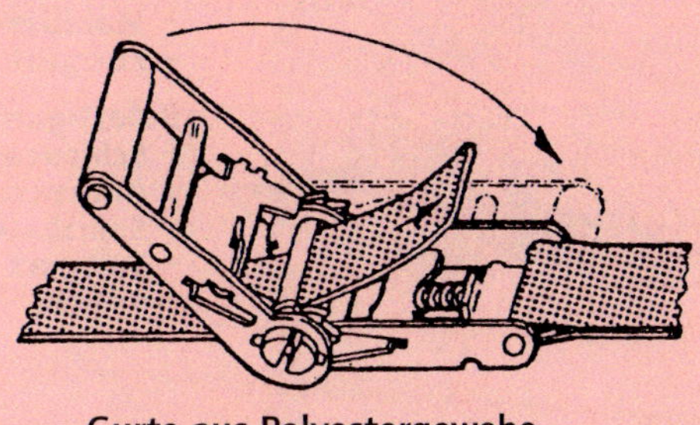

Gurte aus Polyestergewebe

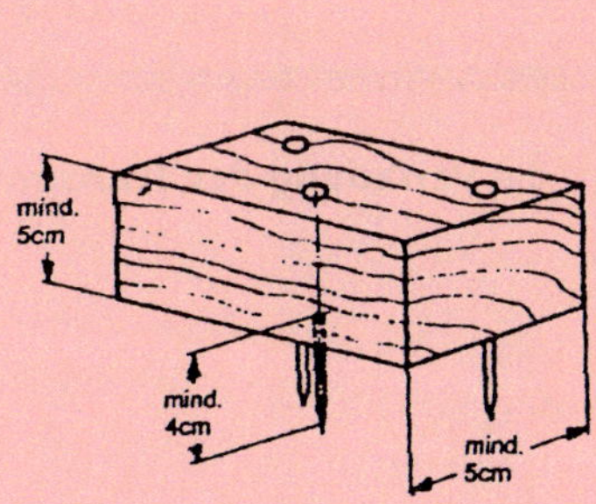

Festlegehölzer (genagelt)

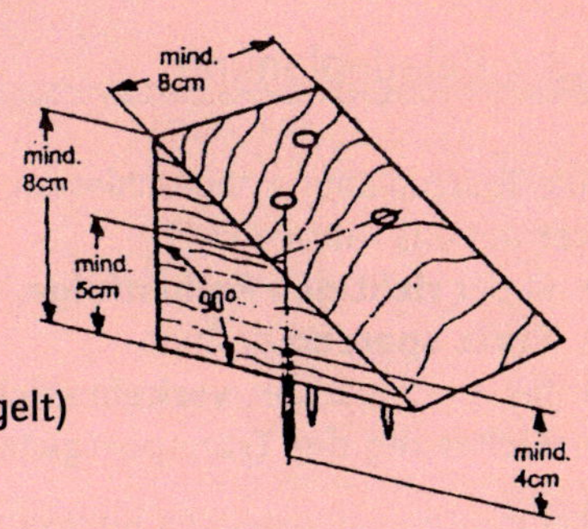

Einsatz der Hilfsmittel zur Ladungssicherung in der Praxis

Hilfsmittel für die Ladungssicherung:
- **Palette**
- **Schienensystem**
- **Staupolster**

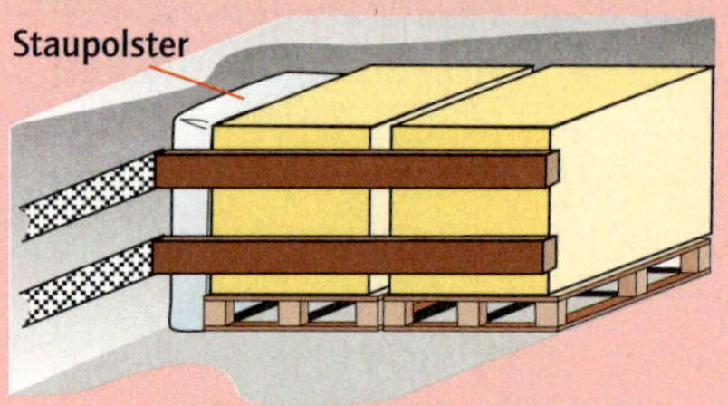

Hilfsmittel für die Ladungssicherung:
- **Sperrbalken**
- **Rundsperr-/Klemmbalken**
- **Zurrgurt**
- **Trennwand**
- **Palette**
- **Staupolster**

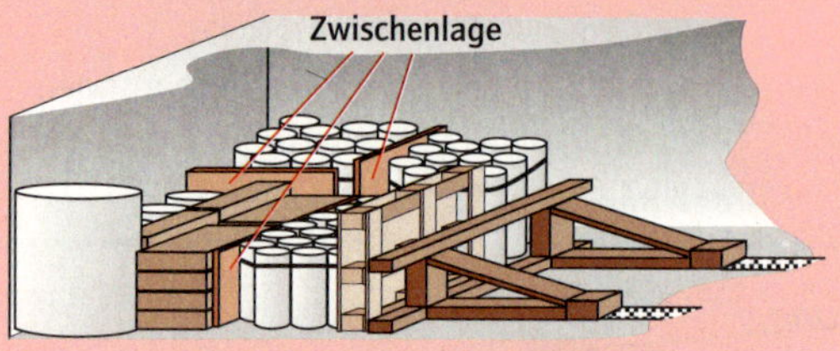

Hilfsmittel für die Ladungssicherung:
- **Schienensystem**
- **Palette**
- **Staupolster**
- **Hartfaser-/Spanplatten**
- **Gewebeband**

Hilfsmittel für die Ladungssicherung:
- **Gitterbox o. ä. Behältnis**
- **Gewebeband**
- **Stahlband**
- **Zurrgurt**

Befestigung der Gitterbox:
- **Schienensystem**
- **Antirutschmatte**
- **Sperrbalken**
- **Zurrgurt**
- **Palette**

1.3 | Beladeplanung

Ist die Tourenplanung abgeschlossen, erfolgt im nächsten Schritt die **Verladung der Transportgüter** auf das Fahrzeug:
- in der **richtigen Reihenfolge,**
- **Platz sparend** gestaut,
- bei gleichmäßiger, **verkehrssicherer Gewichtsverteilung,**
- **Sicherung der Transportgüter** auf der Ladefläche.

Dabei müssen die folgenden Beladegrundsätze beachtet werden, um die Auslieferung reibungslos abwickeln zu können.

5006362

Beladegrundsätze:

1. **first out – last in**

   Güter, die zuerst entladen werden, werden zuletzt beladen.

2. **last out – first in**

   Güter, die zuletzt entladen werden, werden zuerst beladen.

3. Ladefläche **Platz sparend** belegen.
4. **Ladungsschwerpunkt** möglichst tief liegend **einplanen.**
5. Fahrzeuge nicht einseitig beladen.
6. **Ladung** auf dem Fahrzeug **sichern.**

PRAXISFALL

Die Sanitärgroßhandlung Raiber GmbH, Heilbronn, beliefert mit eigenen Fahrzeugen die Kunden in ganz Süddeutschland.

Die Tour 4 versorgt Kunden in den Großräumen Heilbronn, Aalen und Stuttgart.

Folgende Sendungen werden in der nachstehenden Reihenfolge ausgeliefert:

1. Fa. Feils, **Untergruppenbach – eine Gitterbox Armaturen**
2. Fa. May, **Öhringen – zwei Gitterboxen Kleinteile**
3. Fa. Bache, **Galldorf – acht Badewannen, Gesamtmaß 180 cm x 90 cm x 210 cm**
4. Fa. Auer, **Aalen – vier Euro-Paletten mit Sanitär-Porzellan**
5. Fa. Rau, **Backnang – sechs Duschabtrennungen 0,80 m x 1,00 m x 1,90 m**
6. Fa. Huber, **Ludwigsburg – zwei Bund Kunststoffrohre 5,95 m – 30 cm**

Aufgaben:

Für den Transport stehen ein Lkw mit 6 m Ladelänge und ein Wechselbrücken-Lkw mit 7 m Ladelänge zur Verfügung.

❶ Erstellen Sie einen Beladeplan – entsprechend Ihrem Tourenplan – und entscheiden Sie sich für eines der oben genannten Fahrzeuge, um diese Tour durchzuführen.

❷ Kennzeichnen Sie die einzelnen Sendungen in Ihrem Beladeplan, wobei Sie die einzelnen Sendungen ungefähr maßstäblich eintragen sollten.

Lösung:

1. Der Lkw mit einer Ladefläche von 6 m ist für diese Tour ausreichend.
2. Die Beladung erfolgt nach dem First-out-last-in- und Last-out-first-in-Prinzip, d. h., die Gitterbox der Fa. Feils wird **zuletzt** geladen, da diese **zuerst** entladen wird.
3. Die Sendungen wurden gewichtsbezogen gleichmäßig auf der Ladefläche verteilt.
4. Verzurrbänder und Staupolster sollten zur Ladungssicherung bereitgestellt werden.

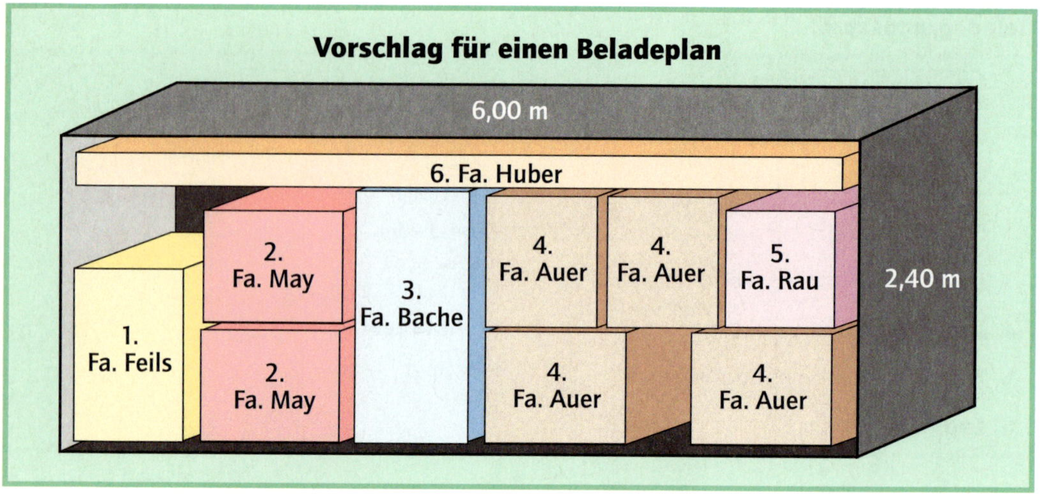

1.4 | Beladepraxis bei Containern und Wechselbrücken

Besonders bei Containern ist eine **ausreichende Ladungssicherung** notwendig. So sind ISO-Container im Durchschnitt 25 Tage bis zum Empfänger unterwegs. Die Belastungen der Container und damit auch der Ladung sind vor allem beim Seetransport enorm. Durch eine exakte Ladungssicherung soll vor allem ein Verrutschen der Ladung verhindert werden (vgl. hierzu auch die Grafik in Kapitel 2.1.1 im Lernfeld 9).

Besonderheiten beim Verladen bestimmter Güter:

- **Verladen von Gütern in Säcken**
  Säcke sollten grundsätzlich **im Verbund** gestapelt werden. Bei Säcken mit glatter Oberfläche, wie z. B. Kunststoffsäcke oder beschichtete Papiersäcke, ist es vorteilhaft, Zwischenlagen bzw. Antirutschmatten zu verwenden. Alternativ könnte man diese Säcke auch mit einem Antigleitmittel besprühen.

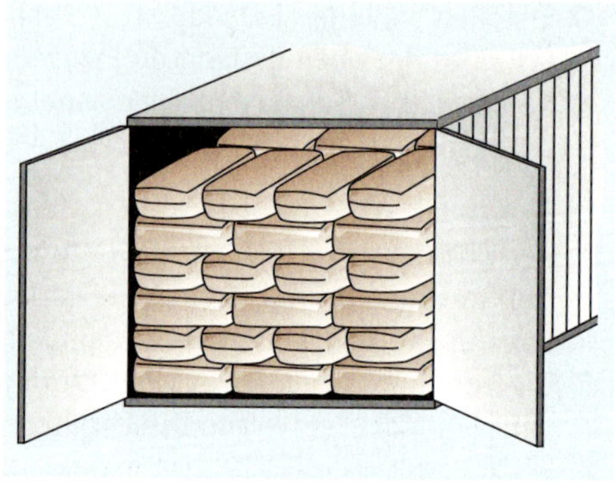

5006364

- **Verladen von Fässern, Eimern, Trommeln usw.**
  Fässer, Eimer, Trommeln usw. sollten zur Stabilisierung der Ladung **versetzt** angeordnet werden. Eine andere Möglichkeit wäre die **Blockbildung.** Dabei werden die Ladungsgüter mit Gurten oder Kunststoff- bzw. Stahlbändern zu einem Block zusammengefasst.
  Bei Verladung in mehreren Schichten sind neben der Blockbildung auch Zwischenlagen aus Holz, stabiler Wellpappe usw. erforderlich. Damit kann das Verrutschen verhindert und die Stabilität beim Transport verbessert werden.

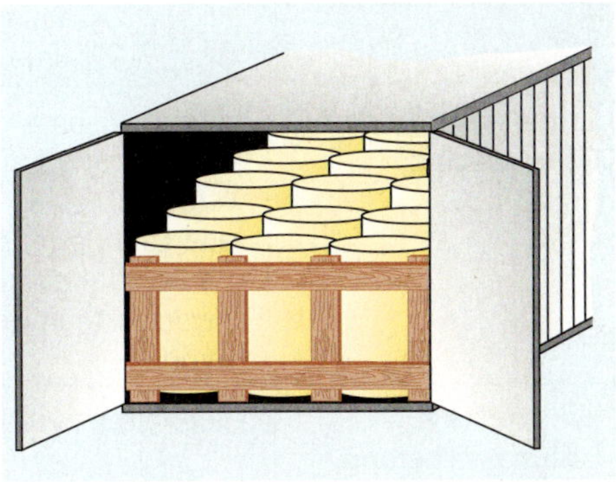

- **Verladen von Gütern auf Paletten**
  Güter, die auf Paletten verladen werden, dürfen keinesfalls überstehen. Eine kompakte, **bündige Beladung** der Paletten ist notwendig, um Schäden beim Transport und beim Umschlag der Paletten zu vermeiden.
  Eine bündige Beladung ist auch für eine reibungslose Einlagerung in Hochregallagersystemen notwendig.
  Viele Transportmittel, wie Wechselbrücken, Waggons, Binnencontainer usw., sind voll palettierbar. Damit können Paletten auf der Ladefläche teils längs und teils quer angeordnet werden, um so eine größere Ladungsstabilität zu erreichen.

- **Verladen von Papierrollen, Coils usw.**
  Rollengüter müssen gegen Rollbewegungen auf dem Transport gesichert werden. Dies geschieht einerseits dadurch, dass die Rollen durch Keile gesichert werden oder dass man sie in spezielle Ladegestelle setzt.
  Falls es von der Größe her möglich ist, sollten sie längs zur Fahrtrichtung geladen und verkeilt werden.

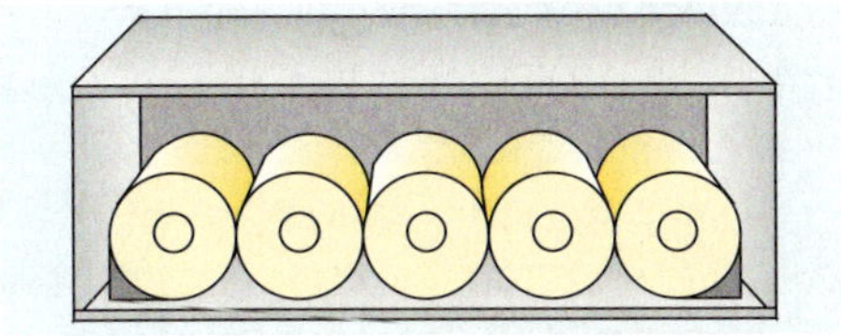

- **Verwendung von Seilen**
  Die Tragfähigkeit von Seilen ist abhängig vom
  - **Material** (Naturfaser, Chemiefaser, Stahl),
  - **Seilnenndurchmesser** in mm,
  - **Strang** (einstrangig, zweistrangig, endlosstrangig).

  Seile sollen nicht über scharfe Kanten von Lasten gezogen werden. Die Lasten dürfen nicht auf dem Seil abgesetzt werden, weil dadurch das Seil beschädigt werden kann. Grundsätzlich werden Seile nicht durch Knoten verbunden, weil dadurch die Tragfähigkeit stark nachlässt.

ZUSAMMENFASSUNG	
Grundsätze für den Güterversand	Jeder Transport, ob Wechselbrücke, Container oder Waggon, sollte vor der Beladung auf Dichtigkeit, Sauberkeit und Verschließbarkeit geprüft werden. Jede Ladung muss beförderungssicher verstaut und gesichert werden. Die Beladungskontrolle umfasst die Stückzahl, Palettenanzahl und die Unversehrtheit der Güter. Bei Unstimmigkeiten muss gegengezeichnet werden.
Hilfsmittel zu Ladungssicherung	Ladehölzer, Seile, Zurrgurte, Luftkissen, Planen, Netze
Ladegüter	**Sicherungsmaßnahmen**
Säcke	Stapelung immer im Verbund
Fässer, Eimer, Trommeln	Zusammenfassung in Blöcke
Palettengüter	bündiges Setzen auf die Palette
Papierrollen	Sicherung durch Keile gegen Rollbewegungen auf dem Transport

? AUFGABEN

1 Erstellen Sie eine Übersicht über die Ladehilfsmittel Ihres Ausbildungsbetriebs nach dem folgenden Muster[1]:

Transportmittel	Transportgut	Ladehilfsmittel
Lkw, z. B. Wechselbrücke		

2 Warum müssen Güter auf Paletten bündig verladen werden?

3 Ein 20-ft-ISO-Container soll mit den folgenden Gütern für einen Seetransport beladen werden:
a) 400 Kartons, 40 cm x 40 cm x 40 cm – je 10 kg
b) 400 Sack Zement 80 cm x 40 cm x 15 cm – je 40 kg
c) eine vollautomatische Drehbank in einer Seekiste verpackt, 4 m x 2 m x 2 m – 2 800 kg
d) 180 Kunststofffässer (Granulat) in drei Schichten – Durchmesser 55 cm – Höhe 75 cm – je 30 kg
Machen Sie zu a) – d) Beladevorschläge (auch zeichnerisch).
Entscheiden Sie, welche Ladehilfsmittel jeweils eingesetzt werden sollten.

1 Bitte nicht ins Buch eintragen!

2 | Großbehälter einsetzen

SITUATION

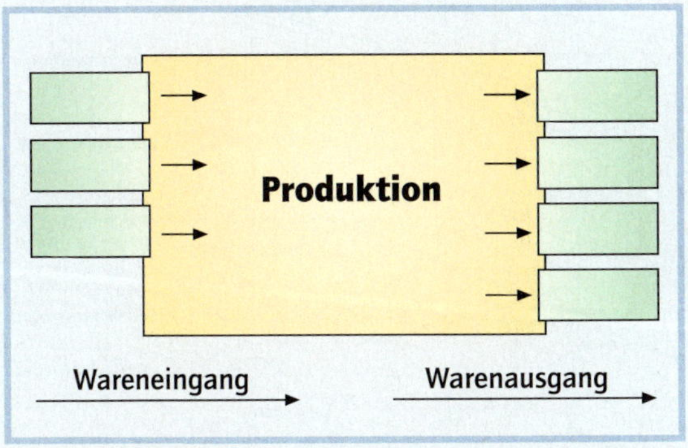

Ein Küchenhersteller holt die Fertigungsmittel zur Küchenproduktion direkt aus Containern des Wareneingangs und produziert die fertigen Küchen in die angedockten Container, die danach direkt zu den Kunden transportiert werden.

1 **Welche Vorteile hat das Unternehmen, wenn der Wareneingang direkt aus dem Container erfolgt?**

2 **Welche Vorteile hat eine Produktion direkt in den Container für das Unternehmen?**

3 **Welchen Vorteil hat der Einsatz eines Containers für die Transportabwicklung?**

SACHDARSTELLUNG

Großbehälter (Container)

Bis zur Mitte des 20. Jahrhunderts waren sämtliche Behälter in der Größe an dem bemessen, was ein Mensch bewegen bzw. tragen konnte. So wurden die Beladezeiten bis dahin in Tagen gerechnet. Um den Güterumschlag zu beschleunigen, kamen die USA im Zweiten Weltkrieg auf die Idee, die vielen kleinen Verpackungseinheiten in eine große Verpackungseinheit, den Container, zusammenzufassen. Der Container ist somit eine große, standardisierte Kiste, die den Anforderungen des See-, Schienen- und Straßentransports gerecht wird. In den letzten 30 Jahren nahm der Containertransport weltweit fast explosionsartig zu.

Mit den verschiedenen Containerarten, die in diesem Zeitraum entwickelt wurden, lassen sich heute alle **Transportanforderungen** erfüllen:

- **Schutz der Ware** vor Beschädigung und Verlust durch starke, dicht schließende Wände,
- **Verminderung des Verpackungsaufwands,**
- **Haus-Haus-Verkehre** möglich (d. h. geschlossene Transportketten),
- **Bildung großer Ladungseinheiten** möglich (bis zu 68 m³ – 27 t Zuladung),
- **schneller Umschlag** von Transportmittel zu Transportmittel (kurze Lade- und Löschzeiten),
- **Einsatz spezieller Containertransporteinheiten** (Lkw – Schiffe – Eisenbahn-Tragwagen),
- **preisgünstiger Gütertransport** (Containerraten – FAK = free all kind).

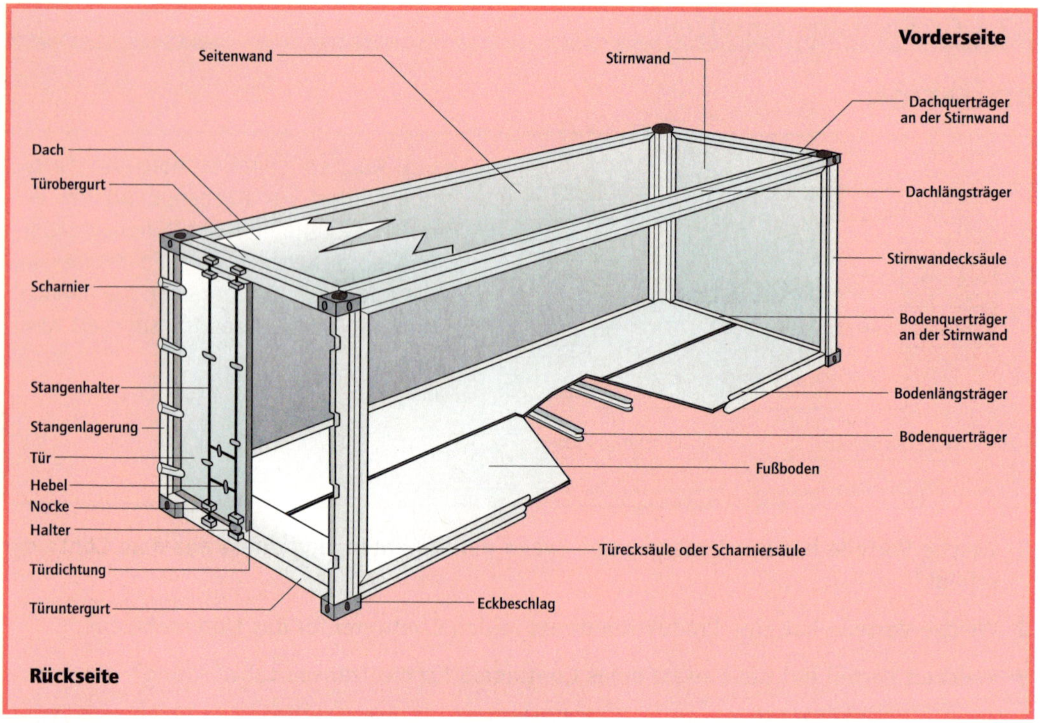

Großbehälter/Containersysteme		
im Seeverkehr	**im Landverkehr**	**im Luftverkehr**
auf – Containerschiffe – Semicontainerschiffe – BA-Co-Liner	auf – Lkw – Eisenbahn-Tragwagen	in – Luftfrachtmaschinen (B 747) – Mixed-Version-Flugzeuge
in – **ISO-Container**[1] mit 20 ft bis 40 ft	in – Lkw-**Wechselbrücken** – Binnencontainer (Euro-palettierbar) – **ISO-Container**	in – **LD-Behälter** – **10-ft-Container** – **20-ft-Container**

Da die ersten Normcontainer ab 1960 nach der ISO-Norm gebaut wurden, waren die **ISO-Container** wegen den amerikanischen ft.-Maßen nicht vollständig mit Euro-Paletten beladbar. Deshalb gründeten 24 europäische Eisenbahngesellschaften die Intercontainer. Diese Gesellschaft betreibt in Europa **Binnencontainer,** die voll palettierbar sind.

Im Lkw-Verkehr werden als Großbehälter voll palettierbare **Wechselbrücken** eingesetzt.

1 ISO = Internationale Standardisierungs-Organisation, Toronto/Kanada – legt internationale Normen fest.

Auswahl verschiedenster Containerarten:

1. **ISO-Stückgutcontainer** (Standardcontainer):
   Die Ladung wird über Ösen am Boden, den Wänden und der Decke gesichert. **Größen: 20 Fuß, 30 Fuß, 40 Fuß** (ft)
2. **Isoliercontainer:**
   mit ausgeschäumten Innenwänden – beheizbar, kühlbar
3. **Kühlcontainer:**
   eigenständige Kühlung durch Kühlaggregat
4. **Flüssigkeitscontainer:**
   für alle Arten von Flüssigkeiten – auch isolierbar
5. **Containerplattform:**
   für Schwerstguttransporte
6. **„Flat"-Container:**
   Containerplattform mit festen Stirnwänden und herausnehmbaren Rungen

Die drei gebräuchlichen Gattungen mit ihren Hauptmaßen

Gattung	Länge mm Fuß	Breite mm Fuß	Höhe mm Fuß	Bruttogewicht t	Eigengewicht Leichtmetall kg	Eigengewicht Stahl kg
1A	12 192 40	2 438 8	2 438 8	30[1]	≈ 2 300	≈ 4 200
1B	9 125 30	2 438 8	2 438 8	25	≈ 1 800	≈ 3 250
1C	6 058 20	2 438 8	2 438 8	20	≈ 1 300	≈ 2 300

Die Innenmaße der gebräuchlichen Container-Bauarten betragen

Gattung	Länge von mm (mindestens)	Innenmaße Breite von mm (mindestens)	Höhe von mm (mindestens)
1A	11 998	2 300	2 197
1B	8 931	2 300	2 197
1C	5 867	2 300	2 197

1 im Straßenverkehr nur 27 t.
Im internationalen Containerverkehr werden auch Container mit anderen Längenmaßen zwischen 6 058 mm (20 Fuß) und 12 192 mm (40 Fuß) sowie einer Höhe bis 2 591 mm (8½ Fuß) eingesetzt.

Einsatzbeispiel für einen Container: Ein zerlegter Abraumbagger (45 m^3, 30 t Gewicht) soll in zwei 20-ft-ISO-Containern im Haus-Haus-Verkehr (FCL-FCL)[1] von Ulm nach Johannisburg/Südafrika transportiert werden.

Abwicklung:

1. Containerprüfung vor der Beladung:

Außenprüfung	**Innenprüfung**
– Beschädigungen der Wände kontrollieren – Gängigkeit und Verschließbarkeit der Türen prüfen – alte Label/Transportzettel entfernen	– Dichtigkeitsprüfung – auf Feuchtigkeit im Container achten – Container sollte besenrein sein.

2. Beladung **(Stuffing)** der Container unter Beachtung der Ladegrundsätze direkt im Werk des Absenders in Ulm.
3. **Containerprüfung** nach der Beladung:
   - Kontrolle der **Ladungssicherung,** um das Verrutschen der Ladung zu vermeiden
   - **gleichmäßige Beladung,** um z. B. Kopflastigkeit des Containers zu vermeiden
   - **Gewichtsgrenzen** bei der Zuladung beachten – max. 27 t im Straßengüterverkehr
   - **Abfertigungskontrolle:** Verschlusskontrolle, Label anbringen, evtl. Verplombung der Türen.
4. **Zollfreigabe** und Verplombung der Container aus Versicherungs- und Sicherheitsgründen
5. Lkw-Transport zum Container-Terminal Stuttgart **(Vorlauf)**
6. **Umschlag** mit Liftvans auf den Containerzug nach Bremerhaven
7. Eisenbahntransport nach Bremerhaven **(innerdeutscher Hauptlauf)**
8. **Umschlag** im Containerterminal mit Containerladebrücken – **Ausfuhr-Zollabfertigung** (zur Zwischenlagerung bzw. direkt auf das Containerschiff)
9. **Seetransport** auf einem Containerschiff der dritten Generation mit ca. 3000 TEU[2] nach Durban/Südafrika
10. **Umschlag** im Seehafen von Durban auf die Eisenbahn – **Einfuhr-Zollabfertigung**
11. **Transport** per Bahn nach Johannisburg/Südafrika
12. Containerumschlag auf Lkw
13. Lkw-Transport zur Tagebaugrube
14. Entplombung und Entladung des Containers **(Stripping)** beim Empfänger

1 FCL = Full-Container Load – FCL-FCL steht für Haus-Haus-Containerverkehre
2 TEU = Transport-Equivalent-Unit = 20-Fuß-Container-Transporteinheit = Messgröße für die Zuladung von Containerschiffen

5006370

?

AUFGABEN

1 Ein Fahrzeug mit 4 t Gewicht und den Maßen 5 m x 2 m x 2 m soll im Container von Köln nach Kapstadt/Südafrika versandt werden.
a) Zählen Sie vier Argumente auf, die für einen Containertransport sprechen.
b) Wie könnte die Ladung im Container auf dem Transport gesichert werden?
c) Begründen Sie, welche Containerart Sie hier einsetzen würden.
d) Zeigen Sie die Transportstufen von Köln nach Kapstadt auf.

2 a) In welchen Fällen kommen in Ihrem Ausbildungsbetrieb Container für den Warentransport zum Einsatz?
b) Um welche Containertypen handelt es sich in diesen Fällen?
c) Wie werden diese Güter im Container gesichert?

3 Wie unterscheidet sich der Binnencontainer vom ISO-Container?

4 Weisen Sie durch eine maßstäbliche Zeichnung nach, dass ein 20-ft- bzw. ein 40-ft-ISO-Container nicht mit Euro-Paletten (120 cm x 80 cm) voll palettierbar ist.

5 **Fallstudie:**

Die Werkzeugmaschinenfabrik TEMA GmbH, Köln, verschickt Maschinenteile an verschiedene Kunden nach Europa und Übersee.

Versandauftrag 1: 4 Maschinenteile 2,20 m x 5,80 m x 1,95 m je 7,4 t
4 elektronische Steuerungen 60 cm x 120 cm x 40 cm je 120 kg
8 Stück Glasteile 80 cm x 90 cm je 4 kg
ca. 1 m^3 Klein- und Montageteile 580 kg
Kunde: Genua, Italien

Versandauftrag 2: 2 Maschinenteile 2,20 m x 5,80 m x 1,95 m je 7,4 t
2 elektronische Steuerungen 60 cm x 120 cm x 40 cm je 120 kg
4 Stück Glasteile 80 cm x 90 cm je 4 kg
ca. 1 m^3 Klein- und Montageteile 600 kg
Kunde: Boston, USA

Arbeitsaufträge:

1. Planen Sie mit Ihrer Arbeitsgruppe die Hilfsmittel zur Ladungssicherung, den Transportweg und die Verkehrsmittel für die Versandaufträge 1 und 2.
2. Welchen Gefahren ist der Versandauftrag 1 auf dem Transport ausgesetzt?
3. Welchen Gefahren ist der Versandauftrag 2 auf dem Transport ausgesetzt?
4. Welche Transportbehälter schlagen Sie für die Abwicklung der Versandaufträge vor? Begründen Sie Ihre jeweiligen Entscheidungen.

3 | Verladesysteme

SITUATION

Auszug aus einem Zeitungsbericht zur Eröffnung des Luftfrachtzentrums am Flughafen Stuttgart:

> Bei den anwesenden Fachleuten erregte vor allen die Tatsache Erstaunen, dass es im neuen Luftfrachtzentrum am Flughafen Stuttgart keine Laderampen gibt.

Diskutieren Sie, ob es ein Vorteil oder ein Nachteil ist, dass der Architekt auf den Bau einer Laderampe am Luftfrachtzentrum verzichtet hat.

Laderampe

Ladebrücke

mobile Ladeplattform

SACHDARSTELLUNG

Der Warenumschlag vom Warenausgang auf das Transportmittel oder vom Transportmittel zum Wareneingang soll schnell und kostengünstig erfolgen. Deshalb muss das Verladesystem sowohl dem Transportmittel als auch den betrieblichen Gegebenheiten angepasst werden.

In der Praxis haben sich vielfältige Ver- und Entladesysteme herausgebildet:

- **Statische Verladesysteme:**
  - **Beton-Laderampen** am Gebäude mit und ohne Schleuse
  - **Krananlagen**
- **Dynamische Verladesysteme:**
  - **Hebebühne** mit Normscheren bis 5 t Tragkraft
  - stufenlose **Vorschubrampe** zum nahtlosen Andocken
  - **Ladebrücken** mit mechanischen Federn zum Höhenausgleich
  - **Thermoschleuse**
  - **mobile Ladeplattformen, Verladebleche** und **Laderampen**
  - hydraulische **Lkw-Hebebühnen**
  - **Huckepack-Stapler** am Lkw
  - **fahrbare Hebebühnen**
  - **Kranbrücken** im Containerhafen
  - **Picky-Packer** zur Containerverladung
  - **Gabelstapler**

?

AUFGABEN

1 Welche Verladesysteme werden in Ihrem Ausbildungsbetrieb eingesetzt?

2 Zeigen Sie die Stärken und Schwächen dieser Systeme im Güterumschlag auf.

3 Zeigen Sie 2 Vorteile von statischen Ladesystemen im Umschlagsbetrieb auf.

4 Zeigen Sie am Beispiel eines Containertransports von Rostock nach St. Petersburg den Einsatz von Verladesystemen auf.

ZUSAMMENFASSUNG	
Container	= Großbehälter, die als Teile der Land-, See- und Luftverkehrsträger eingesetzt werden.
Container im Seeverkehr	auf Containerschiffern weltweit als ISO-Container mit 20 ft, 30 ft und 40 ft
Container im Landverkehr	in Europa als Binnencontainer mit 20 ft bzw. 40 ft auf Lkw oder in Eisenbahn-Tragwagen. Aufgrund der höheren Breite sind sie voll palettierbar.
Vorteile	Schutz der Ware vor Beschädigung und Verlust durch starke, dicht schließende Wände
	Verminderung des Verpackungsaufwands
	Haus-Haus-Verkehr möglich (das heißt geschlossene Transportketten)
	Bildung großer Ladungseinheiten möglich (bis zu 68 m^3; 27 t Zuladung)
	schneller Umschlag von Transportmittel zu Transportmittel
	Einsatz spezieller Containertransporteinheiten (Lkw, Schiffe, Eisenbahn-Tragwagen)
	preisgünstiger Gütertransport (Containerraten FAK = free all kind)
Zweck von Verladesystemen	Ermöglichung eines schnellen und kostengünstigen Umschlags
Arten von Verladesystemen	statische und dynamische Systeme

4 | Abwicklung und Verladung von Gefahrgutsendungen

SITUATION

Als ein Lieferfahrzeug an der Laderampe andockt und der Fahrer die Plane öffnet, sagt Herr Ulmer, der Leiter der Warenannahme: „Aha, wir bekommen eine Gefahrgutsendung angeliefert."

Der Auszubildende Heinz Waldmüller ist erstaunt und fragt sich, woran Herr Ulmer dies erkannt hat.

Versuchen Sie Heinz Waldmüller bei der Klärung seiner Frage zu helfen.

SACHDARSTELLUNG

Um die Sicherheit bei der **Gefahrgutbeförderung** zu gewährleisten, werden den Beteiligten an Gefahrguttransporten durch die Gefahrgutverordnung besondere Pflichten auferlegt:

Beteiligte an Gefahrguttransporten				
Absender	**Verlader**	**Beförderer**	**Fahrzeugführer**	**Fahrzeughalter**
– schließt mit dem Beförderer den Frachtvertrag ab	– ist unmittelbarer Besitzer des Gefahrguts, übergibt das Gefahrgut dem Beförderer	– führt die Beförderung in eigener Verantwortung aus	– ist Fahrer des Gefahrgut-Lkw	– ist Eigentümer des Fahrzeugs, das auf ihn zugelassen ist
– ist hinweispflichtig (z. B. Gefahrgutklasse) – übergibt die Beförderungspapiere – Verpackung und Kennzeichnung des Gutes durchführen	– darf nur zugelassenes Gefahrgut übergeben – Beachtung der Beladevorschriften – Informationspflicht	– verantwortlich für Ausrüstung/Kennzeichnung des Fahrzeugs – Übergabe der Begleitpapiere an den Fahrer – Information des Fahrers	– muss die notwendige Ausrüstung und Papiere mit sich führen – Be- und Entladevorschriften beachten – Transportvorschriften beachten	– Beachtung der Bau- und Ausrüstungsvorschriften – Ausstattung des Fahrzeugs mit Warntafeln, Kennzeichennummern, Gefahrzetteln

Grundsätzlich dürfen Gefahrgüter nur versendet werden, wenn sie nach einer Gefahrgutverordnung **zur Beförderung zugelassen** sind und die **Sicherheitsvorschriften** erfüllt werden.

Diese basieren auf:
- dem technischen **Namen,**
- der Gefahrgutklasse des Gutes,
- der Ziffer bzw. dem Buchstaben innerhalb der Gefahrgutklasse,
- der **UN-Nummer** des Gefahrgutes.

Bei der **Abwicklung von Gefahrgutsendungen** sind fünf Bereiche zu beachten:
1. sachgerechte **Verpackung und Kennzeichnung** der Transportgüter
2. vollständige **Dokumentation** der Gefahrgutsendung (Begleitpapiere)
3. notwendige **Qualifikation des Fahrzeugführers**
4. vorschriftsmäßige **Ausrüstung des Fahrzeugs**
5. sachgemäße **Durchführung** der Beförderung

4.1 | Sachgerechte Verpackung und Kennzeichnung der Gefahrgutsendung

Vier Pflichtkreise bei der Verpackung von Gefahrgut:

Zulassung der Verpackung	Kontrolle der Verpackung bez.	Verpackungsverschlussvorschriften	Markierung und Kennzeichnung
– Kartons benötigen eine UN-Zulassungsnummer – müssen außen wasserabweisend beschichtet sein – vollflächig orange eingefärbt sein – nassfest verklebt sein	– Beschädigungen – Einhaltung der Gewichtsgrenzen – Beachtung von Zusammenpackverboten – Einhaltung der Verschlussvorschriften	Die Einhaltung der Verschlussvorschriften sind Bestandteil der Zulassung und sind unbedingt zu beachten (Beispiele siehe unten).	auf den Packstücken sind Markierungen

Verschlussvorschriften für Gefahrengut-Kartonagen

Die folgenden Verschlussvorschriften der Faltkisten sind unbedingt zu beachten, da sie Bestandteil der Zulassung sind:

1. Größen 6/5, 16/12 und 23/17

Die Boden- und Deckelklappen sind als Schlitzverschluss mit einem 75 mm breiten, faserverstärkten Kunststoffklebeband zu verschließen.

2. Größen 28/21 und 40/30

Die Boden- und Deckelklappen sind als Doppel-L-Verschluss mit einem 75 mm breiten, faserverstärkten Kunststoffklebeband zu verschließen.

3. Größen 65/43 und 90/60

Die Boden- und Deckelklappen sind als Doppel-L-Verschluss mit einem 75 mm breiten, faserverstärkten Kunststoffklebeband zu verschließen. Zusätzlich ist das Packstück **zweimal senkrecht** zur Längsseite der Faltkiste mit einem mindestens 11,5 mm breiten Kunststoffband zu umreifen.

4. Größe 241/106

Die Boden- und Deckelklappen sind als Doppel-L-Verschluss mit einem 75 mm breiten, faserverstärkten Kunststoffklebeband zu verschließen. Zusätzlich ist das Packstück **viermal kreuzweise** zur Längsseite der Faltkiste mit einem mindestens 11,5 mm breiten Kunststoffband zu umreifen.

Quelle: AM-Verpackung, Laar

Beispiele *für den Versand und die Beladung:*

Im Gegensatz zu den HGB-Regelungen sind die **Verantwortlichkeiten** beim Be- und Entladen von Gefahrgütern anders geregelt:

- Für das **Beladen** ist der Verlader oder der Fahrzeugführer verantwortlich.
- Für das ordnungsgemäße **Entladen** der Gefahrgüter ist der Empfänger bzw. der Fahrzeugführer zuständig.

Für das Packen und die Beladung sind zu unterscheiden:

- **Zusammenpacken:** Verschiedene Gefahrgüter werden zu einem Versandstück gepackt.
- **Zusammenladen:** Versandstücke mit Gefahrgut werden auf der Ladefläche eines Transportmittels zusammengefügt.

Sowohl für das Zusammenpacken als auch für das Zusammenladen gibt es **Tabellen,** aus denen zu ersehen ist, welche Gefahrgutklassen zusammengeladen werden können bzw. bei welchen Gefahrgutklassen das Zusammenladen verboten ist.

1. Feuerwerkskörper der Klasse 1 sollen mit Spraydosen der Klasse 2 auf eine Wechselbrücke verladen werden: Zusammenladeverbot.
2. Zündhölzer der Klasse 4.1 sollen mit Spraydosen der Klasse 2 in einen Eisenbahnwaggon verladen werden: Zusammenladen erlaubt.
3. Kunststoffkleber der Klasse 5.2 soll mit Spraydosen der Klasse 2 in einem Container verladen werden: Zusammenladeverbot.
4. Kunststoffkleber der Klasse 5.2 soll mit Abfällen der Klasse 6.2 auf einem Lkw verladen werden: Zusammenladen erlaubt.
5. Reinigungsmittel der Klasse 8 sollen mit Zündhölzern der Klasse 4.1 zusammengeladen werden: Zusammenladen erlaubt.

5006376

Beispiel *einer Zusammenladetabelle:*

Zusammenladetabelle													
Gefahr-zettel	**Kl. 1**	**Kl. 2**	**Kl. 3**	**Kl. 4.1**	**Kl. 4.2**	**Kl. 4.3**	**Kl. 5.1/2**	**Kl. 5.2**	**Kl. 6.1**	**Kl. 7**	**Kl. 8**	**Kl. 9**	**Gefahr-zettel**
Kl. 1													Kl. 1
Kl. 2													Kl. 2
Kl. 3													Kl. 3
Kl. 4.1													Kl. 4.1
Kl. 4.2													Kl. 4.2
Kl. 4.3													Kl. 4.3
Kl. 5.1													Kl. 5.1
Kl. 5.2													
Kl. 1+5.2*							5.1 **5.2**						Kl. 5.2
Kl. 6.1													Kl. 6.1
Kl. 6.2													Kl. 6.2
Kl. 7													Kl. 7
Kl. 8													Kl. 8
Kl. 9													Kl. 9

Zusammenladen erlaubt

Zusammenladen verboten

Besondere Zusammenladetabelle für die Klasse 1, je nach Verträglichkeitsgruppe

* Versandstücke, die mit zwei Gefahrzetteln (Klasse 1 + Klasse 5.2) gekennzeichnet sind.

4.2 | Dokumentation der Gefahrgutsendung

Um das Gefahrgut auf allen Stationen des Transports sachgerecht behandeln zu können, muss die Gefährlichkeit der Güter dokumentiert werden.

Diese geschieht durch

- **Unfallmerkblätter** (siehe Lernfeld 6, Kap. 5.2),
- **Kennzeichnung der Gefahrgüter in den Beförderungspapieren,**
- **Versanderklärungen** für bestimmte Verkehrsmittel.

Beförderungspapiere und Versanderklärungen				
Lkw – national	**Lkw – international**	**Eisenbahn**	**Seeschiff**	**Flugzeug**
bei Frachtbriefen Feld: GGVS/ADR Gefahrgut kennzeichnen	Feld 9: ADR Gefahrgut im CMR-Frachtbrief eintragen	Feld 32 – RID – im Bahnfrachtbrief ankreuzen	IMO: Dangerous Goods Declaration zur Bill of Lading (B/L)	IATA: Shippers Declaration of Dangerous Goods zur Airway Bill (AWB)

4.3 | Qualifikation des Fahrzeugführers

Vor allem im Straßenverkehr müssen Lkw-Fahrer über einen **Gefahrgutschein,** die ADR-Bescheinigung, verfügen, damit sie Gefahrgüter befördern dürfen. Der Fahrer weist damit eine Schulung und eine Prüfung für Gefahrguttransporte nach. Für jede Verlängerung ist eine Nachschulung erforderlich.

1

ADR-Bescheinigung

über die Schulung der Führer von Kraftfahrzeugen zur Beförderung gefährlicher Güter

in Tanks[1]) **anders als in Tanks[1])**

Nr. der Bescheinigung

(D)

Gültig für Klasse(n)1)2)

in Tanks	anders als in Tanks
1	1
2	2
3	3
4.1, 4.2, 4.3	4.1, 4.2, 4.3
5.1, 5.2	5.1, 5.2
6.1, 6.2	6.1, 6.2
7	7
8	8
9	9

bis zum[3])

Muster

[1]) Nichtzutreffendes streichen
[2]) Erweiterung der Gültigkeit auf andere Klassen siehe Seite 3
[3]) Verlängerung der Gültigkeit siehe Seite 2

2

Name
Vorname(n)
geboren am
Staatsangehörigkeit

Unterschrift des Fahrers

Ausgestellt durch
Datum

Unterschrift[4])

Muster

Verlängert bis
durch
Datum

Unterschrift[4])

[4]) und/oder Stempel der die Bescheinigung ausstellenden Behörde.

4.4 | Ausrüstung des Fahrzeugs

Bei den Fahrzeugen werden drei Ausrüstungsarten unterschieden:

1. Feuerlöschmittel	2. sonstige fahrzeugbezogene Ausrüstung	3. notwendige Ausrüstung gemäß Unfallmerkblatt
z. B. bei Lkw ab 3,5 t sind zwei Feuerlöscher vorgeschrieben (2 kg für Motorraum, 6 kg für Ladefläche)	z. B. – Warntafeln – zusätzliche Warnzeichen – Unterlegkeile – Handlampen – geeignete Warnwesten	werden im Unfallmerkblatt unter der Rubrik „Schutzausrüstung" extra benannt: z. B. Atemschutz, Schutzbrille, Augenspülflasche, Handschuhe, Bindemittel usw.

4.5 | Durchführung der Beförderung

Die Gefahrgutverordnungen regeln die **Verantwortungsbereiche** der beteiligten Personen. Dabei überschneiden sich die Verantwortlichkeiten so, dass mindestens immer zwei Beteiligte haftbar sind. So sind z. B. für die Warntafeln am Fahrzeug sowohl der Fahrzeughalter als auch der Fahrer verantwortlich.

Bei geringen Mengen gibt es für bestimmte Gefahrgüter **Befreiungen** von den umfassenden Gefahrgutvorschriften. Damit brauchen nur Mindestanforderungen an die Fahrzeugausstattung und die Beförderungspapiere erfüllt werden.

Gefahrguttransporte werden in der EU mit einer **einheitlichen Prüfliste** durch die Behörden überwacht. Diese Prüflisten dienen in vielen Betrieben auch zur internen Kontrolle und Überwachung der Gefahrguttransporte.

Verstöße gegen die Gefahrgutvorschriften stellen **Ordnungswidrigkeiten** dar, die mit Geldstrafen von ca. 300 bis 3.000 € belegt werden. Die Bußgelder können in einzelnen Bundesländern unterschiedlich hoch sein.

Bußgelder bei mangelnder Lkw-Ausstattung in EUR

Gegenstand	Halter	Beförderer	Fahrer
Feuerlöscher	300,00	–	300,00
Unterlegkeil(e)	75,00	–	50,00
Warnleuchten	300,00	–	300,00
Gasmaske	–	300,00	200,00

ZUSAMMENFASSUNG

Verantwortungsbereiche der Gefahrgutsendung	1. sachgerechte Verpackung und Kennzeichnung
	2. Dokumentationen der Gefahrgutsendung durch Merkblätter, Markierungen und Versandpapiere
	3. Nachweis der Qualifikation durch den Fahrzeugführer zum Gefahrgutschein (ADR-Schein)
	4. Ausstattung der Fahrzeuge mit Feuerlöschmitteln, fahrzeugbezogener Ausrüstung und Ausrüstung, die vom Gefahrgutmerkblatt verlangt wird
	5. Bei der Transportdurchführung ist jeder Beteiligte (Absender, Verlader, Beförderer, Fahrzeugführer und Fahrzeughalter) für seinen Verantwortungsbereich haftbar.
Verstöße gegen die Gefahrgutverordnungen	Ordnungswidrigkeiten, die mit hohen Bußgeldern belegt werden können

AUFGABEN

1 Kunststoffkleber der Klasse 5.2 sollen in zehn Kartons verpackt werden.
   a) Können Sie dazu jeden beliebigen Karton verwenden?
   b) Wie ist der Karton sachgerecht zu verschließen, wenn er folgende Maße hat: 90 cm x 60 cm x 40 cm?
   c) Welche Markierungen und Kennzeichen sind bei dieser Sendung auf dem Karton anzubringen?
   d) Prüfen Sie, ob drei Kartons mit Feuerwerkskörper (Klasse 1.3) zugeladen werden dürfen.
   e) Prüfen Sie, ob zwei Kartons mit Spraydosen (Klasse 2) zugeladen werden dürfen.

2 Vierzig Kartons mit Kunststoffkleber (Klasse 5.2) sollen per Luftfracht nach Singapur befördert werden. Der Vorlauf zum Flughafen Frankfurt wird mit dem Lkw durchgeführt.
   a) Kann jeder Lkw-Fahrer diese Sendung zum Flughafen Frankfurt transportieren?
   b) Wie wird diese Gefahrgutsendung im Lkw-Frachtbrief dokumentiert?
   c) Welches Beförderungspapier muss zusätzlich zum Luftfrachtbrief (AWB) ausgefüllt und mitgegeben werden?

5 | Folgen fehlerhafter Verladung

SITUATION

Auszug aus dem Unfallbericht einer Zeitung:

Altöl-See auf der B 19

Die B 19 war bei Untermünkheim am Dienstagmorgen für fünf Stunden in beide Richtungen gesperrt. Infolge überhöhter Geschwindigkeit kippte in einer engen Kurve der Anhänger eines Lastzugs. In der Kurve verrutschten die in drei Schichten geladenen Altölfässer auf der Ladefläche des Anhängers. Bei dem Unfall barsten die meisten Fässer. Das Öl ergoss sich auf die Fahrbahn und bildete einen See aus Altöl, der zum Teil in den Münkbach abfloss. Ein nachfolgender Pkw fuhr auf den umgestürzten Hänger auf. Der Fahrer wurde schwer verletzt. Die Feuerwehr Schwäbisch Hall war fünf Stunden im Einsatz, bis die Bundesstraße wieder für den Verkehr freigegeben werden konnte.

Diskutieren Sie die folgenden Fragen in Ihrer Klasse:

1 Welche Ursachen führten zu diesem Unfall?

2 Wie hätte der Unfall verhindert werden können?

3 Welche Verladefehler lagen hier vor?

4 Welche Auswirkungen hatte dieser Unfall? Erstellen Sie hierzu eine Mindmap, um möglichst viele Aspekte dabei zu beachten.

5006380

SACHDARSTELLUNG

Nachlässigkeit, mangelndes Wissen, schlechte Betriebsorganisation und fehlende Mittel zur Ladungssicherung bewirken häufig eine **fehlerhafte Verladung der Transportgüter** mit oft negativen Folgen. Im Seeverkehr garantieren professionelle **Stauereien** eine seetüchtige Ladung der Schiffe. Im Luftverkehr ist ein **Staumeister** für die vorschriftsmäßige Stauung und Sicherung der Transportgüter an Bord verantwortlich. Im Schienen- und Straßenverkehr tragen der Absender und der Frachtführer die Verantwortung für die sichere Verladung der Güter.

Verladefehler

Bei der Verladung können organisatorische und technische Fehler entstehen.

organisatorische Verladefehler	technische Verladefehler
1. Die falsche Ware wird verladen, da Packstücke nicht richtig gekennzeichnet waren. 2. Waren werden auf die falsche Relation geladen. 3. Nicht alle Packstücke einer Sendung werden verladen. 4. Zusammenladeverbote bei Gefahrgütern werden nicht beachtet.	1. Gewichtsgrenzen bei der Zuladung werden nicht beachtet. 2. Beladefehler, wie z. B. ein zu hoher Schwerpunkt, werden gemacht. 3. Lastschwerpunkt der verpackten Ware wird nicht beachtet. 4. Die Ladungssicherung ist mangelhaft. 5. Verwendung ungeeigneter Ladehilfsmittel.

Auswirkungen fehlerhafter Verladung

Fehler in der Verladung werden erst dann aufgedeckt, wenn sich daraus direkte Schäden ergeben.

Dabei wird zuerst das Verhältnis des Lieferanten zum Kunden berührt. Jedoch wirken sich solche Fehler auch auf die Umwelt sowie die gesamte Gesellschaft und Volkswirtschaft aus:

- **Kunde:**
  - Umsatzausfall
  - Produktionsausfall
  - höhere Kosten
  - weniger Gewinn
- **Lieferant:**
  - Umsatzverluste
  - Verlust des Kunden
  - Schadensersatzleistungen
  - höhere Versicherungsprämien
  - mangelhafte Liefertreue
  - Schäden am Lieferfahrzeug
- **Umwelt:**
  - Luftverschmutzung durch Staus
  - Gewässer-/Bodenverschmutzung z. B. bei Gefahrgutunfällen
- **Gesellschaft/Volkswirtschaft:**
  - Staukosten bei Unfällen
  - Unfallfolgekosten
  - höhere Versicherungsprämien für alle
  - geringeres Bruttosozialprodukt durch Unfälle, Staus und Fehllieferungen

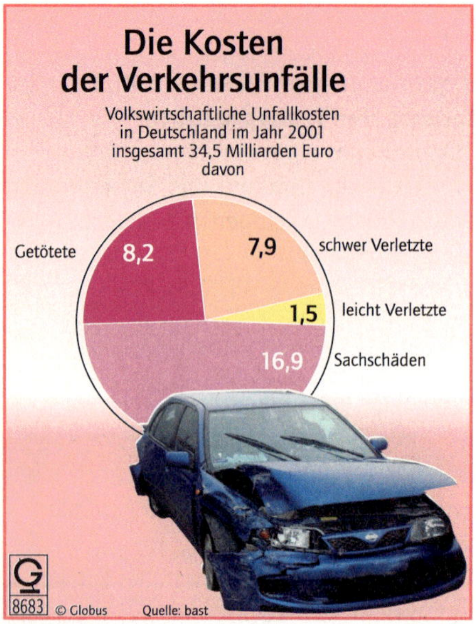

Sicherheitsfaktor Fahrer

Praxisorientierte Ausbildung und Schulung der Fahrer mit Schwerpunkten in der Vermittlung der fahrdynamischen Zusammenhänge besonders bei beladenen Fahrzeugen können das Fahrverhalten optimieren und perfektionieren. Dem Fahrer müsse klar sein, dass Ladungssicherung Selbstsicherung sei. Gleiches gelte für ausreichenden Sicherheitsabstand sowie den angelegten Sicherheitsgurt. Er hat lebensrettende Funktion. Die Einhaltung dieser bestehenden Vorschriften müsse strenger überwacht werden – zum Schutz der Verkehrsteilnehmer.

1. Deutscher Nutzfahrzeugtag, Berlin 2004

ZUSAMMENFASSUNG

Gründe fehlerhafter Verladung	technische oder organisatorische
Folgen für ...	
... den Kunden	Produktionsausfälle und Umsatzverluste
... den Lieferanten	Umsatzeinbußen, Verlust unzufriedener Kunden, zusätzliche Kosten
... die Umwelt	Luftverschmutzung durch Staus und Verschmutzung von Gewässern und Böden bei Gefahrgutunfällen
... die Gesellschaft	Staukosten bei Unfällen, höhere Versicherungsprämien für alle und ein geringeres Bruttosozialprodukt

? AUFGABEN

1 Beschreiben Sie einen Fall fehlerhafter Verladung in Ihrem Ausbildungsbetrieb und die Auswirkungen.

2 Mit welchen Ladehilfsmitteln hätten die Fässer aus dem Eingangsfall gesichert werden können?

3 Welche Verladefehler werden in Ihrem Ausbildungsbetrieb häufiger gemacht? Machen Sie Verbesserungsvorschläge zur Vermeidung.

4 Machen Sie Vorschläge, wie die Folgen einer negativen Verladung für Gesellschaft, Umwelt, Lieferant und Kunde gemindert werden können.

LERNFELD 9 | Güter versenden

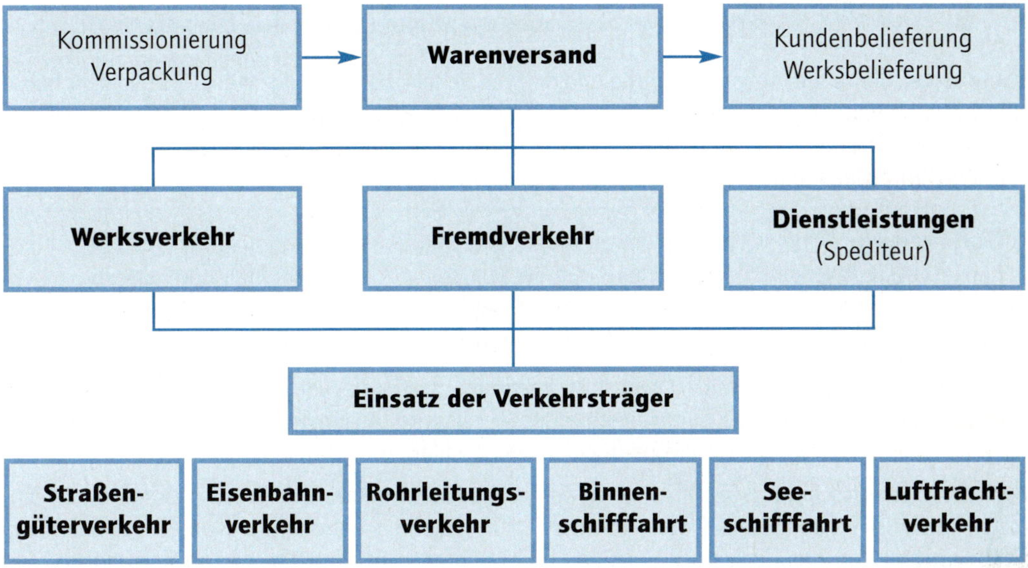

1 | Versandalternativen im Warenverkehr

Zeitungsausschnitt:

Frische Luft für Berlin

Mannheimer Klimatechnik für den Anhalter Bahnhof

Im Container-Terminal Mannheim stehen zwölf 20-ft-Container abrufbereit für den Transport nach Berlin. Die gesamte Klimatechnik für den neuen ICE-Bahnhof muss just in time für den Einbau angeliefert werden, da auf der Baustelle in Berlin keine Zwischenlagerung möglich ist. (…)

Lösen Sie die folgenden Aufgaben in Partnerarbeit:

1 Mit welchen Verkehrsmitteln könnten diese Container von Mannheim nach Berlin transportiert werden?

2 Bestimmen Sie den sinnvollsten Transportweg für das einzelne Verkehrsmittel und schätzen Sie die jeweilige Transportdauer.

3 Erstellen Sie eine Entscheidungsmatrix, um das geeignetste Verkehrsmittel für diesen Transport auswählen zu können. Entscheidungskriterien könnten sein: Schnelligkeit, Zuverlässigkeit, Transportkosten, Just-in-time-Fähigkeit, Umweltverträglichkeit usw.

SACHDARSTELLUNG

1.1 | Verkehrsmittel

Durch fortschreitende Industrialisierung und die weltweite Arbeitsteilung ist der Güterverkehr heute die Grundbedingung jedes menschlichen Zusammenlebens. Güterverkehr gewährleistet und sichert unseren Wohlstand. Zwischen Wirtschaftswachstum und dem Wachstum des Güterverkehrs besteht ein direkter Zusammenhang.

Güterverkehr ist der wirtschaftlich veranlasste Transport von Gütern im Straßenverkehr, Schienenverkehr, Luftverkehr, in der Binnen- und Seeschifffahrt sowie im Rohrleitungsverkehr.

Wer im Güterverkehr beschäftigt ist, sollte die entsprechenden **Fachbegriffe** einordnen können:

Die Verkehrsinfrastruktur eines Landes ist bestimmt durch die verschiedenen Arten von **Verkehrswegen,** auf denen der Güterverkehr abgewickelt wird. An **Verkehrsknotenpunkten** kreuzen sich die Verkehrswege. Dort können Güter umgeschlagen oder gelagert werden.

Um den Güterumschlag zu beschleunigen, werden **Ladeeinheiten,** wie Paletten, Container, Wechselbrücken usw., gebildet. Auf den Verkehrswegen verkehren nationale und internationale **Verkehrsmittel** mit ihren jeweiligen Vorzügen und Nachteilen bei der Transportabwicklung.

Die einzelnen Verkehrsmittel werden durch **Verkehrsbetriebe** eingesetzt. Diese Verkehrsunternehmen, die den Güterverkehr auf den verschiedenen Verkehrswegen abwickeln, werden als **Verkehrsträger** bezeichnet.

PRAXISFALL

Die Fa. Hugo Boss, Metzingen (Baden-Württemberg), exportiert Herrenbekleidung in die USA in speziellen Luftfrachtcontainern **(= Ladeeinheit).** Diese Container werden auf der Straße/Autobahn **(= Verkehrsweg)** zum Flughafen Frankfurt/M **(= Verkehrsknoten)** per Wechselbrücken-Lkw (= nationales **Verkehrsmittel)** befördert und dort auf ein Frachtflugzeug Boeing 747 F (= internationales **Verkehrsmittel)** umgeladen. Die Lufthansa **(= Verkehrsträger)** führt diesen Lufttransport in die USA durch.

Verkehrswege	Verkehrsmittel	Verkehrsknotenpunkte	Verkehrsträger
Straßen	Lastkraftwagen	Güterverkehrszentren, Hubs, Logistikzentren, Autohöfe	Güterkraftverkehrsunternehmen, z. B. DHL, Schenker
Schiene	Eisenbahnen	Güterbahnhöfe, Kombi-Verkehrsterminals	Eisenbahngesellschaften z. B. DB AG
Binnenwasserstraßen	Binnenschiffe	Binnenhäfen, Seehäfen	Reedereien, Partikuliere

Verkehrswege	Verkehrsmittel	Verkehrsknotenpunkte	Verkehrsträger
Meeresstraßen, Meere	Seeschiffe	Seehäfen	Reedereien, Seeschifffahrtskonferenzen
Luftverkehrsstraßen	Flugzeuge	Flughäfen	Luftfahrtgesellschaften
Rohrleitungen	Pipelines	Pumpstationen	Rohrleitungsbetreiber

1.2 | Auswahlkriterien im Warenversand

Um das richtige Verkehrsmittel für Gütertransporte auswählen zu können, müssen die jeweiligen Vor- und Nachteile gegeneinander abgewogen werden.

Verkehrsmittel des Güterverkehrs	**Nutzen**	**Schwächen**
Lastkraftwagen	Haus-Haus-Verkehre flächendeckende Güterversorgung Fahrzeuge sind -mengen- und güterangepasst relative schnelle Transporte	beschränktes Transportvolumen Staus, hohe Unfallgefahr witterungsabhängig (Eis, Nebel) Umweltbelastung relativ hohe Transportkosten
Eisenbahnen	Transport großer Gütermengen umweltfreundlicher Transport relativ flüssige Verkehre	stationsgebundene Verkehre hohe Fixkosten gebrochene Verkehre längere Transportzeiten
Binnenschiffe	Massengutverkehre möglich günstige Transportpreise Entlastung des Straßenverkehrs geringe Umweltbelastung geringer Energieverbrauch pro tkm	stationsgebundene Verkehre langsamer Transport gebrochene Verkehre witterungsabhängig (Eis, Wasserstand)
Seeschiffe	Stückgut- und Massengutverkehre relativ günstige Transportpreise güterangepasste Schiffe (Container) geringer Energieverbrauch pro tkm	stationsgebunden (wenige Seehäfen) gebrochene Verkehre lange Transportzeiten relativ hohes Transportrisiko
Flugzeuge	schnelle, interkontinentale Transporte viele Flughäfen – auch im Binnenland sichere Transporte hohes Transportvolumen (max. 630 m^3)	hohe Transportpreise stationsgebundene Verkehre gebrochene Verkehre Gewichtsbeschränkungen (max. 100 t)
Pipelines	günstiger Transportpreis hohes Transportvolumen	stationsgebundene Verkehre beschränkt auf Flüssigkeiten/Gas

Letztlich ist die Auswahl des Verkehrsmittels von der jeweiligen Zweckmäßigkeit und den vorrangigen Wünschen und Bedürfnissen des Kunden bestimmt.

Folgende **Auswahlgesichtspunkte** können dabei genannt werden:

- **Schnelligkeit** der gewünschten Transportdurchführung
- **Preis** der Transportabwicklung
- Höhe der **Umschlagskosten** und sonstigen Nebenkosten, wie Versicherungen usw.
- **Sicherheit** der Transportabwicklung
- **Häufigkeit,** Regelmäßigkeit, Pünktlichkeit der Verkehre
- **Kapazitätsgrenzen** der Verkehrsmittel bezüglich Gewicht und Volumen
- **technische Ausrüstung** des Verkehrsmittels, wie Kühlung, Hebebühne, Gefahrgutausrüstung
- Einhaltung **gesetzlicher Transportvorschriften,** z. B. für Gefahrgut, Sonntagsfahrverbot
- **Beweglichkeit des Verkehrsmittels,** z. B. Haus-Haus-Verkehr
- **Umweltschutzaspekte**
- sonstige **Kundenwünsche**

Für die endgültige Wahl des richtigen Verkehrsmittels gibt es ausschlaggebende **Hauptgründe,** die Nebengründe in den Hintergrund treten lassen.

Beispiele:

- *Steht die Schnelligkeit im Vordergrund, so wird die Entscheidung für den Lufttransport fallen, weil die Transportkosten dann nicht mehr ausschlaggebend sind.*
- *Soll der Transportpreis möglichst gering sein, muss meist auf die Schnelligkeit des Transports verzichtet werden und die Entscheidung geht zugunsten des Schiffstransports.*
- *Je hochwertiger ein Transportgut, desto eher verträgt es eine Belastung mit Transportkosten, desto mehr muss der Transport überwacht und gesichert werden.*
- *Für geringwertige Transportgüter werden längere Transportzeiten in Kauf genommen, um so die Transportkosten zu minimieren.*

Daneben werden **ökologische Gründe** für die Wahl des Transportmittels immer wichtiger. Durch eine entsprechende **Verkehrspolitik** soll das Transportaufkommen verringert, Leerfahrten vermieden und Güterverkehr auf umweltfreundlichere Verkehrsmittel, wie Eisenbahn und Binnenschifffahrt, umgelenkt werden.

Über eine entsprechende Verkehrspolitik sollen Abgase, Lärm und Flächenverbrauch reduziert werden. Zudem möchte man der zunehmenden Lebensraumzerschneidung durch Verkehrsflächen entgegenwirken.

Straßenverkehr verbraucht beispielsweise dreimal mehr Fläche als Schienenverkehr, verbraucht ein Vielfaches an Energie pro tkm und hat die höchsten Schadstoffemissionen pro tkm.

5006386

Typische Schwermetallbelastungen des Bodens durch Verkehr:

Schwermetall	**Ländliche Ackerböden** mg/kg	**Stadtböden** mg/kg
Blei (Pb)	25	225
Cadmium (Cd)	0,1	0,7
Kupfer (Cu)	18	88
Zink (Zn)	66	324

Quelle: Geographisches Institut, Universität Bonn 2000

Um die Umwelt zu entlasten, hat Österreich für den Lkw-Transitverkehr das **„Ökopunkte"**-System eingeführt. Je lauter ein Lkw, je höher der Schadstoffausstoß, desto mehr Ökopunkte muss der Frachtführer bei einer Transitfahrt durch Österreich abgeben. Damit werden umweltfreundliche Fahrzeuge gefördert und mehr Lkws im Kombiverkehr als „rollende Landstraße" mit der Bahn im Transit durch Österreich befördert.

ZUSAMMENFASSUNG		
Verkehrsmittel	Hilfsmittel zur Abwicklung des Verkehrs auf den jeweiligen Verkehrswegen; sie werden durch Verkehrsbetriebe eingesetzt.	
Verkehrsträger	= Verkehrsunternehmen, die den Güterverkehr auf den jeweiligen Verkehrswegen abwickeln (mit jeweils spezifischen Vor- und Nachteilen)	
Auswahlkriterien für ein Verkehrsmittel	• Schnelligkeit	• Preis
	• Sicherheit	• Pünktlichkeit
	• Kapazität	• Transportvorschriften
	• Beweglichkeit	• Umweltschutzaspekte
Maßnahmen auf dem Weg zu umweltschonenden Verkehrsmitteln	• Maut • Ökopunkte	

AUFGABEN

1 Erläutern Sie am Beispiel Ihres Ausbildungsbetriebs die folgenden verkehrstechnischen Fachbegriffe:
- Ladeeinheiten
- Verkehrsmittel
- Verkehrsträger
- Verkehrswege

2 Bei der Spedition EUSPED GmbH, Heilbronn, sollen folgende Transportaufträge besorgt werden:
a) 1 500 t Steinsalz zu einer Chemiefabrik nach Mannheim/Ludwigshafen.
b) Die Steuerungsanlage einer Werkzeugmaschine mit 785 kg soll als Ersatzteil dringend nach Helsinki (Finnland).
c) 22 t Autoteile zur Pkw-Fabrik nach Regensburg.
d) 20 000 Kataloge (ca. 4 000 kg) an Kunden in ganz Deutschland.

Erstellen Sie eine Tabelle nach dem folgenden Muster.[1] Wählen Sie in Partnerarbeit jeweils mindestens zwei Transportvarianten zu den obigen Transportaufträgen.

Transportauftrag	Verkehrsträger	Verkehrswege	Hauptvorteil	Hauptnachteil
Salz				

3 **Fallstudie:**

Die Werkzeugmaschinenfabrik TEMA AG, Köln, verschickt Maschinenteile an verschiedene Kunden in Europa und Übersee.

Versandauftrag 1:
4 Maschinenteile (2,20 m x 5,80 m x 1,95 m) zu je 7,4 t
4 elektronische Steuerteile (60 cm x 120 cm x 40 cm) zu je 120 kg
ca. 2 m^3 Klein- und Montageteile mit ca. 580 kg
acht Stück Glasteile, je 80 cm x 90 cm
Kunde: Gatto S.A., Mestre bei Venedig, Italien

Versandauftrag 2:
2 Maschinenteile (1,80 m x 5,80 m x 1,65 m) zu je 5,9 t
2 elektronische Steuerteile (60 cm x 120 cm x 40 cm) zu je 120 kg
ca. 1 m^3 Klein- und Montageteile mit ca. 290 kg
vier Stück Glasteile, je 80 cm x 90 cm
Kunde: VERTA Inc., Boston, USA

Arbeitsaufträge:
a) Planen Sie mit Ihrer Arbeitsgruppe den Transportweg, die notwendigen Verkehrsmittel und die möglichen Transportbehälter für die obigen Aufträge (bzw. für Auftrag 1 oder Auftrag 2). Entwickeln Sie eine möglichst umweltschonende Transportabwicklung.
b) An welchen Verkehrsknoten werden die Verkehrsmittel jeweils gewechselt?
c) Welchen Gefahren ist der Versandauftrag 1 auf dem von Ihnen gewählten Transportweg ausgesetzt? Welche Verpackungsmaßnahmen können Schäden verhindern?
d) Welchen Gefahren ist der Versandauftrag 2 auf dem von Ihnen gewählten Transportweg ausgesetzt? Welche Verpackungsmaßnahmen können Schäden verhindern?
e) Welche Verpackungshilfsmittel wählen Sie für diese Transporte? Begründen Sie Ihre Entscheidungen.

1 Bitte nichts ins Buch eintragen!

2 | Rechtsgrundlagen im Warenversand

SITUATION

Der Fahrer der TRANSLOG AG möchte beim Empfänger Erich Bauer eine Lieferung mit zwölf Gitterboxen Granitplatten der Naturstein AG an dessen Baustelle abgeben. Da der Empfänger keinen Gabelstapler besitzt, verweigert er die Annahme der Sendung mit der Begründung, die Entladung dieser Sendung sei nicht seine Sache. Im Übrigen habe er mit der TRANSLOG als Frachtführer rechtlich nichts zu schaffen.

Klären Sie die folgenden Fragen in Partnerarbeit und tauschen Sie Ihre Ergebnisse im Klassengespräch aus:

1. **Zwischen welchen Parteien wurde hier der Frachtvertrag über zwölf Gitterboxen abgeschlossen?**
2. **Verweigert Erich Bauer nach Ihrem Rechtsempfinden die Annahme der Sendung zu Recht?**
3. **Welche Probleme entstehen dadurch für den Frachtführer der TRANSLOG AG?**
4. **Wie würden Sie diese Probleme anstelle des Fahrers der TRANSLOG AG lösen?**
5. **Setzen Sie sich mit der Auffassung des Empfängers auseinander, dass er mit dem Frachtführer rechtlich nichts zu tun habe.**

SACHDARSTELLUNG

2.1 | Transportrechtsreform von 1998

Vor dem Hintergrund des **EU-Binnenmarktes** und des Wandels im Transportmarkt wurde das deutsche Transportrecht zum 01.07.1998 grundlegend reformiert. So wurden die einzelnen Spezialgesetze zum Transportrecht im Handelsgesetzbuch (§§ 407–475 HGB) zusammengefasst und einheitlich geregelt. Seitdem gelten die **gleichen Regeln** für Transporte auf der Straße, der Schiene, im nationalen Luftverkehr und in der Binnenschifffahrt. Daneben wurden auch das Speditions- und das Lagerrecht im HGB und das Güterkraftverkehrsgesetz aufgrund der Kabotagefreiheit in der EU[1] neu gestaltet. Als Folge dieser Gesetzesreform mussten alle nationalen Verkehrsträger ihre AGB (Allgemeine Geschäftsbedingungen) anpassen.

Internationales Transportrecht ist durch die deutsche Transportrechtsreform nicht betroffen. Jedoch wurde das deutsche Transportrecht dem internationalen Transportrecht, z. B. CMR[2], angeglichen.

1 **Kabotagefreiheit:** Jeder EU-Frachtführer mit einer EU-Genehmigung ist berechtigt in jedem EU-Land auch Binnenverkehr zu betreiben. Die Unterscheidung zwischen inländischem Frachtführer und EU-Frachtführer gibt es nicht mehr.

2 CMR = Internationales Übereinkommen über den Gütertransport auf der Straße

§§ 407–475 HGB regeln			**GüKG** regelt
Frachtgeschäft §§ 407–452 • Güterkraftverkehr • Eisenbahn • Binnenschiff	Speditionsgeschäft §§ 453–466	Lagereigeschäft §§ 467–475	gewerblichen Güterkraftverkehr Werkverkehr Überwachung des Güterverkehrs

2.2 | HGB-Frachtrecht

2.2.1 | Allgemeine Regelungen

Abschluss des Frachtvertrags

Absender und Frachtführer schließen den Frachtvertrag durch zwei übereinstimmende Willenserklärungen ab.

Hauptpflichten des Frachtführers:
- Beförderung des Gutes zum Empfänger
- Ablieferung des Gutes beim Empfänger

Hauptpflicht des Absenders:
- Zahlung der vereinbarten Fracht

Frachtbriefregelungen (§§ 408/409 HGB)

Der Frachtführer kann die Ausstellung eines Frachtbriefes verlangen. Ein Frachtbriefzwang besteht nicht. Ein auszustellender **Frachtbrief** enthält folgende **Angaben:**

1. Ort und Tag der Ausstellung
2. Name und Anschrift des Absenders
3. Name und Anschrift des Frachtführers
4. Stelle und Tag der Übernahme des Gutes sowie die vorgesehene Ablieferungsstelle
5. Name und Anschrift des Empfängers und eine etwaige Meldeadresse
6. die übliche Bezeichnung der Art des Gutes und die Art der Verpackung/bei Gefahrgut die vorgeschriebene Bezeichnung
7. Anzahl, Zeichen und Nummern der Frachtstücke
8. das Rohgewicht oder die anders angegebene Menge des Gutes
9. die vereinbarte Fracht und die bis zur Ablieferung anfallenden Kosten sowie einen Vermerk über die Frachtzahlung
10. den Betrag einer bei der Ablieferung des Gutes einzuziehenden Nachnahme
11. Weisungen für die Zollbehandlung und sonstige amtliche Behandlung des Gutes
12. eine Vereinbarung über die Beförderung in offenen, nicht mit Planen gedecktem Fahrzeug oder eine Beförderung auf Deck

5006390

Der Frachtbrief wird in **drei Originalausfertigungen** ausgestellt, die vom Absender unterzeichnet werden:

- Die erste Ausfertigung erhält der Absender.
- Die zweite Ausfertigung begleitet den Gütertransport.
- Die dritte Ausfertigung behält der Frachtführer.

Der Frachtbrief ist **kein Warenwertpapier,** sondern allein eine **Beweisurkunde** über den Abschluss und Inhalt des Frachtvertrags sowie die Übernahme des Gutes durch den Frachtführer.

Der Absender kann vom Frachtführer verlangen Gewicht, Menge oder Inhalt gegen Kostenersatz zu überprüfen.

Gefährliches Gut (§ 410 HGB)

Der Absender muss dem Frachtführer vor der Verladung die Art der Gefahr und die erforderlichen Vorsichtsmaßnahmen mitteilen.

Geschieht dies nicht, kann der Frachtführer gegebenenfalls das gefährliche Gut ausladen, einlagern oder zurückbefördern und den Ersatz der erforderlichen Aufwendungen verlangen.

Verpackung und Kennzeichnung der Güter (§ 411 HGB)

Der Absender hat das Gut so zu verpacken, dass es **vor Verlust und Beschädigung geschützt** ist und dass **dem Frachtführer keine Schäden entstehen.** Der Absender hat das Gut zu **kennzeichnen** (markieren), z. B. durch Barcodelabel usw.

Verladen und Entladen des Gutes (§ 412 HGB)

Der **Absender** hat das Gut

- beförderungssicher zu laden,
- zu stauen = zu verladen,
- zu befestigen.

Der Absender hat aus dem Frachtvertrag heraus auch eine **Entladepflicht,** denn der Frachtvertrag ist zugunsten eines Dritten (des Empfängers) abgeschlossen. Mit dem Empfänger hat der Frachtführer somit keine direkte Vertragsbeziehung.

Der Frachtführer hat für die betriebssichere Verladung zu sorgen. Zur Be- und Entladung des Gutes muss er eine angemessene **Lade- und Entladezeit anbieten.** Darüber hinaus hat er Anspruch auf ein **angemessenes Standgeld.**

Begleitpapiere (§ 413 HGB)

Der Absender muss rechtzeitig alle für die Transportabwicklung/Zollabwicklung notwendigen **Urkunden** übergeben und alle dazu notwendigen **Auskünfte** erteilen.

Kündigung des Frachtvertrags (§ 415 HGB)

Der Absender kann den Frachtvertrag jederzeit kündigen. Der Frachtführer kann dann grundsätzlich die vereinbarte Fracht, evtl. Standgeld und sonstige Aufwendungen verlangen.

Nachträgliche Weisungen (Verfügungen) des Absenders (§ 418 HGB)

Als Vertragspartner kann der Absender während des Transports nachträgliche Weisungen bezüglich des Transportgutes an den Frachtführer abgeben. So kann der Absender nachträglich verfügen, dass der Frachtführer ...

- das Gut nicht weiterbefördert und zurückbringt oder einlagert.
- das Gut an einen anderen Bestimmungsort transportiert.
- das Gut zu einer anderen Ablieferstelle bringt.
- das Gut an einen anderen Empfänger abliefert.

Der Frachtführer kann den Ersatz seiner Aufwendungen und eine angemessene Entschädigung verlangen. Mit der Ablieferung erlischt das Verfügungsrecht des Absenders über das Gut und der Empfänger kann dann dem Frachtführer neue Weisungen geben **(Empfängeranweisung).**

Beförderungs- und Ablieferungshindernisse (§ 419 HGB)

Bei Beförderungshindernissen vor Ankunft des Gutes sowie bei Ablieferungshindernissen an der Ablieferstelle muss der Frachtführer Weisungen von Verfügungsberechtigten einholen. Ist dies nicht möglich, kann der Frachtführer selbst entscheiden.

Zahlung der Fracht – Frachtberechnung (§§ 420, 421 HGB)

Die Fracht ist bei Ablieferung des Gutes zu zahlen. Für die Frachtberechnung werden die Angaben im Frachtbrief zugrunde gelegt. Nimmt der Empfänger eine „Unfrei-Sendung" an, so ist er zur Zahlung der Fracht verpflichtet.

Pfandrecht des Frachtführers (§§ 440, 441 HGB)

Der Frachtführer hat aus dem aktuellen Frachtvertrag heraus ein Pfandrecht an dem Gut **(konnexes Pfandrecht).** Der Frachtführer hat aber auch wegen **aller anderen** Forderungen gegenüber dem Absender ein Pfandrecht **(inkonnexes Pfandrecht).**

Der Frachtführer kann sein Pfandrecht noch bis zu drei Tagen nach der Ablieferung geltend machen.

Rechte des Empfängers (§ 421 HGB)

Nach Ankunft des Gutes hat der Empfänger einen **Ablieferungsanspruch** an der Ablieferungsstelle. Ist das Gut beschädigt, verspätet abgeliefert oder verloren gegangen, kann der Absender seine Ansprüche direkt gegenüber dem Frachtführer geltend machen, obwohl er den Frachtvertrag nicht selbst abgeschlossen hat. Die Ansprüche des Absenders als Vertragspartner des Frachtführers bleiben davon unberührt.

Nachnahmeeinzug (§ 422 HGB)

Wurde eine Nachnahmeeinziehung vereinbart, so muss der Frachtführer diesen Betrag in **bar** oder in Form eines gleichwertigen Zahlungsmittels beim Empfänger einziehen.

5006392

2.2.2 | Haftung des Frachtführers

Haftungsprinzip (§ 425 HGB)

Der Frachtführer haftet nach dem Prinzip der **Gefährdungshaftung** d. h., er haftet unabhängig von seinem eigenen Verschulden für alle Schäden im Obhutzeitraum von der Übernahme des Gutes bis zu seiner Ablieferung. Zudem haftet er für seine Leute und die von ihm beauftragten Dritten (Unterfrachtführer) (§ 428 HGB).

Schadensarten (§§ 424, 425, 429, 438 HGB)

Im HGB werden die folgenden Schadensarten unterschieden:

1. **Güterschäden** sind Schäden, die durch Verlust oder Beschädigung des Gutes entstehen. Äußerlich erkennbare Schäden müssen **sofort,** verdeckte Schäden innerhalb von **sieben Tagen** durch den Empfänger reklamiert werden. Das Gut gilt als verloren, wenn es nicht innerhalb von 20 Tagen nach der vermuteten Ablieferung ausgeliefert werden kann.
2. **Lieferfristüberschreitung** sind Verspätungsschäden durch Nichteinhaltung der Lieferfrist. Reklamationen wegen einer Lieferfristüberschreitung müssen innerhalb von **21 Tagen** nach der Ablieferung erfolgen.
3. **Güterfolgeschäden** (Vermögensschäden als Folge eines Güterschadens) werden nach HGB nicht ersetzt.

Bei vorsätzlich und grob fahrlässig verursachten Schäden kann sich der Frachtführer nicht auf die HGB-Haftungsbeschränkungen berufen.

Haftungshöchstgrenzen (§ 431 HGB)

1. **Güterschäden** bzw. der Wert des Gutes werden ersetzt. Es werden **maximal 8,33 Sonderziehungsrechte (SZR) je kg** brutto ersetzt. Zusätzlich werden die Frachtkosten ersetzt, die der Geschädigte bereits bezahlt hat.
2. Für **Verspätungsschäden,** die der Frachtführer verursacht hat, haftet dieser bis zum **dreifachen Frachtbetrag.**

Haftungsausschlüsse (§§ 426, 429 HGB)

Der Frachtführer muss in den folgenden Fällen nicht haften:

1. für Schäden aufgrund eines **unabwendbaren Ereignisses,** z. B. bei höherer Gewalt;
2. für Schäden, die der **Verfügungsberechtigte zu vertreten** hat, z. B. Verpackungsfehler, Verladefehler, Mängel in der Kennzeichnung der Packstücke;
3. für Schäden, die aus **der Beschaffenheit des Transportgutes** entstehen, z. B. innerer Verderb, Rost, Auslaufen, Verdunstung usw.;
4. für Schäden durch **Transporte auf offenen Fahrzeugen,** z. B. Nässeschäden;
5. für Schäden, die beim **Transport lebender Tiere** entstehen.

2.3 | Regelung des gewerblichen Güterkraftverkehrs durch das Güterkraftverkehrsgesetz (GüKG)

Durch das GüKG regelt der Gesetzgeber die Ordnung und den Zugang zum Markt des gewerblichen Güterkraftverkehrs.

Jeder Unternehmer, der gewerblichen Güterkraftverkehr betreiben will, muss **Marktzugangsvoraussetzungen** erfüllen, weil nach § 3 GüKG der gewerbliche Güterkraftverkehr für Fahrzeuge über 3,5 t Gesamtgewicht **erlaubnispflichtig** ist:

subjektive Marktzugangsvoraussetzungen zum Markt des gewerblichen Güterkraftverkehrs		
1. **fachliche Eignung**	2. **finanzielle Leistungsfähigkeit**	3. **persönliche Zuverlässigkeit**
durch IHK-Kenntnisprüfung oder kaufmännische Abschlussprüfung, z. B. als Speditionskaufmann, Verkehrsfachwirt	z. B. 9.000 € für das 1. Fahrzeug und 5.000 € für jedes weitere Fahrzeug	durch Auszüge aus dem Gewerbezentralregister, dem Verkehrszentralregister und durch das polizeiliche Führungszeugnis

Zusätzlich muss eine **Güterschadenshaftpflichtversicherung** abgeschlossen werden, die alle Haftungsfälle nach HGB abdeckt.

Die Erlaubnis wird von der Erlaubnisbehörde des zuständigen Bundeslandes (z. B. Regierungspräsidium) zunächst auf fünf Jahre erteilt und kann verlängert werden.

Der **Werkverkehr** ist **erlaubnisfrei.** Werkverkehr ist Güterkraftverkehr für eigene Zwecke des Unternehmens. Dabei müssen die Waren im Eigentum des Unternehmens sein, der Transport betriebsbedingt sein und die Fahrzeuge von eigenem Personal geführt werden.

Das **Bundesamt für den Güterverkehr** (BAG) überwacht und kontrolliert den gewerblichen Güterkraftverkehr in der Bundesrepublik bezüglich der Rechtsvorschriften, Sozial- und Umweltvorschriften. Dies geschieht durch **außerbetriebliche Kontrollen,** an Autobahnen, Bundesstraßen, Autohöfen usw. und durch **innerbetriebliche Kontrollen** in den Unternehmen selbst. Das BAG wird dabei auch als Bußgeldbehörde und als Ermittlungsbehörde tätig.

ZUSAMMENFASSUNG	
Transportrechtsreform	einheitliche Zusammenfassung vieler Spezialgesetze im Handelsgesetzbuch (HGB) und Angleichung der Rechtsvorschriften innerhalb der Europäischen Union (EU)
Frachtbrief	Es besteht kein Frachtbriefzwang mehr, aber der Frachtführer kann die Ausstellung eines Frachtbriefs, zum Beispiel aus Beweisgründen, vom Absender verlangen. Er ist nur ein Warenbegleitpapier und eine Beweisurkunde, aber kein Warenwertpapier.
Pflichten des Absenders	• Zahlung der vereinbarten Fracht • Kennzeichnung und Verpackung des Versandgutes, sodass es vor Verlust und Beschädigung geschützt ist • Beladung und Entladung • beförderungssichere Ladung, Verstauung und Befestigung
Pflichten des Frachtführers	• Beförderung und Ablieferung des Gutes • Anbieten einer angemessenen Lade- und Entladezeit
Rechte des Absenders	• jederzeitige Kündigung des Frachtvertrags • Erteilen nachträglicher Weisungen an den Frachtführer
Rechte des Frachtführers	• konnexes und inkonnexes Pfandrecht am Transportgut
Haftung des Frachtführers	nach dem Prinzip der Gefährdungshaftung (unabhängig vom Verschulden) für • Güterschäden bis maximal 8,33 SZR je kg • Lieferfristüberschreitung mit bis zu dreifacher Fracht • Nachnahmebeträge in voller Höhe In bestimmten Fällen, zum Beispiel bei unabwendbaren Ereignissen, muss der Frachtführer nicht haften.
Güterkraftverkehrsgesetz (GüKG)	regelt den gewerblichen Güterkraftverkehr in Deutschland.
Erlaubnispflicht	erforderlich für gewerblichen Güterverkehr über 3,5 t Gesamtgewicht; dabei muss der Bewerber seine fachliche Eignung, seine finanzielle Leistungsfähigkeit und seine persönliche Zuverlässigkeit nachweisen.
Werkverkehr	Eigene Güter werden für eigene Zwecke des Unternehmens mit eigenem Frachtführer befördert. Der Werkverkehr ist erlaubnisfrei. Mögliche Gründe für Werkverkehr: • geringere Kosten als beim Transport durch fremde Verkehrsdienstleister • Werbewirkung der Fahrzeuge • Kundendienstleistungen der Fahrer • ständige Lieferbereitschaft
Bundesamt für den Güterverkehr (BAG)	überwacht und kontrolliert durch außer- und innerbetriebliche Kontrollen den gewerblichen Güterverkehr in Deutschland.

? AUFGABEN

1 Welches Gesetz regelt die Straßen- und Schienentransporte in Deutschland?

2 Für einen Industriebetrieb sollen 20 t Chemikalien in Plastikfässern von Leverkusen nach Lörrach/Baden transportiert werden.
a) Wie kommt der Frachtvertrag für diesen Transport zustande?
b) Welche Hauptpflichten haben die Vertragspartner aus dem Frachtvertrag?
c) Der Frachtführer verlangt die Ausstellung eines Frachtbriefs für diese Sendung. Wer erhält die einzelnen Originalausfertigungen?
d) Erläutern Sie den Rechtscharakter eines solchen Frachtbriefs.
e) Wer ist für die Verladung bzw. Entladung der Plastikfässer nach dem Gesetz zuständig?
f) Zeigen Sie drei nachträgliche Weisungen (Verfügungen) des Absenders auf, die bei diesem Transport möglich sind.
g) Ab welchem Zeitpunkt kann der Frachtführer die Zahlung der Fracht für diesen Transport verlangen?
h) Erläutern Sie den Umfang des Frachtführerpfandrechts nach HGB.

3 Bei Transporten können unterschiedliche Schäden auftreten. Welche Schadensarten werden nach HGB unterschieden?

4 a) Bei einem Lkw-Transport wird ein Schaltkasten im Wert von 23.000,00 € und einem Gewicht von 200 kg total beschädigt. Klären Sie den Umfang der Haftung des Frachtführers in diesem Fall.
b) Obwohl eine Sendung im Gewicht von 1 280 kg zum 12.08. beim Empfänger sein sollte, wurde diese erst am 15.08. ausgeliefert. Der nachgewiesene Vermögensschaden beträgt 2.800,00 €. Der Frachtführer stellt einen Frachtbetrag von 464,00 €, brutto, in Rechnung. Inwieweit muss der Frachtführer für den Verspätungsschaden haften?
c) Zeigen Sie drei Fälle auf, bei denen der Frachtführer nicht haften würde.

5 Einer Ihrer Freunde möchte sich als Frachtführer im gewerblichen Güterkraftverkehr selbstständig machen.
a) Für welche Fahrzeuge benötigt er eine Erlaubnis nach GüKG?
b) Welche drei subjektiven Marktzugangsvoraussetzungen muss er erfüllen?

6 Wie ist der Werkverkehr nach GüKG geregelt?

7 Auf einem Autobahnparkplatz sehen Sie zwei weiße Fahrzeuge mit der Aufschrift „BAG". Welche Aufgaben erfüllt das „Bundesamt für den Güterverkehr" in Deutschland?

5006396

3 | Dienstleister im Güterverkehr

SITUATION

Das Weingut Müller beliefert die Gastronomie und den Weinhandel.
Im Umkreis von 100 km um das Weingut werden 60 % der Kunden mit eigenen Fahrzeugen versorgt.

25 % der Kunden sind über ganz Deutschland verteilt.

15 % der Kunden sind Auslandskunden, vor allem in den USA.

1 Diskutieren Sie, mit welchen Transportmitteln die einzelnen Kundengruppen beliefert werden können.

2 Ist es nach Ihrer Meinung sinnvoll, alle Weinbestellungen selbst zum Kunden zu transportieren? Machen Sie Vorschläge zur Belieferung der einzelnen Kundengruppen.

3 Diskutieren Sie diese Vorschläge innerhalb der Klasse.

4 In welchen Fällen wäre es für das Weingut sinnvoll, einen Teil der Weine nicht im eigenen Lager aufzubewahren?

SACHDARSTELLUNG

Kunden holen Güter beim Verkäufer selbst ab oder sie bekommen diese zugestellt. Bezüglich der Güterzustellung muss jedes Unternehmen entscheiden, ob die Güter durch firmeneigene Zustellung oder durch fremde Dienstleister, wie Frachtführer oder Spediteur, geliefert werden.

Zustellung durch eigene Fahrzeuge

Erfolgt die Güterbeförderung eines Unternehmens
- für eigene Zwecke
- mit eigenen Fahrzeugen,

spricht man von **Werkverkehr.**

Der Werkverkehr ist **genehmigungsfrei.** Sobald die Nutzlast der Lastkraftwagen über 4 t liegt, muss der Werkverkehr jedoch beim Bundesamt für den Güterverkehr angemeldet werden. Im Werkverkehr ist es üblich, dass ein **Lieferschein** mitgegeben wird.

Inhalt des Lieferscheins:
- Empfängeranschrift
- Lieferscheinnummer
- Warenmenge
- Warenart
- Lieferdatum

Das Lieferscheinoriginal erhält der Kunde. Auf der Lieferscheindurchschrift bescheinigt der Empfänger den ordnungsgemäßen Empfang der Ware.

Im Werkverkehr endet die Haftung des Lieferanten erst mit der Übergabe der Ware an den Kunden.

Entscheidungsgründe für den Werkverkehr:

❶ geringere Transportkosten durch hohe Auslastung der eingesetzten Fahrzeuge
❷ stetige Lieferbereitschaft
❸ die Fahrzeuge sind als Werbeträger des Unternehmens einsetzbar
❹ genaue eigene Lieferplanung ist möglich
❺ der eigene Fahrer kann auch weitere Kundendienstleistungen übernehmen
❻ direkter Nachnahmeeinzug durch den eigenen Fahrer

Fremde Dienstleister werden meist dann eingesetzt, wenn diese die Transport- oder Lagerleistung günstiger anbieten oder im Unternehmen das notwendige Fachwissen für die Transportabwicklung, z. B. im Export, nicht vorhanden ist.

Fremde Dienstleister beim Gütertransport einsetzen

Sollen Güter nicht im eigenen Lager bevorratet werden, kann deren Lagerung und Aufbewahrung auch von einem **Lagerhalter** vorgenommen werden.

Werden die Güter nicht im Werkverkehr befördert, kann die Transportabwicklung an **Spediteure** und **Frachtführer** übertragen werden. In der Praxis werden Frachtführer und Spediteure oft miteinander verwechselt. Den **Unterschied** zwischen Spediteur und Frachtführer soll die folgende Übersicht verdeutlichen:

	Frachtführer	**Spediteur**
Begriff	Der Frachtführer ist ein selbstständiger Kaufmann, der den Gütertransport **ausführt.**	Der Spediteur ist ein selbstständiger Kaufmann, der die Güterversendung durch Frachtführer **besorgt,** d. h. organisiert.
Beispiele aus der Praxis	• Güterkraftverkehrsunternehmen • KEP-Dienste • Eisenbahngesellschaften • Luftfahrtgesellschaften • Unternehmen der Binnen- und Seeschifffahrt (z. B. Reedereien)	nationale Speditionen internationale Speditionen Sammelgutspeditionen Seehafenspeditionen Luftfrachtspeditionen Binnenumschlagsspeditionen
Vertragsabschluss	Absender und Frachtführer schließen einen **Frachtvertrag,** aus dem sich die folgenden Rechte und Pflichten für den Frachtführer ergeben, z. B. mit der Lufthansa einen Luftfrachtvertrag.	Auftraggeber und Spediteur schließen einen **Speditionsvertrag,** aus dem sich die folgenden Rechte und Pflichten für den Spediteur ergeben:

5006398

	Frachtführer	Spediteur
Pflichten	• Beförderungs- und Ablieferungspflicht • Sorgfaltspflicht • Weisungsbefolgungspflicht • Obhuthaftung	• Wahl des günstigsten Beförderungsmittels • Abschluss von Frachtverträgen (in eigenem Namen, aber für Rechnung des Auftraggebers) • Weisungsbefolgungspflicht
Rechte	• Recht auf Vergütung • Frachtbriefausstellung • inkonnexes Pfandrecht	• Recht auf Provision • **Selbsteintrittsrecht** (in Frachtverträge) • inkonnexes Pfandrecht

Gerade große Speditionen, wie DHL, Kühne & Nagel, Schenker usw., haben nur teilweise eigene Lkws im Einsatz. Mit diesen nehmen sie das Selbsteintrittsrecht des Spediteurs wahr.
Die anderen Fahrzeuge gehören aber fremden Frachtführern, die nur im Auftrag der Spedition fahren. Alle Fahrzeuge, die eine Spedition einsetzt, fahren stets unter deren Firmenzeichen.

Fremde Dienstleister bei der Lagerung einsetzen

Der **Lagerhalter** nimmt die Lagerfunktion des Auftraggebers gegen Entgelt ab.

	Lagerhalter
Begriff	Der Lagerhalter ist ein selbstständiger Kaufmann, der die Lagerung und Aufbewahrung von Gütern gewerbsmäßig übernimmt.
Beispiele aus der Praxis	Lagerhausgesellschaften Speditionen als Lagerhalter staatliche Vorratsstellen
Vertragsabschluss	Einlagerer und Lagerhalter schließen einen Lagervertrag ab, aus dem sich die folgenden Rechte und Pflichten für den Lagerhalter ergeben:
Pflichten	• Aufbewahrung der Güter • Sorgfaltspflicht • Ausstellung eines Lagerscheins auf Wunsch des Einlagerers • Benachrichtigungspflicht bei eintretenden Veränderungen • Versicherungspflicht auf Wunsch des Einlagerers • Herausgabepflicht auf Verlangen des Einlagerers
Rechte	• Recht auf Lagergeld und Zahlung der Auslagen • Pfandrecht an der Ware • Selbsthilfeverkauf • Sammellagerung bei Waren gleicher Art und Güte

Lagerhalter bieten zwei grundsätzliche **Arten der Lagerung** an:

1. **Einzellagerung:** Die Ware wird getrennt von anderen Waren eingelagert.
2. **Sammellagerung:** Die eingelagerte Ware wird mit anderer Ware gleicher Art und Güte vermischt; der Einlagerer wird Miteigentümer, z. B. bei Getreide, Sand, Kies.

Der Lagerhalter stellt bei Empfang der Ware ein **Lagerdokument** aus: den Lagerempfangsschein oder einen Lagerschein.

Lagerdokumente	
Lagerempfangsschein	**Lagerschein**
= Quittung	= Warenwertpapier
Da hier nur der Empfang der Ware bescheinigt wird, kann der Einlagerer nicht ohne weiteres die Herausgabe der Ware aufgrund des Lagerempfangsscheins verlangen.	Gegen Vorlage des Lagerscheins ist der Lagerhalter verpflichtet die Ware an den Berechtigten auszuhändigen. Arten: Inhaberlagerschein Namenslagerschein Orderlagerschein
Die Ausstellung des Lagerempfangsscheins ist in der Praxis die Regel.	In der Praxis wird als Lagerschein der Orderlagerschein ausgestellt, da er sicher und durch das Indossament leicht übertragbar ist.

Vorteile der Fremdlagerung:

- **Kapitalersparnis** – da keine Lagerinvestitionen
- **variable Lagerkosten,** da nur Lagergeld
- **geringeres Lagerrisiko** – wegen der Fachkenntnisse des Lagerhalters
- Nutzung von **Speziallager** möglich

ZUSAMMENFASSUNG	
Frachtführer	selbstständiger Kaufmann, der Transporte ausführt. Jedem Verkehrsträger sind entsprechende Frachtführer zugeordnet.
Absender der Ware	schließt mit dem Frachtführer einen Frachtvertrag, zum Beispiel einen Luftfrachtvertrag mit der Lufthansa, mit Rechten (zum Beispiel Vergütungsrecht) und Pflichten (zum Beispiel Sorgfaltspflicht) für den Frachtführer.
Spediteur	selbstständiger Kaufmann, der Gütertransporte für seinen Auftraggeber besorgt, das heißt organisiert.
Speditionsvertrag	wird zwischen Spediteur und seinem Auftraggeber geschlossen. Er enthält für den Spediteur Rechte (zum Beispiel Selbsteintrittsrecht) und Pflichten (zum Beispiel Sorgfaltspflicht) gegenüber dem Auftraggeber.
Selbsteintrittsrecht	Spediteur darf mit sich selbst Frachtverträge abschließen, wenn er auch Frachtführer ist.
Lagerhalter	selbstständiger Kaufmann, der gewerbsmäßig Lagerung und Aufbewahrung von Gütern übernimmt.
Lagervertrag	wird zwischen dem Lagerhalter und dem Einlagerer geschlossen. Er enthält für den Lagerhalter bestimmte Rechte (zum Beispiel Anspruch auf Zahlung und Selbsthilfeverkauf) und Pflichten (zum Beispiel Aufbewahrungs- und Benachrichtigungspflicht).
Lagerdokumente	• Lagerempfangsschein als Empfangsquittung • Lagerschein als Warenwertpapier

AUFGABEN

?

1 Unter welchen Voraussetzungen kann ein Unternehmen Werkverkehr anmeldefrei betreiben?

2 Nennen Sie drei Gründe dafür, warum ein Unternehmen Werkverkehr betreibt.

3 Welche Frachtführer setzt Ihr Ausbildungsbetrieb im Gütertransport ein?

4 In welchen Fällen setzt Ihr Ausbildungsbetrieb Spediteure zur Auftragsabwicklung ein?

5 Wie unterscheiden sich Spediteur und Frachtführer rechtlich voneinander?

6 Was versteht man unter dem Selbsteintrittsrecht des Spediteurs?

7 In welchen Fällen lohnt sich die Einlagerung bei einem Lagerhalter?

8 Wie unterscheiden sich Lagerempfangsschein und Lagerschein, die ein Lagerhalter ausstellen kann?

9 a) Was versteht man unter einer Sammellagerung?
b) Welche Güter eignen sich für die Sammellagerung?

10 Unter welchen Umständen wird sich ein Unternehmen für eine Fremdlagerung entscheiden?

4 | Kurier-, Express- und Paketdienste (KEP)

SITUATIONEN

Folgende Sendungen stehen zur Beförderung an:

❶ Wichtige Schiffsdokumente (u. a. Original eines B/L) müssen schnellstens von Hamburg nach Buenos Aires/Argentinien gebracht werden, damit das Schiff dort gelöscht werden kann. Die Ladung hat einen Wert von 840.000,00 € und die Liegekosten des Schiffes betragen pro Tag 16.000,00 €.

❷ Das Steuergerät eines Fertigungsautomaten hat die Maße 80 cm x 60 cm x 40 cm und wiegt 45 kg. Das Steuergerät muss am nächsten Morgen bis 08:00 Uhr beim Empfänger in Kiel angeliefert werden. Der Hersteller mit Sitz in Rosenheim/Bayern hat diesen Termin fest zugesagt, um den Produktionsausfall des Kunden von ca. 3.000,00 €/Std. zu minimieren.

❸ 216 Händler in ganz Deutschland sollen Musterteile erhalten. Ein Musterteil hat ein Gewicht von 6 kg und die Maße 30 cm x 40 cm x 15 cm. Diese Musterteile sollen möglichst schnell und kostengünstig verschickt werden.

Lösen Sie die folgenden Aufgaben in Partnerarbeit. Tauschen Sie Ihre Ergebnisse in der Klasse aus:

1 **Machen Sie zu den Situationen 1–3 Versandvorschläge. Berücksichtigen Sie dabei auch die Dringlichkeit, den Wert der Ware und evtl. Schadensersatzansprüche.**

5006402

2 Unterscheiden Sie die Transportanforderungen an die Ware in den Situationen 1, 2, 3. Verwenden Sie eine Matrix nach dem folgenden Muster[1]:

Fall	Transportkosten	Transportgeschwindigkeit	Transportsicherheit
1			
2			
3			

3 Beschreiben Sie den Transportweg in den Situationen 1 und 2.

4.1 | KEP-Markt in Deutschland

KEP steht für **K**urier-, **E**xpress- und **P**aket-Dienste. KEP steht auch für eine bedeutsame Wachstumsbranche in der Logistikdienstleistung. Noch vor 30 Jahren war die Deutsche Post als Monopolist im Kleingut- und Briefverkehr tätig. Ende der Siebzigerjahre wurde dieses Monopol aufgehoben und neue Unternehmen boten vor allem im Paketversand ihre Dienste an.

Bis heute ist der KEP-Markt der am schnellsten wachsende Teilmarkt im gewerblichen Güterverkehr. Deutschland hat neben den USA und der Schweiz das höchste Pro-Kopf-Aufkommen an Paketen weltweit.

Anteile am deutschen KEP-Markt 2001
(Volumen: 10,9 Mrd. €)

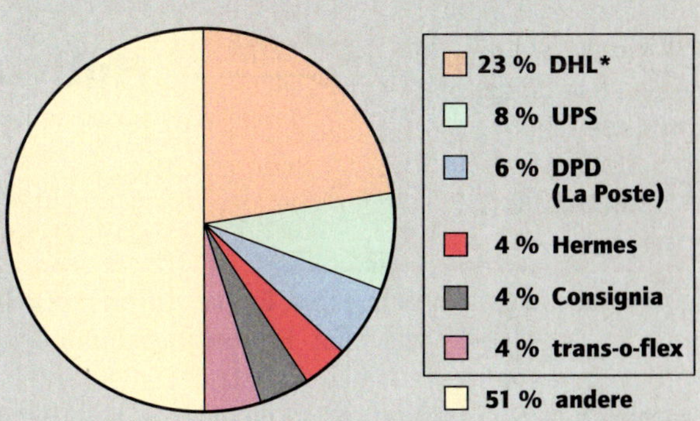

* Belgien, Frankreich, Deutschland, Italien, Niederlande, Spanien und Großbritannien
Quelle: Datamonitor u. a., 2002

Prognosen gehen in Deutschland bis 2007 von ca. 5 % jährlichem Wachstum aus. In Europa erwartet man im gleichen Zeitraum 10 bis 15 % jährliches Wachstum. Besondere Impulse erhält der KEP-Markt durch den steigenden Versand- und Internethandel.

Der Erfolg der KEP-Unternehmen begründet sich in den **neuen Marktanforderungen** im Güterverkehr zu Ende des 20. Jahrhunderts:

- starke **Zunahme der Kleinsendungen**
- **Zunahme der Lieferhäufigkeit** durch das kleinere Sendungsvolumen
- Kunden verlangen kurze und **planbare Laufzeiten** für ihre Sendungen.

1 Bitte nichts ins Buch eintragen!

- Mehr **Serviceleistungen** durch zunehmend wertvollere Transportgüter werden erforderlich.
- Mehr europaweite und weltweite Transporte in der **Haus-Haus-Zustellung** infolge der Globalisierung der Weltwirtschaft werden in Auftrag gegeben.
- **kundenbezogene Dienstleistungen,** wie Nachnahmeeinzug, Retourenmanagement, „Tracking and Tracing", Packing usw.

Die drei KEP-Teilbereiche unterscheiden sich vor allem nach den Merkmalen

- **Schnelligkeit,**
- **Gewicht** und
- **Art der Ware.**

Paketdienste sind **schnell.** Sie transportieren ihre Sendungen nach dem Sternprinzip (hub and spoke). Dabei werden die Pakete bei den Absendern eingesammelt und in regionale Sammelstellen gebracht. Über **Zentraldepots** gehen die Pakte wieder an die regionale Sammelstelle in der Nähe des Empfängers zurück und werden dann ausgeliefert. Die Pakete erreichen die Empfänger innerhalb von ein bis zwei Arbeitstagen. Die Preise staffeln sich nach dem Sendungsaufkommen des jeweiligen Kunden. Je nach Paketdienstunternehmen liegen die transportierten Höchstgewichte zwischen 31,5 kg und 70 kg je Paket.

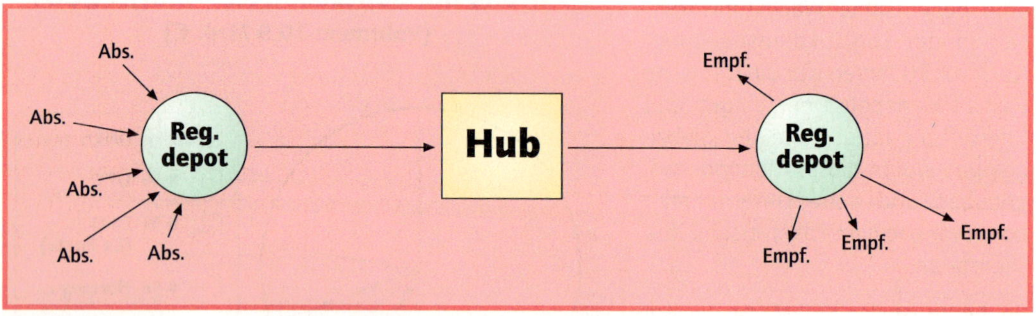

Expressdienste sind **schneller. Expressdienstsendungen** sind durch einen wesentlich schnelleren Transport gekennzeichnet. Expressgutsendungen werden in einen eng gefassten Zeitrahmen und mit garantierten Terminen zugestellt. Dabei kann der Zustellort sehr eng gefasst sein und eine Zustellung direkt am Band ist so möglich. Sobald ein Paketdienst ein **exaktes Zeitfenster** anbietet, liegt damit bereits ein Expressdienstangebot vor. Die Transportpreise für Expressgüter liegen deutlich höher als bei den Paketdiensten. Gewichtsgrenzen werden meist nicht festgelegt. Expressgutsendungen eignen sich für Termingüter aller Art.

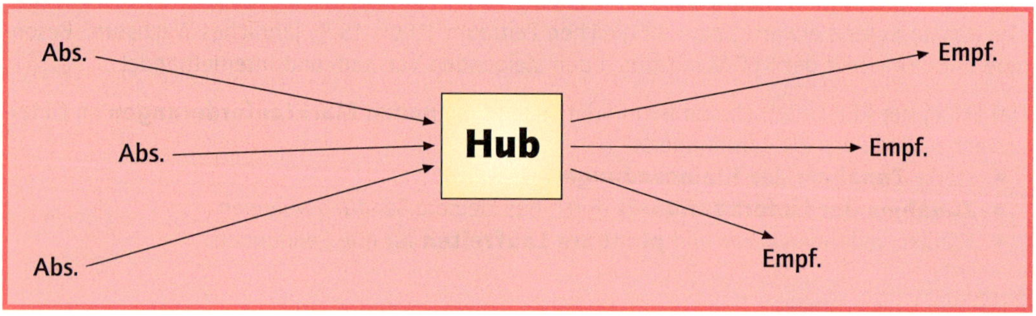

Kurierdienste sind **schnellstmöglich.** Sie zeichnen sich durch hohe Geschwindigkeit und Zuverlässigkeit bei der Beförderung aus. Dies wird dadurch erreicht, dass diese Transporte durchgehend begleitet sind und schnellstmögliche Beförderungsmittel wie Pkw, Motorrad und Flugzeuge eingesetzt werden. Die **Begleitung der Sendung** bis zum Empfänger gewährleistet die ständige Beaufsichtigung des Transportguts. Die Kuriersendungen sind durch exakte Abhol- und Zustellzeitpunkte gekennzeichnet. Dabei hat der Kunde einen jederzeitigen Informationszugriff auf den Status der Sendung. Aufgrund der hohen Preise eignen sich Kuriersendungen nur für besonders hochwertige Waren und besonders eilige Sendungen und Dokumente.

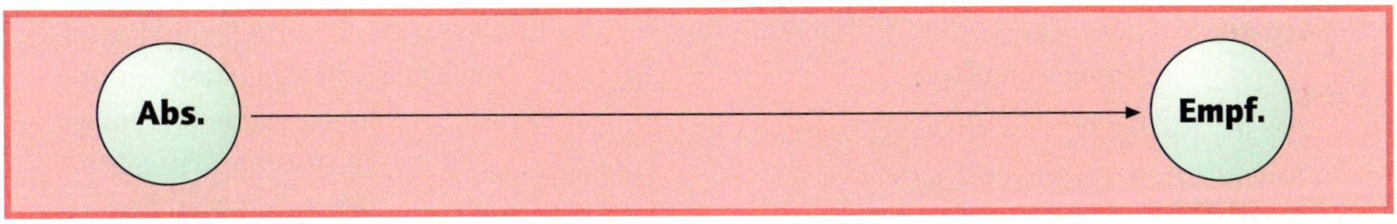

Mit dem Ende des Post-Briefmonopols bilden sich im KEP-Bereich zusätzlich **„postalische Dienste"** aus, die Standardbriefe, Massensendungen, Pressesendungen usw. verteilen.

Zeitungsverlage bilden heute schon **Briefvertriebgesellschaften,** die über ihre Zeitungszusteller auch Briefe und Warensendungen frühmorgens mit der Tageszeitung ausliefern.

Der reine Frachttransport im KEP-Markt lässt in den kommenden Jahren kaum noch die alten Zuwachsraten für die Anbieter zu. Zudem waren im Jahr 2003 ca. 77 % der Unternehmen durch langfristige Verträge an ihren Logistikdienstleister gebunden. Daher werden die **kundenbezogenen Zusatzdienstleistungen** für den Erfolg der Anbieter immer wichtiger. In der KEP-Branche werden diese Dienstleistungen auch als **„Value Added Services"** bezeichnet, die besonders von Internet-Handelsbetrieben nachgefragt werden.

Value Added Services von KEP- Dienstleistern	
Dienstleistungsangebot	**Erläuterung**
Tracking and Tracing	Sendungsverfolgungssysteme; so kann der Empfänger oder der Absender den Status der Sendung jederzeit im Internet abrufen.
Warehousing Packing Konfektionierung Labeling	Lagermanagement, Bestandsführung, Sendungszusammenstellung, Verpackung und Belabelung werden durch den KEP-Dienstleister übernommen.
Finanzwesen Logistik-Controlling	Nachnahmeeinzug, Rechnungserstellung, Zahlungseinzug, Mahnwesen übernimmt der KEP-Dienstleister. Überwachung des Unternehmenserfolgs durch Kennzahlensysteme für den Auftraggeber
Retourenmanagement	Übernahme der Wiederzustellungen, Rücksendungen und Reklamationsbearbeitung durch den KEP-Dienstleister vor allem im Endverbrauchergeschäft

	Kurierdienste	Expressdienste	Paketdienste
Wesen	Sendungen werden direkt, exklusiv und persönlich vom Kurier begleitet zum Empfänger befördert. Die Übergabe erfolgt persönlich durch den Kurier zu einer genau bestimmten Zeit.	Sendungen werden zu fest zugesagten Haus-zu-Haus-Laufzeiten befördert. Der Transport erfolgt über Umschlagzentren durch spezialisierte Kombifrachtdienste.	Sendungen werden in Regellaufzeiten ohne festen Zustelltermin befördert. Ein hoher Standardisierungsgrad ermöglicht ein optimales Kosten-Preis-Verhältnis. Die Anbieter verfügen über eigene flächendeckende Frachtnetze mit Sammel- und Verteildepots sowie Zentralumschlagpunkten (Hub). Die Sendungen werden überwiegend im Nachtsprung befördert und am nächsten Tag an den Empfänger ausgeliefert.
Arten	• Citykuriere • Direktkuriere • internationale Kuriere	• Expressdienste (Sameday, Innight, Overnight) • Expressfrachtdienste (Kooperationen wie Trans-o-flex)	• nationale Paketdienste (Schwerpunkt liegt bei innerdeutschen Paketdiensten) • internationale Paketdienste (Schwerpunkt liegt bei internationalen Paketsendungen)
Sendungen	• Einzelpackstücke • Dokumente • Ersatzteile • Eilbriefe	Sendungen bestehen aus einem oder mehreren Packstücken (wie Pakete und Paletten).	Standardpakete, meist bis 31,5 kg (DHL) bzw. 70 kg und unterschiedlichen Gurtmaßen, je nach Anbieter
wichtige Anbieter	• DHL • TNT • Der Kurier	• DHL • TNT • IDS • GLS • FedEx	• Post-DHL • UPS • DPD • GLS

4.2 | Güter mit KEP-Diensten versenden

Auftragserteilung

Mit Kurierdiensten schließen die Versender meist **Einzelverträge** ab. Die Gründe liegen einerseits in den betrieblichen Versandumständen und in den hohen Kosten für die Versandleistung andererseits.

Paket- und Expressdienste arbeiten mit Firmenkunden normalerweise auf Basis zeitlich begrenzter **Festverträge.** Dadurch erhalten die Kunden günstigere Versandpreise und die Paket- und Expressdienste Planungssicherheit. Das **Privatkundengeschäft** ist bei manchen Anbietern noch unterentwickelt, sodass es auf absehbare Zeit noch bei der Deutschen Post AG bleiben wird.

Auftragsabwicklung

Kuriersendungen werden von der Übernahme beim Kunden bis zur Übergabe beim Empfänger persönlich vom Kurier befördert, überwacht und direkt übergeben. Kuriertransporte sind **individuelle Transporte**, bei denen die Bedürfnisse des Auftraggebers im Mittelpunkt stehen. Das macht sie relativ teuer, aber auch so sicher und so schnell.

Paket- und Expresssendungen werden meist auf der gleichen Transportschiene befördert.

Dabei liegt bei **Expresssendungen** das Augenmerk auf der Schnelligkeit und die Einhaltung der mit dem Kunden vereinbarten **Zeitfenster.** Daher sind die höheren Preise von Expresssendungen auch wegen der Flexibilität gerechtfertigt.

Paketdienste sind geprägt durch niedere Transportpreise. Die daraus resultierenden niederen Kosten für den Paketversand erreichen die Paketdienste nur durch eine strenge **Standardisierung** der Auftragsabwicklung.

Die Standardisierung umfasst vor allem das Gewicht der Paketsendungen, die Verpackung, das Gurtmaß, die Versandaufkleber und den Einsatz von Hub-Systemen beim zeitgenauen Transport der Sendungen zum Empfänger.

- **Gewicht** der Paketsendungen:
  Um den Transport und Umschlag der Pakete zu beschleunigen, müssen die Gewichte beschränkt werden. Je nach Paketdienst liegen die Höchstgewichte zwischen 31,5 kg bis zu 70 kg je Paket. Dabei müssen Pakete ab 25 kg Gewicht extra gekennzeichnet werden.
- **Verpackung** der Sendung vornehmen:
  Der Paketumschlag ist heute hoch automatisiert. Deshalb muss die Verpackung besondere Anforderungen erfüllen. Dabei werden kleingewichtige Sendungen unter 2 kg auf einer separaten Logistikschiene abgewickelt. Die Post AG befördert beispielsweise solche Sendungen bis zur Päckchengröße innerhalb des Briefdienstes. Der Anbieter UPS stellt zur besseren Abwicklung die Verpackung für solche Kleinsendungen seinen Kunden kostenlos zur Verfügung.

Der Pakettransport ist ein **Systemverkehr,** bei dem quaderförmige Kartons bevorzugt werden. Um Transportschäden zu vermeiden, werden an die Kartons hohe **Qualitätsanforderungen** gestellt:

- **Äußere Verpackung der Sendung:**
  Die Kartonage muss so stark sein, dass die Kartons gestapelt werden können; sie müssen groß genug sein, um Füllmaterial aufnehmen zu können; alle alten Aufkleber müssen entfernt sein.
- **Polsterung der Versandware:**
  Wegen der automatisierten Umschlagsprozesse im Paketversand müssen die Versandstücke von allen Seiten von Füllmaterial geschützt sein. Wertvolle Gegenstände müssen einzeln verpackt werden.
- **Verschluss des Pakets:**
  Pakete sollten mit reißfesten Paketband gut und sicher verschlossen werden. Verschluss mit Schnüren bzw. Papierumhüllung sollten vermieden werden, um die Beschädigung beim Umschlag zu vermeiden.

- **Gurtmaß** beachten:
  Der standardisierte Umschlag bei der Transportabwicklung macht eine Begrenzung der Abmessungen für die Pakete notwendig. Die maximalen Paketlängen liegen je nach Paketdienst zwischen 120 cm und 270 cm. Das Gurtmaß liegt zwischen 300 cm und 330 cm.

Gurtmaß = Umfang des Pakets in cm + längste Seite in cm

Beispiel: ***Ein Paket hat folgende Maße:***
1,10 m x 0,40 m x 0,60 m

Gurtmaß	= Umfang	+ längste Seite
	= 40 cm + 40 cm + 60 cm + 60 cm	+ 110 cm
	= 200 cm	+ 110 cm
	= 310 cm	

Mit „UPS" könnte das Paket noch befördert werden, da das Gurtmaß hier bei 330 cm liegt. Mit dem DPD wäre die Standardbeförderung nicht möglich, da dort das Gurtmaß bei 300 cm liegt.

- **Versandaufkleber** anbringen:
  Für eine erfolgreiche Versandabwicklung muss der Kunde bei allen Paketdiensten einen nassfesten **Paketschein** auf jedem Paket anbringen. Die Versandaufkleber müssen auf der Oberseite des Kartons angebracht werden. Die Oberseite ist die größte, ebene Fläche des Kartons.

  Jeder Paketschein ist „alles in einem":
  - Adressaufkleber
  - Speditions- bzw. Versandauftrag
  - Versicherungsnachweis
  - Abrechnungsgrundlage
  - Datenträger für die Versandabwicklung

Paketdienste stellen ihren Kunden die Paketscheine direkt zur Verfügung oder der Versender druckt die Paketscheine mit der entsprechenden Versandsoftware selbst aus. Sinnvoll ist es, wenn der Absender aus Sicherheitsgründen die Empfängeradresse zusätzlich ins Paketinnere einlegt.

- **Scannung** des Pakets nach der Abholung
  Nach der Abholung werden die **Basisdaten** jeder Sendung in das EDV-System des Paketdienstes eingescannt:
  - Paketscheinnummer
  - Postleitzahl

  Dies geschieht spätestens im Versanddepot. Mit der **Paketscheinnummer** ist auch der Absender zuordenbar. Die **Postleitzahl** bestimmt den Transportweg des Pakets.
  Zusätzlich hat jeder Absender die Möglichkeit, seine eigenen Daten in das System zu integrieren. So können folgende **Zusatzdaten** eingegeben werden:
  - Kundenreferenznummern (Auftragsnummer, Kundennummer usw.)
  - Rückholaufträge
  - Nachnahmeinformationen
  - Gefahrgutinformationen

Mit der Abholscannung hat der Absender bei allen Paketdiensten auch die Möglichkeit des **„Tracking"**, das heißt der Sendungsverfolgung. Dies wird dadurch möglich, dass jede Sendung an jeder Schnittstelle gescannt wird.

Datenerfassung im Transportablauf eines Pakets

Durch die ISO-Zertifizierung unterliegt der Transportablauf strikten Qualitätsnormen.

❶ **Abholung** der Sendung direkt beim Absender: Absender notiert seine Paketscheinnummern.
❷ **Einscannung** im Versanddepot: Paketscheinnummer und Postleitzahl
❸ **Routerlabel** wird auf das Paket geklebt.
❹ Im **Zentralrechner** werden alle Paketdaten gespeichert und sind jetzt abrufbar.
❺ **Schnittstellenscannung** im weiteren Transportablauf (Hub, Empfangsdepot, Empfänger)
❻ **Ausrolllisten** für die Zustellung werden im Empfangsdepot ausgedruckt.
❼ Auf dem **Touchscreen** des Handscanners bestätigt der Empfänger den Erhalt seiner Sendung durch seine **digitalisierte Unterschrift.**
❽ Die Ausrollliste wird nach der Auslieferungstour eingescannt und mit den anderen **Paketdaten im Zentralrechner archiviert**.

Transportabwicklung von KEP-Sendungen

Kuriersendungen werden möglichst direkt zum Empfänger befördert. Große Kurierdienste ziehen aber ihre Sendungen über zentrale Umschlagsplätze, wie z. B. Frankfurt/M. und Brüssel. Von dort werden die internationalen Kuriersendungen mit der nächsten Flugverbindung weiterbefördert.

Bei **Express- und Paketsendungen** haben sich zwei **Grundmodelle** der Transportabwicklung herausgebildet.

❶ Die Sendungen werden über Regionalstützpunkte **(RS)** eingesammelt und zentral über ein - Zentralumschlagslager **(Hub)** an die Regionalstützpunkte zurück zur Auslieferung verteilt.

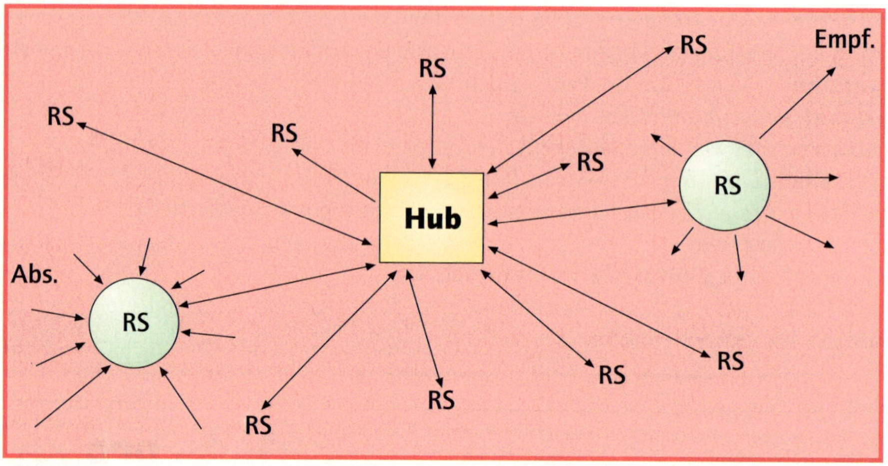

❷ Die Sendungen werden ebenfalls über Regionalstützpunkte **(RS)** eingesammelt. Von dort gehen sie dann an den regionalen Umschlagplatz **(RUP)**. Von dort werden die Sendungen zum regionalen Umschlagplatz des Empfangsbereichs weiterbefördert. Über die Regionalstützpunkte erfolgt dann die Auslieferung an die Empfänger.

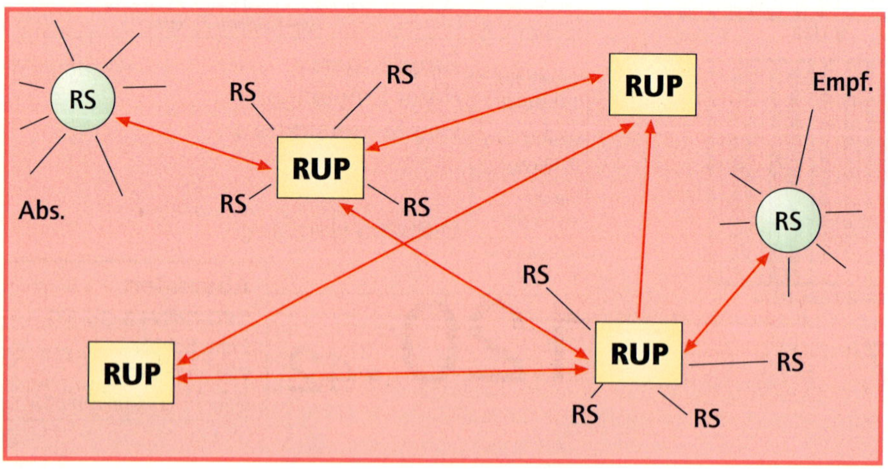

Bietet ein Unternehmen die Beförderung von Paket- und Expresssendungen an, so werden die Sendungen auf der gleichen Logistikschiene transportiert. Aber die Auslieferung ab dem regionalen Stützpunkt (RS) erfolgt getrennt als

- Paketzustellung und als
- Expresszustellung.

Unternehmen wie UPS oder DPD liefern mit äußerlich nicht erkennbaren Expressfahrzeugen aus. Andere, wie z. B. GLS, übergeben Expresssendungen an Tochterfirmen, die dann äußerlich erkennbar als Expressfahrt zustellen.

Laufzeiten der KEP-Dienste

Bei **Kurierfahrten** werden Abhol- und Übergabezeiten gewöhnlich exakt vereinbart.

Für **Paket- und Expresssendungen** gilt die folgende Grundregel:

Je kürzer die Laufzeit, desto höher der Transportpreis der Sendung.

Im Expressbereich sind unterschiedliche **Zeitfenster** und bei Paketbeförderungen ist eine 24-Stunden-**Regellaufzeit** an Werktagen üblich.

Praxisbeispiel:

	Mögliche Zustelltermine*				
	Next day	**Express**	**T 10***	**T 9***	**T 8***
Zustellzeit bis	17:00 Uhr	12:00 Uhr	10:00 Uhr	09:00 Uhr	08:00 Uhr
Annahmebereitschaft ab	09:00 Uhr	09:00 Uhr	08:00 Uhr	08:00 Uhr	07:30 Uhr
Samstagszustellung	nein	ja	ja	nein	nein

*abhängig von der Empfängerpostleitzahl

Sendungsverfolgung (den Lauf der Sendung verfolgen)

Kunden verlangen heutzutage weitgehende Informationen – auch über den Transportablauf. Die modernen Informations- und Kommunikationssysteme machen dies auch im Güterversand möglich:

- Abfragen des aktuellen **Sendungsstatuts** durch den Absender (Tracking)
- **nachträgliche Sendungsverfolgung** (Tracing)
- vorauseilende **Sendungsinformationen** an den Empfänger

PRAXISBEISPIEL

Ein Ersatzteil (15 kg) wird als Paket mit dem DPD-Paketdienst von Konstanz nach Kiel verschickt. Am nächsten Morgen möchte der Versender dringend wissen, wann sein Ersatzteil in Kiel ankommt. Der DPD arbeitet mit dem „**D**igitalen **E**uropäischen **L**ogistik **I**nformations **S**ystem" (DELIS). Mit DELIS wird der „Lebenslauf" eines Pakets während der Beförderung transparent gemacht.

PRAXISBEISPIEL

Der Versender (oder sein Kunde) kann ...

1. im Versanddepot anrufen. Dort erhält er umgehend Auskunft, weil das Versanddepot direkten Zugriff auf den Zentralcomputer des DPD in Aschaffenburg hat.
2. über einen eigenen Datex-P/-J-Anschluss das DELIS-System selbst abfragen.
3. Über das Internet und die Eingabe des Sendungscodes den Status der Sendung beim DPD abfragen.

Serviceangebote der Paketdienste

Paketdienste konkurrieren durch weitreichende Serviceangebote, um ihre Kunden an sich zu binden:

- **Garantielaufzeit** meist von 24 Stunden an Werktagen national/international 1–4 Tage
- **Gefahrgutpakete** für fast alle Gefahrgutklassen möglich.
- **Ablieferscannung** mit digitaler Empfängerunterschrift – einfacher Abliefernachweis
- **Annahmeverweigerungen** werden dokumentiert und umgehend an den Versender weitergeleitet.
- **Arbeitsplatzzustellung** beim Empfänger in der Abteilung, am Fließband oder in der Werkstatt
- **Paketscheindruckprogramme** vereinfachen den Paketverkehr und sparen Kosten.
- **Sendungsverfolgung** als „Tracking" und „Tracing" ermöglichen schnellen Informationszugang.
- **Paketversicherung** zugunsten des Versenders bis zu 750,00 € je nach Anbieter im Paketpreis eingeschlossen; eine Höherversicherung durch den Versender ist möglich.
- **Warehousing** (Lagerdienstleistungen): Lagerhaltung, Kommissionierung, Retouren usw.
- **Retourenservice:** Retourenabholung direkt beim Kunden
- **Geräteaustausch** im Direkttourenservice (Ersatzgerät gegen Reparaturgerät, z. B. bei PC)
- **Back-Box-Service:** Paketdienst stellt die Verpackung für die Rücksendung zur Verfügung.
- **Filialretourenservice:** Retourenpakete werden dann abgeholt, wenn neue Pakete ausgeliefert werden.
- **Nachnahme**-Service bis zu 5.000,00 € mit jederzeit abrufbarem Finanzstatus der Sendung. Das Paket ist automatisch in Höhe des Nachnahmebetrags versichert.

Vertragsbeziehungen kennen

Alle KEP-Dienste regeln die Vertragsbeziehungen zu ihren Kunden durch **„Allgemeine Geschäftsbedingungen"** (AGB). Ergänzend gelten auch das HGB, die ADSp und im internationalen Verkehr die CMR.

5006412

Beispielhaft seien hier die AGB eines Paketdienstes in Auszügen dargestellt:

Regelungsbereich	Einzelregelungen (Beispiele)
Pakete	maximales Gewicht, Länge, Gurtmaß – Verpackungsvorgaben
Beförderungsausschlüsse	Geld, Dokumente, Wertpapiere, Zollgut, wertvolle Uhren usw.
Leistungsumfang	Haus-Haus-Beförderung, Anzahl der Zustellversuche, Rücksendungsregelungen, Öffnen der Pakete (Verfahren)
Zahlung	Zahlungsabwicklung, evtl. Zahlungsziel, Zahlungsverzug
Nachnahmesendungen	Regelungen für Nachnahmesendungen, z. B. Höchstbeträge, Einziehung, Zahlung der Nachnahmebeträge an den Versender
Versicherung	maximale Versicherungsbeträge, Höchstbeträge für die Höherversicherung pro Paket
Geld-zurück-Garantie	für Terminsendungen (im Expressdienst)
Haftung	Obhuthaftung für Verlust und Beschädigung max. 8,33 SZR/kg gemäß HGB/teilweise auch max. 5,00 €/kg, wenn ADSp gegenüber Gewerbetreibenden gelten.
Haftungsausschluss	für Beförderungsausschlüsse, Verschulden des Auftraggebers, Schäden durch gebrauchte Packmittel
Zurückbehaltung und Aufrechnung	Für den Auftraggeber werden diese Rechte gegenüber dem Paketdienst ausgeschlossen.
Datenschutz	Verwendung der Sendungs- und Kundendaten durch den Paketdienst
Erfüllungsort und Gerichtsstand	Geschäftssitz des Paketdienstes

PRAXISBEISPIEL

Einzelne Paket- und Expressdienste entwickeln für einzelne Kleinstbetriebe, Selbstständige und Privatkunden unterschiedliche Angebote:

Paketmarken: Der Deutsche Paketdienst (DPD) bietet für Versender kleiner Mengen Paketmarkenhefte zu 50 € und 100 €. Der Abholauftrag wird telefonisch oder über das Internet erteilt bzw. das Paket wird bei einer DPD-Zustellung einfach mitgegeben.

Paketshops: German Logistik Systems (GLS) übernehmen in ca. 1 000 deutschen Paketshops Paketsendungen in fünf Größen und Preisklassen von XS bis XL mit 24 Stunden Regellaufzeit.

ZUSAMMENFASSUNG	
Kurierdienste	begleiten Kuriersendungen direkt und persönlich vom Absender bis zum Empfänger und sind daher relativ teuer.
Expressdienste	befördern Expresssendungen zu fest zugesagten Haus-zu-Haus-Laufzeiten. Je schneller die Laufzeit, desto höher sind die zu zahlenden Preise. Expressendungen werden indirekt über regionale bzw. zentrale Umschlaglager (Hub) geführt.
Paketdienste	befördern Paketsendungen zu Regellaufzeiten ohne festen Zustelltermin. Durch den hohen Standardisierungsgrad sind die Sendungen relativ preiswert. Standardisierungen bzw. Beschränkungen: • Gewicht der Sendung zwischen 31,5 kg und 70 kg • Länge der Sendung zwischen 120 cm und 270 cm • Gurtmaße der Sendung (= Umfang des Pakets in cm + längste Seite in cm) zwischen 300 cm und 330 cm Sendungen werden indirekt über regionale bzw. zentrale Umschlaglager (Hub) geführt. Sendungen werden je nach Paketdienst automatisch mit bis zu 700 Euro pro Paket versichert.
kundenbezogene Zusatzleistungen	werden vor allem von Paket- und Expressdienstleistern angeboten: • Tracking and Tracing • Warehousing • Finanzdienstleistungen • Retourenmanagement
Funktionen des Paketscheins	• Adressaufkleber • Versandauftrag • Versicherungsnachweis • Abrechnungsgrundlage • Datenträger für die Versandabwicklung
Datenerfassung zur Transportabwicklung	geschieht durch Scannung. Sie ermöglicht die Sendungsverfolgung durch den Paketdienst und den Kunden.
Vertragsbeziehungen zwischen KEP-Dienst und Auftraggeber	werden durch die Allgemeinen Geschäftsbedingungen, ergänzt durch HGB, ADSp und CMR, geregelt.
Haftung der KEP-Dienste	von der Übernahme bis zur Übergabe (Obhutshaftung)

?

AUFGABEN

1 Erläutern Sie den Begriff „KEP-Dienste".

2 a) Welche KEP-Dienste werden in Ihrem Ausbildungsbetrieb eingesetzt?
b) In welchem Umfang und für welche Warengruppen setzt Ihr Ausbildungsbetrieb KEP-Dienste ein?
c) Versuchen Sie die Gründe bzw. die Vorteile festzustellen, die zur Beauftragung des jeweiligen KEP-Dienstes in Ihrem Ausbildungsbetrieb führten.

3 a) Suchen Sie sich eine Paketsendung in Ihrem Ausbildungsbetrieb aus. Stellen Sie den Versandweg vom Absender bis zum Empfänger grafisch dar. Kennzeichnen Sie die einzelnen Schnittstellen. Fragen Sie beim Paketdienst nach, über welche Regionalumschlaglager und Hubs dieses Paket geführt wurde.
b) Welche Aufgaben erfüllt der Paketschein auf dieser Sendung? Zeigen Sie mindestens vier Aufgaben des Paketscheins für die Auftragsabwicklung auf.
c) Wie ist die Sendungsverfolgung für dieses Paket durch den jeweiligen Paketdienst geregelt?
d) Zeigen Sie die einzelnen Stufen der Datenerfassung im Transportablauf dieses Pakets von der Abholung bis zur Ablieferung beim Empfänger.
e) Der Empfänger verweigert die Annahme des Pakets. Wie hat der Paketdienst zu verfahren?

4 a) Warum begrenzen Paket- und Expressdienste die zu transportierenden Sendungen im Gewicht, in der Länge und im Gurtmaß?
b) Ein Paket hat folgende Maße: 120 cm x 50 cm x 50 cm. Berechnen Sie das Gurtmaß dieses Pakets und geben Sie die Berechnungsformel an.
c) Stellen Sie fest, ob der Paketdienst Ihres Ausbildungsbetriebs dieses Paket noch befördern würde.

5 Klären Sie die Haftung und den Haftungsumfang des Paketdienstes in den folgenden Fällen:
a) Eine Paketsendung mit einem Gewicht von 10 kg geht auf dem Transport verloren.
b) Ein Paket im Gewicht von 20 kg wurde vom Absender mit einer Paketschnur verschnürt. Die Sendung wurde auf dem Sortierband im Hub total beschädigt. Das Paket hatte einen Wert von 800,00 €.
c) Ein Paket mit einem Gewicht von 24 kg kommt beschädigt beim Empfänger an.
d) Aus Kostengründen verwendet der Absender gebrauchte Kartons zum Versand. Ein Paket mit einem Gewicht von 8 kg wird auf dem Transport beschädigt.

6 a) Warum ist die gesetzliche Haftungsbeschränkung beim Paketversand von untergeordneter Bedeutung?
b) Wie können wertvolle Paketsendungen durch den Absender vor Verlust oder Beschädigung geschützt werden?

4.3 | Deutsche Post AG als KEP-Dienstleister

Seit 1990 wurde die nationale Behörde „Bundespost" in drei Stufen zum internationalen Logistikdienstleister umgebaut Das angestrebte Ziel der Deutschen Post ist es, als weltweiter Logistikdienstleister die Nummer eins zu werden.

Nach der Neustrukturierung von 2003 wurde die Deutsche Post AG in **drei Markenbereiche** gegliedert:

- Deutsche Post – als Briefdienstleister
- DHL – als Express- und Logistikdienstleister
- Postbank – als Finanzdienstleister

Die Deutsche Post AG ist heute weltweit in 220 Ländern tätig und setzt dabei über 45 Milliarden Euro pro Jahr um.

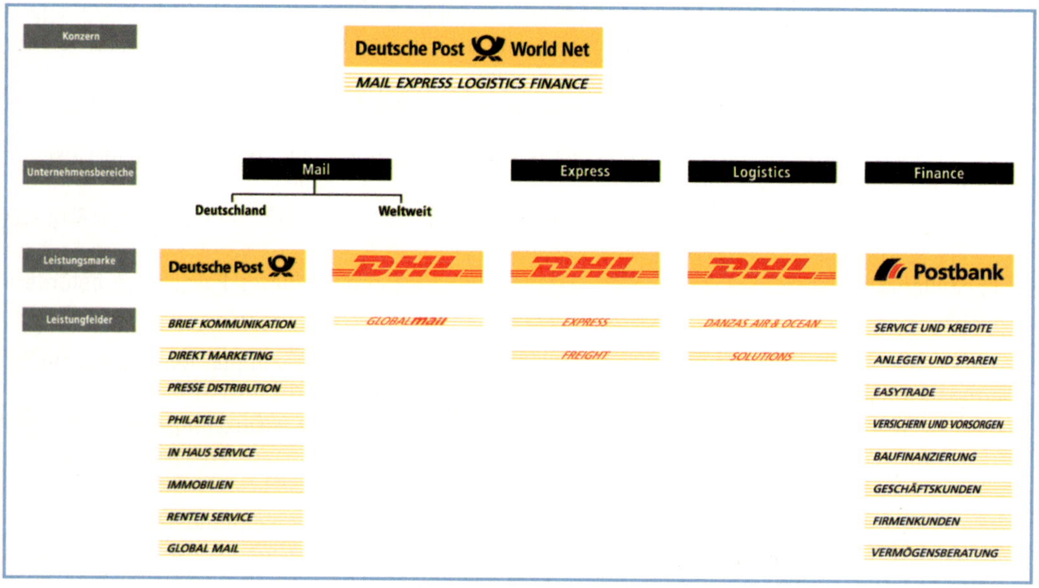

Quelle: Deutsche Post AG, zentrale Konzernkommunikation, 53250 Bonn, www.dpwn.de

4.3.1 | Frachtpostleistungen der Post über DHL[1]

DHL ist die **weltweite Marke,** unter der alle Frachtpostleistungen erbracht werden:

- DHL-Express (Paket- und Expresssendungen)
- DHL-Soulutions (Logistik- und Lagerdienstleistungen)
- DHL-Freight (Ladungs- und Sammelguttransporte)
- DHL-Danzas Air & Ocean (Luft- und Seefrachttransporte)

1 DHL steht für die Anfangsbuchstaben der drei Gründer des Expressdienstes: Dalsey, Hillblom, Lynn.

DHL-Express befördert **Paketsendungen** für Privat- und Geschäftskunden. Postpakete sind verpackte und vom Kunden adressierte Pakete bis 20 kg Gewicht. Die Postpakete können mit Zusatzleistungen, den **„Services"**, ergänzt werden.

Durch den Service „Schnell" werden Postpakete zu **Expresssendungen** mit vorgegebenen Zeitfenstern der Zustellung:

- Express vor 12 Uhr
- Express vor 10 Uhr
- Express vor 9 Uhr
- Express mit Sonn- und Feiertagszustellung.

Über das **„e-Paket"** wird der Pakettransport per Internet-Zahlung abgewickelt.

Für leichte Kleinsendungen ist das **Päckchen** die preisgünstigste Versandart:

Versandgebiet	Deutschland	Europa	Welt
Höchstgewicht	2 kg	2 kg	2 kg
Mindestmaß	15 cm x 11 cm x 1 cm Rollenform: Länge ab 15 cm Ø ab 5 cm	15 cm x 11 cm x 1 cm Rollenform: Länge ab 15 cm Ø ab 5 cm	15 cm x 11 cm x 1 cm Rollenform: Länge ab 15 cm Ø ab 5 cm
Höchstmaß	60 cm x 30 cm x 15 cm bzw. wie Europa Rollenform: Länge bis 90 cm Ø 15 cm	L + B + H = 90 cm keine Seite länger als 60 cm Rollenform: Länge bis 90 cm Ø 15 cm	L + B + H = 90 cm keine Seite länger als 60 cm Rollenform: Länge bis 90 cm Ø 15 cm
Preis in €	4,10	8,20	12,30
Services	–	Luftpost Einschreiben Rückschein Eigenhändig Nachnahme	Luftpost Einschreiben Rückschein Eigenhändig Nachnahme

Beispiel: *Eine Ersatzteilsendung nach Irland hat ein Gewicht von 1,8 kg.*

a) Das Päckchen hat die Maße 60 cm x 30 cm x 15 cm.
L + B + H = 105 cm – Ein Versand als Päckchen nach Irland ist nicht möglich, weil die 90-cm-Grenze überschritten ist. Ein innerdeutscher Versand wäre aber möglich.

b) Das Päckchen hat die Maße 60 cm x 20 cm x 10 cm.
L + B + H = 90 cm – Ein Versand als Päckchen nach Irland ist möglich, weil die 90-cm-Grenze eingehalten ist.

Für Geschäftskunden ist meist nur das **„Businesspaket"** von Bedeutung. Deshalb wird hier nur die Versandabwicklung dieser Versandform dargestellt:

Businesspaket – national

Pakete bis zu 31,5 kg Gewicht in Rechteckform werden an Werktagen mit einer Regellaufzeit von 24 Stunden den Kunden zugestellt. Pakete über 20 kg Gewicht müssen mit einem roten Klebestreifen gekennzeichnet werden.

Maße und Gewichte		
	Rechteckform 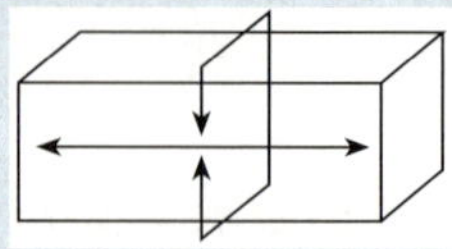	**Rollenform** 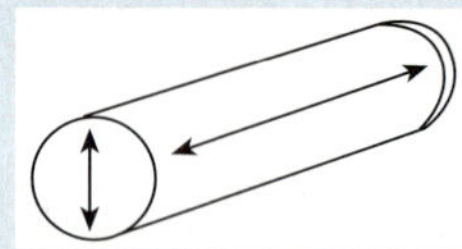
Standard		
Mindestmaße	Länge: 15 cm Breite: 11 cm Höhe: 1 cm	Länge: über 15 cm Durchmesser: 5 cm
Höchstmaße	Länge: 120 cm Breite: 60 cm Höhe: 60 cm	Länge: 120 cm Durchmesser: 15 cm Gewicht: 5 kg
Sperrgut		
Mindestmaße	Länge: über 120 cm oder Breite: über 60 cm oder Höhe: über 60 cm	Länge: über 120 cm oder Durchmesser: über 15 cm oder Gewicht: über 5 kg
Höchstmaße	Länge: 200 cm Gurtmaß: 360 cm	Länge: 200 cm Durchmesser: 60 cm

Folgende **Serviceleistungen** werden für Businesspakete (national) angeboten:

- **Service „Inkasso"**
  - **Nachnahme:** Das Paket wird dem Empfänger nur gegen Zahlung des Nachnahmebetrages in bar übergeben.
  - **Unfrei:** Der Empfänger trägt das Beförderungs- sowie das Einziehungsentgelt.
- **Service „Sicherheit"**
  - **Rückschein:** Der Empfänger bestätigt per Unterschrift auf dem vorbereiteten Rückschein, dass er das Paket erhalten hat. Der Absender erhält den Rückschein als Zustellnachweis zurückgesandt.
  - **Eigenhändig:** Das Paket wird nur in die Hände des Empfängers bzw. einer zum Paketempfang besonders bevollmächtigten Person übergeben.
  - **Transportversicherung:** Reicht die eingeschlossene Haftung von 500,00 € pro nationales Paket nicht aus, hat der Absender die Möglichkeit der Höherversicherung: wahlweise bis 2.500,00 € oder 25.000,00 €.

5006418

- **Service „ Vorausverfügung"**
  - **Vorausverfügung – national:** Der Absender legt im Voraus fest, was im Falle der Unzustellbarkeit bzw. bei Umzug des Empfängers mit dem Paket geschehen soll.
- **Service „Sonstige"**
  - **Lang:** Für Pakete, die das Standardmaß in Länge, Breite oder Höhe überschreiten und so eine besondere betriebliche Behandlung erfordern.
  - **Sperrgut:** Für Pakete, welche die Höchstmaße für den Service „Lang" überschreiten oder einer besonderen Behandlung aufgrund ihrer äußeren Beschaffenheit bedürfen.

Durch das Selbstbucherverfahren beim Businesspaket Zeit und Geld sparen

Für Versender mit hohem Paketaufkommen ist es vorteilhaft, die Sendungen als **Selbstbucher** für den Versand vorzubereiten. Ab 500 Sendungen pro Jahr kann das Selbstbucherverfahren beantragt werden. Da Selbstbucherpakete bis zu 31,5 kg wiegen können, müssen Pakete über 20 kg mit einem roten Band in Längs- und Querrichtung gekennzeichnet werden.

Vorteile des Selbstbucherverfahrens:

- schnelle Abwicklung durch direkte Abgabe an der Rampe
- bargeldlose Zahlung – alle zehn Tage
- kostenlose Hausabholung ab 3 000 Pakete/Jahr
- Entgeltermäßigungen
- einfache Abwicklung durch EDV-Einsatz bei Label, Leitcode, Einlieferungsliste
- Höchstgewicht bis 31,5 kg/Paket
- Sperrgutzuschlag erst ab Längen > 1,75 m

Vier Schritte zum fertigen Paket:

1. **Aufschriftenzettel drucken** bzw. von Hand ausfüllen
2. **Identcodelabel auf den Aufschriftenzettel kleben**
   Alternativ erhält der Kunde vorgefertigte Aufschriftenzettel mit Absenderangabe und eingedrucktem Identcodelabel.
3. **Aufschriftenzettel auf das Paket kleben,** auf die größte Fläche des Pakets
4. **Paket wiegen – Preis ermitteln – Paketdaten in die Einlieferungsliste eintragen**
5. (Falls ein bestimmter Service gewünscht wird: **Serviceaufkleber** aufkleben)

Alle Pakete eines Auftrags werden in der **Einlieferungsliste** erfasst, die der Sendung mitgegeben wird. Alternativ ist auch die Übertragung einer elektronischen Einlieferungsliste möglich.

Individuelle Auftraggeberdaten sind vorgedruckt.

Einlieferungsdatum.

Die Rechnungsstellung erfolgt in der hier vorgedruckten Währung: EUR = Euro.

Die Blattnummer ist fortlaufend eingedruckt. Einlieferungsformulare in aufsteigender Nummernfolge verwenden. Ungültige Listen durchstreichen und zusammen mit der nächsten gültigen Liste abgeben.

Felder 1–15 mit Angaben zu den Paketen beschriften. In die erste Spalte Einlieferungsnummern und die dazugehörigen Prüfziffern (Pz) eintragen.

Mit den als **Barcodelabels** aufgedruckten Identcode und Leitcode können die Postsendungen automatisiert und somit schnell und jederzeit nachvollziehbar befördert werden.

Mit dem **Identcode** wird jedes Postpaket eindeutig und individuell gekennzeichnet. Dadurch kann der Lauf jeder Sendung von der Annahme bis zur Auslieferung verfolgt werden. Dieses „Tracking" und „Tracing" ermöglicht jederzeit Rückfragen zum Sendungsverlauf. Deshalb bleibt ein Doppel des Identcodes beim Absender.

Gregand & Dreagor AG
PostService
Hilpertstr. 31
64276 Magendorf

Deutsche Post AG Frachtpost

56.310 243.031 3

Frachtpostzentrum 00

21348.075.016.40 1

Mustermann
Lehrmittelverlag
Frankenstraße 16–20
21348 Katenhusen

Im Identcode sind folgende Informationen verschlüsselt:

Stelle:	1	2	3	4	5	6	7	8	9	10	11	12
Beispiel:	**5**	**6.**	**3**	**1**	**0**	**2**	**4**	**3.**	**0**	**3**	**1**	**3**
	Abgangsfracht-zentrum (56)		Kunden-kennung (310)			Einlieferungs-nummer (243031)						Prüfziffer (3)

Mit dem **Leitcode** werden sämtliche Informationen über den Leitweg einer Sendung verschlüsselt:

Stelle:	1	2	3	4	5	6	7	8	9	10	11	12	13	14
Beispiel:	**2**	**1**	**3**	**4**	**8.**	**0**	**7**	**5.**	**0**	**1**	**6.**	**4**	**0**	**1**
	Postleitzahl (21348)					Straßen-kennzahl (075)			Hausnummer (016)			Produkt-code (40)		Prüf-ziffer (1)

Europack/Paket international versenden

Der Einzelpaketversand ist von Deutschland nach 20 Ländern in Europa bzw. 210 Ländern weltweit möglich. Jedes **Europack-Paket** ist bis zu einem Wert von **500,00 €** versichert und die Haftung erfolgt nach CMR.[1] Für das Postpaket international wird auf Basis des **Weltpostvertrags** gehaftet: **pro Paket 40 Sonderziehungsrechte (SZR) + 4,50 SZR[2] pro kg**

Beim Service **„Luftpost"** ist jedes Paket mit bis zu **500,00 €** gegen Verlust und Beschädigung versichert.

Für Europack/Paket international gelten die gleichen Höchstmaße bzw. Höchstgewichte wie beim Businesspaket international.

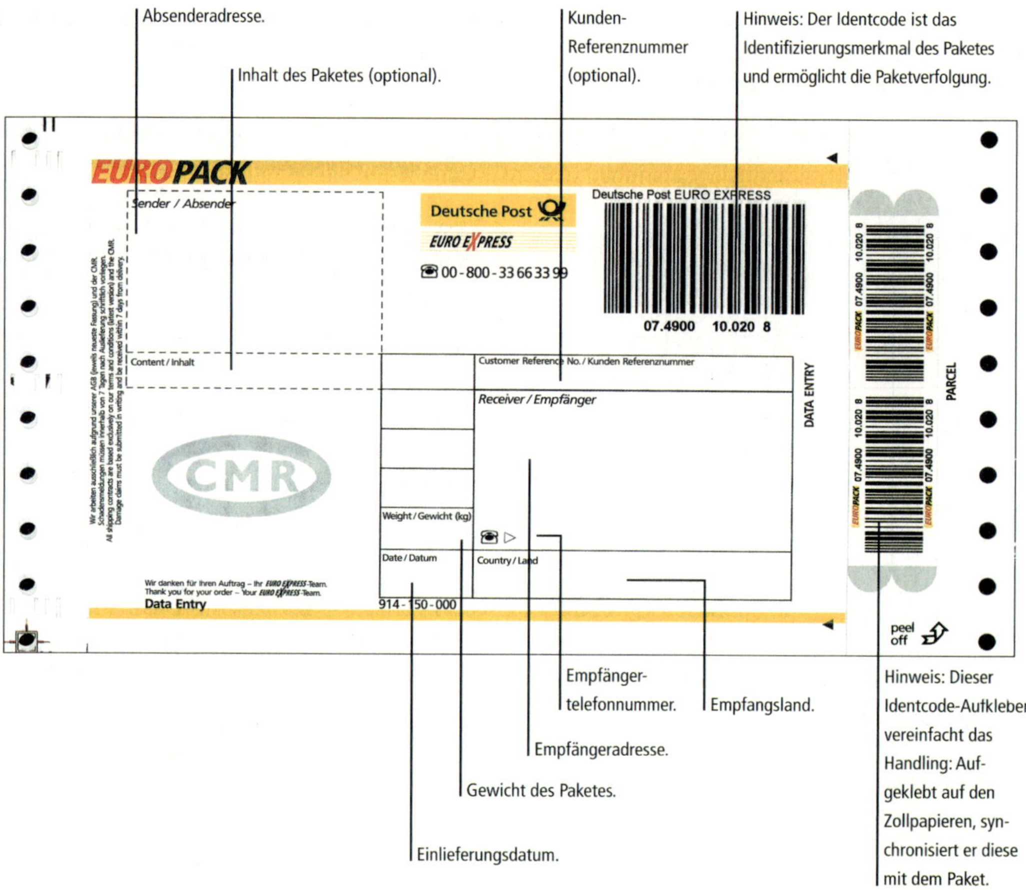

Wichtig: bitte zwei von den vier vorhandenen Identcode-Aufklebern auf dem Paket belassen.

1 CMR = Übereinkommen über den Beförderungsvertrag im internationalen Straßengüterverkehr
2 1 SZR = 1,39487 € (Stand 1. Jan. 2003) 40 SZR = 55,80 €, 4,50 SZR = 6,28 €

Der **Lieferstatus** der Pakete kann vom Absender über das Paketverfolgungssystem „Tracknet" im Internet abgefragt werden.

Drei Schritte zum fertigen Europack:

1. das zweilagige Europack-Label ausfüllen und mit dem Durchschlag auf das Paket kleben
2. Paketgewicht ermitteln und eintragen (auf das Paketlabel und auf die Einlieferungsliste)
3. sämtliche Angaben zum Paket in die Einlieferungsliste eintragen

Bei Versand in Nicht-EU-Länder zusätzlich: **Zollformulare** ausfüllen und Identcode-Aufkleber auf die Zolldokumente kleben.

Der Versand innerhalb der EU erfolgt ohne Zollpapiere. Für die anderen Länder genügt bis zum Warenwert von 820,00 € die Handelsrechnung in Original und zwei Kopien und die Ursprungserklärung auf der Handelsrechnung.

Zolldokumente sollten außen in einer Einsteckhülle angebracht werden. Dabei kann der Versand mit den folgenden **vier Frankaturen bei Zollabfertigung erfolgen:**

Frankaturart	Frankatur-beschreibung	Der Absender zahlt	Der Empfänger zahlt
DDP Delivered duty paid	Frei Haus inkl. Zollabfertigung, Zölle und Steuern	Frachtkosten, Zollabfertigung, Zölle und Steuern	
DDP Excluding taxes	Frei Haus inkl. Zollabfertigung, Zölle, exkl. VAT[1]	Frachtkosten, Zollabfertigung, Zölle	VAT[1]
DDP Excluding duties and taxes	Frei Haus inkl. Zollabfertigung exkl. Zölle und Steuern	Frachtkosten, Zollabfertigung	Zölle und Steuern
DDU Delivered duty unpaid	Frei Haus exkl. Zollabfertigung, Zölle und Steuern	Frachtkosten	Zollabfertigung, Zölle und Steuern

1 VAT = value added tax (Umsatzsteuer)
Wichtig: Die gewählte Frankatur muss auch auf der Handelsrechnung vermerkt werden. Nach der Zollabfertigung erhält man je nach gewählter Frankatur eine gesonderte Rechnung über die Zollabfertigung sowie evtl. anfallende Zölle und Steuern.

Services für Europack-Pakete

- **Service „Sicher“:** Abliefernachweis (POD) mit Empfängerunterschrift per Fax an den Absender durch **Rückschein:**

Deutsche Post AG
Entreprise des Postes allemandes S. A.

Rückschein / Auszahlungsschein / Gutschriftsanzeige
Avis de réception / Avis de paiement / Avis d'inscription
Advice of delivery **CN 07**

Vom Absender auszufüllen / A remplir par l'expéditeur

Einlieferungsfiliale / Bureau de dépôt	Datum / Date
HH-SCHNELSEN	21.01.20..

Empfänger der Sendung / Destinataire de l'envoi
BROWN ADVERTISING

Art der Sendung / Nature de l'envoi

☐ Brief / Vorrang – Lettre / Prioritaire ☐ ☒ Paket – Colis ☐

☐ Einschreiben – Recommandé ☐ Wertangabe – Valeur déclarée

Einlieferungs-Nr. der Sendung / N° de l'envoi: 012345678915
Betrag / Montant: 160,00

☐ Gewöhnliche Anweisung / Mandat ordinaire
☐ Zahlkarte / de versement ☐ Auslieferungsnachweis / Chèque d'assignation
Betrag / Montant

Am Bestimmungsort auszufüllen / A compléter à destination

O. g. Sendung/Betrag wurde ordnungsgemäß / L'envoi mentionné ci-dessus a été dûment
☐ ausgehändigt – remis ☐ ausgezahlt – payé ☐ dem Postbankkonto gutgeschrieben – inscrit en CCP

Datum und Unterschrift* / Date et signature*

* Diese(r) Schein/Anzeige kann vom Empfänger oder wenn die Vorschriften des Bestimmungslandes dies vorsehen, von einem Beauftragten oder vom Mitarbeiter des Bestimmungsamts unterschrieben werden.
* Cet avis pourra être signé par le destinataire ou, si les règlements du pays de destination le prévoient, par une autre personne autorisée ou par l'agent du bureau de destination.

Postsache
Service des postes

Stempel des Postamts, das den Schein zurücksendet, Timbre du bureau renvoyant l'avis

Vom Absender auszufüllen / A remplir par l'expéditeur

Luftpost
Prioritaire Par avion

Zurücksenden an / Renvoyer à / Return to

Name oder Firma / Nom ou raison sociale
NEWTEX AK

Straße und Hausnummer / Rue et n°
SCHOPENSTEHL 22

Ort und Land / Localité et pays
20095 HAMBURG
DEUTSCHLAND

3.97 915-005-000

- **„Wert international“** bietet die Möglichkeit zur Erhöhung der Haftung.
- **Service „Vorausverfügung“:**
  - **3. Zustellversuch** (3rd delivery attempt) beim Empfänger
  - **Rücksendung bei Unzustellbarkeit** (Return of non deliverables)
- **Service „Inkasso“: Nachnahme** – das Paket wird im Empfangsland gegen Zahlung des Nachnahmebetrags an den Empfänger ausgehändigt.

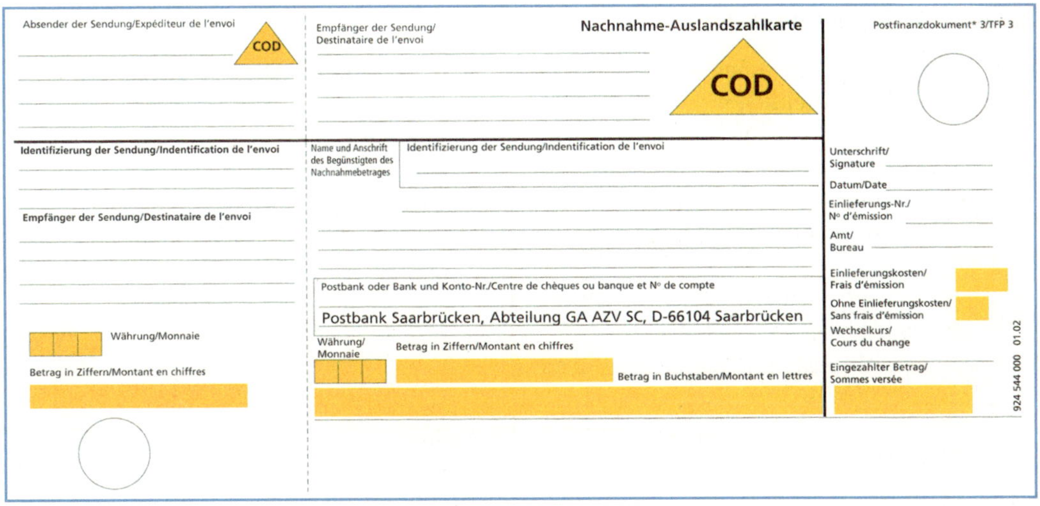
Absender der Sendung/Expéditeur de l'envoi
COD
Identifizierung der Sendung/Indentification de l'envoi
Empfänger der Sendung/Destinataire de l'envoi
Währung/Monnaie
Betrag in Ziffern/Montant en chiffres
Empfänger der Sendung/
Destinataire de l'envoi
Nachnahme-Auslandszahlkarte
COD
Name und Anschrift des Begünstigten des Nachnahmebetrages
Identifizierung der Sendung/Indentification de l'envoi
Postbank oder Bank und Konto-Nr./Centre de chèques ou banque et N° de compte
Postbank Saarbrücken, Abteilung GA AZV SC, D-66104 Saarbrücken
Währung/
Monnaie
Betrag in Ziffern/Montant en chiffres
Betrag in Buchstaben/Montant en lettres
Postfinanzdokument* 3/TFP 3
Unterschrift/
Signature
Datum/Date
Einlieferungs-Nr./
N° d'émission
Amt/
Bureau
Einlieferungskosten/
Frais d'émission
Ohne Einlieferungskosten/
Sans frais d'émission
Wechselkurs/
Cours du change
Eingezahlter Betrag/
Sommes versée
924 544 000 01.02

Transportabwicklung einer Auslandspaketsendung

4.3.2 | Briefsendungen

Der Begriff „Brief" stammt aus dem Lateinischen und bezeichnet ein kurzes Schreiben. Seit über 5 000 Jahren ist der Brief ein **Kommunikationsmedium:**

- Briefe übermitteln Informationen.
- Briefe dokumentieren Sachverhalte.

Internet, Fax, E-Mail und Telefon konnten bis heute den Brief nicht verdrängen. Täglich erreichen über 72 Millionen Briefe allein in Deutschland ihre Empfänger. Ein großer Teil dieser Briefe wird dabei in der Werbeform des **„Mailing"**, als schriftliches Verkaufsgespräch, verschickt.

Das **Briefmonopol** der Deutschen Post wird infolge der EU-Liberalisierung schrittweise abgebaut. Seit dem Jahr 2003 gilt das Briefmonopol nur noch für Sendungen bis 100 g und ab 2006 nur noch bis 50 g. Zum 31.12.2007 wird das Briefmonopol ganz aufgehoben.

Briefsendungen vorbereiten

Damit Briefe maschinell lesbar und sortierbar sind, wird die **Aufschriftenseite des Briefs** in bestimmte Zonen eingeteilt:

- Die **Lesezone** beinhaltet die zustellfähige Empfängeranschrift.
- Die **Codierzone** ermöglicht die maschinenlesbare Codierung des Briefs.
- Die **Absenderzone** enthält die Angaben zum Absender.
- Die **Freimachungszone** gibt die Möglichkeit, die richtige Frankierung zu kontrollieren.

Fensterbriefumschläge haben folgende Lesezonen:

Beispiel eines C6-Fensterbriefumschlags – lang:

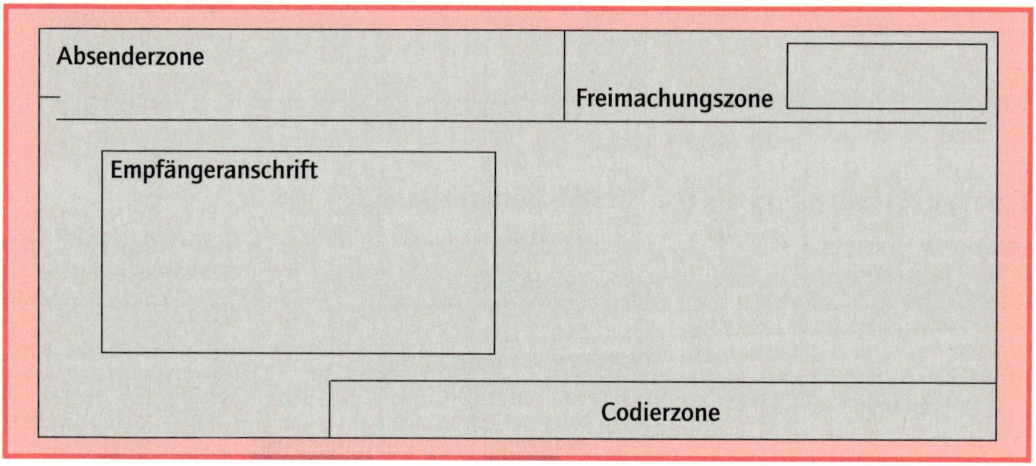

In der Lesezone sollte die Anschrift richtig gestaltet werden, damit die Empfängeradresse maschinenlesbar wird.

Briefe freimachen (frankieren)

Mit der Freimachung (Frankierung) werden die Beförderungskosten eines Briefes beglichen.

Briefe werden grundsätzlich „frei" verschickt, ansonsten fällt beim Empfänger zum Porto ein zusätzliches Einziehungsentgelt an.

Briefsendungen können nach dem Wiegen und der Portofeststellung auf vielfältige Art freigemacht werden:

5006426

Art der Freimachung	Verfahren und Praxisvorteile
Briefmarke (Postwertzeichen)	Die aufgeklebte Briefmarke gibt jedem Brief einen persönlichen und vollwertigen Anstrich. Besonders Werbebriefe werden dadurch vom Empfänger eher geöffnet und nicht einfach weggeworfen. Durch Sonderbriefmarken erhält der Brief ein individuelles Gesicht. Das Kleben der Briefmarke ist aber besonders bei umfangreichem Briefverkehr sehr aufwändig. 
Freistempelung	Aus einem Guthaben kann für jede einzelne Briefsendung das genaue Porto ausgedruckt oder aufgestempelt werden. Damit werden Handlingkosten eingespart und nur das notwendige Porto gezahlt. Ein umfangreicher Briefmarkenvorrat ist durch die Frankiermaschine nicht mehr notwendig. 
aufgedruckter Freimachungsvermerk	Bei Infopost, Infobrief oder Infocard kann der Freimachungsvermerk aufgedruckt oder mit einem Freimachungsstempel aufgestempelt werden. Die Handlingkosten für das Frankieren reduzieren sich so auf ein Minimum. 
Plusbrief	Vor allem für Endverbraucher gibt es den fertigen C6-Umschlag (lang) mit farbig aufgedruckter Briefmarke. Somit ist jeder Umschlag sofort versandfertig. 
DV-Freimachung	Bei hohem Sendungsaufkommen ist mit postgeprüfter Software die DV-Freimachung möglich. Da hier nur ein Bearbeitungsschritt notwendig ist, werden Zeit und Kosten eingespart.  Zudem wird der Absender nur mit den tatsächlichen Kosten des jeweiligen Versandtages belastet. Portovorräte sind nicht notwendig.

Art der Freimachung	Verfahren und Praxisvorteile
STAMPIT (PC-Briefmarke)	Die Frankierung der Briefsendung erfolgt direkt vom Computer aus über  das Internet. STAMPIT spart Klein- und Mittelbetrieben sowie Privatkunden Zeit und Wege. Das Porto wird centgenau rund um die Uhr per Lastschrift gekauft. Mit „Word" und „Excel" kann die PC-Briefmarke bei Kuverts mit Sichtfenster direkt in die Dokumente eingefügt werden.

Richtige Auswahl im Briefverkehr: Nationale Briefsendungen

Im innerdeutschen Briefverkehr kann der Absender aus einer Vielzahl von Angeboten auswählen. So kann jede Briefsendung bedarfsgerecht und kostenoptimiert ausgewählt werden.

- **Standardbriefsendungen**

Produkt	Maße	Gewicht	Einsatzbereiche
Postkarte	mind. 140 mm x 90 mm max. 235 mm x 125 mm	–	Bestellungen allgemeine Informationen Benachrichtigungen alle Arten von Grüßen
Standardbrief	mind. 140 mm x 90 mm max. 235 mm x 125 mm x 5 mm	bis 20 g (max. drei A4-Seiten)	persönliche Informationen Verträge Rechnungen Mahnungen Dokumente
Kompaktbrief	mind. 140 mm x 90 mm max. 235 mm x 125 mm x 10 mm	bis 50 g (ab vier A4-Seiten)	Rechnungen Bestellungen Angebotsunterlagen Verträge
Großbrief	mind. 100 mm x 70 mm max. 353 mm x 250 mm x 20 mm	bis 500 g	Angebotsunterlagen Preislisten Dokumente Verträge
Maxibrief	mind. 100 mm x 70 mm max. 235 mm x 125 mm x 50 mm	bis 1 000 g	Angebotsunterlagen Preislisten Dokumente Verträge

5006428

- **Expressbriefe** werden gegen Sonderpreise garantiert am nächsten Werktag zugestellt. Gegen einen Aufpreis von 55,00 € erfolgt auch eine Sonntags- und Feiertagszustellung.

Beispiel: *Da ca. 95 % aller Standardbriefsendungen in Deutschland bei rechtzeitiger Aufgabe am nächsten Tag zugestellt werden, lassen sich meist die hohen Kosten einer Expressbriefsendung einsparen.*

Zusatzleistungen im Briefverkehr

Mit den Zusatzleistungen der Briefpost kann der Kunde die Standardbriefsendungen nach eigenen Bedürfnissen, wie z. B. Sicherheit, Nachnahmeeinzug, ergänzen:

Zusatzleistungen:
- **Werbeantwort** für Unfrei-Sendungen des Absenders
- **Sicherheit** durch Einschreiben
- **Frankierservice**
- **Inkasso** durch Nachnahme
- **Lagerservice** für Briefsendungen bis zu drei Monaten
- **Nachsendeservice** für bis zu zwölf Monate

Sendungen sichern

Einwurf-Einschreiben	Übergabe-Einschreiben	Einschreiben – eigenhändig	Einschreiben mit Rückschein
Post dokumentiert lediglich den Einwurf in den Briefkasten bzw. das Postfach. Der Absender erhält einen rechtsgültigen Einlieferungsnachweis.	Der Erhalt der Sendung wird vom Entgegennehmenden persönlich quittiert. Der Absender erhält einen rechtsgültigen Einlieferungsnachweis.	Die Sendung wird nur dem Empfänger persönlich oder einem besonderen Bevollmächtigten übergeben. Der Absender erhält einen rechtsgültigen Einlieferungsnachweis.	Zusätzlich zum Einschreiben erhält der Absender eine schriftliche, juristisch anerkannte Dokumentation über die Auslieferung an den Empfänger. Der Absender erhält einen rechtsgültigen Einlieferungsnachweis.
Versicherungsschutz bis zu 20,00 €	Versicherungsschutz bis zu 25,00 €	Versicherungsschutz bis zu 25,00 € + gezahltes Zusatzentgelt	Versicherungsschutz bis zu 25,00 € + gezahltes Zusatzentgelt

Inkasso durch Nachnahme

Nachnahme	Nachnahme – Eigenhändig	Nachnahme mit Rückschein
Der Nachnahmebrief ist die Lösung für den Versand kleiner Warensendungen oder Dokumente, die der Empfänger bei der Lieferung bezahlen muss. Die Post AG stellt die Sendung zu, zieht den Nachnahmebetrag ein und überweist ihn auf das Konto des Absenders in Deutschland. Für die Geldübermittlung muss zusätzlich ein Überweisungsformular vom Absender ausgefüllt werden. Höchstbetrag: 1.500,00 €	Der Nachnahmebetrag wird nur von dem persönlich benannten Empfänger oder von einen besonderen Bevollmächtigten eingezogen. Höchstbetrag: 1.500,00 €	Der Einzug oder die Annahmeverweigerung wird dem Absender auf dem vorbereiteten Rückschein bestätigt. Der Rückschein ist ein juristisch anerkanntes Dokument.
Haftung für den Verlust der Sendung: 25,00 € – bei Fehler im Nachnahmeeinzug: der Nachnahmebetrag	Haftung für den Verlust der Sendung: 25,00 € – bei Fehler im Nachnahmeeinzug: der Nachnahmebetrag + gezahltes Zusatzentgelt	Haftung für den Verlust der Sendung: 25,00 € – bei Fehler im Nachnahmeeinzug: der Nachnahmebetrag + gezahltes Zusatzentgelt

Ermäßigte Sendungen

ermäßigte Sendung	beschränkt auf ...	Vorschriften
Büchersendung	Bücher, Broschüren, Notenblätter, Landkarten bis 1 000 g max. 353 mm x 250 mm x 20 mm	Nur die Rechnung, der Überweisungsvordruck oder eine Rückantwortkarte dürfen beigelegt werden.
Warensendung	Proben, Muster, Kleinteile, die als Waren anzusehen sind bis 500 g max. 353 mm x 250 mm x 50 mm	Nur die Rechnung, der Überweisungsvordruck oder eine Rückantwortkarte dürfen beigelegt werden.
Werbepost (Infopost)	große Mengen inhaltsgleicher Sendungen mind. 50 Stück je Leitbereich max. 5 000 Stück je Filiale bis 1 000 g/Einzelsendung	
Entgelt-ermäßigungen	bei Freistempelung: 1 % des Umsatzes bei Maschinenlesbarkeit von Standardsendungen: 1 % des Umsatzes Vorsortierung auf Leitregionen: 2 % des Umsatzes Vorsortierung auf Postleitzahlen: 2 % des Umsatzes	

5006430

Internationale Briefsendungen

Die Briefpost verbindet alle Winkel der Erde mit schriftlichen Informationen. Innerhalb Europas werden Standardbriefe sogar zum Inlandspreis befördert. Daher wird zwischen Europabrief und Weltbrief unterschieden:

	Europabrief	**Weltbrief**	
Produkt		**Welt – Land**	**Welt – Luft**
Postkarte			
Aerogramm		bis 5 g	bis 5 g
Standardbrief	bis 20 g	bis 20 g	bis 20 g
Kompaktbrief	bis 50 g	bis 50 g	bis 50 g
Maxibrief	bis 2 000 g	bis 2 000 g	bis 2 000 g

In die meisten Länder sind die folgenden **Serviceleistungen international** möglich:

Service – schnell	**Service – sicher**	**Service – Inkasso**
Eil – international	**Einschreiben**	**Nachnahme**
Zustellung im Empfängerland durch besonderen Boten	Auslieferung der Briefsendung gegen Empfangsbestätigung	Auslieferung der Briefsendung gegen Einzug des Nachnahmebetrags sowie des Rückführungsentgelts (nur in Verbindung mit Einschreiben oder Wert international)
	Wert international Angebot einer länderindividuellen Höherversicherung	
	Rückschein geht an den Absender zurück	
	Eigenhändig Das Schreiben wird nur an den Empfänger persönlich bzw. seinen Bevollmächtigten (nur in Verbindung mit Einschreiben oder Wert international) ausgehändigt.	

Für die **Auslandsanschriften** auf den Briefen sollten folgende Unterschiede zur Inlandsanschrift beachtet werden:

- Bestimmungsort in Großbuchstaben
- Ort in der Schreibweise des Empfängerlandes
- Länderbezeichnung in Großbuchstaben und in deutscher Sprache

PRAXISFALL

Die Spedition Transinternational GmbH soll ein Warenwertpapier (B/L) im Gewicht von 40 g schnell und sicher an den Empfänger in Boston/USA versenden.

Lösung:

Kompaktbrief	–	Welt – Luft	–	Einschreiben	–	Rückschein		
2,00 €			+	2,05 €	+	1,80 €	=	5,85 €

Große Briefmengen rationell und kostengünstig abwickeln

Für die gesamte Geschäftsbriefpost stellt die Deutsche Post formatgerechte **Briefbehälter** zur Verfügung, um den Briefverkehr des Absenders zu vereinfachen.

Damit die Sendungen die Empfänger schnellstmöglichst erreichen, sollten die folgenden Praxistipps beachtet werden:

1. **Briefsendungen trennen:**
   – Briefe und Postkarten getrennt von Infopost, Waren- und Büchersendungen einliefern.
   – Gestempelte und ungestempelte Sendungen trennen.
2. Einzelne **Briefbehälter** für Standard-, Kompakt- und Großbriefe verwenden.
3. **Sendungen „auf den Kopf stellen"**, damit diese im Briefzentrum gleich in die Lesemaschinen eingelegt werden können.
4. Groß- und Maxibriefe in einer **„Säule"** mit gleichgerichtetem Anschriftenfeld anordnen.
5. Die Sendungen im Behälter **auf „Verklebungen" kontrollieren.**
6. **Große Mengen** zwei Tage vor der Einlieferung **anmelden.**

Weitere Serviceangebote für Großkunden:

Zertifizierung	**Frankierservice**	**Selbstbuchen**
Mit der Zertifizierung bestätigt die Post, dass die Briefsendungen des Kunden maschinenlesbar und maschinenfähig sind. Damit hat der Absender die Möglichkeit, auch außergewöhnliche Papiere, Schriften, Farben und Falttechniken zu Standardpreisen zu versenden.	Die Deutsche Post AG übernimmt dabei das Freimachen aller Kundensendungen und betreibt für den Kunden das Portomanagement, sodass er immer nur das günstigste Porto für seine Sendung bezahlt.	Kunden, die regelmäßig mehr als zehn Einschreiben oder Nachnahmesendungen pro Tag einliefern, sparen durch das Selbstbuchen Geld und Zeit.

ZUSAMMENFASSUNG		
Markenbereiche	• Deutsche Post • DHL (zur Abwicklung von Frachtpostleistungen) • Postbank	
Päckchen/Pakete	• Leichte Kleinsendungen können als Päckchen versandt werden, wenn bestimmte Maße eingehalten werden. • Businesspakete bis 31,5 kg können innerhalb Deutschlands verschickt werden. Durch Identcode und Leitcode auf Paketsendungen können Postsendungen automatisiert werden und der Transport ist nachvollziehbar. Im internationalen Paketverkehr bietet die Post „Services" an, zum Beispiel „sicher" und „Inkasso".	
Briefe	Durch das sachgerechte Beschriften des Briefanschriftfeldes wird ein Brief maschinenlesbar.	
	Frankierungsmöglichkeiten:	
	• Briefmarke • aufgedruckter Freimachungsvermerk • DV-Freimachung	• Freistempelung • Plusbrief • STAMPIT
	Arten von Briefsendungen:	
	• Postkarte • Kompaktbrief • Maxibrief	• Standardbrief • Großbrief
Inkassoservice	• Nachnahme • Nachnahme eigenhändig • Nachnahme mit Rückschein	
Formen ermäßigter Sendungen	• Büchersendung • Warensendung • Werbepost	
Angebote für Großkunden	• Post-Zertifizierungen • Frankierservice • Selbstbucherverfahren auch bei Einschreiben	

?

AUFGABEN

1 Mit welchen Markenbereichen der Post arbeitet Ihr Ausbildungsbetrieb zusammen?

2 Eine Sendung im Gewicht von 1,5 kg mit den Maßen 45 cm x 30 cm x 15 cm soll nach Norwegen verschickt werden. Kann es als Päckchen per Einschreiben verschickt werden? Begründen Sie Ihre Antwort.

3 Beschreiben Sie die Voraussetzungen für das Selbstbucherverfahren für Pakete.

4 Zeigen Sie vier Vorteile des Selbstbucherverfahrens auf.

5 Erläutern Sie die vier Schritte zum fertigen Paket innerhalb des Selbstbucherverfahrens.

6 Welche Vorteile bietet die Verwendung von Leitcode und Identcode im Postversand?

7 Ein Neukunde bestellt Ware im Wert von 900,00 €. Wie kann die Zahlungsabsicherung bei der Paketlieferung erfolgen?

8 Aus welchen vier Zonen besteht das Anschriftenfeld eines Briefes? Welchen Sinn hat diese Einteilung für den Kunden und für die Post?

9 Ein Unternehmen hat einen täglichen Briefausgang von 30 bis 50 Briefen. Schlagen Sie drei Arten der Freimachung vor, die hier sinnvoll wären.

10 A4-Dokumente im Gewicht von 360 g sollen gesichert an den Empfänger verschickt werden. Der Empfänger soll die Sendung nur persönlich entgegennehmen.

11 In welchen Fällen nutzt Ihr Ausbildungsbetrieb das Angebot, ermäßigte Sendungen zu versenden?

12 Wie unterscheidet sich der Weltbrief vom Europabrief?

13 Die Soft-Data GmbH verschickt pro Monat ca. 4 000 Disketten an ihre Kunden in Deutschland. Bislang erfolgte der Versand als Kompaktbrief.
Portokosten pro Monat: 4000 Kompaktbriefe x 1,00 EUR = 4.000 ,00 EUR
Künftig werden die Disketten als Warensendung Kompakt versandt.
a) Wie hoch sind nun die Portokosten pro Monat?
b) Wie hoch ist die Portokostenersparnis pro Sendung?
b) Wie hoch ist die Portokostenersparnis pro Jahr?

14 Mit Rechnung 05-3457 lieferte die Santex GmbH 70325 Stuttgart, Eythstr. 34, Waren im Wert von 1.116,00 EUR an die Bäderwelt Quincy Happy Wacholderweg 52 , 26133 Oldenburg. Trotz zweier Mahnungen würde der Rechnungsbetrag nicht bezahlt. Die Santex GmbH schickt nun vor Einleitung des gerichtlichen Mahnverfahrens die letzte Mahnung in Form einer Nachnahme mit Rückschein direkt an Herrn Quincy Happy. Bei der Postfiliale werden vom Absender abgegeben:
① kuvertierter und frankierter Umschlag mit der fälligen Rechnung.
② Einlieferungsbeleg
③ Inkasso-Beleg zur Geldübermittlung
④ Rückschein, ausgefüllt
⑤ Label, das durch die Post auf das Kuvert aufgeklebt wird.

a) Besorgen Sie sich die notwendigen Unterlagen ①–⑤ bei einer Poststelle.
b) Füllen Sie die Unterlagen ①–⑤ gemäß dem Eingangsfall aus.

5 | Gewerblicher Güterkraftverkehr

SITUATION

Ein Getriebehersteller aus Stuttgart liefert Motorradgetriebe im „Just-in-time"-Verfahren an eine Motorradfabrik nach Berlin.

Täglich werden fünf bis sechs Versandgestelle mit Motorradgetrieben im Gewicht von fünf bis sechs t nach Berlin versandt.

1 **Zählen Sie zwei Gründe auf, warum es sinnvoll ist, die Motorradgetriebe mit dem Güterkraftverkehr von Stuttgart nach Berlin zu versenden.**

2 **a) Überlegen Sie zwei weitere Versandmöglichkeiten mit anderen Verkehrsträgern.**
b) Welche Nachteile haben diese Verkehrsträger gegenüber dem Güterkraftverkehr im Falle des Getriebeversands?

SACHDARSTELLUNG

5.1 | Bedeutung des Güterkraftverkehrs

Nach dem Ersten Weltkrieg begann ab 1920 der Aufstieg des Güterkraftverkehrs zum wichtigsten Verkehrsträger in Deutschland. Seit 1950 verdrängt der Lkw die Eisenbahn. Der Güterkraftverkehr bewältigt heute den gesamten **Nahverkehr** und beherrscht den **Güterfernverkehr.**

Die Verkehrsleistung der einzelnen Verkehrsträger werden in Tonnenkilometer **(tkm)** gemessen und sind somit vergleichbar. So ergeben 5 t Getriebe, die über 700 km von Stuttgart nach Berlin transportiert werden, eine Verkehrsleistung von 3 500 tkm.

Die Gründe für diese Entwicklung sind sehr vielschichtig. Sie liegen vor allem in den folgenden **Vorteilen des Güterkraftverkehrs:**

- Ein dichtes Straßen- und Fernstraßennetz ermöglicht einen umfassenden **Flächenverkehr.**
- eine **hohe Verfügbarkeit** von Lastkraftwagen im Werkverkehr und im gewerblichen Güterkraftverkehr
- günstiges **Preis-Leistungs-Verhältnis**
- **kurze Transportzeiten**
- direkte **Haus-Haus-Lieferungen** ohne Umladung der Güter möglich
- günstige Disponierbarkeit des Güterkraftverkehrs, da man hier **begleitete Transporte** hat
- **geringeres Schadensrisiko,** da die Transporte begleitet sind
- Einsatz von transportbegleitenden **Kommunikations- und Informationssystemen,** wie GPS-Ortung, Mobiltelefon usw.
- **spezialisierte Lastkraftwagen** und Anhänger für die unterschiedlichsten Transportaufgaben

Gegenüber den anderen Verkehrsträgern weist der Güterkraftverkehr aber auch die folgenden **Nachteile** auf:

- **begrenzte Ladefähigkeit** (bis max. 25 t)
- **ungünstiges Verhältnis** von Eigengewicht zum Transportgewicht (ca. 17 t : 25 t)
- Für **Massengüter** über größere Strecken ist der Lkw **ungeeignet** und zu teuer.
- Abhängigkeit von den Straßenverhältnissen (z. B. Stau, Witterung)
- **staatliche Eingriffe** in den Güterkraftverkehr wie Sonntagsfahrverbot, Nachtfahrverbote, Ferienreiseverordnung, Gewichtsbeschränkungen, Maut usw.
- Die **hohe Verkehrsdichte** verlangsamt die Transporte und erhöht die Unfallgefahr.
- **hohe Wegekosten** durch Abnutzung der Fahrbahn
- **Umweltbelastung** durch Lärm und Abgase
- **Leerfahrten,** vor allem im Werkverkehr

Über die Verkehrspolitik versucht der Staat, den Güterkraftverkehr zugunsten anderer Verkehrsträger einzuschränken. Jedoch bleibt die dominierende Stellung des Güterkraftverkehrs aufgrund seiner Systemvorteile auch in Zukunft erhalten. Mithilfe der zum 01.01.2005 eingeführten **Lkw-Maut** sollen die hohen Wegekosten zumindest teilweise ausgeglichen werden.

5.2 | Abwicklung des Güterverkehrs auf der Straße

In Straßengüterverkehr stehen für jedes Transportproblem die geeigneten Fahrzeuge zur Verfügung. Neben den Anforderungen des Versenders bestimmt aber auch die Straßenverkehrs-Zulassungs-Ordnung (StZO) den Zustand, die Abmessungen und die Gewichte der Lastkraftwagen. Der Lastkraftwagen (Lkw) und der Anhänger bilden als Gespann den **Lastzug.**

Abmessungen der Lastkraftfahrzeuge und Lastzüge:

Art	Maße/Beispiele
Lastkraftwagen (Einzelfahrzeug): Einzelfahrzeug mit Standardaufbauten, wie Plane, Koffer, oder mit Sonderaufbauten, wie Betonmischer, Müll-Lkw usw.	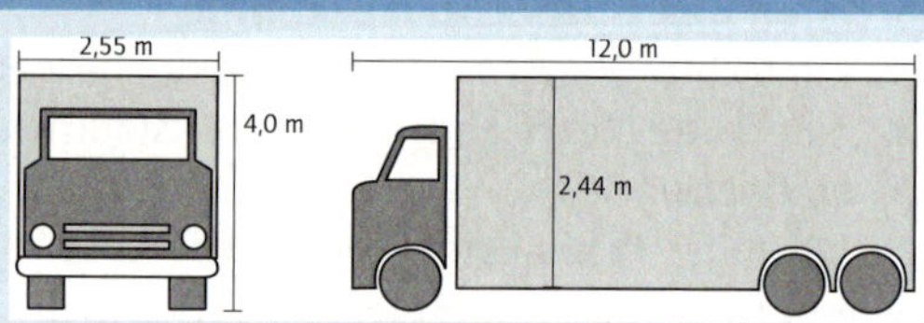
konventioneller Lastzug (Gliederzug): Motorwagen und Anhänger mit Planen- oder Kofferaufbau – meist für verpackte/palettierte Güter	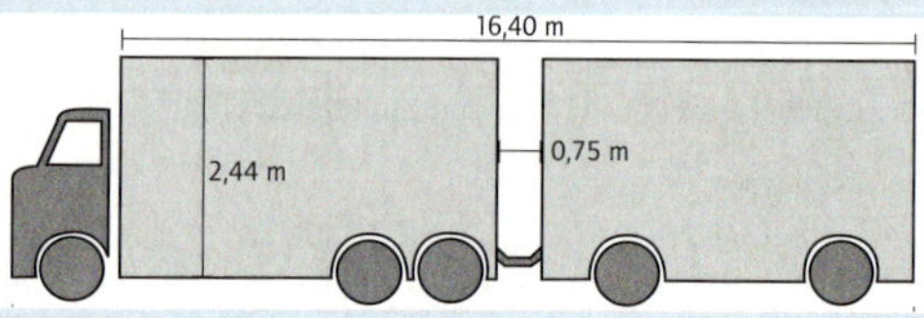

Art	Maße/Beispiele
Wechselbrücken-Lkw (nach BDF-Norm): Wechselbrücken sind Ladebrücken, die sowohl auf den Lkw als auch auf den Anhänger aufgesetzt werden können – auch mit 20-ft-Container möglich.	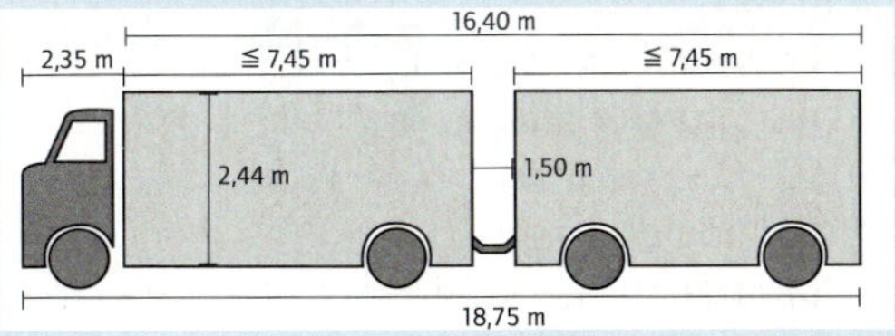
Sattelzug Zugmaschine mit dem Sattelauflieger, der eine durchgehende Ladefläche hat, oder Sonderauflieger, wie Mulde, Silo, Tankwagen, Kühlkoffer, Container-Chassis für 40-ft-Container.	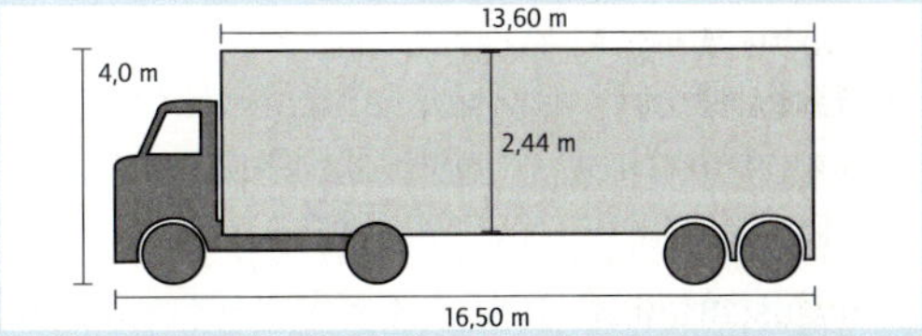

Vor allem Wechselbrücken (WB) werden zum Palettentransport mit Euro-Paletten eingesetzt:

Wechselbrückenzug

2 × 7,15 m Länge: 17 Paletten × 2 = 34 Paletten

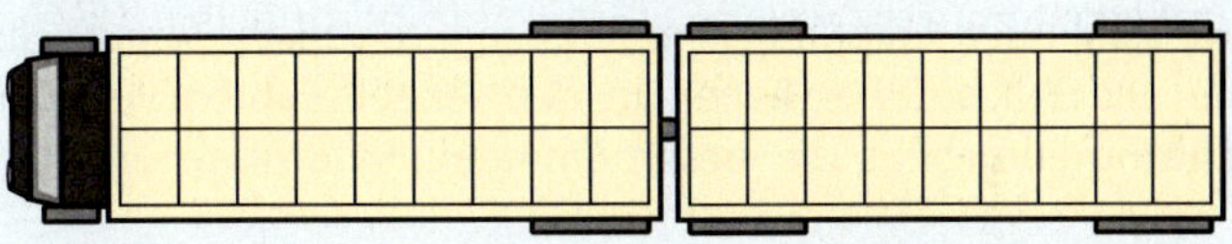

2 × 7,30 m bzw. 7,45 m: 18 Paletten × 2 = 36 Paletten

Sattelzug

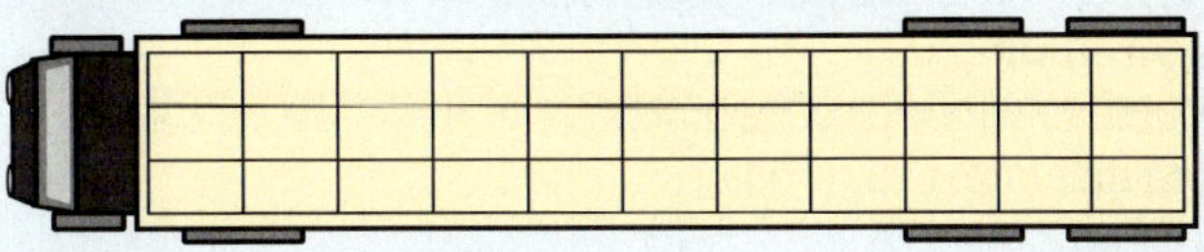

13,60 m Ladelänge: 34 Paletten (rechnerisch)/33 Paletten (Praxis)

Bei der Beladung von Lastzügen dürfen die zulässige **Achslast** und das zulässige **Gesamtgewicht** nicht überschritten werden:

Achslasten	
Einzelachse • angetriebene Achse: 11,5 t • nicht angetriebene Achse: 10,0 t	**Doppelachse** je nach Achsabstand: 11,5 t bis 20,0 t

Gesamtgewicht		
2 Achsen	**mehr als 2 Achsen**	**Fahrzeugkombinationen**
Lkw 18,0 t Anhänger 18,0 t	Lkw 25,0 t Anhänger 24,0 t Lkw mit 2 Doppelachsen 32,0 t	mit 3 Achsen 28,0 t mit 4 Achsen 36,0 t mit > 4 Achsen 40,0 t im Kombiverkehr mit 40-ft-Container 44,0 t

Jeder Frachtführer bzw. der Fahrer ist für die gesetzlich vorgeschriebenen Papiere und die Lkw-Ausrüstung verantwortlich. Verstöße sind mit Geldstrafen belegt und können bis zur vorübergehenden Stilllegung des Fahrzeugs führen.

mitzuführende Papiere	vorgeschriebene Lkw-Ausrüstung
Fahrzeugschein, Führerschein, evtl. ADR-Bescheinigung, Konzession (Güterkraftverkehrszulassung), Fahrtenbuch, Tachografscheiben, Gefahrgutpapiere (z. B. Merkblatt), Zollpapiere, evtl. Mautnachweis	Feuerlöscher, Schaufel, Gefahrguttafeln, Gurte, Warnleuchten, Warndreiecke, Sicherheitsweste, Schutzmaske, Handschuhe, Sicherheitshelm, Schutzbrille, Spülflasche

Güter sollen den Empfänger im Straßengüterverkehr schnell und kostengünstig erreichen. Spediteure und Frachtführer haben in den letzten Jahren vier **Grundsysteme der Transportabwicklung** aufgebaut, um diesen Anforderungen zu genügen:

❶ Ladungsverkehr

Beschreibung:
Die Ladung wird direkt beim Absender abgeholt und dem Empfänger direkt zugestellt.

Anwendung:
- große Gütermengen über 5 t Gewicht oder hohe Gütervolumen
- besonders eilige Güter
- Sondertransporte
- Werkverkehrstransporte

Verpackung:
wenig bzw. keine Verpackung notwendig

Transportzeit:
Die Transportzeit ist nur von der reinen Transportstrecke abhängig.

Abwicklung:

❷ Stückgut-Direktverkehr

Beschreibung:
Der Frachtführer holt das Stückgut beim Absender ab. Das Transportgut wird im Umschlagslager (der Spedition) gesammelt und danach auf ein anderes Fahrzeug umgeschlagen und dem Empfänger direkt zugestellt.

Anwendung:
- hochwertige Waren
- empfindliche Güter
- nicht palettierbare Güter
- sonstige nicht systemkonforme Waren (d. h. Waren, die nicht in eine Gitterbox oder auf eine Euro-Palette passen)

Verpackung:
Wenig, für einen einmaligen Umschlag ausreichend – meist reicht eine einfache Trägerpalette aus.

Transportzeit:
max. zwei Tage – meist unter 24 Stunden

Abwicklung:

❸ Stückgut-Umschlagsverkehr

Beschreibung:
Das Stückgut wird vom Frachtführer beim Absender abgeholt und im Lager des Versandspediteurs umgeschlagen. Danach geht die Sendung direkt zum Empfangsspediteur, der nach dem Umschlag das Stückgut dem Empfänger zustellt.

Anwendung:
- qualitativ hochwertige Waren
- empfindliche Güter
- Waren im Linienverkehr großer Speditionen

Verpackung:
Weniger – die Verpackung muss für zwei Umschlagsvorgänge geeignet sein.

Transportzeit:
Meist erfolgt die Auslieferung innerhalb von 24 Stunden.

Abwicklung:

❹ Stückgut-Systemlogistik

Beschreibung:
Die Sendungen werden beim Empfänger abgeholt und nach dem Umschlag beim Versandspediteur über ein Hub gezogen. Vom Hub aus geht das Stückgut zum Empfangsspediteur, der es nach dem Umschlag dem Empfänger zustellt.

Anwendung:
- palettierte Güter
- unempfindliche Güter
- preiswerte Standardsendungen
- Güter, die für einen automatisierten Umschlag geeignet sind

Verpackung:
komplette Umverpackung notwendig

Transportzeit:
- in der Regel 24 Stunden Laufzeit
- bei Express-Sendungen auch kürzer

Abwicklung:

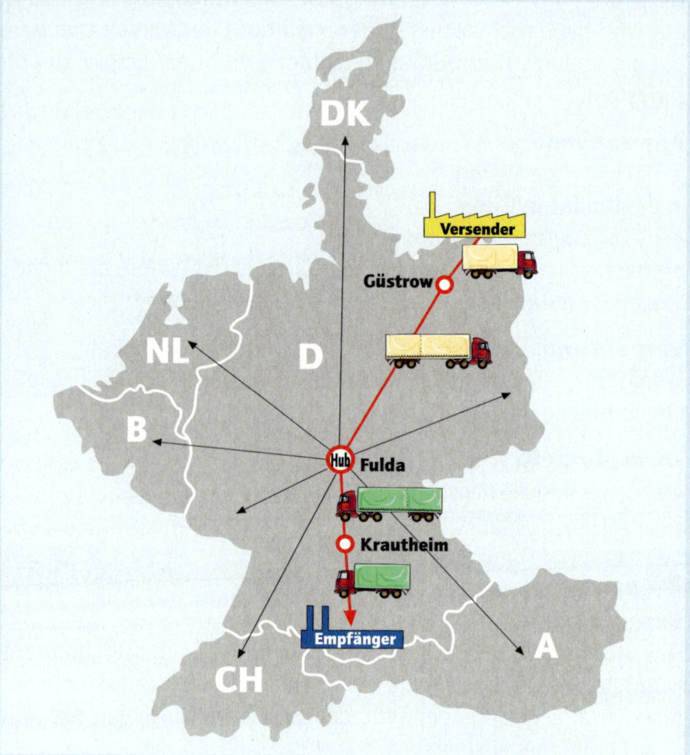

5.3 | Zugang zum Markt des Güterkraftverkehrs

Gesetze und Verordnungen regeln in Deutschland und in der Europäischen Union (EU) den Zugang zum nationalen und internationalen Güterkraftverkehr. Dabei hat jeder Anbieter von Verkehrsleistungen **subjektive,** d. h. in seiner Person liegende **Marktzugangsvoraussetzungen** zu erfüllen (siehe Tabelle auf der folgenden Seite oben).

Eine **Erlaubnis** gilt zunächst für fünf Jahre und wird dann nach erneuter Prüfung zeitlich unbegrenzt erteilt. Die Erlaubnis erstreckt sich auf alle im Unternehmen eingesetzten Fahrzeuge. Diese muss in jedem Fahrzeug als Kopie mitgeführt werden.

Zugangsvoraussetzungen für den gewerblichen Güterkraftverkehr in Deutschland nach dem Güterkraftverkehrsgesetz (GüKG)	
Regelbereich	Jeder gewerbliche Güterkraftverkehr mit Fahrzeugen über 3,5 t Gesamtgewicht ist **erlaubnispflichtig.**
subjektive Marktzugangsvoraussetzungen	**1. persönliche Zuverlässigkeit** z. B. Auszüge aus dem Verkehrsregister, dem Handelsregister, polizeiliches Führungszeugnis als Nachweis
	2. fachliche Eignung z. B. IHK-Kenntnisprüfung, Berufsabschluss als Speditionskaufmann, 5-jährige leitende Tätigkeit als Nachweis
	3. finanzielle Leistungsfähigkeit z. B. Eigenkapitalnachweis pro Lkw (9.000,00 € für das erste Fahrzeug und 5.000,00 € für jedes weitere)

Der **internationale Güterkraftverkehr** ist durch verschiedene Zugangsvoraussetzungen geregelt. Innerhalb der EU gilt die Gemeinschaftslizenz als Zugangsvoraussetzung für den Güterkraftverkehr. Im Verkehr mit Drittländern sind entweder bilaterale Genehmigungen für den Güterkraftverkehr, Transitgenehmigungen für die Durchfahrt oder eine CEMT-Genehmigung erforderlich.

Zugangsvoraussetzungen für den internationalen Güterkraftverkehr	
1. Gemeinschaftslizenz (EU-Lizenz)	Gilt für den gewerblichen Güterkraftverkehr zwischen den Mitgliedstaaten der Europäischen Union. Mit der Gemeinschaftslizenz darf in jedem EU-Staat auch Binnenverkehr durch den Frachtführer eines anderen EU-Staates betrieben werden. Dieses Recht nennt man **Kabotagerecht.** Die EU-Lizenz wird für jedes Fahrzeug auf den Namen des Transportunternehmers ausgestellt und muss im Fahrzeug mitgeführt werden.
2. bilaterale Genehmigungen	Für den Güterkraftverkehr mit Staaten außerhalb der EU (Drittstaaten) sind bilaterale Genehmigungen erforderlich. Diese Genehmigungen sind entweder Inhabergenehmigungen oder fahrzeuggebundene Genehmigungen. Je nach Drittland werden bilaterale Genehmigungen in Deutschland vom Bundesamt für den Güterverkehr (BAG) oder von bestimmten Regierungspräsidien erteilt.
3. Transitgenehmigungen	Transitgenehmigungen sind für Durchfahrten durch Drittländer notwendig (z. B. nach Italien durch die Schweiz). Sie werden von den gleichen Behörden erteilt wie die bilateralen Genehmigungen.
4. CEMT-Genehmigungen	Durch die „Konferenz der europäischen Verkehrsminister" (CEMT) werden Dauergenehmigungen festgelegt, die für den Güterkraftverkehr zwischen allen 40 Mitgliedstaaten der CEMT gelten. Auf Deutschland entfielen im Jahr 2004 1 428 CEMT-Genehmigungen für den bilateralen Verkehr. Für die Inhaber einer CEMT-Genehmigung sind Binnenverkehre in den einzelnen Mitgliedstaaten verboten **(Kabotageverbot).**

5.4 | Rechtsvorschriften für den Straßengüterverkehr

Der Stellenwert des Güterkraftverkehrs in unserer Volkswirtschaft erfordert staatliche Regelungen zum **Schutz** und zur **Sicherheit** der anderen Verkehrsteilnehmer sowie der Berufskraftfahrer.

5.4.1 | Güterkraftverkehrsgesetz (GüKG)

Das GüKG regelt den **Werkverkehr** und den **gewerblichen Güterkraftverkehr** in Deutschland. Die Zulassungsbedingungen sind in den vorangegangenen Abschnitten bereits beschrieben. Nach § 7 a GüKG besteht für den gewerblichen Güterkraftverkehr eine **Versicherungspflicht** für alle Schäden, die aus inländischen Beförderungen entstehen können. Daher hat jedes Fahrzeug einen gültigen Versicherungsnachweis mitzuführen und den Kontrollorganen wie Polizei und BAG vorzulegen.

Das **Bundesamt für den Güterverkehr** (BAG) kontrolliert und überwacht den Werkverkehr und den gewerblichen Güterkraftverkehr sowie die Einhaltung der betreffenden Rechtsvorschriften.

5.4.2 | Straßenverkehrsrechtsvorschriften

Alle Straßenverkehrsrechtsvorschriften basieren auf dem Straßenverkehrsgesetz (StVG), von denen sich die einzelnen verkehrsrechtlichen Vorschriften ableiten.

Straßenverkehrsgesetz (StVG)		
Regelungen	• Zulassung der Fahrzeuge • Fahrerlaubnis	• Haftpflicht (Gefährdungshaftung) • Straf- und Bußgeldvorschriften

Straßenverkehrsordnung (StVO)	**Straßenverkehrszulassungsverordnung (StVZO)**	**Ferienreise-Verordnung**
• Verkehrsregeln • Bußgelder • Sonn- und Feiertagsfahrverbot (00:00 bis 22:00 Uhr) für Kfz über 7,5 t Gesamtgewicht	• Kraftfahrzeugzulassungsvorschriften • Untersuchungsvorschriften (z. B. TÜV) • Fahrtenschreiber und Kontrollgeräte für die Sozialvorschriften	• Fahrverbot für Fahrzeuge über 7,5 t Gesamtgewicht für bestimmte Autobahnen und Bundesstraßen von 07:00 bis 20:00 Uhr in der Zeit vom 1. Juli bis 31. August

5.4.3 | Sozial- und Fahrpersonalvorschriften

Zur Verkehrssicherheit werden die Beschäftigungszeiten für das Fahrpersonal in den Sozialvorschriften festgelegt. Zur Überwachung der **Lenk- und Ruhezeiten** muss in Fahrzeugen über 3,5 t Gesamtgewicht ein EU-Kontrollgerät eingebaut werden. Die darin befindlichen Diagrammscheiben ermöglichen die Kontrolle der Einhaltung durch BAG-Beamte und die Polizei.

5006442

Lenk- und Ruhezeiten für Berufskraftfahrer (Auszug)	
tägliche Lenkzeit	bis zu 9 Stunden (kann 2-mal pro Woche auf 10 Stunden erhöht werden)
ununterbrochene Lenkzeit	maximal 4,5 Stunden ohne Pause
Pausezeiten	mindestens 45 Minuten pro Arbeitstag (dreimal 15 Minuten sind auch möglich)
Tagesruhezeit	mindestens elf Stunden zusammenhängende Ruhezeit Eine Verkürzung auf neun Stunden dreimal pro Woche ist möglich.

5.5 | Frachtverträge im gewerblichen Güterkraftverkehr abschließen und abwickeln

Die Rechtsgrundlagen des Frachtgeschäfts sind seit dem 01.07.1998 im **Handelsgesetzbuch** (HGB) zusammengefasst. Die vielen Rechtsverweise im Speditionsrecht auf das Frachtrecht zeigen die enge Verzahnung des Frachtrechts mit dem Speditionsrecht. Das **Frachtrecht ist nachgiebiges Recht.** Daher gilt hier die Grundregel:

Die speziellere Vertragsgrundlage gilt vor der allgemeineren Rechtsgrundlage.

↓

Einzelfrachtvertrag
mit genau beschriebenen Rechten und Pflichten der Vertragspartner

geht vor ↓

Allgemeine Geschäftsbedingungen (AGB),
z. B. Vertragsbedingungen für den Güterkraftverkehrs- und Logistikunternehmer **(VBGL),**

geht vor ↓

Handelsgesetzbuch (HGB)
4. Abschnitt – Vorschriften über das Frachtgeschäft – § 407 ff.

geht vor ↓

Bürgerliches Gesetzbuch (BGB)
Rechtsgeschäfte, Schuldrecht, Dienst- und Werkvertrag.

Aus dem Frachtvertrag ergeben sich die gegenseitigen Rechte und Pflichten der Vertragspartner.

Pflichten des Frachtführers	Pflichten des Auftraggebers
nach HGB: • Beförderung des Gutes zum Bestimmungsort • Ablieferung an den genannten Empfänger • Recht, die Ausstellung eines Frachtbriefes zu verlangen • Obhuthaftung	**nach HGB:** • Zahlung der vereinbarten Fracht • Beladung und Entladung des Transportgutes besorgen • Einhaltung der Rügefristen
nach VBGL: • geeignetes Transportfahrzeug stellen • nur Bareinzug von Nachnahmen • Überprüfung der Frachtstücke auf den äußeren Zustand, Anzahl, evtl. Gewicht • betriebssichere Verladung auf dem Fahrzeug • Bereitstellung des Fahrzeugs zur Beladung und Entladung (bei Komplettladung – 40-t-Fahrzeug jeweils 2 Stunden)	**nach VBGL:**[1] • alle notwendigen Informationen und Begleitpapiere dem Frachtführer zur Verfügung stellen • besondere Informationspflichten bei Gefahrgut • Bereitstellung der Güter in einem beförderungsfähigen Zustand • beförderungssichere Beladung des Fahrzeugs • Stellung von Paletten und sonstigen Ladehilfsmitteln • Nachnahmeeinzug muss schriftlich vereinbart werden. • Entladung hat der Empfänger vorzunehmen.
Abweichende einzelvertragliche Regelungen sind möglich.	Abweichende einzelvertragliche Regelungen sind möglich.

Der **Frachtbrief** ist heute nicht mehr die Voraussetzung für den Abschluss des Frachtvertrags. Dennoch stellen Absender auch heute noch Frachtbriefe als **Beweisgrundlage** aus. Nach § 408 HGB soll der Frachtbrief dann folgende Angaben enthalten:

Inhalt eines Frachtbriefs im nationalen Güterkraftverkehr nach § 408 HGB

1. Ort und Tag der Ausstellung
2. Name und Anschrift des Absenders
3. Name und Anschrift des Frachtführers
4. Stelle und Tag der Übernahme des Gutes und die für die Ablieferung vorgesehene Stelle
5. Name und Anschrift des Empfängers und eine eventuelle Meldeadresse
6. Art des Gutes, Art der Verpackung, Bezeichnung, bei Gefahrgut die Gefahrgutkennnummer
7. Anzahl, Art und Nummern der Frachtstücke
8. Rohgewicht bzw. die sonstige Menge
9. vereinbarte Fracht, sonstige Kosten – Vermerk über die Frachtzahlung
10. Betrag einer einzuziehenden Nachnahme
11. Weisungen für Zoll und sonstige amtliche Behandlung des Gutes
12. ausdrückliche Vereinbarung einer offenen Beförderung ohne Plane

1 VBGL – Vertragsbedingungen für den Güterkraftverkehrs- und Logistikunternehmer

Anstelle des Frachtbriefs können auch **sonstige Begleitpapiere,** wie Lieferscheine, Transportaufträge oder Rollkarten, mitgegeben werden.

Nach **Ankunft des Gutes** an der Ablieferstelle wird es vom Empfänger entladen und gegen Erteilung einer schriftlichen Quittung, z. B. auf dem Frachtbrief, an den Empfänger übergeben. Damit bescheinigt der Empfänger, dass er die Ware in ordnungsgemäßem Zustand erhalten hat. Damit hat dann auch der Frachtführer seinen Teil des Frachtvertrags erfüllt. Der Empfänger kann verdeckte Schäden, trotz reiner Quittung, noch innerhalb von sieben Tagen reklamieren.

Schadensmeldung im Güterkraftverkehr		
Schadensart	**offene Schäden** äußerlich erkennbare Schäden, z. B. fehlende Packstücke	**verdeckte Schäden** äußerlich nicht erkennbare Schäden, z. B. innerer Bruch
Reklamationsfrist	**sofort** bei der Ablieferung des Gutes	**innerhalb von sieben Tagen** nach der Ablieferung des Gutes

Der Frachtführer **haftet** für alle Sachschäden, die in der Zeit von der Übernahme des Gutes bis zur Ablieferung entstanden sind. Setzt er andere Personen für die Beförderung ein, so haftet er auch für diese. Der **Schadensersatz** beträgt max. 8,33 SZR[1]/kg bei Verlust oder Beschädigung des Gutes. Seine **Haftung für Lieferfristüberschreitung** ist auf den dreifachen Frachtbetrag beschränkt.

5.6 | Abschluss und Abwicklung des Frachtvertrags im internationalen Güterkraftverkehr

Der internationale Straßengüterverkehr basiert auf internationalem Recht, den **CMR**[1]. Die CMR sind **zwingendes Recht.** Der Frachtführer und der Auftraggeber im internationalen Güterkraftverkehr unterliegen unabdingbar den CMR und können diese **Einzelbestimmungen** vertraglich nicht aufheben.

CMR-Frachtbrief und Frachtbriefzwang

Für jeden internationalen Transport im Güterkraftverkehr ist die Verwendung des CMR-Frachtbriefs zwingend vorgeschrieben. Der CMR-Frachtbrief muss vom Absender und vom Frachtführer unterschrieben werden.

Er besteht aus **drei Originalausfertigungen:**
Die erste Ausfertigung erhält der Absender.
Die zweite Ausfertigung begleitet das Papier (Warenbegleitpapier).
Die dritte Ausfertigung behält der Frachtführer.

1 Sonderziehungsrechte (SZR) sind internationale Währungsverrechnungseinheiten der Weltbank, deren Wertverhältnisse schwanken: 1 SZR zz. ca. 1,40 €.
2 **C**onvention relative au contract de transport international de **m**archandises par **r**oute (CMR), dt.: Übereinkommen über den Beförderungsvertrag im internationalen Straßengüterverkehr.

Nach Artikel 6 CMR hat der Frachtbrief die folgenden Angaben zu enthalten:

1. Ort und Tag der Ausstellung
2. Name und Anschrift des Absenders/des Empängers/des Frachtführers
3. Stelle und Tag der Übernahme und der Ablieferung des Gutes
4. Bezeichnung des Gutes, Art der Verpackung, bei Gefahrgut die ADR-Gefahrgutkennnummer
5. Anzahl, Zeichen und Nummern der Frachtstücke
6. Gewicht bzw. die sonstige Mengenangabe des Gutes
7. Fracht, sonstige Kostenvermerke über die Frachtzahlung
8. Weisungen für Zoll und sonstige amtliche Behandlung des Gutes
9. Angabe über zwingende Anwendung der CMR

Der **CMR-Frachtbrief** hat vier wichtige **Funktionen:**

1. **Beweisurkunde** über den Abschluss und den Inhalt des Beförderungsvertrags.
2. **Empfangsbescheinigung** des Frachtführers, dass das Gut in äußerlich gutem Zustand war und dass die Anzahl und die Zeichen der Frachtstücke mit dem Frachtbrief übereinstimmen.
3. **Warenbegleitpapier** mit allen notwendigen Daten für die Transportabwicklung.
4. **Sperrpapier** für nachträgliche Verfügungen des Absenders: Der Absender kann, wenn er die erste Ausfertigung des CMR-Frachtbriefs vorlegt, so genannte nachträgliche Verfügungen aussprechen. So kann er das Gut z. B. an einen anderen Empfänger ausliefern lassen, das Gut einlagern lassen und nachträglich Nachnahme erheben. Hat jedoch der Absender das erste Original des CMR-Frachtbriefs z. B. an den Empfänger weitergegeben, so ist der Absender von nachträglichen Verfügungen **ausgesperrt.** Damit hat der Empfänger die Garantie, dass die Sendung unwiderruflich an ihn ausgeliefert wird. Viele Banken verlangen bei der Finanzierung von internationalen Handelsgeschäften dieses Sperrpapier zur weiteren Absicherung des Kredits.
   - **Lieferfrist:** Nach CMR wird keine direkte Lieferfrist vorgegeben. Jedoch können die Vertragspartner Lieferfristen vereinbaren.
   - **Zahlung der Fracht:** Der Absender ist zur Zahlung verpflichtet, sobald die Sendung beim Empfänger abgeliefert wurde. Mit der Frankatur „unfrei" wird jedoch der Empfänger zur Zahlung verpflichtet.
   - **Beförderungs- und Ablieferhindernisse:** Solche Ereignisse sind dem Absender unverzüglich zu melden. Holt der Frachtführer keine Weisungen des Absenders ein, haftet er für Schäden in voller Höhe.
   - **Verfügungsrecht des Empfängers:** Nach Ankunft des Gutes hat der Empfänger einen Herausgabeanspruch bezüglich des Gutes und das Verfügungsrecht gegenüber dem Frachtführer.
   - **Versicherungspflicht:** Nach CMR muss sich der Frachtführer nicht zwingend gegen CMR-Haftungsansprüche versichern. Bei deutschen Frachtführern deckt aber die HGB-Pflichtversicherung auch CMR-Schäden ab. Bei ausländischen Frachtführern sollte der Absender jedoch immer einen **Versicherungsnachweis** fordern, um bei Schäden keinen Verlust zu erleiden.
   - **Haftung und Reklamationsfrist:** Für Verlust und Beschädigung des Transportgutes haftet der Frachtführer wie nach HGB mit **maximal 8,33 Sonderziehungsrechten (SZR) pro kg.** Die Reklamationsfristen entsprechen den Regelungen des HGB-Frachtrechts: Für Vermögensschäden beim Nachnahmeeinzug haftet der Frachtführer nach CMR in voller Höhe.

<table>
<tr><th colspan="3">ZUSAMMENFASSUNG</th></tr>
<tr><td>Bedeutung und Vorzüge des Güterkraftverkehrs</td><td colspan="2">• Flächenverkehr
• Haus-Haus-Verkehr
• kurze Transportzeit
• hohe Verfügbarkeit
• breites Angebot an Lastkraftfahrzeugen, vom konventionellen Lastzug über Wechselbrückenfahrzeuge bis zu Silofahrzeugen
Aber: Wegen begrenzter Ladefähigkeit (zirka 25 t) ist der Güterkraftverkehr für Massenguttransporte nicht geeignet.</td></tr>
<tr><td rowspan="11">Vorschriften im Markt für Güterkraftverkehr</td><td colspan="2">Es gibt staatliche Vorschriften zur Achslast, zum Gesamtgewicht, zu den mitzuführenden Papieren und zur Lkw-Ausrüstung.</td></tr>
<tr><td colspan="2">Der Markzutritt ist erlaubnispflichtig.
Subjektive Voraussetzungen des Antragstellers:
• persönliche Zuverlässigkeit
• fachliche Leistung
• finanzielle Leistungsfähigkeit
Es besteht Versicherungspflicht für alle Schäden aus HGB-Haftung. Im internationalen Güterverkehr besteht keine Versicherungspflicht.</td></tr>
<tr><td colspan="2">Zugangsmöglichkeiten zum internationalen Güterkraftverkehr:</td></tr>
<tr><td>• Gemeinschaftslizenz (EU-Lizenz)</td><td>• bilaterale Genehmigungen</td></tr>
<tr><td>• Transitgenehmigungen</td><td>• CEMT-Genehmigungen</td></tr>
<tr><td colspan="2">Vom Fahrer und vom Unternehmen zu beachtende Vorschriften:</td></tr>
<tr><td colspan="2">• HGB
• Straßenrechtsvorschriften
• Sozialrechtsvorschriften, wie Vorschriften zu Lenk- und Ruhezeiten</td></tr>
<tr><td colspan="2">Basis des internationalen Güterkraftverkehrs: CMR als zwingendes Recht, das etwa den CMR-Frachtbrief zwingend vorschreibt. Er hat vier Funktionen:</td></tr>
<tr><td>• Beweisurkunde</td><td>• Empfangsbescheinigung</td></tr>
<tr><td>• Warenbegleitpapier</td><td>• Sperrpapier</td></tr>
<tr><td colspan="2">Im nationalen Güterkraftverkehr gibt es keinen Frachtbriefzwang. Auf Verlangen des Frachtführers muss der Absender aber meist aus Beweisgründen einen Frachtbrief ausstellen.</td></tr>
<tr><td>Haftung nach HGB</td><td colspan="2">Für Sachschäden haftet der Frachtführer mit maximal 8,33 SZR pro kg, für Lieferfristüberschreitung bis zum dreifachen Frachtbetrag.</td></tr>
</table>

? AUFGABEN

1 Zeigen Sie drei Gründe dafür auf, warum der Güterkraftverkehr im 20. Jahrhundert zum wichtigsten Verkehrsträger aufgestiegen ist.

2 a) In welchen Fällen setzt Ihr Ausbildungsbetrieb den Güterkraftverkehr ein?
b) Welche Gründe sprechen für die jeweilige Entscheidung?

3 Welche drei Nachteile bringt der Güterkraftverkehr mit sich?

4 Begründen Sie, welche Fahrzeuge Sie für die folgenden Transporte einsetzen können:
a) 16 Paletten mit Sanitär-Keramik – nicht stapelbar
b) 33 Paletten mit Maschinenteilen – nicht stapelbar
c) Eisenrohre mit einer Länge von 7,00 m
d) Eisenrohre mit einer Länge von 13,00 m
e) 20 Einwegpaletten (120 cm x100 cm x 130 cm) mit Drehteilen – 7,8 t

5 Unterscheiden Sie an mindestens zwei Merkmalen den Stückgut-Direktverkehr von der Stückgut-Systemlogistik.

6 Hans Mühle möchte sich nach seiner Ausbildung als Frachtführer mit seinem 12-t-Lkw selbstständig machen.
a) Kann er seinen Gewerbebetrieb ohne weiteres aufnehmen?
b) Welches Gesetz regelt den gewerblichen Güterkraftverkehr in Deutschland?
c) Erläutern Sie die drei subjektiven Marktzugangsvoraussetzungen, die Hans Mühle erfüllen muss.

7 Die Drehteile aus Aufgabe 4 e) werden nach Polen transportiert.
a) Welche Transportgenehmigungen könnten hierbei eingesetzt werden?
b) Auf welcher gesetzlichen Grundlage wird dieser Transport durchgeführt?
c) Welches Transportpapier ist hierbei zwingend vorgeschrieben?
d) Die Sendung hat einen Gesamtwert von 95.000 €. Reicht die gesetzliche Haftung in diesem Fall aus?

8 Erläutern Sie kurz, was unter dem „Sonntagsfahrverbot" in Deutschland zu verstehen ist.

9 Ein Transport geht über 540 km bei 60 km/h Durchschnittsgeschwindigkeit. Der Berufskraftfahrer verlässt den Absender um 08:00 Uhr.
a) Begründen Sie, ob nach den Lenkzeitvorschriften der Transport an diesem Tag durchgeführt werden kann.
b) Zu welchem Zeitpunkt muss der Fahrer eine Pause einlegen?
c) Wie sind die Pausenzeiten über den Tag für den Fahrer geregelt?

10 Bei der Ablieferung ist ein Karton im Gewicht von 40 kg total beschädigt.
a) Welche Schadensart liegt hier vor?
b) Wann und wie muss der Empfänger den Schaden reklamieren?
c) Der Wert des Inhalts liegt bei 890,00 €. Wie hoch ist der Schadensersatz in diesem Fall?
d) Innerhalb welcher Frist müsste der Empfänger einen verdeckten Schaden reklamieren?
e) Warum muss der Frachtführer haften, auch wenn er den Schaden nicht verursacht hat?
f) Muss er den Schaden aus der eigenen Tasche bezahlen? Begründen Sie Ihre Antwort.

5006448

6 | Eisenbahngüterverkehr

SITUATION

Quelle 1:

Aus einer Rede des französischen Verkehrsexperten Louis Armand vor dem internationalen Eisenbahnverband Ende der Neunzigerjahre:

„... Die Eisenbahn wird das Verkehrsmittel des 21. Jahrhunderts sein, falls sie das 20. Jahrhundert überlebt ..."

Quelle 2:

Auszug aus einem Fachaufsatz eines Verkehrsfachwirts:

„... Als ein Verkehrsmittel des 19. Jahrhunderts hat die Eisenbahn im 21. Jahrhundert keine Chancen mehr im Wettbewerb mit den anderen Verkehrsträgern. Bis zum Ende unseres Jahrhunderts wird es keinen Eisenbahngüterverkehr mehr geben. ..."

1 **Wie unterscheiden sich die Grundeinstellungen zum Eisenbahnverkehr im 21. Jahrhundert in den Quellen 1 und 2?**

2 **Welche Chancen bietet das europäische Hochgeschwindigkeitsnetz für den Eisenbahngüterverkehr?**

3 **Welche Gründe hat der Autor der Quelle 2 für seine negative Meinung zum Eisenbahngüterverkehr?**

Erstellen Sie in Partnerarbeit eine Mindmap zu den obigen Aufgaben und tauschen Sie Ihre Arbeitsergebnisse danach im Klassenverband aus.

SACHDARSTELLUNG

6.1 | Gründe für den Gütertransport mit der Eisenbahn

Auch wenn sich der Anteil des Schienengüterverkehrs am gesamten Güterverkehrsaufkommen über die Jahre stetig verringert hat, so weist der Schienenverkehr doch erhebliche **Systemvorteile** auf.

Hohe Transportkapazität

Die Ladekapazität von Eisenbahnwaggons liegt zwischen 26 t und 55 t je nach Waggontyp. Eine Zugeinheit kann somit mehr als 2 000 t Güter transportieren und damit ca. 100 Lastzüge auf der Straße ersetzen. Die Bahn ist damit der ideale Verkehrsträger für Massengut.

Geringes Schadensrisiko

Die vielen unterschiedlichen Waggontypen ermöglichen eine optimale Transportabwicklung. Die Waggons bieten einen guten Schutz gegen Beförderungsrisiken.

Hohe Transportzuverlässigkeit

Eisenbahngüterzüge verkehren taktgenau nach Fahrplänen. Zwischen 22:00 Uhr und 05:00 Uhr hat der Eisenbahngüterverkehr Vorrang vor dem Personenverkehr. Damit können die deutschen Wirtschaftszentren im Nachtsprung miteinander verbunden werden. Witterungsbedingte Transportausfälle oder Behinderungen sind wesentlich geringer als im Straßengüterverkehr.

Geringe Transportkosten

Durch das hohe Zuladevolumen und das Zuladegewicht der Waggons sind die reinen Transportkosten pro tkm im Eisenbahngüterverkehr vergleichsweise gering.

Guter Ruf als Transportmittel

Viele Unternehmen werben mit ihrer umweltfreundlichen Produktion. Daher wollen sie ihre Transporte auch umweltfreundlich mit der Bahn durchführen.

6.2 | Grenzen des Eisenbahngüterverkehrs

Der Rückgang des Eisenbahngüterverkehrs liegt vor allem in der Abschaffung des Eisenbahnstückgutverkehrs begründet. Diese Einstellung hat vor allem mit den **Systemnachteilen des Eisenbahngüterverkehrs** zu tun.

Stationsgebundene Transporte

Im Eisenbahngüterverkehr sind im Gegensatz zum Güterkraftverkehr keine direkten Haus-Haus-Verkehre möglich. Dies hat zur Folge, dass Vorläufe vom Absender zum Versandbahnhof und Nachläufe vom Empfangsbahnhof zum Empfänger notwendig sind. Diese zwei zusätzlichen Umschläge verlängern die Transportdauer vor allem bei Stückgutsendungen.

Geringe Güterbahnhofdichte

In den vergangenen Jahren wurde das Netz der Güterbahnhöfe in Deutschland immer weiter ausgedünnt. Immer längere Vor- und Nachläufe sind die Folge dieser Entwicklung.

5006450

Aufgabe betriebseigner Gleisanschlüsse

Ebenso haben immer mehr Unternehmen ihre eigenen Gleisanschlüsse aufgegeben und transportieren ihre Güter im Güterkraftverkehr.

Geringe Geschwindigkeit auf Kurzstrecken

Die durchschnittliche Transportentfernung in Deutschland liegt unter 200 km. Damit sind Eisenbahngütertransporte gegenüber dem Güterkraftverkehr auf der Straße eindeutig im Nachteil. Dies gilt vor allem bei „Just-in-time"-Transporten.

6.3 | Deutsche Bahn AG als Transportdienstleister

Im Jahr 2002 kaufte die Deutsche Bahn AG die Stinnes AG. Durch diesen Kauf will sich die Deutsche Bahn AG zum **integrierten Logistikdienstleister,** der weltweit tätig ist, weiterentwickeln. Damit soll aus dem Eisenbahngüterverkehr ein Logistikdienstleister werden, der nicht nur Transporte durchführt, sondern alle Dienstleistungen entlang der Logistikkette der Kunden abdeckt. Weltweit beschäftigt die Stinnes AG nun über 100 000 Mitarbeiter, die Transport- und Logistikdienstleistungen anbieten.

6.3.1 | Neue Struktur der Deutschen Bahn AG im Eisenbahngüterverkehr

Mit dem Konzernumbau vom September 2003 setzte die Deutsche Bahn AG ihre neue Strategie im Eisenbahngüterverkehr um.

Die Bahn arbeitet nun mit **drei Leistungsbereichen:**
- **DB-Personenverkehr**
- **Fahrweg und Verbundbetrieb**
- **Transport und Logistik**

Die Führung des Leistungsbereichs „Transport und Logistik" wurde mit der Neuorganisation der Stinnes AG übertragen.

Im Bereich **Transport und Logistik** arbeitet die Stinnes AG mit vier **Geschäftsfeldern:**
1. **Freight Logistics** ist als als Nachfolger der DB-Cargo im Endkundengeschäft tätig.
2. **Schenker AG** arbeitet als internationaler Logistikdienstleister.
3. **Intermodal** organisiert den kombinierten Verkehr.
4. **Railion** führt die Transporte als Schienen-Carrier durch.

Vor allem in den Feldern „Umwelt" und „Entlastung der Straßen" hat die Bahn ein positives Image. Diesen Imagevorteil möchte die Deutsche Bahn AG vor allem bei Großunternehmen nutzen.

<table>
<tr><th colspan="4">Deutsche Bahn AG</th></tr>
<tr><td>DB-Personenverkehr</td><td colspan="2">Transport und Logistik
Stinnes AG
(als Tochtergesellschaft der DB AG)</td><td>Fahrweg und Verbundbetrieb</td></tr>
<tr><td rowspan="5">• Regionalverkehr
• Stadtverkehr
• Fernverkehr</td><td colspan="2">vier Geschäftsfelder</td><td rowspan="5">• Fahrweg
• Personenbahnhöfe
• Dienstleistungen</td></tr>
<tr><td>❶
Freight Logistics
Eisenbahnwagenladungsverkehr, Massenguttransporte und Logistikdienstleistungen</td><td>❷
Schenker AG
internationaler Logistikdienstleister für verpackte Waren</td></tr>
<tr><td colspan="2">Vertrieb an Endkunden</td></tr>
<tr><td>❸
Intermodal
kombinierter Verkehr Straße – Schiene</td><td>❹
Railion
nur Schienen-Carrier mit den Teilbereichen
• Railion Deutschland AG
• Railion Danmark A/S
• Railion Nederland N.V.</td></tr>
<tr><td colspan="2">Vertrieb an Wiederverkäufer</td></tr>
</table>

6.4 | Technische Mittel zur Transportabwicklung im Eisenbahngüterverkehr

6.4.1 | Schienennetz der Eisenbahnen

Die Entwicklung des Eisenbahnverkehrs ging Mitte des 19. Jahrhunderts von England aus. Die meisten europäischen Länder übernahmen die **englische Spurbreite von 1 435 mm.** Nur Spanien und Russland bauten ein Breitspurnetz auf. Das europäische Eisenbahnschienenetz ist heute mehr als 200 000 km lang.

Breitspur	Europäische Normalspur	Schmalspur
Spanien (1 674 mm) Russland (1 520 mm) Finnland GUS-Staaten	Großbritannien (1 435 mm) Deutschland alle mitteleuropäischen Länder	Nebenbahnen Werksbahnen

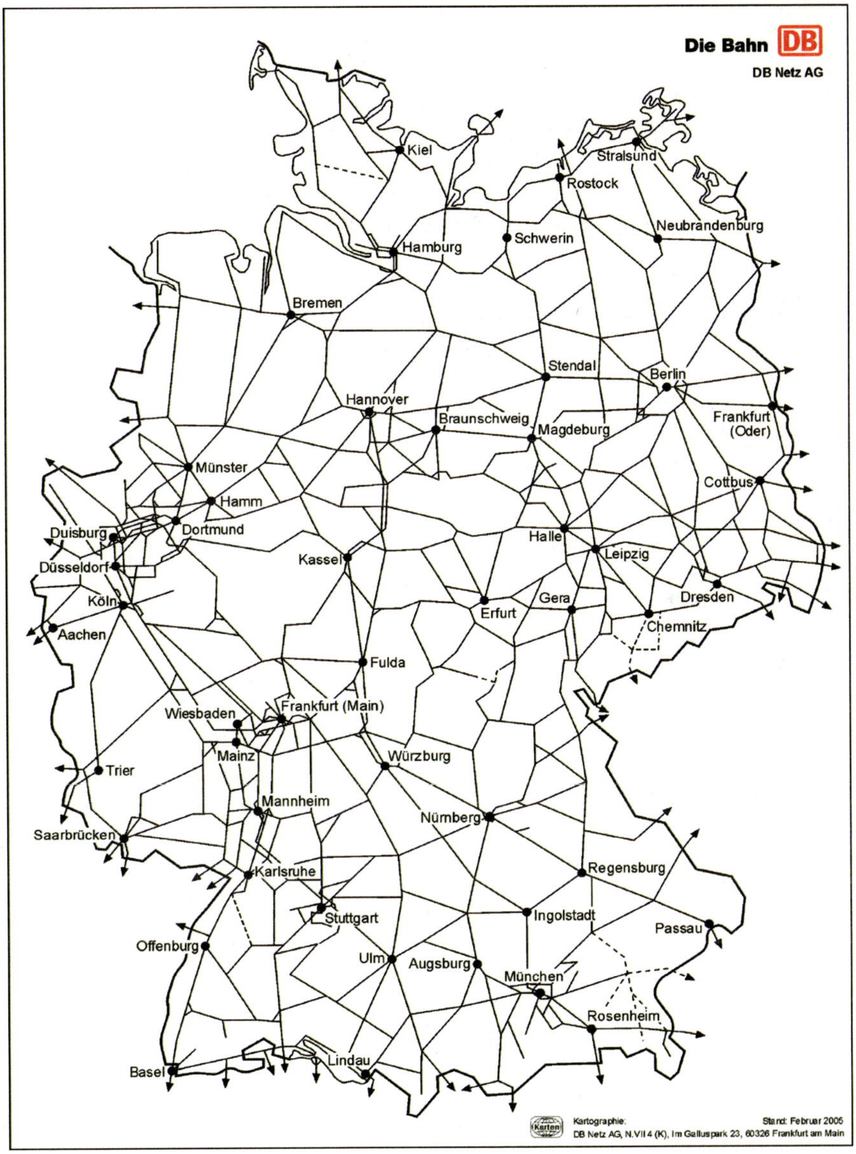

Netz der deutschen Eisenbahnen

Die verschiedenen Spurbreiten sind im europäischen Eisenbahngüterverkehr hinderlich. So muss im Eisenbahnverkehr mit Spanien an der Landesgrenze ein Radsatzwechsel vorgenommen werden. Im Verkehr nach Osteuropa werden Güter z. B. in Polen an der russischen Grenze auf Breitspurwaggons umgeladen.

Wie auch bei den Straßen gibt es beim Schienennetz Qualitätsunterschiede. Der Grad der Belastbarkeit des Schienennetzes wird international in **Streckenklassen** eingeteilt.

Streckenklasse	maximale Achslast
A	16,0 t
B	18,0 t
C	20,0 t
D	22,5 t

Die Streckenklasse D ist in Deutschland und Frankreich die Regel. Für die Schweiz und Italien gilt die Streckenklasse C, während in Tschechien, Kroatien und der Türkei die Streckenklasse B überwiegt. Im internationalen Eisenbahngüterverkehr muss daher bei der **Zuladung der Waggons** die jeweilige Streckenklasse beachtet werden.

6.4.2 | Einsatz und Auswahl der Güterwagen

So verschieden die einzelnen Transportgüter sind, so verschieden sind auch die zu ihrem Transport eingesetzten Güterwagen der Bahn. Die Deutsche Bahn AG hat ca. **120 000 Güterwagen** im Einsatz. Daneben gibt es noch tausende von Privatwagen, die von Railion befördert werden. Vor allem bei der Beladung von offenen Güterwagen müssen die **Lademaße** beachtet werden. Das Lademaß ist die Begrenzungslinie, die eine Ladung für den Transport nicht überragen darf. Das **deutsche Lademaß** ist höher als das **internationale Lademaß.** Daher ist bei jedem Transport das kleinste Lademaß der durchfahrenen Strecke maßgeblich. Vor allem bei Tunneldurchfahrten könnte es sonst zu Transportschäden kommen.

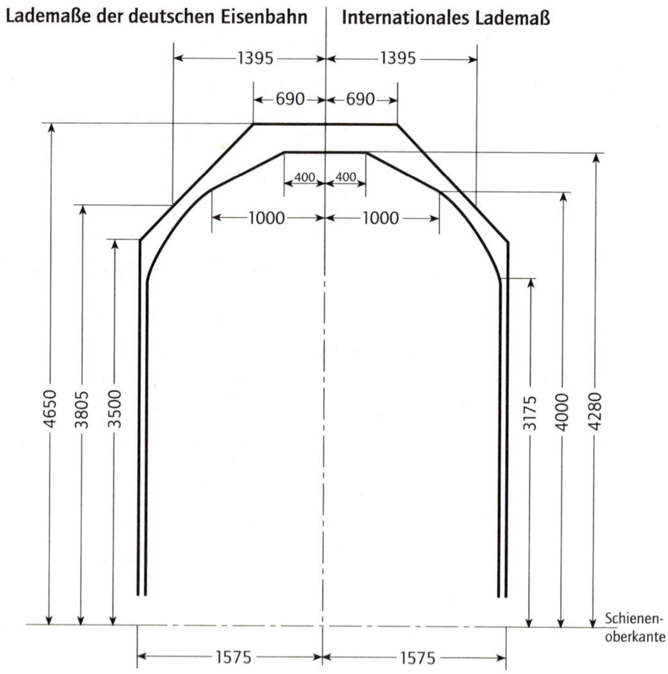

Jeder Güterwagen besitzt ein **Anschriftenfeld.** Diese „Visitenkarte" des Waggons gibt Auskunft über dessen Eigenschaften, das Eigengewicht und die maximale Zuladung auf den verschiedenen Streckenklassen.

Die Anschriften auf jedem Güterwagen geben Auskunft über seine wichtigsten Eigenschaften. In der Regel sind diese Anschriften auf der linken Hälfte der Seitenwände angebracht. Wagen ohne Wände tragen sie am Langträger.

Die Anschriften beinhalten Folgendes:

- **Kennzahl** und Kurzzeichen für das Austauschverfahren
- **Codenummer** und Eigentumsmerkmal der Bahn
- **Wagennummer** (5.–11. Ziffer) und Selbstkontrollziffer: Die Ziffern 5–8 der Wagennummer verschlüsseln die Wagengattung, die Ziffern 9–11 dienen der laufenden Nummerierung. Die Selbstkontrollziffer ist nur für die Kontrolle der Wagennummer von Bedeutung.
- **Bauartnummer** 896
- **s-fähig,** geeignet für Züge bis 100 km/h mit Schwerkraftentladung, schlagartig, mittig, tief liegend
- **Zuladung** > 60 t mit 4 Radsätzen
- **Gattungsbuchstabe,** hier: Wagen mit öffnungsfähigem Dach

<table>
<tr><th>Anschriften und Zeichen</th><th>Bedeutung</th></tr>
<tr><td>├ 15,5 m ┤</td><td>Länge über Puffer</td></tr>
<tr><td>13 900 kg</td><td>Eigenmasse</td></tr>
<tr><td>14,2 m</td><td>Ladelänge</td></tr>
<tr><td>33,2 m²</td><td>Bodenfläche</td></tr>
<tr><td>75,0 m³</td><td>Laderaum</td></tr>
<tr><td>50 000 l</td><td>Fassungsraum der Behälterwagen</td></tr>
<tr><td><table><tr><td></td><td>A</td><td>B</td><td>C</td><td>D</td></tr><tr><td>S</td><td>40,5</td><td>48,5</td><td>56,5</td><td>66,5</td></tr><tr><td>120</td><td colspan="4">00,0 t</td></tr></table></td><td>Internationaler Lastgrenzenraster
Die Lastgrenzen geben die Höchstlademasse an, bis zu der ein Wagen bei der Beförderung über Strecken der angegebenen Klassen beladen werden darf.
Die Lastgrenze gemäß nebenstehendem Beispiel beträgt auf Strecken der Klasse A: 40,5 t, B: 48,5 t, C: 56,5 t, D: 66,5 t.

Die Geschwindigkeit 120 km/h darf brems- und lauftechnisch uneingeschränkt nur mit leerem Wagen gefahren werden.</td></tr>
</table>

Um die Waggons zu klassifizieren, erhalten alle Wagen **Gattungszeichen,** aus denen die wesentlichen Eigenschaften des Güterwagens zu erkennen sind.

E	Offene Wagen
F	Offene Schüttgutwagen
F	Schüttgutkippwagen
G	Gedeckte Güterwagen
H	Gedeckte, großräumige Schiebewandwagen
K	Flachwagen
R	Drehgestell-Flachwagen
T	Wagen mit Schiebedach und Schiebewänden

6.4.3 | Ladehilfsmittel einsetzen

Auch im Eisenbahngüterverkehr sind Paletten, als Flachpaletten bzw. Gitterboxpaletten, die wichtigsten Ladehilfsmittel. Die **Euro-Palette** mit ihren Standardmaßen 80 cm x 120 cm wurde in Deutschland als „deutscher Palettenpool" und von den europäischen Eisenbahnverwaltungen als „europäischer Palettenpool" eingeführt. Ziel war der beschleunigte Haus-Haus-Verkehr bei nationalen und internationalen Ladungsverkehren.

Paletten werden üblicherweise **„Zug-um-Zug"** getauscht und gehen in das Eigentum des jeweiligen Tauschpartners über. Beim Einsatz von Paletten ist deren Eigengewicht, die Tara, nicht frachtpflichtig. Die Tara einer Euro-Flachpalette beträgt 25 kg, die Tara einer Euro-Gitterbox 85 kg.

Alle Bewegungen leerer und beladener Paletten werden im Eisenbahngüterverkehr seit 1997 von der „Kombiwaggon Service Gesellschaft" (KSG) zeitnah in zentral geführten Kunden-Paletten-Konten nachgewiesen und abgerechnet.

Nur mit den folgenden europäischen Eisenbahnen können Euro-Paletten getauscht werden:

Euro-Flachpalette		**Euro-Gitterbox-Palette**
Kennzeichen der Bahn (Land)		**Kennzeichen der Bahn** (Land)
SNCF (Frankreich) **SNCB** (Belgien) **NS** (Niederlande) **CFl** (Luxemburg) **SBB** (Schweiz) **DSB** (Dänemark) **NSB** (Norwegen) **SJ** (Schweden) **VR** (Finnland)	**ÖBB** (Österreich) **FS** (Italien) **MAV** (Ungarn) **PKP** (Polen) **CD** (Tschechische Republik) **SZ** (Slowenien) **ZSR** (Slowakische Republik) **HZ** (Kroatien)	**ÖBB** (Österreich) **SNCB** (Belgien) **NS** (Niederlande) **CFl** (Luxemburg) **SZ** (Slowenien) **HZ** (Kroatien)

Im Eisenbahngüterverkehr sind auch noch **Collico** im Einsatz. Die Faltkisten aus Aluminium oder Stahlblech werden an die Verwender vermietet und über die Collico-Begleitscheine wieder frachtfrei an den Absender zurückbefördert. Auch hier ist die Tara frachtfrei.

6.5 | Leistungsangebote im Eisenbahngüterverkehr

Der Transport von Stückgütern im Eisenbahngüterverkehr ist nicht mehr zeitgemäß. Deshalb hat die Bahn den **Stückgutverkehr eingestellt.** Im aufstrebenden **Wagenladungsverkehr** und für die **Ganzzugverkehre** werden branchenspezifische Verkehre weiterentwickelt. Die für den Eisenbahngüterverkehr interessanten Branchen werden dabei in **Marktbereiche** eingeteilt. Damit kann die Bahn auf die **speziellen Transportwünsche** der jeweiligen Kunden eingehen.

Stinnes AG (Freight Logistics)				
Marktbereiche				
Montan für Eisen-, Stahl-, Erztransporte	**Baustoffe** und Entsorgung	**Chemie** Mineralöl Düngemittel	**Automobile** Autos und Autoteile für die Autoindustrie	**Agrarprodukte** Forstwirtschaft Konsumgüter

Im **Wagenladungsverkehr** gehen Einzelwagen als eine Sendung vom Absender zum Empfänger, ohne Umladung der Transportgüter. Die Stinnes AG bietet Einzelwagenprodukte, wie **Classic** und **Quality,** und ausgewiesene **Nachtsprungverbindungen** im nationalen Verkehr an.

Bei **Ganzzügen** übergibt der Absender der Stinnes AG einen kompletten Güterzug, der geschlossen an den Empfänger übergeben wird. Nach dem Grad der Regelmäßigkeit wird zwischen dem **Plantrain,** dem **Variotrain** und dem **Flextrain** unterschieden. Ganzzüge erlauben die Bildung durchgehender Transportketten, die auf die Produktionsprozesse der beteiligten Industrieunternehmen eingehen können.

Im **kombinierten Ladungsverkehr** transportiert die Bahn Container, Wechselbrücken, Sattelauflieger und komplette Lastzüge auf der Schiene. Der Vorlauf und der Nachlauf erfolgt über die Straße.

Leistungsangebote im Eisenbahngüterverkehr		
Wagenladungsverkehre	**Ganzzüge**	**kombinierter Verkehr**
Einzelwagenprodukte * Classic * Quality	**Plantrain** – regelmäßige Transporte	**Huckepack-Verkehre** • „rollende Landstraße" • Sattelauflieger • Wechselbrücken
Nachtsprungverbindungen zwischen deutschen Wirtschaftszentren (z. B. Bremen – Sindelfingen)	**Variotrain** – variable Transporte	
Basisangebote für internationale Ladungsverkehre (z. B. BrennerRailCargo nach Italien)	**Flextrain** – Einzelaufträge ohne langfristige Vertragsbindung	**Großcontainer** • ISO-Container • Binnencontainer

6.6 | Frachtverträge im Eisenbahngüterverkehr abschließen und abwickeln

Basis der Frachtverträge im nationalen Eisenbahngüterverkehr ist das Frachtrecht des Handelsgesetzbuches (HGB). Da das HGB weitgehend nachgiebiges Recht darstellt, gelten bei Vertragsabschlüssen mit der Stinnes AG die **„Allgemeinen Leistungsbedingungen" (ALB).** Werden jedoch Einzelverträge geschlossen, so gehen diese stets vor. Hier gilt auch wieder der Grundsatz:

Die speziellere Vertragsgrundlage gilt jeweils vor der allgemeineren Rechtsgrundlage, d. h. **Einzelvertrag** gilt vor den **ALB,** diese gelten vor dem **HGB,** dieses gilt vor dem **BGB.**

Für die Bahnkunden im Güterverkehr gelten die „Allgemeinen Leistungsbedingungen" (ALB).

Die ALB regeln die folgenden **Vertragsinhalte:**

1. Geltungsbereich und ergänzende Bedingungen
2. Leistungsvertrag – Einzelverträge
3. Frachtbrief und Transportauftrag
4. Wagen und Ladung
5. Ladevorschriften
6. Hindernisse und Verlustvermutung
7. Gefahrgutregelungen
8. Abrechnung des Auftrags
9. Haftung
10. Gerichtsstand

Erbringt die Stinnes AG Speditions-, Lagerleistungen oder sonstige speditionsübliche Leistungen, so gelten hierfür die **Allgemeinen Deutschen Spediteurbedingungen (ADSp).**

Abschluss des Frachtvertrags

Der Frachtvertrag mit der Stinnes AG kommt durch **zwei übereinstimmende Willenserklärungen** zustande: dem Auftrag des Kunden und der Annahme durch die Stinnes AG.

Es gibt nach den ALB zwei Arten von Verträgen, den Einzelvertrag und den Leistungsvertrag:

Einzelvertrag	Leistungsvertrag
meist nur für einzelne Wagenladungsaufträge ohne feste Vertragsbindung des Absenders	Bindung über mindestens zwölf Monate als Dauerauftragsverhältnis. Der Vertrag muss schriftlich abgeschlossen werden.
Richtet der Kunde seinen Auftrag an das KundenServiceZentrum, so gilt der Vertrag als zustande gekommen, wenn die Bahn nicht innerhalb einer angemessenen Frist widerspricht.	Aus dem Leistungsvertrag ergeben sich die Einzelverträge per Kundenauftrag.

Ausstellung des Frachtbriefs

Nach den ALB hat der Kunde für jeden Auftrag einen **Original-Frachtbrief** auszustellen und dem KundenServiceZentrum direkt zu übergeben. Dieser Frachtbrief gilt als **Transportauftrag** und wird von der Stinnes AG nicht unterschrieben. Mit einem Frachtbrief können bis zu drei Wagenladungen ausgeliefert werden.

Der Eisenbahnfrachtbrief besteht im Original aus vier Teilen:

Blatt 1: **Versandblatt** (bleibt bei Versandbahnhof, z. B. Railion Ludwigsburg)
Blatt 2: **Frachtbriefdoppel** (bleibt beim Absender, z. B. Unifranck GmbH)
Blatt 3: **Empfangsblatt** (behält Empfangsbahnhof, z. B. Railion Rangsdorf)
Blatt 4: **Frachtbrief** (erhält der Empfänger, z. B. Nestlé-Distribution mit der Sendung)

Durch den Absender sind die folgenden Angaben in den Frachtbrief einzutragen:
- **Absender und Empfänger** mit ihrer Postanschrift
- **Versandbahnhof und Bestimmungsbahnhof**
- **Anzahl, Wagenladung, Bezeichnung des Gutes**
- **RID** bei Gefahrgutsendungen
- wirkliches **Gewicht in kg**
- **Wagennummer und Gattungszeichen**
- **Zahlungsvermerk** (Frankatur)
- **Frachtzahler-Nr.**
- **Erklärungen** oder evtl. **Begleitpapiere**
- **Referenznummer** als Nachweis der Teilnahme an der zentralen Frachtberechnung
- **Absendervermerke** für kurze Hinweise an den Empfänger
- **Ort und Tag der Ausstellung, Unterschrift des Absenders**

Alternativ kann der Kunde einen **elektronischen Frachtbrief** an das KundenServiceZentrum senden. Die Frachtbriefdaten werden dann per Fax, Internet oder Electronic Data Exchange (EDI) an das KundenServiceZentrum geschickt. Bei einem bestehenden Leistungsvertrag hat der Absender bereits einen **Auftragscode.** Daher muss der Kunde nur noch die variablen Daten seines Auftrags übermitteln.

Dieser Datenaustausch ermöglicht eine rasche Transportplanung und transportvorauseilende bzw. transportbegleitende Informationen.

Durch das KundenServiceZentrum wird ein besonderes **Beförderungspapier** ausgestellt, das den Frachtbrief ersetzt.

Das Beförderungspapier besteht aus fünf Teilen:

Blatt 1:	**Infoblatt KundenServiceZentrum** bleibt beim KundenServiceZentrum
Blatt 2:	**Auftragsdoppel** erhält der Absender, ist aber kein Sperrpapier mehr
Blatt 3:	**Infoblatt Empfang** begleitet die Sendung zur Güterverkehrsstelle-Empfang
Blatt 4:	**Auftrag/Ablieferschein** erhält der Empfänger
Blatt 5:	**Datenblatt** dient statistischen Zwecken und der Abrechnung

Bei Gefahrgutsendungen und zollüberwachten Transporten ist dieser elektronische Datenaustausch nicht möglich.

Aus dem Frachtrecht des HGB ergeben sich die gleichen rechtlichen Funktionen wie beim Lkw-Frachtbrief. Auch der Eisenbahnfrachtbrief ist
- **Warenbegleitpapier** für die Sendung,
- **Beweisurkunde** über Abschluss und den Inhalt des Frachtvertrags,
- **Sperrpapier** durch das Frachtbriefdoppel.

Beispiel: *Die Unifrank GmbH liefert als Tochterunternehmen des Nestlé-Konzerns eine Wagenladung mit Landkaffee an das Nestlé-Distributionszentrum Rangsdorf mit dem folgenden Frachtbrief:*

9 **DB** Versandblatt

54 Verladebewilligung

10 Absender – Postanschrift
Unifranck GmbH
Bahnhofstraße
71638 Ludwigsburg
Tel. Fax

11 Kundennummer 654321
12 Frachtzahler-Nr. Versand (13) 71111

13 Erklärungen des Absenders (5), Begleitpapier (6)

14 a Referenz-Nr. des Absenders (7)

15 Empfänger – Postanschrift
Nestlé Distribution
15834 Rangsdorf
Tel. Fax

16 Kundennummer
17 Frachtzahler-Nr. Empfang (13)

20 Tauschpaletten Anzahl EUR EUR
20 a Palettenschein-Nr.

21 Wagen (8)

55 Lastgrenze 56 Achsen 61 Bef-Art Kz für Tü
Betriebl. Sonderbeh.
Gefahrzettel
57 Kz

23 Für die Eisenbahn unverbindliche Absendervermerke (9)
Lieferung XX/00234

24 Zahlungsvermerk (Zv) (10)
INCOTERMS
☐ unfrei ☒ frei

29 Plz 71638 Versandbahnhof Ludwigsburg
29 a Bahnstellen-Nr.
58 Bahnhof für Zoll- oder Steuerbeh.
29 b Ladestelle Versand
29 c Nr. Ladestelle Versand
60 a Spl.-/Zug-Nr. Abgangstag:
14 b Referenz-Nr. des Empfängers (7)

30 Plz 15834 Bestimmungsbahnhof (11) Rangsdorf
59 Bahnstellen-Nr.
60 Leitungsweg
30 b Ladestelle Empfang
Anschlussgleis Nestlé-Distrib.
30 c Nr. Ladestelle Empfang

31 Anzahl | Wagenladung | Inhalt – Bezeichnung des Gutes (12)
32 RID (12) ☐ ja
34 Wirkliches Gewicht in kg
Vermerke des Ermittlungsservice

1 Wagenladung

112 Paletten Landkaffee in Dosen | 8.960

☐ Benachrichtigt
☐ Bereitgestellt
Datum/Std.
◄ Summe

210 Ort und Tag der Ausstellung des Frachtbriefs/Unterschrift des Absenders
Ludwigsburg, den 23.05.20..
Unifranck GmbH
i. A. XYZ

25 Vereinbarte Preisliste
62 Vereinbarter NHM-Code
26 a Leistungsvertrag Nr.
82 Währung
39 (14) Nachnahme
50 RKOST
51 AKNr.

52 Container Z G | 53 Wagen E Gattung | 49 U.-Art V E | 67 Preislisten-Nr. | 68 NHM-Code | 70 S | 72 Frachtber.-Gew. Koeffizient | 71 Frachts. Grundfr. | 71 a Fracht | 73 Freibetrag KZ | 74 Überweisung KZ

Preislisten-Nr.: 1234-5

46 U-Steuer | 47 Land urspr. endgültig | 48 | 76 km
Summe
50 a
Fracht
90 Summe Absender netto
Fracht
91 Summe Empfänger netto

92 Tagesstempel Abgang
93 Tagesstempel Ankunft
94 Wiegestempel
95 Kontroll-Etikett
Bahnhof-Nr.
Versand-Nr.

131 (*) 120.20.9 (06.98)

5006461

Wagen und Ladung ordern und den Transport abwickeln

Der Kunde hat die Anzahl und die Wagengattung bei der Auftragerteilung anzugeben. Dabei wird der Kunde vom KundenServiceZentrum beraten.

Bei der **Beladung** muss der Kunde den bereitgestellten Wagen auf seine Tauglichkeit und auf sichtbare Mängel kontrollieren. Wird dies unterlassen, so muss die Stinnes AG nicht haften.

Für die Beladung und Entladung ist der Auftraggeber zuständig. Die **Beladerichtlinien** sind vom Auftraggeber einzuhalten. Mit dem Vertragsabschluss werden diese Vertragsbestandteil.

Der Absender muss die Sendung
- **beförderungssicher verpacken** (z. B. Paletten mit Folie einschweißen, um ein Verrutschen zu verhindern)
- **beförderungssicher verladen** (z. B. die Sendung sicher stauen und im Waggon befestigen)
- **betriebssicher übergeben** (z. B. Einhaltung der für den Waggon zulässigen Nutzlast und Achslast prüfen)

Die **Lade- bzw. Entladefrist** beträgt üblicherweise acht Stunden. Überschreitet der Absender diese Frist, wird ein **Standgeld** erhoben. Dieses ist nach Tagen und Wagengattung gestaffelt.

Der Absender kann den Frachtvertrag jederzeit künden. Er hat dann aber die Fracht und eventuelles Standgeld zu zahlen.

Im Fall von **Beförderungs- und Ablieferhindernissen** kann die Stinnes AG den Wagen abstellen und Standgeld verlangen, wenn sie diese Hindernisse nicht zu vertreten hat.

Der Auftraggeber ist dafür verantwortlich, dass die entladenen Wagen leer, gereinigt und unbeschädigt zurückgegeben werden.

PRAXISFALL

Ein Transformatoren-Hersteller möchte einen Großtransformator von Mannheim zum Hafen Hamburg versenden.

Der Kundenberater empfiehlt einen Wagen der Gattung „ Samms". Dieser Wagen hat zwölf einsteckbare Seitenrungen. Deren Vollzähligkeit hat der Absender zu überprüfen.

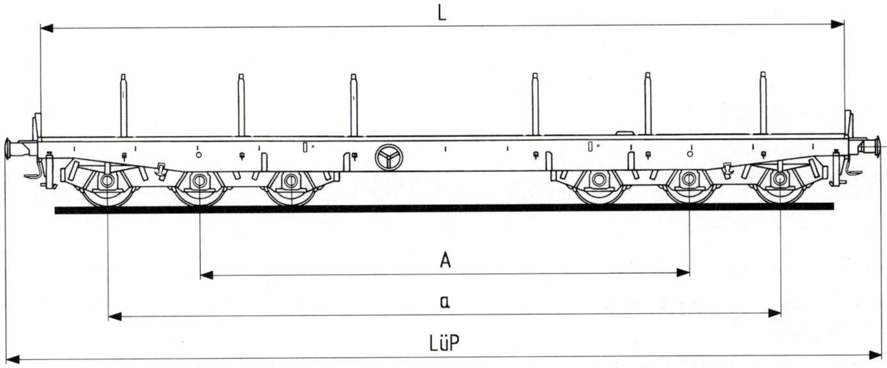

Dieser Wagen steht acht Stunden zur Beladung bereit. Da sich die Endmontage verzögert, steht der Wagen zwei Tage beim Absender. Für die Überscheitung der Ladefrist berechnet die Stinnes AG 2 · 42,00 € = 84,00 € an den Auftraggeber.

Bei der Beladung muss der Absender die Beladung durchführen und die Ladungssicherung vornehmen. Da dies ein offener Transport ist, muss das deutsche Lademaß vom Absender geprüft und eingehalten werden. Infolge eines Streiks kann der Wagen in Hamburg drei Tage lang nicht abgeliefert werden. Da die Bahn dieses Ablieferungshindernis nicht zu vertreten hat, berechnet sie dem Auftraggeber 3 · 42,00 € = 126,00 € Standgeld.

Muss der Wagen in Hamburg von der Bahn gereinigt werden, fallen noch mal 110,00 € Reinigungskosten für den Auftraggeber an.

Gefahrguttransporte

Für die Gefahrguttransporte auf der Schiene gilt die **GGVE (Gefahrgutverordnung Eisenbahn).** Zuständig für das Gefahrgut ist nach den ALB bis zur Übernahme der Auftraggeber und mit der Übergabe der Empfänger der Gefahrgutsendung. Beim Vertragsabschluss muss dies **schriftlich** fixiert sein. Der Kunde hat die Sendung mit Gefahrzetteln zu versehen und die Spalte 32 **„GGVE/RID"** im Frachtbrief anzukreuzen. Alle Eisenbahnwaggons sind dann, wie im Lkw-Verkehr, mit **orangefarbenen Warntafeln** zu versehen. Die Warntafeln werden meist unterhalb des ABC-Rasters an der Waggonseite angebracht. Der Kunde muss seiner Gefahrgutsendung auch die notwendigen Gefahrgutmerkblätter mitgeben. Die Stinnes AG nimmt Gefahrgut aus Sicherheitsgründen grundsätzlich nicht auf Lager.

Abrechnung des Auftrags[1]

Abrechnungsbasis für die Leistungen der Stinnes AG sind die Preise und Konditionen für den Wagenladungsverkehr, die **Allgemeine Preisliste (APL)** oder eine **Branchen-Preisliste (BPL).** Einzelvertragliche Regelungen können auch eine andere Preisregelung vorsehen. Die Frachtzahlung

1 Abrechnungsbeispiele finden Sie im Rechnungswesen für Berufe der Lagerwirtschaft/Logistik, Winklers, Best.-Nr. 6436.

des Kunden erfolgt im **Frachtausgleichsverfahren.** Dabei werden dem Kunden die Frachtrechnungen gestundet und das Kundenkonto alle zehn Tage mit den aufgelaufenen Rechnungen belastet. Wenn der Wert der Sendung geringer ist als der Frachtbetrag, kann vom Kunden eine Sicherheitsleistung verlangt werden. Der Absender kann bei Auftragserteilung unter den folgenden Zahlungsvermerken wählen:

Zahlungsvermerk	Bedeutung
	Der Absender bezahlt
frei Fracht	• die Fracht für die gesamte Beförderungsstrecke
frei Fracht einschließlich ...	• die Fracht für die gesamte Beförderungsstrecke und die besonders bezeichneten Kosten
frei	• die Fracht für die gesamte Beförderungsstrecke und alle Kosten, die beim Versand berechnet werden können
frei ... (Bezeichnung der Kosten)	• nur bestimmte Kosten
frei aller Kosten	• für die gesamte Beförderungsstrecke alle Kosten (Fracht, Entgelte, auch Zölle und sonstige während der Beförderung anfallende Kosten), jedoch nicht die vom Empfänger verursachten Kosten
unfrei	Der Empfänger bezahlt die Fracht, Entgelte und alle sonstigen Kosten.

Beträge, die der Absender nicht übernimmt, gehen zulasten des Empfängers.

Haftung und Gerichtsstand

Nach den ALB haftet die Stinnes AG im Umfang der HGB-Haftung bei Frachtverträgen.

Gefährdungshaftung

Die Stinnes AG haftet auch **ohne Verschulden** für:

- **Verlust oder Beschädigung: maximal 8,33 SZR/kg**
- **Lieferfristüberschreitung: maximal dreifacher Frachtbetrag**
- **sonstige Vermögensschäden: maximal dreifacher Betrag wie bei Verlust des Gutes**

Der Höchstbetrag der Haftung je Schadensfall beträgt 1.000.000,00 €.

Beispiel: *Bei einem der Transporte zum Nestlé-Distributionscenter, Rangsdorf, wird die Ware auf fünf Paletten zu je 80 kg wegen Durchnässung unbrauchbar. Der Warenwert je Palette beträgt 200,00 €.*
Haftung der Stinnes AG für Beschädigung:
5 · 80 kg · 8,33 SZR · 1,30 € = 4.333,33 € Höchsthaftung
Sachschaden:
5 · 200,00 € = 1.000,00 €
Der tatsächliche Sachschaden von 1.000,00 € wird voll ersetzt.

5006464

Die **Schadensanzeige** hat schriftlich mit dem Vordruck „Schadensprotokoll" zu erfolgen. **Offene Schäden** müssen bei der Ablieferung angezeigt werden. **Verdeckte Schäden** sind innerhalb von sieben Tagen, die Lieferfristüberschreitung ist innerhalb von 21 Tagen nach Ablieferung schriftlich anzuzeigen. Eine Sendung gilt 30 Tage nach dem Ablauf der Lieferfrist als verloren.

Auch für Eisenbahntransporte gelten die **Haftungsausschlüsse** des HGB:

- unabwendbares Ereignis
- Transport im offenen Wagen
- Verschulden des Absenders
- Schäden aus der natürlichen Beschaffenheit des Gutes

Gerichtsstand ist nach den ALB Mainz, es sei denn, die Bahn erklärt den Sitz des Kunden ausdrücklich zum Gerichtsstand.

6.7 | Internationaler Eisenbahngüterverkehr

Grundlage des internationalen Eisenbahnverkehrs ist das „Übereinkommen über den internationalen Eisenbahnverkehr" **(COTIF).** Im Anhang B der COTIF befinden sich die frachtrechtlichen Bestimmungen als „Einheitliche Rechtsvorschriften für den Vertrag über die internationale Eisenbahnbeförderung von Gütern" **(ER/CIM).** Wie die CMR im Güterkraftverkehr, so sind auch die ER/CIM bei internationalen Eisenbahntransporten **zwingend anzuwenden.**

Abschluss des Frachtvertrags

Zum Vertragsabschluss müssen das **Gut** und der **CIM-Frachtbrief** der Versandbahn **übergeben** werden. Mit der Annahme von Gut und Frachtbrief ist der Frachtvertrag im internationalen Eisenbahngüterverkehr abgeschlossen. Dieser Frachtvertrag ist daher ein **Realvertrag.** Für Wagenladungen besteht in der Regel eine **Beförderungspflicht.** Mit dem Frachtbriefdoppel kann der Absender während des Transports **nachträgliche Verfügungen** bewirken.

Wagentauschabkommen

Die im internationalen Eisenbahngüterverkehr eingesetzten Güterwagen werden nach dem **RIV-Abkommen** eingesetzt. Alle **RIV-Waggons** werden **unmittelbar** leer oder beladen wieder an den Heimatbahnhof **zurückgeführt.** Das EUROP-Abkommen, das eine freizügige Nutzung der Waggons im Ausland ermöglichte, gilt seit 2002 nicht mehr, auch wenn die Waggons noch entsprechend beschriftet sind. Im internationalen Verkehr sind bei bestimmten Empfangsländern die **internationalen Lademaße** zu beachten.

CIM-Frachtbrief

Der CIM-Frachtbrief ist zum Vertragsabschluss **zwingend** vorgeschrieben.

Der CIM-Frachtbrief besteht aus fünf Teilen:

- Blatt 1: **Frachtbrief-Orginal** erhält der Empfänger.
- Blatt 2: **Frachtkarte** ist das Abrechnungsblatt zwischen den Bahngesellschaften.
- Blatt 3: **Empfangsschein** behält die Empfangsbahn.
- Blatt 4: **Frachtbriefdoppel** erhält der Absender.
- Blatt 5: **Versandschein** behält die Versandbahn.

Der Absender hat die folgenden Angaben in den CIM-Frachtbrief einzutragen: Absender, Empfänger, Bestimmungsbahnhof, Bezeichnung des Gutes, Gewicht, Gefahrgutvermerk, Waggonnummer, Begleitpapiere, zusätzlich anzuwendende Tarife, Beförderungsweg und die Frankatur.

Zulässige **CIM-Frankaturen:**

Frankatur	Kostenverteilung aus der Sicht des Absenders
franko Fracht	Nur Bezahlung der reinen Fracht.
franko Fracht einschließlich ...	Genannte Kosten, die zusätzlich zur Fracht übernommen werden.
franko Fracht bis	Genannter Ort, bis zu dem die Fracht übernommen wird.
franko Fracht einschließlich ... bis ...	Fracht und genannte Kosten werden übernommen bis z. B. Grenzbahnhof.
franko aller Kosten	Zur Fracht werden alle Kosten übernommen.
franko ... (Landeswährung)	Ein bestimmter Frachtbetrag wird übernommen.

PRAXISFALL

Der Hersteller eines internationalen Lemon-Mixgetränks produziert dieses Getränk in Italien. Jährlich müssen 3,5 Millionen Kartons im Alpentransit in das Auslieferungslager eines Speditionslogistikers nach Bocholt geliefert werden. Von dort werden dann per Lkw die Kunden in Deutschland und in Nordeuropa beliefert.

Der Hersteller entscheidet sich für den internationalen Eisenbahngütertransport, der nach COTIF-CIM durchgeführt wird: Wöchentlich rollt ein Ganzzug franko aller Kosten mit 1,5 Millionen Flaschen in 15 Schiebewandwagen der Gattung „H" vom italienischen Produktionsort Santa Vittoria d'Alba nach Bocholt ins nordeuropäische Zentrallager.
Gründe des Produzenten für den internationalen Eisenbahntransport des Mixgetränks:

1. Die Bahn transportiert große Mengen zeitgerecht und umweltfreundlich.
2. Der Bahntransport verbessert das Umweltimage des Unternehmens.
3. Die Transportkosten liegen ca. 20 % unter den Preisen des Lkw-Transports.
4. Es entstehen keine Zusatzkosten durch Lkw-Maut.
5. Es entstehen kaum witterungsbedingte Verzögerungen in der Belieferung.

Dieser Transport über ca. 1 000 km wird innerhalb von zwei Tagen abgewickelt. An der Schweizer Grenze übernimmt eine Lokomotive der SSB den Zug von der italienischen FS und übergibt die Sendung im Bahnhof Basel/Baden dem Zug der DB AG zum Weitertransport nach Bocholt. Durch den Einsatz von „Mehrsystemloks" könnte die Transportzeit weiter verringert werden, weil es dann keine technischen Hindernisse an den Grenzen mehr gäbe.

Lieferfrist

Nach COTIF-CIM werden **Lieferfristen vorgegeben.** Die Abfertigungsfrist beträgt zwölf Stunden und die Beförderungsfrist je angefangene 400 km beträgt 24 Stunden.

Beispiel: *Eine Wagenladung Fliesen geht von Italien über 1 100 km nach Deutschland. Die Sendung wurde am Di., den 03.05., 11:00 Uhr in Viareggio/Italien aufgegeben.*

Abfertigung: 03.05. bis 24:00 Uhr
Beförderungsfrist: 1 100 km : 400 km = 3 Tage

Die Wagenladung mit Fliesen müsste spätestens am Samstag, den 07.05. dem Empfänger zur Verfügung stehen, damit die Lieferfrist eingehalten ist.

Beförderungspreise

Für die anfallenden Transportpreise können die folgenden Regelungen getroffen werden:

Addition der einzelnen **Binnentarife**	bilaterale **Verbandstarife** und Transittarife	**internationale Eisenbahngütertarife**
z. B. deutsche Tarifstrecke + schweizerische Tarifstrecke + italienische Tarifstrecke	z. B. deutsch-österreichischer Verbandstarif	z. B. deutsch-italienischer Eisenbahngütertarif (DIGT)

Gefahrgut

Gefahrguttransporte unterliegen der „Ordnung für die internationale Eisenbahnbeförderung gefährlicher Güter" **(RID),** die den GGVE-Vorschriften in Deutschland entsprechen.

Haftung nach COTIF-CIM

Für Verluste, Beschädigungen und Lieferfristüberschreitung haften die beteiligten Bahngesellschaften als **Haftungsgemeinschaft.** Wie auch im deutschen HGB-Recht haften die beteiligten Bahnen nach dem Prinzip der **Gefährdungshaftung.**

Höchsthaftung:
- Verlust, Beschädigung: maximal 16,67 SZR/kg
- Überschreitung der Lieferfrist: maximal dreifacher Frachtbetrag

Schadensersatzansprüche können an die Versandbahn oder die Empfangsbahn gerichtet werden.

PRAXISFALL

Die Wagenladung mit Fliesen kommt erst am 10.05. beim Empfänger an. Der nachgewiesene Schaden des Empfängers beträgt 3.400,00 € bei einem Frachtbetrag von 860,00 €. Zudem ist eine Palette mit Fliesen im Gewicht von 700 kg total beschädigt. Der Sachschaden beträgt 3.250,00 €.

Haftung nach COTIF-CIM:

1. Lieferfristüberschreitung: max. 3 · 860,00 € = 2.580,00 € Schadensersatz
2. Beschädigung: max. 700 kg · 16,67 SZR · 1,30 € = 15.166,66 € Höchsthaftung
   Der Sachschaden wird in Höhe von 3.250,00 € voll ersetzt.

Der Empfänger wird seinen Schaden mit der Stinnes AG abrechnen, da er hier keine Kommunikationsprobleme zu erwarten hat und die Abwicklung sicherlich schneller geschieht als mit der italienischen Staatsbahn (FS) in Italien.

ZUSAMMENFASSUNG

Beurteilung	Vorteile	Nachteile
	• hohe Transportkapazität • geringes Schadensrisiko • umweltfreundliches Image	• Stationsgebundenheit • geringe Güterbahnhofsdichte • stetiger Abbau betrieblicher Gleisanschlüsse
Stinnes AG	• Tochterunternehmen der Deutschen Bahn AG, das als integrierter Logistikdienstleister auftritt. • arbeitet im Eisenbahngüterverkehr ausschließlich im Wagenladungsverkehr, im Ganzzugverkehr und im kombinierten Ladungsverkehr. • arbeitet mit ihren Kunden auf Basis der Allgemeinen Leistungsbedingungen (ALB) zusammen.	
Geschäftsfelder im Bereich Transport und Logistik	• Freight Logistics • Intermodal	• Schenker AG • Railion
Spurbreite	Das mitteleuropäische Schienennetz entwickelte sich auf Basis der europäischen Normalspur mit 1 435 mm Spurbreite.	
Belastungsgrad des Schienennetzes	Streckenklassen A, B, C und D.	
Lademaß	Auf die Einhaltung muss insbesondere bei der Beladung offener Waggons geachtet werden. Das deutsche Lademaß ist höher als das internationale.	

Frachtverträge	werden normalerweise als Leistungsverträge über mindestens zwölf Monate abgeschlossen (Einzelverträge nur für einzelne Wagenladungen).
Frachtbrief	Der nach den ALB beim Vertragsabschluss verlangte Frachtbrief ist rechtlich ein Warenbegleitpapier, eine Beweisurkunde und ein Sperrpapier. Alternativ kann der Kunde auch einen elektronischen Frachtbrief als besonderes Beförderungspapier ausstellen.
Zahlung der Fracht	erfolgt im Frachtausgleichsverfahren, bei dem der Kunde die Rechnung über zehn Tage gestundet bekommt.
Anschriftenfeld des Waggons	gibt Auskunft über dessen technische Daten und Gattungszeichen.
wichtigstes Ladehilfsmittel	Euro-Palette, die auch im internationalen Eisenbahnverkehr ausgetauscht werden kann.
wichtige Rechtsvorschriften	**Beladerichtlinien:** Nach ihnen muss der Absender die Sendung beförderungssicher verpacken, verladen und betriebssicher übergeben.
	Gefahrgutverordnung Schiene (GGVS): Auf ihrer Basis werden Gefahrguttransporte auf der Schiene abgewickelt.
	Übereinkommen über den internationalen Eisenbahnverkehr (COTIF-CIM): ist als zwingendes Recht die Rechtsgrundlage des internationalen Eisenbahngüterverkehrs. Der Frachtvertrag nach COTIF-COM ist ein Realvertrag, das heißt, erst mit der Übergabe der Sendung und des CIM-Frachtbriefs und der Annahme durch die Bahngesellschaft ist der Frachtvertrag rechtsgültig abgeschlossen.
Haftung	Die Stinnes AG haftet gegenüber ihren Kunden nach dem HGB-Frachtrecht mit maximal 8,33 SZR je kg bei Verlust oder Beschädigung der Sendung, mit maximal dem dreifachen Frachtbetrag bei Lieferfristüberschreitung und für sonstige Vermögensschäden mit maximal dem dreifachen Betrag wie bei Verlust des Gutes.
	Die Haftung bei Verlust und Beschädigung im *internationalen* Eisenbahnverkehr liegt mit 16,67 SZR doppelt so hoch wie nach HGB. Die Haftung für Lieferfristüberschreitung entspricht der HGB-Haftung für Lieferfristüberschreitung, also maximal dem dreifachen Frachtbetrag.

AUFGABEN

?

1 Ein Stahlwerk produziert Flachstahl für die Automobilindustrie. Die Stahlcoils werden bislang mit Lkws zu den Kunden transportiert.
Zählen Sie die Gründe auf, warum die Stahlcoils besser auf der Schiene transportiert werden sollten.

2 Welche Gründe sprachen dafür, dass die Deutsche Bahn AG den Stückguttransport auf der Schiene einstellte?

3 a) In welchen Geschäftsfeldern vertreibt die Stinnes AG ihre Dienstleistungen an Endkunden?
b) In welchen Geschäftsfeldern vertreibt die Stinnes AG ihre Dienstleistungen nur an Wiederverkäufer?

4 a) Welche Spurbreiten im Schienennetz der Eisenbahnen können in Europa unterschieden werden?
b) Warum sind die Kenntnisse über Spurbreiten für Eisenbahntransporte nach Spanien von Bedeutung?

5 a) Worin liegt der wesentliche Unterschied zwischen dem deutschen Lademaß und dem internationalen Lademaß?
b) Bei welchen Transporten müssen die Lademaße unbedingt eingehalten werden?
c) Welche Folgen hätte eine Nichteinhaltung der Lademaße bei der Waggonbeladung?

6 Ein Wagon mit dem Gattungszeichen Habbills 346 soll mit 46 nicht stapelbaren Industriepaletten der Größe 1,20 m x 1,00 m beladen werden. Ist dies möglich?

7 Ein Stahlwerk mit Sitz in Bremen versendet regelmäßig Stahlcoils mit der Bahn. Machen Sie Vorschläge, mit welchen Leistungsangeboten der Stinnes AG die Coils transportiert werden könnten:
- 1 900 t Flachstahl als eine Sendung zum Kunden mit Gleisanschluss nach München
- 60 t Flachstahl als eine Sendung zum Kunden mit Gleisanschluss nach Rostock
- ein 20-ft-Container mit Flachstahl soll wöchentlich zum Kunden nach Lörrach/Baden transportiert werden. Der Kunde hat keinen Gleisanschluss.

8 a) Welche Art von Vertag wird das Stahlwerk in Bremen mit der Stinnes AG abschließen? Begründen Sie Ihre Antwort.
b) Wie kommt dieser Vertrag zustande?

9 a) Welche rechtliche Funktionen hat der Eisenbahnfrachtbrief für die Auftragsabwicklung?
b) Wer erhält die einzelnen Blätter des Frachtbriefs?

10 Bei der Beladung des Waggons mit Coils müssen die Beladerichtlinien der Bahn eingehalten werden. Welche Aufgaben muss der Absender dabei erfüllen?

11 Bei welcher Frankatur zahlt der Absender nur die Fracht für die Beförderungsstrecke?

12 Eine Sendung im Gewicht von 12 600 kg einem Warenwert von 49.000,00 € wird von der Bahn für 960,00 € befördert.
a) Die Sendung erleidet einen Totalschaden. Klären Sie den Umfang der Haftung.
b) Die Sendung kommt verspätet beim Empfänger an. Die vereinbarte Lieferfrist wurde nicht eingehalten. Der nachgewiesene Schaden beträgt 8.000,00 €. Klären Sie die Haftung nach ALB in diesem Fall.

13 Eine Sendung im Gewicht von 15 600 kg und einem Warenwert von 87.000,00 € wird mit der Bahn von Deutschland für eine Fracht von 1.460,00 € nach Italien befördert.
a) Die Sendung erleidet einen Totalschaden. Klären Sie den Umfang der Haftung.
b) Die vereinbarte Lieferfrist wurde nicht eingehalten. Der nachgewiesene Schaden beträgt 8.000,00 €. Klären Sie die Haftung nach COTIF/CIM in diesem Fall.

5006470

7 | Kombinierter Ladungsverkehr

SITUATION

„Dem Kombinierten Verkehr gehört europaweit die Zukunft. Das Aufkommen auf dem Sektor ‚kombinierter Verkehr' wird in Europa eine signifikante Steigerung erfahren. Multimodale Transportketten werden dabei einer der wichtigsten Wege sein, um mehr Güterverkehr auf die Schiene zu bringen ..."

Dr. A. Zeug, DB AG, Statement im Frühjahr 2003

1 Beschreiben Sie den Begriff „Kombinierter Verkehr".

2 Zeigen Sie zwei Gründe dafür auf, warum dem Kombinierten Verkehr die Zukunft gehört.

3 Warum bringt der Kombinierte Verkehr mehr Güterverkehr auf die Schiene?

Tauschen Sie Ihre Arbeitsergebnisse in der Klasse aus.

SACHDARSTELLUNG

7.1 | Gründe für den Kombinierten Verkehr

Der Kombinierte Verkehr ist ein **Transportsystem,** bei dem Güter zu **Ladeeinheiten** zusammengefasst werden und als komplette Ladeeinheit auf unterschiedlichen Verkehrswegen befördert werden. Daher ist der Kombinierte Verkehr durch **drei Merkmale** gekennzeichnet:

1. Die Sendung wird durchgehend **in einem Transportgefäß** befördert.
2. Das Transportgefäß wird mit mindestens zwei **verschiedenen Verkehrsträgern** befördert.
3. Diese Beförderungsmittel bilden eine **logistische Transportkette.**

Kombinierter Verkehr vereint die **Vorteile** der verschiedenen Verkehrsträger und hebt dabei deren Nachteile weitgehend auf:

- **Entlastung der Straßen,** da die weitreichenden Transporte auf die Schiene oder Binnengewässer verlegt werden,
- **geringerer Energieeinsatz** durch Verlagerung des Hauptlaufs auf die Schiene bzw. Binnengewässer,
- **geringere Immissionen und Schonung der Umwelt**,
- **direkte Haus-Haus-Verkehre** durch den Einsatz des Lkw im Vorlauf und Nachlauf möglich,
- **schnellere Transporte besonders im europaweiten Verkehr.**

7.2 | Grenzen des Kombinierten Verkehrs

Die Ladungseinheiten müssen in **Terminals** von einem Verkehrsträger auf den anderen umgeschlagen werden. Dies sollte möglichst ohne lange Wartezeiten geschehen, damit der Kombinierte Verkehr auch auf mittleren Strecken rentabel ist.

Heute bilden die Terminals im kombinierten Verkehr noch einen **Engpass.** Ziel sollte es deshalb sein, die **Abwicklung der Umschlagsvorgänge** in den Terminals billiger und schneller zu gestalten. Außerdem müssen die **Kapazitäten** der Terminals noch erhöht werden, um die möglichen Zuwachsraten des Kombinierten Verkehrs in Zukunft zu bewältigen. Der **Preisverfall** im Straßengüterverkehr wirkt sich auch negativ auf die Wirtschaftlichkeit des Kombinierten Verkehrs aus.

7.3 | Möglichkeiten des Kombinierten Verkehrs

Grundsätzlich können im Kombinierten Verkehr alle Verkehrsträger miteinander verbunden werden. In der Verkehrspraxis werden folgende **Kombinationen** umgesetzt:

- **Straße – Schiene** (Straßengüterverkehr im Vorlauf/Nachlauf – Eisenbahnverkehr im Hauptlauf),
- **Straße – Binnenwasserstraßen** (Straßengüterverkehr im Vorlauf/Nachlauf – Binnenschiffsverkehr im Hauptlauf),
- **Straße – See** (Straßengüterverkehr im Vorlauf/Nachlauf – Seeschiff im Hauptlauf),
- **Schiene – See** (Eisenbahngüterverkehr im Vorlauf/Nachlauf – Seeschiff im Hauptlauf).

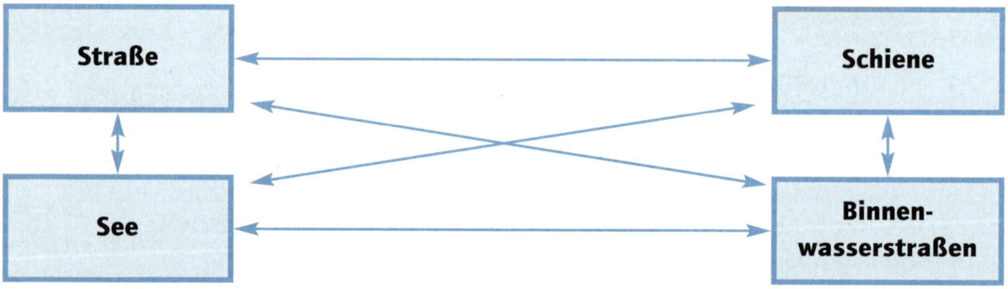

Bei jeder Kombination der Verkehrsträger kommen unterschiedliche Ladeeinheiten zum Einsatz:

Möglichkeiten von **Ladeeinheiten** im Kombinierten Verkehr			
Straße – Schiene	**Straße – Binnenwasserstraßen**	**Straße – See**	**Schiene – See**
Lastzug Sattelanhänger Wechselbrücken Binnencontainer ISO-Container	Lastzug Sattelanhänger Binnencontainer ISO-Container	Lastzug Sattelanhänger ISO-Container	Eisenbahnwaggons ISO-Container

7.4 | Transporttechniken im Kombinierten Verkehr

Der Kombinierte Verkehr muss mit der entsprechenden Transporttechnik schnell und kostengünstig abgewickelt werden, damit er konkurrenzfähig bleiben kann. Deshalb müssen bei allen Verkehrsträgern geeignete **Umschlagseinrichtungen**, wie Krananlagen, sowie passende **Transportmittel** für die zu transportierenden **Ladeeinheiten** eingesetzt werden.

Straße – Schiene-Transporttechniken

begleiteter Kombinierter Verkehr

Technik A

Lastzug/Sattelzug bis 44 t Gesamtgewicht

Das Fahrzeug fährt samt Motorwagen auf den Spezial-Tragwagen im Terminal auf. Die Fahrer reisen in einem Liegewagen mit.

Jeder Lkw-Zug bildet eine Ladeeinheit.

unbegleiteter Kombinierter Verkehr

Technik B

Sattelanhänger bis 33 t Gesamtgewicht

Der Sattelanhänger wird vom Motorfahrzeug direkt auf den Taschentragwagen aufgefahren oder mithilfe eines Krans verladen.

Jeder Sattelanhänger bildet eine Ladeeinheit.

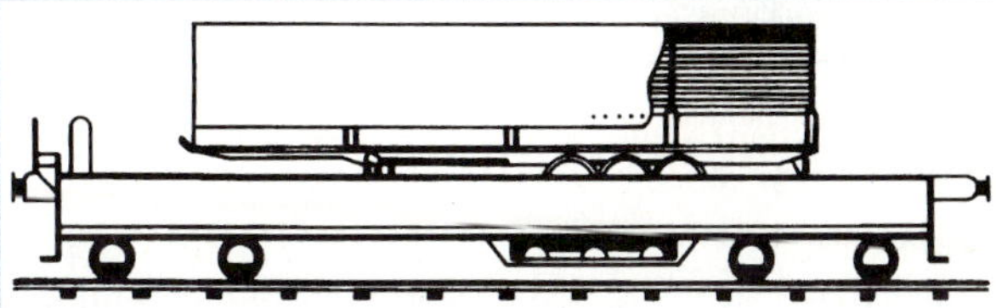

Technik C

Wechselbehälter Container 16 t bis 33 t Gesamtgewicht

Die Wechselbehälter werden mit dem Kran oder einem „Picky-Packer" auf den Tragwagen aufgesetzt. Ein 40-ft-Container/Wechselbrücke bzw. zwei 20-ft-Container oder zwei Wechselbrücken bilden eine Ladeeinheit.

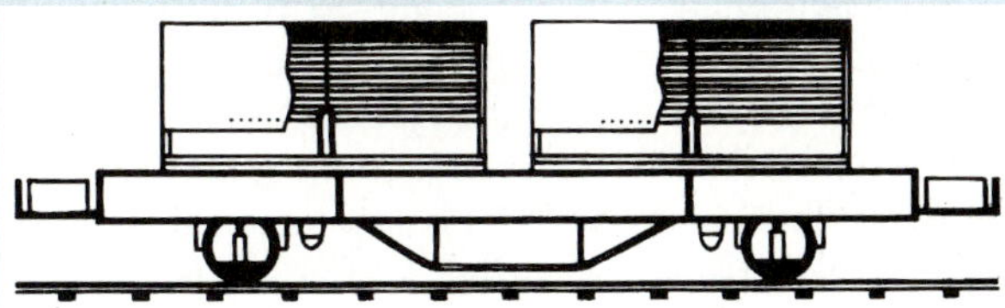

Transportkapazitäten im Kombinierten Ladungsverkehr:
Im Jahr 2003 transportierten jede Woche 466 Züge ca. 3 200 Ladungseinheiten innerhalb Deutschlands – europaweit aber 1 343 Züge. Somit sind $^{2}/_{3}$ aller Transporte im Kombinierten Ladungsverkehr internationale Transporte: im Nord-Süd-Verkehr nach Italien, im Ost-Verkehr mit Bulgarien/Ungarn und im West-Verkehr mit Spanien und jeweils wieder retour.

Straße/Schiene – Schiff

Im Straße/Schienen-Schiffs-Verkehr werden die folgenden **Ladeeinheiten** eingesetzt:

- ganze Lastzüge als „Schwimmende Landstraße"
- Sattelanhänger von Sattelzügen (Ro/Ro-Verkehr)
- Binnencontainer im europäischen Binnenverkehr
- ISO-Container im internationalen Seeverkehr (Containerverkehr)

Bei **Ro/Ro-Verkehren** fährt das Fahrzeug selbstständig auf das Schiff und wieder herunter (roll on – roll off). Ro/Ro-Verkehre gibt es bei Straßen- und Schienentransporten in der Binnenschifffahrt und in der Seeschifffahrt.

Der Umschlag dieser Lademittel erfolgt in Binnenschifffahrts- und See-Terminals in der Ro/Ro-Technik und bei Containern mit Krananlagen.

PRAXISFALL

In der Binnenschifffahrt transportieren Binnenschiffe auf dem Rhein im Ro/Ro-Verkehr bis zu 750 Neuwagen ab Köln für einen Autohersteller in einer Sendung und ersetzen damit bis zu 80 Lkw-Transporte. Der Rhein war im Jahr 2003 Transportschiene für über 1 Mio. Containereinheiten (TEU)[1].

Die größten Binnenschiffe können bis zu 470 TEU ab dem zweitgrößten Containerhafen der Welt, Rotterdam, transportieren. Ab Rotterdam geht ein fahrplanmäßiger Ro/Ro-Verkehr mit Lkw-Lastzügen und Sattelanhängern zum Binnenschiff-Terminal nach Mannheim. So fahren am Freitagabend die Fahrzeuge in Rotterdam auf das Ro/Ro-Schiff und kommen am Montag sehr früh in Mannheim an. Damit umgehen die Fahrzeuge das Sonntagsfahrverbot in Deutschland.

1 TEU (**T**wenty-foot **E**quivalent **U**nit) Container-Transporteinheit – gemessen in 20-ft-Containereinheiten. Somit entspricht ein 20-ft-Container = 1 TEU; ein 40-ft-Container = 2 TEU.

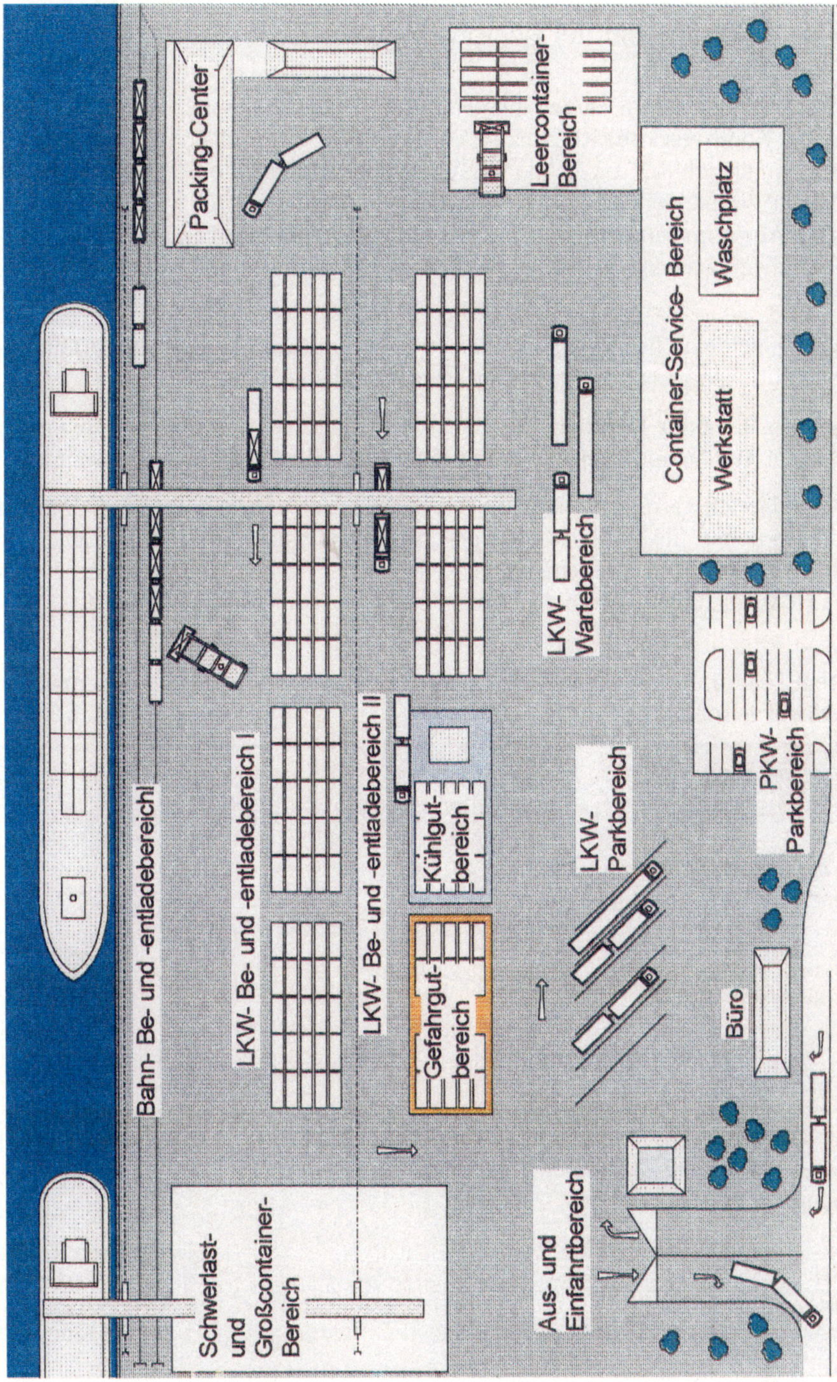

Struktur/Flächenbelegung eines Containerterminals

7.5 | Frachtverträge mit der Kombiverkehr KG

Kombinierte Ladungsverkehre werden innerhalb Deutschlands meist über Spediteure abgewickelt, die Partner der **Kombiverkehr KG** sind. An dieser Gesellschaft sind die DB AG und rund 240 Spediteure beteiligt, die jährlich ca. 22 Mio. t Güter von der Straße auf die Schiene im nationalen und internationalen Verkehr verlagern. Der **Spediteur** organisiert für seine Kunden dabei auch den **Vorlauf zum Abgangsterminal** und den **Nachlauf bis zum Empfänger.** Alle Transporte innerhalb einer solchen Logistikkette basieren auf dem Frachtrecht des HGB, ergänzt durch die ADSp und die ALB.

Kernstück des innerdeutschen Kombiverkehrsnetzes ist das **Kombinetz 2000+.** Damit werden die wichtigsten deutschen Verkehrszentren im Nachtsprung miteinander verbunden.

Gateways, wie Hamburg, Duisburg, Mannheim und München, sind das Tor zum internationalen Schienenverkehr. Die Kombiverkehr KG bietet täglich ca. 100 Ganzzüge europaweit an.

Für den Kombinierten Verkehr der Bahn gelten in Deutschland grundsätzlich die ALB (siehe Kap. 6.6). Zusätzlich gelten für die Railion AG die „Abstellbedingungen für Systemverkehre", die seit dem 1. Januar 2004 gelten. Bei Schäden im Kombinierten Verkehr gilt grundsätzlich das **Frachtrecht des HGB,** auch dann, wenn der genaue Schadensort nicht feststellbar ist.

Bei innerdeutschen Transporten wird anstelle des Eisenbahnfrachtbriefs ein siebenteiliger **Containerfrachtbrief** ausgestellt:

- Blatt 1: Versandblatt für die Railion AG
- Blatt 2: Ausfertigung für den Frachtführer
- Blatt 3: Ausfertigung für den Frachtführer
- Blatt 4: Empfangsblatt für die Railion AG
- Blatt 5: Ausfertigung für den Empfänger
- Blatt 6: Ausfertigung für die Versandagentur (Spediteur)
- Blatt 7: Frachtbriefdoppel für den Auftraggeber

PRAXISFALL

In einem 20-ft-Binnencontainer mit dem Kennzeichen AB 234567 werden Motorradteile in 20 Gitterboxen im Gesamtgewicht von 8 200 t von München nach Berlin im Kombi-Netz 2000+ transportiert.

Absender ist die Bike-Technologie GmbH, Boschstr. 21, 85540 Haar/München. Die Sendung geht im Nachtsprung zum Empfänger, der Zweirad AG, Siemensstr. 20–40, 10178 Berlin.

Die Transportabwicklung erfolgt durch die Spedition Eurotrans GmbH, 80912 München.

Die Sendung wird „frei Fracht" zum Empfänger nach Berlin befördert.

5006476

DB Cargo
Deutsche Bahn Gruppe

* Vertragspartner von DB Cargo
** Vertragspartner des Operateurs. Mit dem Eintrag in Feld 11a bestätigt der Operateur, daß er - betreffend Vertragsverhältnis Operateur / DB Cargo - Absender, Empfänger und Frachtzahler ist.

CONTAINER-Frachtbrief Nr. 43891860

10 ☐ Absender* ☒ Auftraggeber** (Postanschrift)
Bike-Technologie GmbH
Boschstraße 21
85540 Haar/München

15 Empfänger / empfangsberechtigter Endempfänger (Postanschrift)
Zweirad AG
Siemensstraße 20-40
10178 Berlin

30 Bestimmungsbahnhof: Berlin

5 Transportkosten lt. Angebot-Nr.
vom:
Frachtzahler:
Kunden-Nr./Rechn.-Empf.
Die Zahlungsverpflichtung des Auftraggebers bleibt hiervon unberührt.

23 Sonstige Vereinbarungen, Angaben und Erklärungen; Anlagen

7 Es gelten die einschlägigen Bestimmungen des Transportrechts und etwaige Allgemeine Leistungsbedingungen von DB Cargo. Im Verhältnis Operateur/Auftraggeber und empfangsberechtigtem Endempfänger gelten etwaige allgemeine Geschäftsbedingungen des Operateurs.

Kunden-Nr./Rechn.-Empf. | U.-St. | Lv/nL | LE-Anz. | E/A | Ber. KZ

60 Abgef. von/nach / Zoll-Steuerbehdg. im Bf./Tarif-/Umweg-km / Leitgsweg/Befplan

11a Frachtzahler: Bike-Technologie
11 DB-Kundennummer des Frachtzahlers: 123456789012 | 60a Abgangszug Nr. | BBA

VERSAND
2. Übergabebedingungen (Zutreffendes ankreuzen) | 49 U/V | 47 U-Land
☐ Anschluß-/Ladegleis im Bf. Ladestelle
☐ auf Chassis (Selbstzusteller) ☒ von Abstellplatz
im Umschlag-Bf.
☐ Abholung mit Kfz. bei folgender Adresse (mit PLZ) und Versand über Umschlag-Bf.
Kunden-Nr.

EMPFANG
4. Auslieferbedingungen (Zutreffendes ankreuzen) | 49 U/E | 48 E-Land
☐ Anschluß-/Ladegleis im Bf. Entladestelle
☐ auf Chassis (Selbstabholer) ☒ auf Abstellplatz
im Umschlag-Bf.
☐ Zustellung mit Kfz. bei folgender Adresse (mit PLZ) vom Umschlag-Bf.
Kunden-Nr.

Zustg. Frei | 24 Versandbf. | 33 Versandort | Zust.-km-Vers.
Zustg. Frei | 59 Bestimmungsbf. | 39 Bestimmungsort | Zust.-km-Empf.

17 Container-Zeichen Container-Nr.: AB 234567 | 8 Reeder | 9 Schiff | 16 Hafen in Übersee | Tarifschlüssel
63 Ges.-Gew. Wg. (to) | 12 Länge (Fuß) | 13 Höhe (Fuß) | 56 Eigent. KZ | 52 Gattung | 21 Wagen-Nr. | 35 EV | 22 WGA | 62 Angebot
34a Eigengew. d. Cont. (kg): 2500 | 34b Eigengew. d. Ladegeräte (kg) | 34c Eigengew. d. Ldg. (kg): 8200 | 68 NHM-Code | 67 Preislisten-Nr. | 82 Währung | 61 Preis
31 Bezeichnung des Gutes | 32 RID ☐ ja | 34 Gesamtgew. d. Container (kg): 10700 | 41 Nebengeb. | 42 KZ | Nebengeb. | KZ | Nebengeb. | KZ
Nebengeb. | KZ | Nebengeb. | KZ

Motorradteile

18 Referenznummer
43 Fahrauftrag Nr. Versand
96 Kontrolletikett | 44 Fahrauftrag Nr. Empfang
36 Vtag/Monat | 37 Vers.-Nr.

17 Container-Zeichen Container-Nr. | 8 Reeder | 9 Schiff | 16 Hafen in Übersee | Tarifschlüssel
63 Ges.-Gew. Wg. (to) | 12 Länge (Fuß) | 13 Höhe (Fuß) | 56 Eigent. KZ | 52 Gattung | 21 Wagen-Nr. | 35 EV | 22 WGA | 62 Angebot
34a Eigengew. d. Cont. (kg) | 34b Eigengew. d. Ladegeräte (kg) | 34c Eigengew. d. Ldg. (kg) | 68 NHM-Code | 67 Preislisten-Nr. | 82 Währung | 61 Preis
31 Bezeichnung des Gutes | 32 RID ☐ ja | 34 Gesamtgew. d. Container (kg) | 41 Nebengeb. | 42 KZ | Nebengeb. | KZ | Nebengeb. | KZ
Nebengeb. | KZ | Nebengeb. | KZ
18 Referenznummer
43 Fahrauftrag Nr. Versand
96 Kontrolletikett | 44 Fahrauftrag Nr. Empfang
36 Vtag/Monat | 37 Vers.-Nr.

92 Tagesstempel Abgang | 93 Tagesstempel Empfang | 45 Empfangsbestätigung

graue Felder = ausfüllen, wenn in Feld 10 Auftraggeber angekreuzt.
grüne Felder = auszufüllen von DB Cargo
Die fettumrandeten Felder = auszufüllen von Absender bzw. Auftraggeber

Versandblatt DB Cargo

Das Muster des Container-Frachtbriefes ist verkleinert dargestellt. Es besteht aus den Teilen:

- *Blatt 1: Versandblatt Raillon Deutschland*
- *Blatt 2 und 3: Ausfertigung für den Frachtführer*
- *Blatt 4: Empfangsblatt Raillon Deutschland*
- *Blatt 5: Ausfertigung für den Empfänger*
- *Blatt 6: Ausfertigung für die Versandagentur*
- *Blatt 7: Frachtbriefdoppel für den Auftraggeber*

ZUSAMMENFASSUNG	
Begriff	Transportsystem, bei dem Güter zu Ladeeinheiten zusammengefasst werden
Merkmale	Beförderung der Sendung • in einem Transportgefäß • mit mindestens zwei Verkehrsträgern • in einer Transportkette
Vorteile	• Entlastung der Straße • geringerer Energieverbrauch • schnelle, europaweite Transporte
Engpass	• knappe Kapazitäten der Terminals
wichtigste Verkehrsträgerkombinationen in Deutschland	• Straße – Schiene • Straße – Binnenwasserstraße • See – Binnenwasserstraße
eingesetzte Ladeeinheiten:	• Lastzüge • Sattelanhänger • Wechselbrücken • Container
Transporttechniken im Straße-Schienen-Verkehr	• „rollende Landstraße" • Sattelanhänger • Wechselbrücken/Container
Transporttechnik im See- und Kombiverkehr	• Ro/Ro-Technik
Kombiverkehr KG	ein Gemeinschaftsunternehmen von Bahn und Spediteuren zur Abwicklung des Kombinierten Verkehrs in Deutschland und Europa
Railion AG	stellt für innerdeutsche Containertransporte einen siebenteiligen Containerfrachtbrief aus.

? AUFGABEN

1 Ein Sattelanhänger mit Marmorplatten wird in Viareggio beladen und als Sattelzug zum Terminal Desio/Italien transportiert. Nach der Umladung auf einen Tragwagen geht die Sendung im Rahmen eines Ganzzuges nach Bremen. Im Terminal Bremen übernimmt eine Zugmaschine den Sattelanhänger und fährt diesen zum Empfänger nach Oldenburg.
a) Zeigen Sie an diesem Beispiel die drei Merkmale des Kombinierten Verkehrs auf.
b) Beschrieben Sie drei Vorteile, die ein solcher kombinierter Transport hat.

2 Welche Ladeeinheiten sind bei der Kombination Straße/Schiene möglich?

3 Welche Kombiverkehre wickelt die Kombiverkehr KG ab?

4 Die gesamte Ladung einer Wechselbrücke mit einem Gesamtgewicht von 8 000 t erleidet bei einem Unfall im Kombinierten Verkehr einen Totalschaden. Klären Sie die Haftung.

5006478

8 | Güterverkehr mit der Binnenschifffahrt

SITUATION

Transportaufkommen der Binnenschifffahrt nach Güterarten (in Mio. t)

Güterart	2002	2001	Veränderung
Chemische Produkte	18,1	17,6	+2,7 %
Halb- und Fertigprodukte	13,5	12,5	+7,6 %
Steine und Erden	47,4	51,2	−7,4 %
Nahrungs- und Futtermittel	15,8	15,1	+4,6 %
Eisen und NE-Metalle	12,6	13,5	−6,6 %
Land- und forstwirtschaftliche Produkte	10,2	9,9	+3,3 %
Gesamtaufkommen	231,7	236,1	−1,8 %
Container in Mio. TEU	1,52	1,44	+5,6 %
Gewicht (inklusive Eigengewicht Container)	10,4	9,6	+8,7 %

Quelle: BGA, Statistisches Bundesamt

1 a) Welche Güterart hatte im Jahr 2002 das höchste Transportaufkommen in der Binnenschifffahrt?
b) Wie hoch ist der prozentuale Anteil dieser Güterart am Gesamtaufkommen?
c) Geben Sie zwei Beispiele für diese Güterart an.

2 Geben Sie zu den restlichen Güterarten je zwei Beispiele an.

3 Warum werden diese Güter als Massengüter bezeichnet?

4 a) Wie viele 20-ft-Container wurden rechnerisch durch die Binnenschifffahrt im Jahr 2002 befördert?
b) Wie schwer war ein solcher 20-ft-Container im Durchschnitt?

SACHDARSTELLUNG

8.1 | Gründe für den Einsatz der Binnenschifffahrt im Güterverkehr

- **Hohe Transportleistung**
  Aufgrund der hohen Mengenleistungsfähigkeit ist das Binnenschiff ein ideales Transportmittel im **Massengutverkehr** und im **Schwerstlastverkehr.**

Transportmittel	Länge [m]	Breite [m]	Ladefläche [m²]	Ø Tragfähigkeit [t]	Container [TEU]
Großmotorschiff	105–110	11,40	80,0 x 10,0	2 950 – 3 500	208
Schubleichter	76,50	11,40	60,0 x 10,0	1 800 – 2 500	160
Eisenbahnwaggon	15,50	3,10	12,5 x 2,8	40	2
Lkw	18,00	2,50	13,0 x 2,3	28	2

- **Umweltfreundliche Transportmittel:**
  Trotz des geringen Anteils an den Verkehrswegen erbringt die Binnenschifffahrt ca. 22 % der jährlichen Verkehrsleistung in Deutschland. Durch den geringen Energieverbrauch und die niedrigen Schadstoffemissionen ist das Binnenschiff das umweltfreundlichste Verkehrsmittel.
- **Geringe** Transportkosten:

Verkehrsträger	Kosten pro tkm in Cent	%
Straße (Fernverkehr)	13	650
Bahn	6	300
Binnenschiff	2	100

- **Flächenabdeckung**
  Von den 80 deutschen Großstädten sind 56 an das Binnenwasserstraßensystem angeschlossen. Damit sind die meisten industriellen Ballungsräume in Deutschland mit dem Binnenschiff erreichbar.
- **Freie Kapazitäten**
  Die deutschen Binnenwasserstraßen haben hohe freie Kapazitäten, sodass Staus auf unseren Wasserstraßen unbekannt sind. Gleichzeitig gibt es ein großes Angebot an Transportraum.

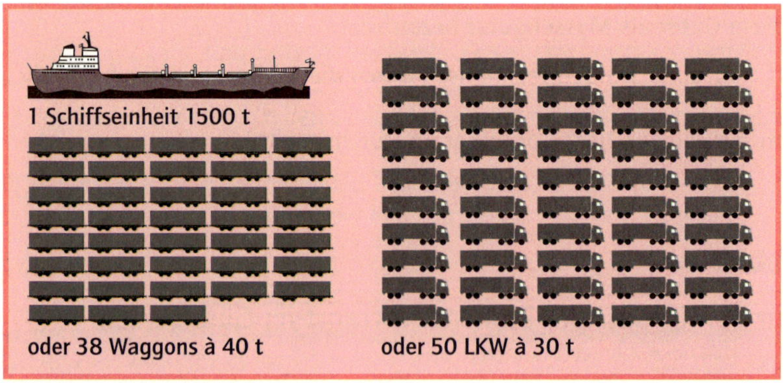

- **Hohe Transportsicherheit**
  Die Binnenschifffahrt hat das geringste Unfallrisiko, ist zuverlässig, flexibel und pünktlich.

8.2 | Grenzen der Binnenschifffahrt

- **Lange Transportzeiten:** Wegen der langsamen Transportgeschwindigkeit sind die Transportzeiten in der Binnenschifffahrt erheblich länger als bei Bahn und Lkw.

Relation	Fahrzeit in Stunden
Hamburg – Berlin	46
Bremerhaven – Dortmund	44
Rotterdam – Mannheim	45

- **Stationsverkehr:** Güter können nur von Binnenhafen zu Binnenhafen transportiert werden. Flächenverkehr ist daher nur nach Umschlag auf den Lkw möglich (gebrochene Verkehre).
- **Witterungsabhängigkeit:** Niedrigwasser im Sommer, Hochwasser im Frühjahr und Eisgang im Winter können die Binnenschifffahrt beeinträchtigen oder zum Stillstand bringen.
- **Brückendurchfahrtshöhen und Schleusenlängen:** Brückendurchfahrtshöhen und Schleusenlängen wirken sich negativ auf die zu transportierenden Containerlagen und Schwerlastgüter aus. So können auf dem Neckar wegen der Brückendurchfahrtshöhe Container nur zweilagig gefahren werden. Die Schiffslänge ist Schleusenbedingt auf 108 m begrenzt.

8.3 | Schiffstypen in der Binnenschifffahrt

Die Schiffstypen haben sich einerseits aus den Anforderungen der Verlader und andererseits aus der Suche nach rationellen und kostengünstigen Transportmitteln in der Binnenschifffahrt entwickelt.

Schiffstypen				
Motorgüterschiffe	**Tankschiffe**	**Spezialschiffe**	**Schubverbände**	**Barge-Carrier**
Motorgüterschiffe bis 110 m Länge, 11,4 m Breite und 2 500 t Tragfähigkeit sind für den Transport trockener Massengüter, Schwerlaststückgut, Containern und Fahrzeugen geeignet.	Doppelwandige Tankschiffe transportieren Gase und Flüssigkeiten aller Art.	Ro/Ro-Schiffe sind für den Kombinierten Verkehr konstruiert. Seegängige Binnenschiffe werden im Englandverkehr und in der Ostsee eingesetzt.	Ein Schubverband besteht aus der Antriebseinheit, dem Schubboot, mit bis zu 2 600 PS und dem Laderaum, den Schubleichtern, mit einer Tragfähigkeit von 400 t bis zu 2 800 t. Ein Schubverband transportiert mit sechs Leichtern 16 000 t.	Bargen sind Leichter, die im Seeverkehr vom Mutterschiff, dem Barge-Carrier, im Seehafen direkt abgesetzt werden. Für den Weitertransport auf Binnengewässern werden die Bargen zusammengekoppelt und als Schubverband transportiert (kombinierter Fluss-Seeverkehr).

8.4 | Betriebsformen in der Binnenschifffahrt

Zwei Betriebsformen bestimmen die Binnenschifffahrt.

- Eigentümer von einem bis drei Binnenschiffen werden **Partikuliere** genannt.
- Eigentümer von mehr als drei Binnenschiffen sind **Reedereien.**

Partikuliere haben als Einzelschiffer keine kaufmännische Landorganisation und arbeiten meist als Familienunternehmen. Viele Partikuliere sind in **Partikuliergenossenschaften** organisiert. Diese besorgen für ihre Mitglieder unter anderem Schiffsfrachten und übernehmen die Frachtabrechnung. Reedereien haben an Land eine eigene kaufmännische Landorganisation. Vor allem Großunternehmen betreiben in der Binnenschifffahrt Werkverkehr. Diese **Werksreedereien** decken ca. 50 % der Transportkapazitäten in der Binnenschifffahrt ab.

8.5 | Abwicklung des Frachtvertrags in der Binnenschifffahrt

Frachtverträge in der Binnenschifffahrt werden entweder

- **unmittelbar** zwischen dem Absender und Frachtführer (Reederei bzw. Partikulier) oder
- **mittelbar** über Mittler, wie Spediteure, Fracht-Agenten oder Frachtenmakler,

geschlossen. Die Rechtsbasis für innerdeutsche Transporte ist das Frachtrecht des HGB. Dieses wird durch die „Verlade- und Transportbedingungen für Binnenschifffahrtstransporte" **(VTB)** ergänzt. Bei innerdeutschen Gefahrguttransporten gilt die „Gefahrgutverordnung Binnenschifffahrt" **(GGVBinSch)**. Bei internationalen Transporten auf dem Rhein gilt die **„Mannheimer Rheinakte"** von 1868, die den Rheinanliegerstaaten die freie Nutzung des Rheins zusichert. Internationale Gefahrguttransporte z. B. auf dem Rhein unterliegen dem „Europäischen Übereinkommen über den Transport gefährlicher Güter" **(ADNR).**

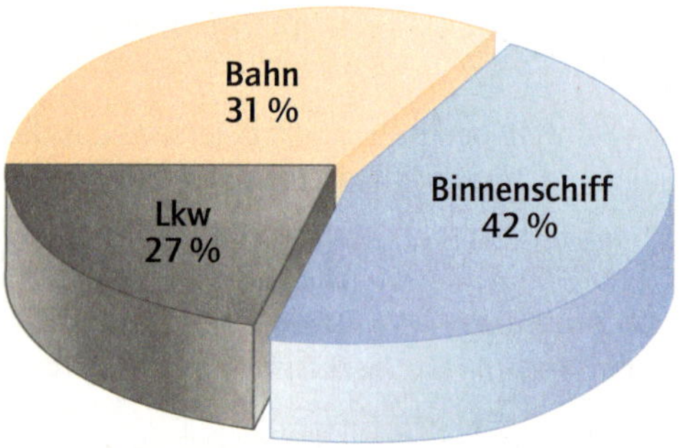

Transport von gefährlichen Gütern. Beispiel: Entzündbare flüssige Stoffe.

Quelle: Statistisches Bundesamt

In der Binnenschifffahrt können der Frachtbrief oder der Ladeschein als **Frachtpapiere** ausgestellt werden:

Frachtbrief	Ladeschein
ist ein **Warenbegleitpapier**	ist ein **Warenwertpapier**
Die Übergabe der Sendung an den Empfänger ist nicht von der Vorlage des Frachtbriefdoppels abhängig.	Die Auslieferung der Sendung erfolgt nur an den Berechtigten gegen Vorlage eines Ladeschein-Originals, d. h., der Besitzer des Originals hat die Verfügungsgewalt über die Sendung. In der Praxis wird ein **Order-Ladeschein** verwendet, der durch Indossament einfach zu übertragen ist.

Zur Abwicklung der Frachtvertrags muss der Frachtführer seine **Ladebereitschaft** am Vortag anzeigen. Die **Lade- und Löschzeiten** sind frei vereinbar, jedoch lehnt man sich in der Praxis an die entsprechende Verordnung an. Dabei gelten 45 t/Std. als Maßstab für Trockenladungen. Sollte die Lade- und Löschzeit überschritten werden, so kann der Frachtführer ein **Liegegeld** verlangen. Die Zuladung auf das Schiff ist auch von den **Pegelständen** auf der Reise abhängig. Bei Niedrigwasser können geringere Mengen zugeladen werden und bei Hochwasser kann die Binnenschifffahrt auch eingestellt werden. Für den Transport gibt es keine gesetzlichen **Lieferfristen.** Diese sind bei Binnenschifftransporten in der Praxis nicht üblich. Die **Transportpreise** werden frei ausgehandelt, orientieren sich jedoch heute noch meist am „Frachten- und Tarifanzeiger Binnenschifffahrt" **(FTB)**[1].

Die Lade- und Löschzeiten werden in der VO über die Lade- und Löschzeiten vom Januar 1994 (dispositiv) festgelegt.

Trockenschifffahrt		**Tankschifffahrt**	
bis 300 t	einen Tag	bis 1 100 t	24 Std.
bis 750 t	zwei Tage	bis 1 500 t	26 Std.
bis 1 500 t	drei Tage	bis 2 000 t	30 Std.
bis 2 600 t	vier Tage	je weitere angefangene 500 t	4 Std.
über 2 600 t	fünf Tage		

Die gesetzliche **Haftung** wird durch die VTB in der Binnenschifffahrt auf **max. 2 SZR/kg** begrenzt. Gerade bei hochwertigen Gütern ist daher der Abschluss einer Transportversicherung sinnvoll. Unfälle in der Binnenschifffahrt werden als **Havarie** bezeichnet.

große Havarie	**besondere Havarie**	**kleine Havarie**
= alle Schäden, die dem Schiff oder der Ladung zur Errettung aus einer **gemeinsamen Gefahr** zugefügt werden, müssen vom Schiff und der Ladung getragen werden. Der Schadensanteil (Dispache) wird von einem amtlichen Dispacheur im Wertverhältnis von Schiff und Ladung verteilt.	= ein gewöhnlicher Unfall, **ohne gemeinsame Gefahr** für Schiff und Ladung, wenn z. B. Ladung über Bord fällt.	= ein **Kostenfall**, d. h. alle „schiffsseitigen" Kosten, wie z. B. Schleusengelder, trägt der Frachtführer, alle „landseitigen" Kosten, wie z. B. Krankosten, trägt der Versender.

1 Abrechnungsbeispiele finden Sie im „Rechnungswesen für Berufe der Lagerwirtschaft", Best.-Nr. 6436, Winklers.

ZUSAMMENFASSUNG		
Beurteilung	**Vorteile**	**Nachteile**
	• hohe Transportleistung • Umweltfreundlichkeit • geringe Transportkosten • hohe Transportsicherheit	• lange Transportzeiten • Witterungsabhängigkeit • geringe Anzahl von Binnenhäfen
Schiffstypen (für verschiedene Transportzwecke)	Motorgüterschiffe	Tankschiffe
	Ro/Ro-Schiffe	Schubverbände
Betriebsformen	Partikuliere	Reedereien
Abschluss des Frachtvertrags	• unmittelbar zwischen dem Versender und dem Frachtführer (Partikulier bzw. Reederei) oder • mittelbar über Mittler, wie Spediteure, Frachtgaranten oder Frachtenmakler	
Rechtsgrundlagen	• Frachtrecht des HGB • Verlade- und Transportbedingungen für Binnenschifffahrtstransporte (VTB)	
Frachtpapiere	• Frachtbriefe als einfache Warenbegleitpapiere oder • Ladescheine als Warenwertpapiere	
Havarie	(große oder besondere) = Unfälle in der Binnenschifffahrt, für die unterschiedliche Haftungsregeln gelten	
Haftung	für Sachschäden und Verlust in der Binnenschifffahrt gemäß VTB (abweichend vom HGB): maximal 2 SZR pro kg.	

? AUFGABEN

1 Welche Güter aus Ihrer Region werden mit Binnenschiffen transportiert?

2 Welche Gründe sprechen für diese Transporte?

3 Ein Schubverband kann 16 000 t Kies transportieren. Wie viele Güterwagen mit einer Zuladung von 40 t ersetzt dieser Transport? Wie viele Lkws mit einer Zuladung von 25 t ersetzt dieser Transport?

4 In welchem Fall spricht man von einem Partikulier und wann von einer Reederei in der Binnenschifffahrt?

5 Was versteht man unter einem Schubverband? Welchen Vorteil haben Schubverbände?

6 Unterscheiden Sie Frachtbrief und Ladeschein voneinander.

7 Ein Stahlcoil im Gewicht von 1,5 t geht bei der Fahrt über Bord. Bis zu welchem Betrag hat der Frachtführer zu haften? 1 SZR = 1,40 €

8 In welchem Fall spricht man von einer großen Havarie? Welche Folgen hat eine große Havarie für den Versender?

5006484

9 | Güterverkehr in der Seeschifffahrt

SITUATION

Die Mannheimer Druckmaschinen AG möchte zwei Druckmaschinen mit den Maßen 270 cm x 460 cm x 180 cm im Gewicht von je 8,3 t exportieren. Die Maschinen sollen von Mannheim nach Dubai/VAR verschickt werden.

Der Versandleiter entscheidet sich nach Rücksprache mit dem Empfänger für einen Seetransport nach Dubai/VAR.

1 **Entwickeln Sie in Partnerarbeit ein geeignetes Verpackungskonzept für den Transport der Druckmaschinen nach Dubai/VAR.**

2 **Nennen Sie vier mögliche Verschiffungshäfen für diese Sendung.**

3 **Entscheiden Sie sich in Ihrer Arbeitsgruppe für einen sinnvollen Verschiffungshafen. Begründen Sie Ihre Antwort.**

4 **Warum ist es vorteilhaft, eine Spedition mit der Transportabwicklung zu beauftragen?**

5 **Zeigen Sie zwei mögliche Transportwege für diese Sendung auf.**

6 **Welche weiteren Faktoren sind für die Abschätzung der Transportdauer zu beachten?**

SACHDARSTELLUNG

9.1 | Nutzen der Seeschifffahrt im Güterverkehr

Der weltweite Güteraustausch wäre ohne eine leistungsfähige Seeschifffahrt heute nicht mehr denkbar. Folgende **Vorzüge** bietet die Seeschifffahrt im Güterverkehr:

- Seeschiffe sind für den **Transport großer Gütermengen** ausgelegt. So hat ein Containerschiff der sechsten Generation heute eine Kapazität von über 6 000 TEU (20-ft-Container-Verrechnungseinheiten).
- Durch den Transport dieser großen Mengen sind die Transportkosten einer Mengeneinheit sehr **preisgünstig.** So kostet der reine Seetransport eines 20-ft-Containers nach Mittelamerika ca. 1.200,00 €.
- Ein **dichtes Netz von Seehäfen** ermöglicht regelmäßige Linienverkehre zwischen allen Kontinenten. Die größten Güterströme fließen im Seeverkehr zwischen Europa und Nordamerika sowie Ostasien.
- Durch den **Containereinsatz** werden die Umschlagprozesse im Seeverkehr beschleunigt und es sind **durchgehende Transportketten** vom Absender bis zum Empfänger möglich, ohne das Gut umzuladen. So sind Sendungen im Container von Hongkong innerhalb von 26 Tagen beim Empfänger in Deutschland.

9.2 | Schwächen der Seeschifffahrt im Güterverkehr

Die Seeschifffahrt hat auch **Systemnachteile** für die Transportabwicklung.

- Die Beförderungsgeschwindigkeit in der Seeschifffahrt liegt bei ca. 24 Knoten (ca. 45 km/h). Die **Beförderungszeiten** sind daher **relativ lang.** Besonders die großen Containerschiffe und die Großtanker können die Seeschifffahrtskanäle nicht nutzen und haben so längere Transportwege zu bewältigen. Viele Schiffe können z. B. im Asienverkehr den Suezkanal nicht mehr befahren und müssen den wesentlich längeren Weg um die Südspitze Afrikas nehmen.
- Aufgrund der großen **Beanspruchungen** einer Seereise ist eine wesentlich aufwändigere Verpackung als im Luftverkehr notwendig. Damit fallen höhere Zusatzkosten für den Transport an.
- Durch das **höhere Schadensrisiko** durch Witterungseinflüsse und Piraterie im Asien- und Afrika-Verkehr sind die Prämien für die Transportversicherung relativ hoch.

9.3 | Schiffstypen im Seeverkehr

In den letzten 50 Jahren wurden ständig neue Schiffstypen im Seeverkehr entwickelt, um den Transportanforderungen der Verlader zu genügen und die Seeschifffahrt wettbewerbsfähig zu halten. Die Schiffsgröße wird über die **Bruttoraumzahl** (BRZ) bestimmt. Sie bezeichnet den Rauminhalt aller Schiffsräume. So hat ein mittelgroßes Containerschiff ca. 60 000 BRZ.

Stückgutschiffe	**Massengutschiffe**	**Spezialschiffe**
traditionelles Handelsschiff mit eigenem Ladegeschirr und unterteilten Laderäumen	große Laderäume für trockene und nasse Massengüter	auf bestimmte Güterarten spezialisierte Schiffe
Küsten-Motorschiffe Hochseefrachter	Erzfrachter, Tankschiffe Getreidefrachter	Kühlschiffe, Fischereischiffe Autotransporter
Containerschiffe	**Ro/Ro-Schiffe**	**Trägerschiffe**
unterschiedlich große Plattformen für Containertransporte im Laderaum und auf Deck bis zu 6 000 TEU[1], d. h. Containereinheiten	Über Rampen können Straßen- und Schienenfahrzeuge selbstständig ins Schiff ein- und ausfahren.	Schwimmfähige Container/ Leichter können an Bord genommen werden.
dritte Generation = ca. 3 000 TEU sechste Generation = ca. 6 000 TEU	Eisenbahnfähren Straßenfähren Kombi-Fähren	LASH-Schiffe (lighter aboard ship) BACO-Liner (für Bargen und Container)

1 TEU = **T**wenty-foot **E**quivalent **U**nit

5006486

9.4 | Betriebsformen in der Seeschifffahrt

In der Seeschifffahrt gibt es zwei Betriebsformen:

- Trampschifffahrt
- Linienschifffahrt

Bei der **Trampschifffahrt** bestimmen die Auftragslage und der Auftraggeber das Fahrtgebiet des Schiffes. Das Schiff wird gechartert und „trampt" über die Weltmeere – **von Auftrag zu Auftrag.** Diese Betriebsform findet sich vor allem bei Massengutverkehren. Der Transportpreis wird meist frei ausgehandelt.

Schiffe der **Linienschifffahrt** befahren bestimmte Fahrgebiete. Dabei werden bestimmte Häfen in einem festen Rhythmus angefahren. So kann der Auftraggeber die Fahrtzeiten und Liefertermine der Sendungen besser abschätzen. Die **regelmäßigen Abfahrten** werden in so genannten „Segellisten" von den Hafenverwaltungen und Reedereien veröffentlicht.

In der Linienschifffahrt selbst unterscheidet man zwischen Konferenzreedereien und Outsidern.

Konferenzreedereien	**Outsider**
Zusammenschluss meist mehrerer Reedereien, um in einem Fahrtgebiet einen ruinösen Wettbewerb zu vermeiden.	Reedereien, die nicht an eine Schifffahrtskonferenz gebunden sind.
Vorteil: mehrere Abfahrten pro Woche	Vorteil: niedrigere Frachtraten
Nachteil: höhere Preise	Nachteil: weniger Abfahrten

Tätigkeitsbereiche der Schifffahrtskonferenzen:

- **Fahrgebiete** und Seehäfen bestimmen, die angefahren werden,
- **Frachtraten** als Fest- und Mindestraten bestimmen,
- **Transportbedingungen** für die Konferenz festlegen.

Wichtige Fahrgebiete der Linienschifffahrt ab den Nordseehäfen

1	Kanada – Große Seen	**6**	Süd- und Ostafrika
2	Nordamerika – Ostküste	**7**	Rotes Meer
3	US-Golf	**8**	Pakistan – Indien – Sri Lanka
4	Kuba – Mexiko	**9**	Südost- und Ostasien
5	Südamerika – Westküste/Ostküste	**10**	Australien – Neuseeland

Seeschiffe bewegen sich auf ihren Reisen in unterschiedlichen Hoheitsgebieten. Die **Flagge** eines Schiffes ordnet das Schiff einer bestimmten Rechtsordnung zu, dem das Schiff und seine Besatzung unterliegen. Durch Ausflaggen übernehmen viele Reedereien „Billigflaggen", die geringere Ansprüche bzgl. Arbeits- und Steuervorschriften haben und somit den Unterhalt des Schiffes billiger machen. Typische **Billigflaggen** sind Liberia, Panama, Zypern und Singapur. Im Rahmen der Zahlungsabsicherung können Versender bestimmte Flaggen vorschreiben.

9.5 | Abwicklung des Seefrachtvertrags

Das Seefrachtgeschäft hat über die Jahrhunderte eigene Begriffe im Vertragsrecht entwickelt, die auch beim Abschluss des Seefrachtvertrags gelten:

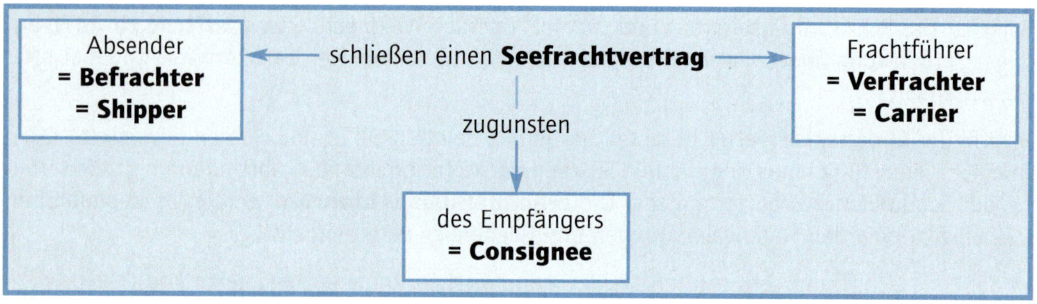

In der Geschäftspraxis ist es üblich, den Seefrachtvertrag mithilfe von Mittlern abzuschließen:

- **Der Versandspediteur** wird im Binnenland mit der gesamten Transportabwicklung vom Absender beauftragt.
- **Der Verschiffungsspediteur** ist im Seehafen ansässig und schließt den Seefrachtvertrag mit dem Verfrachter in eigenem Namen, aber für Rechnung des Auftraggebers ab.
- **Der Schiffsmakler** arbeitet als selbstständiger Vermittler zwischen Befrachter und Verfrachter, die durch seine Vermittlung den Seefrachtvertrag direkt abschließen.
- **Der Agent der Reederei** vertritt die Reederei und schließt in deren Namen mit dem Befrachter den Seefrachtvertrag ab.

Die Vertragsgrundlage des Seefrachtvertrags sind die jeweiligen **Konnossementbedingungen** der einzelnen Reedereien und Konferenzen sowie die **Visby-Regeln** für die Haftung. Die Visby-Regeln sind im fünften Buch des HGB, dem Seerecht, eingearbeitet.

Der Seefrachtvertrag kann sich auf einzelne Stückgüter, auf das ganze Schiff oder Teile des Schiffes beziehen:

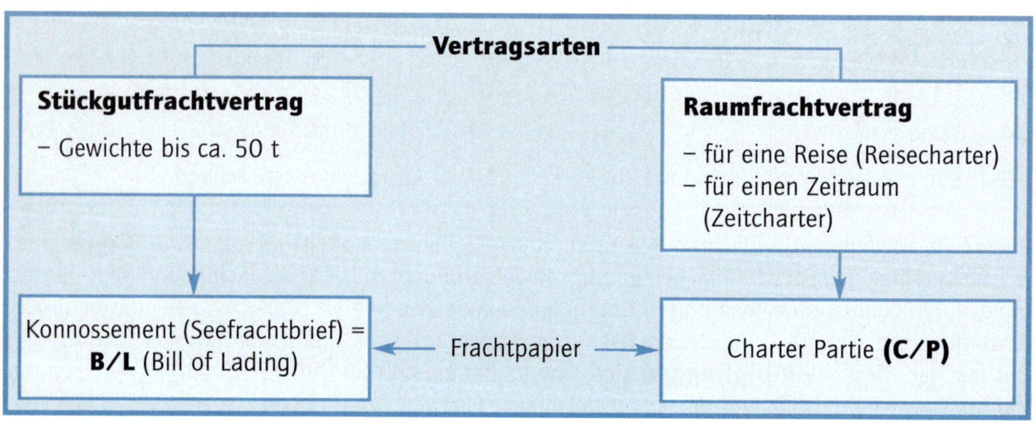

5006488

Der Seefrachtvertrag wird durch zwei übereinstimmende Willenserklärungen von Befrachter und Verfrachter abgeschlossen:

- **Pflichten des Befrachters:**
  - rechtzeitige und ordnungsgemäße Lieferung der Seefrachtgüter an das Schiff und Übergabe an den Verfrachter
  - Angabe von Maß, Gewicht, Zahl und Markierung der Packstücke
  - Zahlung der Seefracht und der Nebenkosten[1]
- **Pflichten des Verfrachters:**
  - Bereitstellung eines seetüchtigen und ladungstüchtigen Schiffes
  - fürsorgliche Behandlung des Gutes von der Übernahme bis zur Ablieferung
  - rechtzeitige und ordnungsgemäße Übergabe des Gutes an den berechtigten Empfänger im Löschhafen
  - Haftung für Schäden am Gut

Die Höhe der **Haftung** ist in den **Visby-Regeln**[2] festgelegt.

Danach haftet der Verfrachter für **Verlust und Beschädigung** mit den folgenden Höchstbeträgen:

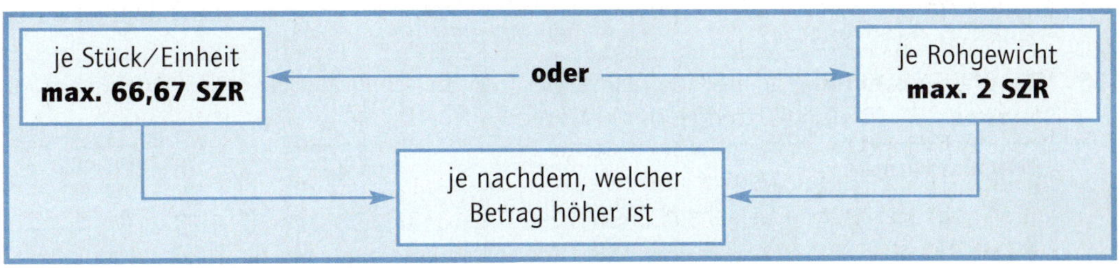

Für jede Seefrachtsendung stellt der Verfrachter üblicherweise einen Seefrachtbrief, das Konnossement, aus. Das **Konnossement,** auch **Bill of Lading (B/L)** genannt, ist ein **Warenwertpapier.** Aus Sicherheitsgründen werden meist drei Originale (3/3) ausgestellt.

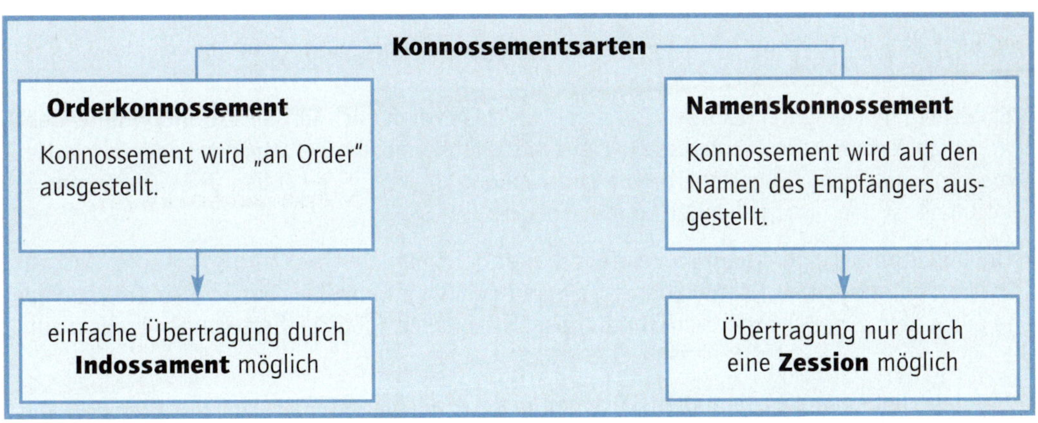

1 Abrechnungsbeispiele zur Seefracht finden Sie in „Rechnungswesen für Berufe der Lagerwirtschaft/Logistik, Winklers, Best.-Nr. 6436.

2 Visby ist eine Hafenstadt auf der südschwedischen Insel Gotland, in der eine Seerechtskonferenz die Haftungshöhe international verbindlich festlegte.

Wegen der einfachen Übertragung durch ein Indossament ist das **Orderkonnossement** in der Praxis üblich. Bei Vorlage des Original-Konnossements durch den berechtigten Inhaber, in der Regel der Empfänger der Sendung, hat der Verfrachter die dort aufgeführten Güter auszuliefern. Die restlichen Originale werden dann ungültig.

Funktionen des Konnossements		
1	**Warenwertpapier**	Der Verfrachter darf die Güter nur gegen Vorlage des Konnossements an den berechtigten Inhaber ausliefern.
2	**Handelspapier**	Die Übergabe des Konnossements kommt der Übergabe der Güter gleich.
3	**Verfügungspapier**	Der berechtigte Inhaber des Konnossements kann über die dort verzeichneten Güter verfügen.
4	**Sicherungsmittel**	Im Rahmen der Zahlungssicherung ist das Konnossement ein Liefernachweis.
5	**Beförderung- und Ablieferversprechen**	Mit der Ausstellung des Konnossements gibt der Verfrachter diese Versprechen ab.
6	**Empfangsbescheinigung**	Der Verfrachter bestätigt den Empfang der im Konnossement aufgeführten Güter.
7	**Beweisurkunde**	Das Konnossement ist der Beweis für den Abschluss des Seefrachtvertrags mit dem Verfrachter.
8	**Begleitpapier**	Eine Kopie des Konnossements begleitet als „Kapitänskopie" die Sendung auf dem Seeschiff.

PRAXISFALL

Eine Sendung Hilfsgüter geht per Container von Neuenstein nach Tansania. Der Container geht im Kombiverkehr nach Bremerhaven. Dort wird das Konnossement von der Reederei als Namenskonnossement ausgestellt, da die Hilfssendung direkt für den Orden in Moshi, Tansania, bestimmt ist und nicht gehandelt werden soll.

Die Importabwicklung erfolgt im Empfangshafen Dodoma durch die Caritas Tansania. Deshalb ist die Caritas auch als „Notify address" eingetragen. Vom Konnossement werden drei Originale ausgestellt. Der Absender schickt dann per Einschreiben zur Sicherheit erst ein Original zum Empfänger.

Hat der Empfänger dieses erhalten, bekommt er die restlichen zugeschickt. Sobald die Sendung in Dodoma anlangt, kann der Empfänger durch Vorlage des Original-Konnossements die Herausgabe des für ihn bestimmten Containers vom Kapitän der „Regina Maersk" verlangen.

Safmarine

BILL OF LADING FOR COMBINED TRANSPORT OR PORT TO PORT

B/L No.: HAMZ28945

Shipper/Exporter (complete name and address) VERSUS FICHTENSTRASSE 15 74632 NEUENSTEIN	**Booking No.** HAMZ28945 MI **Export references** 102STR4010153
Consignee (complete name and address) APOSTOLIC LIFE COMMUNITY OF PRIESTS IN THE OPUS SPIRITUS SANCTI, ATT. REV AMEDEUS MACHA P.O. BOX 8816 - PHONE 275 0534 TZ MOSHI / TANZANIA	**Forwarding agent – references** **Point and Country Origin**
Notify Party (complete name and address) CARITAS TANZANIA PHONE 285 1075 - 79 TANZANIA EPISCOPAL CONFERENCE P.P. BOX 2133 TZ DAR ES SALAAM / TANZANIA	**Domestic routing/export Instruction**

Shipper memoranda not part of Bill of Lading

***Precarriage by**	***Place of Receipt**	
Vessel REGINA MAERSK **Voy No.** 0215	**Port of Loading** BREMERHAVEN	**Onward inland routing**
Port of Discharge DAR-ES-SALAAM	***Place of Delivery**	

CARRIER'S RECEIPT — **PARTICULARS FURNISHED BY SHIPPER – CARRIER NOT RESPONSIBLE**

Container No./Seal No. Marks and Numbers	No. of Containers or pkgs.	Kind of packages; description of goods	Gross Weight	Measurement
GSTU5911279	1	20' CONTAINER SAID TO CONTAIN 270 COLLI HELP GOODS SHIPPER'S LOAD, STOW, WEIGHT AND COUNT FREIGHT REPAID CY / CY DEMURRAGE AS PER TARIFF	KGS 2071.00	

ORIGINAL

Freight & Charges	Rate	Unit	Prepaid	Collect
	SHIPPED ON BOARD MV: REGINA MAERSK LOADPORT BREMERHAVEN NOV 17 2002 SAFMARINE GERMANY GMBH			

Declared Value Charges (see clause 6) for Declared Value of US $	**Total Prepaid**
Number of Original B(s)/L THIRD OF THREE	**Total collect**
Place of Issue HAMBURG	**Date** NOV 17 02

Carrier: Safmarine Containerlines n.v.
Safmarine Germany GmbH
as agents for the Carrier

As Agent(s) only

* Applicable only when document used

Shipped in apparent good order and condition, unless otherwise stated herein, for transportation on board the ocean vessel mentioned herein or any substituted vessel or on board the feeder vessel or other means of transportation (rail or truck) if place of receipt is named in this Bill of Lading the goods or packages or containers said to contain goods, hereinafter called "the Goods", specified herein for carriage from the port of loading named herein or place of receipt it mentioned herein, on a voyage as described and agreed by this Bill of Lading and discharge at the port of discharge named herein or deliver at the place of delivery if mentioned herein, such carriage, discharge or delivery being always subject subject to the exceptions, limitations, conditions and liberties hereinafter agreed in like order and condition at the port of discharge or place of delivery if named as the case may be, for delivery unto the Consignee mentioned herein or to his or their assigns where the Carrier's responsibilities shall in all cases and in all circumstances whatsoever finally case. It is further agreed that Containers may be stowed on deck without notice persuant to Clause 16 on the reverse side of this Bill of Lading. IN WITNESS whereof the number of original Bills of Lading stated on this side have been signed, one of which being accomplished the other(s) to be void.

9.6 | Besonderheiten im Containerverkehr

Der Containerverkehr hat in der Seeschifffahrt den normalen Stückgutverkehr fast vollständig verdrängt. Im Seeverkehr werden nur **ISO-Container**[1] eingesetzt. Da hier das Innenmaß nur 2,44 m beträgt, können 20-ft-Container nur mit elf Euro-Paletten beladen werden.

Vorteile des Containereinsatzes im Seeverkehr:
- **Umschlag ohne Umsetzen** der Güter möglich,
- **Schutz der Ware** vor Beschädigung und Zugriff Dritter,
- **kurze Lade- und Löschzeiten** im Hafen,
- Zusammenfassung einzelner Packstücke zu einer **Containereinheit,**
- **Spezialcontainer** verringern das Transportrisiko,
- Vor- und Nachläufe im **Kombinierten Verkehr möglich.**

Spezielle Containerschiffe befördern heute bis zu 7 500 Containereinheiten (TEU). Meist sind aber Containerschiffe der dritten und vierten Generation mit 2 500 bis 4 500 TEU im Einsatz.

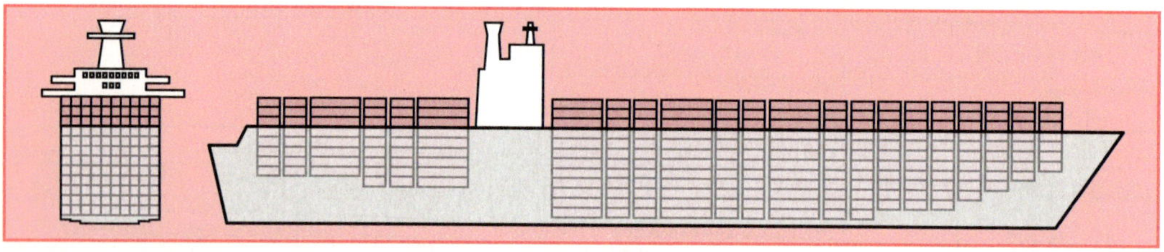

Durch die Vielzahl der **Containertypen** kann auf die speziellen Transportanforderungen vieler Güter eingegangen werden.

- **Standardcontainer:**
  20 ft – 31,8 m^3 – 18,3 t Tragfähigkeit
  40 ft – 68 m^3 – 27 t Tragfähigkeit
- **Kühl-Container:**
  Ist mit einem eigenen Kühlaggregat ausgestattet und hält Gefriergut unter −18 °C.
- **Tank-Container:**
  Für flüssige Lebensmittel und für flüssige Chemikalien im Einsatz.
- **Bulk-Container:**
  Schüttgutcontainer mit Einfüllstutzen im Dach und Entladeklappen an der Stirnseite.
- **Flat:**
  Plattform mit festen Stirnwänden und seitlichen Rungen, z. B. für Holztransporte.

Im See-Containerverkehr sind die folgenden **Beförderungsvarianten** möglich:

1. **Pier-Pier-Verkehr** (LCL-LCL-Verkehr):
   Hier werden die Container im Abgangshafen beladen und im Empfangshafen entladen. Dies bezeichnet man als **„Less than Container Load" (LCL).** Im Rahmen von Sammelgutsendungen übernehmen meist Seehafenspediteure das Beladen **(= Stuffung)** und Entladen **(= Stripping)** der Container.

1 ISO = International Standardisation Organization, Toronto/Kanada, legt die weltweit gültigen Maße, auch von Containern fest.

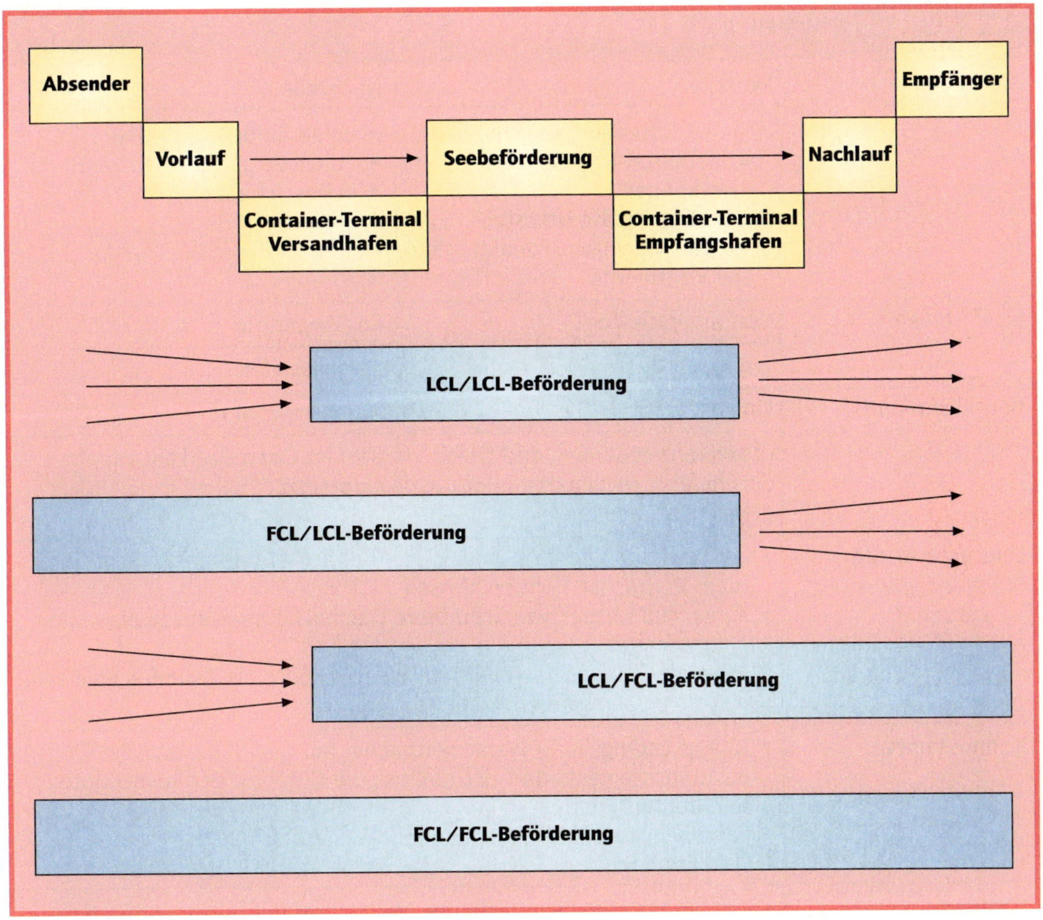

2. **Haus-Pier-Verkehr** (FCL-LCL):
   Der Absender packt den Container **(Full Container Load – FCL).** Dieser wird im Abgangshafen auf das Schiff verladen und im Empfangshafen entladen. Die Güter gehen dann als Teilsendungen an verschiedene Empfänger (LCL).

3. **Pier-Haus-Verkehr** (LCL-FCL):
   Die Einzelsendungen werden zum Abgangshafen transportiert und dort wird der Container beladen (LCL). Vom Empfangshafen wird der Container direkt zum Empfänger transportiert, der die Entladung des Containers vornimmt (FCL).

4. **Haus-Haus-Verkehr** (FCL-FCL):
   Der Container wird vom Absender beladen (FCL) und erst vom Empfänger wieder entladen (FCL). In den Seehäfen erfolgt nur der Umschlag auf das Schiff bzw. vom Schiff.

ZUSAMMENFASSUNG		
Beurteilung	**Vorteile**	**Nachteile**
	• große Gütermengen, die interkontinental transportiert werden können • günstige Transportkosten • dichtes Netz von Seehäfen über die Kontinente	• lange Beförderungsdauer • hoher Verpackungsaufwand • hohes Schadensrisiko
Schiffstypen	Containerschiffe	Ro/Ro-Schiffe
	Trägerschiffe	Spezialschiffe
Betriebsformen	Linienschifffahrt	Trampschifffahrt
	(Konferenzreedereien und Outsider) befährt regelmäßig abgegrenzte Fahrgebiete	wird im Charterverkehr variabel eingesetzt
Seefrachtvertrag	• wird zwischen dem Absender, dem Befrachter und dem Frachtführer (dem Verfrachter) abgeschlossen • meist sind Mittler, wie Spediteure, Seemakler oder Reedereiagenten, eingeschaltet • kann als Stückgutfrachtvertrag (bis 50 t) oder als Raumfrachtvertrag abgeschlossen werden	
Konnossement	• (Bill of Lading, B/L) Warenwertpapier; nur gegen Vorlage des Originalkonnossements darf der Kapitän die Güter an den berechtigten Inhaber ausliefern • kann als Order- oder Namenskonnossement ausgestellt werden • wird beim Stückgutfrachtvertrag vom Verfrachter ausgestellt	
Haftung	Nach den Visby-Regeln haftet der Verfrachter mit maximal 666,67 SZR pro Stück bzw. mit maximal 2 SZR pro kg, je nachdem, welcher Betrag höher ist.	
Containerverkehr	Die meisten Stückgüter im Seeverkehr werden heute mit ISO-Containern befördert.	
	Vorteile: • schneller Umschlag • durchgehender Schutz der Güter • geringes Transportrisiko	
	Beförderungsvarianten: • Pier-Pier-Verkehr (LCL-LCL) • Haus-Pier-Verkehr (FCL-LCL) • Pier-Haus-Verkehr (LCL-FCL) • Haus-Haus-Verkehr (FCL-FCL)	

5006494

?

AUFGABEN

1 Ein 20-ft-ISO-Container mit Fahrzeugteilen soll von Rostock nach St. Petersburg per Seeschiff transportiert werden. Nennen Sie drei Gründe, die für den Seetransport des Containers sprechen.

2 Zeigen Sie zwei Gründe auf, die gegen einen Seetransport des Containers sprechen.

3 In der Schiffliste lesen Sie die Abfahrt folgender Schiffstypen: Kühlschiff – Ro/Ro-Schiff – LASM-Schiff. Erläutern Sie, was unter diesen Schiffstypen zu verstehen ist.

4 Der Container (Aufgabe 1) wird auf einem Containerschiff der dritten Generation mit 3 200 TEU verschifft. Was versteht man unter dem Begriff „TEU"?

5 a) Der Container aus Aufgabe 1 wird durch einen „Outsider" nach St. Petersburg transportiert. Wie unterscheidet sich der Outsider von der Konferenzreederei?
b) Der Verfrachter stellt ein Konnossement aus. Erläutern Sie, was man unter einem Konnossement versteht.
c) Bei einem Sturm geht der Container im Gewicht von 15 t verloren. Klären Sie die Haftungsgrundlage und die Höhe der Haftung in diesem Fall.
d) Begründen Sie, ob ein Stückgutfrachtvertrag oder ein Raumfrachtvertrag abgeschlossen wurde.

6 Welche Funktionen hat das Konnossement? Erläutern Sie mindestens drei Funktionen.

7 Warum wird ein B/L mit drei Originalen ausgestellt?

8 5 t Kunststoffgranulat sollen von Rostock nach Helsinki /Finnland verschickt werden. Welchen Containertyp würden Sie wählen? Begründen Sie Ihre Antwort.

9 Warum wurde der Stückgutverkehr in den letzten 40 Jahren vom Containerverkehr fast vollständig abgelöst? Zeigen Sie drei Aspekte auf.

10 Der Container aus Aufgabe 1 wird LCL-FCL nach St. Petersburg transportiert. Zeigen Sie den Transportablauf in diesem Fall auf.

11 Ordnen Sie den Top-10 der weltweiten Containerhäfen die entsprechenden Länder zu. Welches Land hat die meisten Top-10-Containerhäfen?

Die TOP 10 der Weltcontainerhäfen*		2005	2004	2003
1	SINGAPUR	23 192	21 329	18 411
2	HONGKONG	22 427	21 984	20 449
3	SHANGHAI	18 084	14 557	11 281
4	SHENZHEN	16 197	13 655	10 650
5	PUSAN	11 840	11 492	10 408
6	KAOHSIUNG	9 470	9 714	8 843
7	ROTTERDAM	9 287	8 281	7 144
8	**HAMBURG**	**8 088**	**7 003**	**6 138**
9	LOS ANGELES	7 485	7 321	7 179
10	ANTWERPEN	6 488	6 064	5 445
	Summe	132 558	123 400	105 948

* Umschlag in 1 000 TEU

10 | Luftfrachttransporte

SITUATION

Das Steuergerät einer Digitaldruckmaschine im Gewicht von 28 kg mit den Maßen 0,80 m x 0,60 m x 0,40 m im Wert von 8.700,00 € soll als Ersatzteil von Mannheim zum Kunden nach Lissabon/Portugal versandt werden.

1 **Geben Sie drei Gründe dafür an, warum sich der Versandleiter des Druckmaschinenherstellers für den Luftfrachttransport des Ersatzteils entscheidet, obwohl die Transportkosten 15-mal höher liegen als beim Landtransport.**

2 **Welche Gründe sprechen in diesem Fall gegen die Wahl anderer Verkehrsträger für den Transport des Ersatzteils zum Kunden?**

3 **Innerhalb welchen Zeitraums könnte der Kunde das Ersatzteil erhalten?**

4 **Beschreiben Sie den Transportweg des Ersatzteils von Mannheim nach Lissabon/Portugal.**

SACHDARSTELLUNG

10.1 | Gründe für Luftfrachttransporte

- Das Flugzeug bietet **kurze Transportzeiten für wertvolle und leicht verderbliche Güter** zwischen den Kontinenten. Somit können wir in Europa mitten im Winter mit frischen Blumen und Obst aus Südafrika, Australien und Argentinien versorgt werden.
- Vor allem wertvolle Güter und Tiere können mit dem Flugzeug **sicher und schonend** transportiert werden. Das Flugzeug ist das sicherste Verkehrsmittel mit den geringsten Unfallzahlen pro tkm.
- Luftfrachtgüter haben daher sehr **geringe Transportversicherungsprämien.**
- Luftfrachtgüter müssen **nicht** so **aufwändig verpackt** werden wie im Seeverkehr.
- Viele Luftfrachtgesellschaften bieten **regelmäßige Linienverbindungen** mit hoher Taktfrequenz und großer Pünktlichkeit.
- Orte mit **bis zu 12 000 km** Entfernung voneinander können im **Nonstopflug** erreicht werden.
- Ein **dichtes Netz an Flughäfen** ermöglicht weltweite Transporte mit kurzen Vor- und Nachläufen.

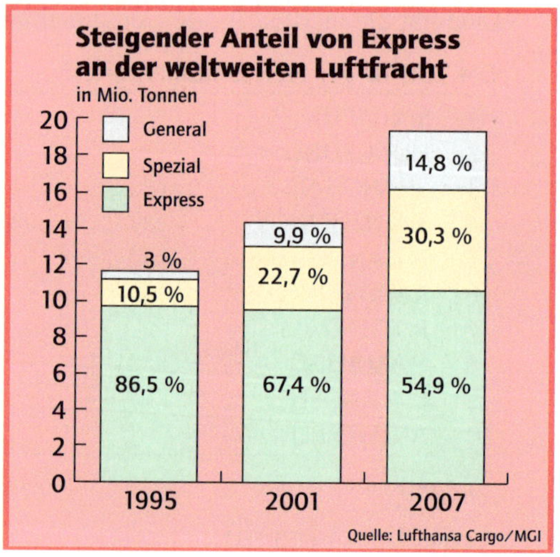

5006496

- Vor allem bei wertvollen Waren können durch die **rasche Lieferung** mit dem Flugzeug die **Lagerbestände reduziert** werden.
- Durch den schnellen Transport verringert sich die Kapitalbindung und der Versender **spart Kapitalkosten.**

Typische Luftfrachtgüter		
Eigenschaft der Güter	**Güterart**	**Beispiele**
eilig (time definite service)	Expressgut/Termingut aktuelle Güter	Ersatzteile Zeitungen, Dokumente, Pläne
verderblich (fresh service)	verderbliche Güter	Blumen, Obst, Gemüse, Frischfisch, Fleisch
hochwertig (safe service)	Hochtechnologiegüter Edelmetalle	Computerteile, Messgeräte, Gold, Platin
hoch empfindlich (smooth service)	Elektronik Tiere Antiquitäten	Güter der Halbleiterindustrie Rennpferde, Zuchttiere, Zierfische, Chinavasen, Gemälde
Gefahrgut (care service)	alle Güter, die nach DGR (Dangerous Goods Regulations) erlaubt sind	Helium, Bakterienkulturen, Säuren, Entwickler, Trockeneis

10.2 | Grenzen für Luftfrachttransporte

- Die **hohen Transportkosten** machen es nur für wertvolle Waren sinnvoll, diese per Flugzeug zu transportieren. Die Frachtkosten per Flugzeug liegen ca. fünfmal höher als im Seetransport.
- Die **Gewichte und das Volumen** sind in der Luftfracht **begrenzt.** Das größte Frachtflugzeug, eine B 747 F, kann bis zu 100 t und 630 m^3 transportieren.
- Die **Umweltbelastung** durch den Flugverkehr ist sehr hoch. Das Flugzeug hat hohe Schadstoffimmissionen und einen hohen Lärmpegel bei den Starts und den Landungen.

10.3 | Technische Mittel im Luftfrachtverkehr

Flugzeuge

Luftfrachtgüter, auch **Cargo** genannt, werden in drei verschiedenen **Flugzeugtypen** befördert:

Frachtflugzeuge	Mixesversions	Passagiermaschinen
Ober- und Unterdeck des Flugzeugs werden zum Cargo-Transport eingesetzt. Als **Quick-Change** werden Passagiermaschinen nachts für den Posttransport umgebaut.	Ein Teil des Passagierdecks wird zum Frachtbereich umgebaut und durch eine eingezogene Wand vom Passagierbereich abgetrennt.	Im Unterdeck von reinen Passagierflugzeugen werden Frachtgüter neben dem Passagiergepäck mitbefördert.
Postflugzeuge KEP-Dienst-Maschinen Cargo-Maschinen, z. B. 747 F	Beispielsweise befördern Flugzeuge im Europa-Afrika-Verkehr nach Kenia und Südafrika Obst, Gemüse, Blumen.	Vor allem Postpakete und Briefsäcke werden in Passagiermaschinen mitbefördert.

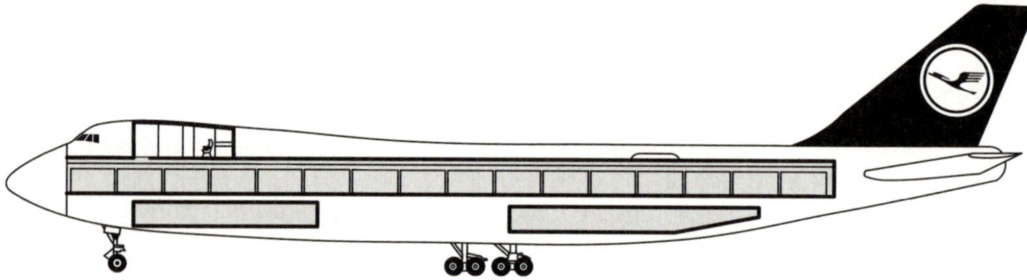

Lademittel im Luftfrachtverkehr

Die Lademittel für den Luftfrachtverkehr müssen so konstruiert sein, dass sie der Form der Flugzeuge angepasst sind. Neben vielen **Spezialbehältern** für Tiere, Kleidung, Thermogut usw. werden **Standardcontainer** eingesetzt. Alle Lademittel werden auf den Verladegeräten und im Flugzeug **auf Rollen horizontal bewegt** und durch Barcodes sowie Abscannen bei der Verladung kontrolliert und erfasst.

5006498

LD3-Container	LD7-Container	10-ft-Container	20-ft-Container	Luftfrachtpalette
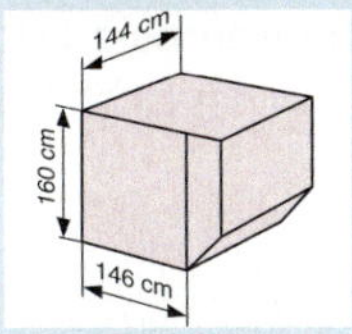	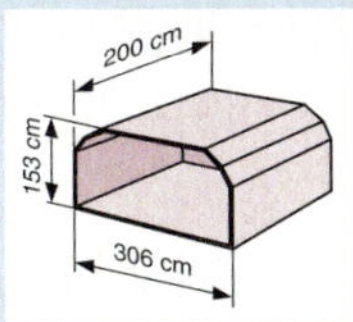	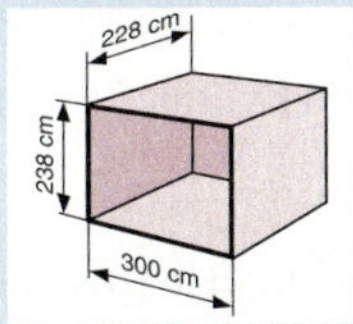	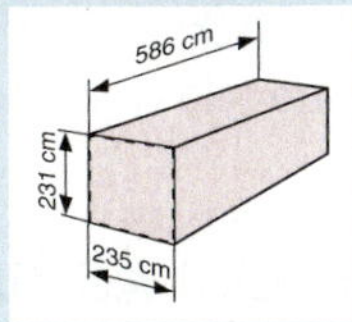	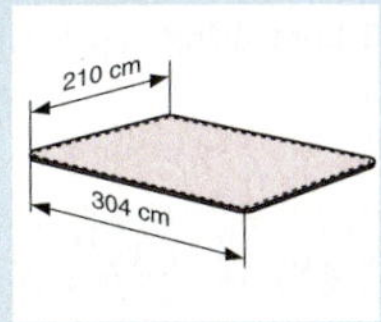
Unterflur-Container aus Leichtmetall, der Flugzeugform angepasst	„Iglu"-Container für das Oberdeck des Frachtflugzeugs	Bungalow-Container für das Oberdeck aus Leichtmetall	Bungalow-Container für das Oberdeck aus Leichtmetall	Flachpalette aus Aluminium mit Verzurrschiene für Netze und Gurte
max. 1 500 kg Zuladung bei 3,8 m^3 Volumen	max. 5 800 kg Zuladung bei 9,5 m^3 Volumen	max. 6 500 kg Zuladung bei 16,2 m^3 Volumen	max. 10 300 kg Zuladung bei 31,8 m^3 Volumen	max. 10 800 kg Zuladung bei max. 162 cm Ladehöhe

Flughäfen

Flugplätze sind nicht nur **Landeplätze** für Flugzeuge, sondern auch **Umschlagplatz** für Güter und Passagiere. Sie sind zudem Außengrenze bei internationalen Flughäfen sowie Wirtschaftsbetriebe mit Ladengeschäften, Restaurants und Hotels. Große Flughäfen wie Frankfurt/M., Paris und Amsterdam sind auch **Drehscheibe** für verschiedene Luftfahrtgesellschaften. Die Luftfahrtgesellschaften zahlen an die Flughafenverwaltungen Start- und Landegebühren für ihre Flugzeuge. Zur organisatorischen Abwicklung des Flugverkehrs wird jeder Flughafen mit einer 3-Buchstaben-Abkürzung gekennzeichnet. Dieser **3-Letter-Code** wird auf allen Frachtpapieren im Luftverkehr aufgeführt.

Deutsche Flughäfen	3-Letter-Code	Weltweite Flughäfen	3-Letter-Code
Frankfurt/M.	**FRA**	Chicago (O´Hare)	**CHI**
München	**MUC**	Los Angeles (International)	**LAX**
Nürnberg	**NUE**	New York	**NYC**
Stuttgart	**STR**	Hongkong	**HKG**
Düsseldorf	**DUS**	Tokio	**TYO**
Köln/Bonn	**CGN**	Singapur	**SIN**
Leipzig	**LEJ**	Amsterdam	**AMS**
Hannover	**HAJ**	Paris	**PAR**
Hamburg	**HAM**	Zürich	**ZRH**
Berlin (Tegel)	**BER**	Warschau	**WAW**

10.4 | Organisation des Luftverkehrs

Im Luftverkehr werden Menschen und Güter national und vor allem international transportiert. Deshalb bestimmen internationale Organisationen und Zusammenschlüsse die Regeln in der Luftfahrt.

ICAO (International Civil Aviation Organization)

Die ICAO ist eine **Unterorganisation der UNO.** In der ICAO haben sich alle Luftfahrt betreibenden Staaten zur Förderung der Luftfahrt, der Sicherheit im Luftverkehr und des internationalen Luftverkehrsrechts zusammengeschlossen.

Zur Sicherheit in der Luftfahrt gehören somit auch die Festlegung von Englisch als internationale Luftverkehrssprache, Sicherheitsvorschriften und die gegenseitige Zusicherung von Verkehrsrechten, den **fünf Freiheiten der Luft.**

1. Freiheit	**Überflugsrecht** Jeder Vertragsstaat darf das Land eines anderen Vertragsstaates überfliegen. Beispiel: Flug von Budapest/Ungarn nach Frankfurt/M. – hierbei darf Österreich auf dem Weg von Ungarn nach Deutschland überflogen werden.	
2. Freiheit	Recht auf **Zwischenlandung** für nichtgewerbliche Zwecke, Beispiel: Notfall oder Auftanken, darf in einem Vertragsstaat zwischengelandet werden. Beispiel: Flug von Budapest/Ungarn nach Frankfurt/M. – hierbei darf in Österreich zur Behebung eines Triebwerkschadens zwischengelandet werden.	
3. Freiheit	Gewerbliches **Hinflug-Transportrecht** vom Heimatstaat in den Staat des Vertragspartners. Beispiel: Hinflug von Frankfurt/M. nach Budapest/Ungarn mit Passagieren und Fracht.	

4. Freiheit	Gewerbliches **Rückflug-Transportrecht** vom Staat des Vertragspartners in den Heimatstaat. Beispiel: Rückflug von Budapest/Ungarn nach Frankfurt/M. mit Passagieren und Fracht (die 3. und 4. Freiheit werden als **Nachbarschaftsverkehr** bezeichnet).	
5. Freiheit	Gewerbliches **Drittland-Transportrecht:** Die Luftfahrtgesellschaft erhält das Recht, Fluggäste, Fracht und Post von und nach einem dritten Staat zu befördern. Beispiel: Auf dem Transport nach Budapest landet das Flugzeug von Frankfurt/M. kommend in Wien, gibt Post ab und nimmt Fracht nach Budapest/Ungarn mit.	

Luftfahrtgesellschaften

Mit der Globalisierung Ende des 20. Jahrhunderts wurden die meisten staatlichen Fluggesellschaften in Aktiengesellschaften umgewandelt. Um international wettbewerbsfähig zu bleiben, schließen sich immer mehr Luftfahrtgesellschaften zu **Luftallianzen** zusammen. Die wichtigsten sind Oneworld, Skyteam und die Star Alliance. Die Star Alliance, der auch die Lufthansa angehört, ist dabei mit 16 Gesellschaften, 2 100 Flugzeugen, 300 Mio. Passagieren und 700 Flughäfen in 128 Ländern die größte Allianz. In der papiermäßigen Abwicklung des Luftverkehrs werden die Luftfahrtgesellschaften mit einem **2-Letter-Code** gekennzeichnet. Die Lufthansa hat den Code „LH", die United Airlines „UA" und die British Airlines „BA". Die meisten privatwirtschaftlichen Fluggesellschaften sind Mitglied der IATA.

IATA (**I**nternational **A**ir **T**ransport **O**rganisation)

Die IATA ist ein **privatrechtlicher Zusammenschluss** von Luftfahrtgesellschaften. Die wichtigsten **Aufgaben der IATA** sind:

- Unterstützung der Kooperation zwischen den Fluggesellschaften,
- Interessenvertretung der Fluggesellschaften bei internationalen Organisationen,
- Festlegung einheitli. Tarife und Beförderungsbedingungen, einschließl. des Haftungsumfangs,
- Vereinheitlichung der Dokumente, wie z. B. der Flugscheine.

Durch die Einteilung der Erde in drei Konferenzgebiete (Nord-Süd-Amerika, Europa – Afrika, Asien – Ozeanien) versucht die IATFA, Luftfahrtprobleme regional zu lösen.

10.5 | Abschluss und Abwicklung des Luftfrachtvertrags

Vertragsgrundlagen: Im Luftfrachtverkehr gelten national und international vielschichtige Rechtsgrundlagen in unterschiedlicher Rangfolge bei der Anwendung:

Rang	**Deutsches Luftverkehrsrecht**	Rang	**Internationales Luftverkehrsrecht**
1	einzelvertragliche Regelungen	1	Warschauer Abkommen bzw. Haager Protokoll
2	AGB der Luftfahrtgesellschaft (meist IATA-Bedingungen)	2	IATA-Beförderungsbedingungen
3	Handelsgesetzbuch (HGB)	3	einzelvertragliche Regelungen
		4	nationales Recht des Bestimmungslandes

Vertragsabschluss: Durch die internationale Ausrichtung des Luftverkehrs sind englische Bezeichnungen beim Vertragsabschluss vorherrschend. Beim Vertragsabschluss wird zwischen dem **Direktvertrag** und der **Luftfracht-Sammelladung** unterschieden.

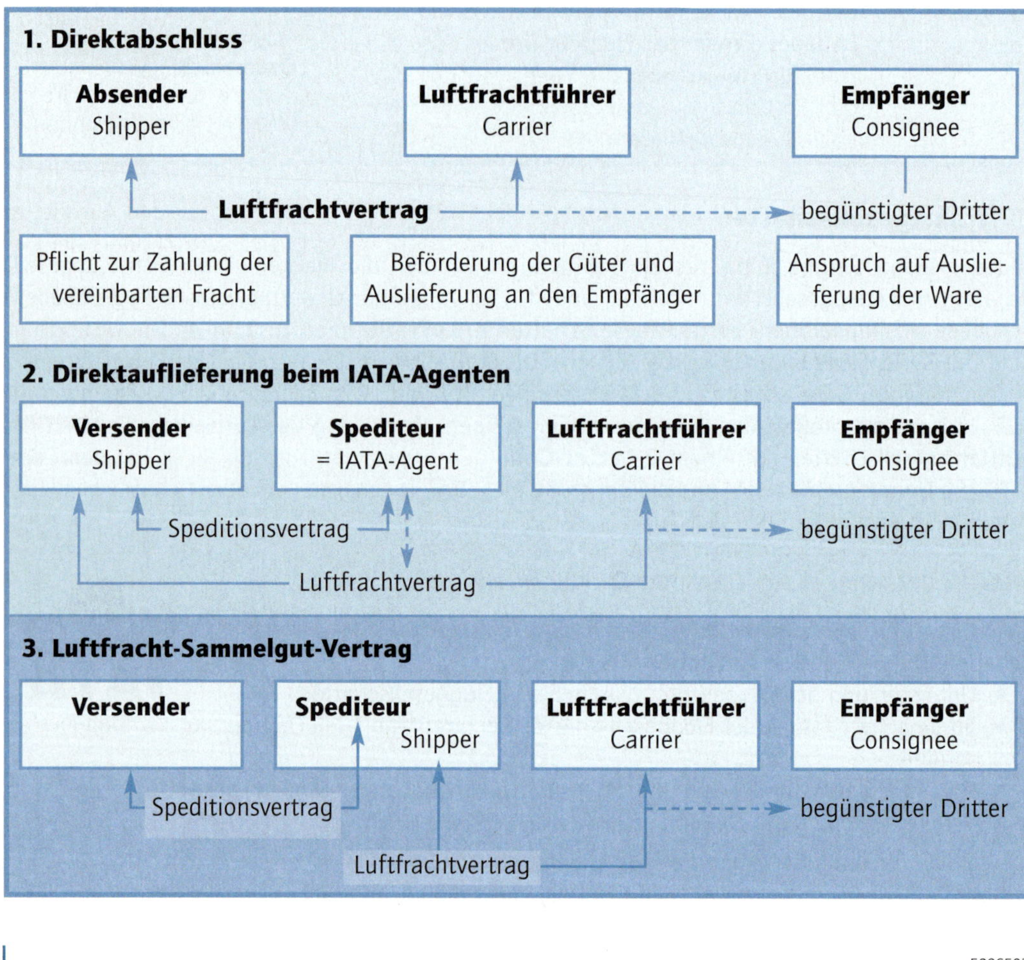

5006502

Luftfrachtbrief

Auf Basis des Luftfrachtvertrags wird ein Luftfrachtbrief ausgestellt. Der Luftfrachtbrief heißt international **„Air Waybill" (AWB).** Nach WAK und HGB ist der Frachtbrief vom Absender auszustellen und mit dem Gut an den Carrier zu übergeben.

Der Luftfrachtbrief besteht aus **drei Originalen** und beliebig vielen Kopien:
- erstes Original: Luftverkehrsgesellschaft (First Carrier)
- zweites Original: Empfänger (Consignee)
- drittes Original: Absender (Shipper), gilt als Verfügungspapier für nachträgliche Verfügungen

Warschauer Abkommen Artikel 6

(1) Der Luftfrachtbrief wird vom Absender in drei Ausfertigungen ausgestellt und mit dem Gute ausgehändigt.

(2) Das erste Stück trägt den Vermerk „für den Luftfrachtführer"; es wird vom Absender unterzeichnet. Das zweite Stück trägt den Vermerk „für den Empfänger"; es wird vom Absender und dem Luftfrachtführer unterzeichnet und begleitet das Gut. Das dritte Stück wird vom Luftfrachtführer unterzeichnet und nach Annahme des Gutes dem Absender ausgehändigt.

(3) Der Luftfrachtführer muss vor der Verladung des Gutes in das Luftfahrzeug unterzeichnen.

In der Versandpraxis stellt der IATA-Agent bzw. Spediteur den Luftfrachtbrief für den Auftraggeber aus. Jedoch verbleibt die Verantwortung für den Inhalt des Frachtbriefs, besonders bei Gefahrgut, immer beim Auftraggeber (Urversender).

Der **AWB** erfüllt folgende **Funktionen:**
- **Warenbegleitpapier** (aber **kein** Warenwertpapier),
- **Empfangsbescheinigung** des Carriers (dient meist zur **Frachtabrechnung** des Carriers),
- **Versandanweisung** für die Behandlung der Güter, das dritte Original ist auch ein **Sperrpapier**,
- **Gestellungsverzeichnis** für die Zollverwaltung,
- **Versicherungsschein,** wenn Versicherung vereinbart,
- **Auslieferungsbestätigung** des Carriers am Zielort.

Bei Sammelgutsendungen im Luftfrachtverkehr stellt der Luftfracht-Sammelgutspediteur (Consolidator) einen hauseigenen Luftfrachtbrief **(House-AWB)** für jede Sendung aus. Er selbst erhält dann vom Luftfrachtführer (Carrier) einen **Master-AWB** für die Gesamtsendung.

In einer Ladeliste, dem Cargo-Manifest, werden dann sämtliche Einzelsendungen mit den jeweiligen Frankaturen aufgeführt.

PRAXISFALL

Die Schmidt GmbH, Medizintechnik, Waldstr. 33, 74076 Heilbronn, schickt eine Sendung medizinische Instrumente im Gewicht von 12,2 kg mit den Maßen 70 cm x 40 cm x 40 cm nach Australien. Als Empfänger wird die Bank eingetragen, welche die Zahlung abwickelt:
Barclays Bank, 7th South Street, Sydney N.S.W/Australia, 4810690

Mit der Abwicklung wird beauftragt: Schnelltransport KG Stuttgart Airport als IATA-Agent mit der IATA-Code-Nr. 23-2-6789, Konto 98765.
Weg der Sendung: von Stuttgart (STR) über Frankfurt (FRA) nach Sydney (SYD),
Flug Nr. LH 744/19, LH 690/20.
Notadresse (notify): der tatsächliche Empfänger der Sendung, A. Stamford P.O. Box 8765, Woodville N.S.W./Australia.
Währung Euro – coll (= unfrei) – Transportwert 1.300,00 € – Zollwert 300,00 € – Höhe der Versicherung 1.500,00 €.
Markierung: ST No 38 – Handelsrechnung (commercial Invoice) 3fach – Packliste (packing list) 3fach.
Luftfrachtrate N = 56,60 € – Frankatur: ex works (EXW) – Wertzuschlag 6,50 €.
Nebenkosten zugunsten des Agenten: AWB-fee 10,00 € – Abfertigung 7,25 € – Rollgeld 12,75 € – sonstige Nebenkosten 45,00 €.
Nebenkosten des Carriers: Versicherungsprämie 2,6 ‰ von 1.500,00 €, mind. 10,00 €, Nachnahmegebühr (disbursement fee) 12,00 €.
Ort und Tag der Ausstellung: Stuttgart, ..-03-18.

Haftung des Luftfrachtführers

Für **innerdeutsche Flüge** haftet der Luftfrachtführer nach **HGB** für Verlust, Beschädigung, Lieferfristüberschreitung, sonstige Vermögensschäden und Nachnahmefehler. Die HGB-Haftung ist eine **Gefährdungshaftung,** bei welcher der Frachtführer in jedem Fall haftet. In der Regel wird jedoch die Haftung in den Allgemeinen Geschäftsbedingungen der Luftfahrtgesellschaften so geregelt, dass die Haftungshöhe im innerdeutschen und im internationalen Luftverkehr gleich geregelt ist.

PRAXISFALL

Die Lusthansa-Cargo haftet auch auf innerdeutschen Strecken mit max. 27,35 €/kg, brutto, wie auch auf den Auslandsstrecken. Dies ist möglich, weil das HGB eine vertragliche Haftungsregelung in einem Korridor von 2 SZR bis 40 SZR zulässt und die Regelhaftung von max. 8,33 SZR/kg überschritten werden darf. Wird bei einem innerdeutschen Lufttransport mit der Lufthansa eine Sendung im Wert von 820,00 € und einem Gewicht von 32 kg total beschädigt, beträgt die Höchsthaftung nach LH-AGB: 32 kg · 27,35 € = 847,85 €.
Der Schaden kann somit vollständig ersetzt werden.

Im **internationalen Luftverkehr** gelten die Regeln des **Warschauer Abkommens** zwingend. Hier haftet der Luftfrachtführer nur für Verschulden. Dabei kann sich der Luftfrachtführer von der

5006504

220 1 8231 3022

Shipper's Name and Address
Schmidt GmbH
Waldstraße 33
D-74076 Heilbronn

Shipper's Account Number

Not Negotiable
Air Waybill
Issued by

Copies 1, 2 and 3 of this Air Waybill are originals and have the same validity.

Consignee's Name and Address
Basclago Bank
3th South Street
Sydney N.S.W.
Australien Phone 4810690

Consignee's Account Number

It is agreed that the goods described herein are accepted in apparent good order and condition (except as noted) for carriage SUBJECT TO THE CONDITIONS OF CONTRACT ON THE REVERSE HEREOF. ALL GOODS MAY BE CARRIED BY ANY OTHER MEANS INCLUDING ROAD OR ANY OTHER CARRIER UNLESS SPECIFIC CONTRARY INSTRUCTIONS ARE GIVEN HEREON BY THE SHIPPER, AND SHIPPER AGREES THAT THE SHIPMENT MAY BE CARRIED VIA INTERMEDIATE STOPPING PLACES WHICH THE CARRIER DEEMS APPROPRIATE. THE SHIPPER'S ATTENTION IS DRAWN TO THE NOTICE CONCERNING CARRIER'S LIMITATION OF LIABILITY. Shipper may increase such limitation of liability by declaring a higher value for carriage and paying a supplemental charge if required.

Issuing Carrier's Agent Name and City
Schnelltransport KG
Stuttgart-Airport

Accounting Information
Notify: A. Stannford
P.O. BOX 8765
Woodvielle N.S.W.
Australia

Agent's IATA Code: 23 - 2 - 6789
Account No.: 98765

Airport of Departure (Addr. of First Carrier) and Requested Routing
Stuttgart - FRA - SYD

Reference Number
Optional Shipping Information

To	By First Carrier (Routing and Destination)	to	by	to	by	Currency	CHGS Code	WT/VAL PPD	WT/VAL COLL	Other PPD	Other COLL	Declared Value for Carriage	Declared Value for Customs
FRA	LH	SYD	LH			EUR			X		X	1.300,00	300,00

Airport of Destination	Requested Flight/Date		Amount of Insurance	INSURANCE - If carrier offers insurance, and such insurance is requested in accordance with the conditions thereof, indicate amount to be insured in figures in box marked "Amount of Insurance".
Sydney N.S.W.	LH744/19	LH690/20	1.500,00	

Handling Information
St No. 38 (marks) 1 custom
Comm. Ino. 3x packing list 3x

SCI

No. of Pieces RCP	Gross Weight	kg/lb	Rate Class / Commodity Item No.	Chargeable Weight	Rate / Charge	Total	Nature and Quantity of Goods (incl. Dimensions or Volume)
1	12,2	k		19	56,60	1.075,50	1 carton mech. instruments 70 x 40 x 40 cm / 6000 = 18,6 kg = 19,0 kg

Prepaid	Weight Charge	Collect	Other Charges
		1.075,40	AWB-fee 10,00 Abfert. 7,25 Rollgeld 12,75 sonst. Kosten 45,00
	Valuation Charge	6,50	insurance 10,00 disb. fee 15,00
	Tax		
	Total Other Charges Due Agent	75,00	
	Total Other Charges Due Carrier	22,00	

Shipper certifies that the particulars on the face hereof are correct and that **insofar as any part of the consignment contains dangerous goods, such part is properly described by name and is in proper condition for carriage by air according to the applicable Dangerous Goods Regulations.**

Schnelltransport KG *Maier*
Signature of Shipper or his Agent

Total Prepaid	Total Collect
	1.178,90
Currency Conversion Rates	CC Charges in Dest. Currency

20..-03-18 Stuttgart *Maier*
Executed on (date) at (place) Signature of Issuing Carrier or its Agent

For Carrier's Use only at Destination	Charges at Destination	Total Collect Charges

ORIGINAL 3 (FOR SHIPPER)

Haftung befreien, wenn er nachweist, dass ihn kein Verschulden trifft. Diese **Verschuldenshaftung** mit umgekehrter Beweislast ist durch das Warschauer Abkommen Artikel 20 Abs. 1 geregelt.

Der Luftfrachtführer haftet für **Sachschäden** wie Warenwert, Frachtkosten und sonstige Kosten bis zum Bestimmungsflughafen. **Vermögensschäden** werden nur bei Verspätungen ersetzt, wenn direkte Folgekosten, wie z. B. Produktionsausfall, nachgewiesen werden können.

> Die **Höchsthaftung** des Luftfrachtführers beträgt nach den Regeln des Warschauer Abkommens **maximal 27,35 €/kg,** brutto.

Für die folgenden Schäden muss der Luftfrachtführer **nicht haften:**
- Schäden, die durch staatliche Anordnungen entstehen, wie z. B. Landeverbote,
- Beschaffenheitsschäden an der Ware, wie z. B. verwelktes Gemüse,
- Schäden, die der Absender oder der Empfänger verschuldet hat, wie z. B. falsche Frachtbriefangaben,
- Schäden an Tieren, die durch diese selbst bzw. durch andere Tiere entstanden sind.

Beschädigungen und Verluste sind in der Regel innerhalb von sieben Tagen und Verspätungsschäden innerhalb von 14 Tagen dem Luftfrachtführer zu melden. Eine Sendung gilt dann als verloren, wenn diese nicht spätestens sieben Tage nach dem vorgesehenen Frachtbriefdatum ausgeliefert worden ist.

10.6 | Gefahrguttransporte im Luftverkehr

Grundlage für die Abwicklung von Gefahrgutsendungen im Luftverkehr sind die IATA-**Dangerous-Goods-Regulations (DGR).** Die DGR basieren auf den ICAO – „Technical Instructions for the Safe Transport of Dangerous Goods". In Deutschland, wie in vielen anderen Staaten, sind die DGR nationales Recht und zur Anwendung bei Gefahrguttransporten im Luftverkehr vorgeschrieben.

In den DGR findet sich auch ein Verzeichnis von Gefahrgütern, die für den Lufttransport nicht zugelassen sind, wie z. B. Phosphor und Azetylen. Die Gefahrgüter werden gemäß der bekannten UN-Klassifizierung in **neun Gefahrgutklassen** eingeteilt. Gefahrgutsendungen müssen mit den entsprechenden **DGR-Gefahrgutlabeln** versehen werden.

Klasse 1	**Klasse 2**	**Klasse 3**	**Klasse 4**	**Klasse 5**
Explosivstoffe	Gase	entzündliche Flüssigkeiten	entzündliche Stoffe	entzündend wirkende Stoffe

Klasse 6	Klasse 7	Klasse 8	Klasse 9
giftige, ansteckende Stoffe	radioaktive Mineralien	ätzende Stoffe	versch. gefährl. Stoffe
			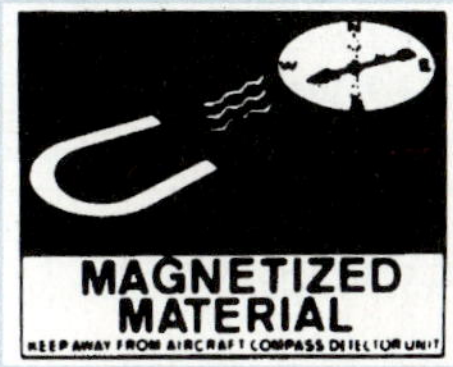

Wird Gefahrgut verschickt, muss der Absender (Shipper) dem AWB noch eine **„Shipper's Declaration for Dangerous Goods"** beifügen. Der Absender ist für den Inhalt in dieser Erklärung verantwortlich und unterzeichnet daher diese Erklärung selbst. In den IATA-Gefahrgutvorschriften findet sich die **„richtige Versandbezeichnung"** der Gefahrgüter. Diese besteht aus der UN-Nummer sowie der richtigen Versandbezeichnung in Deutsch und Englisch. Sie muss außen auf der Verpackung angebracht sein und wird auch in der „Declaration for Dangerous Goods" eingetragen.

In der IATA-**Gefahrgutliste** findet man auch die Verpackungsvorschriften, die Behandlungshinweise und die Höchstmengen für den Lufttransport. In den **DGR** werden auch die einzelnen **Verpackungsvorschriften für Gefahrgüter** aufgeführt. Dabei wird zwischen deren Innenverpackung und der Außenverpackung unterschieden.

- **Innenverpackung:** Verpackung wie Steingut, Glas, Kunststoff, Dosen Schachteln usw., die eine Außenverpackung erfordern. Die UN-Nummer dazu beginnt immer mit der Buchstabenkombination „IP".
- **Außenverpackung:** Verpackung wie Stahltrommeln, Aluminiumtrommeln, Naturholzkisten, Kartons und Kunststoffkisten, die als Schutz für die Innenverpackung vorgeschrieben sind.

Der Verpackungscode auf der Verpackung gibt Auskunft über deren Art und Eigenschaften.

***Beispiel** eines UN-Verpackungscodes:*

U **n** 1 B / Z 50 / S / 03 F-Thyssen BVT 123456	UN	= geprüfte Verpackung
	1	= Trommel
	B	= Aluminium
	Z	= Verpackungsgruppe
	50	= geprüftes Bruttogewicht
	S	= solid (fest)
	03	= Herstellungsjahr 2003
	Thyssen	= Hersteller
	BVT	= Prüfgesellschaft
	123456	= Registriernummer

Der IATA-Agent hat fachkundiges Personal, das die Gefahrgutsendung vor der Übergabe an den Carrier auf die Einhaltung der DGR nochmals überprüft. Die letzte Verantwortung bleibt aber beim Absender.

SHIPPER'S DECLARATION FOR DANGEROUS GOODS

Shipper	
Farbwerke AG Industriestraße 2 D-12345 Chemiestadt	Air Waybill No. 220 - 8234 - 5678 Page 1 of 1 Pages Shipper's Reference Number (optional) Inv. No. 2005/89
Consignee Quimica Do Brasil LTDA Rua Lisboa 35 Sao Paulo / Brazil	Lufthansa Cargo
Two completed and signed copies of this Declaration must be handed to the operator	**WARNING** Failure to comply in all respects with the applicable Dangerous Goods Regulations may be in breach of the applicable law, subject to legal penalties. This Declaration must not, in any circumstances, be completed and/or signed by a consolidator, a forwarder or an IATA cargo agent.

TRANSPORT DETAILS

This shipment is within the limitations prescribed for (delete non applicable)	Airport of Departure
PASSENGER AND CARGO AIRCRAFT / CARGO AIRCRAFT ONLY	FRA

Airport of Destination Sao Paulo-Viracopos

Shipment type (delete non applicable) NON-RADIOACTIVE / RADIOACTIVE

NATURE AND QUANTITY OF DANGEROUS GOODS *(see sub-Section 8.1 of IATA Dangerous Goods Regulations)*

Dangerous Goods Identification							
Proper Shipping Name	Class or Division	UN or ID No.	Packing Group	Subsidiary Risk	Quantity and type of packing	Packing Inst.	Authorization
Lacksprühdosen Flamable Liquids	2.1	1950	II	-	4 EW-Pal-984 kg	620, II	

Additional Handling Information

I hereby declare that the contents of this consignment are fully and accurately described above by the proper shipping name and are classified, packaged, marked and labelled, placarded and are in all respects in proper condition for transport according to applicable International and National governmental Regulations.	Name/Title of Signatory Becker (Headclerk) Place and Date Chemiestadt 20..-07-14 Signature (see warning above) Becker

Form 1836 O-94 (FRA FV 1) Printed in Germany

ZUSAMMENFASSUNG

Beurteilung	**Vorteile**	**Nachteile**
	• kurze Transportzeiten • sicherer Transport • dichtes Flughafennetz	• hohe Transportkosten • Gewichtsgrenzen • Volumengrenzen
Eigenschaften typischer Luftfrachtgüter	hochwertig	eilig
	verderblich	hochempfindlich
Flugzeugtypen	• spezielle Frachtflugzeuge • Passagiermaschinen • Mixed Versions	
Lademittel	LD-Container, die der Flugzeugform angepasst sind	
ICAO	Unterorganisation der UN, zuständig für die Förderung des Luftverkehrs und der Sicherheit. Das internationale Verkehrsrecht der ICAO-Mitgliedsstaaten regelt die fünf Freiheiten der Luft.	
IATA	privatrechtlicher Zusammenschluss von Luftfahrtgesellschaften zur Interessenvertretung, Festlegung von einheitlichen Tarifen und Dokumenten	
Luftfrachtvertrag	Beim Abschluss muss zwischen nationalem Recht (zum Beispiel HGB) und internationalen Vertragsgrundlagen (zum Beispiel das Warschauer Abkommen) unterschieden werden.	
Luftfrachtbrief (AWB)	• wird auf Basis des Luftfrachtvertrages ausgestellt • ist ein reines Warenbegleitpapier, eine Empfangsbescheinigung des Carriers, dient zur Frachtabrechnung und ist eine Auslieferungsbescheinigung des Carriers am Zielort	
Haftung	des Luftfrachtführers im internationalen Verkehr für Verlust und Beschädigung: maximal 27,35 Euro/kg; im nationalen Verkehr gilt die HGB-Haftung	
Dangerous Goods Regulations (DGR) der IATA	• regeln weltweit den Gefahrgutversand in der Luftfracht und enthalten Vorschriften zur Verpackung von Gefahrgut • bei Gefahrgutsendungen hat der Absender der Sendung eine Shipper's Declaration for Dangerous Goods beizulegen, die er persönlich unterschrieben hat	

? AUFGABEN

1 Zeigen Sie an zwei Versandbeispielen (evtl. aus Ihrem Ausbildungsbetrieb) den sinnvollen Einsatz der Luftfracht im Warenversand.

2 Nennen Sie drei Fälle, bei denen der Einsatz der Luftfracht nicht sinnvoll ist.

3 Erstellen Sie eine Liste mit Gütern aus Ihrem Ausbildungsbetrieb, die für den Luftfrachttransport geeignet sind. In eine zweite Spalte schreiben Sie dann eine Kurzbegründung zu jedem Gut.

4 Eine Sendung mit einem Volumen von 1,3 m^3 und einem Gewicht von 1 640 kg soll per Luftfracht zum Kunden versandt werden. Begründen Sie, ob ein LD3-Container für diesen Transport geeignet wäre.

5 Ermitteln Sie die 3-Letter-Codes der zwei nächstliegenden internationalen Flughäfen.

6 a) Was versteht man unter der „ICAO"?
b) Welche drei Aufgaben erfüllt die ICAO im internationalen Luftverkehr?

7 Beschreiben Sie die fünf Freiheiten der Luft im internationalen Luftverkehr.

8 a) Wie unterscheidet sich die IATA von der ICAO?
b) Welche drei Aufgaben erfüllt die IATA für ihre Mitglieder?

9 Welche Bedeutung hat die Abkürzung „LH", die Sie in einem Luftfrachtbrief lesen?

10 Beschreiben Sie den Abschluss eines Luftfrachtvertrags und verwenden Sie dabei die englischen Begriffe für die einzelnen Vertragspartner.

11 a) Welche Vertragsgrundlagen gelten für den Abschluss eines Luftfrachtvertrags von Frankfurt/M. nach Sydney N.S.W./Australien mit der Lufthansa?
b) Wer erhält jeweils eines der Originale des Luftfrachtbriefs und wer stellt ihn aus?
c) Erläutern Sie drei wichtige Funktionen des Luftfrachtbriefs.
d) Unterscheiden Sie zwischen einem „House-AWB" und einem „Master-AWB".

12 a) Eine Sendung im Gewicht von 10 kg geht auf dem Lufttransport von Rostock nach München verloren. Klären Sie die Haftung.
b) Eine Sendung im Gewicht von 50 kg geht auf dem Lufttransport von München nach Sydney N.S.W./Australien verloren. Klären Sie die Haftungsgrundlagen und die Haftungshöhe des Luftfrachtführers in diesem Fall.
c) Zeigen Sie zwei Fälle auf, bei denen der Frachtführer bei internationalen Luftfrachttransporten nicht haften muss.

13 a) Welche Rechtsgrundlagen müssen bei internationalen Luftfrachttransporten von Gefahrgütern beachtet werden?
b) Unterscheiden Sie zwischen Innenverpackung und Außenverpackung bei der Verpackung von Gefahrgütern für die Luftfracht.

11 | Grundlagen des Außenhandels

SITUATION

1 Bearbeiten Sie die Aussagen des Bild-Diagramms „Partner im Außenhandel" in Partnerarbeit.
   a) Welchen Sachverhalt beschreibt das Bild-Diagramm „Partner im Außenhandel"?
   b) Welches sind die drei größten Kunden Deutschlands aus der Europäischen Union (EU)?
   c) Welches sind unsere drei größten Lieferanten aus der EU?
   d) Erstellen Sie eine Rangliste der Kunden und Lieferanten Deutschlands außerhalb der EU aus dem Diagramm.

2 Aus welchen Ländern kommen die ausländischen Kunden und Lieferanten Ihres Ausbildungsbetriebs?

SACHDARSTELLUNG

11.1 | Formen und Rechtsgrundlagen des Außenhandels

Der Außenhandel ist für Deutschland **Basis des Wohlstands.** Ungefähr ein Drittel des deutschen Bruttosozialprodukts wird exportiert. Als rohstoffarmes Land ist Deutschland aber auch auf Importe angewiesen. Deutschland ist nach den USA die zweitgrößte Außenhandelsnation der Erde. Fast 60 % des deutschen Außenhandels wird mit den übrigen EU-Staaten abgewickelt.

Im deutschen Außenhandel kann man drei **Grundformen** unterscheiden:

1. **Innergemeinschaftlicher Handel (EU-Intra-Handel):** Da die Europäische Union eine Zollunion ist, herrscht innerhalb der EU freier Waren- und Dienstleistungsverkehr. Im Intra-Handel unterscheidet man daher zwischen der **Versendung** von Waren in einen anderen EU-Staat und dem **Eingang** von Waren aus einem anderen EU-Staat.

2. **Warenverkehr zwischen der EU und Drittländern (Extra-Handel):** Werden Waren aus der EU in ein Drittland „verbracht", spricht man von **Export oder Ausfuhr.** Kommen Waren aus einem Drittland in die EU, spricht man von **Import oder Einfuhr.** In beiden Fällen gilt dann das EU-Zollrecht.

3. **Transit-Warenverkehr (Durchfuhr):** Beförderung von Waren aus Drittländern durch die EU in andere Drittländer, ohne dass diese Waren in den Wirtschaftsverkehr der EU gelangen. Werden z. B. Werkzeuge aus der Schweiz über Deutschland und Dänemark nach Norwegen transportiert, spricht man von Transit.

Die **rechtlichen Grundlagen** für den Außenhandel gliedern sich in

- **internationales Recht,**
- **EU-Recht,**
- **nationales deutsches Recht.**

Außenhandelsrecht		
internationales Recht	**EU-Recht**	**deutsches Recht**
WTO (World Trade Organization) Die Welthandelsorganisation zielt auf die weltweite Beseitigung von Zoll- und Handelshemmnissen ab und soll einen gerechten Welthandel ermöglichen.	**EU-Zollrecht** Da die EU eine Zollunion ist, gelten alle EU-Verordnungen zum Zollrecht in allen Mitgliedsstaaten. So gilt im Bereich des internationalen Warenverkehrs der **Zollkodex der Gemeinschaften.**	**Außenwirtschaftsgesetz** (AWG) Grundsatz: freier Waren-, Dienstleistungs-, Kapital- und Zahlungsverkehr mit anderen Ländern. **Ausfuhrliste/Einfuhrliste:** Verbot oder Beschränkung v. Einfuhr und Ausfuhr bestimmter Güter, wie Kriegswaffen, Munition, Uran usw.
Washingtoner Artenschutzabkommen Handelsverbot von bedrohten Tieren und Produkten aus diesen Tieren (z. B. Elfenbein)	**internationale Abkommen** der EU sollen für bestimmte Länder den Handel mit der EU erleichtern, wie z. B. Präferenzabkommen mit Entwicklungsländern.	**nationale Zollvorschriften** • Abgabenordnung (AO), z. B. Einfuhrumsatzsteuer, Tabaksteuer, Zoll • Zollverwaltungsgesetz • Zollverordnung

5006512

Auf Grundlage des Außenwirtschaftsgesetzes werden in der **Außenwirtschaftsverordnung (AWV)** die einzelnen Verbote und Genehmigungspflichten für Exportwaren geregelt. Im Abschnitt A, der Liste für Waffen und Rüstungsmaterial, und im Abschnitt B, der Liste sonstiger Güter, werden die Ausfuhrverbote eindeutig geregelt. Hier gilt dann auch das Kriegswaffenkontrollgesetz. Im **Abschnitt C** sind die Güter mit doppeltem Verwendungszweck aufgeführt. Bei Ausfuhr dieser Güter muss unbedingt im Vorfeld der Vertragsverhandlungen geklärt werden, ob diese Güter in den jeweiligen Empfängerstaat exportiert werden dürfen. Verstöße gegen die AWV können mit Geldstrafen oder Gefängnis geahndet werden.

Ausfuhrliste	
Abschnitt C	gemeinsame Warenliste der Europäischen Union für Güter mit doppeltem Verwendungszweck
Besonderheiten bei Abschnitt C	**Abschnitt C enthält** ein fünfstelliges **Nummerierungssystem,** das aus drei Elementen besteht. Die erste Stelle bezeichnet die **Kategorie,** die zweite Stelle die **Gattung** (Buchstaben A–E) innerhalb jeder Kategorie und die drei letzten Stellen die **Kennung** innerhalb der Gattung (Ziffern 001–999). Innerhalb der Kennung bezeichnet die erste Ziffer den Ursprung der Ausfuhrkontrolle und die beiden letzten Ziffern die Art der Ware. Gleiche Endziffern weisen auf gleichartige Waren hin.
Kategorien (Waren und Technologiebereiche)	**0** kerntechnische Materialien, Anlagen und Ausrüstung **1** Hochleistungswerkstoffe **2** Werkstoffbearbeitung **3** allgemeine Elektronik **4** Rechner **5** Telekommunikation (Teil 1) und Informationssicherheit (Teil 2) **6** Sensoren und Laser **7** Luftfahrtelektronik und Navigation **8** Meeres- und Schiffstechnik **9** Antriebssysteme, Raumfahrzeuge und zugehörige Ausrüstung
Gattungen	**A** Ausrüstung, Baugruppen und Bestandteile **B** Prüf-, Test- und Herstellungseinrichtungen **C** Werkstoffe und Materialien **D** Datenverarbeitungsprogramme (Software) **E** Technologien
Kennungen	**001–099** strategische Kontrolle der Gemeinschaft **101–199** MTCR – Trägertechnologie (Dual-Use) **201–299** NSG – Nukleartechnologie (Dual-Use) **301–399** (australische Gruppe) **401–899** (reserviert) **901–999** nationale Kontrollen

Grundbegriffe des Zollrechts	
Zollanschlüsse	Gebiete, die per Staatsvertrag dem deutschen Zollgebiet angeschlossen sind, z. B. Kleines Walsertal, Jungholz/Tirol.
Zollausschlüsse	Gebiete, die per Staatsvertrag aus dem deutschen Zollgebiet ausgegliedert sind, z. B. Büsingen/Baden zur Schweiz.
Zollfreigebiete (Freizonen)	– Insel Helgoland – vom deutschen Zollgebiet ausgeschlossene Teile: • Freihäfen, z. B. Bremerhaven, Bremen, Hamburg, Kiel, Rostock, Duisburg • Strandlinie (Watten) an der Küste • deutsche Schiffe/Flugzeuge in Gebieten, die zu keinem Zollgebiet gehören = **Zollausland,** d. h., hier gelten die zollrechtlichen Vorschriften nicht.
Zollgrenzbezirk	15-km-Zone landeinwärts zur Sicherung der Zollgrenze – grenzmäßige Kontrollen sind hier jederzeit möglich.
Zollgut	in das Zollgebiet eingeführte „Nichtgemeinschaftsware", die sich noch in einem Zollverkehr befindet
Freigut	Waren, die in das Zollinland abgefertigt sind
Gestellungszwang	Zollgut muss unverzüglich und unverändert der zuständigen Zollstelle vom Gestellungspflichtigen gestellt (angemeldet) werden.
Ausfuhrzollstelle	Zollstelle des Versandortes
Ausgangszollstelle	Zollstelle an der EU-Grenze

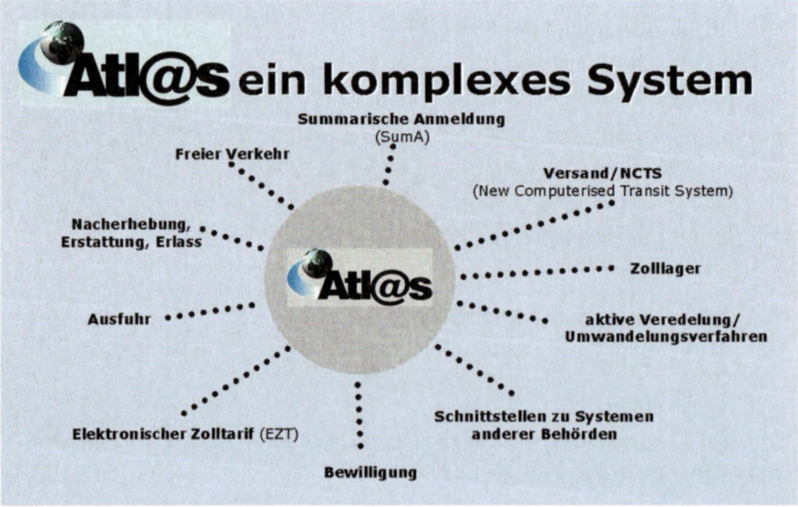

5006514

11.2 | Innergemeinschaftlicher Warenverkehr

Ziel der Europäischen Union ist neben der politischen Union eine EU-Binnenwirtschaft. Dieses Ziel wurde bisher in drei Stufen umgesetzt:

erste Stufe	zweite Stufe	dritte Stufe
Zollunion seit 1968	**EU-Binnenmarkt** seit 1994	**Währungsunion** seit 1999
Alle EU-Staaten bilden ein **einheitliches Zollgebiet nach außen.**	Er wird durch vier Grundsätze bestimmt: 1. **freier Warenverkehr** – unbeschränkter Warenhandel in der EU ohne Zölle und Abgaben 2. **freier Personenverkehr** – Wegfall von Binnen-Grenzkontrollen 3. **freier Dienstleistungsverkehr** – keine Beschränkungen bei Verkehrsleistungen 4. **freier Kapitalverkehr** – unbeschränkter Geldverkehr, Aktienhandel usw.	Der Euro gilt nur in einem Teil der Mitgliedsstaaten als **gemeinsame Währung.**

Zur statistischen Erfassung des Warenverkehrs in der EU hat das betreffende Unternehmen oder der Spediteur als Drittanmelder monatlich eine **Intrastat-Meldung** an das Statistische Bundesamt abzugeben. Meldepflichtig sind Umsätze über 200.000,00 € p. a. auf Basis eines Warenverzeichnisses der Außenhandelsstatistik. Da innerhalb der EU unterschiedliche Umsatzsteuersätze gelten, muss die Umsatzsteuerzahlung überwacht werden. Zu diesem Zweck erhält jedes vorsteuerabzugsberechtigte Unternehmen eine **Umsatzsteuer-Identifikationsnummer** (IdNr.). Verfügen Käufer und Verkäufer über eine IdNr., so können umsatzsteuerfreie Rechnungen ausgestellt werden. Der Nachweis über die Versendung der Ware ist in jedem Fall erforderlich. Dieser erfolgt durch den „Verbringungsnachweis für USt-Zwecke", auch „weiße Spediteurbescheinigung" genannt. Bei einem innergemeinschaftlichen Warenversand gibt es grundsätzlich **keine zollamtliche Überwachung.** Ein zollamtlicher Versandschein ist daher in der Regel nicht erforderlich.

Ausnahmen:

1. **T-1-Versandschein** ist erforderlich
   a) beim **Versand von Nicht-Gemeinschaftswaren innerhalb der EU,** z. B. eine unverzollte Werkzeugmaschine aus der Schweiz wird von Basel nach Köln mit einem T-1-Versandschein verschickt,
   b) bei **unverzollter Drittlandsware,** die per Flugzeug oder Seeschiff in die EU verbracht wird, z. B. ein 20-ft-Container mit unverzollten Spielwaren aus China wird von Hamburg nach Berlin mit einem T-1-Versandschein verschickt.
2. **T-2-Versandschein** ist erforderlich für den Warenverkehr über die Schweiz nach Italien und für den Warenverkehr mit den Kanarischen Inseln, z. B. benötigen Güter im Alpentransit von Deutschland nach Italien an der Schweizer Grenze einen T-2-Versandschein für den Alpentransit nach Italien.

Mit den Versandscheinen wird die **zollamtliche Überwachung** gewährleistet. Deshalb muss z. B. der Container mit Spielwaren nicht schon in Hamburg verzollt werden, sondern die Zollabfertigung ist auch erst in Berlin möglich.

EUROPÄISCHE GEMEINSCHAFT **VORDRUCK N**

Versendung [X]

INTRASTAT

1 Steuernummer aus der USt.-Voranmeldung: 1 4 5 2 3 3 5 6 2 3 0	Zusatz:	Bundesl. FA: 0 9
2 Monat: 0 1 — Jahr: 0 .	3

Auskunftspflichtiger (Name und Anschrift)

Elektrohandel GmbH
Kleestraße 4

90461 Nürnberg

4 Drittanmelder (Name und Anschrift)

INTERSPED GmbH
Rotterdamer Straße 33

90451 Nürnberg

5

– Statistische Meldung –

An das Statistische Bundesamt
Außenhandelsstatistik
D-65180 Wiesbaden

6 Warenbezeichnung	Waschvollautomat mit einem Fassungsvermögen von 5 kg (Frontlader)
7 Pos.-Nr.	0 1
8 Best.-Land a	F R
Urspr.-Reg. b	0 9
9	
10 Art d. Gesch.	1 1
11	
12	
13 Warennummer	8 4 5 0 1 1 1 1
14	
15	
16 Eigenmasse in vollen kg	1 0 0 0
17 Menge in der Besonderen Maßeinheit	1 0
18 Rechnungsbetrag in vollen Euro	6 0 0 0
19 Statistischer Wert in vollen Euro	

6 Warenbezeichnung	
7 Pos.-Nr.	
8 Best.-Land a	
Urspr.-Reg. b	
9	
10 Art d. Gesch.	
11	
12	
13 Warennummer	
14	
15	
16 Eigenmasse in vollen kg	
17 Menge in der Besonderen Maßeinheit	
18 Rechnungsbetrag in vollen Euro	
19 Statistischer Wert in vollen Euro	

6 Warenbezeichnung	
7 Pos.-Nr.	
8 Best.-Land a	
Urspr.-Reg. b	
9	
10 Art d. Gesch.	
11	
12	
13 Warennummer	
14	
15	
16 Eigenmasse in vollen kg	
17 Menge in der Besonderen Maßeinheit	
18 Rechnungsbetrag in vollen Euro	
19 Statistischer Wert in vollen Euro	

6 Warenbezeichnung	
7 Pos.-Nr.	
8 Best.-Land a	
Urspr.-Reg. b	
9	
10 Art d. Gesch.	
11	
12	
13 Warennummer	
14	
15	
16 Eigenmasse in vollen kg	
17 Menge in der Besonderen Maßeinheit	
18 Rechnungsbetrag in vollen Euro	
19 Statistischer Wert in vollen Euro	

Erläuterungen:
Feld 8a : Bestimmungsmitgliedstaat
8b : Ursprungsregion (Bundesland)
10 : Art des Geschäfts

NV 2002

20 Ort/Datum/Unterschrift des Auskunftspflichtigen/Drittanmelders
Nürnberg, 0.-02-01
i. A. Klaus Winter i. A. K. Winter
Abteilungsleiter Export
INTERSPED GmbH

5006516

11.3 | Export – Ausfuhr von Waren in Drittländer

Die **Ausfuhr von Gemeinschaftsware** unterliegt einem Zollverfahren, dem **„Ausfuhrverfahren".** Damit soll die Exportware bis zum Verlassen der EU überwacht werden. Da **Exporte** der EU politisch gewollt sind, werden keine Ausfuhrabgaben erhoben. Jedoch soll der Export verbotener Waren der Ausfuhrliste, wie Güter zur Atomwaffen- und Biowaffenproduktion, durch das Ausfuhrverfahren verhindert werden.

Das **Ausfuhrverfahren** wird in zwei Stufen durchgeführt:

- **erste Stufe** des Ausfuhrverfahrens:
  Die **Ausfuhranmeldung** wird der Ausfuhrzollstelle zur **Vorabfertigung** vorgelegt. Die Ausfuhrzollstelle prüft dann die Zulässigkeit der Ausfuhr. Bei „Listengütern" wird auch eine Ausfuhrgenehmigung verlangt.
- **zweite Stufe** des Ausfuhrverfahrens:
  Die Exportgüter werden nach dem Transport bei der Ausgangszollstelle gestellt, indem eine Durchschrift der Ausfuhranmeldung vorgelegt wird. In der Ausgangszollstelle wird überprüft, ob die Exportgüter zolltechnisch behandelt sind und ob die Ware mit den Zollpapieren übereinstimmt. Diese **„Nämlichkeit"** der Sendung wird nur stichprobenartig durchgeführt.

In der Praxis wird die Ausfuhranmeldung für den Exporteur vom Spediteur übernommen.

Bei der Ausfuhranmeldung gibt es in der Praxis auch **Vereinfachungsverfahren:**

- Sendungen unter 1.000,00 € sind von der Ausfuhrabfertigung befreit,
- Sendungen von 1.000,00 € bis 3.000,00 € können direkt an der Ausgangszollstelle angemeldet und gestellt werden.

Mithilfe des **Einheitspapiers** (Exemplare 1, 2, 3) wird die Ausfuhranmeldung durchgeführt. Das Einheitspapier wird als amtliches Muster für die schriftliche Anmeldung der Waren zu einem Zollverfahren verwendet.

Der Export von Waren in ein Drittland ist **umsatzsteuerfrei.** Auch die Beförderung dieser Waren in ein Drittland ist von der Umsatzsteuer befreit.

Wenn ein Exporteur ständig zahlreiche Sendungen ausführt, kann ihm die Oberfinanzdirektion anstelle der einzelnen Ausfuhranmeldungen eine **Ausfuhrkontrollmeldung** (AKM) erlauben. Die AKM ist nur bei Exporten in die Schweiz und über deutsche Flughäfen bzw. Seehäfen möglich, da sie ein Ausfuhrdokument nach deutschem Recht ist.

Werden Sendungen in Länder exportiert, für die es **gegenseitige Zollvergünstigungen** (Zollpräferenzen) gibt, muss der Sendung eine **Warenverkehrsbescheinigung** mitgegeben werden. Dadurch muss dann der jeweilige Einführer einen geringeren Zollsatz bezahlen bzw. er erhält für diese EU-Waren in seinem Land Zollfreiheit. Im Warenverkehr mit EFTA-Staaten[1] benötigt man ab einem Warenwert von 6.000,00 € eine **EUR1.** Diese EUR1 bewirkt Zollfreiheit in der Schweiz und Norwegen. Für die AKP-Staaten[2] und nordafrikanische Staaten, wie z. B. Tunesien, dient die EUR1 ebenfalls als Warenverkehrsbescheinigung. Bei Ausfuhren in die Türkei wird das Formular **A.TR** verwendet.

1 EFTA = Europäische Freihandelsvereinigung
2 AKP = Afrika, Karibik und pazifischer Raum

EUROPÄISCHE GEMEINSCHAFT AE AB 318305

Exemplar für das Versendungs-/Ausfuhrland — 1

1 ANMELDUNG: EX | 1 | xxxxx

A VERSENDUNGS-/AUSFUHRZOLLSTELLE

2 Versender/Ausführer Nr.
Mefo AG
Eythstraße 12
D-74632 Neuenstein

3 Vordrucke | **4 Ladelisten:** xxxxx

5 Positionen: - 01 - | **6 Packst. insgesamt:** xxxxxxx | **7 Bezugsnummer**

8 Empfänger
Halogen Ltd.
4, Sweat Rd.
Mason / MI 48854-9310
USA

9 Verantwortlicher für den Zahlungsverkehr Nr.
xxxxxxxxxxxxxxxxxxxxxxxxxxxxxxxxxxxxx

10 Erstes Best. Land: xxx | **11 Handels-land:** US | **13 G.L.P.:** xxxxx

14 Anmelder/Vertreter Nr.

15 Versendungs-/Ausfuhrland: xxxxxxxxxxxxxxxxxx | **15 Vers./Ausf. L. Code:** a| b| xx | **17 Bestimm. L. Code:** a| US b| xx

16 Ursprungsland | **17 Bestimmungsland:** USA

18 Kennzeichen und Staatszugehörigkeit des Beförderungsmittels beim Abgang: LKW | **19 Ctr.:** 0

20 Lieferbedingung: CFR Detroit / USA | xx

21 Kennzeichen und Staatszugehörigkeit des grenzüberschreitenden aktiven Beförderungsmittels: Flugzeug | US

22 Währung u. in Rechn. gestellter Gesamtbetr. | **23 Umrechnungskurs:** xxxxxxxx | **24 Art des Geschäfts**

25 Verkehrszweig an der Grenze: 3 | **26 Inländischer Verkehrszweig** | **27 Ladeort:** Frankfurt/Main

28 Finanz- und Bankangaben: xxxxxxxxxxxxxxxxxxxxxxxxxxxxxxxxxxx

29 Ausgangszollstelle: 1234 | **30 Warenort:** xxxxxxxxxxxxxxxxxx | xxxxxxxxxxxxxxxxxxxxxxxxxxxxxxxxxxx

31 Packstücke und Warenbezeichnung — Zeichen und Nummern - Container Nr. - Anzahl und Art:
Mefo 543/1 10-ft-Cont. 123-4567-8
Maschinen zur Produktion
von Halogenlampen

32 Positions Nr. | **33 Warennummer:** 84751000 | xxxx

34 Urspr.land Code: a| b| 09 | **35 Rohmasse (kg):** 752

37 VERFAHREN: 1080 0 | **38 Eigenmasse (kg):** 704 | **39 Kontingent:** xxxxx

40 Summarische Anmeldung/Vorpapier: xxxxxxxxxxxxxxxxxxxxxxxxxx

41 Besondere Maßeinheit

44 Besondere Vermerke/Vorgelegte Unterlagen/Bescheinigungen u. Genehmigungen
Ausgeführt mit unvollständiger/vereinfachter Ausfuhranmeldung Nr. vom
Ausfuhrgenehmigung vom Nr. Gültig bis
Code B.V.: xxx

46 Statistischer Wert: 80 000

47 Abgabenberechnung

Art	Bemessungsgrundlage	Satz	Betrag	ZA
xxx	xxxxxxxxxx	xxxxxxxxxx	xxxxxxxxxx	xx
	Summe:			

48 Zahlungsaufschub: xxxxxxxxxxxxxxxx | **49 Bezeichnung des Lagers**

B ANGABEN FÜR VERBUCHUNGSZWECKE

Ausfuhranmeldung

Zollstelle der ergänzenden Anmeldung
Bezeichnung:
Anschrift:

50 Hauptverpflichteter Nr. Unterschrift:
vertreten durch
Ort und Datum:

C ABGANGSSTELLE

51 Vorgesehene Durchgangszollstellen (und Land): xxxxxxxxxx | xxxxxxxxxx | xxxxxxxxxx | xxxxxxxxxx | xxxxxxxxxx | xxxxxxxxxx

52 Sicherheit nicht gültig für: xxxxxxxxxxxxxxxxxxxxxxxxxxxxxxxxxxxxxxxxxx | **Code:** xx | **53 Bestimmungsstelle (und Land):** xxxxxxxxxxxxxxxxxxxxxxx

D PRÜFUNG DURCH DIE ABGANGSSTELLE
Ergebnis:
Angebrachte Verschlüsse: Anzahl:
Zeichen:
Frist (letzter Tag):
Unterschrift:

Stempel:

54 Ort und Datum: Neuenstein, 20..-10-14
Unterschrift und Name des Anmelders/Vertreters:

0733 Einheitspapier (Versendung/Ausfuhr) - III B 1 - **(2002)**

11.4 | Import – Einfuhr von Drittlandsware in die EU

Drittlandsware, die importiert wird, kann zollrechtlich auf fünf verschiedene Arten behandelt werden:
erster Fall: **Verbringung in eine Freizone/**Zollfreigebiet/Freilager, z. B. Freihafen Hamburg
zweiter Fall: **Wiederausfuhr,** z. B. Warentransit über Seehafen Kiel nach Oslo/Norwegen
dritter Fall: **Vernichtung/Zerstörung,** z. B. Vernichtung von Schmuggelzigaretten
vierter Fall: **Aufgabe zugunsten der Staatskasse,** z. B. Freiverkauf/Versteigerung von Zollgut

fünfter Fall = Normalfall: **Überführung in ein Zollverfahren** (Ausfuhrverfahren – siehe Abschnitt 11.3)

1. Überführung in den zollrechtlich **freien Verkehr**
2. **Versandverfahren** (T1 und T2)
3. **Zolllagerverfahren**
4. **aktive Veredelung**
5. **Umwandlungsverfahren**
6. **vorübergehende Verwendung**
7. **passive Veredelung**

11.4.1 | Überführung in den zollrechtlich freien Verkehr

Üblicherweise soll Drittlandsware in EU-Warenverkehr übergeführt werden. Deshalb muss die Importware durch das Zollverfahren in den zollrechtlich freien Verkehr übergeführt werden. In diesem Fall verläuft das **Zollverfahren** in zwei Stufen.

erste Stufe: **Zollanmeldung** mit dem Einheitspapier als Willenserklärung über die Art des Zollverfahrens und der **Zollwertanmeldung** zur Berechnung des Zollwerts der Importware. Werden laufend Importe abgewickelt, können statt der Einzelanmeldung auch **Sammelzollanmeldungen** vorgelegt werden.

zweite Stufe: **Verzollung:**
1. **Zollbefund** als Prüfergebnis der Zollstelle
2. **Erhebung der Eingangsabgaben**

Nach Zahlung erhält die Ware den **Status einer Gemeinschaftsware.**

Berechnung des Zollwerts

Da die meisten Zölle **Wertzölle** sind, muss der Wert der zollpflichtigen Ware ermittelt werden. Zur Warenwertermittlung gibt es im Zollrecht verschiedene Möglichkeiten. Die Berechnung basiert üblicherweise auf dem Rechnungspreis, um den Zollwert zu ermitteln:

Rechnungspreis	
+ Verpackungskosten + Beförderungskosten bis zur EU-Grenze + Versicherungskosten bis zur EU-Grenze	} Plusfaktoren
– Beförderungskosten nach Einfuhr in die EU – Zölle und EU-Abgaben, die eingepreist sind	} Minusfaktoren
= anzumeldender **Zollwert**	

Grundlage der **Zollwertberechnung** ist somit der Wert des Gutes **CIF-EU-Grenze.**

Zolltarif

Mit dem Zolltarif wird bestimmt, ob Zoll zu zahlen ist bzw. in welcher Höhe Zollanspruch besteht. Für alle Mitgliedsstaaten der EU ist der **gemeinsame Zolltarif** verbindlich vorgeschrieben. Auf dieser Basis wurde der **Deutsche Gebrauchs-Zolltarif** entwickelt. Wertzölle sind die Regel. Es gibt aber auch Gewichtszölle, Volumenzölle oder der Alkoholgehalt ist Bemessungsgrundlage für die Zollhöhe. Sollte ein **Präferenzzoll** angewendet werden, so muss der Importeur den Anspruch auf den geringeren Zoll oder die Zollfreiheit nachweisen. Präferenznachweise können Ursprungserklärungen bzw. die Warenverkehrsbescheinigung EUR1 sein.

Eingangsabgaben

Bei der Einfuhr werden in der zweiten Stufe im Rahmen der Verzollung die verschiedenen Eingangsabgaben vom Importeur erhoben:

1. Zölle	Warenabhängige Abgabe, die in den meisten Staaten zum Schutz der eigenen Industrie vor preisgünstigeren ausländischen Anbietern dient oder zusätzliche Einnahmen ermöglicht (Kaffee-/Teezoll). Im gemeinsamen Zolltarif der EU werden fast ausschließlich Wertzölle erhoben. Durch Zollpräferenzen und den Meistbegünstigungsgrundsatz[1] werden über die WTO die Zölle gesenkt bzw. gestrichen.	**Schutzzölle** **Finanzzölle** **Wertzölle** **Gewichtszölle**
2. Abschöpfungen	Gilt nur für landwirtschaftliche Produkte. Bei der Einfuhr von landwirtschaftlichen Produkten werden durch Abschöpfungen die niedrigeren Weltmarktpreise auf die hohen EU-Binnenpreise angehoben. Damit soll die EU-Landwirtschaft vor ruinösem Wettbewerb geschützt werden. Über die EU-Agenda sollen die EU-Marktpreise schrittweise den Weltmarktpreisen angeglichen werden.	Abschöpfungen auf **Rindfleisch** Abschöpfungen auf **Getreide**

1 **Meistbegünstigungsgrundsatz** = Gewährt ein Mitgliedsstaat der WTO einem anderen Staat Zollvorteile, so müssen diese auch auf alle anderen Mitgliedsstaaten übertragen werden. Ausnahmen gibt es nur für die Zollpräferenzen von Entwicklungsländern.

3. Einfuhrumsatzsteuer (EUSt)	Durch die EUSt werden die importierten Produkte dem gleichen Umsatzsteuersatz unterworfen wie die inländischen Produkte. Basis der Berechnung ist der **erste inländische Bestimmungsort.**	**16 %** EUSt allgem. Satz, **7 %** ermäßigter Satz, z. B. für Lebensmittel, Bücher
4. Verbrauchsteuern	In den EU-Mitgliedsländern gibt es unterschiedliche Verbrauchsteuern. Diese nationalen Verbrauchsteuern werden zusätzlich in den einzelnen Mitgliedsstaaten erhoben.	**Mineralölsteuer** **Tabaksteuer** **Brandweinsteuer** **Biersteuer** **Kaffeesteuer**

Bezahlung der Eingangsabgaben

Die Einfuhrabgaben sind zehn Tage nach der Feststellung fällig. Jedoch können die Zollschuldner auch an einem **Aufschubverfahren** teilnehmen. Die Zollschulden sind dann bis zum 16. des Folgemonats zu zahlen.

Wenn ein Spediteur den Import für seine Kunden abwickelt, können deren Zollschulden auch über das Aufschubkonto des Spediteurs abgewickelt werden.

Beispiel:

	Rechnungspreis FCR – Seoul/Korea	122.500,00 €
	– 2 % Skonto	2.450,00 €
	= tatsächlich gezahlter Preis	120.050,00 €
	+ Luftfracht bis zur EU-Grenze	3.674,00 €
	Zollwert	**123.724,00 €**
	+ Zoll (z. B. 7 % Wertzoll)	8.660,68 €
	+ Beförderungskosten zum ersten inländischen Bestimmungsort	1.161.00 €
	+ Verbrauchsteuern	3.500,00 €
	Einfuhrumsatzsteuer (EUSt)-Wert	137.045,68 €
	davon 16 % Einfuhrumsatzsteuer (EUSt)	21.927,31 €
Eingangsabgaben:	1. Zoll	8.660,68 €
	2. Verbrauchsteuern	3.500,00 €
	3. Einfuhrumsatzsteuer (EUSt)	21.927,31 €
	gesamte Eingangsabgaben	**34.087,99 €**

Die Zollanmeldung des Einführers (Importeurs) ist gleichzeitig eine **Steuererklärung.** In Höhe der Eingangsabgabe wird der Einführer damit auch **Steuerschuldner.**

11.4.2 | Weitere Zollverfahren

Versandverfahren (T1 und T2)

Wird Zollgut nach dem Import an der EU-Grenze nicht verzollt, sondern an einen Ort im Inland verschickt, spricht man von einem **Versandverfahren.** In der EU wurde das **gemeinschaftliche Versandverfahren (gVV)** entwickelt. Zur Überwachung des Zollguts beim Versand gibt es zwei Varianten:

externes gVV	internes gVV
Gilt für **Drittlandsware,** die in die EU eingeführt wird. Diese Güter wurden nicht an der EU-Grenze verzollt, sondern ins Inland weiterversandt. Bis zur Bestimmungszollstelle im Inland werden diese Drittlandgüter im **T1-Verfahren** mit dem T1-Papier (Einheitspapier) befördert.	Gilt für **Gemeinschaftsware.** Nach Wegfall der Binnenzölle in der EU ist das interne vGG eigentlich nicht mehr notwendig. Nur im Versand auf die Kanarischen Inseln und nach Italien über die Schweiz wird im **T2-Verfahren** mit dem T2-Papier (Einheitspapier) befördert.

Beispiel *eines externen Versandverfahrens:*

Eine Sendung mit DVD-Rekordern aus Singapur wird über Bremerhaven eingeführt. Die Importabwicklung wird durch die Spedition Transinternational AG im Auftrag der Multimedia GmbH, München, durchgeführt. Am Zollamt Bremerhaven wird die Sendung durch den Spediteur mit dem **T1-Papier** zum externen gVV angemeldet und dem Zollamt **gestellt.** Die Zollstelle kann nun eine **Zollbeschau** vornehmen. Meist bietet der Spediteur die von der Zollstelle verlangte **Sicherheit** für die zu erwartenden Eingangsabgaben. Damit dieselbe Ware auch die Bestimmungszollstelle in München erreicht, muss die **Nämlichkeit** der Ware gesichert werden. Die Nämlichkeitssicherung kann geschehen durch

- **Verplombung** (als Raumverschluss beim Lkw bzw. durch Packstückverschluss),
- **Beschreibung der Ware** (z. B. auch durch die Handelsrechnung = zollamtliche Bewachung/Begleitung).

Mit der Aushändigung der T1-Papiere (Exemplare 4, 5, 7 des Einheitspapiers) befinden sich die DVD-Rekorder unter **zollamtlicher Überwachung.**

Innerhalb einer **Gestellungsfrist** von maximal acht Tagen müssen die DVD-Rekorder bei der Bestimmungszollstelle in München gestellt werden. Nach der Gestellung in München wird die Sendung in München erneut auf die Nämlichkeit überprüft.

Die Bestimmungszollstelle München sendet danach den **Rückschein** (Exemplar 5 des Einheitspapiers) an die Abgangszollstelle zurück. Nach Abgleich und Kontrolle durch das Zollamt Bremerhaven ist das externe gVV abgeschlossen.

Im Auftrag der Multimedia GmbH kann die Spedition Transinternational GmbH in München ein **anderes Zollverfahren,** wie z. B. die „Überführung in den freien Verkehr", beantragen.

5006522

Besondere Versandverfahren im internationalen Güterversand

Das **Carnet-TIR-Verfahren** gilt für den internationalen Güterversand von, nach und über Drittländer. Das Gut wird von einem **Begleitscheinheft,** dem Carnet, begleitet. An jeder Grenzübergangsstelle wird der Ausgang und der Eingang der Ware bescheinigt. Anhand des Carnets kann die Abgangszollstelle den Weg bis zur Bestimmungszollstelle verfolgen. Durch das Carnet-TIR-Verfahren wird die Abfertigung des Lkw enorm beschleunigt. TIR steht für „**T**ransport **I**nternational de Marchandises par **R**oute". Jeder Lkw, der Güter in diesem Versandverfahren transportiert, muss mit einer blauen TIR-Tafel versehen werden.

Vorübergehende Verwendung

Das **ATA-Verfahren** ist für Güter vorgesehen, die in ein Land **vorübergehend** eingeführt und **unverändert** wieder ausgeführt werden. Hier fallen dann **keine Eingangsabgaben** an.

ATA steht für „Admission Temporaire/Temporary Admission of Goods". Das ATA-Verfahren wird bei Messegütern, Berufsausrüstung und Montagewerkzeug im grenzüberschreitenden Verkehr angewendet. Das **Carnet-ATA** wird von der zuständigen Industrie- und Handelskammer ausgestellt.

Zolllagerverfahren

Im Zolllager wird Drittlandsware gelagert. Das Zolllager muss von den Zollbehörden zugelassen werden und unterliegt der zollamtlichen Überwachung.

Öffentliche Zolllager stehen jedermann zur Verfügung. **Private Zolllager** sind auf die Warenlagerung durch den Lagerhalter beschränkt.

Für die Lagerung von Importware in Zolllagern gibt es keine zeitliche Begrenzung.

Waren können aus einem Zolllager
- in den freien Verkehr überführt werden,
- in eine Freizone, z. B. Freihafen, verbracht werden oder
- wieder ausgeführt werden.

öffentliche Zolllager	private Zolllager
Lager Typ A Öffentliches Lager, das von jedermann genutzt werden kann. Die Verantwortung für die Ware übernimmt der Lagerhalter.	**Lager Typ C** Lagerhalter und Einlagerer sind dieselbe Person, d. h., es wird nur eigene Ware eingelagert. Der Einlagerer muss nicht Eigentümer der Ware sein.
Lager Typ B Wie Typ A, aber die Verantwortung übernimmt der Einlagerer.	**Lager Typ D** Wie Typ C, aber bei der Einlagerung werden Beschaffenheit, Zollwert und Menge festgestellt.
Lager Typ F Wie Typ A, aber die Verwaltung obliegt der Zollbehörde.	**Lager Typ E** Wie Typ C, aber die Waren werden nicht in einem eigenen Zolllager gelagert, sondern zusammen mit anderen Waren.

Veredelungsverkehre

Unter einer Veredelung versteht man zollrechtlich das Bearbeiten, Verarbeiten oder Ausbessern von Waren.

- **aktive Veredelung: Drittlandsware** wird in die EU eingeführt, **in der EU veredelt** und danach wieder in ein Drittland ausgeführt. Wird diese Ware innerhalb einer bestimmten Frist wieder ausgeführt, dann entsteht keine Einfuhrabgabenschuld. Beispiel: Stoffe aus der Türkei werden in Deutschland gefärbt und ausgerüstet. Die Stoffe werden danach zur Weiterverarbeitung nach Tunesien ausgeführt.
- **passive Veredelung: Gemeinschaftsware** wird **in ein Drittland ausgeführt** und **dort veredelt.** Nach der Wiedereinführung in die EU erfolgt die Überführung in den freien Verkehr. Der Differenzbetrag zwischen dem Ursprungswert vor der Veredelung und dem Wert nach der Veredelung muss verzollt werden. Dies nennt man **Differenzverzollung.**

Beispiel: *Englischer Kammgarnstoff wird in Marokko zu Herrenanzügen zugeschnitten und genäht. Diese Anzüge werden dann in Deutschland verkaufsfertig gemacht.*

Umwandlungsverfahren

Drittlandsware wird durch Bearbeiten im Inland minderwertiger und erhält dadurch eine neue geringere Bemessungsgrundlage. Die Umwandlung muss von der Zollstelle bewilligt werden. Danach wird die Ware in den freien Verkehr überführt.

Beispiel: *Geflügelfleisch wird aus Thailand eingeführt. Weil das Fleisch verseucht ist, kann es nur noch zu Tiermehl verarbeitet werden.*

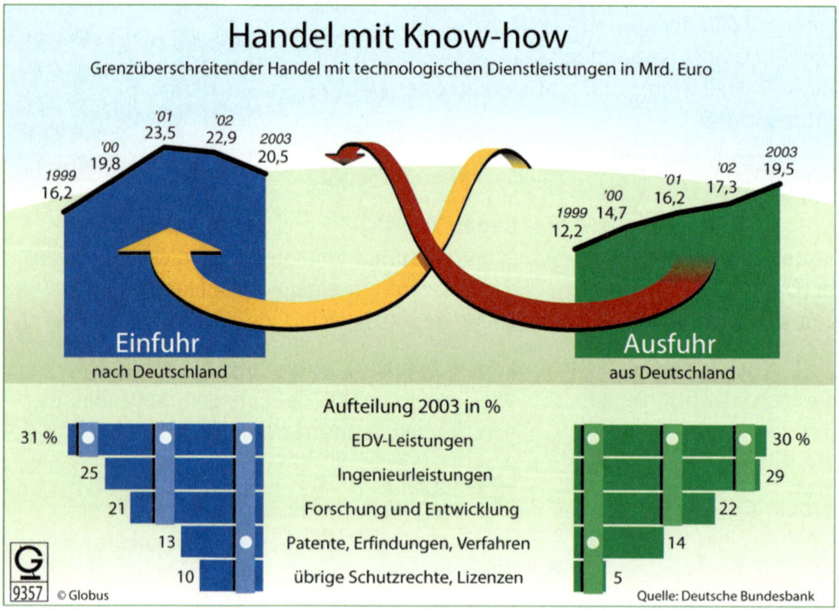

11.5 | Wichtige Exportdokumente

Exportdokumente sind **Grundlage für die internationale Zahlungsabwicklung** und die **Zollabwicklung im Importland.**

- **Spediteurdokumente**
  Die FIATA[1] hat weltweit anerkannte Spediteurdokumente geschaffen, die hauptsächlich in der **Transport- und Zahlungsabwicklung von Exportsendungen** eingesetzt werden. Üblicherweise werden drei FIATA-Dokumente von Speditionen bei Außenhandelsgeschäften eingesetzt:

FIATA-FCR	FIATA-FCT	FBL
Forwarders **C**ertificate of **R**eceipt (grün)	**F**orwarders **C**ertificate of **T**ransport (gelb)	**F**IATA-Negotiable Multimodal Transport **B**ill of **L**ading (blau)
internationale **Spediteurübernahmebescheinigung**	internationale **Spediteurtransportbescheinigung**	internationales **Spediteur-Durchkonnossement**
Der Spediteur bestätigt darin eine genau bezeichnete Sendung mit dem unwiderruflichen Auftrag, diese an den im FCR benannten Empfänger weiterzuleiten. Damit ist das FCR ein internationales **Sperrpapier.** Das FCR ist **kein** Warenwertpapier.	Der Spediteur bestätigt darin die Übernahme einer genau bezeichneten Sendung und verpflichtet sich diese an den im FCT benannten Empfänger **auszuliefern.** Damit ist das FCT ein internationales **Sperrpapier.** Wird das FCT an Order ausgestellt, kann es auch als Warenwertpapier eingesetzt werden.	Das FBL ist begebbar, d. h., es ist ein **Warenwertpapier.** Der Spediteur trägt mit der Ausstellung des FBL die **Verantwortung** für die **Güter** und für die **Transportabwicklung.** Der Spediteur übernimmt damit auch die **Haftung** für Verlust und Beschädigung der Güter in Höhe von maximal zwei SZR/kg.

Zum Nachweis der Umsatzsteuerbefreiung bei Exportgeschäften stellt der Spediteur **Ausfuhrbescheinigungen für Umsatzsteuerzwecke** aus. Damit hat der Auftraggeber einen Nachweis für die umsatzsteuerfreie Ausfuhr seiner Waren.

- **Sonstige Zolldokumente**
  Ursprungszeugnisse werden vom Hersteller ausgestellt und von der Industrie- und Handelskammer beglaubigt. Ursprungszeugnisse sind für Zollpräferenzen notwendig. Einige Staaten verlangen Ursprungszeugnisse, damit Waren überhaupt eingeführt werden dürfen.

  Staaten in Mittel- und Südamerika verlangen zur Einfuhr eine **Konsulatsfaktura.** Als Beleg für Devisen- und Importkontrollen werden diese Handelsrechnungen vom jeweiligen Landeskonsulat bestätigt.

  Zollfakturen werden von einigen Commonwealth-Staaten verlangt. Dabei wird die Handelsrechnung von der Ausfuhrzollstelle bestätigt.

1 FIATA = Internationale Föderation der Spediteurorganisationen

ZUSAMMENFASSUNG		
Begriffe	Export: Versand von Ware außerhalb der EU Import: Einfuhr von Waren von außerhalb der EU	
Rechtsgrundlagen	Im Außenhandel geht internationales Recht meist vor EU-Recht und EU-Recht vor deutschem Recht. Im deutschen Außenwirtschaftsgesetz gilt der Grundsatz des freien Außenhandels. Dieser Grundsatz wird durch eine Ausfuhr- und eine Einfuhrliste eingeschränkt. Der Export von Gemeinschaftsware unterliegt dem Ausfuhrverfahren mit der Ausfuhranmeldung und Gestellung bei der Ausgangszollstelle. Der Export von Waren in ein Drittland ist umsatzsteuerfrei.	
Erfassung und Überwachung	Der innergemeinschaftliche Warenverkehr wird bei Versendung und Eingang von Waren durch die Intrastat-Meldung erfasst; es gibt grundsätzlich keine zollamtliche Überwachung.	
Zollverfahren	• Der Normalfall bei der Einfuhr von Drittlandsware ist die Überführung der Importware in ein Zollverfahren. • Bei den Zollverfahren wird überwiegend die Überführung der Importware in den freien Verkehr beantragt. Diese geschieht in der ersten Stufe durch die Zollanmeldung und in der zweiten Stufe durch die Verzollung. • Die daraus errechneten Eingangsabgaben bestehen aus dem Zoll, den Abschöpfungen aus Agrarwaren, der Einfuhrumsatzsteuer und eventuellen Verbrauchsteuern. • Bei den gemeinschaftlichen Versandverfahren (gVV) als Zollverfahren wird zwischen dem externen gVV für Drittlandswaren und dem internen gVV für Gemeinschaftswaren unterschieden.	
Zolllagerverfahren	Im Zolllagerverfahren wird Drittlandsware eingelagert. Diese muss im Zolllager nicht verzollt werden. Waren aus dem Zolllager werden in den freien Verkehr überführt, in eine Freizone verbracht oder wieder ausgeführt.	
Formen des Veredelungsverkehrs	aktive Veredelung	passive Veredelung
wichtige Dokumente	• Im Exportgeschäft werden als Spediteurdokumente das FCL, das FCT und das FBL eingesetzt. • Manche Länder verlangen bei der Einfuhr ein Ursprungszeugnis, eine Konsulatsfaktura oder eine Zollfaktura.	

AUFGABEN

?

1 Im Wareneingang sehen Sie Warensendungen aus Frankreich und aus den USA. Warum spricht man in dem einen Fall von Eingang und im anderen Fall von Import?

2 Welche Waren werden an Ihren Ausbildungsbetrieb aus der EU geliefert? Aus welchen Ländern kommen diese Waren?

3 Zeigen Sie an je einem Beispiel den Unterschied zwischen Versendung und Ausfuhr.

4 Nennen Sie zwei Aufgaben der WTO (World Trade Organisation) im internationalen Warenhandel.

5 Zeigen Sie zwei Warengruppen auf, die nicht im freien Warenverkehr gehandelt werden dürfen.

6 Durch welche vier Grundsätze ist der EU-Binnenmarkt seit 1994 bestimmt?

7 Welchem Zweck dient die Intrastat-Meldung eines Unternehmens?

8 Zeigen Sie, evtl. an einem Beispiel aus Ihrem Ausbildungsbetrieb, die zwei Stufen des Ausfuhrverfahrens auf.

9 In welchem Fall wird Exportsendungen eine Warenverkehrsbescheinigung EUR1 mitgegeben?

10 Welche Waren werden von Ihrem Ausbildungsbetrieb aus Drittländern importiert?

11 Beschreiben Sie an einem Beispiel Ihrer Wahl die zollrechtliche Überführung einer Importware in den freien Verkehr (in der EU).

12 Wie wird dabei der Zollwert auf Basis des Rechnungspreises berechnet?

13 Welche weitere Eingangsabgaben können bei der Überführung dieser Ware in den freien Verkehr von der Zollstelle erhoben werden?

14 Unterscheiden Sie das interne vom externen gemeinschaftlichen Versandverfahren.

15 Welche zwei Vorteile bietet ein Zolllager dem Importeur?

16 Unterscheiden Sie die aktive Veredelung von der passiven Veredelung.

17 Im Zuge vieler Außenhandelsgeschäfte stellen Spediteure ein FIATA-FCR aus. Welche Funktion hat dieses FCR im Außenhandel?

18 Wie unterscheidet sich die Zollfaktura von einer Konsulatsfaktura?

LERNFELD 10 | Logistische Prozesse optimieren

1 | Der Logistikprozess

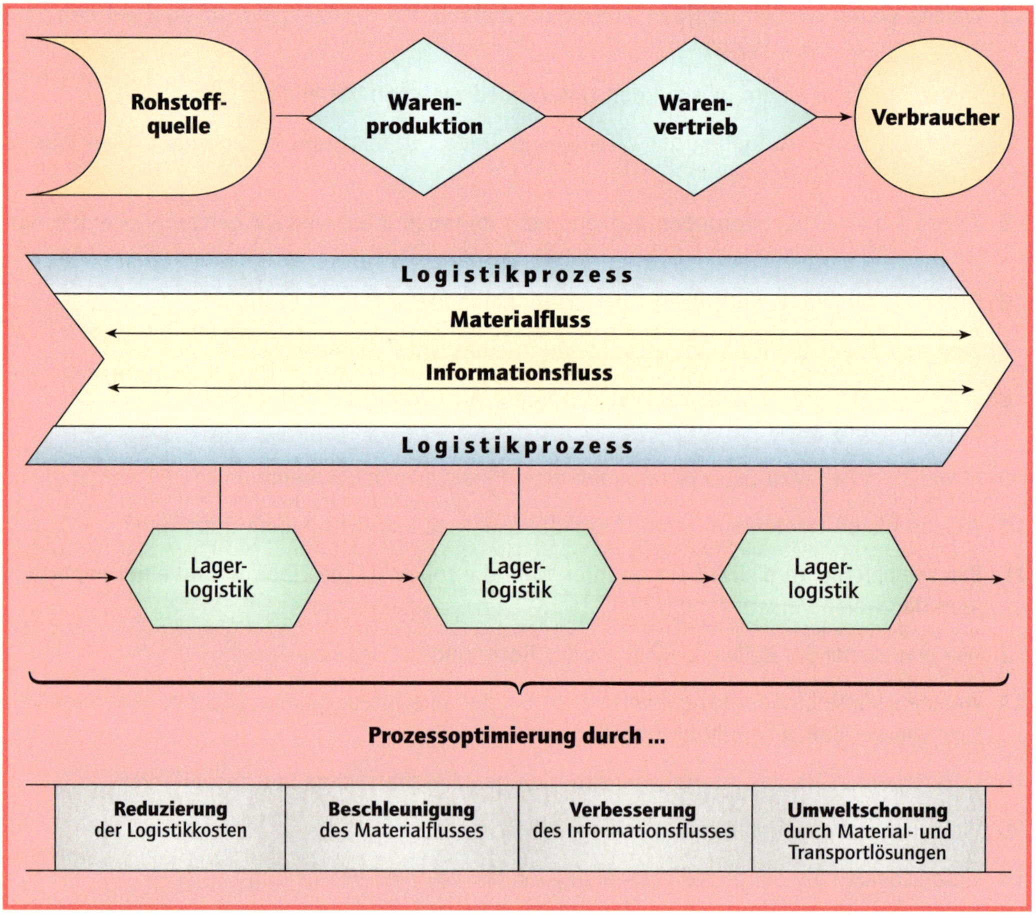

1.1 | Bedeutung der Logistik im 21. Jahrhundert

SITUATION

Weltweite Logistik – Tatbestände:

Fall 1: Jedes Jahr im Februar erhält der Wiener Opernball ca. 45 000 taufrische Rosen aus Ostafrika per Luftfracht über Nacht.

Fall 2: Tafeltrauben, Nektarinen, Pflaumen und Melonen aus Südafrika, Chile und Brasilien gehören von Januar bis März zum Basissortiment unserer Supermärkte.

5006528

Fall 3: Für 1 kg Speicherchips aus Taiwan im Wert von 50.000,00 € zahlte man im Jahr 2004 ca. 5,00 € für die Frachtkosten nach Europa.

Fall 4: Deutsche Telefonbücher werden in China erfasst, die Daten per Datenfernübertragung nach Deutschland gesandt und hier auf CD-ROM gebrannt.

Fall 5: Über Glasfaserkabel können riesige Datenmengen weltweit ohne Zeitverlust mit Lichtgeschwindigkeit ausgetauscht werden. Durch vernetzte Standorte in Europa, USA und Ostasien können die Entwicklungsabteilungen der Automobilindustrie „rund um die Uhr" arbeiten. Die Entwicklungszeiten neuer Automodelle werden dadurch drastisch reduziert.

Fall 6: Deutsche wie auch japanische Automobilhersteller produzieren ihre Fahrzeuge an weltweit unterschiedlichen Standorten. Volkswagen produziert z. B. in Mexiko, Brasilien, Ungarn, Spanien, Belgien, China und Singapur „deutsche" VW-Fahrzeuge.

Bilden Sie zu den Fällen 1 bis 6 je eine Arbeitsgruppe. Bearbeiten Sie die unten stehenden Fragen und tauschen Sie in der Klasse Ihre Arbeitsergebnisse aus.

1 **Welche Vorteile haben Käufer/Verwender und Verkäufer/Produzent vom weltweiten Austausch?**

2 **Zeigen Sie den Transportweg vom Verkäufer/Produzenten zum Käufer/Verwender auf.**

3 **Welche Informationen müssen Käufer/Verwender und Verkäufer/Produzent beim weltweiten Güterverkehr austauschen?**

4 **Welche Nachteile haben Käufer/Verwender und Verkäufer/Produzent bei diesem weltweiten Austausch?**

SACHDARSTELLUNG

Wir leben im 21. Jahrhundert in weltumspannenden Märkten. Jahreszeiten werden in der Nahrungsmittelversorgung uninteressant. Nationale Produktionsstandorte verlieren immer mehr an Bedeutung, weil fast alles überall produziert werden kann.

Mit dem **Globalisierungsschub** zu Ende des 20. Jahrhunderts veränderten sich die weltweiten Produktionsbedingungen, die Handelsströme sowie der Güter- und Dienstleistungsverkehr zwischen den Staaten grundlegend.

Globalisierung bezeichnet einen **Prozess der weltweiten Verflechtung:**
- weltweite Verflechtung der **Volkswirtschaften,**
- weltweite Verflechtung der **Märkte,**
- weltweite Verflechtung der **Produktion,**
- weltweite Verflechtung der **Unternehmen.**

Die Anfänge dieses Prozesses der Verflechtung reichen bis zu den Anfängen der Industrialisierung im 19. Jahrhundert zurück. Der **Globalisierungsprozess** erlebte gegen Ende des 20. Jahrhunderts einen gewaltigen Schub. Dieser Entwicklungsschub ist auf das gleichzeitige **Auftreten verschiedener Triebkräfte** zurückzuführen:

- **Verkehrs- und Kommunikationsrevolution** ab Mitte des 20. Jahrhunderts
- stetige **Liberalisierung des Welthandels** seit Ende des Zweiten Weltkriegs
- **weltweit tätige Konzerne** mit zunehmenden Unternehmenskonzentrationen
- **technologischer Wandel** in der Produktion und im Güteraustausch (Logistik)

PRAXISFALL

Globale Verflechtung am Beispiel der PUMA AG, Herzogenaurach[1]

Unternehmensaktivitäten

Deutschland	Herzogenaurach	Marketing, Koordination, Design- und Entwicklungscenter
USA	Boston New York Los Angeles	Entwicklung (Schuhe) Design (Schuhe, Textilien) Design (Textil)
Taiwan	Kowloon	Design – Fernost, Zentrale Beschaffung
China	Hongkong	weltweite Logistik

Quelle: Geschäftsbericht der Puma AG 2002

Gründe für den Globalisierungsschub im 20./21. Jahrhundert			
Verkehrs- und Kommunikationsrevolution	**Ausbau des weltweiten Freihandels**	**Entstehung weltumspannender Konzerne**	**technologischer Wandel**
• weltweiter **Datenverkehr** durch DFÜ und Internet • Nachrichtenverkehr durch **Internet** und Satellitenfernsehen • **weltweiter Güterverkehr** durch Luftfracht, See- und Landcontainerverkehre • freier **Personenverkehr** durch Tourismus und internationale Produktion • Nutzung des Internets als Mittel zur **Raumüberwindung:** – virtuelle Marktplätze – „Rund-um-die-Uhr-Einkäufe" – Kaufabwicklung per E-Mail – Informationsgewinnung, -austausch	• Entstehung von **Handelsimperien** wie z. B. EU, NAFTA • internationaler Abbau von Handelshemmnissen durch die **WTO** (UN-Welthandelsorganisation zum Abbau von Schutzzöllen und zur Förderung von Gleichbehandlung aller Anbieter des Freihandels) • Weltbank und Internationaler Währungsfonds **(IWF)** • Zusammenbruch der sozialistischen Staatswirtschaften – **Wandel zur Marktwirtschaft** in diesen Ländern	• **Unternehmensfusionen**, z. B. DaimlerChrysler (Europa-USA-Japan) • **„Weltmonopolisten"** wie z. B. Microsoft, Coca-Cola, McDonald's • internationale **Unternehmensaufkäufe**, z. B. Mazda (Japan) durch Ford (USA), FIAT (Italien) durch General Motors (USA), Wella (Deutschland) durch Procter and Gamble (USA), Paulaner (Deutschland) durch Heineken (Niederlande)	• Wandel von der Rohstofforientierung in der Produktion zu **„verfeinerten Technologien"** wie Automation, Industrieroboter, Informationstechnologien usw. • **Logistikkonzepte** zum weltweiten Güter- und Informationsaustausch • **Absenkung der Fertigungstiefe** in der Produktion mit einer Ausweitung der weltweiten Zulieferungen und kleineren, flexibleren Produktionseinheiten • **„Leanproduction"** mit z. B. auftragsbezogener Fertigung, sehr hohen Qualitätsansprüchen (ISO-Zertifizierung), „Just-in-time"-Anlieferungen, Gruppenarbeit, Outsourcing, d. h. Reduzierung auf das Kerngeschäft • **Efficient Consumer Responce (ECR)** Ausgangspunkt für die Produktion sind die Kundenwünsche. Durch ein vernetztes Logistik- und Informationssystem wird die bedarfsgerechte Warenversorgung im Handel durch die Nachfrage der Konsumenten angestoßen.

Der Prozess der Globalisierung steht im **Widerstreit der Meinungen.** Für die einen bedeutet dieser Prozess eine Ausweitung des Wohlstands und Sicherung des Friedens – für die anderen zementiert dieser Prozess das weltweite Ungleichgewicht, gefährdet die Umwelt und verwischt nationale Eigenheiten.

Folgende **Auswirkungen der Globalisierung** können genannt werden:

- Volkswirtschaften müssen sich im **weltweiten Wettbewerb** messen lassen, weil heute weltumspannend produziert und transportiert wird.
- Zunahme der **international tätigen Unternehmen**. Dabei lenken Renditeerwartungen die einzelnen Investitionen, sodass „kostengünstige" Länder Vorteile haben.
- Es entstehen internationale **Produktionsverbünde,** die durch eine **weltumspannende Logistik** gesteuert werden.
- Wirtschaftswachstum und steigender **Wohlstand** in den industrialisierten Staaten und in den Schwellenländern (z. B. Südkorea, China). Jedoch weitere **Verarmung** der unterentwickelten Länder, besonders in Afrika.
- Der Standortwettbewerb beschleunigt die **Umweltkrise**, da der Ressourcenverbrauch ungehemmt weitergeht und aktive Umweltmaßnahmen nicht ergriffen werden (z. B. USA, China).
- Die Globalisierung der Weltwirtschaft verstärkt den Druck auf die einzelnen Länder über internationale Organisationen wie z. B. Weltbank, WTO und IWF. Dies führt zu **internationalen Handelszusammenschlüssen** wie EU, NAFTA, APEC und MECOSUR, um so zu kontinentalen Wettbewerbsvorteilen zu gelangen.

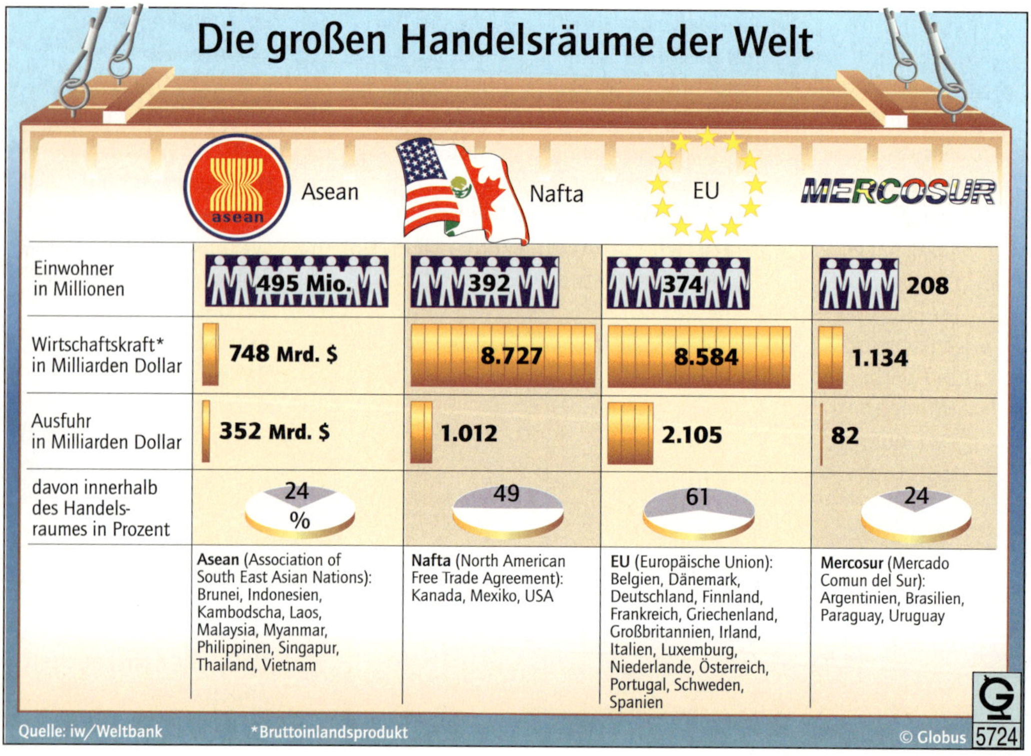

5006532

ZUSAMMENFASSUNG	
Merkmale des Globalisierungsprozesses	• vernetzter, weltumspannender Waren- und Nachrichtenverkehr • verkehrsbestimmte Standortentscheidungen treten immer mehr in den Hintergrund
Gründe für den Globalisierungsschub	• Verkehrs- und Kommunikationsrevolution des ausgehenden 20. Jahrhunderts • Ausbau des weltweiten Freihandels über die UN-Organisationen • zunehmender Einfluss weltumspannender Konzerne • technologischer Wandel in der Güterproduktion
Auswirkungen der Globalisierung	• weltweiter Wettbewerb • weltweite Produktionsverbünde • weltumspannende Logistik
Probleme der Globalisierung	• weitere Verarmung von Entwicklungsländern, besonders in Afrika • weltweit ungehemmter Ressourcenverbrauch • weltweite Umweltbelastung

AUFGABEN

?

1 Definieren Sie in Partnerarbeit den Begriff „Globalisierung“.

2 Zeigen Sie zwei ausschlaggebende Gründe für den Globalisierungsschub gegen Ende des 20. Jahrhunderts.

3 Welche vier wesentlichen Auswirkungen hat die Globalisierung Ihrer Meinung nach?

4 Erstellen Sie im Klassenverband auf Basis der Aufgabe 3 eine „Mindmap“.

5 „Der Globalisierungsprozess verändert die Weltwirtschaft“. Zeigen Sie in einem Fachbericht die Veränderungen durch die Globalisierung auf. Wenn möglich soll dies am Beispiel Ihres Ausbildungsbetriebes geschehen.

1.2 | Ziele der Logistik

SITUATION

Ein deutscher Jeansproduzent produziert in Deutschland und Ungarn. Jährlich werden ca. vier Millionen Jeansteile weltweit an Textilhändler verschickt. Um sich auf das Kerngeschäft der Jeansproduktion konzentrieren zu können, wird die Logistik an einen Logistikdienstleister vergeben.

1 **Welche Dienstleistungen übernimmt der Logistiker bei der Beschaffung für den Jeanshersteller?**

2 **Welche Dienstleistungen übernimmt der Logistiker beim Vertrieb für den Jeanshersteller?**

3 **Welche Gründe sprechen dafür, dass die Produktionslogistik in der Verantwortung des Herstellers bleibt?**

4 **Welche Ziele verfolgt der Jeanshersteller mit dem Outsourcing der Logistikleistungen?**

Tauschen Sie Ihre Ergebnisse im Klassenverband aus.

SACHDARSTELLUNG

Unter der Logistik versteht man die Versorgung der Unternehmen mit den notwendigen Produktionsquellen wie Gütern, Dienstleistungen und Informationen. Dabei überbrückt die Logistik Mengen-, Raum- und Zeitungleichheiten zwischen Angebot und Nachfrage. **Die Logistik verbindet räumlich und zeitlich getrennte Prozesse miteinander.**

Beispiel:

Die Firma Bosch produziert Anti-Blockier-Systeme (ABS) für die Automobilindustrie. Die dafür notwendigen Teile werden dazu weltweit eingekauft, so produziert und geliefert, dass sie just in time für die Produktion bei Bosch in Deutschland bereitstehen. Durch Datenfernübertragung (DFÜ) melden die Automobilhersteller ihren aktuellen Bedarf, der sich an der aktuellen Auftragslage für die einzelnen Modelle orientiert. Bosch produziert nun die angeforderten ABS zeitnah und liefert diese wieder just in time an den jeweiligen Automobilhersteller.

Dabei soll dann mithilfe der **Logistik** erreicht werden, dass
- die **richtigen ABS,**
- zur **rechten Zeit,**
- am **richtigen Produktionsort,**
- in der **richtigen Bestellmenge,**
- mit der **richtigen Qualität** (als „Null-Fehler"-Produkt),
- zu den **vereinbarten Kosten,**
- beim **richtigen Automobilhersteller** (Kunden)

zu Verfügung stehen.

5006534

Die Logistik umfasst daher **drei Leistungsbereiche:**

❶ Informationsleistungen	❷ Transport, Umschlags- und Lagerleistungen	❸ Zusatzleistungen
Logistikinformationen, sonstige Informationen	(TUL[1]-Logistik)	z. B. Kommissionierung, Verpackung

Mithilfe der Logistik werden vielschichtige Ziele angestrebt:

Hauptziele	Unterziele
• **Reduzierung der Logistikkosten** bei Transport, Umschlag und Lagerung • **Minimierung der Kapitalbindung** im Lager durch die Optimierung des Lagerbestands • besserer und schnellerer **Informationsaustausch** vom Lieferanten über den Produzenten/Händler bis zum Kunden (z. B. ECR) • **umweltgerechte Materiallösungen** für Transport, Produktion, Lagerung und Entsorgung	– Verkürzung der Lieferzeit – Erhöhung der Lieferflexibilität – hohe Lieferzuverlässigkeit – schnelle Reaktion auf Lieferstörungen – kurze Durchlaufzeiten in der Produktion – hoher Lagerumschlag durch – Reduzierung der Leerfahrten

Will man die Logistikkosten als Ganzes reduzieren, so darf man die einzelnen Elemente der **Logistikkette** nicht für sich allein betrachten. Logistik muss dabei als ein **vernetzter Prozess** verstanden werden, um die Gesamtkosten zu minimieren. In der Praxis kann es zu den folgenden **Kostenkonflikten** kommen, wenn nur einzelne Elemente der Logistikkette betrachtet werden:

- **Eine Transportkostenminimierung** führt zu hohen Lagerbeständen und diese zu hoher Kapitalbindung.
- **Eine Minimierung der Einkaufskosten** führt zu höheren Lagerbeständen und damit zu höheren Lagerkosten.
- **Zu geringer Verpackungsaufwand** führt oft zu Transportschäden und diese zu Produktionsverzögerungen und höheren Versicherungsprämien.
- **Ein hoher Kundenservicegrad** führt zu Außenlager bzw. hohen Lagerbeständen mit den entsprechend hohen Lagerkosten.
- **Die Abwicklung von Kleinstaufträgen** führt zu hohen Distributions- und Transportkosten, die den Auftrag unrentabel machen.
- **Zu geringe Lagerbestände** können zu Produktionsausfällen führen, die weitaus größere Folgekosten verursachen.

AUFGABEN

?

1 Erläutern Sie am Beispiel Ihres Ausbildungsbetriebs, was man unter dem Begriff „Logistik" versteht.

2 Welche drei Leistungsbereiche werden durch Logistikleistungen abgedeckt?

3 Zeigen Sie am Beispiel Ihres Ausbildungsbetriebs drei Hauptziele der Logistik auf.

4 Welche Nebenziele werden in Ihrem Ausbildungsbetrieb angestrebt?

5 Zeigen Sie am Beispiel Ihres Ausbildungsbetriebs zwei Kostenkonflikte in der Logistik auf.

1 TUL = Transport, Umschlag, Lagerung

1.3 | Logistikprozesse

SITUATION

> Der Logistikdienstleister Meyer & Meyer deckt nach Aussage des Geschäftsführers Michael Meyer „die gesamte logistische Kette im Textilbereich **vom Schaf bis zum Ladentresen** ab".

Erstellen Sie in Partnerarbeit die logistische Kette einer „Schurwollhose" vom Schaf bis zum Ladentresen in Ihrer Heimatstadt.

SACHDARSTELLUNG

Mit der **Unternehmenslogistik** möchte man über die Grenzen des eigenen Unternehmens hinaus die **Materialströme** und die **Informationsflüsse** planen, gestalten, steuern und kontrollieren. Materialstrom und Informationsfluss bilden den **Logistikprozess.**

Materialstrom und **Informationsfluss** innerhalb einer industriellen Unternehmenslogistik:

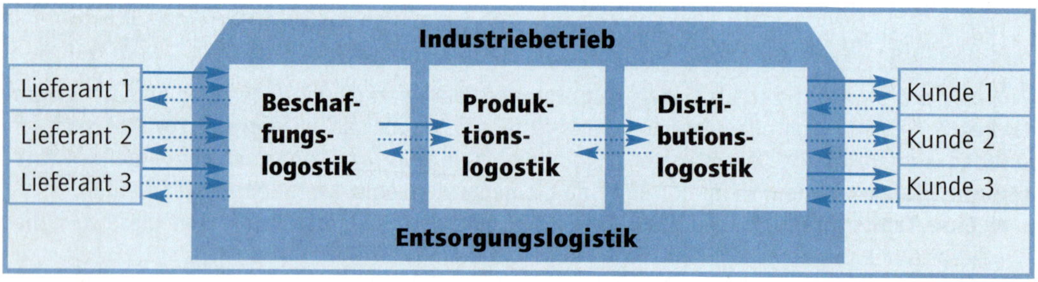

Materialfluss: ——► (überwiegend als **vorwärts gerichteter Materialfluss**)
Informationsfluss: ········ (als **vorlaufende**, als **warenbegleitende**, **nachfolgende** oder als **rücklaufende Informationen**)

> Jeder Materialfluss bedingt immer auch einen Informationsfluss.

Während der Materialfluss normalerweise vorwärts gerichtet ist, kann der **Informationsfluss**

- **vorauslaufen,** als vorlaufende Informationen,
- **parallel laufen** und den Materialfluss begleiten,
- dem Materialfluss **nachlaufen,**
- an den Absender **zurückgehen.**

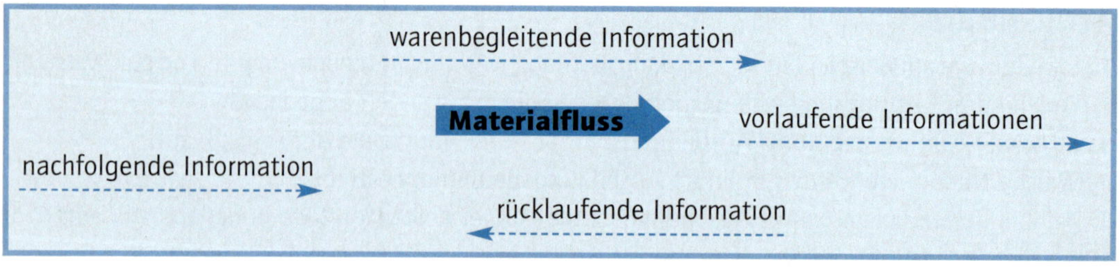

5006536

Computergestützte Informationssysteme ermöglichen einen **unternehmensübergreifenden Informationsfluss**. Damit können Kunden, Lieferanten, Spediteure und Frachtführer in den elektronischen **Informationsaustausch** einbezogen werden. In der Logistik haben **EDV-Informationssysteme** die folgenden **Aufgaben** zu erfüllen:

- **Datenaustausch** zwischen Absender, Spediteuren und Kunden sicherstellen,
- **Güterzuordnung** (Güteridentifikation) ermöglichen,
- **Güterverfolgung** auf dem Transportweg erlauben.

Ein Beispiel für solch ein computergestütztes Informationssystem ist **EDI** (Electronic Data Interchange). Es besteht aus Kommunikationsrechnern und Telekommunikationsnetzen. Damit können Anfragen, Angebote, Bestellungen, Warenbegleitpapiere, Avise, Rechnungen, Zahlungsanweisungen, Rückbelastungen usw. direkt **von EDV zu EDV übertragen** werden. Neben dem Informationsaustausch können Informationen auch verknüpft werden. So kann man jederzeit feststellen, an welcher Stelle des Materialflusses sich die Ware gerade befindet.

Eine Weiterentwicklung der EDI-Kommunikation ist **EDIFACT** (Electronic Data Interchange for Administration, Commerce and Transport). Dieses System ermöglicht einen globalen Informationsaustausch.

Damit die Abläufe in der Logistikkette beschleunigt werden, muss die **Güteridentifikation** mithilfe der EDV gewährleistet sein. Durch das Abscannen von EAN-Nummersystemen an der Ware können so die Warenerfassung, die Kommissionierung und die Disposition wesentlich schneller abgewickelt werden. Zudem erhält jedes Packstück durch das Abscannen an den Schnittstellen (Übergabestellen) eine „Historie". Auf dieser Basis kann dann jede Sendung über **Sendungsauskunftssysteme** (SAS) durch den Absender, den Spediteur oder den Empfänger auf dem Transportweg verfolgt werden.

Beispiel:

Der Lieferant beliefert die Robert Bosch GmbH mit Gehäusen für ABS.
Im Bereich der Beschaffungslogistik wird der **vorwärtsgerichtete Materialfluss** durch eine „EDI-Bestellung" der Robert Bosch GmbH beim Lieferant ausgelöst.
Jede Transportkiste ist mit einer EAN-Nummer versehen und wird an den jeweiligen Übergabestellen abgescannt. Die Daten werden in die EDV übernommen.

Zum dazu notwendigen weiteren Informationsfluss **gehören** z. B.:

- als **vorlaufende Information:** die Lieferterminanzeige des Lieferanten
- als **warenbegleitende Information:** Festlegung der notwendigen Bestellmenge, Lieferpapiere, die jeweilige Schnittstelle auf dem Transportweg
- als **nachfolgende Information:** Kontrolle der tatsächlich gelieferten Gehäusemenge, interne Fehlmengenmeldung/Qualitätsmängel
- als **rücklaufende Information:** Ablieferungsbescheid, Fehlerquote, Zahlungsanweisung für die erfolgte Lieferung

Im Jahr 1987 lagen nach einer Untersuchung die durchschnittlichen Logistikkosten eines Industriebetriebs bei 14,3 % des Umsatzes. Heute gelten 5 % Logistikkosten als realistische Zielgröße. Mit einer **optimierten Logistik** stärken Unternehmen ihre **Wettbewerbssituation.**

Der **Logistikprozess**/eine **Logistikkette** ist dann erfolgreich, wenn damit die folgenden Zielvorstellungen erreicht werden können:

- **Lieferzeitoptimierung:** Die Zeitspanne zwischen der Auftragserteilung durch den Kunden und der Auslieferung der Ware an ihn soll möglichst kurz sein. Gut geplante **Logistikprozesse verkürzen die Durchlaufzeiten** in den einzelnen Prozessstufen und damit auch die Lieferzeit.
- **Lieferzuverlässigkeit:** Besonders bei „Just-in-time"-Lieferungen ist eine hohe Lieferzuverlässigkeit unerlässlich. Als Servicekomponente ist die Einhaltung der zugesagten Lieferzeit für die Prozessplanung des Empfängers entscheidend. Vorlaufende Informationen des Absenders erleichtern dabei die Planungen des Empfängers.
- **Lieferflexibilität:** Kundenwünsche können sehr schnell wechseln. Durch Planungssysteme, wie das „Efficient Consumer Responce" (ECR), kann der Produzent frühzeitig seine Produktionsplanungen auf die sich wandelnden Kundenwünsche ausrichten.
- **Warenbeschaffenheit:** Liefergenauigkeit und eine optimale Lieferqualität sind heute die Voraussetzung vieler Produktionsprozesse. Somit muss die Ware unbeschädigt und funktionstüchtig den Empfänger erreichen. Logistikprozesse müssen folglich **„Null-Fehler-Lieferungen"** und eine hohe Transport- und Verpackungsqualität sicherstellen. In den Qualitätsanforderungen für Auspuffsysteme der Automobilindustrie werden nur bis 5 PpM (parts per million) erlaubt, d. h., von einer Million gelieferter Teile dürfen höchstens fünf fehlerhaft sein.

Beim **Materialfluss im Unternehmen** fallen folgende Tätigkeiten an:

- **Informationsbereitschaft:** Ein unbeschränkter Informationsaustausch zwischen allen Stufen des Logistikprozesses ist die Basis einer funktionierenden Logistik. Informationen können vorlaufend, warenbegleitend, nachfolgend und auch rücklaufend sein. Im Logistikprozess ist darauf zu achten, dass die Informationssysteme untereinander kompatibel sind, damit ein **unbeschränkter Informationsaustausch** im Logistikprozess möglich ist.

Um ihre Kostenvorteile in der Logistik zu erreichen, werden Logistikleistungen oft an **Logistikspezialisten**, wie Spediteure, weitervergeben **(Outsourcing)**. Als Vorbild gilt hier die Spedition Fiege. Das Unternehmen Fiege wandelte sich in den Neunzigerjahren von der traditionellen Spedition zum größten Lebensmittel-Logistikdienstleister in Europa.

Für die Einschaltung eines Logistikspezialisten sprechen folgende **Vorteile:**
- Der Auftraggeber kann sich auf sein **Kerngeschäft konzentrieren** und gibt logistische Routinefunktionen an einen Spezialisten weiter.
- Der Spezialist verfügt über ein **weit reichendes Leistungsspektrum** mit internationalen Strukturen.
- Der Spezialist arbeitet mit **Kostenvorteilen durch Bündelung** verschiedener logistischer Prozesse. Er erzielt dadurch eine gleichmäßige Auslastung und geringe Stückkosten.
- Der Spezialist bietet **vernetzte Informationssysteme** bei der Auftragsabwicklung, im Lager und beim Transport (z. B. Sendungsverfolgungssysteme).
- Der Spezialist bietet auch **Flexibilitätsvorteile**, weil er als Spezialist schneller auf wandelnde Marktgegebenheiten mit der Bereitstellung von Menschen, Technik und Informationssystemen reagieren kann.

Beispiel:

Ein Logistik-Generalunternehmer bietet für einen Kunden der Elektronikindustrie folgendes Branchenkonzept:

Das **integrierte Logistikkonzept** umfasst die gesamte Logistikkette von der Beschaffung bis zur Distribution einschließlich einer internationalen **Zulaufsteuerung, Zusatzleistungen** wie Warenbearbeitung, Preisauszeichnung, Lagerung, Retourenbearbeitung und ein gesamteuropäisches **Distributionskonzept.**

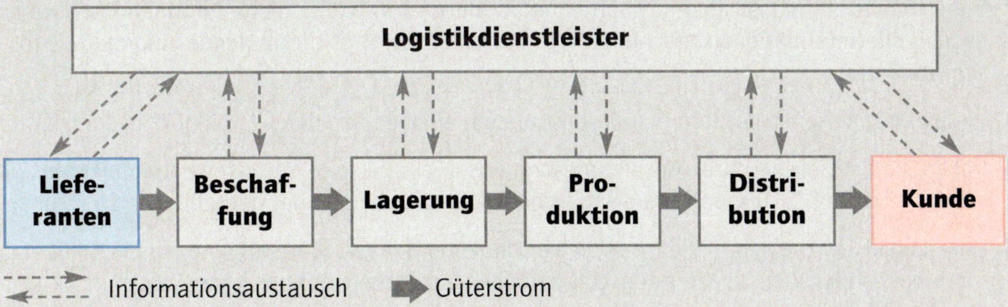

ZUSAMMENFASSUNG		
Begriff Logistik	Versorgung der Unternehmen mit den erforderlichen Produktionsmitteln wie Sachgütern, Dienstleistungen und Informationen	
Aufgabe der Logistik	Verbindung räumlich und zeitlich getrennter Prozesse	
Leistungsbereiche der Logistik	• Informationsleistungen • Transport-, Umschlags-, Lagerleistungen • Zusatzleistungen	
wesentliche Ziele	Kostenreduzierung, geringere Kapitalbindung durch Steuerung der Lagerbestände und schneller Informationsaustausch (aber: innerhalb der Logistikkette kann es zu Kostenkonflikten kommen, wenn eine Maßnahme zu Kostensenkungen führt, diese aber in anderen Bereichen höhere Kosten verursacht)	
Bestandteile des Logistikprozesses	• Materialströme • Informationsströme	
Teilbereiche der Logistik	• Beschaffungslogistik • Produktionslogistik	• Distributionslogistik • Entsorgungslogistik
Informationstechnologie ermöglicht ...	• vorlaufenden, • warenbegleitenden,	• nachfolgenden und • rücklaufenden Informationsaustausch.
Kennzeichen erfolgreicher Logistikprozesse	• Lieferzeit wurde optimiert. • hohe Lieferzuverlässigkeit	• Lieferflexibilität ist gegeben. • hohe Lieferqualität
Gründe für Fremdvergabe von Logistikleistungen	• Konzentration auf das eigene Kerngeschäft • weit reichendes Leistungsspektrum • vernetzte Informationssysteme • Kostenvorteile der Logistikdienstleister	

? AUFGABEN

1 Zeigen Sie am Beispiel Ihres Ausbildungsbetriebs den Materialstrom und den Informationsstrom vom Lieferanten bis zum Kunden auf.

2 Geben Sie aus Ihrem Ausbildungsbetrieb je ein Beispiel für vorlaufende Informationen, warenbegleitende Informationen, nachfolgende Informationen und rücklaufende Informationen im Logistikprozess.

3 Welche Möglichkeiten des Informationsaustausches ergeben sich durch „EDIFACT" in der Logistik?

4 Geben Sie am Beispiel Ihres Ausbildungsbetriebs je ein Beispiel für Lieferzeitoptimierung, Lieferzuverlässigkeit, Lieferqualität und Informationsbereitschaft in der betrieblichen Logistik an.

5 Überzeugen Sie in einem Rollenspiel als Versandleiter den Geschäftsführer davon, dass der Einsatz eines Logistikdienstleisters dem Unternehmen nur Vorteile bringen kann. Sammeln Sie zuvor Ihre Argumente und notieren Sie diese in Stichworten.

1.4 | Lagerwirtschaft als Teilbereich der Logistik

SITUATION

Der Logistikdienstleister M+M übernimmt im Rahmen eines Logistikprojekts auch das Distributionslager eines Jeansherstellers in Künzelsau. Pro Jahr werden hier dann über vier Millionen Bekleidungsteile umgeschlagen.

1 Welche Arbeiten im Distributionslager werden nun durch den Logistikdienstleister übernommen?

2 Das Distributionslager hat zwei Schnittstellen, den Wareneingang und den Warenausgang. Welche Schnittstellenkontrollen sind im Einzelnen notwendig?

3 Welche technischen Hilfsmittel können zur Arbeitserleichterung und zur Qualitätserhöhung bei den Schnittstellenkontrollen eingesetzt werden?

SACHDARSTELLUNG

Die Lagerwirtschaft ist ein Kernbereich in den logistischen Abläufen. Egal, wie die Logistikkette beschaffen ist, die **Lagerwirtschaft** ist neben dem Transport ein unverzichtbares Element in jeder Logistikabwicklung.

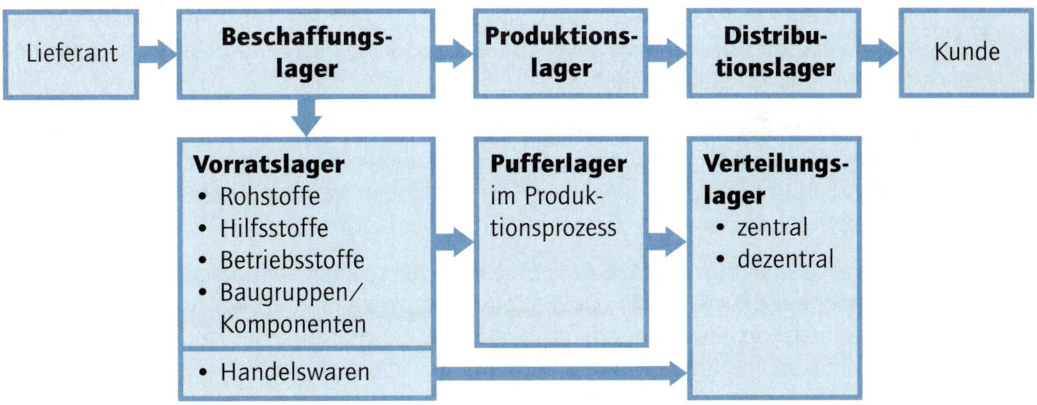

1.4.1 | Optimierung logistischer Abläufe in der Lagerwirtschaft

Innerhalb der Logistik sollen die einzelnen Lagerarten so geführt werden, dass die Lagerkosten minimiert werden. Andererseits soll durch eine Lagerung der Güter eine **stetige Lieferbereitschaft** in jeder Stufe einer Logistikkette gewährleistet werden. Zusätzlich gibt es heute einen Trend zu immer kleineren Bestellmengen, die in immer kürzeren Lieferzeiten an den Kunden ausgeliefert werden sollen.

Durch Wirtschaftstechniken wie **„Leanproduction"** (schlanke Produktion) sollen diese Probleme auch in der Logistik gelöst werden.

Ziele „schlanker" Produktions- und Logistikabläufe:

Produktentwicklungszeit (durch ECR) verkürzen:	1/2	Lagerbestände – Produktion verringern:	1/10
Produktionsfläche verkleinern:	1/2	Lagerbestände – Fertigwaren verringern:	1/4
Produktionszeit verkürzen:	1/2		

„Schlanke" Leistungsprozesse sind durchgehend **kundenorientiert** ausgerichtet. Produktion bzw. Kommissionierung werden durch die Kundenbestellung ausgelöst. Alle Arbeitsprozesse sind darauf ausgerichtet, diese Kundenbestellung in der kürzesten Zeit zu optimierter Qualität ohne Fehler auszuführen.

„Leanproduction" basiert auf einer **ständig lernenden Organisation,** bei dem ein aktiver, mitdenkender Mitarbeiter erforderlich ist. Alle Prozessabläufe verlangen eine **Rückkoppelung,** die zu ständigen Verbesserungen der Arbeitsergebnisse führen soll. Damit wird das Unternehmen auch wirtschaftlich erfolgreicher, weil die Wertschöpfung auch innerhalb der Lagerwirtschaft somit ständig erhöht wird.

„Leanproduction" baut auf den folgenden **Prinzipien** auf, die auch in der Lagerwirtschaft gelten:

- **Umfassende und ständige Kundenorientierung:** Alle Tätigkeiten im Unternehmen sollen auf den Kunden und seine Wünsche ausgerichtet werden. Alle Leistungsprozesse werden erst durch die **Kundenbestellung** ausgelöst. Der Kunde soll im Zentrum des unternehmerischen Denkens und Handelns stehen.
- **Gruppenarbeit in Eigenverantwortung:** Die Arbeiten werden in der Gruppe erledigt. Jedes Gruppenmitglied ist in der Lage, alle anfallenden Arbeiten zu erledigen. Deshalb kann die anfallende Arbeit variabel verteilt werden. Entscheidungen werden in der Gruppe im Einvernehmen getroffen und dann von der ganzen Gruppe verantwortet.
- **Ständige Verbesserung der Arbeitsprozesse:** Durch einen kontinuierlichen, d. h. ständigen Verbesserungsprozess (KVP) sollen alle Arbeitsprozesse hinterfragt werden. Das Nachdenken über die Verbesserung der Arbeitsabläufe und die Erhöhung der Produkt- und Arbeitsqualität ist die ständige Aufgabe aller Mitarbeiter im Unternehmen.
- **Sofortige Behebung auftretender Fehler im Arbeitsprozess:** Jeder Fehler ist eine Störung des betrieblichen Leistungsprozesses. Daher müssen Fehler sofort abgestellt werden, sobald diese erkannt sind. Durch eine Ursachenanalyse soll die Ursache des Fehlers erkannt und dann abgestellt werden.
- **Ständiges Streben nach höchstmöglicher Qualität (Total Quality Management – TQM):** Ziel aller Arbeitsprozesse in der Produktion und im Lager ist das Abliefern höchstmöglicher Qualität. Deshalb werden für die einzelnen Arbeitsbereiche von den Arbeitsgruppen anzustrebende Qualitätsziele bestimmt. Durch ständige Rückkopplung sollen diese Ziele dann von der Gruppe erreicht werden.

5006542

- **Organisiertes „Feedback":** Alle Mitarbeiter müssen über die Arbeitsergebnisse der eigenen Gruppe und des Arbeitsbereichs regelmäßig und umfassend informiert werden. Damit kann sich die Gruppe auch in ihrem Arbeitsbereich qualitativ einordnen und Verbesserungen anstreben.
- **Wertschöpfung vor Verschwendung:** Alle Tätigkeiten innerhalb der Arbeitsprozesse werden in „blaue", d. h. wertschöpfende Tätigkeiten und „rote", d. h. Tätigkeiten ohne Wertschöpfung eingeteilt. Im Unternehmen sollten die „roten" Tätigkeiten weitgehend vermieden werden, weil diese letztlich nur Verschwendung (waste) bedeuten, Kosten verursachen und nichts zur Betriebsleistung beitragen.
- **Standardisierung von Arbeitsabläufen:** Arbeitsvorgänge sollten im Unternehmen möglichst vereinheitlicht werden. Durch die Beschreibung und Normierung von Abläufen können sie besser erfasst werden und neue Mitarbeiter können sich leichter einarbeiten.

1.4.2 | Lagerwirtschaft in der Beschaffungslogistik

Aufgabe der betrieblichen Beschaffung ist die Versorgung des Industrie- bzw. des Handelsunternehmens mit Bedarfsgütern für den jeweiligen Leistungsprozess. Beim Handelsunternehmen soll damit die **Lieferbereitschaft** für das gesamte Sortiment gewährleistet werden. Der Industriebetrieb muss durch die **vollständige Beschaffung der Bedarfsgüter** in der Lage sein auftragsbezogen zu produzieren.

Aufgaben der Beschaffungslogistik sind dabei:
- Planung, Durchführung, Steuerung und Kontrolle des Material- und Informationsflusses[1],
- Warenannahme und Warenprüfung,
- evtl. Warenmanipulationen wie Sortieren, Umpacken, Auszeichnen usw.,
- sachgerechte Lagerung der Waren und kaufmännische Lagerverwaltung,
- Lagerdispositionen wie Kommissionierung, Umlagerungen usw.,
- innerbetrieblicher Transport zur Produktion bzw. zum Warenausgang oder Verkaufsraum.

Mithilfe der Beschaffungslogistik sollen somit alle Güter für den geplanten Leistungsprozess des Unternehmens **zeit- und verwendungsgenau** bereitgestellt werden. In der betrieblichen Praxis herrschen heute **drei Bereitstellungsprinzipien** vor:

1. **Einzelbeschaffung im Bedarfsfall**
   Bei diesem Prinzip werden die Güter erst dann bestellt, wenn der Bedarf auftritt. Diese Güter werden in der Regel **nicht gelagert.** Daher sind in diesem Fall die Lager- und Kapitalbindungskosten sehr gering. Jedoch muss hier der Liefertermin genau bestimmt werden und der Lieferant muss diesen Termin exakt einhalten. Sonst kann es zu hohen Zusatzkosten durch Lieferungsverzögerungen kommen. Bei der Einzellieferung entstehen oft auch höhere Transportkosten. Das Einzelbeschaffungsprinzip wird in der Praxis nur dann angewendet, wenn die Güter sofort beschaffbar sind oder wenn der Bedarf am Markt sehr kurzfristig auftritt.

1 Beschaffungsablauf, Bedarfsermittlung, Make-or-buy-Entscheidungen, optimale Bestellmenge, Bestellverfahren und ABC-Analyse werden in LF 11 „Güter beschaffen" ausführlich behandelt.

Beispiel: *Eine Sanitätsgroßhandlung beschafft hochwertige Luxus-Duschabtrennungen aus Spezialglas direkt beim Hersteller. Dieser liefert aus seinem Lagerbestand innerhalb von 24 Stunden frei Haus. Im Rahmen der Einzelbeschaffung ist der Sanitärgroßhändler dann in der Lage, seinen Kunden innerhalb von 48 Stunden nach Bestellungseingang zu beliefern. Er spart dadurch Lagerkosten. Zudem muss er diese teure Ware nicht vorfinanzieren, wenn sein eigenes Zahlungsziel das des Kunden übersteigt.*

2. Beschaffung mit Vorratshaltung

Vorratsgüter werden betriebsintern bereitgehalten und stehen somit umgehend zur Verfügung. Das Unternehmen ist daher von Schwankungen und Unzuverlässigkeiten der Lieferanten unabhängig. Durch den Bezug größerer Mengen kann auch ein niedriger Preis pro Einheit erzielt werden.

Die Vorteile werden aber durch **hohe Kapitalbindungskosten** und **höhere Lagerkosten** mehr als ausgeglichen. Das Risiko, dass die Ware zu lange liegt, veraltet oder verdirbt, liegt beim Unternehmen selbst.

Beispiel: *Das Kernsortiment hält eine Sanitärgroßhandlung auf Lager. Besonders Teile, die importiert werden müssen, werden auf Lager gehalten.*

3. Just-in-time-Anlieferung

Mit diesem dritten Prinzip versucht man die Vorteile der ersten beiden Prinzipien zu vereinen und gleichzeitig deren Nachteile zu vermeiden.

Güter mit einem hohen genau berechenbaren Tagesbedarf werden tagegenau bestellt und fix angeliefert – in der Industrie auch schichtgenau. Dadurch erreicht man für diese Güter sehr kurze Durchlaufzeiten. **Lagerhaltung in klassischem Sinne ist nicht mehr notwendig.** Jedoch müssen die Lieferanten bei diesem Prinzip absolut termingenau liefern, damit es nicht zu Leistungsverzögerungen kommt. Zusätzlich sollen die Lieferanten in der Lage sein auf Nachfrageschwankungen beim Kunden umgehend zu reagieren. **Ein Teil der Lagerhaltung wird damit auf den Lieferanten rückverlagert.**

Dieses System ist bei allen Vorteilen für Lieferabrisse durch Streiks, Witterungseinflüsse usw. sehr anfällig. In solchen Fällen entstehen sehr hohe **Ausfallkosten.** Diese liegen in der Automobilindustrie bei ca. 35.000,00 EUR pro zehn Minuten Produktionsausfall.

Beispiele:
1. *In einer Sanitärgroßhandlung wird der tägliche Bedarf an Rohrleitungsinstallationsmaterial vom Hersteller just in time angeliefert und sofort an die Kunden weitergeleitet.*
2. *Der Stahl für das Presswerk eines Automobilproduzenten wird von einem Stahlgroßhändler täglich schichtgenau angeliefert und umgehend zu Fahrzeugteilen gepresst.*
3. *Ein Autositzhersteller produziert die georderten Sitze einer Produktionsschicht just in time. Die Sitze werden dann taktgenau an der Produktionsstraße zum Einbau bereitgestellt.*

Am Beginn der gesamten Logistikkette stehen die **Lieferantenbeziehungen.** Von diesen hängt letztlich die Lieferanten- und die Beschaffungsstruktur innerhalb der Beschaffungslogistik ab.

5006544

Mithilfe der **Beschaffungslogistik** versuchen die Unternehmen, ihre Kapitalbindungskosten durch die Lagerhaltung, ihre Lagerkosten und die Wiederbeschaffungszeiten ihrer Güter zu reduzieren.

Diese Ziele versucht man mit den folgenden **Konzepten** zu erreichen:

1. Durch Rückgriff auf **internationale Beschaffungsquellen** macht man sich von nationalen Zulieferern unabhängig und erzielt meist auch noch Kostenvorteile.
2. Durch **Konzentration auf einen Lieferanten** wird dieser optimal in die Zulieferungsanforderungen des eigenen Unternehmens eingebunden.
3. Ein Lieferant versorgt das Unternehmen mit ganzen **Baugruppen**. Somit kann die Fertigungstiefe des eigenen Unternehmens reduziert werden. In der Automobilindustrie liegt die Fertigungstiefe nur noch bei ca. 30 %. Nicht mehr einzelne Teile, sondern das gesamte Armaturenbrett wird heute in die Autoproduktion geliefert und als Ganzes eingebaut. Beschaffungsaufgaben, Produktion und Qualitätssicherung werden somit auf den Lieferanten verlagert.

PRAXISFALL

① Ein süddeutscher Sportwagenhersteller bezieht seine Hochgeschwindigkeitsreifen von verschiedenen Herstellern, die miteinander konkurrieren.

② Die Sportsitze liefert nur ein namhafter Hersteller, mit dem zusammen die Sitze seit Jahren entwickelt werden. Ebenso liefert nur ein Getriebehersteller die Getriebe der Sportwagen, da diese zusammen mit dem Motorenbau entwickelt werden müssen.

③ Das elektronische Bremssystem wird als Baugruppe von einem Lieferanten beschafft. Ebenso liefert nur ein Zulieferer die Scheinwerfer- und Rücklichtkomponenten just in time.

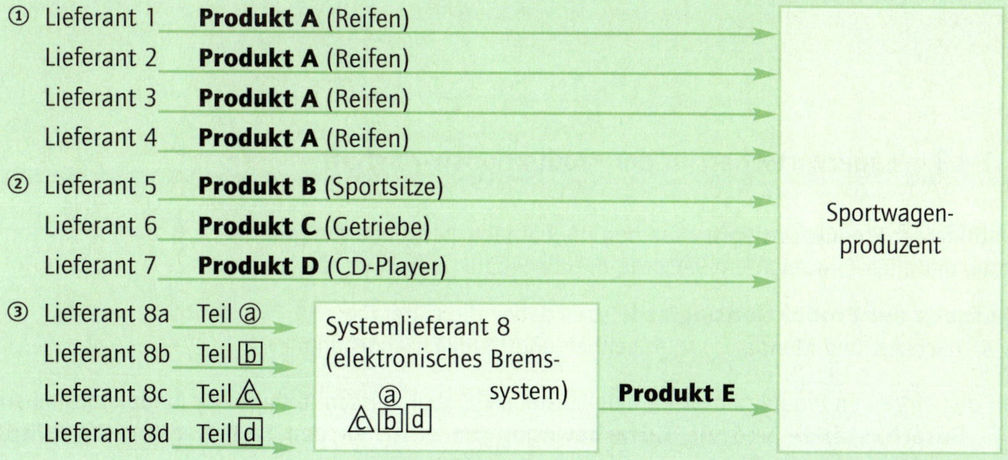

Voraussetzungen für den problemlosen Einsatz des Just-in-time-Prinzips:

- eine möglichst gemeinsame Bestandsführung von Lieferant und Kunde
- die Bereitschaft zu einer vertrauenswürdigen, langfristigen Zusammenarbeit zwischen Lieferant und Kunde
- eine gleich bleibend hohe Lieferbereitschaft des Lieferanten
- der Aufbau einer guten Verkehrsinfrastruktur zwischen Lieferant und Kunde
- die Bereitschaft des Lieferanten, möglichst in Werksnähe zu produzieren, um lange Transportwege und die damit verbundenen Lieferrisiken zu minimieren
- die Informationssysteme zwischen Lieferant und Kunden müssen aufeinander abgestimmt und miteinander verbunden sein
- ein gleich bleibend hoher Qualitätsstandard des Lieferanten

Das Just-in-time-Prinzip hat viele **Vorteile,** jedoch auch **Nachteile.** Das sind unter anderem:

Vorteile	Nachteile
• **Reduzierung des Lagerbestandes** auf eine minimal notwendige Sicherheitsreserve • **Nutzung bisheriger Lagerflächen** für andere Zwecke, z. B. Erweiterung der Fertigungsbereiche • **Senkung der Lagerkosten** • **Steigerung der Produktivität** • **Verkürzung der Durchlaufzeiten** von der Fertigung bis zur Lieferung der Ware • **schnellere Lieferung** an den Endverbraucher • Aufbau einer engen **Vertrauensbasis** zwischen Lieferant und Kunden	• sehr **aufwändige Planung** und Organisation der Lieferantenabrufe • **Gefahr von Störungen** und Ausfällen im Fertigungsprozess bei Lieferproblemen • **erhöhte Transportkosten** durch häufigere Anlieferungen • zunehmende **Umweltbelastung** (Lärm, Abgase usw.) durch erhöhtes Verkehrsaufkommen • Möglichkeit der **Abhängigkeit** des Kunden vom Lieferanten und umgekehrt

1.4.3 | Lagerwirtschaft in der Produktionswirtschaft

Mithilfe der Produktionslogistik werden die betrieblichen Bedarfsträger, wie z. B. die Produktionslinie, mit allen Einsatzgütern versorgt, die zur Produktion notwendig sind.

Aufgabe der Produktionslogistik ist es dabei, die Güter

- nach Art und Menge,
- zeitlich und räumlich abgestimmt

an den einzelnen Produktionsorten bereitzustellen. Dabei müssen mithilfe der Produktionslogistik die **Güterbestände** und die **Güterbewegungen** zwischen den Fertigungsorten **geplant, gesteuert** und **kontrolliert** werden.

In der Praxis organisieren die Unternehmen ihre Produktionslogistik selbst, weil
- die Planung und Steuerung der Produktion zu den Kernaufgaben eines Produktionsbetriebs gehören,
- eine materialflussgerechte Fabrikstruktur vom Unternehmen selbst geplant und umgesetzt werden sollte.

In der Produktionslogistik haben sich in den letzten Jahrzehnten **vier Konzepte zur Güterversorgung** der Produktionsorte im Unternehmen herausgebildet:

1. **Satellitenzulieferung:** Zulieferbetriebe siedeln sich in Industrieparks um das Werksgelände des Kunden an. Damit werden die Zulieferteile auf dem schnellsten Weg direkt der Produktion zugeführt. Durch die räumliche Nähe ist eine schnelle Rückkoppelung und Fehlerbehebung möglich. Die Lagerhaltung wird auf den Zulieferer rückverlagert.
2. **Logistikdienstleister:** Logistik-Dienstleister lagern in eigenen Gebäuden Kleinteile, Komponenten, Einbauteile und Handelswaren zwischen. Diese werden nach Abruf durch den Produzenten in kürzester Zeit direkt an der Produktionslinie bereitgestellt.
3. **Just-in-time-Zulieferung:** Vor allem Rohstoffe und Baugruppen werden innerhalb eines vorgegebenen Zeitfensters produktionssynchron angeliefert und umgehend verarbeitet.
4. **Fertigungsbedingte Pufferlager:** Bestimmte Fertigungsprozesse machen Pufferlager zwischen einzelnen Produktionsschritten notwendig. In der Automobilindustrie werden Rohkarosserien vor und nach der Lackierung in Paternosterlagern gepuffert, bis sie zur Endmontage abgerufen werden.

Mit der **Produktionsplanung** versucht man die Durchlaufzeiten bzw. Produktionszeiten zu verkürzen. Der Materialfluss muss durch die Produktionslogistik so gesteuert werden, dass die Produktion verzögerungsfrei mit möglichst wenigen Pufferlagern stattfindet. Durch schlanke Produktions- und Zulieferprozesse wird dieses Ziel heute in vielen Unternehmen verwirklicht.

1.4.4 | Lagerwirtschaft in der Distributionslogistik

Aufgabe der **Distributionslogistik** ist die Verbindung des Unternehmens mit dem Kunden durch den Güteraustausch. Distribution besteht aus der **Kombination von zwei Teilbereichen:**

Kundenbeziehung	Distributionslogistik
• rechtlich durch die Abwicklung des Kaufvertrags • ökonomisches Geflecht zwischen Lieferant und Kunde • Informationsaustausch • soziale Beziehungen	• **Raumüberbrückung** durch Transport • **Zeitüberbrückung** durch Lagerung • **Mengenausgleich** durch Pufferung • **Sortimentsausgleich** durch Lagerung von z. B. Saisonwaren

Die wichtigsten **Tätigkeiten in der Distributionslogistik** bestehen aus

- **Lagerungsvorgängen** bis zum Verkauf der Waren,
- **Kommissionierungsvorgängen,**
- **Verpackungsvorgängen,**
- **Transportvorgängen** zum Kunden.

Eine zentrale Tätigkeit in der Distributionslogistik ist die **Festlegung der betrieblichen Distributionsstruktur,** d. h. die Entscheidung über die Anzahl und die Lage der Fertigwarenlager.

Mit der Festlegung der **vertikalen Distributionsstruktur** entscheidet man über die **Anzahl der Lagerstufen:**

- **Werkslager** – räumlich an der Produktionsstätte angesiedelt,
- **Zentrallager** – enthalten das gesamte Sortiment des Unternehmens,
- **Regionallager** – enthalten nur Teile des Sortiments,
- **Auslieferungslager** – liegen dezentral im Verkaufsgebiet, sind meist bei Speditionen angesiedelt, enthalten meist regional absatzstarke Produkte.

Die **horizontale Distributionsstruktur** umfasst die Entscheidung über die **Anzahl der Lager in den einzelnen Stufen selbst. Bestimmungsgründe für die Anzahl der Lager** sind:

- die Größe des Kundenkreises/des Abnehmerkreises,
- das Bestellverhalten der Kunden,
- der angestrebte Servicegrad,
- die eigenen Produktionsstandorte,
- die Höhe der eigenen Lagerkosten,
- die Transportkosten für die eigenen Produkte.

Beispiele *zur Distributionsstruktur von Unternehmen:*

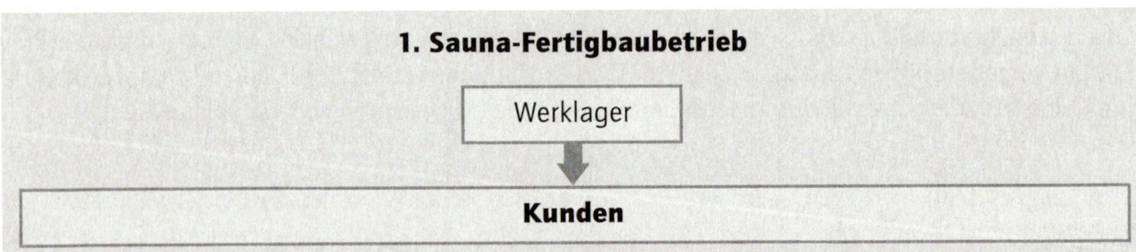

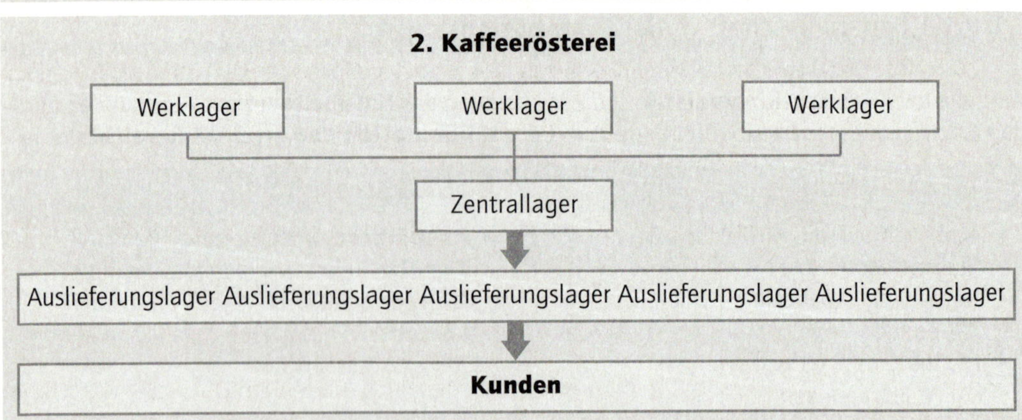

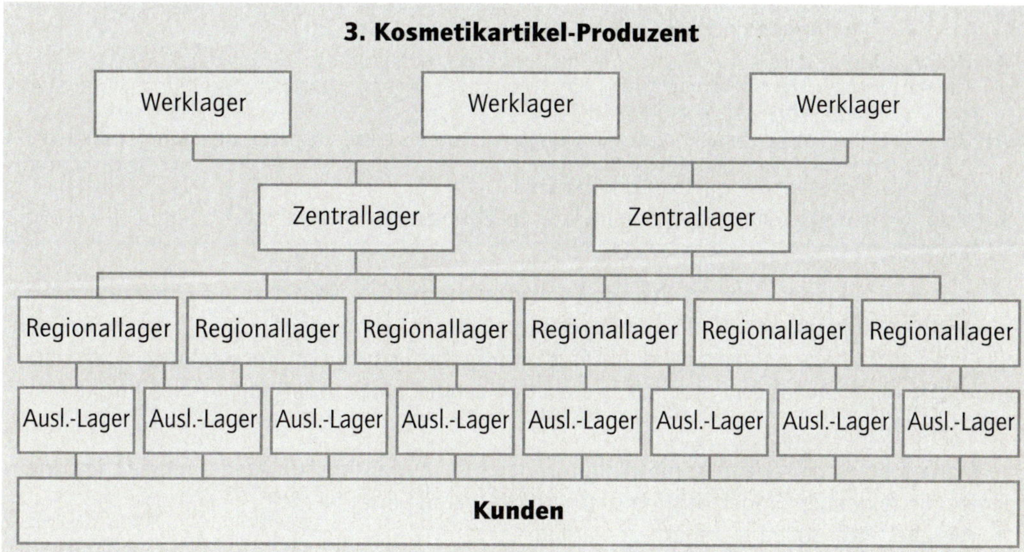

Die Gestaltung des **Distributionsnetzes** ist letztlich von **zwei konkurrierenden Zielen abhängig:**

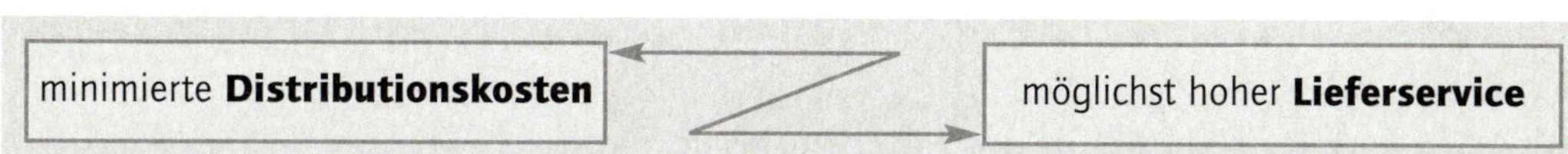

In einem direkten Zusammenhang mit der betrieblichen Distributionsstruktur/Warenverteilstruktur steht die Lagerhaltung.

Die **Lagerhaltung** hat innerhalb der Distributionslogistik folgende **Aufgaben:**

- **Mit dem Aufbau von Lagerbeständen im Distributionslager** können größere Transportmengen erreicht werden und dadurch günstige **Transportkonditionen.**
- **Mit dem Aufbau von Lagerbeständen im Distributionslager** wird der **zeitliche und mengenmäßige Ausgleich** zwischen Produktion und Nachfrage, vor allem bei Saisonware, geschaffen.
- **Mit dem Aufbau von Lagerbeständen im Distributionslager** wird eine **Sicherungsfunktion** erfüllt, um jederzeit lieferbereit zu sein.
- **Mit dem Aufbau von Lagerbeständen im Distributionslager** kann die **Veredelung** der Ware durch Reifung, Trocknung, Alterung usw. vorgenommen werden.

Nicht alle Güter müssen im Distributionsprozess gleich gelagert werden. Über die ABC-Analyse kann man eine **selektive Lagerhaltung** betreiben:

A Artikel	... sind **umsatzstark.** Daher ist es sinnvoll, diese in Regionallager vorzuhalten.
B Artikel	... sind **weniger umsatzstark.** Daher ist es sinnvoll, diese in wenigen ausgesuchten Auslieferungslagern zu halten.
C Artikel	... haben einen **geringen Umsatz.** Sie werden nur in Werklagern bzw. im Zentrallager eingelagert.

Wird dem Kunden jedoch ein **24-Stunden-Service** zugesichert, wird man als Unternehmen von der selektiven Lagerung Abstand nehmen. Dann müssen im Sinne eines hohen Lieferservice mehr Artikel in Kundennähe gelagert werden. Die **Kommissionierung** und **Verpackung** sind weitere Teilprozesse in der Distributionslogistik. Sie wurden bereits in den vorangegangenen Kapiteln ausführlich behandelt.

Der **Transport** ist die zweite Kernfunktion in der Distributionslogistik. Dabei müssen im Unternehmen die folgenden Fragen aus logistischer Sicht beantwortet werden:

- **Welche** Güter sollen transportiert werden?
- **Womit** sollen/können diese Güter transportiert werden?
- **Wie oft** sollen/können diese Güter transportiert werden?
- **Wer** soll diese Transporte durchführen?

Die Abwicklung der sich daraus ergebenden **Transportkette**, wie z. B. bei der Citylogistik, wurde in den vorangegangenen Kapiteln ausführlich dargestellt.

1.4.5 | Lagerwirtschaft in der Entsorgungslogistik

Die Entsorgungslogistik läuft **quer** zur gesamten Logistikkette (siehe Schaubild im Kapitel 1.3). Aus dem Beschaffungs-, Produktions- und Distributionsbereich werden Güter, Reststoffe und Abfälle gesammelt und versorgt. Die Entsorgungslogistik erfüllt damit auch Aufgaben aus dem Abfallwirtschaftsgesetz für die beteiligten Unternehmen. Hierbei ist die Gestaltung des Informationsaustausches und der Informationsrückschluss besonders wichtig. An der **Schnittstelle zur Beschaffungslogistik** müssen die Reststoffe und Abfälle entsorgt werden. Im Bereich der Getränkeherstellung wird auch der Rücktransport und die Lagerung des Leergutes geplant und umgesetzt. An der **Schnittstelle zur Produktionslogistik** müssen Abfälle und Reststoffe aus der Produktion entsorgt, aufbereitet oder wieder verwertet werden. Abfälle aus Pressen werden beispielsweise wieder an die Stahlwerke zurückgeführt. An der **Schnittstelle zur Distributionslogistik** müssen Verpackungsabfälle entsorgt, Retouren- und Reparaturware zum Absender zurückgeführt werden. Entsorgungsgüter werden meist **zwischengelagert.** Durch Sammlung und Trennung wird die Sortenreinheit der Stoffe erhöht, die Entsorgungskosten werden verringert. Große Entsorgungslogistiker, wie die Stinnes AG, betreiben eigene **Verwertungsanlagen.** In der Praxis übernehmen viele Logistik-Dienstleister auch Entsorgungsaufgaben. Sind Gefahrstoffe zu entsorgen, so geschieht dies meist durch Spezialbetriebe der Entsorgungslogistik.

5006550

ZUSAMMENFASSUNG

Leanproduction optimiert die Lagerwirtschaft und die Produktion durch...	• ständige Kundenorientierung, • Gruppenarbeit in Eigenverantwortung, • ständige Verbesserung der Arbeitsprozesse, • sofortige Fehlerbehebung mit Ursachenforschung, • Streben nach höchstmöglicher Qualität in allen Arbeitsbereichen, • umfassende Information und Beteiligung der Mitarbeiter. Mit einer schlanken Produktionslogistik und Produktionsplanung versuchen Industriebetriebe, die Durchlaufzeiten und den Produktionsprozess zu verkürzen und damit Kosten einzusparen.	
Bereitstellungsprinzipien im Bereich Beschaffungslogistik	• Einzelbeschaffung im Bedarfsfall • Beschaffung mit Vorratshaltung • Just-in-time-Anlieferung	
Formen der Lieferantenauswahl	• Lieferantenkonkurrenz durch internationale Beschaffungsquellen • Konzentration auf einen Lieferanten, der in die betrieblichen Prozesse eingebunden wird • Systemlieferanten, die ganze Baugruppen liefern und die Fertigungstiefe senken	
Aufgabe der Produktionslogistik	zeitlich und räumlich abgestimmte Bereitstellung der notwendigen Güter nach Art und Menge an den einzelnen Produktionsorten	
Versorgungskonzepte in der Produktion	Satelliten-Zulieferung	Logistik-Dienstleister-Zulieferung
	Just-in-time-Zulieferung	fertigungsbedingte Pufferlager
Distributionslogistik	• verbindet das Unternehmen mit dem Kunden durch Güteraustausch • ist gekennzeichnet durch die Kernfunktionen Raumüberbrückung und Lagerleistungen wie Zeitüberbrückung, Mengen- und Sortimentsausgleich	
Distributionsstruktur	**vertikale**	**horizontale**
	entscheidet über die Anzahl der Lagerstufen (Werkslager, Zentrallager, Regionallager, Hausauslieferungslager)	entscheidet über die Anzahl der Lager in den einzelnen Lagerstufen
selektive Lagerhaltung	Hier kann man mithilfe der ABC-Analyse die Lagermengen beschränken und somit Lagerkosten einsparen.	
Entsorgungslogistik	läuft quer zur gesamten Logistikkette, weil sie an den Schnittstellen zur Beschaffungs-, Produktions- und Distributionslogistik Güter, Reststoffe und Abfälle zwischenlagert, verwertet und entsorgt.	

? AUFGABEN

1 An welchen Stellen in der Logistikkette ist die Lagerwirtschaft/Lagerhaltung unverzichtbar?

2 Zeigen Sie die einzelnen Lagerarten innerhalb der Logistikkette auf.

3 „Schlanke" Produktionsprozesse in der Lagerwirtschaft basieren auf einer ständig lernenden Organisation und auf ständiger Rückkoppelung. Erläutern Sie am Beispiel Ihres Ausbildungsbetriebs, wie diese „schlanken" Prozesse in der Lagerwirtschaft umgesetzt werden oder umgesetzt werden könnten.

4 Erläutern Sie drei Aufgaben der Beschaffungslogistik.

5 Welche Bereitstellungsprinzipien herrschen in Ihrem Ausbildungsbetrieb vor?

6 Welche Bedeutung haben die Lieferantenbeziehungen für die Beschaffungslogistik?

7 Erläutern Sie an einem Beispiel Ihrer Wahl die Grundaufgabe der Produktionslogistik im Industriebetrieb.

8 Was versteht man unter der Satelliten-Zulieferung?

9 Zeigen Sie zwei Ziele der Produktionslogistik auf.

10 Warum ist die Kundenbeziehung ein wichtiger Bestandteil der Distribution?

11 Aus welchen Elementen besteht die Distributionslogistik in Ihrem Ausbildungsbetrieb?

12 Erstellen Sie ein Strukturgramm der Distributionsstruktur Ihres Ausbildungsbetriebs. Stellen Sie Ihr Arbeitsergebnis vor.

13 Welche Waren aus dem Sortiment Ihres Ausbildungsbetriebes sind auf Basis der ABC-Analyse zur selektiven Lagerhaltung geeignet?

14 Zeigen Sie am Beispiel Ihres Ausbildungsbetriebs die Aufgaben der Entsorgungslogistik auf.

15 a) Wie lässt sich die Spitzenstellung Hamburgs bei Gütertransporten über 300 km innerhalb Deutschlands erklären?

b) Welchen Rang nimmt Ihr Bundesland ein? Besprechen Sie die Gründe hierzu in Ihrer Klasse.

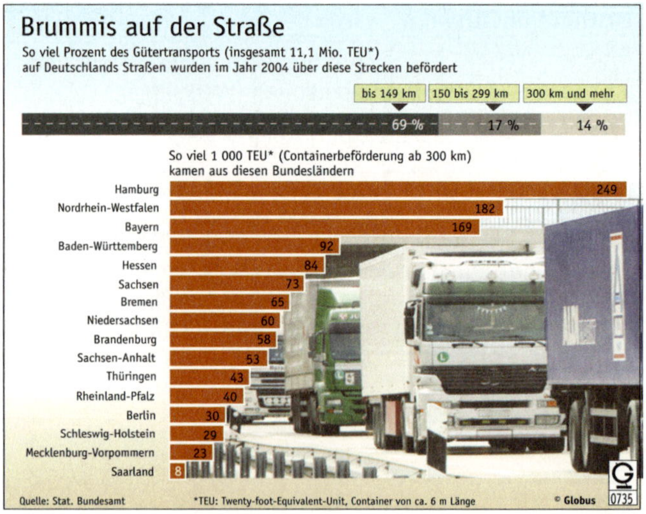

1.5 | Logistik in der betrieblichen Organisation

In den Unternehmen stellt die Logistik eine eigenständige betriebliche Funktion dar. Die Einbindung der Logistik in den betrieblichen Leistungsprozess kann einerseits durch das **Unternehmen selbst** erfolgen oder aber im Rahmen des **„Outsourcing"** können Teilbereiche bzw. die gesamte Logistik auch an einen Logistikdienstleister vergeben werden.

Die Entscheidung des **„make or buy"** hängt von verschiedenen Faktoren ab:

- **Branche** des Unternehmens (Industrie, Handel, Gewerbe, Dienstleistung)
- **Anforderungen des Marktes** (Lieferbereitschaft, Lieferzuverlässigkeit, Lieferbedingungen usw.)
- **Größe** des Unternehmens (Mitarbeiteranzahl, Umsatz, Marktanteil usw.)
- eigene **Kostenstruktur**
- **Lieferanten** des Unternehmens
- **Fachkenntnisse** der Mitarbeiter
- **Kunden** des Unternehmens und deren Wünsche
- **Angebote** von Logistikdienstleistern

1.5.1 | Einbindung der Logistik in die betriebliche Organisation

Produziert das Unternehmen die logistischen Leistungen selbst, können diese auf verschiedene Weise in die betriebliche Organisation integriert werden.

1. Möglichkeit:
Eine eigener Bereich Logistik existiert nicht. Das Unternehmen **verteilt die Logistikaufgaben** auf die einzelnen Bereiche.

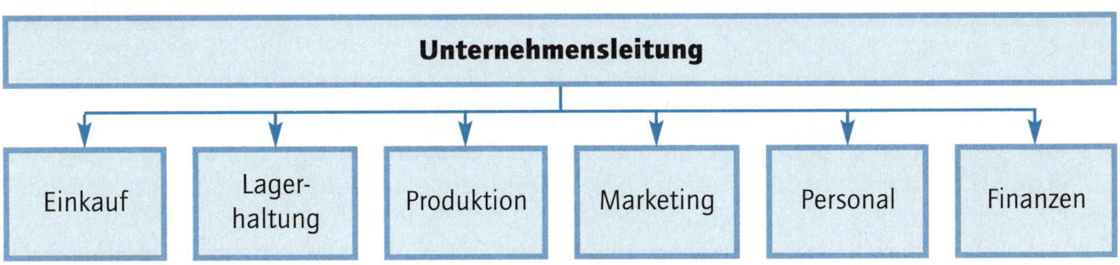

2. Möglichkeit:
Die Logistik wird als **gleichberechtigter Unternehmensbereich** neben den anderen Bereichen geführt. Durch Konkurrenzdenken können jedoch Probleme entstehen, die sich möglicherweise auf den gesamten Prozessablauf auswirken.

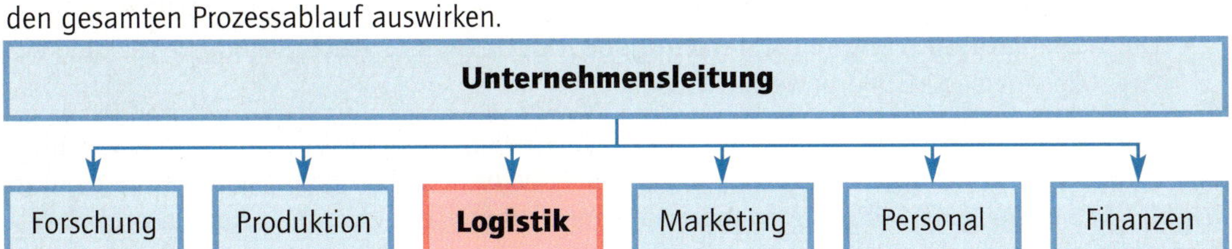

3. Möglichkeit:
Die Logistik wird als **gleichberechtigter Stabsbereich neben** den anderen Bereichen und **über** den einzelnen Sparten geführt. Ihre Effizienz ist hier am größten.

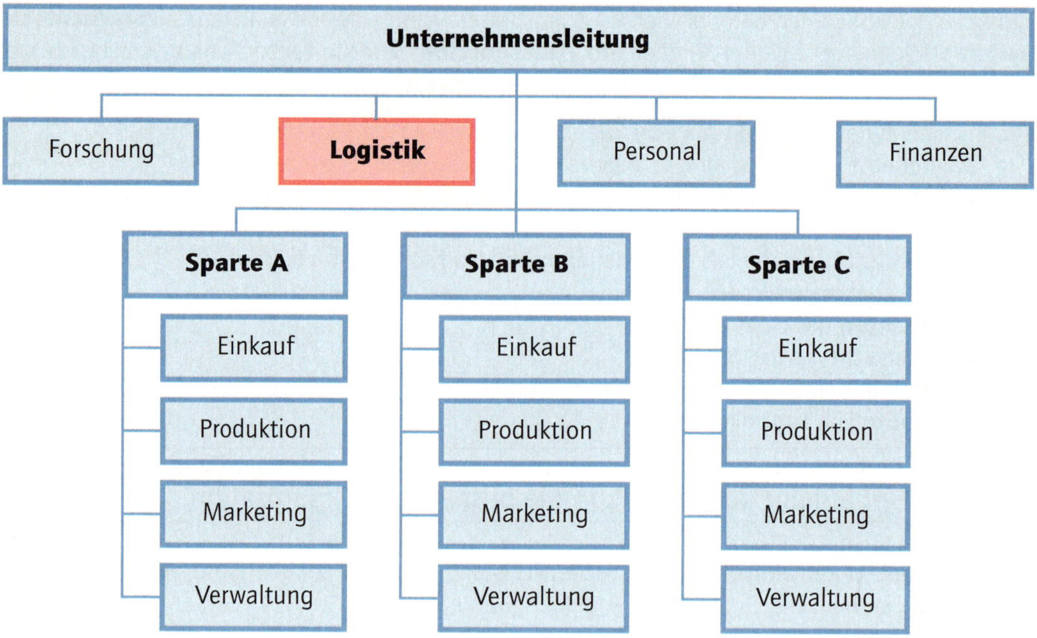

1.5.2 | Einbindung des Logistikdienstleisters in die betriebliche Organisation

Entscheidet sich das Unternehmen für den „Einkauf" der Logistikdienstleistung, hat diese Entscheidung folgende **Vorteile für das Unternehmen:**

- Der Logistikdienstleister bietet ein abgestimmtes **Gesamtkonzept zur Optimierung der Logistikkette** von der Beschaffung bis zur Distribution oder aber auch nur einzelne Module, wenn gewünscht.
- Der Logistikdienstleister ist **Branchenspezialist** auf dem Gebiet der Logistik, während die Logistik für das Unternehmen nur ein Teilbereich des betrieblichen Leistungsprozesses darstellt.
- Der Logistikdienstleister kann im Gegensatz zum eigenen Unternehmen auf ein **internationales speditionelles Netzwerk** zurückgreifen.
- Durch **Zielvereinbarungen** und **leistungsbezogene Messkriterien** kann die Leistung des Logistikers gemessen und bewertet werden.

Der Logistikdienstleister muss aber in die eigene Unternehmensorganisation einbezogen werden. Dabei müssen die Verantwortungs- und Entscheidungsbereiche genau gegeneinander abgegrenzt werden. Mit einem guten Projektmanagement können Reibungen zwischen der Unternehmensorganisation und den Mitarbeitern des Logistikdienstleisters vermieden werden.

Beispiel *für einen „gemischten" Organisationsaufbau im Rahmen der Beschaffungslogistik:*

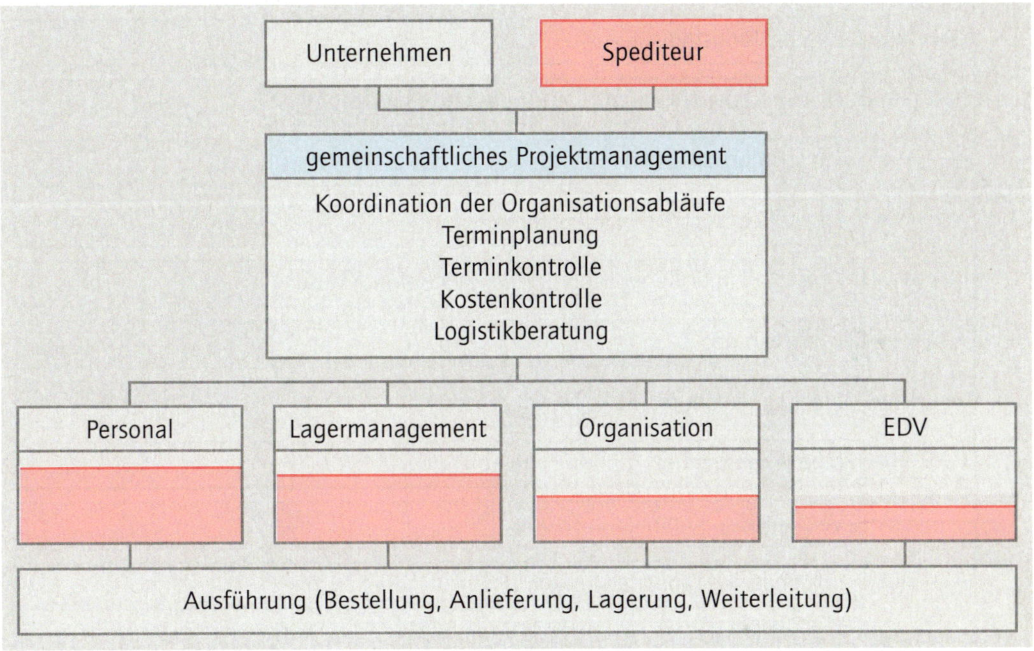

Zu diesem Projekt gehört auch die folgende **Informations- und Ablauforganisation:**

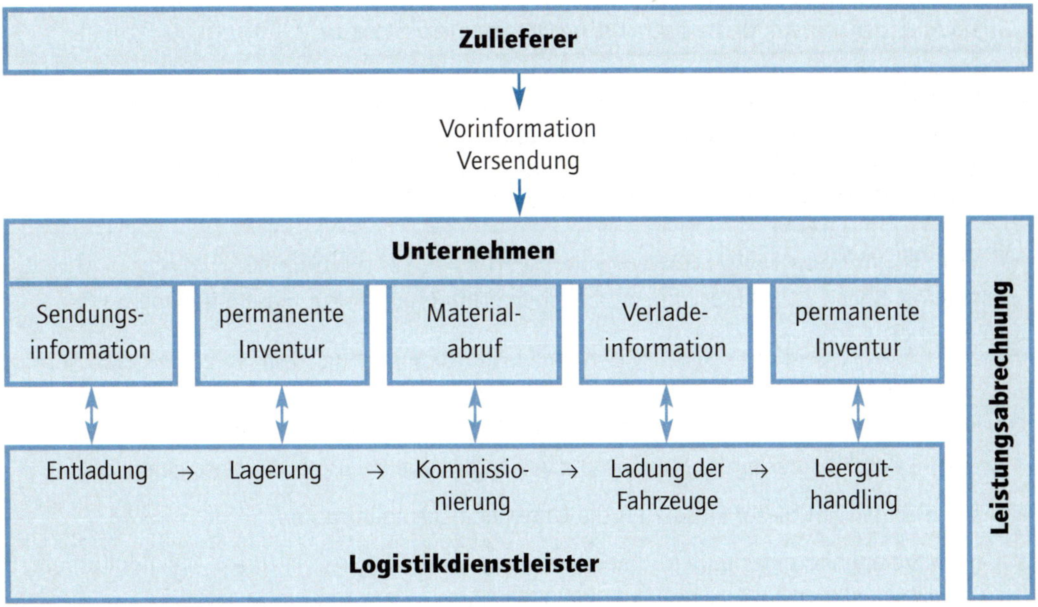

Der Spediteur als Logistikdienstleister

- Beschaffungslogistik
- Distributionslogistik mit Retouren- und Ersatzteillogistik
- Entsorgungslogistik
- Logistikberatung, Logistikplanung
- Qualitätskontrolle entlang der Wertschöpfungskette
- Fakturierung
- Preisauszeichnung, Etikettierung
- Montagearbeiten
- Verpackung, Kommissionierung
- Informations-Dienstleistungen (IT)
- Transport-, Lager-, Umschlagslogistik (TUL)

ZUSAMMENFASSUNG

Einbindung der Logistik in die betriebliche Organisationsstruktur	
erste Möglichkeit	Logistikaufgaben werden in den einzelnen Unternehmensbereichen umgesetzt. Einen eigenen Logistikbereich gibt es in der Unternehmensorganisation nicht.
zweite Möglichkeit	Die Logistik ist gleichberechtigter Bereich in der Unternehmensorganisation.
dritte Möglichkeit	Die Logistik ist Stabsabteilung der Unternehmensleitung.
Einbindung eines Logistikdienstleisters	Dieser muss in die eigene Unternehmensorganisation einbezogen werden.

? AUFGABEN

1 Welche Faktoren sprechen für den Einsatz von Logistikdienstleistern im Unternehmen?

2 Welche Folgen hat dieser Einsatz für die Unternehmensorganisation?

3 Zeigen Sie anhand eines Strukturdiagramms auf, wie die Logistik in Ihrem Ausbildungsbetrieb in die Unternehmensorganisation eingebunden ist.

5006556

LERNFELD 11 | Güter beschaffen

Um ein Unternehmen optimal mit den benötigten Materialien und Gütern versorgen zu können, sind vor der eigentlichen Bereitstellung die notwendigen Güter und Materialien zunächst zu beschaffen.

Tätigkeiten innerhalb der Güterbeschaffung:

- **Ermittlung des Bedarfs** (nach Art, Menge, Zeitpunkt und Lieferant)
- **Anfrage**
- **Angebot**
- **Angebotsprüfung**
- **Angebotsvergleich und -auswahl**
- **Bestellung**
- **Auftragsbestätigung**
- **Bestellkontrollen**

1 | Grundlagen

SITUATION

Die Beschaffung ist ein Teilbereich der Materialwirtschaft. Bevor auf das Thema Beschaffung näher eingegangen werden kann, ist also zunächst einmal zu klären, was eigentlich unter Materialwirtschaft zu verstehen ist, womit sie sich befasst und wie sie im Unternehmen organisiert ist.

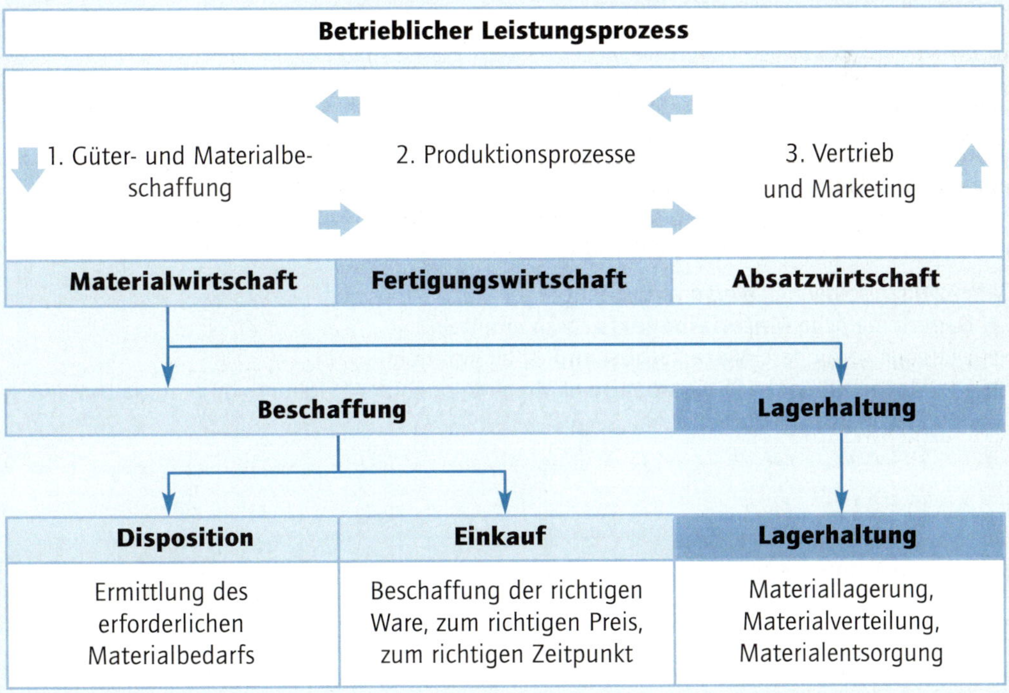

1 Beschreiben Sie mit eigenen Worten den im Schaubild dargestellten betrieblichen Leistungsprozess am Beispiel der Produktion eines Mountainbikes.

2 Beschreiben Sie den im Schaubild dargestellten Leistungsprozess am Beispiel Ihres Ausbildungsbetriebes.

3 Klären Sie innerhalb Ihrer Arbeitsgruppe, warum die Pfeile von der Absatzwirtschaft wieder zur Materialwirtschaft zurückführen und präsentieren Sie Ihr Ergebnis vor der Klasse.

4 Erstellen Sie eine Übersicht (Struktogramm), wie die Materialwirtschaft in Ihrem Ausbildungsbetrieb organisiert ist.

SACHDARSTELLUNG

1.1 | Aufgaben und Ziele der Materialwirtschaft

Die Materialwirtschaft hat die ***Aufgabe,***

- alle notwendigen **Materialien** für die Fertigung sowie
- die zum Verkauf bestimmten **Waren**

zu beschaffen und bereitzustellen.

Bei der Materialbeschaffung sind zwei ***Ziele*** zu berücksichtigen:

- Die Materialien sind in der richtigen Art, Menge, Qualität und Zeit bereitzustellen.
- Die Materialien sind zu den richtigen Kosten – also kostenoptimal – bereitzustellen.

Beschaffungsmenge = Materialbedarf – Materialbestand

Dabei wird in folgender ***Weise*** vorgegangen:

- Der erforderliche **Materialbedarfs** ist zu ermitteln.
- Der noch verfügbare **Materialbestand** ist zu ermitteln.
- Die **Materialbeschaffungsmenge** ist durch Bildung der Differenz von Materialbestand und Materialbedarf zu ermitteln.

PRAXISFALL

Für eine Fertigungsserie „Downhill-Bikes" werden insgesamt 380 Fahrradsättel „DH 26" benötigt. Laut EDV-Liste beträgt der Bestand an „DH 26" 65 Stück.

Beschaffungsmenge „DH 26" = 380 Stück – 65 Stück
= 315 Stück

5006558

1.2 | Materialarten

Die Materialwirtschaft befasst sich in Fertigungsbetrieben mit den folgenden **Materialien:**

- Roh-, Hilfs-, Betriebsstoffe
- Zulieferteile
- Erzeugnisse
- Waren (Handelswaren)
- Verschleißwerkzeuge

Rohstoffe gehen unmittelbar in das zu fertigende Erzeugnis ein und bilden dessen Hauptbestandteil. Dabei kann das Erzeugnis eines Unternehmens als Rohstoff für ein anderes, weiterverarbeitendes Unternehmen dienen.

Beispiele: *Rohöl, Rohbraunkohle, Holz, Stahl, Kupfer, Kautschuk*

Hilfsstoffe gehen ebenfalls unmittelbar in das zu fertigende Erzeugnis ein. Ihr mengen- und wertmäßiger Anteil ist aber so gering, dass sie nur eine Hilfsfunktion haben. Verpackungsmaterialien, wie Kartons oder Packpapier, werden zu den Hilfsstoffen gerechnet.

Beispiele: *Farben bei der Garnherstellung, Schrauben, Rostschutzanstrich, Lack bei der Automobilherstellung*

Betriebsstoffe werden mittelbar oder unmittelbar bei der Herstellung des Erzeugnisses verbraucht und bilden selbst keinen Bestandteil des fertigen Erzeugnisses. Hierunter fallen alle Güter, die den Produktionsprozess selbst ermöglichen bzw. in Gang halten.

Beispiele: *Strom, Benzin, Gas, Schmieröl, Büromaterialien*

Zulieferteile gehen ebenfalls in die zu fertigenden Erzeugnisse ein. Sie besitzen bereits einen hohen Reifegrad und können auch den Rohstoffen zugerechnet werden.

Beispiele: *Motoren in der Automobilindustrie, Aggregate für Kühlschränke, Motherboards für Computer, Druckköpfe für Drucker*

Erzeugnisse sind alle vom Unternehmen selbst gefertigten Güter. Sie unterteilen sich in

- ***Fertigerzeugnisse,*** die voll funktionsfähig sind, also das fertig gestellte Produkt,
- ***unfertige (halbfertige) Erzeugnisse,*** die noch nicht oder nicht voll funktionsfähig sind, für die aber bereits Kosten entstanden sind, also Erzeugnisse, die sich noch im Produktionsprozess befinden.

Waren (Handelswaren) sind gekaufte Güter, die neben den selbst gefertigten Erzeugnissen im Verkaufsprogramm des Unternehmens enthalten sind. Sie werden weder bearbeitet noch verarbeitet, sondern verlassen das Unternehmen im gleichen Zustand, wie sie beschafft worden sind.

Beispiele: *Sortimente des Groß- und Außenhandels, Sortimentsergänzungen bei Industriebetrieben, z. B. in der Automobilindustrie, Bekleidung, Uhren usw.*

Verschleißwerkzeuge sind Verbrauchsteile, die ständig neu zu ergänzen sind oder die speziell für einen Auftrag angefertigt oder angeschafft und anschließend verschrottet werden.

Beispiele: *Pressformen in der Automobilindustrie, Schraubköpfe bei Montagewerkzeugen*

1.3 | Zentrale oder dezentrale Beschaffung

Die Beschaffung kann **zentral** oder **dezentral** im Unternehmen organisiert sein.

Bei der **zentralen Beschaffung** gibt es im gesamten Unternehmen nur eine Einkaufsabteilung. Sie bringt – besonders für Klein- und Mittelbetriebe – folgende ***Vorteile:***

- gute Kontrolle der Beschaffungstätigkeit,
- zeitliche Steuerung des Materialflusses,
- Ausnutzung von Mengenrabatten durch das Zusammenfassen der Materialanforderungen,
- bessere Disposition der Lagerbestände. Dadurch können Sicherheitsbestände und die Bindung „toten Kapitals" verkleinert werden.

Hat ein Unternehmen mehrere räumlich getrennte Produktionsstandorte, so bietet sich die **dezentrale Beschaffung** an. Hier hat jedes einzelne Werk eine eigene Einkaufsabteilung. Die dezentrale Beschaffung ist – besonders für Großunternehmen – **günstig:**

- bei häufigem Sortenwechsel,
- bei Einzelfertigungen entsprechend der Auftragshäufigkeit,
- wenn die Entfernung der einzelnen Werke zueinander ungünstig ist,
- wenn eine zentrale Vorratshaltung aufgrund der Materialbeschaffenheit nicht vorgenommen werden kann.

Möglich ist auch eine **Kombination** aus zentraler und dezentraler Beschaffung. Hier führt die zentrale Einkaufsabteilung die Verhandlungen und schließt Rahmenverträge mit den Lieferanten ab. Die jeweiligen dezentralen Einkaufsabteilungen rufen dann je nach Bedarf an Werksteilen die einzelnen Teillieferungen ab.

1.4 | Stellenbildung in der Beschaffung

Die **Bildung der Stellen** in der Beschaffung kann nach folgenden **Prinzipien** erfolgen:

Verrichtungsprinzip	**Objektprinzip**	
(nach Aufgaben)	*(nach Materialgruppen)*	*(nach Warengruppen)*
• Angebotseinholung und -bearbeitung • Bestelldurchführung • Termin- und Qualitätskontrolle • Rechnungsprüfung	• Roh-, Hilfs-, Betriebsstoffe • Zulieferteile • Waren (Handelswaren) • Verschleißwerkzeuge	• Hometrainer • Mountainbikes • Tourenräder • Kinderräder • Fahrradzubehör

Klein- und Mittelbetriebe nehmen am häufigsten eine Aufteilung nach dem Verrichtungsprinzip vor, Großunternehmen nach dem Objektprinzip.

5006560

?

AUFGABEN

1 Erstellen Sie eine Übersicht über die notwendigen Materialien, die zur Produktion eines Mountainbikes benötigt werden. **Materialarten:** Rohstoffe, Hilfs- und Betriebsstoffe, Zulieferteile, Handelswaren, Verschleißwerkzeuge.

2 Unterscheiden Sie am Beispiel eines Mountainbikes zwischen Fertigerzeugnis und Halbfertigerzeugnis.

3 Falls Sie in einem Fertigungsbetrieb ausgebildet werden, erstellen Sie eine Übersicht für eine Produktgruppe Ihrer Wahl (Muster siehe Aufgabe 1).

4 Diskutieren Sie zuerst in Arbeitsgruppen, ob eine Materialwirtschaft auch in Handelsbetrieben (z. B. Großhandel, Einzelhandel) erforderlich ist. Besprechen Sie danach Ihre Arbeitsergebnisse im Rahmen der Klasse.

5 Ermitteln Sie, ob die Beschaffung in Ihrem Ausbildungsbetrieb zentral oder dezentral organisiert ist. Welche Vorteile hat diese Organisationsform der Beschaffung Ihrer Meinung nach für Ihren Ausbildungsbetrieb?

6 Nach welchem Prinzip sind die Stellen in der Einkaufsabteilung Ihres Ausbildungsbetriebes gebildet? Erstellen Sie eine Übersicht (Stellenplan).

2 | Beschaffungsplanung

Ohne Planung ist keine bedarfsgerechte Beschaffung möglich. Das bedeutet, das Unternehmen muss im Rahmen der

Beschaffungsplanung

↓

klären,

was	➡	**wie viel**	➡	**wann**	➡	**wo**
welche Materialien		in welcher Menge		zu welchem Zeitpunkt		auf welchem Weg

↓

beschafft werden sollen.

2.1 | Bedarfsarten und Bedarfsermittlung

SITUATION

Die Ergo Sitz GmbH produziert jährlich 12 800 Drehstühle der Marke „Standard" und 6 240 Drehstühle der Marke „Exquisit" mit Armlehnen. Die Fußgestelle sowie die Gestelle für die Rückenlehnen fertigt das Unternehmen selbst an. Die übrigen Einzelteile sowie die zur Eigenherstellung benötigten Materialien müssen durch Fremdbezug beschafft werden.

1 **Wie viele Fußgestellrollen müssen jährlich produziert werden, wenn jedes Fußgestell fünf Rollen hat?**

2 **Welche Teile müssen für die Produktion der Drehstühle „Exquisit“ beschafft werden?**

3 **Welche Gründe sprechen dafür, diese Einzelteile durch Fremdbezug zu beschaffen?**

SACHDARSTELLUNG

Die Produktions- und Verkaufsabteilungen eines Unternehmens legen fest, **was** eingekauft werden soll. Sie entscheiden anhand der Kundenwünsche über Qualität und Beschaffenheit der Güter. Das Lager hat die Aufgabe, diese Güter termingerecht bereitzustellen. Deshalb wird der Bedarf unter Beachtung noch vorhandener Lagerbestände ermittelt. Außerdem klärt das Unternehmen ab, was durch Eigenherstellung und was durch Fremdbezug beschafft wird.

2.1.1 | Bedarfsarten

Der Bedarf ist die Menge an Materialien und Gütern, die in einem bestimmten Zeitraum, in einer bestimmten Art und in einer bestimmten Qualität benötigt wird.

Bedarfsarten

Primärbedarf
Bedarf des Marktes an
- Fertigerzeugnissen,
- verkaufsfähigen Gruppenteilen,
- Ersatzteilen und
- Waren.

Beispiele:
Drehbänke, Waschmaschinen, Autos, Computer sowie die dafür notwendigen Ersatzteile

Sekundärbedarf
Bedarf des Unternehmens an
- Rohstoffen,
- Baugruppen und
- Einzelteilen (meist A- und B-Güter)

zur Herstellung des Primärbedarfs. Die Materialien gehen direkt in die Erzeugnisse ein.

Beispiele:
- Baugruppe: CD-ROM-Laufwerk im Computer
- Einzelteil: CD-Fach
- Rohstoff: Kunststoffe

Tertiärbedarf
Bedarf des Unternehmens an
- Hilfsstoffen,
- Betriebsstoffen
- Verschleißwerkzeugen

zur Herstellung des Primärbedarfs. Die Materialien gehen aber nicht direkt in die Erzeugnisse ein.

Beispiele:
Energie, Schmierfett, Werkzeuge, Büromaterialien, Betriebsmaterialien

Bruttobedarf
Gesamtbedarf pro Materialart in einem bestimmten Zeitraum

Nettobedarf
Menge, die nicht vorhanden ist und deshalb beschafft werden muss

Zusatzbedarf
Menge, die aufgrund von Ausschuss, Schwund, Minderlieferung usw. zusätzlich benötigt wird

5006562

Die Bedarfsarten können wie folgt **berechnet** werden:

Bruttobedarf = Sekundärbedarf + Zusatzbedarf

Nettobedarf = Bruttobedarf – Lagerbestände – Bestellbestand + Vormerkbestand

Beispiel:

Die Ergo Sitz GmbH soll 875 Drehstühle der Marke „Exquisit" mit je 2 Armlehnen liefern. 165 Armlehnen dieser Art liegen noch auf Lager und weitere 285 Armlehnen sind bereits nachbestellt worden. 550 Armlehnen sind außerdem für einen zweiten Auftrag reserviert. Der kalkulierte Zusatzbedarf durch Ausschuss beträgt 25 Armlehnen.

Wie hoch ist

a) der Primärbedarf,
b) der Sekundärbedarf,
c) der Bruttobedarf sowie
d) der Nettobedarf

an Armlehnen?

Lösung:

Primärbedarf	*875 Drehstühle*	
Sekundärbedarf	*1 750 Armlehnen*	*(= 875 · 2)*
+ kalkulierter Zusatzbedarf durch Ausschuss	25 Armlehnen	
= *Bruttobedarf*	*1 775 Armlehnen*	
– Lagerbestand	165 Armlehnen	
– Bestellbestand	285 Armlehnen	
+ Vormerkbestand für den zweiten Auftrag	550 Armlehnen	
= *Nettobedarf*	*1 875 Armlehnen*	

Ergebnis:

1 875 Armlehnen müssen noch beschafft werden, um die Lieferung auftragsgemäß ausführen zu können.

2.1.2 | Verfahren der Bedarfsermittlung

Alle Aktivitäten innerhalb der Materialwirtschaft beginnen mit der Bedarfsermittlung. Sie wird durch Bedarf im Fertigungsbereich oder durch Kundenbestellungen ausgelöst.

Verfahren der Bedarfsermittlung in Industriebetrieben

Programmgesteuerte Bedarfsermittlung
erfolgt für den **Sekundärbedarf** (außer für Ersatzteile), also für
- Rohstoffe,
- Einzelteile,
- Baugruppen.

Sie ist ein **zukunftsbezogenes Verfahren:** Das geplante Produktionsprogramm bestimmt die benötigten Materialarten und -mengen.

Beispiel: Geplante Produktion einer neuen Pkw-Serie: Die Konstrukteure legen die dafür benötigten Rohstoffe, Einzelteile und Baugruppen fest. Die benötigten Materialmengen hängen davon ab, wie viele Pkws produziert werden sollen.

Verbrauchsgesteuerte Bedarfsermittlung
erfolgt für den **Tertiärbedarf,** also für
- Hilfsstoffe,
- Betriebsstoffe,
- Verschleißwerkzeuge

sowie für
- **Ersatzteile,**
- **ungeplante Entnahmen** und
- unplanmäßigen **Ausschuss.**

Sie ist ein **vergangenheitsbezogenes Verfahren:** Der Verbrauch von Materialien in der Vergangenheit bestimmt den voraussichtlichen Bedarf für die Zukunft.

Beispiel: Der Bedarf an Hilfs- und Betriebsstoffen ist für die Produktion der neuen Pkw-Serie zu ermitteln. Dazu werden die Verbrauchswerte der letzten Pkw-Serie als Grundlage genommen.

2.1.3 | Eigenherstellung und Fremdbezug

Ein Unternehmen steht oft vor der Frage, ob es günstiger ist, Produkte und Bauteile selbst herzustellen oder sie von anderen Unternehmen zu beziehen. Mit der Eigenfertigung gewinnt das Unternehmen Unabhängigkeit auf dem Beschaffungsmarkt. Die Gefahr der Abhängigkeit vom Lieferanten, wie sie beim Fremdbezug gegeben ist, wird also vermieden.

Die Entscheidung für eine **Eigenfertigung** hängt aber auch ab
- von den eigenen Herstellungskosten,
- von den eigenen technischen Möglichkeiten,
- vom notwendigen Know-how,
- von der erzielbaren Qualität,
- vom verfügbaren geeigneten Personal und
- von der Kapazitätsauslastung.

5006564

Bei **Fremdbezug** ist eine gewissenhafte Auswahl des Lieferanten notwendig. Ob ein Fremdbezug für das Unternehmen **sinnvoll** ist, hängt ab

- von der geforderten Qualität,
- von der wirtschaftlichen Lage des Lieferanten,
- von der Lieferzeit im Vergleich zur Eigenfertigung und
- von der Zuverlässigkeit des Lieferanten.

Fazit: Die Entscheidung über Eigenherstellung oder Fremdbezug wird vor allem unter dem Aspekt der **Wirtschaftlichkeit** getroffen. Dabei wird ermittelt, bis zu welcher Menge ein Fremdbezug von Vorteil ist bzw. ab welcher Menge sich die Eigenfertigung lohnt.

PRAXISFALL

Die Ergo Sitz GmbH überlegt, ob die Beschaffung von Armlehnen künftig in Eigenherstellung oder weiterhin durch Fremdbezug erfolgen soll. Es wird ein Kostenvergleich für eine benötigte Menge von 500, 1 000, 1 500 und 2 000 Stück durchgeführt. Die Fixkosten der Eigenherstellung betragen 16.000,00 €. Die variablen Kosten der Eigenherstellung betragen 14,00 € pro Stück. Bei einem Fremdbezug entstehen keine Fixkosten, aber variable Kosten in Höhe von 30,00 € pro Stück.

a) Bei welcher Menge sind die Kosten bei Eigenherstellung und Fremdbezug gleich hoch?
b) Ab welcher Menge wird die Eigenherstellung günstiger?
c) Lösen Sie das Problem grafisch.

a) *Mathematische Lösung:*

Fremdbezug = Eigenherstellung

30 x = 16.000,00 € + 14 x | – 14 x

16 x = 16.000,00 € | : 16

x = 1 000 Stück

Auswertung: Bei einer Stückzahl von 1 000 Stück sind die Kosten bei Eigenherstellung und Fremdbezug gleich hoch.

b) *Tabellarische Lösung:*

Menge		Eigenherstellung		Fremdbezug	günstiger ist:
Stück	Fixkosten €	variable Kosten €	Gesamtkosten €	€	
500	16.000	7.000	23.000	15.000	Fremdbezug
1 000	***16.000***	***14.000***	***30.000***	***30.000***	***gleich***
1 500	16.000	21.000	37.000	45.000	Eigenherstellung
2 000	16.000	28.000	44.000	60.000	Eigenherstellung

Auswertung: Die Eigenherstellung ist hier aufgrund der Fixkosten ab einer benötigten Menge von 1 001 Stück günstiger.

c) Grafische Lösung:

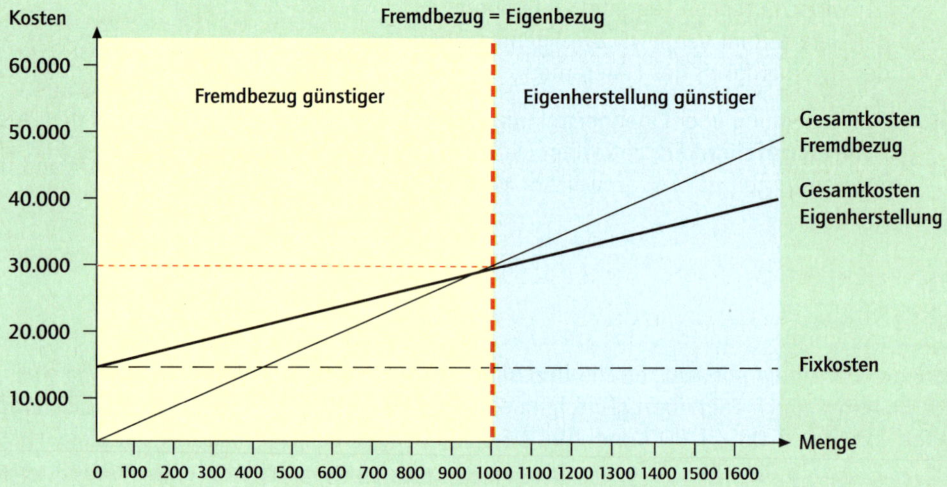

? AUFGABEN

1 Nennen Sie je zwei Beispiele für den Primärbedarf, Sekundärbedarf und Tertiärbedarf bei der Produktion von Drehstühlen.

2 Ermitteln Sie den Nettobedarf an Armlehnen für die Produktion von 350 Drehstühlen. Der Lagerbestand beträgt 94 Stück. 62 Stück sind bereits nachbestellt und 126 Stück für andere Aufträge reserviert worden. Es wird mit einem Ausschuss von 14 Stück gerechnet.

3 Diskutieren Sie innerhalb Ihrer Arbeitsgruppe, welche Teile der Drehstühle programmgesteuert und welche verbrauchsgesteuert ermittelt werden. Begründen Sie Ihr Ergebnis vor der Klasse.

4 Wenn Sie in einem Fertigungsbetrieb ausgebildet werden, erstellen Sie eine Übersicht für ein Produkt Ihrer Wahl nach folgender Vorgabe[1]:

Produkt: ____		
benötigte Einzelteile	**Beschaffung durch (ankreuzen)**	
	Eigenherstellung	**Fremdbezug**

1 Bitte nichts ins Buch eintragen!

2.2 | Beschaffungsmenge

SITUATION

Die Top Chic GmbH ist ein Bekleidungsunternehmen mit zwölf Filialen. Um Bestellkosten zu sparen, bestellt die GmbH nur in großen Mengen und bei bestehenden Sonderangeboten.

Am Jahresende stellt sie fest, dass die Bestellkosten zwar zurückgegangen, die Gesamtkosten jedoch gestiegen sind. Außerdem ist ein Teil der eingelagerten Ware inzwischen veraltet und findet keine Käufer mehr.

1 **Nennen Sie zwei Gründe für den Rückgang der Bestellkosten.**

2 **Geben Sie zwei Ursachen für den Anstieg der Gesamtkosten an.**

3 **Welche Folgen hat ein überhöhter Warenbestand für ein Unternehmen?**

SACHDARSTELLUNG

„Wie viel" eingekauft werden soll, hängt im Wesentlichen von folgenden Größen ab:

- den noch vorhandenen Lagerbeständen,
- den bereits bestellten Beständen, die spätestens bis zum Bedarfszeitpunkt eintreffen werden, und
- den bereits für andere Kundenaufträge reservierten Beständen.

	Materialbedarf
–	**Lagerbestand**
+	**bestellter Bestand**
–	**reservierter Bestand**
=	**Beschaffungsmenge**

PRAXISFALL

Die Top Chic GmbH benötigt am 1. Dezember 150 Gürtelschnallen. Im Lager befinden sich derzeit noch 76 Stück. Davon sind 21 bereits für einen anderen Kundenauftrag reserviert. Am 16. November wurden 36 Gürtelschnallen bestellt. Diese werden am 23. November eintreffen.

	150	Materialbedarf
–	76	Lagerbestand
+	36	bestellter Bestand
–	21	reservierter Bestand
=	**59**	**Beschaffungsmenge**

Demnach müssen nicht 150, sondern nur 59 Gürtelschnallen beschafft werden.

2.2.1 | Bestandsrechnung

Eine wichtige Grundlage für die Mengenermittlung bildet also die **Bestandsrechnung.**

Deren **Voraussetzungen** sind:

- **Lagerbuchführung**
  - Alle Zu- und Abgänge werden auf **Karteikarten** notiert und der Bestand wird berechnet.
  - Alle Zu- und Abgänge werden auf **Lagerfachkarten** eingetragen und der neue Bestand wird berechnet.
  - Mittels der **EDV-Lagerverwaltungsprogramme** werden alle Zu- und Abgänge erfasst und der Bestand wird berechnet.
- **Lagerbewegungen und Bestandsänderungen**
  Zugänge erhöhen den Lagerbestand körperlich:
  - **Materialeingänge** (eingekaufte Materialien)
  - **Eigenfertigung** (selbst hergestellte Güter)

  Abgänge vermindern den Lagerbestand körperlich:
  - **ungeplante** Entnahmen (Ausschuss, Verderb, Diebstahl)
  - **geplante** Entnahmen (Be- und Weiterverarbeitung, Kundenbelieferung)

  Reservierungen werden dem Lager für einen bestimmten Auftrag zu einem späteren Zeitpunkt entnommen.

  Bestellungen wurden bereits beim Lieferanten angefordert. Sie werden den Lagerbestand erst später erhöhen.

  Stornierungen sind Freigaben früherer Reservierungen. Sie stehen somit wieder zur Verfügung.
- **Lagerstatistiken**
  - **Bestandsstatistiken** geben Auskunft über die im Lager gebundene Materialienmenge und deren Wert.
  - **Bewegungsstatistiken** informieren über die Häufigkeit der Lagerbewegungen sowie deren Art und Ursache.

Der **Bestandsrechnung** liegen folgende Informationen zugrunde:

- Materialeingangsmeldungen, Lieferscheine, Frachtbriefe, Versandanzeigen, Rechnungen und sonstige Materialbegleitscheine,
- Lagerumbuchungen, Anforderungen der Produktion,
- Fertigmeldungen, Materialentnahmescheine.

Die **Bestellmenge** hängt aber noch von vielen weiteren **Umständen** ab:

- Sonderangebote
- Preisentwicklung
- Haltbarkeitsdauer
- Lagerfläche
- zukünftiger Absatz
- Bonität

Fakt ist, dass nicht zu viel, aber auch nicht zu wenig eingekauft werden darf. Denn **zu große Bestellmengen** führen zu **hohen Lagerbeständen.** Das hat folgende **Nachteile:**

- Verluste bei zukünftigen Preissenkungen,
- Erhöhung der Lagerkosten,
- Erhöhung der Kapitalbindung und damit Bildung toten (weil gebundenes) Kapitals,
- Erhöhung der Zinskosten für aufgenommene Kredite,
- Erhöhung des Risikos des Veraltens (z. B. bei Kleidung) und des Verderbs (z. B. bei Lebensmitteln).

5006568

Aber auch **zu kleine Bestellmengen** haben erhebliche **Nachteile:**
- Verlust von Kunden, da nicht fristgerecht geliefert werden kann,
- das Image des Unternehmens nimmt dadurch Schaden,
- Gewinne fallen geringer aus, da weniger verkauft wird,
- Mengenrabatte, die bei größeren Bestellmengen oft gewährt werden, entfallen,
- höhere Bestellkosten aufgrund mehrfacher Bestellung,
- höhere Transportkosten, da mehrmals geliefert werden muss,
- Produktionsverzögerungen, da die benötigten Materialien nicht rechtzeitig vorhanden sind,
- Gefahr zukünftiger Preissteigerungen, da keine Vorratshaltung erfolgte.

Oft wird vom Unternehmen ein Höchstbestand festgelegt, der von einer Ware maximal auf Lager liegen darf. Der Einkäufer muss sich bei seiner Bestellung danach richten.

2.2.2 | Optimale (bestmögliche) Bestellmenge

Die **optimale Bestellmenge** ist die Bestellmenge, bei der die **Gesamtkosten** am **niedrigsten** sind:

Gesamtkosten = Bestellkosten + Lagerkosten → Minimum

Sie ist von Betrieb zu Betrieb, Artikel zu Artikel sowie von Bestellung zu Bestellung unterschiedlich und hängt von der Kosten-, Absatz- und Preisentwicklung ab.

Je größer die Bestellmengen sind, umso höher steigen die **Lagerkosten** an. Lagerkosten werden durch die Lagerung von Material verursacht (Beispiele):
- Personalkosten für die Ein- und Auslagerung, eigentliche Lagerung sowie Lagerverwaltung.
- Kosten für Schwund, Verderb, Veralterung, Marktpreisveränderungen usw.
- Kosten für Lagerräume:
  - Miete und Abschreibungen,
  - Instandhaltungs- und Wartungskosten,
  - Heizungs-, Beleuchtungs- und Energiekosten,
  - Versicherungskosten.
- Zinsen für das in den Beständen gebundene Kapital.

Je größer die Bestellmengen sind, umso niedriger sinken die **Bestellkosten pro Stück** ab. Gründe dafür sind z. B. die Ausnutzung von Mengenrabatten sowie weniger Schreib- und Transportkosten. Die Höhe der gesamten Bestellkosten ist von der Anzahl der Bestellungen und nicht von der Beschaffungsmenge abhängig. **Bestellkosten sind:**

- Sachkosten des Einkaufs (z. B. Transportkosten), der Warenannahme und -prüfung, der Rechnungsprüfung und der EDV-Organisation (anteilig)
- Personalkosten des Einkaufs (z. B. Schreibarbeit), der Warenannahme und -prüfung, der Rechnungsprüfung und der EDV-Organisation (anteilig)

PRAXISFALL

Für die Herstellung von Damenmänteln des Modells „City" besteht ein Jahresbedarf an Lammfellkragen von 1 200 Stück. Der Lagerbestand ist im Durchschnitt immer so hoch wie die halbe Bestellmenge. Es fallen variable Stückkosten in Höhe von 3,00 € für die Lagerung an. Die Fixkosten liegen bei 112,50 € pro Bestellung. Für eine monatliche, quartalsweise oder jährliche Bestellung sind

a) die Bestellkosten,
b) die Lagerkosten,
c) die Gesamtkosten sowie
d) die optimale Bestellmenge

tabellarisch und grafisch zu ermitteln.

Tabellarische Lösung:

Anzahl Bestellungen	Bestellmenge Stück	Bestellkosten €	durchschnittlicher Lagerbestand Stück	Lagerkosten €	Gesamtkosten €
1	1 200	112,50	600	1.800,00	1.912,50
4	***300***	***450,00***	***150***	***450,00***	***900,00***
12	100	1.350,00	50	150,00	1.500,00

Auswertung der tabellarischen Lösung:
Bei vier Bestellungen pro Jahr und einer Bestellmenge von 300 Stück pro Bestellung sind die Gesamtkosten am geringsten.

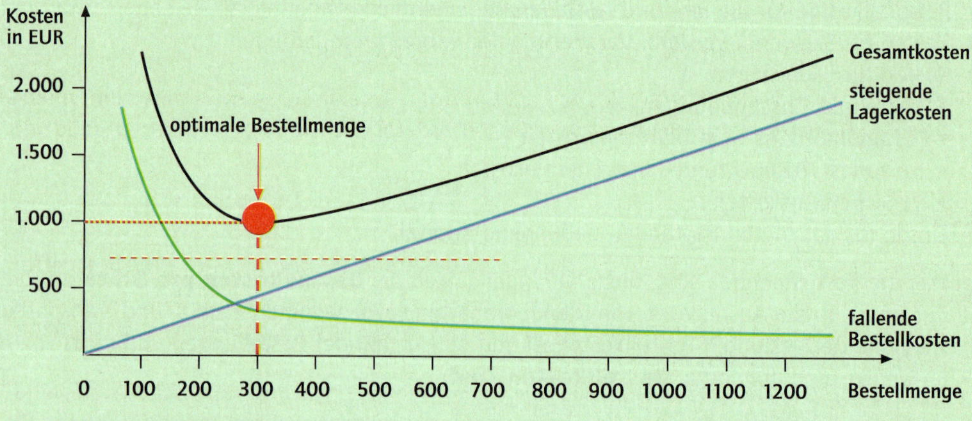

Auswertung der grafischen Lösung: Die optimale Bestellmenge beträgt 300 Stück, da die Gesamtkostenkurve hier ihren tiefsten Punkt hat.

?

AUFGABEN

1 Welche Folgen können zu kleine Bestellmengen für ein Unternehmen haben?

2 Die Top Chic GmbH benötigt für die Herstellung von Damen-Jeans pro Jahr 1 800 Reißverschlüsse. Ein Viertel der Bestellmenge liegt immer auf Lager. Für die Lagerung fallen Kosten in Höhe von 1,00 € pro Stück an. Pro Bestellung betragen die Kosten 75,00 €. Ermitteln Sie die optimale Bestellmenge für eine monatliche, quartalsweise oder jährliche Bestellung.

3 Wie verhalten sich die Kosten, wenn die Top Chic GmbH künftig halbjährlich eine Bestellung vornimmt?

4 Diskutieren Sie in Ihrer Arbeitsgruppe die Ursachen für das Kostenverhalten aus Aufgabe 3. Erläutern Sie diese Ursachen vor der Klasse.

2.3 | Beschaffungszeitpunkt

SITUATION

Die PC and More GmbH ist Hersteller und Vertreiber von PCs, Monitoren, Druckern, PC-Mäusen, Mousepads, Webcams usw. Sie ist der Ansicht, dass ein höchstmöglicher Lagerbestand zur Sicherstellung der Kundenversorgung notwendig sei. Deshalb wird bei jeder Lagerentnahme sofort eine neue Bestellung ausgelöst. Bei einer Gesamtkostenüberprüfung stellt sie fest, dass sowohl die Bestell- als auch die Lagerkosten unrentabel hoch sind. Deshalb wird eine Mitarbeiterin der Abteilung Einkauf beauftragt, die Ursachen der hohen Kosten zu ermitteln und Maßnahmen für eine Kostensenkung vorzuschlagen.

1 Welchen Vorteil hat die sofortige Bestellung nach einer Lagerentnahme?

2 Welche Nachteile hat dieses Vorgehen für das Unternehmen?

3 Diskutieren Sie in Arbeitsgruppen, wie das Unternehmen vorgehen könnte, um einerseits die Kundenversorgung zu gewährleisten, aber andererseits auch die Kosten zu reduzieren.

SACHDARSTELLUNG

Das Unternehmen muss als Nächstes überlegen, ***„wann“*** die benötigten Materialien beschafft werden sollen.

- **Pro später Bestellzeitpunkt:** Aufgrund der Kapitalbindung ist es sinnvoll, die Materialien erst kurz vor ihrer Verwendung zu beschaffen.
- **Kontra später Bestellzeitpunkt:** Eine späte Bestellung ist risikoreich. Die Abnahme größerer Mengen ist oft preisgünstiger als die Abnahme kleinerer Mengen (Mengenrabatte).
- **Fazit:** Es muss stets so zeitig bestellt werden, dass die im Lager vorhandene Ware ausreicht, bis die neue Ware ankommt. Der Bestellzeitpunkt hängt deshalb hauptsächlich vom täglichen Verbrauch und von der Beschaffungs- bzw. Lieferzeit ab.

2.3.1 | Beschaffungs- bzw. Lieferzeit

Die **Beschaffungs- bzw. Lieferzeit** ist der Zeitraum von der Feststellung der Bestellnotwendigkeit bis zur Verfügbarkeit der Ware:

	interner Bestellvorgang
+	Postweg der Bestellung
+	Auftragsbearbeitung beim Lieferant
+	Lieferfristen des Lieferanten
+	eventuelle Lieferverzögerungen des Lieferanten
+	Warentransport
+	Warenannahme und -prüfung
=	Beschaffungs- bzw. Lieferzeit

Für die Bestimmung des Bestellzeitpunktes ist außerdem die **Durchlaufzeit** der Materialien in der Produktion wichtig:

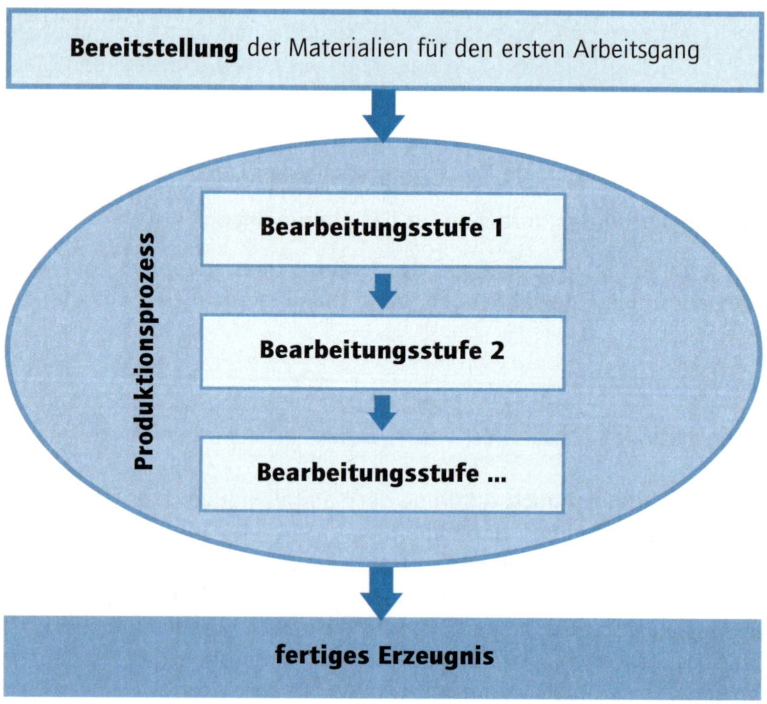

5006572

2.3.2 | Bestell-/Meldebestand und Reserve-/Mindest-/eiserner Bestand

Der **Meldebestand** ist der Lagerbestand, bei dessen Erreichen eine neue Bestellung ausgelöst werden muss. Er wird auch **Bestellbestand** oder **Bestellpunkt** genannt.

Der Meldebestand muss so hoch sein, dass er den Verbrauch in der Beschaffungs- bzw. Lieferzeit überbrücken kann.

Meldebestand = Tagesverbrauch · Beschaffungszeit + eiserner Bestand

Der **Reservebestand** muss bei auftretenden Störungen die Versorgung der Produktion und der Kunden gewährleisten. Er wird auch eiserner Bestand, Sicherheitsbestand oder Mindestbestand genannt. Der Reservebestand darf nur in Notfällen (bei auftretenden Störungen) und nur auf Weisung der Unternehmensleitung unterschritten werden.

Mögliche Störungen:

- Differenzen zwischen Buchungsbestand und tatsächlichem Lagerbestand,
- Lieferverzögerungen und Transportschwierigkeiten,
- Lieferung von geringeren Stückzahlen,
- unerwartete Verbrauchsschwankungen wie Mehrverbrauch oder -verkauf,
- Lieferung von fehlerhaften Teilen,
- Falschlieferung.

Der Reservebestand wird von den Unternehmen generell mit **drei Tagesumsätzen** kalkuliert.

PRAXISFALL

Die PC and More GmbH hat einen Tagesverbrauch von 75 Meter Kabel für die Montage von PC-Mäusen. Der Bestellvorgang einschließlich Postweg dauert 3 Tage, die Lieferzeit des Lieferanten beträgt 5 Tage und der Versand weitere 4 Tage. Nach Eingang der Kabelrollen dauert es aufgrund der Warenprüfung noch 1 Tag, bis diese endlich für die Produktion zur Verfügung stehen. Der eiserne Bestand wird vom Unternehmen mit 3 Tagesumsätzen kalkuliert.

Lösung:

Meldebestand	=	Tagesverbrauch	·	Beschaffungszeit	+	eiserner Bestand
	=	75	·	(3 + 5 + 4 + 1)	+	(3 · 75)
	=	75	·	13	+	225
	=	1 200 Stück				

5006573

2.3.3 | Bestellpunktverfahren

Beim **Bestellpunktverfahren** erfolgt eine Bestellauslösung immer beim Erreichen des ermittelten Bestellpunktes. Bei jeder Entnahme wird der verfügbare Bestand mit dem Meldebestand verglichen. So wird geprüft, ob der Bestellpunkt erreicht wurde oder nicht.

verfügbarer Lagerbestand > Meldebestand → Bestellung wird noch nicht ausgelöst

verfügbarer Lagerbestand < Meldebestand → Bestellung wird ausgelöst

Die Bestellmenge und der Meldebestand sind beim Bestellpunktverfahren festgelegt. Die Bestelltermine sind jedoch variabel. Die bestellte Menge muss spätestens dann im Lager verfügbar sein, wenn der Sicherheitsbestand erreicht wird.

Das Bestellpunktverfahren wird in der betrieblichen Praxis eingesetzt,
- wenn mit dem Lieferanten flexible Lieferzeiten vereinbart wurden,
- bei unregelmäßigem Fertigungsverbrauch des Unternehmens,
- in Branchen mit Gütern ohne begrenzte Haltbarkeitsdauer.

PRAXISFALL

Die Bestellmenge beträgt jeweils 9 000 Stück. Der Meldebestand wird auf 2 500 Stück festgelegt. Es muss eine weitere Menge von 9 000 Stück bestellt werden, sobald sich der Lagerbestand auf 2 500 Stück reduziert hat.

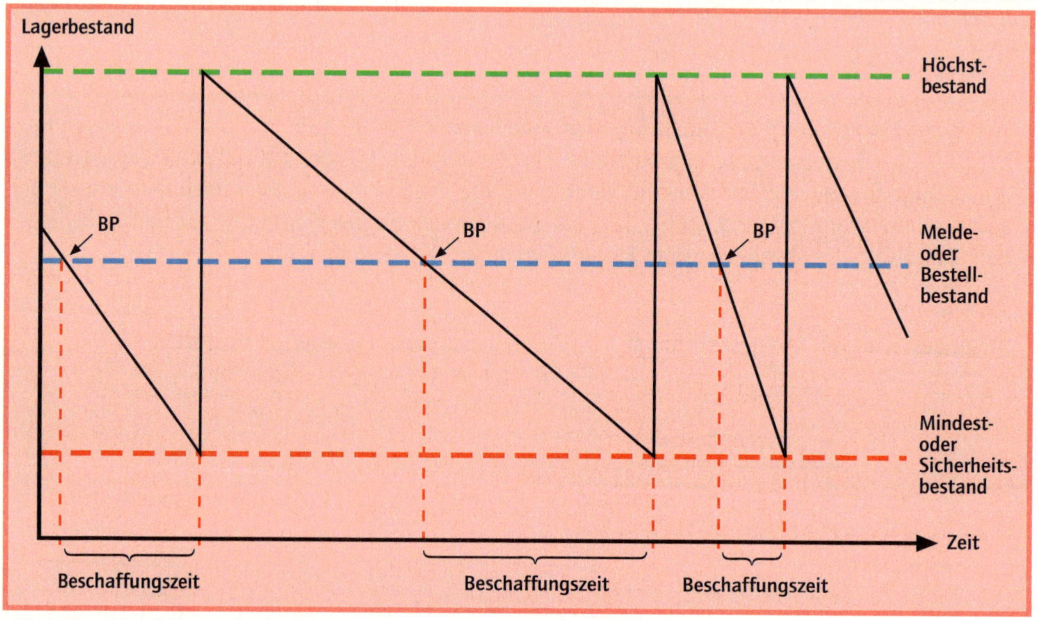

Bestellpunktverfahren – leicht abgewandelt nach: Olfert/Rahn (2001)

2.3.4 | Bestellrhythmusverfahren

Das **Bestellrhythmusverfahren** weist feste Bestelltermine (täglich, wöchentlich, monatlich) und variable Bestellmengen auf. Eine Überprüfung der Bestellnotwendigkeit erfolgt in regelmäßigen, konstanten Intervallen.

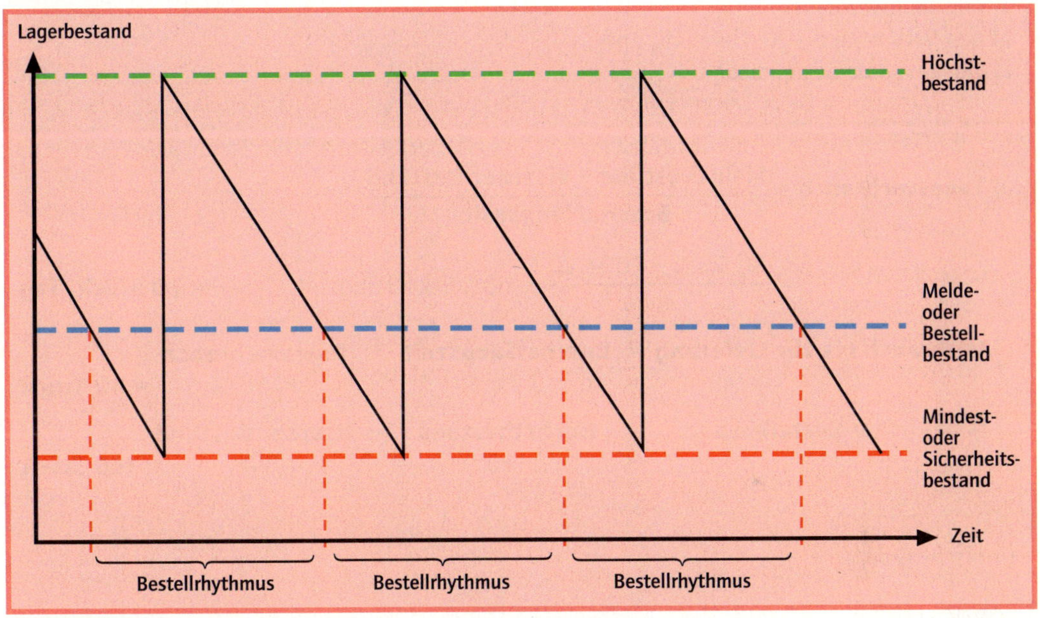

Bestellpunktverfahren – leicht abgewandelt nach: Olfert/Rahn (2001)

Das Bestellrhythmusverfahren wird in der betrieblichen Praxis eingesetzt,

- wenn der Lieferrhythmus durch den Lieferanten vorgegeben wird,
- wenn der Fertigungsrhythmus des Unternehmens eine Materialbestellung nur zu bestimmten Terminen zulässt bzw.
- in Branchen, deren Güter nur eine begrenzte Haltbarkeitsdauer aufweisen.

Tagesverbrauch, Verbrauch bis zur Lieferung und maximale Bestellmenge lassen sich wie folgt berechnen:

$$\textbf{Tagesverbrauch} = \frac{\textbf{Meldebestand – eiserner Bestand}}{\textbf{Beschaffungszeit}}$$

Verbrauch bis zur Lieferung = Beschaffungszeit · Tagesverbrauch

maximale Bestellmenge = Höchstbestand – eiserner Bestand

PRAXISFALL

Die PC and More GmbH hat bei Tastaturen der Marke „Ergonom" einen Höchstbestand von 180 Stück und einen Mindestbestand in Höhe von 20 Stück festgesetzt. Der Meldebestand beträgt 80 Stück. Nach jeweils 5 Tagen ist der Meldebestand erreicht. Die Beschaffungszeit beträgt 3 Tage. Ermitteln Sie mathematisch und grafisch

a) den Tagesverbrauch,

b) den Verbrauch bis zur Lieferung und

c) die maximale Bestellmenge.

Mathematische Lösung:

a) $$\textbf{Tagesverbrauch} = \frac{\textbf{Meldebestand − eiserner Bestand}}{\textbf{Beschaffungszeit}}$$

$$= \frac{80 \text{ Stück} - 20 \text{ Stück}}{3 \text{ Tage}} = 60 \text{ Stück} : 3 \text{ Tage} \quad \mathbf{= 20\ Stück/Tag}$$

b) **Verbrauch bis zur Lieferung = Beschaffungszeit · Tagesverbrauch**
= 3 Tage · 20 Stück **= 60 Stück**

c) **Mmaximale Bestellmenge = Höchstbestand − eiserner Bestand**
= 180 − 20 **= 160 Stück**

Grafische Lösung:

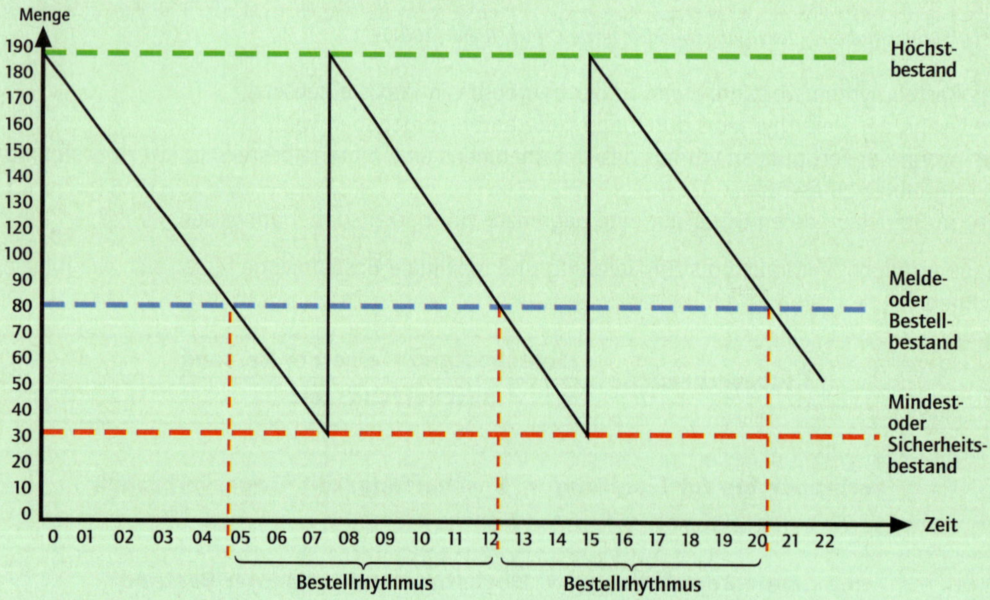

AUFGABEN

?

1 Von welchen Größen hängt die Höhe des Meldebestandes ab?

2 Erklären Sie, welcher Bestand nach dem Eintreffen neuer Ware erreicht wird.

3 Die PC and More GmbH hat bei der Montage von Webcams einen Tagesverbrauch von 115 Standfüßen. Der Bestellvorgang dauert 2 Tage, die Lieferzeit des Lieferanten 4 Tage, der Versand 2 Tage und die Wareneingangsprüfung 1 Tag. Der Sicherheitsbestand beträgt 3 Tagesumsätze. Ermitteln Sie den Meldebestand.

4 Welche Folgen hätte ein Abschaffen des eisernen Bestandes für ein Unternehmen?

5 Die PC and More GmbH hat bei PC-Mäusen einen Höchstbestand von 95 Stück und einen Mindestbestand von 25 Stück festgelegt. Wie hoch ist die maximale Bestellmenge bei Erreichen des Meldebestandes?

6 Die Bestellmenge bei Laptop-Mäusen beträgt jeweils fest 275 Stück. Der Meldebestand wurde auf 75 Stück festgelegt. Wann muss nachbestellt werden?

7 Die PC and More GmbH hat bei PC-Lautsprechern der Marke „Deluxe" einen Höchstbestand von 600 Stück, einen Mindestbestand von 100 Stück und einen Meldebestand von 300 Stück festgelegt. Der Meldebestand wird nach jeweils 9 Tagen erreicht. Die Beschaffungszeit beträgt 6 Tage. Ermitteln Sie mathematisch und grafisch
a) den Tagesverbrauch, b) den Verbrauch bis zur Lieferung, c) die maximale Bestellmenge.

8 Diskutieren Sie in Ihrer Arbeitsgruppe, bei welchem der beiden Bestellverfahren das Risiko einer Unterversorgung größer ist.

2.4 | Beschaffungswege

SITUATION

Die Fahrrad GmbH & Co. KG ist Hersteller von Mountainbikes. Um ihren Kunden ein breiteres Sortiment anbieten zu können, beschließt sie zusätzlich Fahrradzubehör als Handelsware in das Sortiment aufzunehmen. Ihre derzeitigen Lieferanten können jedoch die notwendigen Teile nicht liefern. Deshalb muss sich das Unternehmen für die Deckung des zusätzlichen Bedarfs neue Lieferanten suchen.

1 Welche Zubehörteile könnten in das Sortiment aufgenommen werden?

2 Überlegen Sie in Partnerarbeit, wie und wo die dafür notwendigen Lieferanten gefunden werden können.

SACHDARSTELLUNG

Ebenso wichtig ist letztlich die Frage, ***„wo"*** die Materialien bzw. Güter bezogen werden sollen. Dabei sind die Beschaffungszeiten sowie die Beschaffungs- und Lagerkosten so niedrig wie möglich zu halten. Deshalb wird das beschaffende Unternehmen für unterschiedliche Sortimente unterschiedliche Beschaffungswege und Lieferanten wählen.

Auswahlkriterien für Lieferanten:
- Höhe der Gesamtkosten
- Kommunikationsmöglichkeiten
- Gepflogenheiten der jeweiligen Branche
- Reaktionsfähigkeit auf kurzfristige Bestellungen und Änderungen
- Zuverlässigkeit, Kapazität, Serviceleistungen und Lieferfristen

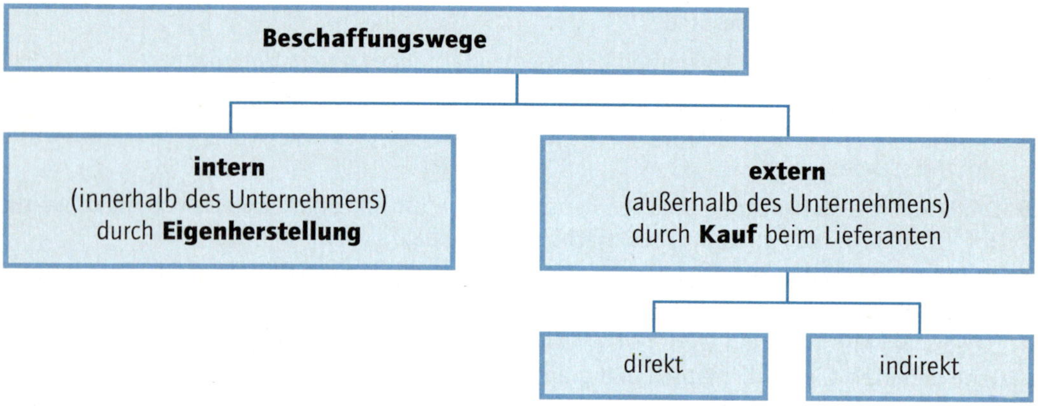

2.4.1 | Direkte Beschaffungswege

Beim direkten Beschaffungsweg erfolgt der **Einkauf unmittelbar beim Hersteller bzw. Lieferanten**. Hier fallen oft niedrigere Beschaffungskosten an als beim indirekten Beschaffungsweg. Andererseits können aber Kosten entstehen, die es bei indirekter Beschaffung nicht gibt.

Mögliche zusätzliche Kosten bei direkter Beschaffung:
- **Mindermengenzuschläge**, wenn die Bestellmengen unter den vorgegebenen Mindestabnahme mengen liegen
- Kosten für **Vertragsverhandlungen**
- vom Lieferanten vorgegebene **Mindestabnahmemengen,** die über dem eigentlichen Mengenbedarf liegen

Vom Kunden gewünschte Sonderanfertigungen sind bisweilen nur direkt beim Hersteller möglich. Oder das beschaffende Unternehmen hat konkrete Vorstellungen über Design und Güte des Erzeugnisses, die nur direkt beim Hersteller realisiert werden können.

Formen direkter Beschaffung		
Direktbezug Das beschaffende Unternehmen kauft selbst direkt beim Hersteller ein.	**Einkaufsbüros** Außenstellen des beschaffenden Unternehmens kaufen direkt am Produktionsort des Herstellers ein.	**Einkaufsgemeinschaften** Vereinigungen kleinerer oder mittlerer Unternehmen wollen ihre Beschaffungskosten durch Erzielung günstigerer Preise und Vertragsvereinbarungen verringern.

2.4.2 | Indirekte Beschaffungswege

Beim indirekten Beschaffungsweg erfolgt der **Einkauf über mindestens einen Zwischenhändler.**

Formen indirekter Beschaffung

Großhändler: Er verkauft ein umfangreiches Produktsortiment, meist von mehreren Herstellern. Beim Großhandelspreis wird dem Kunden eine Handelsspanne berechnet. Der Handel bezieht die Güter jedoch zu günstigeren Preisen, Konditionen und Kosten aufgrund großer Abnahmemengen. Deshalb fallen die Beschaffungskosten für den Kunden trotzdem günstig aus.

Vorteile für den Kunden:
- Markttransparenz
- Auswahl zwischen verschiedenen Herstellern
- Bezug unterschiedlicher Güter von nur einem Marktpartner
- enorme Kosteneinsparungen

Kommissionär: Er ist ein selbstständiger Kaufmann, der gewerbsmäßig im eigenen Namen, aber auf Rechnung anderer Personen Güter ein- oder verkauft.
Der Hersteller trägt das volle Absatzrisiko. Er nimmt nicht verkaufte Ware (z. B. Tabakwaren, Spirituosen, Zeitschriften usw.) wieder zurück. Der Kommissionär bezahlt nur die tatsächlich verkaufte Ware. Auch gibt es Materialien, wie z. B. Hopfen, die ausschließlich über ihn zu beziehen sind. Es existieren keine anderen Beschaffungsmöglichkeiten.

Importeur: Er beliefert vor allem kleinere und mittlere Unternehmen mit im Ausland produzierten Waren, weil er auf den ausländischen Märkten über die erforderlichen Kenntnisse verfügt und diese Auslandsmärkte intensiver beobachten und analysieren kann.

2.4.3 | Lieferantenauswahl

Der billigste Lieferant ist nicht immer der günstigste. Bei der Beurteilung der möglichen Lieferanten sind verschiedene **Kriterien** zu berücksichtigen.

Mögliche Bewertungskriterien

- **bezüglich des Gutes:**
  – Qualität – Zahlungs- und Lieferbedingungen – Lieferzeiten – Preis

- **bezüglich des Lieferanten:**
  - Zuverlässigkeit
  - Garantie, Kulanz, Service
  - Image, Know-how, Ausstattung
  - Reaktion auf Änderungswünsche
  - Transportmöglichkeiten
  - Entfernung

Diese Kriterien werden tabellarisch miteinander verglichen, um so den günstigsten Lieferanten zu ermitteln.

Beispiel[1]:

Kriterium	Lieferant X	Lieferant Y	Lieferant Z
	Punktwert	Punktwert	Punktwert
Qualität Preis Lieferzeiten Image technisches Know-how technische Ausstattung Entfernung Reaktionsvermögen Service Zuverlässigkeit			
Bewertungssumme			
Rangfolge			

Der Lieferant mit dem ersten Rang ist der günstigste. Sind mehrere Lieferanten gleich günstig, werden weitere Kriterien verglichen, z. B. bereits bewährte Geschäftsbeziehungen.

Bei der Bewertung der Lieferanten sind zuverlässige **Informationsquellen** sehr wichtig, wie z. B.

- Kammern und Verbände,
- selbst erstellte Waren- und Lieferantendateien,
- Branchenverzeichnisse, wie z. B. Gelbe Seiten, ABC der Wirtschaft usw.,
- Internet,
- Anzeigen in Fachzeitungen und Fachzeitschriften,
- Angebote, Kataloge und sonstige Werbemittel,
- Vertreterbesuche,
- Besuche und Gesprächsnotizen von Tagungen, Messen, Ausstellungen u. Ä.,
- Berichte von Außendienstmitarbeitern.

1 Bitte nichts ins Buch eintragen!

In der Praxis bedient sich ein Unternehmen mehrerer Lieferanten gleichzeitig. Die Entscheidung für **wenige Lieferanten** spart Beschaffungs- und Transportkosten. Andererseits ist bei Lieferverzug die Versorgung des Unternehmens gefährdet. **Viele Lieferanten** schaffen eine sicherere Versorgungsbasis bei Lieferverzug. Die Beschaffungs- und Transportkosten sind hier jedoch höher.

Beispiel *einer Warendatei als Bezugsquelle:*

Artikelbezeichnung:	**Farbe:**	**Artikelnummer:**
Druckerpatrone	**rot**	**456 398**

Lieferant	Lieferung vom	Qualität	Einzelpreis	Lieferfrist	Bemerkungen
comptec	15. September 20..	sehr gut	6,99 €	4 Tage	Liefertermin ausreichend
DataCom	24. Mai 20..	gut	6,29 €	3 Tage	preisgünstig, Liefertermin gut

Beispiel *einer Lieferantendatei als Bezugsquelle:*

Lieferant:	**DataCom**	**Lieferant-Nr.:**	**CZ-53**
Anschrift:	**Carl-Zeiss-Straße 24 03046 Cottbus**	**Zahlungs-bedingungen:**	**Skonto 2 %/14 Tage Sonderrabatt 5 %**
Telefon:	**0355 4112514**	**Liefer-bedingungen:**	**Versandpauschale 25,00 €/Lieferung**

Artikel	Artikel-Nr.	Lieferung vom	Qualität	Einzel-preis	Liefer-frist	Bemerkung
Drucker-patrone rot	456 398	24. Mai 20..	gut	6,29 €	3 Tage	Liefertermin gut, preisgünstig
Drucker-patrone schwarz	456 379	6. Febr. 20..	gut	8,79 €	4 Tage	Liefertermin aus-reichend, teuer

AUFGABEN

1 Klären Sie im Gruppengespräch, warum beim direkten Beschaffungsweg oft niedrigere Beschaffungskosten als beim indirekten Beschaffungsweg anfallen.

2 Nennen Sie mindestens drei Bewertungskriterien, welche die Fahrrad GmbH & Co. KG bei der Wahl des günstigsten Lieferanten berücksichtigen könnte.

3 Welche internen Informationsquellen für die Bewertung von Lieferanten kennen Sie?

4 Welche Informationsquellen nutzt Ihr Ausbildungsbetrieb bei der Bewertung der Lieferanten?

5 Beschreiben Sie, für welche Beschaffungswege sich Ihr Ausbildungsbetrieb entschieden hat.

3 | ABC- und XYZ-Analyse

SITUATION

Ein Hersteller von Computerzubehör hat ein gut sortiertes Teilelager. Darin sind etwa 1 250 verschiedene Teile von Herstellern aus Deutschland und Europa eingelagert.

Bei der Beschaffung und Lagerhaltung wird kein Unterschied zwischen hochwertigen und geringwertigen sowie umsatzstarken und umsatzschwachen Teilen gemacht.

So wird z. B. bei der Bestellung von Schrauben der gleiche Aufwand betrieben wie bei elektronischen Steuerteilen. Umsatzstarke und umsatzschwache Produkte werden im Fertigwarenlager fortlaufend nach Artikelnummern geordnet gelagert.

Nun stellt das Unternehmen fest, dass im letzten Geschäftsjahr z. T. enorme Beschaffungs- und Lagerkosten entstanden sind.

1 Warum muss ein Unternehmen seine hochwertigen und seine umsatzstarken Teile besonders beachten?

2 Warum ist dies bei geringwertigen sowie umsatzschwachen Teilen weniger wichtig?

SACHDARSTELLUNG

Die zu beschaffenden Materialien werden nach verschiedenen Gesichtspunkten bewertet. Dementsprechend sind die Beschaffungs- und Lageranstrengungen unterschiedlich. Weniger wichtiges wird weniger intensiv behandelt. Das hat eine Kostenreduzierung zur Folge und das Beschaffungsrisiko wird gesenkt.

Die wichtigsten Bewertungsverfahren sind die ABC-Analyse und die XYZ-Analyse. Die Durchführung der Analysen erfolgt generell für das gesamte Waren- und Teilesortiment eines Unternehmens.

3.1 | ABC-Analyse

Die zu beschaffenden Materialien werden entsprechend ihren **Verbrauchswerten und Verbrauchsmengen** in Gruppen zu A-, B- und C-Gütern aufgeteilt.

Gruppe	Merkmale	Beispiele
A-Güter	hohes Beschaffungsrisiko hoher Anteil am Gesamtwert geringe Verbrauchsmengen	Computer, Autos, teure Büroausstattung usw.
B-Güter	mittleres Beschaffungsrisiko mittlerer Anteil am Gesamtwert mittlere Verbrauchsmengen	Taschenrechner, Kaffeemaschinen, elektrische Rasierapparate usw.
C-Güter	geringes Beschaffungsrisiko geringer Anteil am Gesamtwert hohe Verbrauchsmengen	Schrauben, Muttern, Dichtungsringe, Büromaterial usw.

Die Mengen- und Wertanteile der Gruppen stehen dabei in einem bestimmten **Verhältnis** zueinander:

Gruppe	Verbrauchswertanteil	Verbrauchsmengenanteil
A-Güter	70 bis 80 % des Gesamtwertes	5 bis 10 % der Gesamtmenge
B-Güter	15 bis 20 % des Gesamtwertes	20 bis 25 % der Gesamtmenge
C-Güter	5 bis 10 % des Gesamtwertes	65 bis 75 % der Gesamtmenge

Eine kleine Menge unterschiedlicher Materialien bildet häufig den größten Anteil am Gesamtwert (A-Güter). Daraus ergeben sich folgende **Beschaffungs- und Lageranstrengungen:**

- **A-Güter** verlangen genaue Einkaufsplanung, Kontrolle der Lagerbestände und Überwachung des Verbrauchs.
- **B-Gütern** muss mittlere Beachtung zukommen.
- **C-Güter** werden einfach behandelt, ohne sie jedoch zu vernachlässigen.

Mithilfe des EDV-Einsatzes kann heute auf einfache Art und Weise eine ABC-Analyse durchgeführt werden. Die ABC-Analyse ist außerdem **Basis** für weitere Analysen, wie beispielsweise die XYZ-Analyse.

PRAXISFALL

Im Unternehmen liegt folgende Einteilung nach ABC-Gütern vor:

A-Güter = elektronische Steuerteile, Druckköpfe
B-Güter = Gehäuseteile
C-Güter = Schrauben und Muttern in verschiedenen Größen

Zusammengefasst ergibt sich dafür nachfolgende Wertetabelle:

Wertegruppe	Anzahl der Artikel	Prozentanteil an der Gesamtmenge	Wert der Artikel in €	Prozentanteil am Gesamtwert
A	2	10	8.285.000	76,29
B	5	25	1.675.000	15,42
C	13	65	900.000	8,29
gesamt	20	100	10.860.000	100,00

Grafische Darstellung:

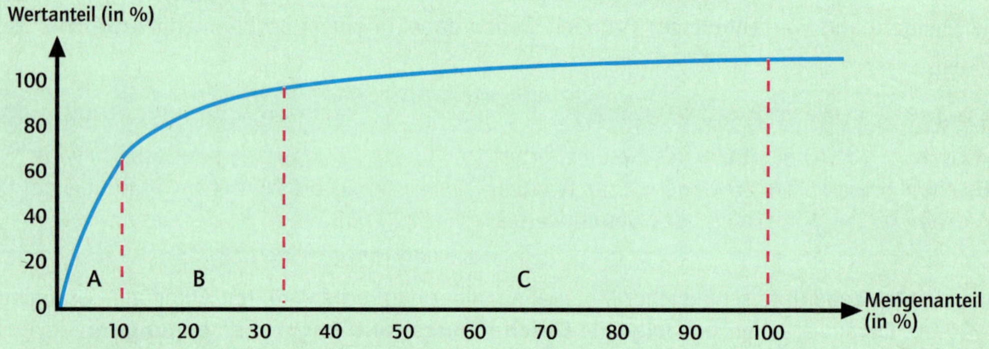

Auswertung:

Die A-Güter haben bei einem geringen Mengenanteil von 10 % einen hohen Wertanteil von 76,29 % des gesamten Jahresverbrauchs. Im Gegensatz dazu haben C-Güter bei einem hohen Mengenanteil von 65 % nur einen geringen Wertanteil von 8,29 % des gesamten Jahresverbrauchs.

3.2 | XYZ-Analyse

Neben der ABC-Analyse können die Materialien auch nach ihrer **Dringlichkeit** bzw. **Umschlagshäufigkeit** in X-, Y- und Z-Güter eingeteilt werden. Diese **XYZ-Analyse** ist vor allem für die Vergabe von Lagerplätzen, aber auch für die Beschaffung bedeutsam.

Gruppe	Merkmale	Beispiele
X-Güter	starker Lagerumschlag gleich bleibender Bedarf hohe Vorhersagbarkeit leicht zu beschaffen	Lebensmittel, Kosmetik, Schmuck, Haushaltschemie, Spielwaren, Genussmittel usw.
Y-Güter	mittlerer Lagerumschlag saisonbedingter Bedarf mittlere Vorhersagbarkeit mäßig zu beschaffen	Saisonware, wie z. B. Weihnachtsbeleuchtung, Osterkränze, Gartengeräte, Skiausrüstung usw.
Z-Güter	schwacher Lagerumschlag unregelmäßiger, zufallsabhängiger Bedarf geringe Vorhersagbarkeit schwer zu beschaffen	Sonderanfertigungen, wie z. B. eine Serie von Fahrrädern mit Spezialausrüstung, Einzelanfertigungen

Daraus ergeben sich folgende **Empfehlungen** für die Vergabe der Lagerplätze:

- **X-Güter:** vordere Lagerplätze bzw. vordere Lagerzonen
- **Y-Güter:** von den übrigen Gütern getrennte Lagerplätze bzw. separate Lagerräume
- **Z-Güter:** hintere Lagerplätze bzw. hintere Lagerzonen

Die XYZ-Analyse lässt sich problemlos mit der ABC-Analyse verbinden. Dabei können folgende **Kombinationen** entstehen:

	A	B	C
X	hochwertige Güter hohe Vorhersagbarkeit hoher Lagerumschlag	mittelwertige Güter hohe Vorhersagbarkeit hoher Lagerumschlag	geringwertige Güter hohe Vorhersagbarkeit hoher Lagerumschlag
Y	hochwertige Güter mittlere Vorhersagbarkeit mittlerer Lagerumschlag	mittelwertige Güter mittlere Vorhersagbarkeit mittlerer Lagerumschlag	geringwertige Güter mittlere Vorhersagbarkeit mittlerer Lagerumschlag
Z	hochwertige Güter niedrige Vorhersagbarkeit niedriger Lagerumschlag	mittelwertige Güter niedrige Vorhersagbarkeit niedriger Lagerumschlag	geringwertige Güter niedrige Vorhersagbarkeit niedriger Lagerumschlag

So stehen beispielsweise AX-Güter für hochwertige Güter mit hohem Lagerumschlag, BY-Güter für mittelwertige Güter mit mittlerem Lagerumschlag und CZ-Güter für geringwertige Güter mit niedrigem Lagerumschlag.

? AUFGABEN

1 Welche Lageranstrengungen sollte das Unternehmen bei Laptops, PC-Mäusen bzw. PC-Gehäuseschrauben vornehmen? Verwenden Sie dabei folgende Übersicht[1]:

Artikel	Gruppe	Lageranstrengungen
Laptops		
PC-Mäuse		
PC-Gehäuseschrauben		

2 Was sagt folgende Grafik über den Mengen- und Wertanteil der A-, B- und C-Güter aus?

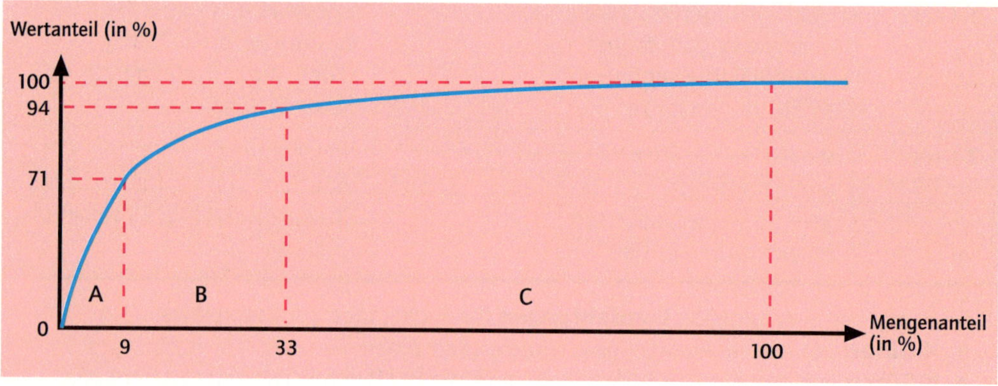

3 Welche Vorteile bringen ABC-Analysen heutzutage dem Unternehmen?

4 Nennen Sie mindestens je zwei Beispiele für X-Güter, Y-Güter und Z-Güter.

5 Klären Sie im Gruppengespräch, welcher Lagerplatz für AX-Güter, BY-Güter und CZ-Güter vergeben werden sollte. Erläutern Sie Ihr Ergebnis vor der Klasse.

1 Bitte nichts ins Buch eintragen!

<table>
<tr><th colspan="11">ZUSAMMENFASSUNG</th></tr>
<tr><td>Was tut die Materialwirtschaft?</td><td colspan="10">Sie organisiert die Material- und Güterbeschaffung im Unternehmen.</td></tr>
<tr><td>Wie ist sie aufgebaut?</td><td colspan="10">Beschaffung (mit Disposition und Einkauf) und Lagerung.</td></tr>
<tr><td>Welche Materialarten gibt es?</td><td colspan="2">Roh-, Hilfs-, Betriebsstoffe</td><td colspan="2">Zulieferteile</td><td colspan="2">fertige und unfertige Erzeugnisse</td><td colspan="2">Handelswaren</td><td colspan="2">Verschleißwerkzeuge</td></tr>
<tr><td rowspan="3">Welche Organisationsformen gibt es?</td><td colspan="5">zentral</td><td colspan="5">dezentral</td></tr>
<tr><td colspan="5">Vorteile:</td><td colspan="5">Vorteile:</td></tr>
<tr><td colspan="5">• gute Kontrolle und Übersicht bei der Beschaffung
• gute zeitliche Steuerung der Materialströme
• Kostenvorteile im Einkauf und bei der Lagerung</td><td colspan="5">• günstig bei häufigem Sortenwechsel oder Einzelanfertigungen
• Kosteneinsparung bei räumlicher Entfernung zwischen den Produktionsstätten</td></tr>
<tr><td>Wie kann die Stellenbildung organisiert werden?</td><td colspan="5">Verrichtungsprinzip (nach Aufgaben)</td><td colspan="5">Objektprinzip (nach Material- oder Warengruppen)</td></tr>
<tr><td>Bedarfsarten</td><td colspan="10">• Primärbedarf
• Sekundärbedarf
• Tertiärbedarf
• Bruttobedarf
• Nettobedarf
• Zusatzbedarf</td></tr>
<tr><td>Verfahren der Bedarfsermittlung</td><td colspan="5">programmgesteuert:
zukunftsbezogen</td><td colspan="5">verbrauchsgesteuert:
vergangenheitsbezogen</td></tr>
<tr><td>Die Bestellmenge</td><td colspan="10">... wird auf der Grundlage der Bestandsrechnung ermittelt.
... erreicht ihr Optimum, wenn die Summe aus Bestell- und Lagerkosten minimal ist. Die Bestellkosten pro Stück sinken, die Lagerkosten steigen mit größeren Bestellmengen.</td></tr>
<tr><td>Der Bestellzeitpunkt</td><td colspan="10">... wird von der Beschaffungszeit und der Durchlaufzeit der Materialien beeinflusst.
... ist erreicht, sobald der Bestand auf einen vorgegebenen Meldebestand abgesunken ist.
Beim Bestellpunktverfahren erfolgt eine Bestellauslösung immer bei Erreichen eines festgelegten Bestellpunkts, beim Bestellrhythmusverfahren in fest bestimmten Bestellintervallen.</td></tr>
<tr><td>Formen externer Beschaffung</td><td colspan="5">direkt, d. h. unmittelbar beim Hersteller</td><td colspan="5">indirekt, über mindestens einen Zwischenhändler (Großhändler, Kommissionär oder Importeur)</td></tr>
<tr><td>Bewertungskriterien für Lieferanten</td><td colspan="10">Qualität, Preis, Lieferzeit, Zuverlässigkeit, Entfernung. Sollte die Bewertung externer Lieferanten kein zufrieden stellendes Ergebnis liefern, ist möglicherweise die Eigenfertigung günstiger.</td></tr>
</table>

? AUFGABEN

1 Stellen Sie die einzelnen Tätigkeiten innerhalb der Güterbeschaffung in Form eines Ablaufschemas dar.

2 Die Baby & Co. GmbH erhält den Auftrag zur Lieferung von 130 Kinderwagen der Marke „Uno". Der Lagerbestand der dafür benötigten Räder beträgt 55 Stück, davon sind 36 reserviert. Vor kurzem wurden 60 Stück nachbestellt. Ermitteln Sie den Nettobedarf an Rädern, wenn mit einem Ausschuss von 5 Stück gerechnet wird.

3 Die Baby & Co. GmbH überlegt, ob die Beschaffung von Kinderwagenrädern weiterhin durch Fremdbezug oder zukünftig in Eigenherstellung erfolgen soll. Sie führt einen Kostenvergleich für eine Menge von 100, 200 und 500 Stück durch. Bei Eigenherstellung fallen Fixkosten in Höhe von 15.000,00 € und variable Kosten in Höhe von 30,00 € pro Stück an. Bei Fremdbezug fallen keine Fixkosten an, aber variable Kosten in Höhe von 45,00 € pro Stück.
a) Ermitteln Sie tabellarisch, bei welcher Menge Eigenherstellung und Fremdbezug gleich teuer sind.
b) Lösen Sie die Aufgabe grafisch.

4 Nennen Sie mindestens drei Faktoren, von denen die Entscheidung für eine Eigenfertigung außerdem abhängt.

5 Begründen Sie, warum sich in der betrieblichen Praxis die optimale Bestellmenge nicht immer realisieren lässt.

6 Die Hebezeuge GmbH Cottbus stellt Hebe- und Anschlagmittel in verschiedenen Ausführungen her. In letzter Zeit wurden die zur Produktion notwendigen Materialien häufig so spät bestellt, dass die vorhandenen Lagerbestände nicht ausreichten, bis die Lieferung kam.
a) Welche Folgen können diese verspäteten Bestellungen für die GmbH haben?
b) Was kann die GmbH unternehmen, um künftig derartige Verspätungen zu vermeiden?

7 Diskutieren Sie in Gruppenarbeit, welche Auswirkung eine Erhöhung des Tagesverbrauchs auf den Meldebestand hat.

8 Nennen Sie die Unterschiede zwischen Bestellpunktverfahren und Bestellrhythmusverfahren.

9 Begründen Sie, warum man beim Just-in-time-Prinzip von „lagerloser Fertigung" spricht.

10 Nennen Sie mindestens zwei Vor- und Nachteile des Just-in-time-Prinzips.

5006588

Sachwortverzeichnis